이슬람 테러리즘 속 이슬람

이슬람 테러리즘 속 이슬람

이븐 워라크 지음

서종민 옮김

시그마북스
Sigma Books

이슬람 테러리즘 속 이슬람

발행일 2018년 10월 1일 발행
지은이 이븐 워라크
옮긴이 서종민
발행인 강학경
발행처 시그마북스
마케팅 정제용, 한이슬
에디터 권경자, 김경림, 장민정, 신미순, 최윤정, 강지은
디자인 최희민, 김문배

등록번호 제10-965호
주소 서울특별시 영등포구 양평로 22길 21 선유도코오롱디지털타워 A404호
전자우편 sigma@spress.co.kr
홈페이지 http://www.sigmabooks.co.kr
전화 (02) 2062-5288~9
팩시밀리 (02) 323-4197
ISBN 979-11-89199-24-1 (03340)

이 도서의 국립중앙도서관 출판예정도서목록(CIP)은 서지정보유통지원시스템 홈페이지(http://seoji.nl.go.kr)와 국가자료공동목록시스템(http://www.nl.go.kr/kolisnet)에서 이용하실 수 있습니다. (CIP제어번호: CIP2018022599)

* 시그마북스는 (주)시그마프레스의 자매회사로 일반 단행본 전문 출판사업니다.

나를 일깨워준 피터에게 바침

감사의 글 ————————

이 책은 본래 165,000단어에 달했다. 지금의 책은 글은 짧은 편이 더 낫다는 친구들의 조언에 따라 3분의 1로 줄인 것이다. 요새는 정규 교육을 받은 대중도 더 이상 두꺼운 책을 읽지 않고, 출판사들 또한 묵직하고 진지한 책은 부담스러워하는 듯하다. 본래는 인도에 훨씬 많은 부분을 할애할 계획이었지만 보다 긴 버전의 글은 일이 년 정도 후에 내 홈페이지에 올려야 할 것 같다.

이 책에 사용된 쿠란 인용구는 모두 다음의 규칙을 따랐다. 예를 들어 'Q2. 알 바카라, 〈소〉, 256'에서 Q2란 제2수라, '알 바카라'는 '제2수라'의 아랍어 독음이며 〈소〉는 제2수라의 제목이다. 256은 구절 번호를 의미한다. 다만 한 번에 여러 구절을 인용해야 할 경우에는 다소 간결한 인용방식을 사용했다. 예를 들어 4장의 각주 2번을 보면 'Q2:216; Q2:221; Q3:28; Q3:85; Q4:101; Q4:144; Q8:39; Q9:14, 17, 23, 28, 29, 36, 39, 41, 73, 111, 123; Q25:52'라고 되어 있다. 앞서 말한 규칙을 사용해 이를 다 표기하려면 각주가 얼마나 길고 복잡해질지 상상해보라.

원래 필자는 여기에서 지난 수년 동안 나에게 호의를 베풀어준 모든 분들께 감사의 인사를 드릴 계획이었지만 상황이 사뭇 복잡해졌다. 첫 번째로, 그분들을 다 거론하려면 머리말이 엄청나게 길어질 것이다. 게다가 그분들의 이름을 써도 되겠냐는 허락을 구하는 도중에도 계속해서 다른 분들의 이름이 떠올랐는데 이러다가는 누군가를 빼놓을 수도 있겠다는 우려가 들었다. 두 번째로, 나 이븐 워라크가

'미친, 악한, 위험한 인물'로 거론되는 이상 내가 누군가의 이름을 여기에 거론하는 일이 그분께 실례가 될 수도 있겠다는 생각이 들었다. 이슬람을 비판하는 출판물의 서론에 직접 누군가의 이름을 올렸다가 괜한 논쟁에 휘말리게 만들어서는 안 되기 때문이다. 따라서 여기에서는 이 책을 쓰는 데 직접적인 도움을 주신 몇 분의 이름만 허락을 구해 언급하도록 하겠다.

가장 먼저 나의 익명의 편집자에게 감사를 드린다. 그녀는 나의 다듬어지지 않은 원고를 훌륭한 기량과 인내심을 통해 여러분들께 내놓을 만한 글로 만들어주었다. 레베카 베넘에게도 큰 신세를 졌다. 그녀는 정치 활동으로 바쁜 와중에도 내 글을 검수해주는 수고도 마다하지 않았으며, 엄청나게 꼼꼼하게 편집해주었음에도 빠르게 인쇄에 넘길 수 있도록 해주었다. 마지막으로, 낸시 클링겐스타인과 톰 클링겐스타인이 나에게 보여준 우정과 친절, 그리고 내가 연구할 수 있도록 보내준 후원에 감사를 보낸다.

이 책에서 기술한 모든 의견에 대한 책임은 오롯이 나에게 있다는 점을 분명히 해둔다.

들어가는 글 ────────────

다음의 말을 생각해보자.

1. 마크 세이지맨은 "정부 대테러 컨설턴트는 테러가 테러리스트 개인의 신앙이나 지각에 따른 결과가 아니다"라고 말했다.[1]
2. '신성한 쿠란'의 개념은 대략 1,400여 년 동안 존재해왔으나, 이슬람 테러리즘은 과거 40여 년 동안 나타난 현상이다. 확실히 쿠란이 근본 문제는 아닌 셈이다.[2]

나는 이 두 가지 말이 모두 틀렸다고 생각한다.

이슬람 테러리스트들의 행동을 이해하고 그들의 동기를 밝히려면 먼저 그들의 신앙을 진지하게 다루어야 한다. ISIS나 탈레반 등 수많은 지하디스트 단체의 행위들을 단순히 욕구불만에 빠진 폭력적이고 가난한 사이코의 행위로만 치부해서는 안 된다. 오히려 부유한 무슬림들이 오랜 시간 동안 사람들을 교육하고 이러한 행위를 계획한다. 그들의 목적은 신의 말씀인 쿠란에서 나타나는 이슬람의 신성한 법 샤리아와 예언자 및 그 일행의 행동과 말씀을 기록한 수나 및 전통(하디스hadīth, 단수로 아하디스ahādīth)에 따라 이슬람국가를 건설하려는 것이다. 이슬람 테러리즘이 지난 40여 년간 홀연히 나타났다는 말도

---

1   Marc Sageman, Leaderless Jihād: Terror Networks in the Twenty-First Century (Philadelphia: University of Pennsylvania Press, 2008), 22.

2   익명의 누군가가 필자에게 보낸 편지, 2014년 7월.

사실과 다르다. 이슬람교가 태어난 7세기경부터 진정한 이슬람을 부흥시키겠다는 폭력적인 움직임은 언제나 존재해왔으며, 주로 당시 무슬림 사회에서 소외된 자들이 이를 이끌었다. 작금의 무슬림 사회가 초대 무슬림 지도자들의 이상을 따르지 않는다는 게 그 이유였다. 7세기경 아즈라키트파 등의 단체들은 잊혀버린 신앙과 의식들을 되살리고자 했으며, 순수한 무슬림 신앙을 더럽힌 행위들을 이슬람의 요체에서 씻어내고자 했다. 한 예시로 데오반드파 극단주의자들은 지난 8~9세기 이슬람의 발전을 거부하는 이들로, 그 사상은 1762년에 세상을 떠난 샤 왈리 알라의 철학에 특히 잘 드러나 있다.

9세기부터 10세기 초반까지의 바그다드에는 여러 종류의 종교적 폭력이 들끓고 있었다. 이를 이끈 사흘 이븐 살라마와 바르바하리 등의 사상 지도자들은 혁신(비다bid'a)을 거부하면서 991~1092년 사이 바그다드에 더 큰 종교적 폭력을 몰고 왔다. 17세기 이스탄불에서 일어난 폭력적인 카디자델리 운동은 18세기 아라비아의 이븐 압드 알 와하브에게도 영향을 주었으며, 결국 오늘날 거의 모든 테러리스트들에게도 그 영향이 미치고 있다. 와하브파 식의 극단주의는 인도에까지 전파되었으며, 그 영향력은 오늘날까지도 아라비아 경계를 훨씬 넘어서까지 살아 숨 쉬고 있다.

캘리포니아대학교 데이비스 캠퍼스의 역사학과 명예교수인 바바라 매트캐프는 무슬림들의 문화가 쇠락하려 할 때마다 무슬림들 스스로 "전통을 무기삼아 해석하고 행동 패턴들을 이끌어낸다"고 말했다.[3] 인도의 데오반드파와 같은 극단주의자들은 그들의 전통과 이슬람의 태곳적부터 이어져 내려오는 그들의 활동주의적 역사에 크게

---

3 Barbara Metcalf, Islamic Revival in British India: Deoband 1860–1900 (Princeton, NJ: Princeton University Press, 1982), 3.

의존하고 있다. 마찬가지로 하산 알 바나부터 아야톨라 루홀라 호메이니까지 이 책에서 다루는 거의 모든 근대적 이슬람 사상가들 또한 그들의 정치적 행위 및 운동들을 이슬람의 전통 및 쿠란 등의 정본, 그리고 이슬람의 역사를 이유로 정당화한다. 이븐 타이미야와 같은 주요 이슬람 사상가들 또한 한몫을 더했다(이븐 타이미야에 대해서는 뒤에서 더 자세하게 살펴볼 것이다). 그러나 이들이 정당화하고자 하는 행위는 보통 폭력으로 점철되어 있다.

오스만 제국의 마지막 수세기 동안의 중동 및 이슬람 역사를 연구하는 마델린 질피는 카디자델리 운동(제11장 참고)을 가리켜 "17세기 이스탄불에서 형성되었던 종교적 담화들은 이전 수세기 동안 이어졌던 담론의 반복일 뿐"이라고 말했다.[4] 그러나 질피는 다음과 같은 말도 남겼다.

> 16세기부터 18세기 말까지 일미예(ilmiye, 오스만 제국의 종교기관)의 운명은 오스만 제국의 종교계 안에서 일어난 이데올로기적 소요와 함께 독특한 방향으로 나아가게 되었다. 비슷한 역할을 담당했던 세속기관들 역시 그 영향을 크게 받았다. 따라서 '고위' 종교 대 '민간신앙' 간의 갈등을 집중해서 살펴보자는 것이 나의 논지다. 이와 같은 '울라마(ulama)' 국가의 긴장상태는 이슬람 역사에서 고질적으로 나타나는 현상이다.[5]

다시 말하지만 그 누구도 자신의 과거에서 벗어날 수는 없다. 이 주제는 놀라우리만치 비슷한 형태의 담론들이 계속해서 되풀이된다.

---

4   Madeline C. Zilfi, "The Kadizadelis: Discordant Revivalism in Seventeenth-Century Istanbul," Journal of Near Eastern Studies 45, no. 4 (1986): 251-252.

5   Madeline C. Zilfi, The Politics of Piety: The Ottoman Ulema in the Postclassical Age (1600-1800) (Minneapolis, MN: Bibliotheca Islamica, 1988), 14.

질피는 1998년 자신의 주요 저서인 『신앙의 정치(The Politics of Piety)』
에서 카디자드라는 이름의 근본주의적 성격의 설교자에 대해 논한
다. "(카디자드는) 스스로도 여러 번 자랑스럽게 알렸다시피 근본주의적
윤리의식을 가지고 있다. 예언자 무함마드와 메디나의 초기 이슬람
공동체 시대 이후로 축적되기 시작한 이슬람 신앙 및 의식을 제거하
는 것이 이들의 목적이다."[6] 질피의 글은 다음과 같이 이어진다.

> 혁신과 원리주의 간의 새로운 대립 구도는 전반적으로 보았을 때 7세기 종교정치
> 의 성격을 결정지었다. 한쪽에서는 절제와 금욕이, 다른 한쪽에서는 혁신과 자유
> 가 대립하는 사태는 이슬람의 역사를 따라 끝없이 되풀이되는 현상이다. 근본주
> 의적 윤리관은 과거 이슬람 공동체와의 연결고리를 통해 자신을 내세운다. 예언
> 자 무함마드와 그 동료들의 시대에 존재했던 금욕과 정의를 추구한다는 식이다.[7]

따라서 근본주의자들의 행위는 이슬람의 과거와 관련이 있을 수
밖에 없다. 혹자는 혁신과 원리주의 간의 변증법, '정통' 이슬람 또한
수세기 전부터 나타난 개념이라고 논한다. 질피는 이에 다음과 같이
답한다.

> 이슬람 근본주의자들이 이슬람 공동체 내에서 그처럼 열정적인 지지를 받는
> 이유는 공동체 자체가 자신의 과거를 마치 '정의의 시대'인 양 미화하려고 하
> 기 때문이다. 예언자 무함마드와 그의 고결한 동료들의 시대 이후로 이슬람 공
> 동체는 점차 그 이상에서 조금씩 멀어져가는 경향을 보였다. 모든 인간 활동이
> 신성한 일의 일부처럼 여겨졌기 때문에, 행동양식이나 태도 혹은 의복을 아주

6   Ibid., 134.
7   Ibid.

약간 변화시키는 일 또한 과거 예언자와 그 동료들이 세운 관습에서 벗어나려는 행위이자 용납될 수 없는 혁신으로 간주되었다. 전통(하디스)이 우리에게 남아 있는 이상 모든 혁신은 이단이요, 이단은 과오이며, 모든 과오는 지옥에 떨어지게 될 것이었다. [8]

여기에는 이슬람 역사를 따라 아주 매끄럽게 흐르는 길이 하나 존재한다. 이 길은 7세기 하와리즈파에서 출발해서 9~11세기 바그다드의 폭력적인 종교혁명을 거쳐 15세기와 17세기의 이스탄불, 18세기 아라비아의 나즈드, 19세기 인도의 와하브파('힌두스탄의 광신도'로도 알려져 있음)를 지나 탈레반, 알 카에다, 그리고 현대의 지하디스트까지 연결된다. 프린스턴대학교 근동학부 명예교수인 버나드 루이스는 1993년 저술한 글을 통해 이슬람의 과거가 오늘날에 미치는 영향력을 평소와 같이 우아하게 설명했다.

이슬람 원리주의의 신념과 정치적 행위들이 자유민주주의와 대립되는 개념임을 부정할 사람은 아무도 없으며, 특히 이슬람 원리주의자들도 그러할 것이다. 그러나 이슬람 원리주의는 하나의 거대한 이데올로기라기보다는 그 분파 중 하나에 불과하다. 예언자 무함마드의 일대기 이후로도 많은 시간이 흐른 14세기 때만 하더라도 광신도들의 편협하고 공격적이며 폭력적인 운동이 수차례 발발했다. 주로 이슬람 공동체 바깥에서 나타난 카리스마 넘치는 종교적 인물들이 이 운동들을 주도했으며, 보통 당대의 군주와 악한 무슬림 지도자, 그리고 거짓된 신앙 때문에 이슬람 신앙이 변질되었으며 사회가 부패했다고 목소리를 높이는 것으로 운동을 시작했다. 때때로 현존하던 지배계급이 운동을 억

---

8 Zilfi, "Kadizadelis: Discordant Revivalism," 253.

누르고 중지시키는 일도 있었으나, 그렇지 못한 경우 이들은 권력을 잡고 성전을 일으키고자 했다. 성전은 본래 본토 내의 배교자와 변절자들을 배척하기 위해 시작되었으나, 나중에는 외국으로 그 영역을 넓혀서 진정한 신앙에 반하는 이들이라면 누구나 적으로 삼게 되었다. 이와 같은 정권들은 비교적 빠른 기간 내에 무너지거나 스스로 변모했는데, 이렇게 탄생한 신정권은 자신이 폐위시킨 구정권보다 더하면 더했지 결코 더 나은 모습을 보여주지는 못했다. 오늘날 이란 이슬람공화국에서도 이와 같은 현상을 찾아볼 수 있다.[9]

이처럼 근본주의 운동은 이슬람 역사에서 고질적으로 나타나는 현상이며, 현대의 지하디스트들 또한 스스로의 이슬람 전통에 일관적으로 기대어서 행위와 계획을 도덕적으로, 또 문화적으로 정당화시키고 있다.

앞서 말한 운동 중에는 이스마일파의 운동 또한 포함되어 있다. 이들은 8세기 초반 극단적인 시아파에서 탄생했다. 당시 발생한 수차례의 암살사건들이 훗날 이스마일파의 소행으로 밝혀진 바 있는데, 그 첫 번째 사건은 1092년 10월 16일에 발생했다. 셀주크 제국의 힘 있는 고위 관리 니잠 알 물크가 그 암살 대상이었다. 이 사건은 페르시아의 역사학자이자 일 칸국 지배하 몽고시대 이란에 거주하던 라시드 알딘(1247년경-1318년경)의 기록에 의해 알려져 있다. 여기에 따르자면 니잠 알 물크라는 악이 만들어낸 국가를 없앨 계획을 하던 것은 하산 에 사바흐이며, 그가 행동요원을 구하자 "부 타히르 아르라니라는 사람이 가슴에 손을 얹고 이를 수락했다. 그는 더없는 행복이 넘치는 세상이 도래하리라는 잘못된 희망에 따라 (니잠 알 물크를) 칼로

---

9   Bernard Lewis, "Islam and Liberal Democracy," Atlantic (February 1993), http://www.theatlantic.com/magazine/archive/1993/02/islam-and-liberal-democracy/308509/.

찔렀으며, 그 바람에 그는 순교를 당했다."[10]

버나드 루이스 교수는 『암살단』(1967)에서도 다름과 같이 쓰고 있다. "(니잠 알 물크 암살사건은) 오늘날 '테러와의 전쟁'에까지도 이어지는 일련의 공격들의 출발점이었다. 수많은 군주들과 왕자들, 장군들, 지배자들이 이 공격으로 인해 갑작스러운 죽음을 맞이했으며, 심지어는 이스마일파의 교리를 비난하고 이스마일의 교리를 주장하는 자들을 박해하도록 허락한 신성한 자들 또한 공격의 대상이 되었다."[11] 이스마일파에게 암살자들은 이맘(무슬림 지도자)과 싸우는 영웅적인 전사들이었으며 압제자를 처단하기 위해서는 목숨도 내놓을 의향이 있는 사람들이었다. 이 때문에 이들에게는 충성 혹은 신의 따위의 수식어가 붙거나 사심이 일절 없다는 평가가 뒤따랐다. 암살자들은 "그 즉시 영원한 행복을 얻을 수 있었다."[12]

이스마일파는 정당하지 못한 이들을 처리하고자 암살자를 보냄으로써 이슬람 전통 일부에 기댈 수 있게 되었다. 그 일부가 전체 이슬람 전통에서 극히 미미한 부분이라 할지라도 어쨌든 반체제주의자들과 극단주의 종파들은 이들에게 큰 지지를 보냈다. 루이스 교수는 이에 대해 다음과 같이 설명했다.

'폭군 살해'라는 태곳적 이상, 다시 말해 정의롭지 못한 지도자들을 이 세상에서 제거해야 한다는 종교적 의무는 확실히 이스마일파의 암살 행위에 공헌한 부분이 있다. 이스마일파는 이 사상을 받아들이고 적용했지만 여기에는 그보

---

10   Encyclopaedia of Islam, vol. 3, "H–Iram," ed. B. Lewis et al., 2nd ed. (Leiden: Brill, 1971), s.v. "Hasan-i Sabbāh."

11   Bernard Lewis, The Assassins: A Radical Sect in Islam (London: Weidenfeld & Nicolson Ltd, 1967; New York: Basic Books, 2003), 47.

12   Ibid., 48.

다 더 깊은 동기가 존재했다. 암살자들이 희생자를 죽이는 행위는 단순히 신실함에서만 비롯된 것이 아니었다. 그것은 의례에 가까운, 거의 준성사에 가까운 성격을 지녔다. 암살자들이 페르시아 및 시리아 등지에서 실행한 암살사건들을 모두 살펴보자면 언제나 살인 무기는 단검뿐이었다. 독이나 미사일 등 암살자 입장에서 더욱 쉽거나 안전하게 사용할 수 있는 다른 무기들이 쓰인 적은 단 한 번도 없었다. 게다가 암살자들은 거의 모든 경우 붙잡혔으며, 보통 탈출하려는 의지조차 보이지 않았다. 미션에서 살아남는 것이 수치스러운 행위였으리라는 추측도 제기되고 있다.[13]

우리가 한 가지 기억해야 할 것이 있다면, 루이스 교수가 바로 이 암살자들을 '최초의 테러리스트'라고 불렀다는 점이다.[14] 그는 이스마일파의 시 한 구절을 인용했다. "형제여, 승리의 날이 온다면, 두 개의 세상 모두가 우리의 동지가 되어 행운을 가져다준다면, 비록 왕이 수십만 기마병을 거느리고 있다고 해도, 작전에 오른 전사 한 명 덕분에 테러로 몸살을 앓게 되리라."[15]

루이스 교수는 또 테러 운동이 유지되기 위해 필요한 두 가지 요소로 조직과 이데올로기를 꼽았다. "조직은 실제로 공격을 실행할 수 있어야 하며, 동시에 불가피하게 찾아오는 역풍을 견뎌낼 수 있어야 한다. 또한 믿음으로 이루어진 시스템이 필요한데, 당시 시대나 장소를 고려해본다면 종교 이외에는 달리 사용할 요소가 없었다. 이 시스템을 통해 암살자들은 사지에 놓인 순간에도 계속해서 영감을 받고 할 일을 수행하게 된다."[16] 이처럼 이스마일파에게 종교란 "수난과

---

13   Ibid., 127.
14   Ibid., 129-130.
15   Ibid., 130.
16   Ibid., 131.

순교에 대한 기억, 하나님과 인간 간 이행에 대한 약속이었다. 이를 통해 커다란 긍지와 용기를 얻은 암살자들은 인류 역사상 타의 추종을 불허하는 헌신을 몸소 실천하게 된 셈이다."[17]

하산 에 사바흐는 현대의 수많은 이슬람 원리주의자들에게도 큰 영감을 주고 있다. 그와 그의 암살자들은 '이슬람의 영웅'으로 불리고 있으며 그 어느 때보다 더 많은 제자들을 모으고 있다.[18]

무슬림들을 적으로 돌리고 싶지 않다는 열망, '이슬람 혐오주의자'라는 꼬리표를 달고 싶지 않다는 소망, 그리고 동료 시민들의 종교를 문제 삼지 않는다는 오랜 미국의 전통 때문에 이슬람을 비판한다는 것은 상당히 까다로운 일이 되어 버린다. 눈감은 자들의 마음을 돌려 이슬람 테러리즘 속에 분명히 존재하는 이슬람적 요소들을 보여주려는 전략은 매우 부조리하고 위험한 일일 수도 있겠다.

이슬람의 세계가 얼마나 종교 중심적인지는 서구의 자유주의적 시각에서 보자면 이해하기 힘들 수도 있다. 그래서 종교의 역할을 충분히 고려하지 못할 수도 있겠다. 불가지론자와 무신론자, 혹은 단순히 종교에 무관심한 이들이 가장 진보주의적이라는 이 탈근대적 세계에 서라면 더욱더 그러하다. 그러나 무슬림들은 쿠란을 말 그대로 신의 말씀으로서 받아들이며, 그들의 예언자 무함마드가 정말로 천사를 통해, 혹은 이따금씩 직접적으로 신의 전갈을 받았다고 믿는다. 뒤에서도 살펴보겠지만, 먼저 본 책 제4장의 〈쿠란〉의 말을 잠시 빌려오겠다.

쿠란은 신의 계시이자 '바로 그대로의 말씀(입시시마 베르바ipsissima verba)'으

---

17 Ibid., 131.

18 Amir Taheri, Holy Terror: The Inside Story of Islamic Terrorism (London: Sphere Books, 1987), 34 - 35.

로 여겨진다. 쿠란을 우화적으로, 유추적으로, 은유적으로, 혹은 통념을 벗어난 관점으로 이해하려 해서는 안 된다. 쿠란은 말 그대로 신의 말씀이기 때문에 정말 말 그대로 복종해야 하는 '말씀'이다. 쿠란은 실용적인 매뉴얼이다. 무슬림들은 사적인 영역과 공적인 영역 모두에서 쿠란을 자기 행위에 대한 지침서로 사용한다. 쿠란은 신자들에게 도덕적인 의무와 법적인 의무를 상세하게 정해준다. 쿠란은 종교적 교의와 신앙, 의례의 기본이자 법의 한 연원이다.

이슬람의 교리가 어떻게 이슬람 테러리즘에 대한 동기를 부여하고 이를 지시하는지를 이해하려면 먼저 이슬람 테러리즘의 역사가 초대 무슬림들의 정복 활동에서부터 시작되었다는 점을 명확히 할 필요가 있다. 인도의 신드 주, 이라크, 이란에 대한 8세기 초의 정복 활동은 동기 측면에서 보았을 때 현대 지하디스트 단체들의 의제 및 전쟁 방식과 상당히 닮아 있다. 이들은 모두 신의 이름 아래에서 행동하고, 신을 연유로 한 성전(지하드jihād)을 일으켜야 하며, 이를 통해 이슬람국가를 건립할 종교적 의무를 지고 있다. 이슬람의 생활 속에서 주로 활용되는 다른 교리들, 이를테면 선행을 명하고 악행을 금하는 원칙 등은 그다지 논해지지도 않는다. 이처럼 성전은 이슬람국가 건설이라는 원칙이 곧바로 실천에 옮겨지는 특수한 경우로 볼 수 있다.

이븐 워라크

차례 ————————

제1장

근본 원인의 오류

2001년 9월 11일 테러 발생 당시, 수많은 분석가들과 저널리스트, 그리고 전문가들은 한 치의 망설임도 없이 미국이 외교정책 때문에 공격받은 것이라 결론지었다. 근본 원인을 보다 자세히 살펴보아야 한다고 거의 교조적인 어조로 주장하는 이들도 있었는데, 요는 결국 사회경제학적인 근본을 살펴보자는 얘기였으며 그중에서도 빈곤이 그 이유로 가장 자주 거론되었다.

이외에도 수많은 사람들이 자신만의 견해를 내놓았다. 아랍과 이스라엘 간의 대립에서부터 시작해서 지하디스트들이 교육을 전혀 받지 못해 이슬람에 대한 지식이 전무하다는 주장, 성적으로 억압되거나 욕구불만 상태에 있기 때문이라는 주장, 십자군 전쟁과 브리트니 스피어스로 대표되는 서구식 타락 때문이라는 주장까지 온갖 견해가 난무했다. 심지어는 지구 온난화 때문이라는 멍청한 소리도 나왔다(지구 온난화가 하필이면 무슬림만을 괴롭혀서 테러리즘을 일으키게 만들 리 없지 않은가).

나는 빈곤도, 테러리스트들의 교육 부족도, 이스라엘-아랍 간 대립도, 미국의 외교정책도, 서구의 제국주의도, 또 십자군전쟁도 이슬람 테러리즘을 적절하게 설명할 수 없다고 주장한다.

이슬람 테러리즘: 빈곤도, 교육의 부족 때문도 아니다

테러리스트 조직을 구성하는 개개인에게 충분한 경제적 여건이 갖추어지지 못한 상황, 간단히 말해 '빈곤'은 이슬람 테러리즘의 원인으로 가장 자주 지목된다. 두 번째로 자주 거론되는 바로는 테러리스트들이 이슬람의 교리에 대해 완전히 무지하며, 쿠란에 대해 알고 있는 것도 없거니와 교육을 받은 적도 없다는 주장이 있다. 후자의 주장에는 테러리스트들이 이슬람의 성서를 거론한다고 해서 그들의 행위까지 정당화될 수는 없다는 생각이 깔려 있다. 만일 이들이 이슬람에 대해 제대로 알고 있었더라면 이슬람의 이름으로 그와 같은 테러 행위들을 저지를 수는 없다는 말이다.

우선 1977년부터 1979년까지 진행된 연구 하나를 살펴보자. 연구를 주도한 인물은 이집트의 사회학자 사드 에딘 이브라힘이었으며, 두 개의 이집트계 이슬람 무장단체가 그 연구 대상이었다. 알 타크피르 와 알 히즈라(Al-Takfir wa-l-Hijra), 의역하면 '속죄와 성전(Repentance and Holy Fight, RHF)'이라는 단체가 그중 하나였으며 다른 하나는 '군사기술학교(Technical Military Academy, MA)'라는 뜻의 알 파니야 알 아스카리야(Al-Fanniya al-'Askariya)였다(다음에서는 편의상 이들을 RHF와 MA로 부르겠다). 내가 이 연구를 가장 먼저 소개하는 데에는 몇 가지 이유가 있다. 진중한 이집트인 학자였던 이브라힘은 외부인이라면 알지 못할 이슬람 국가들의 문화적 뉘앙스를 매우 기민하게 파악하고 있었으며, 이에 따라 그의 연구는 상당한 무게와 진정성을 향유하고 있다. 또한 이 연구는 9.11테러가 발생하기 훨씬 이전의 시점에 이루어진 해당 분야 최초의 연구라는 점도 한몫을 했다. 이브라힘은 전반적인 테러리스트 조직들의 멤버 다수에게 빈곤과 교육 수준에 대한 질문을 던졌으며, 특히 이슬람에 대해 얼마나 알고 있는지를 깊이 물었다.

1977년, RHF는 '정부에 구금중인 RHF 구성원들을 석방하라'는 요구와 함께 전 장관을 납치했으며 "석방이 제대로 이행되지 않을 경우 (그를) 죽이겠다는 협박도 서슴지 않았다. 이 때문에 전국에서 강력한 탄압이 진행되었으며 그 과정에서의 총격전으로 다수의 사상자가 발생했다."[1] 이보다 3년 전, MA는 '쿠데타를 일으키려고 시도'했다. 계획은 "좌절되었으나 그 과정에서 열두 명의 사상자가 발생했다."[2] 두 조직의 수장들은 모두 처형되었으나, 2급 간부들 중 다수는 여전히 투옥 중에 있다. 투옥된 전투원들은 처음에는 이브라힘의 연구팀을 못미더워 하였으나 나중에는 이들이 정직해 보이고 믿음이 간다며 인터뷰에 응해주었다. 2년의 기간 동안 총 서른세 명의 전투원을 대상으로 각각 열 시간 이상씩, 총 400시간이 넘는 인터뷰가 진행되었다.[3]

| MA, RHF와 교육

우선 지금 논하고 있는 이집트계 무장단체 두 곳 간의 유사성을 살펴보고 가야겠다. MA는 살리 시리야라는 인물의 주도하에 출범했는데, 훗날 밝혀진 바에 의하면 살리 시리야는 '근대 교육을 받았으며 심지어 교육학 박사학위를 취득한' 사람이었다.

---

1   Saad Eddin Ibrahim, "Anatomy of Egypt's Militant Islamic Groups: Methodological Notes and Preliminary Findings," in Egypt, Islam and Democracy: Critical Essays (1996: Cairo: The American University in Cairo Press, 2002), 2. 본래 다음 잡지에 같은 제목으로 게재된 바 있다. International Journal of Middle East Studies 12, no. 4 (December 1980): 423–453.

2   Ibid., 3.

3   Ibid., 6.

팔레스타인 출신의 살리 시리야는 삼십대 중반 무렵 무슬림형제단 요르단 지부의 일원이 되었다(이들은 이슬람해방당, 히즙 우트 타흐리르 알 이슬라미Hizb ut-Tahrir al-Islami라는 이름으로도 알려져 있다). 1967년의 패배 이후 그는 간헐적으로 다양한 팔레스타인계 조직에 참여해 활동했으며, 리비아나 이라크 등 혁명적인 성격을 보이는 아랍 정권 다수와 협동하고자 했다. 잠시 투옥되기도 했던 그는 1971년 마침내 이집트에 자리를 잡고 카이로에 위치한 아랍연맹의 특수 에이전시 한 곳에 들어갔다. 몇몇 종교적인 학생의 관심을 끌어모으기 딱 좋은 자리였다. 우사르(usar, 가족)라 불리는 지하 조직이 카이로와 알렉산드리아 등지에 생겨나기 시작한 것도 이때부터였다.[4]

역시 삼십대의 나이인 RHF의 설립자 슈크리 무스타파 역시 농경과학 전공으로 학사학위를 취득한 인물이다. 그는 "무슬림형제단의 일원이라는 혐의로 1965년 체포되었으며 이후 수년간 투옥되었다."[5]

두 단체의 일반 전투원들은 시리야와 무스타파 둘 모두를 다음과 같이 평가했다. "(이들은) 웅변에 엄청나게 능했으며, 종교에 대해 잘 알고 있었고, 쿠란과 하디스를 제대로 외울 줄 알았으며, 국가와 지역적 및 국제적 이슈들에 대해서도 깊이 이해하고 있었다. 두 사람 모두 고결하고 용감하며 죽음을 두려워하지 않는 한편으로 차라리 순교(이즈티시하드istishhad)를 열망하는 모습을 보여주었다."[6] 특히 RFH의 조직원들은 무스타파를 가리켜 '교리에 의한 신학과 이슬람 법학, 예배와 이슬람의 사회적 관행에 대한 상당한 권위자'라고 평했다.[7]

---

4   Ibid., 14.
5   Ibid., 14-15.
6   Ibid., 15.
7   Ibid., 16.

| 평범한 무슬림들

이제 일반적인 무슬림 대중으로 돌아가 보자. 이브라힘의 설명에 따르자면 "일반적으로 이슬람 무장단체의 대다수 조직원들은 중산계급 혹은 그 하위계급에 속했다."[8]

> (조직원들은) 대부분 그 부모보다 학문적, 직업적으로 많은 것을 이루었다. 단 다섯 명을 제외한 모든 조직원들은 체포되던 당시를 기준으로 대학을 졸업했거나 현재 대학에 등록된 학생이었다. 나머지들도 중등교육을 마친 사람들이었다. 이들 중 직업을 기준으로 분류할 수 있는 사람은 47퍼센트에 불과했으며 나머지는 학생이었다. 직업을 가진 이들은 대부분 전문직이었으며 정부에 소속된 사람도 있었다. 선생이 다섯 명, 엔지니어 세 명, 의사 두 명, 농학자가 두 명이었다. 세 명은 자영업자였으며(약사, 의사, 회계사 각 한 명씩) 한 명은 버스 회사를 운영하고 있었다. 체포 당시 학생이었던 사람들을 살펴보자면 공학 전공이 여섯 명, 의학 네 명, 농경과학 세 명, 약학 두 명, 군사기술과학 두 명, 문학 한 명 순이었다. (중략) 이 중 의학, 공학, 군사기술과학, 약학 전공은 이집트의 국가시험인 타나위야 암마[9]에서 매우 높은 점수가 요구되는 학과들이다. 이 네 개 전공을 가진 학생들은 18명 중 무려 14명에 달했다. 달리 말하자면, 두 이슬람 단체에 소속된 학생들은 동기 측면이나 성취도 측면 모두에서 매우 우월한 모습을 보여주었다.[10]

---

8 Ibid., 18.

9 타나위야 암마(thanawiya 'amma)는 현대 표준 아랍어로 '일반 중등'이라는 뜻이며 이집트에서 시행되는 일련의 표준 수학능력 시험을 의미한다. 공립 중등교육을 끝마친 이들은 이 시험을 통해 중등교육 수료증을 받게 되며 이집트 내 공립대학에도 이 점수를 가지고 입학할 수 있다. 이집트의 교육 체계에서 보자면 '일반 중등'은 중등교육과정을 수료하고 그 수료 시험을 치렀다는 의미이자 동시에 시험에서 통과해 받은 중등 학위를 의미한다.

10 Ibrahim, "Anatomy of Egypt's Militant Islamic Groups," 18 – 19.

우연적인 결과일 수도 있겠으나, 80퍼센트의 조직원들은 완벽하게 평범한 가정환경을 가지고 있었다.

연구가 시행된 시점으로부터 15년이 지났을 때에도 이브라힘의 발견들은 여전히 타당하다고 여겨지고 있었다. 이집트의 경제학자 갈랄 아민은 이브라힘의 작업을 '선구적인 연구'[11]라 부르며 열렬하게 지지했다. 아민은 "이집트 사회의 가장 높은 계층, 혹은 가장 밑바닥 계층 양 극단에서 종교적 광신주의가 거의 나타나지 않는다는 점은 정말 놀랍다"고 말했다.[12] 아민은 또한 크게 존경받는 아랍 역사학자이자 지성인인 앨버트 후라니의 글을 다음과 같이 인용했다. "(후라니 또한) 1930년대 후반 무슬림형제단 운동의 성장을 연구한 끝에 비슷한 결론에 도달했다. 운동이 도시인구, 특히 중산 계층을 중심으로 퍼져 나가고 있다는 게 그 골자였다. 수공업자, 소상공인, 교사와 전문가 등 지배 엘리트 계급의 특권 바깥에 선 사람들이 그 주인공들이었다."[13]

같은 해, 팔레스타인의 저널리스트 카레드 아마이레흐는 「예루살렘 포스트」에 다음과 같은 논지의 글을 하나 기고했다. "이스라엘 내에서 발생하는 이슬람 테러리즘이 다른 지역과 마찬가지로 빈곤과 낙후, 그리고 무지의 산물이라고 주장하는 자들이 있다. 그러나 이는 단순하게 말하자면 터무니없는 주장일 뿐이다. 이슬람 원리주의(더 정확하게 말하자면 이슬람 부흥운동)는 빈곤의 산물 혹은 부산물이 아니다. 대다수의 이슬람주의자들과 그 지지자들이 중산층, 혹은 그 상위의 사

---

11   Galal A. Amin, Egypt's Economic Predicament: A Study in the Interaction of External Pressure, Political Folly and Social Tension in Egypt, 1960 – 1990 (Leiden: E.J. Brill, 1995), 137.

12   Ibid., 136.

13   Ibid., 137. 다음에서 인용. Albert Hourani, A History of the Arab Peoples (London: Faber and Faber, 1991), 349.

회경제적 지위를 누리고 있다는 사실은 이미 몇몇 연구를 통해 밝혀진 바 있다."[14]

아마이레흐는 다음과 같이 논의를 발전시킨다.

> 한 예시로, 1994년 요르단의 의회 선거에서는 무슬림형제단이 압도적인 표차로 승리를 거두었다. 이들은 빈곤층 거주지역이 몰려 있는 곳에서는 물론이며, 자발 암만과 스메사니 등의 중산층 거주지가 위치한 암만 구역에서도 크게 앞섰다. 마찬가지로 이슬람주의 운동은 생활수준이 낮은 시골 지역이나 난민캠프에서보다는 헤브론, 나블루스, 라말라 등의 지역, 요르단강 서안지구, 그리고 나머지 점령당한 영토에서 훨씬 더 큰 인기를 구가했다. (중략) 게다가 서안지구의 대학들에서 연이어 벌어진 학생회 투표 결과를 보자면 도시 거주자들이 시골마을 사람들보다 '이슬람파'를 더 선호한다는 결과가 일관적으로 나타났다. 일반적으로 시골 사람들보다 더욱 많은 교육을 받았으며 경제적으로도 양호한 도시 거주자들이 지속적으로 이슬람주의자들에게 지지를 보내는 셈이다. 이 사실은 이슬람주의의 인기가 경제적 빈곤에서부터 자라나는 것이라는 일반적인 통념을 부인한다.[15]

| 빈곤과 여성의 고난

「월 스트리트 저널」의 특파원이었던 제랄딘 브룩스는 1980년대 중동에서 여성들이 겪는 고난을 취재하는 과정에서 그녀 스스로 겪은 경험을 책으로 저술했다.[16] 이집트에 머무르던 당시 브룩스는 사하르라는 여성을 조수로 두었다. 당시 스물다섯 살이었던 그녀는 좋은

---

14 Khaled Amayreh, "Reality Behind the Image," Jerusalem Post, February 24, 1995.
15 Ibid.
16 Geraldine Brooks, Nine Parts of Desire: The Hidden World of Islamic Women (1994; New York: Anchor Books, 1996).

학교를 다녔으며, 아버지가 미국계 자동차 회사에서 일하시는 덕분에 연줄도 든든했다. 또 언제나 두꺼운 화장에 스틸레토 힐을 신었고, 머리는 공들여 만졌으며 우아한 드레스를 입고 다녔다. 그러나 브룩스는 그날을 잊을 수 없다며 회고했다. "어느 날 아침, 나는 문을 열었다가 낯선 이와 마주쳤다. 머리카락의 우아한 컬은 온데간데없이 푸른색 스카프로 꼼꼼하게 가려져 있었다. 화장은 싹 지워져 있었으며, 맵시 있던 평소의 드레스 대신 촌스러운 부댓자루 같은 것을 입고 있었다. 사하르가 무슬림 원리주의자들의 의복을 받아들이기로 결정한 것이다. (중략) 나는 이슬람으로의 개종이 하늘의 도움을 구하는 빈곤층이 절박한 심정으로 잡는 마지막 지푸라기 정도 되는 줄로만 알고 있었다. 그러나 사하르는 (중략) 좀스러울 만큼 세분화된 이집트 사회에서도 성층권에 가까운 지위를 누리는 사람이었다."[17]

사하르에게 그 이유에 대해 묻자 그녀는 "이슬람 지하드와 무슬림 형제단의 슬로건인 '이슬람이 답이다'를 입모양으로만 읊었다." 그녀의 말에 따르자면 외지에서 들여온 자본주의와 사회주의라는 이데올로기는 실패했으며, 이제는 "오래전부터 쿠란에 정해져 있었던 체계를 따라야 할 때가 왔다"는 것이다. "하나님이 모든 법조문과 윤리와 사회구조를 일일이 정해주시는 수고를 아끼지 않으셨는데, 그를 따르지 않을 이유가 없다는 것이 사하르의 설명이었다."[18]

브룩스는 이를 두고 다음과 같이 설명했다. "이슬람 운동은 중동의 거의 모든 대학에서 우세를 떨치고 있다. 재능 있는 학생들은 대학이 가장 내로라하는 학부에 몸담고 있었다. (중략) 이슬람 기도를 올리는 학생들 중에는 가장 많은 선택지를 누리는 학생들이 포함되어 있었

---

17   Ibid., 7-8.
18   Ibid., 8.

다. 이들은 다음 세대의 엘리트들이었으며, 그들 국가의 미래를 만들어나갈 이들이었다."[19]

| 사회경제학적 논의의 변형

브룩스의 논지를 한 단계 더 깊게 파고 들어가 보자면 한 가지 사회경제학적인 질문을 꺼내볼 수 있다. 이슬람의 젊은이들이 경제적 여건이 부족한 한편으로 스스로 사회적 지위를 높일 만한 수단이 없기 때문에 이슬람 테러리즘에 빠져드는 것은 아닐까? 한 예시로 텔아비브대학교 중동 및 아프리카 학부의 모세다얀연구소 소장 마틴 크레이머는 이슬람 사회에는 잠재적 엘리트로 길러졌으나 모종의 이유로 정치적 권력을 가지지 못하게 된 이들이 존재한다고 추측한다. "이들은 상당한 교육을 받았고 손에 부를 쥐고 있지만 동시에 마음속에 큰 불만을 품고 있다." 크레이머는 역사학자이자 중동 포럼의 회장이며 「계간 중동」의 편집장이기도 한 다니엘 파이프에게 보내는 편지에서 다음과 같이 말했다. "이들의 야망은 가로막혔으며, 자신들의 사회경제적 자산을 정치적인 영향력으로 만들 수 없는 상황에 던져져 있다. 이슬람주의는 이들에게 특히 유용한 수단이 될 수 있다. 어느 정도의 교묘한 조작을 동원한다면 이슬람주의를 통해 가난한 이들을 끌어모아 자신의 추종자 집단으로 부릴 수 있기 때문이다."[20] 크레이머에 따르자면 "터키의 이슬람 무장단체를 뒷받침하는 데 큰 역할을 담당하는 사업가들, 다시 말해 아나톨리아의 호랑이들은 가장 순수한 형태의 '대항엘리트'라고 볼 수 있다."[21]

---

19 Ibid., 164.

20 Martin Kramer, letter to Daniel Pipes, August 2, 2001, cited in Daniel Pipes, Militant Islam Reaches America (New York: W.W. Norton and Company, 2002), 57.

21 Ibid.

브룩스는 아직 세상으로부터 거부당하지 않은 상류층의 학생들이라도 스스로 이슬람주의의 길을 걷고자 결정할 수 있다고 말했다. 그렇다면 브룩스의 의견은 '거부당한 이들'이 이슬람주의자들의 대다수를 차지한다는 크레이머의 추측과 상충하는 주장일까? 당연한 말이지만, 크레이머의 추측으로는 고등교육을 받은 이슬람주의자들을 모두 설명할 수 없다.

정부 소속의 대테러 전문가 마크 세이지맨은 소련의 아프가니스탄 침공 당시 이슬람 원리주의자들과 일했으며 그들의 발전 과정을 연구한 인물이다. 그는 2008년 펴낸 저서 『리더 없는 지하드: 21세기의 테러 네트워크(Leaderless Jihād: Terror Networks in the Twenty-First Century)』에서 '출신이나 가족력 등 사회경제학적 배경에서 말하자면, (그가 연구한 500명 이상의 표본 중) 대다수의 테러리스트들은 중산층 출신'이라고 밝혔다.[22]

> (초기의 극보수 집단은) 대부분 사회경제적으로 높은 계층에서 시작되었다. 중산층과 상위 계층이 거의 절반씩을 차지했다. 상위 계층의 인물로는 오사마 빈 라덴이 대표적인 예시다. 건축업계 대부의 아들이었던 그는 부유한 환경에서 사우디아라비아 왕자와 함께 자랐다. 빈 라덴의 뒤를 이은 아이만 알 자와히리 또한 같은 부류에 속한다. 그는 이집트의 명망 높은 가문 출신으로, 그의 할아버지는 외교와 학문계에서 상당한 권위자였으며 삼촌은 아랍 연맹의 초대 사무총장을 지낸 인물이었다.[23]

이들의 뒤를 이은 두 번째 극보수 집단은 주로 중산층 출신이었다.

---

22   Sageman, Leaderless Jihād, 48.
23   Ibid., 49.

다니엘 파이프가 2001년 남긴 글에서 이를 찾아볼 수 있다.

> 부자들은 이슬람 무장단체의 적대세력이 아니다. 쿠웨이트는 서양식 경제구조
> 를 통한 부를 누리고 있으며 국가의 존립 자체를 서양에 의존한 적도 있었으
> 나, 여전히 쿠웨이트의 의회에는 이슬람주의자들이 큰 비중을 차지하고 있다.
> (중략) 요르단강 서안지구는 가자지구보다 높은 부를 향유하고 있으나, 이슬람
> 주의자들은 가자지구보다 서안지구에서 더 높은 인기를 구가하고 있다. 무슬
> 림들이 일반적으로 평균 이상의 경제력을 향유하는 서유럽 및 북아메리카에서
> 도 이슬람주의자들은 세력을 떨치고 있다. (중략) 미국의 경우 이슬람주의자들
> 과 일반적인 무슬림 간의 격차는 말 그대로 가진 자와 가진 것 없는 자들 간의
> 격차로 보아도 무방하다. 일반 무슬림들이 다수를 차지하고 있으나 이슬람주
> 의자들은 부를 쥐고 있다. [24]

파이프는 그의 논지를 다음과 같이 명확히 했다. "경제적 번영은
급진적 이슬람주의의 적대 세력이 아니다. 오늘날 이슬람 무장 운동
은 석유 수출국들이 엄청난 경제 성장률을 자랑하던 1970년대에 시
작된 것이다."[25]

| 토지와 부: 잘못된 식별자

미국기업연구소(미국의 공화당계 정책연구기관-역주) 소속의 데이비드 웜서
가 관찰한 바에 따르자면 서양인들은 아랍 세계의 문제들을 토지나
부와 같이 '특정한 물질적 이슈'들에 관련지으려는 경향을 강하게 보

---

24 Pipes, Miltant Islam, 58, 다음 참조. Khalid Duran, "How CAIR Put My Life in Peril," Middle East Quarterly 9, no. 1 (Winter 2002): 43.

25 Ibid., 58.

인다. 이는 보통 '신앙과 원칙에 대한 강한 유착을 부정하는 동시에 단순히 정치인들에 의한 부정적인 착취에 불과하다고 폄하하려는 경향'을 뜻한다. "엄밀히 말하자면 서양의 관찰자들은 물질적인 이슈와 그 지도자들만을 보고자 하며, 문제의 근원인 아랍 세계의 영적 차원을 무시하려 한다."[26]

이슬람주의자들이 스스로의 가장 큰 고충으로 빈곤을 꼽는 경우는 거의 없다. 아야톨라 호메이니가 1979년 8월 24일 콤에서 남긴 연설에서 이에 대한 뚜렷한 증거를 찾아볼 수 있다. "경제는 당나귀(하르khar)의 몫이다. 우리 인간들의 혁명은 이슬람을 위한 것이지, 머스크멜론(하르보자kharboza)을 위한 것이 아니다."[27] 같은 해 호메이니가 내놓은 장문의 추가 연설문에서는 더욱더 결정적인 말이 등장한다. 여기서 그는 이란 혁명의 국가이성을 설명한다.

> 첫 발자국부터 끝맺음까지 15~16년이 걸린 이 운동에서는 (중략) 많은 피가 흘렀고 수많은 젊은이들이 목숨을 잃었으며 (중략) 모두 이슬람을 위한 것이라는 게 우리의 믿음이다. 나도, 또 그 어떠한 학식 있는 자라도 우리가 고작 덜 비싼 멜론을 위해 우리의 피를 내놓고, 덜 비싼 집을 위해 젊은이들의 목숨을 내놓았다고 말할 수 없으리라.
>
> 사람들이 목숨을 내놓는 것은 다 이슬람을 위해서다. 우리의 성인들도 경제가 아니라 이슬람을 위해 그들의 삶을 내던졌다. (중략) 사람이 어떠한 경제적 체

---

26 David Wurmser, "The Rise and Fall of the Arab World," Strategic Review 21, no. 3 (Summer 1993): 33–46; quoted in Daniel Pipes, "God and Mammon: Does Poverty Cause Militant Islam?" National Interest, no. 66 (Winter 2001/2002): 14–21.

27 다음에서 인용. Saïd Amir Arjomand, After Khomeini: Iran under His Successors (Oxford and New York: Oxford University Press, 2009), 56.

제를 원하고 그를 위해 목숨을 내놓는다고 해서 경제 상황이 개선된다니! 말도 안 되는 소리![28]

이스라엘의 이슬람학자 요하난 프리드만은 이란의 해석학자이자 역사학자인 알 타바리(기원후 839-923)의 글을 번역, 출간했는데, 이 책의 서문에는 초기 무슬림들이 적군인 페르시아를 상대로 직접 설명했던 그들의 목표가 잘 요약되어 있다. 이에 따르자면 "이슬람 이전의 아랍인과는 달리, 무슬림들은 속세의 소유나 삶의 질을 끌어올리기 위해 싸우지 않는다. 이들의 유일한 목표는 이슬람의 새로운 믿음을 널리 전파하는 것뿐이다."[29] 호메이니의 말과 일치하는 셈이다.

논의의 시점을 2015년 2월로 다시 돌려보자. ISIS의 조직원 아크사 마흐무드는 저널리스트 비니시 아흐메드와의 인터뷰에서 그녀의 배경과 동기를 다음과 같이 설명했다. "미디어는 지하드에 가입하기 위해 먼 길을 달려와 조직에 성공적으로 자리 잡은 이들을 (보여주고는 그 후에 이들이) 미래도 없던 자들이며 처참한 가정환경 등에서 자란 이들이라고 말한다. 그러나 이는 사실과 크게 다르다." 마흐무드의 말을 조금 더 들어보자.

내가 만난 대부분의 자매들은 대학 교육을 받는 앞길이 창창한 친구들이었으며, 행복한 대가족과 많은 친구들과 함께 지내는 이들이었다. 던야(Dunyah, 지상세계)의 모든 것들이 이들을 묶어둔 채 그 자리에서 호화로운 생활이나 즐기

---

28 다음에서 인용. Suzanne Maloney, Iran's Political Economy since the Revolution (Cambridge: Cambridge University Press, 2015), 84. Mavaz'-e Imam Khomeini, ed. Mohammad Reza Akbari (Isfahan, Iran: Payam-i 'Itrat, 1999), 1:243–244.

29 The Battle of a-Qadisiyya and the Conquest of Syria and Palestine, trans. Yohanan Friedmann, vol. 12 of The History of al-Tabarī (Albany: State University of New York Press, 1991), xvi.

라고 유혹했다. 만일 우리가 그곳에 그대로 있었더라면 우리는 막대한 부를 배경으로 편안하고 안락한 삶을 누릴 수 있었을 것이다.

우리는 알 아크히라(al-akhira, 사후세계)를 위해 이 모든 것을 희생했다. 우리는 세뇌당한 멍청하고 어린 여자들이 아니다. 우리는 오직 하나님(알라)을 위하여 시리아에 왔다. [30]

몇몇 무슬림들이 자신들의 테러 행위를 정당화하고자 할 때 동료 무슬림들이 겪는 빈곤을 들먹이며 경제적인 이유를 꺼내드는 것도 사실이다. 그러나 이들 또한 오로지 이슬람식 정의만을 염두에 두고 있다. 이들에게 최우선 목표는 신이 제정한 법이 인간의 법을 대체하는 이슬람국가를 건설하는 일이다. 만일 이들이 진정으로 모든 무슬림들의 경제적 여건을 개선하는 일을 최우선 과제로 삼고 있다면 그토록 잔혹하게 행동할 수는 없을 테다. 예를 들자면, 동남아시아의 급진적 이슬람주의 무장단체이자 알 카에다와도 연결된 제마 이슬라미야는 2002년 10월 발리의 관광지인 쿠타에 폭탄테러를 일으켜 202명의 목숨을 앗아갔는데, 이 중에는 38명의 인도네시아인도 포함되어 있었다. 또한 이 사건으로 인해 인근 지역의 관광 수요가 급격하게 떨어졌다. 관광 사업은 인도네시아 GDP의 5퍼센트를 차지하는 중요한 산업이다. 달리 말하자면, 이슬람 테러리즘은 빈곤의 결과가 아니라 차라리 빈곤의 원인에 가깝다.

1997년 11월 17일 58명의 여행객과 이집트 자국민 네 명의 목숨

---

30 Beenish Ahmed, "How a Teenage Girl Goes from Listening to Coldplay and Reading Harry Potter to Joining ISIS," Think Progress, February 24, 2015, http://thinkprogress.org/world/2015/02/24/3626720/women-isis/.

제1장 _ 근본 원인의 오류 **37**

을 앗아간 룩소르 대학살을 살펴보아도 비슷한 결론에 다다를 수 있
다. 이집트의 수니파 이슬람주의 조직이자 미국이 테러리스트 조직
으로 지명한 가마 이슬라미야의 소행으로 추측되는 이 대학살 이후
에도 이집트의 호텔은 텅텅 비워졌으며 여행 가이드들은 직업을 잃
게 되었다. 이집트에서 관광업계에 종사하는 이들의 숫자는 실로 어
마어마하다. 여행사 및 호텔에서 근무하는 사람들만 70만 명에 달하
며, 간접적으로 관광업에 의존하고 있는 사람들은 그보다 몇 배에 이
른다(2014년 기준 최대 150만 명으로 추산).[31] "이집트의 관광업은 역사상 최
악의 위기를 맞이하고 있습니다." 관광부 장관 맘두 엘 벨타기가 정
부 발간 일간지 「알아람」에 보고한 말이다. "그 폭력적인 범죄행위가
주된 악영향이 아니라고 말할 수 없습니다."[32] 이집트 테러리스트들
의 살인 행위가 이집트 경제를 직접적으로 노렸다는 증거들도 속속
제시되고 있다. 주 목적은 정부의 탄압 행위를 유발해서 반정부 세력
을 결집시키는 데 있다.[33] 이슬람 테러리스트들의 공격은 알제리와
튀니지, 리비아, 아덴과 예멘에도 마찬가지로 끔찍한 후폭풍을 남겼
다.[34]

이스라엘–아랍 분쟁 때문도 아니다

이스라엘의 존재는 이슬람 테러리즘의 원인이 아니다. 이스라엘의

---

31 Kevin Rushby, "Can Middle East Tourism Ever Recover?" Travel, Guardian, November 24,
    2015, https://www.theguardian.com/travel/2015/nov/24/can-middle-east-tourism-ever-
    recover-terrorist-attacks-egypt-tunisia

32 Douglas Jehl, "Massacre Hobbles Tourism in Egypt," International Business, New York Times,
    December 25, 1997, http://www.nytimes.com/1997/12/25/business/international-business-
    massacre-hobbles-tourism-in-egypt.html

33 Lawrence Wright, The Looming Tower: Al-Qaeda and the Road to 9/11 (New York: Vintage
    2007), 256–257.

34 Rushby, "Can Middle East Tourism Recover?"

총리 베냐민 네타냐후는 (그가 편집하고 기고했지만 저평가되고 만 저서) 『테러리즘: 서구가 승리하는 방법(Terrorism: How the West Can Win)』에서 이슬람 테러리즘이 "사회적 불안과 고통에서 생겨난 산발적 현상이 아니"라고 확실히 말했다.[35] 그는 여기서 다음과 같이 경고한다. "우리는 이슬람 테러리즘에 대한 논의를 단순화시키고자 해서는 안 된다. 가난, 정치적 탄압, 민족공동체에의 부정 등 특정한 '근원' 때문에 나타난 현상으로 간주해서는 안 된다는 말이다. (중략) 테러리즘은 무언가에 의해 자동적으로 촉발된 결과물이 아니다. 그보다는 (중략) 악한 선택에 불과하다." 그는 다음과 같이 말을 이었다. "나치 점령 시기의 유럽에서도 레지스탕스들이 독일 군대나 정부가 아닌 독일 민간인을 상대로 테러를 일으켰거나 그와 같은 행위를 용납한 적은 없었다. 그러나 오늘날의 테러리스트들은 민간인을 목표물로 삼는 일을 즐기면서도 자신들의 범죄 행위를 정당화하기 위해 조잡한 핑계를 들먹이고 있다."[36]

> (따라서) 테러리즘의 근본 원인은 어떠한 불만족에 있는 것이 아니라, 폭력적인 성향을 억누르지 못한 데 있다. 거슬러 올라가 본다면, 어떠한 이데올로기나 종교적 목적을 위한다면 도덕적 허물을 벗어던지는 일은 정당화될 수 있으며 오히려 그 사상들이 그와 같은 행위를 독려한다는 세계관으로 연결된다. 이러한 맥락에서 테러리즘의 근본 원인은 어떠한 항진명제가 아닌, 테러리스트 그 자체다.[37]

---

35 Benjamin Netanyahu, "Defining Terrorism," in Terrorism: How the West Can Win, ed. Benjamin Netanyahu (New York: Farrar, Starus, Giroux, 1986), 7.

36 Benjamin Netanyahu, "Terrorism: How the West Can Win," in Netanyahu, Terrorism, 203.

37 Ibid., 204.

이제 이스라엘과 아랍의 관계에 대해 알아보자. 네타냐후 총리는 1986년 글을 통해 사실관계를 명확히 했다.

> 아랍과 이스라엘 간 평화에 진척이 보이지 않기 때문에 테러리즘이 촉발되고 있다는 의견이 있다. 그러나 진실은 이와는 정반대다. 아랍 테러리즘은 평화 협정이 깨졌기 때문에 나타난 것이 아니다. 오히려 그것은 평화 협정 결렬의 가장 주된 원인이다(평화로운 공존에 대해 아주 약간이라도 호의적인 태도를 보인 아랍의 지도자들은 곧바로 테러리스트들의 암살 위협에 시달리기 때문이다).[38]

이스라엘에 대한 미국의 지원은 어떨까? 네타냐후 총리는 이에 대해 다음과 같이 말한다.

> 이슬람 및 아랍의 급진주의자들이 서양에 대해 가지고 있는 적의는 (중략) 미국이 이스라엘을 지원하기 때문이라는 말이 있다. 그러나 서양에 대한 적대감은 이스라엘이 탄생하기 수세기 전부터 존재했으며, 테러리스트들의 반감은 대부분 이스라엘과는 전혀 관계없는 목표물이나 이슈에 집중되어 있다. (중략) 중동의 급진주의자들은 (중략) 태초부터 이스라엘을 혐오했는데, 이는 이스라엘이 부분적으로 서양 태생이기 때문이다. 즉, 이들 눈에는 (이스라엘이) 그들이 혐오하는 전통과 가치, 이를테면 민주주의와 같은 개념들의 화신 그 자체로 비치기 때문이다.[39] (원본에서 강조)

네타냐후 총리는 이르게는 1995년부터 이와 같은 경고를 해왔다. "아랍-이슬람이 서구에 대해 가지고 있는 깊은 혐오를 살펴보지 않

---

38 Ibid.
39 Benjamin Netanyahu, "Terrorism and the Islamic World," in Netanyahu, Terrorism, 62 - 63.

고는 오늘날 떠오르는 이슬람 무장단체들이 미국과 유럽에 품은 적
대감이 얼마나 위험한 것인지를 제대로 이해할 수 없다. 서구에 대한
적대감은 수세기 전으로 거슬러 올라간다. (중략) 이스라엘이 아예 탄
생조차 하지 않았다 하더라도 이야기는 똑같았을 것이다."[40] 이집트
의 무장 이슬람 종교지도자인 와그디 구니엠은 다음과 같이 말하기
도 했다. "만약 유대인들이 '팔레스타인은 너희들(무슬림)이 가져도 좋
다'고 말했다고 생각해보라. 만족할 수 있겠는가? 아니다! 문제는 신
앙이지, 영토가 아니다."[41]

　2001년 9월, 저널리스트이자 정치 분석가인 크리스토퍼 히친스는
「네이션」지에 다음과 같은 글을 하나 기고했다. "이스라엘이 가자지
구에서 철수한다고 해서 맨해튼에 테러가 일어나지 않으리라는 보장
이 있을까? 그것이 가능하다고 주장하는 이들은 무엇이 도덕적인지
도 구분하지 못하는 천치들일 것이다. 새로운 지하디스트 조직들의
간부들은 그들의 싸움이 시오니즘과의 일대일 대결이 아닌, 유대교
와 세속주의의 원칙 그 자체와의 싸움임을 명확히 밝히고 있다."[42]

　1985년부터 1988년까지 텍사스 주 휴스턴 주재 이스라엘 총영사
를 지냈으며 이후 1989년부터 1992년까지 워싱턴DC 주재 이스라엘
대사관에서 외교관의 신분으로 의회부 공사를 역임했던 요람 에팅거
의 글을 살펴보자.

40　Benjamin Netanyahu, Fighting Terrorism: How Democracies Can Defeat Domestic and
　　International Terrorism (New York: Farrar, Straus and Giroux, 1995), 82; quoted in Douglas
　　Murray, Neoconservatism: Why We Need It (New York: Encounter Books, 2006), 118‒119.

41　1998년 5월 24일, 뉴욕 브루클린의 브루클린칼리지가 주최한 행사 'Palestine: 50 Years of
　　Occupation'에서 와그디 구니엠이 남긴 말이다. 다음에서 인용. Steven Emerson, "Islamic
　　Militants on the Lecture Circuit in the United States," Journal of Counterterrorism (Summer
　　1998), available at http://www.steveemerson.com/4256/islamic-militants-on-the-lecture-
　　circuit-in.

42　Christopher Hitchens, "Against Rationalization," Nation, September 20, 2001, https://www.
　　thenation.com/article/against-rationalization/.

반미 이슬람 테러리즘에 대한 원인으로 가장 많이 거론되는 (것으로 추측되는)
이야기는 바로 이스라엘에 대한 미국의 지원과 팔레스타인인에 대한 미국의 정
책이다. 그러나 9.11테러는 미 대통령 빌 클린턴과 당시 이스라엘 국무총리 에
후드 바락이 팔레스타인에게 유화 정책을 펼치던 시기에 계획되었다. 2000년
10월 12일, 이지스 구축함 콜을 대상으로 폭탄테러를 일으켜 선원 17명의 목숨
을 앗아간 사건 또한 이스라엘과 미국이 캠프 데이비드 협정을 통해 팔레스타
인에 전례 없는 양보를 제시하던 시기에 발생했다. 1988년 케냐와 탄자니아의
미 대사관 폭탄테러(사망 257명, 부상 4,000여 명 이상)는 빌 클린턴 대통령이 당
시 이스라엘 국무총리 벤야민 네타냐후를 강력하게 압박하고 있던 상황에서 벌
어졌다. 1995년과 1996년, 각각 리야드와 코바르 타워에서 총 19명의 미 군인이
살해된 사건은 당시 국무총리 대행 시몬 페레스가 팔레스타인에 전례 없는 양
보를 제시한 때에 일어났다. 1993년 2월의 세계무역센터 폭탄테러(사망 6명, 부
상 1,000여 명 이상)가 일어났을 때 이스라엘은 PLO(팔레스타인해방기구)와 오
슬로 협정 체결을 준비 중이었다. 1988년 12월 21일 팬암 항공 103편 폭파사
건(사망 270명)은 미국이 PLO를 승인한 역사적인 날로부터 불과 수개월 후 벌
어진 일이다. 1983년 베이루트의 미 대사관과 해군기지 및 프랑스군 사령부에
차량 폭탄테러가 일어나 300명의 해군과 58명의 프랑스 군인들이 살해되었을
당시 레바논에서는 미군과 이스라엘 탱크가 대치 중에 있었으며, 이스라엘이
PLO에 전쟁을 선포한 데 대해 미 정부가 이스라엘에 맹비난을 퍼붓고 있던 상
황이었다.[43]

  더 많은 사례들을 살펴본다고 해도 논점은 달라지지 않는다. 이슬
람 테러리즘은 이스라엘의 탄생 그 이전부터 존재하고 있었다.

---

43 Yoram Ettinger, "The Root Causes of Anti-US Islamic Terrorism," Israel Hayom, January 11,
   2012, http://www.israelhayom.com/site/newsletter_opinion.php?id=1180.

| 라이벌 이데올로기

이슬람 테러리스트들은 미국을 라이벌 이데올로기라 명명하고 이를
원칙삼아 행동한다. 한 예시로 "이슬람계 크메르 루즈 정권은 미국을
정신적, 전략적 주적으로 삼는다. 미국발 종교의 자유와 표현의 자
유, 시장의 자유와 단체결사의 자유는 모든 이슬람 정권에 치명적인
위협인 셈이다."[44] 오사마 빈 라덴은 2001년 9월 11일의 잔혹했던
세계무역센터 테러 이후 진행한 인터뷰에서 이를 다시 한 번 명확히
했다. "자유와 인권, 평등을 설교하던 이 어마어마한 물질만능주의
의 탑은 이제 파괴되었다."[45] 그는 세계무역센터를 자본주의의 상징
으로 부르는 대신 '자유와 인권, 그리고 평등'의 상징으로 칭했다. 이
세 가지 요소는 서구의 3대 근본 원칙들이자 이슬람 테러리스트들의
주요 타깃이다.

　이스라엘 헤르츨리야에 위치한 학제연구센터(Interdisciplinary Center,
IDC) 소속 국제문제센터에서 글로벌 리서치를 총괄했던 배리 루빈은
2001년 그의 명 논문 「중동에 대한 미 정책의 진실(The Truth about U.S.
Middle East Policy)」에서 미국의 이스라엘 지원과 이슬람 내 반미주의 간
의 관계에 대해 몇 가지 타당한 논점을 짚어냈다.

> 동예루살렘을 수도로 하는 팔레스타인 독립국에 대해 미국이 더 많은 지원을
> 할수록 중동발 반미주의는 더욱더 고조되는 이상한 현상이 나타난다. (중략) 미
> 국의 대중동정책 전체를 '이스라엘에 대한 지원' 한 마디로 축약하려는 자들,
> 또 실제로 그 '지원'이 의미하는 바를 왜곡하려는 자들이 있는데, 사실상 이들

---

44   Ibid.

45   Osama Bin Laden, interviewed by Tayser Allouni, Al Jazeera, October 21, 2001, in Messages
　　to the World: The Statements of Osama Bin Laden, ed. Bruce Lawrence, trans. James Howarth
　　(London: Verso, 2005), 112.

에게는 외국인 혐오의 힘을 빌려 급진단체와 독재정권을 정당화하고자 하는 속셈이 숨어 있다. 이들의 진정한 불만은 미국이 이스라엘의 생존을 지원하는 과정에서 이슬람주의자들의 혁명과 이슬람주의 독재정의 명분을 약화시킨다는 데 있다.[46]

그러나 이슬람 테러리스트들의 이데올로기에는 에팅거도, 루빈도 논하지 않은 또 다른 근본적인 요소가 두 가지 존재한다. 앞서와 마찬가지로 이 두 요소 또한 이슬람주의자들의 이스라엘에 대한 적대감과 그에 따라 나타나는 모든 현상들을 설명하기에 충분하다. 첫째, 악성 반유대주의는 모든 이슬람 교리의 핵심이다. 이와 관련된 결정적인 분석 연구서이자 문집인 『이슬람식 반유대주의의 유산(The Legacy of Islamic Antisemitism)』(2008)에서 저자 앤드류 보스톰은 "이슬람의 교리와 역사를 검토하는 작업이 불쾌할 수는 있으나, 이슬람의 태초부터 이어져 내려오는 오랜 현상으로서의 유대인 혐오를 이해하기 위해 반드시 필요하다"고 지적했다.[47]

| 반유대주의

이슬람의 반유대주의는 나치즘에서 비롯된 근대의 신조가 아니며, 그보다는 나치즘으로 인해 다시 한 번 확인된 이데올로기라고 보아야 옳다. 현대의 이슬람 테러리스트들은 쿠란, 무함마드의 일대기, 수나

---

46 Barry Rubin, "The Truth about U.S. Middle East Policy," 다음에서 발췌. Anti-American Terrorism and the Middle East: A Documentary Reader-Understanding the Violence, ed. Barry Rubin and Judith Colp Rubin (Oxford and New York: Oxford University Press, 2002), 94. 이 글은 본래 다음의 잡지에 같은 제목으로 게재된 바 있다. Middle East Review of International Affairs 5, no. 4 (December 2001), http://www.rubincenter.org/meria/2001/12/brubin.pdf. 이 글은 너무나도 중요하기 때문에 추후 팜플렛으로 제작되어 더 널리 알려질 필요가 있으며, 특히 아랍어와 페르시아어, 그리고 우르두어를 포함해 가능한 한 많은 언어로 번역되어야 한다.

47 Andrew Bostom, The Legacy of Islamic Antisemitism: From Sacred Texts to Solemn History (Amherst, MA: Prometheus Books, 2008), 33.

와 하디스 등 방대한 양의 자료들을 가져와 유대인 혐오를 정당화하고자 한다. 다시 말하자면 이슬람에서 존경받는 글이나 성전이 모두 동원되는 셈이다. 유대인은 신뢰할 수 없는 이들이자 무슬림의 영원한 적이다. 이들은 반드시 복속해야 할 존재로, 세금을 매기거나 혹은 죽여야 하며 훗날 심판의 날이 다가올 때까지 맞서 싸워야 할 자들이다.

『샤히흐 알 부카리(Sahīh al-Bukhārī)』에 나온 하디스에 따르자면 "심판의 날은 무슬림이 유대인들과 싸우기 전까지(유대인들을 죽이기 전까지) 오지 않는다. 유대인들은 바위와 나무 뒤에 숨게 될 것이며, 바위와 나무들은 '오 무슬림이여, 오 압둘라여, 내 뒤에 유대인이 숨어 있노라, 어서 와 그를 죽이라' 노래할 것이다. 유대인들의 나무인 구기자나무만이 그 노래를 부르지 않을 것이다(이후 이슬람 테러리스트들의 교리를 살펴볼 때 이 주제에 대해서도 더욱 자세히 알아볼 것이다)."[48]

유대인들과 이스라엘에 관련된 이슬람의 두 번째 교리는 예루살렘의 국제기독교시온주의자센터 소장인 얀 빌렘 판 데어 호에펜이 쓴 글에서 잘 드러나 있다. "이슬람 세력은 한 번 점령한 영토나 땅을 영원히 이슬람의 지배권 아래에 두려고 한다. 만일 이슬람의 영토가 그들의 지배를 벗어나 이전의 (신앙심 없는) 주인에게로 돌아간다면 이슬람의 패권에 치명적인 타격이 가해질 터인데, 팔레스타인이 바로 그러한 경우다. 팔레스타인은 (무슬림계 투르크 왕족 및 무슬림 아랍 왕족 치하에서) 무슬림의 지배를 받던 영토였으나 이후 UN결의에 따른 칙령으로 본래의 주인인 유대인들에게 되돌아왔다."[49]

---

48 Bukhārī, Sahīh, The Authentic Hadīith: Book of Jihād and Campaigns, trans. Muhammad Muhsin Khan, Hadīth 2925 (Riyadh, Saudi Arabia: Darussalam, 1997), 4:113.

49 Jan Willem van der Hoeven, "The Main Reason for the Present Middle East Conflict: Islam and Not "The Territories," EretzYisroel.Org, 2000 – 2001, http://www.eretzyisroel.org/~jkatz/mainreason.html.

1988년 8월 18일 체결된 '이슬람저항운동헌장', 다른 이름으로 '하마스 헌장'의 제11조에서는 '와크프(waqf)'라는 용어를 사용해 교리적 문제를 명확하게 다루고 있다.

『이슬람 사전』에 따르자면 와크프란 "법의 이름으로 재산을 자선이나 신을 섬기는 데 사용하도록 책정하거나 헌납하는 행위이자 그 기부금이다. 이와 같은 기부는 그 속성이 영구적이어야만 하며, 한 번 기증된 재산이나 토지는 이후 다시 판매되거나 다른 이에게 이전될 수 없다."[50] 다음에서 하마스 헌장 제11조의 주요 발췌문을 살펴보자.

> 이슬람저항운동은 팔레스타인의 영토가 이슬람의 와크프이며 따라서 심판의 날이 오기 전까지 미래의 무슬림 세대들에게 축성된 것으로 믿는다. 팔레스타인이나 혹은 그 일부 영토는 결코 낭비될 수 없으며, 아주 약간의 영토라도 포기될 수 없다. 그 어떤 단일 아랍 국가나 다수의 아랍 국가들일지라도, 그 어떤 왕이나 대통령, 혹은 모든 왕들과 대통령들이라 할지라도, 그 어떤 단일 단체 혹은 모든 단체들이더라도, 팔레스타인인이거나 아랍인이라면 그 권리를 가진다. 팔레스타인은 이슬람의 와크프 영토이며 심판의 날이 오기 전까지 미래의 무슬림 세대들에게 축성된 것이다. 이러할진대 누가 심판의 날 이전까지 무슬림 세대를 대표할 권리를 주장할 수 있단 말인가?

> 이것은 이슬람의 샤리아(법)에 따라 팔레스타인의 영토를 다스리는 법이며, 나아가 무슬림들이 무력으로 정복한 다른 모든 영토에도 똑같이 해당된다. (이슬

---

50   Thomas Patrick Hughes, Dictionary of Islam: Being a Cyclopaedia of the Doctrines, Rites, Ceremonies, and Customs, Together with the Technical and Theological Terms of the Muhammadan Religion (London: W.H. Allen, 1885; Delhi: Rupa & Co, 1988), s.v. "waqf."

람의) 정복이 있었던 순간 당대의 무슬림들이 그 땅을 심판의 날 이전의 무슬림 세대에게 축성했기 때문이다.[51]

많은 이슬람주의자들은 유럽 대륙의 상당 부분이 한때 무슬림에게 정복된 적이 있으며 따라서 여전히 그들의 영토라고 주장한다. 이집트 무슬림형제단의 설립자인 하산 알 반나는 "안달루시아(스페인의 무슬림식 이름), 시슬리, 발칸 반도, 남부 이탈리아, 지중해는 모두 이슬람 영토였으며 따라서 이슬람 본토로 복속되어야 한다. (중략) 이슬람 제국에 그 영광을 되찾아주는 것은 우리의 권리다"라고 말했다.[52] 물론 수치와 영광의 윤리학으로 점철된 문화에서 이스라엘의 존재 그 자체와 팔레스타인 영토의 손실은 이슬람의 굴욕을 두 배로 복기시키는 일이 될 테다.

비교적 최근에는 버나드 루이스가 "급진적 이슬람을 물리칠 유일한 해결책은 중동에 자유를 가져다주는 것이며, '그들을 자유롭게 해주지 않으면 그들이 우리를 파괴할 것'"이라 말했다는 보도가 있었다. 그러나 다니엘 파이프가 지적했듯, "서구에서 태어나 자유를 누리며 자라온 무슬림 중에서도 이슬람주의자들을 다수 찾아볼 수 있다. 한 예시로 런던의 7월 7일 폭탄테러를 일으켰던 네 명의 테러리스트들이 여기에 속한다. 자유는 이들과 아무런 상관이 없다."[53]

---

51 "Hamas Covenant 1988: The Covenant of the Islamic Resistance Movement," August 18, 1988, 다음에서 참조 가능. Yale Law School, Lillian Goldman Law Library, The Avalon Project: Documents in Law, History, and Diplomacy, http://avalon.law.yale.edu/20th_century/hamas.asp.

52 "Oh Youth," The Complete Works of Imam Hasan al-Banna: 1906-1949, 12, https://thequranblog.files.wordpress.com/2008/06/_9_-oh-youth.pdf, 다음에서 참조 가능. The Quran Blog—Enlighten Yourself, June 7, 2008, https://thequranblog.wordpress.com/2008/06/07/the-complete-works-of-imam-hasan-al-banna-10/.

53 Daniel Pipes, "We Free Them or They Destroy Us," Lion's Den: Daniel Pipes Blog, September 13, 2006, http://www.danielpipes.org/blog/2006/09/we-free-them-or-they-destroy-us.

미국의 외교정책 때문도 아니다

미국의 외교정책 또한 이슬람 테러리스트들의 맹렬한 반미주의와 그에 따른 모든 테러 행위들의 원인을 설명하는 데 자주 거론된다. 그러나 배리 루빈이 앞서 말했던 논문[54]에서 매우 설득력 있게 논했듯, 이슬람 세계와 관련된 미국의 외교정책은 적대적인 대립 정책이라기보다는 협조적인 회유책에 가까웠다. 루빈의 글을 살펴보자.

> 1940년대부터 1950년대까지 미국의 지도자들은 중동에서의 반제국주의자 역할을 자처했다. 미국은 영국과 프랑스의 지배력이 계속되는 것에 반대했으며, 개혁운동을 지지하는 목소리를 내는 경향을 보였다. 1952년, 가말 압델 나세르가 쿠데타를 일으켜 이집트의 정권을 잡자 미국의 정책 결정자들은 반색했다. (중략) 1956년에는 영국 및 프랑스와 미국 간의 긴밀한 관계가 이례적으로 어긋나기도 했다. 수에즈 위기 당시 영국과 프랑스가 나세르 정권을 전복시키려 하자 미국이 아랍 세계의 분노와 소련의 영향력만 키울 것이라며 반대하고 나선 것이다.[55]

루빈은 계속해서 중동 지역의 불안정성은 대체로 아랍 국가들 스스로 자초한 일이라고 역설한다.

> 무슬림 이라크가 무슬림 이란을 공격하자 미국 또한 위기에 휘말리게 되었다. 아랍 무슬림 이라크가 아랍 무슬림 쿠웨이트를 점령했을 때에도, 또 아랍 무슬림이며 세속적인 이집트가 아랍 무슬림 요르단 및 사우디아라비아를 위협할 때에도 그러했다. 오사마 빈 라덴은 1990년부터 사우디아라비아에 미군이 주

---

54 Rubin, "Truth about Middle East Policy."
55 Ibid., 81-82.

둔한 데에 특히 분노를 품고 있었다. 그러나 미군은 이라크의 위협으로부터 사우디아라비아를 보호하고 쿠웨이트를 해방시키기 위해 주둔했을 뿐만 아니라, 아랍연맹의 승인까지 받은 상태였다. 오사마 빈 라덴으로 하여금 반미주의 전략을 택하게 만들었으며 9.11테러를 일으키게 만든 분노는 말하자면 미국의 친아랍, 친 무슬림 정책 때문이었던 셈이다.[56]

    루빈의 논문「중동에 대한 미 정책의 진실」을 살펴본다면 우리는 미국이 무슬림과 아랍 모두를 도왔다는 사실을 여러 모로 생각해볼 수 있다.

    팔레스타인. 1982년, 팔레스타인해방기구(PLO)의 의장 야세르 아라파트가 베이루트에서 이스라엘군에게 포위되자 미국은 레바논에 아라파트에 대한 안전 통행권을 요청했으며 동시에 PLO에 회유적으로 접근했다. 몇몇 PLO 조직원이 일으킨 테러를 알면서도 눈감은 것이나 마찬가지다. 그러나 1990년이 되자 PLO가 폭력 사용을 포기하거나 비난하기를 거부하면서 미국의 이러한 정책도 받아들이기 어려워졌다. 아라파트 의장이 벌인 테러 행위로 인해 미국의 시민들과 심지어는 미국의 외교관들까지 목숨을 잃었음에도 1993년부터 2000년까지 미국은 사실상 팔레스타인의 후원자 역할을 했다. 아라파트 의장은 다수의 행사를 통해 백악관에 계속해서 초대되었다. 미국은 팔레스타인 자치정부(1994년 수립된 임시 자치정부로, 가자-제리코 협정에 의해 가자지구와 요르단강 서안지구의 구역 A, B를 지배)를 공개적으로 비난하길 삼가는 한편으로 이들을 위한 자금을 마련해주었다.

    미국의 몇몇 대통령들은 팔레스타인 국민들과 지도자들을 향해 연

대를 뜻하는 상징적인 제스처를 보내기도 했다. 1998년 빌 클린턴 대통령이 가자지구에서 팔레스타인 지도자들과 나눈 대화가 그 예시다. 미국의 감독하에 협상이 진행된 끝에 2000년에는 평화협정이 체결되었으며 이에 따라 동예루살렘을 수도로 하는 팔레스타인 독립국가가 세워졌다. 이후 아라파트가 평화를 구축하려는 미국의 노력을 거부하고 약속한 대로 정전을 지키지 않았음에도 미국의 지도자들은 그를 비난하거나 희망을 버리지 않았다. 미국의 이 모든 노력과 인내, 외교에도 불구하고, 오사마 빈 라덴이 미국을 상대로 9.11을 일으키자 아랍인들과 무슬림들은 환희에 차서는 지금까지 미국의 정책 때문에 팔레스타인인들이 고통받아왔다고 주장했다.

이란. 카터 행정부와 레이건 행정부, 그리고 클린턴 행정부는 모두 이란과의 데탕트 구축을 위해 노력을 기울였다. 테러 행위 및 대량살상무기 개발에 대한 이란의 원조를 억제하고 아랍-이스라엘 간 평화를 위한 노력에 반하는 태도를 막기 위해 미국이 이란에 대해 몇 가지 제재를 가한 것도 사실이나, 그 와중에도 미국의 지도자들은 이란의 내정에는 간섭하지 않으면서도 외교적 타협을 통해 제재를 끝낼 방법을 계속해서 강구해왔다.

아프가니스탄 외. 미국이 비밀리에 행한 원조는 1980년대 소련으로부터 아프가니스탄을, 첫 번째 걸프전(1990년 8월 2일~1991년 2월 28일)에서는 이라크로부터 쿠웨이트와 사우디아라비아를, 1992~1995년 사이에는 보스니아의 세르비아계 사람들로부터 보스니아의 무슬림 국민들을, 1998~1999년에는 유고슬라비아 연방공화국(세르비아와 몬테네그로)으로부터 코소보를 구해주었다. 미국이 인도주의적 이유로 무슬림들을 도우면서 자국민의 위험을 감내하는 동안 빈 라덴과 그를 옹호하는 자들은 보스니아와 코소보 등지의 무슬림들이 미국 때문에 고통받고 있다며 비난했다. 빈 라덴은 소위 '신앙심 없는' 미국인들이 무슬림의 땅인 사우디아라비아에 군대를 주둔시키고는 무슬림 국가인 이라크를 공격했다는 것에만 신경을 쏟았다.

이들 이후에도 미국의 역대 행정부들은 계속해서 이슬람이 테러의 원인은 아님을 언급하면서 무슬림에 대한 논란을 완화시키고자 노력했다. 이 때문에 공개석상에서 테러 행위를 언급할 때마다 '위대한 세계종교 하나가 소수의 범죄자들에게 납치되었다'라든가 '이슬람은 평화의 종교'라는 판에 박힌 문구들과 완곡어법들이 동원되었다.

파키스탄과 터키. 파키스탄이 인도를 상대로 한 테러행위를 지원했음에도 불구하고 미 정부는 그 사실을 무시한 채 파키스탄 정부를 후원했다. 미국은 그리스와 터키 간의 키프로스 분쟁에서도 터키를 지원했는데, 이 분쟁은 터키가 먼저 섬을 침략한 후 1983년 북키프로스 터키 공화국의 독립을 불법적으로 선언하면서 발생한 일이다.

소말리아. 마찬가지로 미국은 소말리아에도 무슬림 국민들을 보호한다는 인도주의적 목적으로 개입했으며, 무정부 상태와 내전, 그리고 잔혹한 군 지도자들 때문에 고통받는 무슬림들을 보호하기 위해 미군을 파병했다. 그러나 당시 미국과 직접적인 이해관계가 없었기 때문에 중동의 무슬림 지식인들과 저널리스트들, 그리고 빈 라덴 등 수많은 자들은 이와 같은 미국의 인도주의적 행위를 가리켜 미국식 제국주의이자 무슬림을 상대로 한 적대 행위라고 비난했다.

이라크. 1989년, 사담 후세인 전 이라크 대통령은 아랍 패권을 노리기 시작했으며 반복적으로 미국을 맹렬히 비난하기 시작했다. 이에 미국의 정책 결정자들은 아랍의 심기를 건드리지 않기 위해 신중하게 반응했으며, 이라크가 벌어들인 돈이 불법적인 무기 구매에 사용된다는 확실한 증거가 있었음에도 불구하고 이라크에 계속해서 신용 및 여타 무역상의 이익을 제공했다.

　그러나 미국도 사담 후세인이 UN 조사관에 협조하지 않은 데 따라 내려진 제재 조치에는 지속적으로 찬성했다. 바그다드 정부가 UN 조사관을 국내 군사지역에 자유롭게 통행할 수 있도록 하겠다는 약속을 어기는 이상 이 제재들은 그대로 남아 있을 수밖에 없었다. 이라크 정부는 의도적으로 자국민들을 고통 속으로 몰아넣었으며, 그 고통을 프로파간다 유지 수단으로 사용해 아랍과 무슬림 이웃국가들에 대해 공격적인 자세를 유지했다. 빈 라덴과 그의 추종자들은 미국의 정책이 이라크 국민들을 다치고 죽게 만들기 위한 의도적인 시도라고 매도했다.

　페르시아만 연안 국가들. 미국은 페르시아만 연안 국가들에 최대한 미군을 배치시키지 않음으로써 이곳의 아랍 및 무슬림들의 감정을 건드리지 않으려 하고 있다. 미군은 요청이 있는 경우에만 주둔한다.

> (미군은) 처음에는 아랍의 유조선들을 보호하기 위해, 이후에는 이라크의 쿠웨이트 침공에 개입하기 위해 파병되었다. 미군 부대들은 초대받지 않은 곳으로는 절대 가지 않았으며, 해당 국가가 요구하는 즉시 그곳을 떠났다. 또한 이슬람의 심기를 고려해 메카 및 메디나에는 일절 접근하지 않았다. 쿠웨이트가 해방되었을 당시 미국은 (중략) 다마스커스 협약의 내용에 찬성했는데, 이집트와 시리아가 걸프만의 국방 문제에서 주도권을 가진다는 것이 그 골자였다. 그러나 이 협약은 다른 누구도 아닌 걸프만 아랍 국가들의 반대로 무산되었다. 그럼에도 불구하고 빈 라덴을 포함한 아랍인들과 이란 정부는 미국 군대가 이 지역을 지배하고 국민들을 예속시키기 위한 제국주의적 계획하에 이곳에 머무는 것이라고 매도했다.

미국은 1973년 전쟁의 끝자락에서 이스라엘을 압박하고 정전을 촉구한 끝에 이집트를 살려낼 수 있었으며, 이후 체결된 캠프 데이비드 평화협정과 함께 1980년대 이집트의 후원국 역할을 자처했다. 미국은 이집트에 대규모의 군사 물자를 지원하는 한편 여러 군사적, 재정적 원조를 아끼지 않았으나 그에 대한 대가로 별다른 조건을 달지 않았다. (중략) 원조를 통해 이집트 정책결정에 영향력을 얻은 것도 아니었으며, 심지어 이집트의 국영 언론이나 이집트 수뇌부들이 이와 관련해 미국에 대해 호의적인 발언을 해준 일도 거의 없었다. 그러나 빈 라덴과 그 동지들은 이집트를 미국의 꼭두각시라고 매도했다.[57]

| 기록 바로잡기

때때로는 중동 일부 정권의 의도적인 도발에도 불구하고 미국이 중동 내 사건에 무반응으로 일관한 경우도 있었는데, 이 중 적어도 몇 가지는 기록해둘 가치가 있겠다.[58]

- 이란이 레바논과 이라크에서 미국인 수백 명의 목숨을 앗아갔던 미국인 대상의 테러를 지원했다는 압도적인 증거가 존재했음에도 불구하고, 미국은 이란을 공격하지 않았다. 1979년의 이란 혁명 이후 미국은 특정 정책들을 변화시키기 위해 경제적 제재를 취했으며, 1995년에는 이란 정부와 거래하는 기업들까지로 제재 범위를 넓혔다. 엄밀히 말하자면 전쟁 행위라고도 할 수 있는 1979년의 주 이란 미국 대사관 인질사건에서 이란은 모든 종류의 국제법을 위반했으나, 카터 미 대통령은 외교적 수단을 통해 사태 해결을 강구했다.

---

57   Ibid., 85 – 87.
58   Rubin, "Truth about Middle East Policy," 89 – 91.

- 마찬가지로 시리아가 반미 테러 행위에 참여했다는 사실이 드러났을 때에도 미국은 시리아를 강압하거나 체제를 전복시키려 하지 않았다. 미국은 첫 번째 걸프전에서 시리아를 이기고자 했을 뿐이며, 이 전쟁 또한 1990년 이라크의 쿠웨이트 침공에 따라 벌어진 일일 뿐이다. 이후 이어진 평화 협상 과정에서 시리아가 협상 테이블을 박차고 나갔을 때에도 미국은 시리아의 협조를 구하기 위해 압력을 행사하는 대신 외교적 방법을 모색했다.

- PLO와 아라파트가 반미 테러 행위에 대한 책임 소재가 있다는 사실이 밝혀졌으며 나아가 소비에트 연방과 동맹을 맺었을 때에도 미국은 이들을 파괴하려 하지 않았다. 2000년과 2001년 당시 PLO가 정전 협정을 깼을 때에도 미국은 이들에 대한 비난을 삼갔다.

- 이집트가 1980년대 후반과 1990년대 초 북한으로부터 미사일을 구입했을 때에도, 또 2001년 '테러와의 전쟁'에서 협조를 거부했을 때에도 미국은 이집트를 위협하거나 벌하지 않았다.

- 요르단이 첫 번째 걸프전에서 이라크를 지원했을 때에도 미국은 요르단에게 보복 조치를 취하지 않았다. 요르단은 계속해서 미국의 원조를 받았는데 그 액수는 2013년 1,211,821,880달러, 2014년 772,939,966달러였다.[59]

- 미국 기업의 재산이 국유화되었거나 유가가 급격하게 올랐던 때에도 미국은 (타국의) 정권을 전복시키려 하지도, 가격을 낮추

---

[59] 2014년 요르단 기준 자료. USAID, https://explorer.usaid.gov/country-detail.html#Jordan. USAID는 미국의 주요 정부기관으로 '전 지구적 극빈을 해소하면서 스스로의 가능성을 인식할 수 있는 탄력적이고 민주화된 사회를 만들기 위해' 일한다. https://www.usaid.gov/who-we-are.

라고 무력이나 위협을 가하지도 않았다.[60]

- 미국은 "소련 패권이 사라졌을 때에도 이를 이용해 누군가에게 무언가를 강요하지 않았으며, 해당 지역에서 미국의 지배권을 확립하려 하지도 않았다. 냉전에서 승리했음에도 불구하고 미국은 패자를 지원했던 정권들에 복수할 궁리를 하지 않았다."[61]

| 미국의 원조

미국이 중동에 대한 원조로 수십억 달러를 썼다는 사실 또한 짚고 넘어가야 할 필요가 있다.

2013년, 조지워싱턴대학교의 프로젝트인 '페이스 더 팩트 USA'가 보고한 바에 따르면 "지난 60년간 미국은 현재 혼란에 휩싸여 있는 중동 및 중앙아시아 지역에 대한 군사적, 경제적 원조로 2,990억 달러를 투자했다. 10개 원조 대상국 중에는 이집트가 냉전 종식 이후로만 1,140억 달러를 받아가며 1위 자리를 차지했다. 2위는 이라크로, (전쟁에 소요된 비용을 제외하고도) 미국으로부터 거의 600억 달러를 받아갔다."[62]

루빈이 지적한 대로, 미국은 9.11테러로 수천 명의 미국인들이 살해당한 이후에도 무슬림 및 아랍과 호의적인 관계를 유지하기 위해 고군분투해 왔다. "미국의 지도자들은 미국 내 무슬림이나 아랍인들에 대한 보복을 방지하는 데 대부분의 시간을 할애했다. 미국의 정책 결정자들은 기회가 있을 때마다 자신은 이슬람을 적으로 보고 있지 않다고 반복적으로 역설했으며, 이와 같은 미국의 노력에 대해 아랍

---

60 Rubin, "Truth about Middle East Policy," 91.

61 Ibid.

62 "Billions in U.S. Aid Haven't Bought Peace in the Middle East," World Post, May 06, 2013, http://www.huffingtonpost.com/2013/05/06/us-aid-middle-east_n_3223151.html.

인들과 무슬림들의 지지 혹은 공감을 얻으려 백방으로 노력했다."[63]

부시 행정부와 오바마 행정부는 관련된 일이 있을 때마다 "이슬람은 평화의 종교이며, 테러리즘은 이슬람의 교리와 아무런 상관이 없다"고 반복해서 이야기했다. 조지 W. 부시 전 미국대통령 또한 이슬람과 테러리즘에 대해 같은 태도를 보였다. 그는 2007년 아랍어권 TV 방송에 출연해서 "이슬람이 평화를 설파하는 위대한 종교라고 믿는다"고 말했는데,[64] 이는 그가 9.11테러 직후 내놓은 발언을 상기시키는 말이기도 했다. 당시 그가 무슬림들과 미국인들을 안심시키기 위해 워싱턴 DC의 이슬람센터에서 했던 발언을 살펴보자.

> (9.11테러라는) 민간인을 상대로 하는 폭력 행위는 이슬람 신앙의 근본적인 교리에 반하는 일입니다. 그리고 이를 이해한다는 것은 우리 미국 시민들에게 매우 중요한 일입니다. 영어 번역문이 본래의 아랍어만큼 유려하지는 않겠으나, 여기 쿠란의 구절 하나를 인용합니다. "결국 극도의 악이 악을 저지르는 자들의 말로가 되리라. 그들은 하나님의 말씀을 부정하고 조롱하였기 때문이라."
>
> 테러는 이슬람의 진정한 믿음이 아닙니다. 테러가 이슬람의 전부인 것도 아닙니다. 이슬람은 평화입니다. 테러리스트들은 평화를 대표하지 않습니다. 그들은 악과 전쟁을 대표합니다.[65]

---

63 Rubin, "Truth about Middle East Policy," 88.

64 George W. Bush, quoted in Daniel Pipes, "Bush Returns to the 'Religion of Peace' Formulation," Lion's Den: Daniel Pipes Blog, October 4, 2007, http://www.danielpipes.org/blog/2007/10/bush-returns-to-the-religion-of-peace.

65 The White House: President George W. Bush, "'Islam Is Peace' Says President: Remarks by the President at Islamic Center of Washington, D.C.," news release, September 17, 2001, https://georgewbush-whitehouse.archives.gov/news/releases/2001/09/20010917-11.html.

미국이 정치적 자제와 인도주의적 너그러움으로 중동 관계에 대처했음에도 불구하고, 중동은 미국의 비호를 인식하지도 못했을 뿐더러 나아가 미국인들을 대상으로 벌어지는 테러 행위에 대한 스스로의 책임을 깨닫지도 못했다. 수십억 달러의 미국발 원조가 낭비되는데에 대한 책임은 두말할 것도 없었다. 루빈은 이를 한 마디로 결론짓는다.

"만일 반미주의의 근본 원인이 (중략) 그들 내부에 있다면, 그것은 미국이 실제로 행한 어떠한 일 때문이라기보다는 그 행위에 대한 필요와 그 힘에 대한 의존성 때문이다. (중략) 미국에 대해 전쟁을 선포했던 이들은 외부적 위기를 과장해서 국내에서의 무능력과 국외에서의 공격성을 정당화시키는 위험한 게임을 벌이고 있을 뿐이다. 이들은 미국의 정책과 사회를 의도적으로 곡해하고 있으며, 다른 이들의 눈에도 그렇게 보이도록 만드는 데 성공을 거두고 있다."[66]

터키와 이란을 포함한 모든 중동 국가는 스스로가 근세시대 서양 제국주의와 그 행태의 수동적 피해자라고 생각한다. 이러한 태도 및 그에 따라 중동에서 넘쳐나는 음모론은 현재의 한탄스러운 상황에 대한 책임을 회피하기 위한 수단이다. 이들의 반서구적, 반미적 미사여구는 스스로의 실패를 은폐하는 편리한 방법 중 하나다.

| 진정한 피해자들

역사적으로 서구는 18~19세기 동안 오스만 제국의 영토를 차지하기 위해 그 제국을 천천히 조각내 오다가 제1차 세계대전에 이들을 밀어냄으로써 종말을 가속화시켰다는 이미지가 있지만, 이는 말도 안

---

66   Rubin, "Truth about Middle East Policy," 106.

되는 소리다. 런던대학교 킹스 칼리지의 지중해학 학과장인 에프레임 카르쉬 교수는 이에 대해 다음과 같이 저술했다.

> 오스만 제국은 유럽과 제국주의에 대한 비운의 피해자가 아니라, 거대한 권력 싸움에 능동적으로 참가한 주체였다. 제국의 몰락은 대부분 스스로가 자초한 일이었다. 지역적 통합을 갈망하던 아랍은 없었다. 유럽 세력은 중동의 정치적 통합을 파괴한 것이 아니라 오히려 해당 지역을 과도하게 통합해버렸다. 영국은 아랍계 동맹국을 호도한 적도 없으며, 중동 지역에 대한 전후 처리에 대해서로 상충하는 협약을 동시에 맺은 적도 없다. 오스만 제국 이후 그 지역의 질서를 꾸린 것은 강대국들이 아닌 토착 세력들이었다.[67]

한 예시로, 1991년부터 2002년 사이 이슬람무장운동이나 그보다 강경한 무장이슬람그룹 등의 이슬람주의자 단체들과 평화유지군 간에 벌어진 전투로 15만 명 이상의 알제리인 희생자와 6천 명 이상의 실종자가 발생한 것이 도대체 미국의 외교정책과 무슨 상관이 있겠는가?[68]

필자가 십년 전에도 기술한 바 있지만, 이슬람 원리주의로 인해 발생한 피해자들의 대부분은 무슬림이었다. 그들은 무슬림 남성, 여성, 어린아이, 무슬림 작가와 지식인, 저널리스트 등이었다.[69] 알제리의 무장단체 때문에 발생한 희생자들이 전부는 아니더라도 대부분 동료

---

67 Efraim Karsh, The Tail Wags the Dog: International Politics and the Middle East (New York: Bloomsbury, 2015), 9.

68 Dalia Ghanem-Yazbeck, "The Decline of Islamist Parties in Algeria," Sada: Middle East Analysis, Carnegie Endowment for International Peace, February 13, 2014, http://carnegieendowment. org/sada/?fa=54510.

69 Ibn Warraq, "Reason, Not Revelation," in Virgins? What Virgins? And Other Essays (Amherst, MA: Prometheus Books, 2010), 384. "Reason, Not Revelation" was a paper originally given at The Hague in 2006.

무슬림이었다는 사실은 알제리의 무장단체들을 다른 모든 이슬람 테러리스트들과 본질적으로 동일하게 만들어주는 요소다.

서양의 제국주의 때문도 아니다

서구의 수많은 분석가들과 전문가들은 아직까지 미국이 공격받은 이유 중 하나가 그 제국주의적 과거라고 주장하며, 심지어는 무슬림 지식인들이나 무슬림 국가들도 이에 동의한다. 그러나 미국은 중동 지역에서 단 한 번도 제국주의 세력으로 군림한 적이 없다. 실제로 미국은 반제국주의적 역할을 자처했다. 한 예시로 아이젠하워 전 미국 대통령이 1956년 수에즈 위기에 개입한 이야기를 들 수 있겠다. 당시 이집트는 대영제국이 막대한 돈을 투자한 수에즈 운하를 일방적으로 점령하고 국유화했으나, 이에 대하여 이집트를 상대로 군사 작전을 전개하려는 유럽 열강들을 만류한 것은 다름 아닌 아이젠하워 대통령이었다.

2001년 9월 11일의 테러를 벌인 주범 열아홉 명 중 열다섯 명은 사우디아라비아 국적이다. 그러나 사우디아라비아는 단 한 번도 서구 열강의 지배를 받은 적이 없었다. 이슬람의 성지인 메카와 메디나를 포함한 해변 지역인 히자즈는 사실 오스만 제국의 일부였다. 이 성지들은 1803년과 1804년 폭력적인 이슬람 조직들과 원리주의자들에 의해 공격받고 점령당한 적이 있었는데, 바로 와하브파가 그 주범이다. 이들은 다수의 성지를 파괴했는데, 여기에는 예언자 무함마드의 딸 파티마의 무덤 위에 세워진 성지도 포함되어 있다.

와하브파는 또한 수천 명의 시아파 교인들을 학살했다. 와하브파의 창시자인 이븐 압드 알 와하브는 반식민주의적 적대감 때문에 움직인 것이 아니다. 그는 심지어 이슬람 세계 내에 서구 세력이 존재한다는 사실도 알지 못했다. 그는 주로 무슬림의 영혼을 구원하고, 불경한 부착물들로부터 이슬람을 정화시킨다는 목적에 따라 행동했다.

영국은 1956년 이집트를 떠났으나, 이슬람의 테러 행위는 1970년 대부터 시작되었으며 그 대상은 다수의 이집트 정부와 지도자들이었다. 프랑스가 알제리를 떠난 것 또한 1962년의 일이지만 이 시기 이후로 이슬람 테러리스트들은 동료 알제리 국민들을 타깃으로 삼기 시작했으며, 앞서도 살펴보았듯 이로 인해 15만 명 이상의 알제리 국민들이 목숨을 잃었다. 그로부터 50여 년도 더 지났으나 테러리즘은 계속되고 있다. 이슬람 마그레브 알 카에다와 알 무라비툰, 준드 알·칼리파 등의 단체들은 각각 2013년, 2014년과 2015년에 알제리 정부의 이익을 목표로 테러를 자행했다.

석유 생산을 관리하는 다국적 기업들을 필두로 하는 소위 신식민주의 또한 적절한 원인이 아니다. 아랍의 산유국들은 스스로 석유를 시추할 수 있는 능력이 전혀 없었으며 미국과 영국, 네덜란드 기업들의 과학적, 기술적 노하우와 경험에 의존해야만 했다. 그러나 기존의 외국계 회사들 중 다수를 국유화시키면서 아랍 국가들은 스스로 가격을 규제하기 시작했으며 이를 이용해 막대한 부를 쌓아올렸다.[70]

전 이슬람주의자였던 이집트의 타우피크 하미드는 다음과 같이 썼다. "아니다, 식민지주의는 지하드를 불러일으키지 않았다. 그와는 정반대로, 서구가 이슬람국가들을 식민 지배했을 당시에는 샤리아와 이슬람주의자들에 의한 범죄가 급격하게 줄어드는 경향을 보였다.

---

70 다음 참조. Adam Bird and Malcolm Brown, "The History and Social Consequences of a Nationalized Oil Industry," June 2, 2005, available at https://web.stanford.edu/class/e297a/VENEZUELA%20OIL%20&%20LAND%20REFORM.htm.

사실 이슬람국가들은 지금보다 점령되었을 당시에 여러 모로 더 나은 문명을 누렸다. 당시에는 자살 폭탄테러라거나 관광객들을 공격하고 납치하는 사건 등은 사실상 들어볼 일이 없었다."[71]

반면 이슬람 제국주의는 점령한 땅에 있던 수천 개의 교회와 회당, 사원들을 가장 잔혹한 방식으로 파괴했다. 이슬람이 있기 이전 이란의 문화였던 조로아스터교식 문명[72]이나 아시리아의 문명은 완전히 몰살되었다.

십자군 전쟁 때문도 아니다

엑시터대학교 이슬람학과의 샤르자 교수인 이안 리차드 네톤은 좁은 의미의 십자군 전쟁이란 '중세시대, 주로 중동의 땅 위에서 유럽세력과 동부 무슬림 간에 벌어진 일련의 충돌'이라고 요약한다.[73] 기본적으로 유럽의 기독교인들은 당시에만 해도 수백 년 동안 끊임없이 성전(지하드)을 일삼던 무슬림으로부터 예루살렘 등의 기독교 성지와 박해받는 동양의 기독교인들을 보호하고자 했다. 첫 번째 십자군 원정을 통해 1099년에는 예루살렘을 점령할 수 있었다. 그러나 십자군 전쟁은 이외에도 유럽 내 모든 이단자들을 상대로 벌어진 전쟁이며, 카타리파 등의 비정통 그리스도교 또한 여기에 포함되었다.

이슬람 테러리즘의 원인이 십자군 전쟁이라는 견해에 대해서는 나의 다른 저서 『월터 스콧 경의 십자군 전쟁과 판타지(Sir Walter Scott's Crusades and Other Fantasies)』(2013)에서 자세하게 다루었다. 여기에서는

---

71 Tawfik Hamid, Inside Jihād: How Radical Islam Works; Why It Should Terrify Us; How to Defeat It (Mountain Lake, MD: Mountain Lake Press, 2015), 66.

72 이슬람이 도래하기 이전의 페르시아는 또 다른 고대 종교인 조로아스터교의 중심지였다. 이슬람보다 훨씬 더 고대의 종교인 조로아스터교는 기원전 7~6세기경 조로아스터에 의해 창시되었다.

73 Ian Richard Netton, A Popular Dictionary of Islam (Richmond, UK: Curzon Press, 1992), s.v. "Crusades."

중세시대를 연구하는 서양 학계의 신세대들이 십자군 전쟁에 대한 오해를 바로잡으려 얼마나 열심히 노력해왔는지를 잘 살펴볼 수 있을 것이다.[74] 십자군 전쟁 전문 역사학자이자 케임브리지대학교 엠마누엘 대학 교회사학과의 딕시 교수였던 고 조나단 라일리-스미스는 "아랍의 민족주의와 범이슬람주의, 그리고 오늘날 서방의 여론은 모두 십자군 전쟁과 19세기의 유럽 제국주의가 실제보다 더 크게 관련되어 있다고 생각한다는 공통점이 있다"고 말했다.[75]

무슬림들은 특히 십자군 전쟁 때문에 이러이러한 피해를 입었다며 '신화적 역사'들을 다수 만들어냈다. 그러나 무엇보다도 십자군 전쟁의 상대는 "무슬림뿐만이 아니었으며, 나아가 이교도 벤드족, 발트족, 리투아니아인, 샤머니즘의 몽골인, 러시아 정교와 그리스 정교, 카타리파와 후스파 이단자들, 그리고 교회가 적으로 여겼던 가톨릭인들 또한 십자군의 전쟁 상대로 지목되었다."[76]

둘째, 십자군 전쟁은 '야만주의의 경솔한 폭발'이 아니다.[77] 십자군 전쟁을 일으킨 근본적인 원인은 신학적으로 보았을 때 꽤 정교하고 세련된 편이었다. 무슬림 침략자들은 8세기경 프랑스 중부에, 16~17세기에는 비엔나까지 쳐들어오는 등 유럽의 심장부를 깊숙이 노리며 기독교 국가들을 위협했는데, 이때 기독교 성지에서 벌어진 신성 모독과 파괴된 교회들, 그리고 근동 지역에서 자행된 기독교인 박해 등에 대한 반작용으로 일어난 것이 바로 십자군 전쟁이다.

정당한 십자군 전쟁으로 인정받으려면 몇 가지 엄격한 조건을 갖

---

74 Ibn Warraq, Sir Walter Scott's Crusades and Other Fantasies (Nashville, TN: New English Review Press, 2013), 139–141.

75 Jonathan Riley-Smith, The Crusades, Christianity, and Islam (New York: Columbia University Press, 2008), 79.

76 Ibid., 9.

77 Ibid., 79.

추어야 했다. "먼저, 절대로 권력 강화를 위해서, 혹은 그 목적을 겸해서 진격해서는 안 된다. 오로지 (선제공격에 대한) 대응만이 합법적인 이유가 될 수 있으며, 오로지 그 이유로만 진격해야 한다." 달리 말하자면, 십자군 전쟁은 폭력과 피해를 격퇴하는 전투이자 범법자들을 상대로 정의를 구현하는 전투였다. 절대로 개종이 그 목적이 아니었으며, 다만 과거에 불법으로 점령당한 기독교의 영토를 회복하려는 정의로운 시도일 뿐이었다. "두 번째로, 전쟁은 권위자에 의해 공식적으로 선포되어야 하며 그 권위자는 이러한 선언을 할 만한 권한을 가졌다고 승인된 인물이어야 한다. 세 번째로, 전투는 반드시 정의롭게 치러야 한다."[78]

　서방의 진보주의자들이나 진보주의적 경제학자들 다수는 십자군 전쟁이 식민지주의에 의거한 경제적 목적의 전쟁이었다고 평하지만, 이는 사실과 다르다. 대부분의 십자군 병사들에게 물질적 이득이란 관심거리조차 되지 못했다. 사실 십자군 전쟁은 전쟁비용이 증가하면서 상당한 재정적 부담이 되기도 했다. 십자군 병사들은 자신들의 영혼과 전 세계 기독교인들을 이슬람으로부터 구해내는 데 훨씬 더 중점을 두었다. 혹자들은 십자군 전쟁의 사상과 행위를 논할 때마다 고행자(죄를 회개하기 위해 자발적으로 혹은 교회 인사의 지도에 따라 금욕이나 헌신을 행하는 자)로서의 역할을 자주 경시한다. 다수의 십자군 병사들은 십자군에 징집됨으로써 자신의 원죄를 사함받을 수 있다고 믿었다.

　19세기, 심지어는 20세기의 유럽인들은 염치도 없이 십자군 전쟁의 이야기들과 십자군 전쟁의 역사에 대한 극단적인 자료들을 가지고 정복을 향한 제국의 꿈을 정당화시켰다. 예를 들어, 제1차 세계대

전 이후 "시리아를 위임 통치했던 프랑스인들이 남긴 역사적 문헌들을 보면 십자군의 업적이 근대 제국주의 역사의 첫 번째 장이라 말하는 것을 볼 수 있다."[79] 앞으로 살펴보겠지만, 새로이 떠오른 아랍의 민족주의자들은 19세기의 이야기들을 진지하게 받아들였다.

삽자군 전쟁의 역사를 근대적으로 해석하는 데 덧씌워진 두 번째 색채는 바로 유럽식 낭만주의였다. 월터 스콧 경의 소설에서도 이것이 잘 드러나 있다. 라일리-스미스는 이를 다음과 같이 요약한다.

> (스콧 경의) 소설은 십자군을 용감하고 화려한 사람들로 그렸으나, 한편으로는 그들의 허영 넘치고 탐욕스러우며 유치하고 상스러운 모습도 그려냈다. 이들 중 진정으로 종교나 십자군의 이상에 따라 전쟁에 참여한 사람은 거의 없었으며, 대부분은 자만과 욕심, 혹은 야망 때문에 십자군에 발을 들였다. 이 중 최악은 '기사단 형제들'이었는데, 이들은 용감하고 기강이 잘 잡혀 있긴 했으나 한편으로는 거만하고 특권의식에 사로잡혀 있었으며, 부패했고, 관능적이었으며 원칙을 몰랐다. 스콧 경이 사용한 또 다른 테마로는 무슬림의 문화적 우월성이 있는데, 다른 소설에서는 그다지 많이 나오지 않았으나 『부적(The Talisman)』(1825년)에서는 이 테마를 곳곳에서 찾아볼 수 있다.[80]

많은 사람들은 현대의 무슬림들이 십자군 전쟁이 남긴 폭력과 파멸의 기억을 중세시대의 선조로부터 물려받았다고 생각한다. 그러나 라일리-스미스에 따르자면 이는 전혀 사실이 아니다.[81] 이슬람 세계에서는 이미 14세기부터 십자군 전쟁 따위는 거의 안중에도 없었다.

79   Ibid., 60.
80   Ibid., 65.
81   Ibid., 68.

무슬림들은 "십자군 전쟁을 무관심과 안주적인 태도로 바라보았다. 이들은 스스로가 명명백백하게 승리해왔다고 믿었다. 무슬림들은 자신들이 자리 잡은 레반트 지역에서 십자군을 몰아냈으며 발칸 지역에서도 승리를 거둔 바 있다. 이들이 점령했던 유럽 내 영토는 서방이 시리아와 팔레스타인 내에서 차지한 지역보다 훨씬 더 넓었다."[82]

1890년대에 들어서자 무슬림 세계는 십자군 전쟁에 새로이 관심을 가지기 시작했으나, 이때에도 서방의 제국주의적 이야기들이나 월터 스콧 경이 지어낸 유럽식 낭만주의 판타지를 통해서만 십자군 전쟁을 바라보았다. 때문에 문화적으로 열등했던 십자군이 이미 문명화를 이룬, 진보적이며 근대화된 것처럼 보이던 무슬림들에게 대항한 것이라는 신화가 생겨나기 시작했다. 또한 스콧 경 때문에 무슬림들은 여전히 서방의 공격이 계속되고 있다고도 생각하는데, 이 또한 틀린 이야기다. 수많은 아랍의 민족주의자들은 대체로 "독립을 위한 스스로의 투쟁을 자신들을 겨냥했던 십자군에 대한 아랍의 대응 정도로 간주했다. 그러나 1970년대 이후부터는 새로운 군사적 범이슬람주의를 통해 십자군 전쟁에 대한 민족주의적 해석을 전 세계적으로 확산시켰다는 지적이 있다."[83]

그 결과로, 오사마 빈 라덴과 같은 현대의 이슬람주의자들은 종종 십자군 전쟁을 다음과 같이 들먹인다. "십자군들은 우리 이슬람의 움마(umma)에 반하여 자신의 역사적 야망과 꿈을 이루는 데 최초로 성공했다. 이들은 이슬람의 성지와 성소들을 점령했으며, 우리 움마의 부와 재물 위에 헤게모니를 드리웠다."[84] 또한 "하나님이 아라비아

---

82 Ibid., 71.
83 Ibid., 73.
84 Bin Laden, Messages to the World, 16; 다음에서 인용. Riley-Smith, The Crusades, 75.

반도에 평평한 대지를 주시고 사막을 만드셨으며 바다로 둘러싸주시
매, 십자군 전쟁 이전까지는 단 한 번도 그와 같은 재앙을 겪을 일이
없었다. 십자군의 무리는 마치 메뚜기 떼와도 같이 (아라비아 반도의) 부
를 좀먹었으며 비옥한 땅을 파괴했다."[85] 오사마 빈 라덴의 말에 따
르자면 십자군 전쟁은 '이슬람의 사람들'인 무슬림과 '전 지구적 십
자군' 간의 싸움이었다.[86]

　기독교인들, 즉 서방 사람들 모두가 이슬람의 영토뿐만 아니라 나
아가 이슬람과 이슬람 문명을 상대로 계속해서 십자군 전쟁을 일으
켰다는 사상은 곧 모든 무슬림들의 상상을 사로잡았다. 그러나 이는
역사적 현실보다는 십자군 전쟁의 역사에 대한 이슬람주의자들의 재
해석에서 비롯된 것이다. 중도적이건 극단적이건, 무슬림들은 이러
한 사상을 이용해 자신들이 겪어왔다고 강력하게 믿는 착취의 역사
에 현실감을 불어넣었다. 또한 동시에 이슬람의 굴욕(이교도에게 패배하
고 지배받는 무슬림이란 완전한 수모나 다름없다)이나 우월감(결국 무슬림들은 십자군
을 이슬람의 땅에서 몰아내는 데 성공했다)과 같은 감정들을 충족시키는 데에
도 이러한 사상이 한몫을 했다.

85　Ibid., 59; 다음에서 인용. Riley-Smith, The Crusades, 75.
86　Ibid.

제2장

이슬람 테러리즘에 대한 해명들

인간행위, 자유의지, 책임

이슬람 테러리스트들의 신앙과 이데올로기는 이들의 행동을 설명하는 데 있어서 가장 명백한 출발 지점이지만, 오늘날에는 이를 받아들이려 하지 않는 정치 해설가나 지식인들도 상당수 존재한다. 테러리스트들의 신앙과 이데올로기는 그들이 남긴 글이면 글, 인터뷰면 인터뷰, 책이면 책에서 명백하게 드러나 있다. 무슬림 이슬람학자가 쿠란의 구절들로 마구 치장해 저술한 연구서들도 여기에 포함된다. 쿠란을 비롯해 알라의 말씀과 하디스(예언자 무함마드와 그 동료들이 남긴 말 혹은 관행), 시라(예언자 무함마드의 생애) 등은 테러리스트들의 글이나 인터뷰, 책 등지에 등장하면서 여성과 어린아이들, 나이 든 자들을 포함한 민간인들을 상대로도 자행되었던 자신들의 극악무도한 만행을 정당화하는 데 사용되었다.

　공산주의와 그 몰락에 대해 수많은 연구를 남긴 역사학자이자 매사추세츠대학교 암허스트 캠퍼스 사회학과의 명예교수인 폴 홀랜더의 말을 인용하자면, 더 이상 종교적 신앙을 옹호하지 않는 서방의 진보주의자들은 테러리스트들의 행위가 "망상에서 비롯된 것쯤으로 생각한다. 독실한 테러리스트들을 중증 정신병자로 간주하는 셈이다. 또한 불만이 쌓였거나 낮은 사회경제적 지위에 시달리다 보니 잘못된 의식이 드물게 자라날 수 있으며, 테러리스트들은 그 의식의 희생양일 뿐이라고도 주장한다."[1] 이들 진보주의 분석가들은 이슬람의 종교적 믿음이 테러리즘이라는 야만적 행동을 정당화하거나 그 어떤 방식으로도 뒷받침할 수 없다고 주장한다. 또한 우리 역시 테러리스트가 말하는 스스로의 동기에 귀를 기울여서는 안 된다고 말한다.

이와 같은 서방의 전문가들은 갑자기 압둘라 유수프 아잠과 같은 이슬람주의자들보다 이슬람에 대해 더 깊은 지식을 얻은 것처럼 말하고 있다. 알 카에다의 창시자인 압둘라 유수프 아잠은 이슬람을 연구하는 데에만 수년을 쏟은 인물이다. 1966년 다마스쿠스대학교에서 우수한 성적으로 학사학위를 취득한 그는 이후 카이로 소재의 일류 대학인 알아즈하르대학교에서 석사학위를, 또 이슬람법학의 원칙들을 연구해 박사학위를 받았다.

의도적이고 위험한 무시가 잘 드러난 징후들도 있었다. 2015년, 존 캐리 미 국무장관은 세계경제포럼(다보스포럼)의 연설에서 극단적 이슬람주의자들을 진지하게 논하는 대신 "이슬람을 소외와 가난, 스릴을 추구하는 성향 등의 요소로 촉발된 범죄행위와 연결하는 것은 실수일 것"이라고 말했다.[2]

---

1   Paul Hollander, "Marx and the Koran: The Role of Beliefs and Ideologies in Motivating, Justifying, and Legitimating Political Violence," Weekly Standard, February 23, 2015, http://www.weeklystandard.com/marx-and-the-koran/article/850146.

2   Ken Dilanian, "Kerry: Violent Extremism Is Not Islamic," Associated Press, January 23, 2015, https://www.yahoo.com/news/kerry-violent-extremism-not-islamic-170022857--politics.html?ref=gs.

2015년 1월 7일, 알 카에다 예맨 지부 소속의 이슬람주의자 두 명이 프랑스의 풍자 전문 주간지 「샤를리 에브도」의 파리 사무소로 쳐들어가 열두 명의 사람을 죽이고 다른 열한 명의 부상자를 발생시켰다(「샤를리 에브도」는 스스로 무함마드와 이슬람을 풍자할 표현의 자유와 권리가 있다고 계속해서 밝혀왔다). 일드프랑스 지역에서도 연관 테러가 발생해 다섯 명이 사망했으며 열한 명이 다쳤다.

이 학살 이후 백악관 대변인 조시 어니스트는 "테러 행위를 실행에 옮긴 뒤 (중략) 이슬람교와 자신의 일탈적인 종교관을 들먹이면서 테러행위를 정당화하려는 인물들이 존재한다"고 말했다.[3] 마치 「샤를리 에브도」 테러를 일으킨 주범들이 무작위로 폭력을 행사한 뒤, 이후 그 행위를 정당화할 구실이 필요하다는 것을 깨닫자 난데없이 '이슬람'을 갖다 붙였다는 것처럼 들리는 발언이었다.[4]

서방이 이러한 태도를 보이자 다른 이들도 테러리스트들에게 행위에 대한 책임을 묻거나 테러리스트들을 비난하기를 꺼리는 모습을 보였다. 브리티시콜럼비아대학교 질병지리학과의 부교수 톰 코치는 2015년 1월 24일 「뉴욕타임스」에 기고한 글에서 이들의 행위가 어떻게 사회적으로 만들어졌는지 강조한다.

> (최근 파리에서 벌어진 살인의) 비극은 (중략) 수십 년 동안 계속된 군사적 침략과 식민지 확장을 거치면서 종교계가 과격화되었다는 점에 있다. 또한 우리 문화의 포괄적인 기풍에 새로운 구성원을 통합시키는 데 실패했으며, 정당한 불

3   Fred Lucas, "Josh Earnest Says the White House Doesn't Call Terror Attacks 'Radical Islam' Because It's Not 'Accurate,'" Blaze, January 13, 2015, http://www.theblaze.com/stories/2015/01/13/josh-earnest-says-the-white-house-doesnt-call-terror-attacks-radical-islam-because-its-not-accurate/; quoted in Hollander, "Marx and the Koran."

4   Cf. Thomas L. Friedman, "Say It Like It Is," Opinion, New York Times, January 20, 2015, http://www.nytimes.com/2015/01/21/opinion/thomas-friedman-say-it-like-it-is.html?_r=0

만을 표출할 만한 정치적인 공간을 열어주지 못했다는 것도 한몫을 더한다. 우리의 비극은 이와 같은 치명적인 실수들이 축적되었다는 점에 있으며, 우리가 동의하지 않는 것들을 악으로 규정하며 숙적으로 돌렸다는 데 있다. 문제는 우리가 이들에게 대응하면서 (중략) 그에 대한 반작용으로 더 많은 테러를 키울 것이냐, 혹은 그 원인에서부터 드러나 있는 길을 따라 해결책을 찾을 것이냐에 달렸다.[5]

말하자면 서구의 식민지주의 및 실패한 이민자 통합이 곧 무슬림들을 과격하게 만들었으며 결국 테러리스트를 양산했다는 식이다. 이 논리에 따르자면 우리는 이들의 슬픔에 귀 기울이지 않았다. 우리는 그들이 우리와 다르다는 이유만으로 그들을 악으로 만들었다.

그러나 무엇보다도 이슬람의 과격화와 식민지주의는 아무런 관련이 없다. 9.11테러를 일으킨 주범 열아홉 명 중 열다섯 명은 사우디아라비아 국적이었다. 사우디아라비아는 단 한 번도 서구의 지배를 받은 적이 없으며, 다만 오스만 제국의 적법한 식민지였을 뿐이다.

둘째로, 무슬림들은 자신들이 나서서 서구의 사회와 그 민주주의에 동화되지 않으려 했으며, 이를 거부한 것도 무슬림들이 유일하다. 무슬림에게 비무슬림 사회와의 통합은 배교 행위이자 삼가야 할 행위다. 다수의 이슬람 학자들에 따르자면 무슬림들은 이교도의 땅에서 신자들의 땅, 즉 이슬람의 땅으로 이주해야 할 의무를 진다. 캘리엔 콘웨이 여론조사인이 2015년 6월 미국 내 무슬림 600여 명을 대상으로 한 설문조사에서는 51퍼센트의 응답자가 미국 내 무슬림이라면 (미국법 대신) 샤리아의 지배를 받도록 선택할 수 있어야 한다고 응답했

---

5   Tom Koch, "What's Worse Than Sad," Opinion, New York Times, January 24, 2015, Sunday Review, http://www.nytimes.com/2015/01/25/opinion/sunday/whats-worse-than-sad.html.

다. 더욱 심각하게도, 미국 내에서 미국인들을 상대로 자행된 폭력들이 전 지구적인 성전(지하드)의 일부로 정당화될 수 있다고 응답한 사람들은 25퍼센트에 달했다.[6] 상원 법사위원회의 2016년 7월 증언에 따르자면 미 국토안보부의 초창기 멤버 중 한 사람인 필립 하네이는 미국 내 주류 이슬람 관련 기관들이 이와 같은 편협한 이슬람식 사고방식을 부추기고 있으며, 미국이슬람법학회와 같이 큰 영향력을 행사하는 기관들도 여기에 속해 있다고 보고했다.[7] 유럽 내 통합이 더딘 경우는 거의 무슬림들에게서만 나타나는 현상이며, 베트남인이나 캄보디아인 등 다른 이들과는 별다른 문제가 없다.

세 번째로, 서방의 좌파 지식인들이 고등 교육기관들을 점령한 채 행사하는 영향력도 상당한 몫을 한다. 이들은 1960년대부터 이 세상의 모든 불행, 특히 제3세계의 불행이 오로지 서구의 잘못에서 비롯되었다고 주장하기 시작하면서 어린 학생들의 말랑한 마음을 흔들어 놓았다. 수전 손택이 한때 말했듯이 서구는 악이며, 이 세상 모든 악의 근원도 서구다.[8] 만일 이것이 사실이라면, 왜 이민자들의 자손들은 제임스 볼드윈의 말처럼 '침몰하는 배'[9]에 오르려 하는 걸까? 이와 같은 문화상대주의는 우리 문명의 자신감을 너무나 약화시킨 나머지 우리 서구의 사람들이 더 이상 서구의 가치를 수호할 수 없게끔 만들었다(또한 시간이 갈수록 점점 더 많은 젊은이들이 서구의 가치를 수호하는 방법은커녕 그 가치에 어떤 것들이 있는지도 모르는 듯하다).

---

6   다음의 보도 참조. Andrew Bostom, "Shocking Polls Show What U.S. Muslims Think of U.S. Laws," PJ Media, July 1, 2016, https://pjmedia.com/blog/shocking-polls-show-what-u-s-muslims-think-of-u-s-laws/.

7   Ibid.

8   다음에서 인용. George Zilbergeld, A Reader for the Politically Incorrect (Santa Barbara, CA: Praeger, 2003), 157.

9   다음에서 인용. African American Political Thought, ed. and intro. Marcus D. Pohlmann, vol.6, Integration vs. Separatism: 1945 to the Present (London: Routledge, 2003), 6:119.

| 근본적 차이

그렇다, 서구와 무슬림 세계 간에는 매우 근본적인 종류의 차이점들이 존재한다. 무슬림들은 민주주의를 받아들이지 못하는데, 왜냐하면 민주주의를 받아들이는 순간 국민주권 또한 받아들여야 하기 때문이다. 무슬림들에게 주권이란 오로지 하나님만이 가질 수 있는 것이다. 게다가 무슬림들은 인간이 만든 법에 따라 사는 삶을 인정하지 못하며, 오로지 하나님이 주신 법 샤리아에 따라 살고자 한다. 예를 들자면 샤리아에는 여성과 비무슬림을 다루는 법이 상세하게 규정되어 있다. 여성은 남성보다 (상속에서) 적은 권리를 가지며, 비무슬림과도 결혼할 수 없는 반면 남성은 여성을 때릴 권리를 가진다.

개인의 책임을 논할 때에도 서방과 무슬림은 큰 차이를 보인다. 앞서 인용한 코치 등의 학자들은 테러 행위의 가해자들이 '당시 그들은 별다른 수가 없었을 것'이라고 주장한다. 홀란더 교수의 말을 들어보자.

> (무슬림 테러리스트들은) 단순히 자신이 노출된 자극에 대해 반응할 뿐이며, 최초에 만들어진 피해의식에 따라 이후의 행동경로를 정한다. 테러리스트들의 실제 동기는 죽이고자 하는 투지에 있으며, 대부분의 사람들이 끔찍한 범죄라고 여기는 행위에 대해 일말의 가책도 느끼지 못한다. 코치와 같은 관찰자들은 이러한 부분에는 별다른 관심이 없어 보인다. 신성 모독 또한 종교적인 개념이라는 사실도 자주 경시되곤 한다. 만일 어느 만화가가 신성 모독 때문에 살해당했다면, 그 가해자가 매우 강력한 종교적 감정을 가지고 있었다는 점만은 분명하다. 그들 스스로도 이를 명확히 밝히고 있다.[10]

---

10 Hollander, "Marx and the Koran."

이처럼 '피해자'가 그 피해에 따라 행동할 수밖에 없었다면 '피해를 입히는 자'들은 완전히 자유로운 위치에 놓이게 된다. 홀란더의 말을 계속해서 들어보자.

> 테러에 대한 이와 같은 설명은 선택적인 결정론을 수반한다. 나는 이와 같은 기조를 1960년대 사회비판론에서 처음 감지했다. 이 술책에서는 오로지 힘 있는 자들, 승자들과 가해자들만이 선택을 내릴 권한을 가지고 있기 때문에 스스로의 행동에 책임을 질 수 있다. 반면 패자와 피해자, 희생양들은 잔혹한 사회적 영향 속에서 이미 결정된 행동들만을 수행할 수 있으며, 도덕적으로 옳은 선택을 내릴 수 있는 위치에 있지 않다. 말할 필요도 없겠지만, 누가 피해자이고 희생양인지는 그 범주화를 주관하는 사람들의 세계관에 따라 상당히 주관적이고 가변적일 수 있다. [11]

이슬람 테러리스트들의 동기에 대한 논쟁은 소비에트 연방의 존재를 놓고 벌어졌던 논쟁에 대한 강렬한 향수를 불러일으킨다. 당시 사람들은 "진정한 마르크스주의는 소비에트 연방의 존재와 별다른 관련이 없으며, 진정한 마르크스주의는 행해지지 않았다"고 주장했다. 마르크스주의를 독자적인 체제로 살리고자 했던 이 처절한 시도는 소련의 실험으로 치명적인 오명을 쓰게 되었다. 마르크스주의가 소비에트 체제와 '아무런' 관련이 없다고 하는 것은 완전히 어불성설이었다. 이슬람 테러리즘과 이슬람이 아무런 연관이 없다는 말 또한 마찬가지다. 이 주장에 따르자면 진정한 이슬람은 평화의 종교이며, 여성의 권리 등을 존중한다는 식이다. 그러나 이슬람이 이슬람 테러리

---

11   Ibid.

즘과 상관이 없다는 말은 사실상 어불성설이다. 개인적으로는 과연 존 캐리 국무장관이 테러리스트들의 행위와 이슬람은 아무런 관련이 없다고 말함으로써 압둘라 유수프 아잠과의 논쟁에서 이겼다고 할 수 있는지도 의문이다.

| 학습된 불신

이슬람 테러리스트들의 신앙에 대해서 그 어떤 진지한 입장도 표명하지 않으려는 학자들도 다수 존재한다. 서문에서도 인용했었던 대테러전문 컨설턴트 마크 세이지맨은 테러리즘이 '테러리스트들의 신앙 및 견해에 따른 결과'가 아니라고 주장했다.[12] 미국 정부가 왜 적군의 '위협 독트린'을 익히는 데 실패했는지 알만한 대목이다.

『무슬림 정신의 폐막(The Closing of the Muslim Mind)』(2011)[13]의 저자인 로버트 레일리는『리더 없는 지하드』에 대한 평론을 통해 세이지맨의 말을 훌륭하게 논박했다. 그는 세이지맨이 근본 원인의 오류에 굴복하고 말았으며, 표본이 되어준 테러리스트들을 상대로 '미시적' 연구를 진행하면서 이를 통해 전 지구적 이슬람주의 테러리즘의 '근본 원인'을 찾고자 했다고 말했다. 여기서 '미시적'이란 말은 세이지맨이 "일반 병사들에게만 집중하면서, 그들에 대한 관찰을 통해서만 결론을 도출했다"는 의미다.

이를 통해 세이지맨은 독자들에게 "테러리스트들이 자신의 교리에 대한 직접적인 결과물로써 작전을 수행하는 일은 드물다"고 가르쳤다. 레일리는 여기서 질문 하나를 던진다. "그렇다면 (테러리스트들은)

---

12 Sageman, Leaderless Jihād, 22.

13 Robert Reilly, The Closing of the Muslim Mind: How Intellectual Suicide Created the Modern Islamist Crisis (Wilmington, DE: Intercollegiate Studies Institute, 2011).

왜 그렇게 하는 것일까? (중략) 세이지맨은 북미와 서유럽의 테러리스트들이 '지식인이나 사상가가 아니었으며, 종교학자는 더더욱 아니었다. 그들이 어떻게 생각하는지가 아니라, 무엇을 감정적으로 원하는지가 모든 것을 좌우했다'고 말했다. 누구라도 테러리즘을 원할 수 있다는 말일까?"[14]

레일리는 계속해서 논의를 이어나간다. "테러리즘은 단순히 테러 행위에서 끝나지 않는다. (중략) 어떤 사람들은 찰나의 충동으로 끔찍한 일들을 벌인다. (테러리즘은) 도덕적 원칙의 수준에까지 도달한 살인 행위이며, 나아가 고무적인 원칙과 함께 소규모 조직이나 정당 혹은 국가 등으로 기관화된다. 무엇보다도, 테러리스트 조직 내부에 각인된 이데올로기를 가장 먼저 이해해야만 한다. 그것은 정신적 타당성의 근원이다. 그것이 없으면 테러리즘은 존재할 수 없다."[15]

세이지맨은 오늘날 테러리즘의 이데올로기를 뒷받침하는 살라피야 사상가들 몇 명에 대해 잘 알고 있는 듯 보인다(살라피야는 초 보수적인 수니파 무슬림들로, 독실한 선조 무슬림들이 실천했던 순수한 이슬람을 회복하고자 하는 이들이다). 그는 사이드 쿠틉을 두 번, 하산 알 반나를 한 번 언급했으나, 아불 알라 마우두디는 단 한 번도 언급하지 않았다(이 인물들에 대해서는 앞으로 더 자세히 살펴볼 것이다). 또한 세이지맨은 이데올로기를 동력으로 인식하기를 거부했기 때문에, 그 연구와 분석에 깊이가 없는 것도 놀라운 일은 아니다. 전쟁의 근원과 원인을 알아내려면 하위 병사들을 인터뷰하기 이전에 먼저 전쟁 중인 집단들 각각의 이데올로기

---

14   Robert R. Reilly, "Thinking like a Terrorist," review of Leaderless Jihād: Terror Networks in the Twenty-First Century, by Marc Sageman, and The Mind of Jihād, by Laurent Murawiec, Claremont Review of Books 9, no. 2 (Spring 2009): 31–33, http://www.claremont.org/crb/article/thinking-like-a-terrorist/.

15   Ibid.

와 원칙들을 살펴보아야 한다.

레일리가 세이지맨의 강연에서 앞에서 말한 바와 같은 요지의 질문을 던지자, 세이지맨은 "사이드 쿠틉의 경우에는 그 사례연구에서 등장한 사람들이 그의 글을 읽지 않았기 때문에 별다른 관련이 없다"고 대답했다.

세이지맨은 순진하게도 자신의 분석을 미완성으로 끝마쳐 버렸으며, 요지를 완전히 잃어버리고 말았다. 과연 일반 나치 당원들 중에서 나치 이데올로기가 주장하는 생물학적, 역사적 배경지식과 그 지식인들을 제대로 알고 있는 사람들은 몇 명이나 되었을까? 극단적인 순결성과 유대인 박해, 레벤스라움(생활권) 등을 고안해내며 나치 이데올로기를 주도적으로 창시한 알프레드 로젠베르크(1893-1946)의 글을 읽거나 그를 잘 알고 있었던 나치 보병들은 거의 없었을 것이다. 일반 나치 당원들은 어쨌거나 정권의 명령에 따라야 하는 의무를 졌으며 그에 복종하도록 훈련받았다. 그리고 바로 그 정권은 로젠베르크와 알프레드 보임러(1887-1968)와 같은 사상가들, 철학가이자 해석자였던 프리드리히 니체, 독일의 교육자인 언스트 크리크(1882-1947), 게마인샤프트(공동사회)와 분트(동맹) 등의 개념을 정의한 헤르만 슈말렌바흐(1885-1950), 그리고 법학자이자 철학자이며 정치이론가이자 법학 교수였던 카를 슈미트(1888-1985)에게서 동기를 찾고 그에 따라 움직였다.

정권은 일반적인 나치 보병들을 자신의 구미에 맞게 양산할 수 있었으며, 그 병사들이 자신의 정책을 수행할 수 있게끔 양순하게 훈련시켰다. 나치당은 사실상 평범한 시민들 다수에게도 나치 이데올로기의 진정성을 설득시키는 데 성공했다. 그때까지만 해도 상당한 문명을 누리고 있던 국가에 그 끔찍한 의제를 씌우는 데 성공한 나치당은 곧 국민들을 상상할 수조차 없는 잔혹 행위들을 실현하는 데 일조한 야만인들로 탈바꿈시켰다.

이슬람 세계에서도 이와 비슷한 패턴을 찾아볼 수 있다. 이슬람주의 사상은 점점 더 많은 지지자들을 끌어모으고 있으며, 이슬람을 위해 언제든지 자신의 삶을 희생할 준비가 된 행동가들 또한 계속해서 늘어나고 있다. 실로 사상의 전쟁인 셈이다. 이러한 이유로 우리는 하산 알 반나와 사이드 쿠틉, 마우두디와 같은 이슬람 사상가들의 이데올로기, 그리고 이슬람과 이슬람 신학, 이슬람 역사에 드리운 그들의 뿌리를 이해해야만 한다.

동력으로서 이데올로기가 가지는 의의

영국의 사회학자이자 정치이론가, 철학가이며 사상 역사가인 이사야 벌린(1909-1997)은 사상 경시의 위험성과 그것이 세상의 사건들에 미칠 영향을 경고한 바 있다. 1958년의 강의를 토대로 저술한 그의 고전적인 책 『자유의 두 가지 개념(Two Concepts of Liberty)』에서 그가 펼친 논리는 매우 타당하며 곰곰이 생각해볼 만한 가치가 있다.

> 동서양을 통틀어서도 그렇게 많은 사람들이 하나의 사회적, 정치적 교리를 광신적으로 떠받들게 되면서 자신의 관념이나 인생을 사실상 완전히 바꾸어버렸던 경우는 아마도 근대 역사상 또 없었을 것이다. 폭동이나 혁명을 포함해도 그러하다. 사상을 무시하면 안 되는 이들, 다시 말하자면 사상에 대해 비판적으로 생각하도록 훈련받아온 이들이 사상을 무시하게 된다는 것은 너무나 위험하다. 그렇게 자라나는 힘은 다수의 인류를 상대로 무자비하게 자행되는 힘이 되며, 억제할 수 없는 가속도와 함께하게 되면서 이성적인 비판론 따위는 씨알도 먹히지 않는 폭력적인 힘이 된다. (중략) 만일 교수들이 이 치명적인 힘

을 진정으로 행사할 수 있게 된다면, 다른 교수들이나 사상가들도 혼자서는 이
들을 무장 해제시킬 수 없게 되지 않겠는가? [16]

마찬가지로 우리도 사상의 전쟁 중에 있기 때문에, 광신적인 이슬
람 테러리스트들에 맞서 싸울 수 있는 더 나은 사상을 만들어야만
한다.

1966년, 마르크스주의 이슬람학자 막심 로댕송은 이슬람 세계에
대한 시각을 논하면서 "역사의 경로는 최종적으로는 경제적이고 사
회적인 요소들에 의해 결정되며, 이데올로기는 오로지 부차적인 역
할만을 수행한다"고 말했다.[17] 벌린이 『자유의 두 가지 개념』에서 보
여준 또 다른 관찰은 로댕송에 대한 암묵적인 답변이 될 수 있을 것
이다. "천박한 유물론적 역사관쯤 되어야만 사상의 힘을 부정할 것
이며, 이상을 단순히 물질적 이익의 위장 정도로 치부할 것이다. 사
회적 압력이 없다면 정치적 사상은 죽은 채 태어나는 것이나 마찬가
지다. 만일 이와 같은 힘이 사상의 옷을 입지 않는다면 한치 앞도 보
지 못한 채 방향을 잃게 된다는 점만큼은 분명하다."[18]

레닌, 스탈린, 히틀러, 마오쩌둥, 폴 포트가 벌인 참상의 원인은 무
엇이었을까? 벌린의 관점에서 보자면 이들은 "스피노자가 말하는 평
범한 인간의 부정적인 감정들, 즉 두려움과 욕심, 부족 간 증오, 질
투, 권력을 탐하는 마음 등에서 비롯된 것이 아니었다. 물론 이 감정
들도 각자의 악랄한 역할을 수행하기는 했다." 진정한 원인은 "단 한

---

16 Isaiah Berlin, Liberty: Incorporating Four Essays on Liberty, ed. Henry Hardy, 2nd ed. (Oxford: Oxford University Press, 2002), 167.

17 다음에서 인용. Rudolph Peters, Islam and Colonialism (The Hague: Mouton Publishers, 1979), 6, 다음 인용, Maxime Rodinson, Islam and Capitalism, trans. Brian Pearce (London: Allen Lane, 1974), 296ff. 최초 출판은 as Islam et le capitalisme (Paris: Editions du Seuil, 1966).

18 Berlin, Liberty, 167 - 168.

가지, 사상에 의해서였다. 비인격적인 사회, 경제의 힘을 강조하면서 사상의 중요성을 격하시켰던 칼 마르크스는 역설적이게도 저서들을 통해 자신이 원하던 방향대로, 또 그 반대 방향으로 20세기의 격동을 불러 일으켰다."[19]

벌린은 다음과 같이 논의를 계속한다. "평온한 의식에서도 어떠한 말이나 글의 영향으로 다른 이들을 죽이고 불구로 만들 사람들이 있다. 그중 일부는 자신들이 완벽의 경지에 이르는 방법을 알고 있다고 확신하는 말과 글들일 테다."[20] 이 말은 소위 신이 내려주신 목표를 향한 확고한 정의를 품은 채, 언제나 죽을 준비가 되어 있으며 최대한 한 많은 이교도들을 함께 데려가겠다는 이슬람 극단주의자들을 시니컬하고 적절하게 묘사한 것이나 마찬가지다.

소비에트 연방과 공산주의

마찬가지로 냉전과 소비에트 연방의 행동, 그리고 소련 정권의 몰락을 설명하고자 할 때에도 많은 이들이 마르크스-레닌주의라는 강력한 이데올로기의 역할을 경시하거나 심지어는 아예 무시하는 태도를 취하고 있다. 그러나 몇몇 훌륭한 역사가들은 소비에트 현상의 이데올로기적 본질을 강조한 바 있다.

캘리포니아대학교 버클리캠퍼스의 역사학과 교수이자 러시아 전문가인 마틴 말리아는 그의 기념비적인 저서 『소련의 비극: 러시아 내 사회주의의 역사(The Soviet Tragedy: A History of Socialism in Russia)』에서 다음과 같이 말한다.

---

19 Isaiah Berlin, "A Message to the 21st Century," 토론토대학교 명예법학박사 수락 연설, 1994년 11월 25일. 다음에서 게재. New York Review of Books, October 23, 2014, http://www.nybooks.com/articles/2014/10/23/message-21st-century/.

20 Ibid.

사회과학적 준엄함의 허울을 깨부수고 나오는, 유토피아적 희망으로의 영원한 회귀는 우리로 하여금 소비에트 현상을 이해하는 데 가장 중요한 것이 바로 이 데올로기라는 전제를 다시 한 번 상기시켜준다. 소련의 이데올로기적 언행들 을 바탕으로, 무미건조하고 진지한 태도로 그들의 사회주의적 유토피아를 바 라볼 때에만 우리는 그것이 초래한 비극을 이해할 수 있다. 따라서 이 책의 확 고한 의제는 사회적, 경제적 힘들을 압도하는 이데올로기와 정치의 힘이 소비 에트 현상에서 얼마나 중요한지를 다시 한 번 확인하는 데 있다. 소비에트 연 방을 움직인 동력이 '아래로부터'의 역사가 아닌 '위로부터'의 역사임을 되살리 려는 것이다. 마지막으로, 전체주의적 관점을 부활시키되 정적인 방식이 아니 라 동적이고 역사적인 관점을 견지하고자 한다. 소비에트 유토피아라는 총체 적 가식이 그 비극의 '유전자 코드'였음을 밝히려는 것이다. [21]

말리아는 사상의 중요성과 그 결과들을 다시금 논한다. "플랜, 콜 호스, 굴라크 등 소비에트 연방의 독특한 제도들을 설립하기 위해서 는 과격한 사회주의의 환각과 레닌주의 정당의 불법성이 필수적이 었다."

따라서 다시 한 번, 우리는 소비에트 현상에서 이데올로기와 정치가 가지는 우 위성의 문제를 살펴보아야 한다. 솔제니친은 소련식 테러의 독특한 측면들에 대해 다음과 같이 썼다. "셰익스피어 문학에 등장하는 악당들도 그 상상이나 정신력을 보면 고작 열 몇 사람을 죽이는 데 그치는데, 이는 그들에게 이데올 로기가 없기 때문이다. (중략) 20세기 이후 수백만 명 단위의 피해자를 발생시 키는 악당들이 다수 등장하게 된 것은 다 이데올로기 덕분이다." 솔제니친의

---

21 Martin Malia, The Soviet Tragedy: A History of Socialism in Russia, 1917–1991 (New York: The Free Press, 1994), 16.

제의는 히틀러의 민족 말살 시도와 유대인 수용소의 경우에도 당연 타당하게 적용되는 것이며, 솔제니친 또한 이를 염두에 두었을 것이다. 그러나 공산주의의 경우 이데올로기의 우월성은 수용소 내에만 존재했던 것이 아니라, 나아가 사회경제적 하부구조부터 문화적 상부구조까지를 아우르는 소련식 시도 전체에 짙게 깔려 있었다.[22] (원문에서 강조)

말리아가 강조했듯, "소련식 질서의 모든 기초 기관들은 (중략) 이데올로기의 산물이었다. 정당의 계획이 강철과 콘크리트, 그리고 편재하는 기관들로 나타났다는 것, 그 이상도 이하도 아니었다."[23]

소비에트 연방의 붕괴와 공산주의 진영의 해체 이후 거의 20여 년이 지난 오늘날에도, 다수의 미국 지식인들은 여전히 부정에 빠진 채 "인류 역사상 가장 잔혹했던 이데올로기 중 하나에 사과와 박수를 보내고 있으며, (그 이데올로기는) 폐기되는 대신 여전히 미국의 상류사회 및 문화에서 기품 있는 지위를 점하고 있다."[24]

콜롬비아대학교 역사학과의 드위트 클린튼 교수 에릭 포너는 공산주의의 옹호자이자, 흐루시초프가 지적하기 이전까지 스탈린의 범죄 행위를 인정하지 않으려고 했던 인물이다. 그는 또한 '용서할 줄 모르는 미국인 역사학자'[25]다. 2001년 9월 11일의 테러 이후 포너가 남긴 말은 놀랍지도 않다. "뉴욕 시를 잠식한 공포, 그리고 백악관이 매일같이 쏟아내는 종말론적 발언들, 나는 어느 쪽이 더 경악스러운 일

22 Ibid., 512. 다음 인용. Alexsandr Solzhenitsyn, The Gulag Archipelago, 1918–1956, 3 vols. (New York: Harper & Row, 1973–1978), 1:181.

23 Malia, Soviet Tragedy, 512.

24 John Earl Haynes and Harvey Klehr, In Denial: Historians, Communism, and Espionage (New York: Encounter Books, 2003), 1.

25 John Patrick Diggins, "Fate and Freedom in History: The Two Worlds of Eric Foner," National Interest, no. 69 (Fall 2002): 85, cited in Haynes and Klehr, In Denial, 40.

인지 잘 모르겠다."[26]

공산주의를 옹호하는 소위 '수정주의 역사학자'들은 9.11테러에 대해 미국을 비난하거나 오래된 도덕적 등가법칙을 들이미는 모습을 보였다. 예를 들어 호프스트라대학교의 교육학 및 문해학, 리더십 분야의 교수이자 사회과 교육대학원의 프로그램 과장인 알란 싱어는 미국이 이슬람 테러리스트들에 의해 자행된 범죄들보다 훨씬 더 나쁜 범죄들에 책임이 있다고 말했다.[27] 존 얼 헤인즈와 하비 클레어는 『부정: 역사학자들과 공산주의, 그리고 첩보 행위(In Denial: Historians, Communism, and Espionage)』에서 "수정주의자들의 지적 세계에 깊이 각인된 반미주의는 마치 그들이 이 나라가 공격당하는 것은 신성한 응징의 세속적인 형태라고 주장하는 것처럼 보이게 만든다"고 말했다.[28]

나치즘의 이데올로기

나치의 이데올로기가 홀로코스트의 가장 큰 동력이었다고 주장하는 학자들도 다수 존재한다. 아브라함하르만현대유대인기관 홀로코스트학 교수인 야후다 바우어는 지금까지 홀로코스트와 반유대주의에 관해 마흔 권도 넘는 책을 저술했으며 그를 통해 일곱 번이나 수상한 작가다. 읽기 쉽도록 쓰인 그의 저서 『홀로코스트에 대한 재고(Rethinking the Holocaust)』(2001)에서 바우어는 책의 첫머리부터 '이데올로기가 홀로코스트의 중심적인 결정 요인'이었다고 말했다.[29] 나치는 유대인들이 보편적으로 사악한 요소라고 보았다. 이들을 쫓는 것

---

26   Haynes and Klehr, In Denial, 49.
27   Ibid.
28   Ibid.
29   Yahuda Bauer, Rethinking the Holocaust (New Haven, CT: Yale Nota Bene, 2002), 7, 42, 44.

은 "전 세계적인, 또 준 종교적인 행위이자 살인의 이데올로기를 실
천에 옮기는 행위였다." 나치에게 있어서 "유대인 박해는 순수하고
관념적인 반유대주의 이데올로기를 생물적인 인종차별주의에 기초
해 실천한 것일 뿐이며, 전 세계를 상대로 벌였던 히틀러의 전쟁에도
같은 논리가 그대로 이어졌다."[30]

바우어는 관료주의의 중요성 및 경제적, 사회적, 정치적 위기들의
영향력 또한 인정했다. 그러나 "지침이 되는 이데올로기적 동기와 정
당화가 없었다면 대규모 살인, 특히 유대인들을 전멸시키려는 그 시
도는 아마 상상조차 할 수 없었을 것이며, 이데올로기가 핵심"이라
말했다.[31] 바우어는 또한 정치과학자이자 작가인 다니엘 골드하겐
이 저술한 『히틀러의 자발적 집행인들(Hitler's Willing Executioners: Ordinary
Germans and the Holocaust)』(1996)[32]에서 저자가 보여준 논의를 공개적으
로 지지한다. 골드하겐 역시 반유대주의 이데올로기가 홀로코스트의
중심이라고 설명했다. "나는 위기 시의 사회적 계층화, 정치적·경제
적 배경, 그리고 관료제 시스템을 강조하는 이들보다는 (중략) (골드하
겐의 의견에) 동의합니다."[33]

이슬람, 혹은 이슬람 테러리스트들의 이데올로기

이데올로기는 20세기를 정의하는 특징 중 하나다. 보다 정확하게 말
하자면 이데올로기 간의 충돌, 즉 '이데올로기적 광란'[34]이 20세기

---

30   Ibid., 27-28.

31   Ibid., 44.

32   Daniel Jonah Goldhagen, Hitler's Willing Executioners: Ordinary Germans and the Holocaust
(New York: Vintage Books, 1996).

33   Bauer, Rethinking the Holocaust, 95.

34   내 생각에는 이 말이 미국 저널리스트 막스 레너(1902-1992)의 다음 저서에서 나온 것으로 보이
지만, 확실하지는 않다. Ideas Are Weapons: The History and Uses of Ideas (New York: Viking
Press, 1939), 9-.

를 규정한다. 공산주의, 사회주의, 민족주의, 파시즘, 나치즘 등은 수백만 명을 움직여 행동하게 만들었다. 논리학 및 형이상학 교수인 레슬리 스티븐슨의 말에 따르자면 "특정 무리의 사람들이 인간 본성에 대한 구조적 믿음을 떠받들며 그들 삶의 방식으로 삼는 일을 표준적으로 이데올로기라 칭한다. 이렇게 본다면 기독교주의와 마르크스주의는 확실히 이데올로기라 할 수 있다."[35] 우리는 같은 맥락에서 이슬람 또한 여기에 이름을 올릴 수 있음을 자연스럽게 알 수 있다.

따라서 이슬람 테러리스트들의 이데올로기는 절대 논의의 예외가 될 수 없다. 또한 그 믿음의 신학적인 배경은 차치하고서라도, 이슬람 테러리즘은 다른 20세기의 이데올로기들과 비교해볼 만한 점들을 다수 갖추고 있다.

나는 지난 수십 년간 이슬람 테러리스트들의 믿음, 다시 말해 '이슬람교'는 엄밀한 의미에서 파시스트라고 불러도 될 것이라고 주장해왔다.[36] 이 연구에서 나는 이탈리아의 소설가이자 철학자, 그리고 기호론자인 움베르트 에코가 꼽은 '시간 초월적 파시즘(혹은 원형 파시즘Ur-Fascism)'[37]의 전형적인 특징 열네 개를 가지고 와서 이슬람이 어떻게 이 조건들을 만족시키고 있는지를 논한다.

또한 이슬람은 전체주의로 묘사되기도 해왔다. 이 부분에 대해서 필자가 2008년에 쓴 글을 요약하자면 다음과 같다. 찰스 왓슨과 조

---

35 Leslie Stevenson and David L. Haberman, Ten Theories of Human Nature, 3rd ed. (Oxford: Oxford University Press, 1998, 9. 개정판인 Twelve Theories of Human Nature과 혼동하지 말 것. Chapter 4, note 1 참조.

36 Ibn Warraq, "Islam, Middle East, and Fascism," in Virgins? What Virgins? 255-288. 1990년대 후반부터 인터넷에 이 글의 여러 버전들을 찾아볼 수 있게 되었다. 그중 하나로는 2002년경 미국무신론자단체가 출판한 후 다시 「뉴잉글리시리뷰」에 기고된 버전이 있다. http://www.newenglishreview.org/Ibn_Warraq/Islam,_Middle_East_and_Facism/.

37 Umberto Eco, "Ur-Fascism," New York Review of Books, June 22, 1995, http://www.nybooks.com/articles/1995/06/22/ur-fascism/.

르주 앙리 부스케는 이슬람이 그저 전체주의적 체제에 불과하다고 말한 반면, 버트런드 러셀, 쥘 몬느로, 체슬라브 밀로즈는 다양한 측면에서 이슬람과 공산주의를 비교했다. 칼 구스타브 융, 칼 바르트, 아돌프 히틀러, 사이드 아미르 아르조만드, 막심 로댕송, 만프레드 할펀 등은 이슬람이 파시즘이나 나치즘과 유사한 점이 있음을 지적했다(파시즘과 나치즘은 주로 동의어처럼 사용된다).[38]

좀 더 자세히 말해보자면, 1937년 이집트의 기독교 선교사였던 찰스 왓슨은 이슬람을 전체주의라고 묘사하면서, "일상생활의 모든 부분을 꿰뚫는 수백만 개의 뿌리들에는 모두 종교적인 의미가 부여되어 있으며, (이슬람은) 이를 통해 무슬림 사람들의 삶을 지배할 수 있다"고 말했다.[39] 알제리아대학교, 보르도대학교의 법학교수였으며 이슬람법학계에서 가장 유명한 권위자 중 한 사람으로 손꼽혔던 조르주 앙리 부스케(1900-1978)는 이슬람에는 이슬람법과 지하드라는 두 가지 전체주의적 요소가 있다고 말한다. 특히 지하드라는 이슬람식 개념은 결국 전 세계를 단일한 권력 아래에 굴복시키기 위한 정복을 의미하는 데에서 더욱 그러하다.[40]

또 다른 위대한 이슬람법학자 한 명의 말을 살펴보자. 레이던대학교 아랍학과에서 오랜 기간 교수로 재직한 크리스티안 스노우크 휘르흐로녜는 이슬람이 확실히 "전 인류의 종교적, 사회적, 정치적 삶을 모든 부분에서 통제하고자 한다. 특히 자격 없는 신자들과 다른 관대한 종교를 믿는 자들의 삶이 이슬람을 어떤 식으로든 저해할 만

38 Ibn Warraq, "Apologists of Totalitarianism: From Communism to Islam" in Politcal Violence: Belief, Behavior and Legitimation, ed. Paul Hollander (New York: Palgrave Macmillan, 2008), 177-191.

39 Charles Watson, Muslim World 28, no. 1 (January 1938): 6.

40 Georges-Henri Bousquet, L'Ethique sexuelle de l'Islam (1966; Paris: Desclée de Brouwer, 1990), 10.

한 행동을 하지 않게끔 만들고자 한다"고 말했다.[41] 이슬람법에서 (유럽식 의미의) 법과 의례, 윤리, 좋은 매너 등이 달리 구분되지 않는다는 사실만 보아도 이슬람법의 포괄적인 성격을 알 수 있다. 이슬람법은 원칙적으로 신자들과 이슬람 공동체의 생활 전체를 지배한다. 이슬람법은 생활 모든 구석구석에 스며들어서, (무작위로 예시를 들어보자면) 순례세부터 농작물 계약, 이사회, 노예의 방세 문제, 청첩장을 보내는 방법, 의례 때 입는 의복, 누군가의 자연적인 욕구를 채우는 방법, 동물을 다루는 적절한 방법 등을 망라한다.

이슬람법은 의무들의 교리다. 휘르흐로녜에 따르자면 여기서의 의무는 "인간 권위자가 하나님의 지시에 따라 조정할 수 있는 의무인 동시에, 단 하나의 예외도 없이 모두 하나님에 대한 의무이며 어림잡을 수 없는 하나님의 뜻 위에 세워진 의무다. 이미 이행되고 있다고 보이는 인간의 의무들은 여기에서 전부 다루어지며, 여느 상황이나 누군가와의 관계에서 발생하는 모든 의무들이 여기에서 다루어지고 있는 것을 발견할 수 있다."[42]

영국의 철학자이자 역사학자이며 사회비평가였던 버트런드 러셀은 『볼셰비즘의 이론과 관행(The Practice and Theory of Bolshevism)』(1920)에서 다음과 같이 말했다.

볼셰비즘에는 프랑스대혁명의 특성과 이슬람식 폭동의 특징들이 결합되어 있다. (중략) 마르크스는 공산주의가 필연적으로 도래할 운명이었다고 믿었으며, 이 때문에 무함마드의 초대 후계자들과 크게 다르지 않은 정신상태를 가질 수 있었다.

---

41 C. Snouck Hurgronje, Selected Works, ed. Georges-Henri Bousqet and Joseph Schacht(Leiden: E.J. Brill, 1957), 264.

42 Ibid., 261.

(중략) 볼셰비즘은 종교 중에서도 기독교나 불교보다는 이슬람교와 연관 지어질 때가 많다. 기독교와 불교는 무엇보다도 개인적인 종교이며, 신화적인 교리와 사색에 대한 사랑이 함께한다. 반면 이슬람교 및 볼셰비즘은 실용적이고, 사회적이며, 영적인 것이 아니라, 실제 세계에서 제국을 세우는 것을 목표로 한다.[43]

『공산주의의 사회학(Sociologie du Communisme)』(1949)에서 프랑스의 수필가이자 사회학자이며 저널리스트였던 쥘 몬느로는 공산주의를 가리켜 20세기의 '이슬람'이라 지칭했다.[44] 또한 이슬람은 종종 파시즘, (보통 동의어로 쓰이지만) 보다 정확하게 말하자면 나치즘과도 비교되었다. 예를 들어 1930년대 후반 스위스의 정신과 의사였던 칼 융은 한 인터뷰에서 종교적 발전의 다음 단계가 무엇일지 질문을 받은 적이 있었다. 융은 독일에서 나치즘이 부상한 것을 예로 들어 답했다. "우리는 히틀러가 새로운 이슬람을 세우게 될지 알 수 없습니다. 히틀러는 이미 그 방향으로 나아가고 있으며, 사뭇 무함마드를 닮아가고 있습니다. 독일에서는 이슬람과 같은 정서가, 마치 이슬람처럼 호전적인 정서들이 발생하고 있습니다. 그들은 모두 야생 그대로의 신에 취해 있습니다. 이것이 그대로 역사적인 미래가 될 수도 있습니다."[45]

1930년대 스위스의 개혁신학자인 칼 바르트[46] 또한 히틀러가 가하는 위협이 어느 부분에서 무함마드와 유사한지를 저술한 바 있다.

---

43   Bertrand Russell, The Practice and Theory of Bolshevism (London: George Allen and Unwin, 1920), 5, 29, 114.

44   Jules Monnerot, Sociologie du Communisme (Paris: Gallimard, 1949). Translated by Jane Degras and Richard Rees as Sociology and Psychology of Communism (Boston: Beacon Press, 1953), 18–22.

45   Carl Jung, The Collected Works, vol. 18, The Symbolic Life (Princeton, NJ: Princeton University Press, 1939), 281.

46   앤드류 보스톰 덕분에 칼 융과 칼 바르트를 인용할 수 있었다.

국가사회주의라는 정치적 실험은 그 실험에 자발적으로 참여하는 이들에게 소위 '유일하게 가치 있고 축복받은 삶'이란 것에 참여할 수 있도록 해주겠다고 약속한다. 여기서 우리는 왜 그들이 저항에 맞부딪혔을 때 하나님의 권능을 핑계 삼아 무언가를 부수고 죽이는 일밖에 하지 못하는지를 이해할 수 있다. 이슬람도 옛날부터 이런 식이었다. 국가사회주의는 사실상 새로운 이슬람이라고 간주하지 않고서는 제대로 이해할 수 없다. 이들은 새로운 알라를 중심으로 신화를 창조했으며, 새로운 예언자 자리에 히틀러를 앉혔다. 만연한 국가사회주의와 그 사상의 발전 및 확대를 위해서 진심으로 기도하기란 실로 쉬운 일이 아니었다. 자신의 얼굴에 침을 뱉고 스스로의 기도를 우스꽝스럽게 만들고자 하는 이들이나 그리 기도하였을 것이다. 그러나 만연한 국가사회주의를 위해, 특히 독일 및 전 세계의 기독교인들이 읊을 수 있으며 읊어야만 하는 기도 문구가 한 가지 존재한다. 19세기경 바젤의 예배(레이투르기아)를 기록한 역사서에서도 찾아볼 수 있는 기도 문구다. "거짓된 예언자 무함마드의 방어벽을 무너뜨리리라!" (중략) 또한 이제 우리, 우리 전 유럽과 유럽의 모든 기독교 교회들은 이슬람교도들의 위협 앞에 다시 한 번 마주섰다. 이번에는 그들이 이미 비엔나와 프라하를 점령해 버렸다. "뜻은 이루어지리라!", "죽으면 죽으리라!" 오래전 터키가 공격해올 당시 사람들은 이 말들의 뜻을 제대로 이해하고 있었다. 당시의 사람들은 지금 우리가 하는 것과 비교하자면 하나님의 뜻을 위해 보다 많은 것을 감내할 줄 알았으며 불평을 삼갈 줄도 알았다.[47] (원문에서 강조)

히틀러의 군수장관이자 전시생산을 담당한 알베르트 슈페어는 뉘른베르크 재판에서 20년 형을 선고받고 복역하던 도중 제2차 세계대전의 경험을 담은 회고록을 집필했다. 슈페어의 글을 살펴보면 아랍

---

47 Karl Barth, The Church and the Political Problem of Our Day (New York: Scribner's, 1939), 43, 64 - 65.

에 대한 히틀러의 인종차별 및 이슬람에 대한 호들갑스러운 칭찬을 찾아볼 수 있다.

> 히틀러는 저명한 아랍인 사절단에게 배운 역사의 한 페이지에 매우 큰 영감을 받은 상태였다. 무슬림들은 8세기경 프랑스를 뚫고 중앙아시아로의 진출을 시도했으나 투르 푸아티에 전투로 저지되었다는 사실도 이들 사절단이 알려준 것이었다. 만일 아랍 민족이 이 전투에서 승리를 거두었다면 오늘날의 세계는 이슬람교의 세계가 될 수도 있었다. 그들에게는 그들이 믿는 종교가 있어서, 칼로써 그 신앙을 퍼트리고 모든 국가를 그 신앙에 예속시키고자 했다. 그와 같은 교리는 게르만족의 기질에도 완벽히 들어맞았다. 히틀러는 아랍 정복군이 인종적으로 열등했기 때문에 나라의 혹독한 기후와 조건들과 계속해서 싸울 수 없었다고 말했다. 그들은 보다 격렬한 원주민들을 계속해서 억누르고 있지 못했을 테니, 결과적으로 아랍이 아니라 이슬람화 된 독일인들이 이슬람 제국의 꼭대기를 차지했을 것이다. 히틀러는 이 역사적 짐작을 다음과 같은 말로 마무리 짓곤 했다. "알잖습니까, 우리는 잘못된 종교를 가진 게 참 불운입니다. 왜 우리는 일본의 종교와도 같이 조국을 위해 희생하는 것이 최고선인 종교를 가지지 못한 걸까요? 이슬람교 역시도 기독교보다는 우리에게 훨씬 잘 맞았을 것입니다."[48] (원문에서 강조)

막심 로댕송 또한 이슬람주의와 파시즘을 비교하는 데 한몫을 더했다. 로댕송은 프랑스의 저명한 이슬람학자이자 일반적으로 20세기 최고의 이슬람학자 세 명 중 한 사람으로 손꼽히는 인물이며, 중동에 대해 사회학적인 방법을 처음으로 적용시킨 것으로 유명하다. 1915년 프랑스계 유대인으로 태어난 로댕송은 파시즘 또한 직접적으로 체험

---

48   Albert Speer, Inside the Third Reich (New York: Macmillan, 1970), 96.

할 수밖에 없었다. 그의 부모는 아우슈비츠에서 세상을 떠났다. 프랑
스의 철학자 미셸 푸코가 이란혁명을 옹호하며 지지 성명을 발표하
자, 로댕송은「르몽드」제1면에 장문의 답신을 싣고는 '이상주의적
태도를 가지고 이 문제를 갓 살펴보기 시작한 사람'들을 비판했다.
로댕송은 무슬림형제단과 같은 이슬람 운동의 경향이 '알아내기 어
렵다'고 인정하면서도, "구식 파시즘의 특정 형태가 또다시 지배적인
경향으로 자리 잡았다. 정치경찰이 사회질서와 도덕을 잔혹하게 강
요하는, 전체주의적이고 권위주의적인 상태를 만들려는 경향을 말하
는 것이다. 이들은 이와 동시에 가장 보수적으로 해석한 종교 전통에
순응하라고도 강요할 것"이라 말했다.[49]

뉴욕주립대학교 스토니브룩캠퍼스 소속의 이란계 미국인 사회학
자인 사이드 아미르 아르조만드 또한 다음과 같은 말을 남겼다. "현
대의 이슬람 운동과 유럽의 파시즘, 그리고 미국 극우파들에게서는
상당히 커다란 유사성을 찾아볼 수 있다. (중략) 무엇보다도 이슬람
전통주의자들과 원리주의자들의 운동이 보여주는 일원적 충동과 단
호한 정치적 도덕주의는 이들을 파시즘이나 극우파들과 비슷하게 보
이도록 만든다."[50]

앞에서 언급하지는 않았으나 말리스 루벤의 글도 장문으로 인용할
만한 가치가 있다.[51] 잉글랜드-아일랜드 혼혈의 학자이자 저널리스

---

49 Maxime Rodinson, "Islam Resurgent?" Le Monde, December 6 – 8, 1978; quoted in Janet Afary and Kevin B. Anderson, Foucault and the Iranian Revolution: Gender and the Seductions of Islamism (Chicago: University of Chicago Press, 2005), 233.

50 Saïd Amir Arjomand, "Iran's Islamic Revolution in Comparative Perspective," World Politics 38, no. 3 (April 1986): 383 – 414.

51 Malise Ruthven, A Fury for God: The Islamist Attack on America (London: Granta Books, 2002), esp. 206ff. 그러나「뉴욕리뷰오브북스」칼럼을 포함한 최근의 글에서 루벤은 이와 같은 비교를 거부하는 듯 보인다. 그의 의견이 정말로 변화한 것일까, 아니면 단순한 정치적 정당성(PC)의 마수일까? 과거의 세대가 '오리엔탈리스트'라 불리기를 두려워했다면, 오늘날의 세대는 '이슬라모포비아'라 불릴까 겁에 질려 있다.

트인 루벤은 종교와 원리주의, 그리고 특히 이슬람의 사건들을 집중적으로 다루는 인물이다. 루벤은 '이슬람' 대신 '이슬람주의'라는 단어를 조심스레 사용하긴 했지만, 사이드 쿠틉이나 압둘라 유수프 아잠 등의 사상가들이 마르크스주의와 파시즘에 빚을 지고 있다고 지적했다(이들에 대해서는 앞으로 더욱 자세하게 다룰 것이다).

> 쿠틉의 사상은 (중략) 볼셰비즘과 파시즘 양쪽 모두에서 나타나는 혁명적인, 혹은 정치적인 전위 사상을 '눈에 보이지 않게끔' 수용했다. (그러나) 파시즘 쪽이 마르크스주의보다 훨씬 더 깊숙이 들어간다. 압둘라 유수프 아잠은 이성(理性)에 대해 노골적으로 적대감을 드러냈다. (중략) 아잠은 계몽의 손자였던 마르크스가 아니라, 반무으타질라파였던 사상가 알 아샤리처럼 반이성주의자였던 니체의 말을 되풀이했다. 팔레스타인인의 권리를 이성적으로나 인도적으로 논하는 것은 잠시 차치하고서라도, 소위 '잃어버린 땅'인 부하라와 스페인에 대한 팔레스타인의 애착을 보고 있노라면 사뭇 무솔리니와 고대 로마의 실지회복운동(민족적 특성이 유사한 왕국 밖의 '미수복지'를 합병하여 민족적 통일을 도모하려는 운동—역주)이 떠오른다. 그야말로 '정치에서 역사를 말소시키는 행위'[52]인 셈이다. 종교에서 기도가 담당하는 역할은 파시즘과 나치즘에서 신화적 사상이 담당하는 역할과 같은데, 둘 모두 사람들의 무의식적이고 정신적인 힘을 움직여 권력을 추구하는 데 쓰인다. 지난 천 년 동안 주민들의 모든 것이 종교적으로 덧씌워졌는데, 축성 받은 이슬람 세계에서라면 이는 훨씬 더 쉬운 일일 수밖에 없다. 종종 파시즘의 정신적인 아버지로도 불리는 조르주 소렐은 이에 대해 다음과 같이 선언했다. "(신화는) 오로지 직관만을 통해서, 또 관련 분석이 이루어지기 이전에 사용되어야 한다. 또한 정제되지 않은 감정 덩어리들을 불

52　Mark Neocleous, Fascism (Buckingham, UK: Open University Press, 1997), 11.

러일으킬 수 있는 일련의 이미지들을 동원해야만 하는데, 그 감정들은 사회주의에 의해 행해진 전쟁들의 다양한 징후들과 일치해야만 한다." 소렐이 말년에 전폭적인 지지를 보냈던 무솔리니는 파시즘을 '인간이 우월한 지위의 법 및 객관적인 의지와 맺는 관계 속에서 인간을 인식하며, 이를 통해 특정 개개인이라는 개념을 초월해서 인간을 영적 사회의 일원으로 격상시켜주는 종교적 개념'이라고 보았다. [53] 같은 맥락에서, 나치 사상가 알프레드 로젠베르크 역시 히틀러의 인종차별적 이론이 가진 내세의, 영적인 측면을 강조했다. "인종의 삶은 논리적으로 발달된 철학, 혹은 자연법칙에 의해 나타나는 일련의 패턴 등으로 대변되는 것이 아니다. 이성적으로는 설명할 수 없는 신비적 합성과 영혼의 행위가 인종의 삶을 대표한다." [54]

이슬람주의를 '이슬람식 파시즘'이라고 표현하는 것은 자칫 환원적일 수 있겠으나, 그 두 개념 간의 유사성만은 상당한 설득력을 가진다. [55]

마지막으로, 가장 주요한 현대 이슬람 사상가 중 한 명으로 손꼽히는 사이드 아불 알라 마우두디를 빼놓고 이야기할 수 없다. 그는 자신이 구상 중인 이슬람국가에서는 "그 누구도 삶의 어떤 부분이 개인적이라거나 사적이라고 여기지 못하게 될 것이며, 이러한 부분에서 우리의 이슬람국가는 파시스트나 공산주의 국가와도 비슷한 측면이 있다"고 말했다. [56]

53　Benito Mussolini, "The Doctrine of Fascism" (1932), in Adrian Lyttleton, Italian Fascisms: From Pareto to Gentile (London, 1973), 59 – 67; cited in Neocleous, Fascism, 14. Quoted by Ruthven, Fury for God, 206.

54　Neocleous, Fascism, p.15.

55　Ruthven, Fury for God, 206 – 207.

56　Syed Abul ' Ala Maudoodi, Islamic Law and Constitution, trans. and ed. Khursid Ahmad (Chicago: Kazi Publications, Inc., 1993), 262.

제3장

지하디스트 안의
마르크스, 프로이트와 다윈

이슬람 테러리즘의 수정주의적 시각

이슬람 테러리스트들의 동기에 대해 글을 쓴 이들 중 너무나 많은 이들이 수정주의적 시각을 가지고 있다. 이 작가들은 테러리스트들의 행동에서 드러난 의도를 보다 기본적이고 생물학적인 무언가로 격하시키려고 하지만, 인간의 몇 가지 동기나 열망에 대해서 설명하는 데에는 실패하곤 한다. 윤리적인, 혹은 정치적인, 종교적인, 심미적인, 심지어는 운동에서의 이상을 좇는 행위가 어떻게 동물이나 다름없는 생물학적인 욕구, 이를테면 생존이나 번식 등에 대한 욕구로 설명될 수 있단 말인가?

나야 종교 경전들이 이슬람 테러리스트들의 행동을 부추기는 가장 근본적인 이유라고 생각하지만, 경전 이외에서 그 이유를 찾으려는 학자들은 인간 본성에 관한 이론이라면 얼마든지 찾아볼 의지가 있는 듯하다.

마르크스를 예로 들자면 인간의 진정한 본성은 사회관계의 전체성에 있으며(예를 들어, 막심 로댕송), 모든 인간은 인간사회 내 출신 경제계급에 따르는 산물이라고 말한다. 프로이트는 인간의 모든 고통을 배고픔과 성적 욕구로 끌어내리고자 했다. 다윈의 진화론에서는 인간을 꼭 동물세계, 자연, 유전학에 연결시키면서 인간이 가치에 대해 가지는 감각이나 인간가치에 대해 결정적인 도전을 던지는 듯 보인다. 버러스 프레더릭 스키너와 그의 극단적인 활동주의는 자유의지를 부정하며, 모든 인간행위가 조건화에 따른 결과라고 본다. 동물학자, 생태학자, 조류학자인 콘라트 로렌츠는 인간이 선천적인 공격성을 가지고 있다고 논한다.[1] 또 다른 이론들도 끝없이 늘어놓을 수 있을 만큼 많다.

인간은 실제로 동물이며, 호모 사피엔스 종의 일원 중 하나다. 그러나 우리는 또한 사람이며, 지향성을 표현할 줄 아는 이성적인 존재다. 우리는 누군가를 선택해 교제할 능력이 있으며, 우리의 행위에 책임을 질 수 있다. 인류에 대한 우리의 도의적 책임을 동물과는 다른 방식으로 질 수 있다는 의미다.

우리 인류가 이성적인 존재인 이상 우리는 우리 행위에 대해 설명할 수 있으며, 여기에는 반드시 우리의 믿음과 가치가 반영된다. 또 우리의 믿음과 가치는 특정 문화에 따라 탄생한 개념들의 말을 빌려 표현될 수 있다. 우리는 의심할 여지없이 자연선택으로 인한 진화의 산물이며, 선천적인 생물학적 욕구들을 몇 가지 가지고 있다. 그러나 우리는 공통 문화 속에서 자라나며, 그 공통 문화는 우리 인간의 본성을 만들고 다듬는 데 생물학만큼 큰 영향을 미친다. 게다가 우리 이성적 존재들은 모두 개개인의 선택을 가지며 그에 따른 책임을 질

---

1   Leslie Stevenson, "Conclusion: A Synthesis of the Theories," in Leslie Stevenson, David L. Haberman, and Peter Matthews Wright, Twelve Theories of Human Nature, 6th ed. (Oxford and New York: Oxford University Press, 2013), 288-289. 스티븐슨의 연구는 이 부분을 쓰는 데 큰 도움을 주었다.

수 있다.

한편으로 수정주의자들은 그 어떤 인간 행위라도 자유롭게 만들어질 수 없으며 개인은 어떠한 선택권도 가지지 못한다는 결정론적 철학을 선호한다. 다시 말하지만, 자연선택에 의한 진화가 인간 행위에 크나큰 영향력을 행사한다는 것도 옳은 말이다. 그러나 종교 또한 그러하다. 종교는 우리에게 가치를 가르치고 지침을 내려주기 때문에 특정 생활방식을 유도할 수 있다. 종교는 인류를 움직이며, 이때의 인간 행위는 더 이상 생물학적 용어들만으로는 설명될 수 없다. 종교는 역사적으로 가치와 행동지침의 원천이 되어왔으며, 우리가 그 가치나 행동들에 반대하든 반대하지 않든 간에 또 다른 가치를 따를 수는 없다. 달리 말하자면 가치는 '자연종'이 아니며, 자연에서 달리 존재하지도 않는다. 가치는 인간의 구성물이다.

중동에서 종교가 가지는 의의

이렇게 된다면 우리는 종교와 중동에서 종교가 담당하는 역할, 그리고 지난 40여 년간 중동 지역에서 종교가 다시 한 번 부흥했다는 사실을 살펴보지 않을 수 없다. 앞서 인용했던 이집트의 사회학자 사드 에딘 아브라힘은 다음과 같은 질문을 던졌다. "왜 이집트와 아랍 세계의 사람들은 대강 같은 사회적 지위를 가지고 있는 경우 좌파나 마르크스주의 집단이 아닌 이슬람 무장 운동에 선뜻 발을 들이게 되는 것일까?"

이브라힘은 '이슬람주의 조직들에 호의가 쏠리는' 이유 네 가지를 늘어놓는다. 가장 먼저, 좌파나 마르크스주의자들의 저항은 지배 엘리트 계층이 보기에는 단순히 이슬람을 파괴하자고 달려드는 무신론자 정도로 치부될 수 있다. 두 번째 이유는 아랍 세계에서 사회주의나 준사회주의적 정책들이 상대적으로 실패를 거두었기 때문이다.
세 번째 요소가 바로 필자가 특히 큰 흥미를 가지고 있는 부분이다
(네 번째 요소는 추후에 다루도록 하겠다).

> (세 번째 요소는) 중동 전체에 이슬람이 깊이 뿌리내리고 있기 때문일 수밖에
> 없다. 특히 이집트 국민들은 상당히 종교적인 것으로 알려져 있다. 종교적 풍
> 조를 통해 얻게 되는 긍정적인 사회문화적 제재도 존재한다. 이 지역에서 가장
> 공공연한 진보주의자나 좌파 세속주의 정권들마저도 주요 정책을 새로이 도입
> 하고자 할 때마다 필요 혹은 편의에 의해 이슬람을 거론하게 된다. 이것이 왜
> 중요하냐면, 모든 무슬림들이 유년기부터 겪어온 사회화 과정이나 문화적 제
> 재사항들이 이슬람 무장조직의 일을 한결 덜어주기 때문이다. 이들의 조직원
> 모집은 이미 반절 끝난 것이나 다름없으며, 나머지 반절은 단순히 사람들을 정
> 치에 개입시킨 후 강령을 통해 조직화시키는 일에 지나지 않는다.[2]

191명의 목숨을 앗아갔으며 1,800명의 부상자를 남긴 마드리드 폭
탄테러로부터 딱 1년이 지난 2005년, 전직 정부 수반 및 국가 원수
들로 구성된 '세계 최대 포럼'이자 민주주의와 국제적 변화를 촉구하
는 독립 비영리단체 마드리드클럽은 테러리즘의 원인을 논하기 위해
콘퍼런스를 개최했다. 토론에 참여한 이들 중 수 명은 "종교적 원인
에는 경제적 혹은 정치적 요인 등 다른 요소들이 많이 뒤섞이는 게
사실이나, 그럼에도 불구하고 종교적 요소는 여타 원인들의 표현 정
도로만 치부되어서는 안 된다. 종교 또한 그 자체로 상당한 원인이
된다"고 역설했다. 이들 중 한 명은 다른 학자들에게 수정주의적 태

---

2   Ibrahim, "Anatomy of Egypt's Militant Islamic Groups," 26 – 27.

도를 버리고 폭력적인 사건들을 구성하는 데 있어서 '종교 그 자체가 본질'이자 상당한 원인이 된다는 사실을 받아들이라고도 충고했다. 또 다른 이는 알 카에다 및 여타 이슬람 조직들이 테러리즘에 연관 된 경우라면 '종교적인 요소의 막중한 존재'는 '부정할 수 없다'고도 말했다.[3]

　수많은 진보주의자와 좌파 인사들은 중동에서 펼쳐지는 사건들에 있어서 종교가 어떠한 역할을 담당한다는 것을 부정하려 할 것이다. 그러나 그와 같은 태도는 단지 그들의 상상력 부족을 잘 보여줄 뿐 이며, 잘해 봐야 잘난 척하는 행위밖에 되지 않는다. 버나드 루이스 는 『이슬람과 서구(Islam and the West)』에서 다음과 같이 썼다.

> 현대의 서구인들은 대개 자기 스스로에게 종교가 그다지도 큰 역할을 담당할 수 있다고 생각하지 못하기 때문에, 다른 그 누구나 그 어떤 장소에서도 그러한 일이 발생할 것이라고 상상하지 못한다. 그 때문에 어떠한 현상이 종교적인 색 채를 띠더라도 표면적으로만 그런 것이라고 치부하며, 이를 설명하기 위해 다 른 이유들을 만들어내야만 한다고 생각하게 된다. 예를 들어 말하자면 18세기 유럽의 학계에서는 '예언자 무함마드는 과연 진실되었는가'와 같은 의미 없는 주제를 연구하는 데 엄청난 힘을 쏟았다. (중략) 19세기와 20세기의 역사학 자들도 과거 이슬람 내 학파 및 분파들 간 벌어졌던 거대한 종교적 싸움에 '숨 어 있는 진정한 의의'를 찾아내고자 장황한 글을 쓰곤 했다. (중략) 현대의 서구 식 마인드로 보자면 종교적 차이 때문에 그렇게나 많은 사람들이 싸우고 목숨 을 바칠 수 있다는 사실을 상상할 수 없는 셈이다. 그 종교적 베일 아래에는 반

---

3   Peter R. Neumann, ed., Addressing the Causes of Terrorism, Club de Madrid Series on Democracy and Terrorism, vol. 1 (Madrid: Club de Madrid, 2005), 28, http://www.clubmadrid. org/img/secciones/Club_de_Madrid_Volume_I_The_Causes_of_Terrorism.pdf.

드시 또 다른 '진정한' 이유가 존재해야만 했다. (중략) 한 문명 전체가 최우선
적으로 종교에 충성을 바친다는 사실을 받아들이기 너무 어려웠던 것이다. 이
러한 주장을 내놓을 것처럼 보이는 이들에게 이미 방패를 칠 준비가 되어 있었
던 진보주의자라면 그러한 이야기를 듣는 것만으로 불쾌감을 느낄지도 모르겠
다. 이 때문에 정치계와 언론, 그리고 학계의 평론가들은 하나같이 무슬림 세
계의 시사에서 종교가 가지는 의의를 파악하는 데 계속해서 실패하고 있다. 좌
파와 우파, 진보와 보수, 그리고 여타 모든 서구의 이데올로기와 정치적 언어
들에서도 이를 무마하려는 노력을 엿볼 수 있다.[4]

루이스가 계속해서 강조하듯, 무슬림의 정치적 운동에도 사회경제
적인 요소들이 관여할 수는 있으나 결국 마지막에는 무슬림 세계의
모든 무슬림들에게 있어서 이슬람이 가지는 구심성을 무시할 수 없
게 된다.

정치적이든, 사회적이든, 경제적이든, 그 어떤 이유이든지 간에 무슬림들은 지금
까지 목소리를 내고자 할 때마다 이슬람의 말을 빌렸다. 슬로건이나 프로그램부
터 가장 폭넓은 형태의 지도력까지도 모두 이슬람의 것이었다. 수세기 동안 무
슬림들의 반대 의사는 신학의 말을 빌려 표현되었는데, 이는 서구의 반대 의사
가 자발적이며 자연스럽게 이데올로기의 말을 빌렸던 것과 같다. (중략) 이 때문
에, 만일 현재 무슬림 세계에서 벌어지고 있는 일들이나 과거에 있었던 일들을
이해하고자 한다면 두 가지 본질적인 요소들을 파악해야만 한다. 하나는 무슬림
국민들의 삶 속에 종교가 가지는 보편성이며, 다른 하나는 그 구심성이다.[5]

---

[4]   Bernard Lewis, Islam and the West (Oxford and New York: Oxford University Press, 1994),
      134 – 135.
[5]   Ibid., 135.

따라서 이슬람은 '그들의 정체성과 충성심을 구성하는 데 있어서 기초를 닦았으며, 나아가 방향성을 잡는 데에도 보편적일 뿐만 아니라 중심적'인 역할을 담당했다.[6] 종교는 한 집단에 속한 사람들을 하나로 묶어주는 동시에 외부인과 그들을 구별해주는 소속의 징표가 돼주었다. 이슬람은 언어나 국가보다 훨씬 더 강력한 소속감을 제공해주었다. 예를 들어 파키스탄의 무슬림들은 인도의 힌두교도들과 생물학적, 역사적, 언어적, 심지어는 어느 정도 문화적으로 연결되어 있다. 그러나 이들은 그들로부터 수천 마일 떨어진 현 사우디아라비아 지역의 역사와 그 국민들의 행동을 자신의 정체성으로 여기며 이에 대해 상당한 자부심을 드러낸다. 파키스탄의 무슬림들은 인도-유럽 어족의 언어를 사용하고 있긴 하나, 셈족 언어인 아랍어를 사용하는 아랍 민족의 신성한 과거를 함께 향유한다. 각기 다른 나라에 흩어진 무슬림들은 국경을 넘어서 누군가의 승리를 축하해주며 또 누군가의 실패를 슬퍼한다. 여기에서는 일종의 공동 운명 의식이 엿보인다. 1917년 오스만 제국의 한 장관이 말했듯, "무슬림의 조국은 이슬람의 신성한 법이 지배하는 모든 곳이다." 이슬람은 구속적인 요소이자 결정적인 요소다.

아랍 국가들에서 출판되는 종교 서적의 숫자를 보아도 종교의 중요성을 다시 한 번 알 수 있다. 랜드연구소가 UN의 수치를 인용해 작성한 보고서에 따르자면 "전체 서적 중 종교 서적이 차지하는 비중은 전 세계 평균 약 5퍼센트가량인 반면 아랍 국가들에서는 17퍼센트로 나타났다(UN개발계획, 2003, pp.77-78). 모스크와 이슬람 기관, 혹은 사우디아라비아 정권과도 같이 종교적인 정부에서 제공하는 보조

---

6   Ibid., 136.

금이나 후원금 덕분에 종교 서적의 판매고가 높은 것일 수도 있다."[7] 이와 같은 보조금은 종교 서적의 값을 내려가게 만들기 때문에, 가난한 사람들도 책을 구매할 수 있게 된다.

---

7 Lowell H. Schwartz, Todd C. Helmus, Dalia Dassa Kaye, and Nadia Oweidat, Barriers to the Broad Dissemination of Creative Works in the Arab World (Santa Monica, CA: Rand Corporation, 2009), 8-9, http://www.rand.org/content/dam/rand/pubs/monographs/2009/RAND_MG879.pdf.

제4장

원인 요인으로서의 이슬람 교리

마르크스주의나 기독교와 마찬가지로 이슬람은 다음의 요소들을 갖추고 있다.

- 우주, 그리고 그 안에서 인류가 가지는 지위에 대한 형이상학적인 이해
- 인간 본성에 대한 기초 이론, 좁게 보았을 때에는 인간과 인류 사회, 인간 조건에 대한 몇 가지 독창적인 주장들
- 인간의 전형적인 결점, 그리고 인류의 삶과 사회에서 잘못되어 가고 있는 경향 몇 가지에 대한 진단
- 이상, 즉 인간이 살 수 있는 가장 훌륭한 삶을 위한 처방. 일반적으로는 개개인이나 인류 사회가 지켜야 할 지침[1]

그러나 이슬람은 마르크스주의나 기독교보다 훨씬 더 많은 것을

---

1   Stevenson, Haberman, and Wright, Twelve Theories, 1–2.

아우르고 있으며, 보다 전체주의적인 성격을 보인다. 이슬람은 종교적 신앙으로서, 또 정치적 이데올로기로서 무슬림 삶의 모든 부분을 관장한다. 무슬림이 아닌 이라면 아주 사소해 보이는, 이를테면 이쑤시개를 사용하는 방법 등의 작은 디테일부터 기도와 순례, 결혼 등의 중대한 일들까지 모든 것들이 포함된다. 또한 이슬람은 개인 및 집단에 강력한 정체성을 부여해준다. 모든 무슬림들은 쿠란을 중심으로 살아간다. 쿠란은 지어낸 것이 아닌 하나님의 말씀이며, 하나님이 대천사 가브리엘('믿을 수 있는 영혼'이라는 뜻의 루홀 아민Rūhu 'l-Amīn으로도 불린다)이나 일반 천사들을 통해 그의 예언자 무함마드에게 내려주신 말씀과 계시다.

쿠란은 수년에 걸쳐 계시되었다. 무슬림이 되기 위한 최소한의 조건 중에는 이슬람의 신앙 고백, 샤하다(Shahāda)가 있다. "하나님(알라) 외에 다른 신은 없습니다. 무함마드는 그분의 사도입니다(lā ilāha illa'llāh muhammadun rasūlu'llāh)"가 그 기도문이다.

제4수라, Q4. 안 니싸아, 〈여자〉, 136에서는 모든 무슬림들을 향해 말한다. "믿는 자들이여, 하나님과 그의 선지자 그리고 하나님이 선지자에게 내려주신 성서와 너희 이전에 하나님이 내려주신 성서들을 믿어라. 하나님과 천사들과 성서와 선지자들과 최후 심판의 날을 부정하는 자가 있다면 그는 진실로부터 멀리에서 방황하리라."

모든 무슬림에게 있어서 진정한 신앙의 가장 본질적인 요소는 바로 타협 불가능한 유일신 사상으로, 이를 아랍어로는 '타우히드(Tawhīd)'라고 한다. '유일성, 혹은 유일신'을 의미하는 타우히드는 이슬람의 핵심 개념으로, 매우 단순명료해 보이지만 그에 따르는 귀결들은 결코 이해하기 쉽지 않다. 여기에는 우리가 다음 기회에서 자세히 살펴볼 극단적 사상가 이븐 압드 알 와하브의 사상과도 같이 상당히 발달한 형태도 포함된다. 진정한 믿음에는 무엇보다도 이크흘 스(ikhls), 다시 말해 하나님을 향한 신실한 헌신과 충실, 그리고 충성심이 필요하다.

이와 정반대 개념으로는 종종 '다신교'나 '우상숭배'로 번역되는 시르크(shirk)가 있는데, 이는 하나님과 동등한 존재를 상정하는 일이자 용서받을 수 없는 죄로 취급된다. 하나님 이외의 존재를 숭배하는 것이나 마찬가지이기 때문이다. Q4. 안 니싸아, 〈여자〉, 48에서 쿠란은 다음과 같이 말한다.

"실로 하나님은 하나님과 다른 무언가를 나란히 두는 자들을 용서치 않으시나 그 외에는 하나님의 뜻으로 무엇이든 용서를 베푸시리라. 그러나 하나님과 다른 무언가를 나란히 두는 이들은 실로 가장 악랄한 죄를 짓는 것이다."

쿠란

쿠란은 하나님으로부터의 계시이자 하나님이 하신 바로 그대로의 말씀(입시시마 베르바ipsīssima verba)이다. 쿠란을 우화적으로, 유추적으로, 은유적으로, 혹은 통념을 벗어난 관점으로 이해하려 해서는 안 된다. 쿠란은 말 그대로 신의 말씀이기 때문에 정말 말 그대로 복종해야 하는 '말씀'이다. 쿠란은 실용적인 매뉴얼이다.

무슬림들은 사적인 영역과 공적인 영역 모두에서 쿠란을 자기 행위에 대한 지침서로 사용한다. 쿠란은 신자들에게 도덕적인 의무와 법적인 의무를 상세하게 정해준다. 쿠란은 종교적 교의와 신앙, 의례의 기본이자 법의 한 연원이다. 확실히 쿠란에는 권고적인 요소들이 존재한다. 하나님을 개인적으로 체험할 수 있는 명상 방법 등은 그다지 권고적인 성격을 띠지 않는다. 대신 이슬람이 세계를 지배하게 될 때까지 무장하라는 말씀, 필요하다면 신의 이름 아래에서 싸우고 죽이라는 말씀이 그러한 성격을 가진다. 지하디스트들은 스스로의 모든 교리와 이데올로기가 숨어 있는 그 책장들을 계속해서, 점점 더 널리 인용하고 있다.

비무슬림에 대한 관용을 명하는 두세 개의 짧은 구절들이 있긴 하지만(예시로, Q2. 알-바카라, 〈소〉, 256; Q109. 알-카피룬, 〈불신자〉, 1-6), 이 구절들은 불신자들에 대한 맹렬한 전투를 명하는 소위 '검의 구절'에 의해 폐지되거나 취소된다(Q9. 앳-타우바, 〈회개〉, 5; Q4:76; Q8:12, 15-16, 39-42). 이외에도 비무슬림이나 다른 종교인을 향해 폭력을 선동하는 구절들을 다수 찾아볼 수 있다.[2]

쿠란에는 유대인들과 기독교인들에 대해서도 상당한 멸시가 드러나 있으며, 이들을 친구로 대해서는 안 된다고 무슬림들을 가르친다(예시로, Q5. 알 마이다, 〈식탁〉, 51). 쿠란의 개경장인 파티하의 마지막 구절은 이슬람 기도문의 핵심 구절이자 하루에 일곱 번 이상 되뇌어야 하는 구절이다. "그 길은 당신께서 축복을 내리신 길이며, 노여움을 받지 않는 자나 방황하는 자들이 걷지 않는 가장 올바른 길이오라(Q1. 알 파티하, 〈개경장〉, 6-7)." 확실히 제6절에 등장하는 이들은 축복받은 이들이자 올바른 길을 걷고 있는 이들을 말하는 반면, 제7절에 등장하는 이들은 각각 유대인과 기독교인들로 해석된다.

쿠란에 대한 해설로 유명한 알 쿠르투비(1214-1273)는 제7절에 대해 다음과 같은 해설을 남겼다.

그들에게 분노한 이들이 유대인이며, 오도된 이들이 기독교인들이라는 말은

---

2 Q2:216; Q2:221; Q3:28; Q3:85; Q4:101; Q4:144; Q8:39; Q9:14, 17, 23, 28, 29, 36, 39, 41, 73, 111, 123; Q25:52 등.

널리 회자되는 어구다. 예언자(그에게 평화 있으리)도 아디 이븐 하틴의 하디스에서 이를 설명한 바 있다. 아부 다우드의 『무스나드(Musnad)』와 그가 수집한 자미 아트 티르미디의 수나에서는 무함마드가 어떻게 무슬림이 되었는지에 대한 이야기가 전해지는데, 여기에서도 같은 주장이 드러나 있다. 이는 전능하신 신의 말씀에서도 증명된 이야기다. 쿠란은 유대인에 대해 "그들은 하나님(알라)의 노여움을 샀도다"라 말했으며(Q2. 알 바카라, 〈소〉, 61; Q3. 알 이므란, 〈이므란의 가족〉, 112), "하나님이 그들에 노여워하신다"고도 했다(Q48. 알 파스, 〈승리〉, 6). 하나님은 기독교인들이 "이전에 과오를 범하였으며 또한 많은 것을 방황케 하였으매 스스로가 옳은 길에서 벗어났노라"고 말한 바 있다(Q5. 알 마이다, 〈식탁〉, 77).[3]

이러한 맥락에서 보자면 유대인들과 기독교인들은 모든 무슬림들이 매일 수차례 책망하는 대상인 셈이다. 쿠란에는 반유대주의적 감정이 가득 담겨 있다.[4]

쿠란에 등장하는 다른 신앙 요소들로는 천사에 대한 믿음(Q2:177), 예언자들에 대한 믿음(Q2:177)과 그 성경에 대한 믿음이 있으며 최후 심판의 날(Q2:17)도 있다. '내세'를 뜻하는 용어 '아히라(al-ākhira)'는 쿠란에 백 번 이상 등장한다.

내세는 현세보다 더 선호되는 대상이다. "백성들이여, 현세의 삶은 지나가는 향락에 불과하니 영주할 곳은 내세뿐이라(Q40. 가피르, 〈용서하는 자〉, 39)", "내세의 집이 더 좋으니(Q16. 안 나흘, 〈꿀벌〉, 30-31)", "현

3　Tafsir al-Qurtubi: Classical Commentary of the Holy Qur'an, trans. Aisha Bewley (London: Dar al-Taqwa, 2003), 127.

4　예를 들어, Q2. al-Baqara, the Cow, 61; Q4. an-Nisā', the Women, 44–46, 160–61; Q9. at-Tawba, the Repentance, 29–31, 34; Q5. al-Mā'ida, the Table, 51, 57, 59, 60, 63–64, 66, 70–71, 82; Q33. al-'Aḥzāb, Confederates, 26.

세의 삶은 향락과 오락에 불과하나, 그들이 내세의 집을 안다면 그것은 곧 생명이니라(Q29. 알 안카부트, 〈거미〉, 64)."

샤리아 우월주의

이슬람 테러리스트들의 즉각적인 목적은 군사 활동으로서의 지하드(성전)이지만, 그들의 궁극적인 목표는 전 지구를 이슬람 아래에 두는 것이다. 이 세계에서는 서구 세계의 다양한 세속 헌법 등이 아닌 샤리아에 의해 지배된다. 무슬림들은 다른 그 어떤 종교나 법도 받아들이지 못한다.

쿠란에 따르자면 무슬림들만이 완전한 진실을 알고 있으며, 이슬람만이 모든 국가들에게 최선이 될 수 있다. "이슬람 외에 다른 종교를 추구하는 자들은 결코 하나님께 수락되지 않을 것이며, 내세에서 패망자 가운데 한 사람이 되리라(Q3. 알 이므란, 〈이므란의 가족〉, 109)", 이슬람은 진실의 종교이기 때문에, 이슬람을 따르지 않는 이들은 반드시 예속되어야 하며 세금을 바치도록 만들어져야 한다. "하나님을 믿지 않고 최후 심판의 날을 믿지 않으며 하나님과 선지자들이 금지한 것을 금기시하지도 않고 진리의 종교를 따르지 아니한 자들이라면 제아무리 성서의 백성이라 하더라도 그들이 우리의 우위를 알고 세금을 지불할 때까지 정복의 대상이 되리라(Q9. 앳 타우바, 〈회개〉, 29)." 이슬람은 결국 세상을 압도할 운명이기 때문에, 다른 특정 교리를 이슬람과 동등한 지위로 받아들이는 일은 상상조차 할 수 없다. "그분이 복음과 진리의 종교를 선지자에게 보내어 그것을 모든 종교 위에 있도록 하시었으니 다만 다신교도들이 증오하더라(Q9. 앳 타우바, 〈회개〉, 33)." Q48. 알 파스, 〈승리〉, 28 및 Q61. 알 사프, 〈전쟁의 대열〉, 9에서도 이와 정확히 일치하는 메시지가 담겨 있다.

예언자 무함마드는 또한 이슬람이 다른 종교와 공존할 수 없다는 점을 매우 명확히 했으며, 아라비아 반도 위의 유대인과 기독교인들을 씻어내야 한다고 후계자들에게 사명을 전했다. "아라비아에는 두 개의 믿음이 존재할 수 없었다(이맘 말리크, 〈무왓따〉, 하디스 1588년)."[5] 유대인이나 기독교인 같은 비무슬림들은 딤미(dhimmi)라고 불렸으며 사회적이나 법적으로 다양한 불이익이 가해졌는데, 이러한 딤미튜드(dhimmitude) 현상의 이론과 실천은 무슬림들이 비무슬림보다 우월하다는 전제에 기초한다. 하디스 컬렉션 중 정본으로 받아들여지는 컬렉션들에는 다음의 하디스가 항상 포함되어 있다. "예언자 무함마드가 말했다. 무슬림은 불신자를 살해한 죄로는 사형에 처해지지 않는다."[6] 아야톨라 호메이니가 한때 말했듯, "(이슬람에서는) 불결한 열한 가지 존재가 있다. 소변, 대변, 정액, 피, 개, 돼지, 뼈, 비무슬림 남성과 여성, 와인, 맥주, 오물을 먹는 낙타의 땀이 그것들이다."[7]

전 세계를 샤리아의 지배하에 놓으려는 투쟁은 50여 년 전에만 하더라도 무슬림들에게는 실현되지 않은 꿈 정도로 비쳤던 것이 틀림없다. 오늘날 영국에는 80개 이상의 샤리아 법원이 운영 중에 있으며, 2012년 미국의 한 설문조사에서는 무슬림 중 40퍼센트 이상이 스스로 미국법이 아닌 샤리아의 지배를 받아야 한다고 응답했다.[8]

---

5   Imam Malik, Muwatta', trans. Muhammad Rahimuddin, hadīth 1588 (New Delhi: Kitab Bhavan, 2003), 371.

6   Imam Abu Abdullah Muhammad B Yazid Ibn-e-Majah Al-Qazwini, Sunan Ibn Majah, trans. Muhammad Tufail Ansari, vol.4, Book of Blood Money, hadīth 2658, 2659 (New Delhi: Kitab Bhavan, 2008), 4:72.;Sahīh al- Bukhārī, Book of Blood Money (ad-diyat), hadīth 6915 (Riyadh, Saudi Arabia: Darussalam, 1997), 9:40; and Sunan Abu Dāwūd, Kitab al-Diyat, trans. Ahmad Hasan, hadīth 4515 (New Delhi: Kitab Bhavan, 1997), 3:1270 – 1271.

7   다음에서 인용. Bat Ye'or, The Dhimmi: Jews and Christians under Islam (London: Associated University Presses, 1996), 396. S.R. (Ayatollah) Khomeini, Principes, Politiques, Philosophiques, Sociaux et Religieux, trans. and ed. J.-M. Xaviere (Paris: Libres-Hallier, 1979), 59.

8   Bob Unruh, "Guess Who U.S. Muslims are Voting For," WorldNetDaily.com, October 30, 2012, http://www.wnd.com/2012/10/guess-who-u-s-muslims-are-voting-for/

자주 기소를 일삼는 강력한 조직, 미국-이슬람관계위원회(Council on American-Islamic Relations, CAIR)를 포함한 다양한 이슬람 조직들은 미국법의 순응을 얻어내기 위해 밤낮으로 일하고 있다. 무슬림들은 서구의 표현의 자유도 조금씩 침식하고 있다. 서구의 저널리스트들과 작가들이 무슬림의 심기를 거스르지 않기 위해 자기검열을 행하기 시작했기 때문이다.

수나와 무함마드

| 수나

이슬람에서 상당히 중요한 역할을 차지하는 수나는 모든 무슬림들이 따라야 하는 지침이다. 수나는 모범적인 행동 양식, 혹은 '규범'이나 '규범적 행위'로 볼 수 있다. 이것은 예언자 무함마드가 행했던 행위들이자, 후대 무슬림들이 모방했던 행위들이다. 반면 전통이나 글로 쓰인 문서를 의미하는 '하디스'는 수나의 원전 자료가 될 수 있다.

이슬람 연구에서 가장 권위 있는 참고자료로 손꼽히는 『이슬람사전(Encyclopaedia of Islam)』(제2판)에서는 수나를 다음과 같이 정의한다.

> 이슬람의 설교가 시작된 지 얼마 지나지 않아, '수나'라는 용어는 예언자는 물론 독실했던 선대의 무슬림들이 세운 기준이나 관행들을 일반적으로 지칭하는 말로 자리 잡았다. 이후 알 샤피이의 선동으로, 예언자의 수나는 쿠란의 뒤를 이어 이슬람법(샤리아)의 두 번째 연원(아슬asl)으로 등극했다. 9

수나와 반대되는 개념으로는 자주 '혁신'이라고도 번역되는 비

---

9   Encyclopaedia of Islam, vol. 9, "San-Sze," ed. C.E. Bosworth et al., 2nd ed. (Leiden: Brill, 1997), s.v. "sunna."

다(bida)가 있다. 또 하나의 권위적인 참고문헌 『간추린 이슬람사전 (Shorter Encyclopaedia of Islam)』에서는 비다를 다음과 같이 정의한다.

> 비다는 수나와 정반대의 개념으로, 어떠한 시각이나 물체, 혹은 행동양식이 기
> 존에 존재하지 않았거나 한 번도 실천된 적 없었던 경우, 즉 혁신적이거나 참
> 신한 경우를 말한다. 예언자의 수나를 정확하게 따라야 한다는 운동에 반해 일
> 어난 저항운동에서 비다는 신학적으로 상당한 의의를 가지게 되었다. 무슬림
> 교회 내에서 자연스럽게 자라난 새로운 사상과 그 사상의 실천에 뒤따르는 모
> 든 불안을 지칭할 수 있기 때문이었다. 신앙의 전통적인 연원(우술usūl)과 일
> 치하지 않는 독단적인 혁신이나 예언자의 삶의 방식과 다른 것들이 모두 여기
> 에 포함된다. 따라서 이 단어는 개인에게 반대할 힘과 독립할 힘을 주며, 개인
> 으로 하여금 이단의 경계와 가깝지만 사실상 불신(쿠프르kufr)은 아닌 지점까
> 지 나아갈 것을 제안한다. 거대한 종파 두 곳의 발전과정을 살펴보아도 이를
> 잘 알 수 있다. 이 두 종파 중 한 가지는 바로 보수적인 와하브파로, 본래 대부
> 분이 한발리 학파였다가 현재에는 사실상 하나의 종파로 독립한 이들이다. 와
> 하브파는 신자의 의무가 [인식된 수나를] 따르는 것(이티바ittibāʻ)이지 혁신하는
> 것(이브티다ibtidāʻ)이 아니라고 가르친다. 다른 한 종파는 환경과 조건이 변화
> 한다는 사실을 받아들였으며, 좋은 혁신 혹은 불가피한 혁신들을 다양한 정도
> 와 방법으로 수용했다. [10]

| 무함마드

우리의 21세기적 시각에서 본다면 예언자 무함마드를 관용과 친절, 혹은 연민의 모범으로 보기는 상당히 힘들다. 이슬람 문헌들에는 그

---

10   Shorter Encyclopaedia of Islam, ed. by H.A.R. Gibb and J.H. Kramers on behalf of the Royal Netherlands Academy (Leiden: E.J. Brill, 1953), s.v. "bidʻa."

의 잔혹성과 유대인 혐오, 그리고 타 종교에 대한 비관용이 드러난
일화가 다수 실려 있다. 그럼에도 불구하고 무함마드의 수나를 행동
의 지침으로 삼아야 한다고 주장하는 이슬람 순수주의자들은 교리적
인 면에서 완전한 정당화를 달성했다.

여기 무함마드의 잔혹성에 대한 이야기가 하나 있다. 이슬람교를
믿다가 다른 종교로 개종한 우클족의 일원 몇 명이 낙타 몇 마리를
훔치려다가 낙타 목동을 죽이고 체포된 일이 발생했다. 무함마드는
그들의 손과 다리를 자르고, 두 눈은 달군 쇳조각으로 지지며, 이들
이 죽음에 이를 때까지 상처를 치료해서는 안 된다고 명령했다.[11] 또
다른 사건에서 무함마드는 숨겨진 보물의 행방을 찾기 위해 죄수를
"실토할 때까지 고문하라"고 말했다는 기록이 남아 있다.[12] 무함마드
는 또한 간통을 범한 이들을 돌로 쳐 죽이는 잔인한 형벌을 부활시
키기도 했다.[13]

무함마드의 유대인 혐오가 드러난 사건과 표현들도 알아보자. 아
래의 사건들은 모두 무함마드의 생애를 기록한 가장 오래되고 중요
한 원전 중 하나인 이븐 이스하크(704년경-767년경)의 『무함마드 전기
(Life of Muhammad)』에서 발췌했다.

- "너희들의 손이 닿는 곳에 있는 유대인은 모두 죽이라"는 예언

---

11 Bukhārī, The Book of the Punishment of Those Who Wage War against Allah and His
    Messenger, trans. M. Muhsin Khan, vol. 8, book 82 of Sahīh, hadīth 794 (New Delhi: Kitab
    Bhavan, 1987), 519–520.

12 Ibn Hisham, al-Sira al-Nabawiyya (Cairo: Mustafa Al Babi Al Halabi & Sons, 1955), 2:328–338;
    Ibn Ishāq, The Life of Muhammad, trans. A. Guillaume (1955; Oxford: Oxford University Press,
    1987), 515; The Victory of Islam, trans. Michael Fishbein, vol. 8 of History of al- Tabarī,
    122–123.

13 Ibn Ishāq, Life of Muhammad, 266–67; Bukhārī, The Book of Representation (Wakāla, Book
    40), trans. M. Muhsin Khan, vol. 3, hadīth 2314, 2315 (New Delhi: Kitab Bhavan, 1997), 290.

자의 말(p. 369)

- 이븐 수나이나를 살해한 일과 그에 대한 경탄으로 이슬람 개종
  자가 발생한 일(p. 369)
- 살람 이븐 아불 후카이크 살해(p. 482 – 483)
- 무함마드에게 반대하는 시를 썼던 카브 이븐 알 아시라프를 암
  살한 사건(p. 364-369)
- 유대인 부족 바누 나디르를 공격하고 유배 보냄(p. 437-445)
- 유대인 부족 바누 쿠라이자 집단학살, 600~800명의 사망자 발
  생(p. 461-469)
- 알 유사이르 살해(p. 665-666) [14]

　무함마드는 또한 자신의 적들을 암살하라는 명령을 내리기도 했
다.[15] 예를 들어 이븐 이스하크의 전기[16]에서는 '이슬람을 비난하고
사람들이 예언자에게 등을 돌리도록 선동한' 풍자시인 아스마 빈트
마르완 살해 사건이 등장하는데, 전통주의자이자 무함마드의 전기
작가인 이븐 사드(784년경-845)의 『키탑 알 타바카트(Kitāb al-Tabaqāt)』[17]
에서도 그 끔찍한 실상이 자세히 묘사되어 있다. 하룬 알 라시드의
가르침을 받은 주요 초기 무슬림 역사가이자 판사 알 와키디(747-823)
의 『키탑 알 마가지(Kitāb al-Maghāzī)』[18]에서도 같은 이야기가 등장한
다. 알 와키디의 주요 저서인 『키탑 알 마가지』('캠페인의 책')는 초기 이

14　Ibn Ishāq, Life of Muhammad.

15　The Life of Muhammad: Al-Wāqidī's Kitāb al-Maghāzī, ed. Rizwi Faizer, trans. Rizwi Faizer, Amal Ismail, and Abdul Kader Tayob, Routledge Studies in Classical Islam (Milton Park, Abingdon, Oxon, New York: Routledge, 2011), 85. [Henceforth, "Al-Wāqidī, Life of Muhammad]

16　Ibn Ishāq, Life of Muhammad, 675.

17　Ibn Sa'd, Kitāb al-Tabaqāt al Kabīr, trans. S. M. Haq (New Delhi: Kitab Bhavan, 1972), 2:31.

18　Al-Wāqidī, Life of Muhammad, 85 – 86.

슬람과 무함마드 생애를 기록한 중요한 원전으로 손꼽는다.

앞서 논했던 2015년 1월 7일 프랑스의 풍자 주간지 「샤를리 에브도」에서 벌어진 만평가 학살 사건을 주도한 암살자들 또한 무함마드의 선례를 지침으로 삼고 있었으므로, 자연스럽게 이슬람 교리를 마음속에 품고 있던 셈이 된다.

타 종교에 대한 무함마드의 비관용은 또 다른 이슬람 원전들에서도 잘 드러나 있다.

> 나는 사도(무함마드)가 (죽기 전에) 남긴 마지막 명령이, 그의 말을 그대로 옮기자면, "아라비아 반도에 두 개의 종교가 없게 하라"는 말이었다고 들었다. [19]

하디스에서도 마찬가지다. "알라의 사도가 말했다. 나는 반드시 유대인과 기독교인들을 아라비아에서 추방할 것이니라."[20]

| 하디스

이슬람 교리의 개요는 쿠란에서 등장하는 한편으로 무함마드의 생애인 시라(Sira)를 통해 이를 엿볼 수 있었다면, 이를 자세하게 설명하고 한층 더 강조하는 것은 주로 하디스가 도맡고 있다. 『이슬람사전』에서는 하디스를 다음과 같이 정의한다.

> 모든 무슬림들은 예언자 무함마드가 쿠란에 드러난 계시 외에도 '와히 가이르 마틀루(Wahy ghair Matlū, 읽히지 않은 계시)'를 받았다고 믿는다. 이를 통해 그는 도덕이나 의례, 교리에 대한 종교적 질문에 정답을 말해줄 권위를 얻었다.

19　Ibn Isḥāq, Life of Muhammad, 689.

20　Abū Dāwūd, Sunan, trans. Ahmad Hasan, hadīth 3024 (New Delhi: Kitab Bhavan, 1997), 2:861.

따라서 무함마드의 하디스는 영성에 의한 말을 영성 없이 기록한 것으로 받아들여진다. (중략) 이것은 무함마드가 했던 일들, 무함마드가 즐겼던 것들에 대한 기록이자 무함마드의 존재 아래에서 행해진 일들과 그가 금지하지 않은 것들의 기록이다. 여기에는 예언자의 동료들에게 내린 권위적인 말이나 행동들도 포함되어 있다.[21]

후에 지하드의 하디스에 대해서 더욱 자세히 알아볼 것이므로 여기에서는 이 정도만 짚고 넘어가겠다.

샤리아

이슬람법 학계의 서방 학자들 중 선도적인 인물로 손꼽히는 조셉 샤흐트(1902-1969)는 샤리아의 특징을 다음과 같이 꼽았다.

이슬람법은 모든 무슬림의 삶을 모든 측면에서 규제하는 하나님의 명령, 그 총체를 의미한다. 숭배행위와 의례의식을 다루는 법령들에서부터 정치적이고 (좁은 의미로) 법적인 문제들에 관한 규칙들, 화장실에 관한 사항이나 인사하는 방법, 테이블 매너, 병실 안에서의 대화규칙 등은 샤리아 안에서 서로 대등한 지위를 가진다. 이슬람법은 이슬람교가 중추이자 핵심인 이슬람식 생활방식이 가장 전형적으로 드러나는 부분이다. 서구 사상의 영향으로 발생한 모더니즘과 이슬람 전통주의 간 대립이 발생하고 있는 오늘날에도 이슬람법은 비록 가장 중요한 요소는 아닐지언정 여전히 중요한 역할을 담당하고 있다.[22]

---

21   Hughes, Dictionary of Islam, s.v. "tradition."

22   Joseph Schacht, "Islamic Religious Law," in The Legacy of Islam, ed. Joseph Schacht and C.E. Bosworth, 2nd ed. (Oxford: Oxford University Press, 1979), 392. 다음 또한 참고. Joseph Schacht, An Introduction to Islamic Law (1964: Oxford: Clarendon Press, 1991), 1.

이슬람법은 네 개의 원칙, 혹은 '연원(우술usūl, 복수로 아슬asl)'에 기초하고 있다. 쿠란, 예언자의 수나와 밝혀진 하디스, 정통 공동체에 대한 학자들 간의 합의사항(이즈마ijmā), 그리고 유추(퀴야스qiyās)를 통해 사고하는 방법이 그것들이다.[23]

| 여성과 비무슬림의 지위

이슬람법에서 여성은 살해당할 시의 위자료와 증거능력, 그리고 상속에서 열등한 지위를 가지며, 이 경우 한 명의 여성은 0.5명의 남성으로 취급된다. 결혼과 이혼에 관련된 문제에서도 여성은 남성보다 불리한 지위에 있으며, 남성은 그의 아내를 때릴 권리를 가진다. 무슬림 여성은 비무슬림과 자유롭게 결혼할 수 없다. 노예제는 하나의 제도로 인식되며, 노예는 사람인 동시에 사물로 취급된다.

샤흐트는 이슬람법의 지배 아래에서 사는 비무슬림의 지위를 다음과 같이 요약한다. "비신자(즉, 비무슬림)들을 향한 이슬람의 태도는 전쟁법을 기초로 만들어진 것이다. 이들은 개종시키거나 예속시켜야만 했으며, 그렇지 못한 경우에는 (여성과 어린아이, 노예를 제외하고는) 살해되어야만 했다. 대부분의 경우에는 오로지 앞선 두 가지 시도가 실패했을 때에만 살해가 허용되었다. 그러나 예외적으로 아랍인 이교도는 이슬람으로의 개종을 거부할 경우 죽음을 피할 수 없었다."[24]

비무슬림들은 인두세(지즈야jizya)와 토지세(하라즈kharāj)를 내야만 했다. "이들은 의복 또한 구별되게 입어야 한다. 집도 무슬림의 집보다 높게 만들어서는 안 되며, 구별할 수 있도록 외벽에 표시를 해두어야 한다. 이들은 말을 탈 수도, 무기를 들 수도 없으며 무슬림들에게 길

---

23 Schacht, Introduction to Islamic Law, 60.

24 Ibid., 130 – 131.

을 비켜주어야만 한다. 자기 종교에 대한 숭배 행위를 하거나 술을 마시는 등 그들만의 관습을 따르면서 다른 무슬림들을 분노케 하는 일이 없어야만 한다. 새로운 교회나 유대교 회당, 혹은 은둔처를 건설할 수 없으며, 굴욕적인 조건에서 인두세를 내야만 한다."[25]

배교는 사형에 처해질 수 있는 죄였다. 이슬람을 떠난 남성 배교자에게는 이슬람으로 돌아올 3일의 시간이 주어지며, 이를 계속 거부하는 경우 사형에 처해진다. 여성 배교자들은 투옥된 이후 이슬람으로 돌아올 때까지 3일에 한 번씩 때린다.[26]

이슬람법에서는 쿠란이 직접 금지하거나 그에 대한 형벌을 규정한 행위들이 존재하는데, 이 행위들은 자연스럽게 종교에 대한 범죄로 취급된다.

> 위법적 성행위(지나zinā), 반대로 위법적인 성행위에 대한 무고(카드흐프 qadhf), 음주(시럽 알 하므르shrub al-khamr), 절도(사리카sariqa), 노상강도(카탈 타리크qat'al-tarīq). 이 범죄들에 대해 내려지는 형벌은 모두 하나님의 탁월한 '규제법', 즉 하드(hadd, 복수형은 후두드hudud)라 불렸다. 무엇보다도 사형이 여기에 해당했는데, 위법적 성행위의 경우에는 돌로 쳐 죽이는 가장 심한 형벌이 가해졌다. 사망자가 발생한 노상강도에는 십자가형이나 검으로 베어 죽이는 형벌이, 사망자가 발생하지 않은 노상강도 및 절도에는 손이나 발, 혹은 둘 모두를 자르는 형벌이 내려졌다. 다른 몇몇 경우에는 채찍질이 내려지기도 했다.[27]

25　Ibid., 131.
26　Ibid., 187.
27　Ibid., 175.

신앙: 하나님과 타우히드

『이슬람사전』(제2판)에서는 타우히드라는 '용어의 진정한 의미'를 '오로지 하나뿐인 하나님을 섬기는 행위, 한 마디로 유일신 사상'이라고 정의한다. 무슬림들에게 있어서 이는 이슬람 신앙고백의 첫 구절, "알라 이외의 다른 신은 없다(라 일라하 일라 알라lā ilāha illā llāh)"에 따라 이슬람을 믿고 확신하는 것을 의미한다.[28]

그러나 마찬가지로 『이슬람사전』에서 설명하는 바에 따르자면 이 용어는 시간이 지나면서 훨씬 더 폭넓은 의의를 가지게 되었다. 이슬람이 타협 없는 유일신 사상을 고수하기 때문에, 무슬림들은 '타우히드의 사람들'이라는 뜻의 아흘 알 타우히드(ahl al-tawhīd)라고도 불린다. 이슬람의 역사에는 자신들만이 유일신 교리의 원칙들을 지키고 있으며 따라서 유일하게 진정한 이슬람의 사람들이라고 주장하던 이들이 간혹 존재했다. 여기에는 스스로를 통일성과 정의의 사람들(ahl al-tawhīd wa'l-'adl)이라 칭하던 무으타질라파,[29] 무와히드 왕조, 알모하드 왕조, 마흐디의 제자들 등이 포함된다(여기서 마흐디란 말 그대로 '신에 의해서 올바르게 인도된 자'를 가리키는 말로, 이슬람의 위대한 종말론에서 상당한 의의를 가지는 인물이다. 마흐디의 정의로운 통치는 종말의 날에 어떻게 다가가야 하는지를 알려준다). 이븐 투마르트(1077년경-1130)에 대해 잠시 알아보자.

> (이븐 투마르트는) 쿠란과 수나에 비추어 보았을 때 원초적으로 순수한 것이라 여겨지는 신앙을 다시 한 번 세우고 싶어 하던 원리주의자였다. 이를 위해 그는 당시 서양 신학에서 지배적으로 받아들여지던 타크리드(taqlīd)를 거부했다.

---

28 Encyclopaedia of Islam, vol. 9, 2nd ed. s.v. "sunna." Encyclopaedia of Islam, vol. 10, "Tā'-U[..]," ed. P. J. Bearman et al., 2nd ed. (Leiden: Brill, 2000), s.v. "tawhīd." ("그리고 무함마드는 그의 사도입니다"라는 문구는 뒤늦게 무슬림 신앙고백에 추가되었다.)

29 Ibid.

또한 특히 타우히드의 교리를 각별히 강조했는데, 그는 이를 완전한 관념 혹은 하나님이라는 개념에 대한 영성화라고 보았다. 반대로 쿠란의 의인관적 구절들을 문자 그대로 받아들인다는 타즈심(tajsīm)에는 크게 반대하였으며, 무라비트 왕조가 타즈심을 수용한다며 자주 비난했다.[30]

몇몇 특정 신학자들에게 있어서 타우히드는 하나님과 하나님의 존재, 하나님의 다양한 베푸심에 관한 모든 논의를 포괄하는 단어다. 타우히드는 '종교의 원칙(usul al-dīn)' 혹은 신학 그 자체로서의 넓은 의미로도 이해될 수 있다.[31]

타우히드와 반대되는 개념으로는 시르크(shirk)가 있다. "하나님과 다른 무언가를 결부하는 행위인 시르크는 다른 말로 하자면 곧 하나님 외의 다른 신들의 존재를 인정하는 행위다. 말 그대로 '연합주의'라 번역될 때도 있지만, 보다 노골적으로 번역하자면 다신교라고도 한다."[32] 하디스에서는 마법이나 새점과 같은 특정 행위들을 시르크로 격하한다. 이슬람의 역사 속에서 몇몇 순수주의 개혁가들은 성인들을 숭상하고 그들의 무덤을 순례하는 것 역시 시르크에 포함시켰다.[33]

시르크는 불신 중에서도 가장 나쁜 형태의 불신이다. 우리 세계에서 '결부자'들에게 내리는 형벌은 제4장 5절(검의 구절āyat al-sayf)에 규정되어 있다. '사

30　Encyclopaedia of Islam, vol. 3, "H – Iram," ed. B. Lewis et al., 2nd ed. (Leiden: Brill, 1971), s.v. "Ibn Tūmart."

31　Encyclopaedia of Islam, vol. 10, 2nd ed., s.v. "tawhīd."

32　Encyclopaedia of Islam, vol. 9, "San-Sze," ed. C.E. Bosworth et al., 2nd ed. (Leiden: Brill, 1997), s.v. "shirk."

33　여기서 성인이란 전 세계의 평범한 무슬림들이 기도를 드리곤 하는 신성한 인물들을 말한다. 무슬림들은 이들의 성소나 무덤에 가서 기도를 올리면서 우리의 삶에 와서 힘든 시기를 이겨낼 수 있도록 도와달라고 빈다. 이와 같은 행위는 무슬림 신학자들 및 개혁가들의 빈축을 샀다.

형. 단, 무슬림이 되는 경우를 제외.' (한편으로 '성서의 사람들'은 지즈야를 내는 이상 자신들의 종교를 유지할 수 있었다. IX. 29). 이들은 다음 세상에서 틀림없이 지옥에 보내질 것이었다. 사실 쿠란은 하나님이 모든 죄를 사하실 수 있으나 연합주의만큼은 그렇지 않다고 두 차례나 못 박고 있다(Q4. 안 니싸아, 〈여성〉, 48, 116).[34]

선행을 명하고 악행을 금함

이슬람의 윤리에는 일반적인 연구로는 쉽사리 드러나지 않으나 사실 상당한 의의를 가지는 핵심 특징이 한 가지 존재한다. 이 특징은 이슬람 테러리스트들에게 영향을 끼쳤음은 물론이고 그들의 세계관을 정립하는 데에도 한몫을 했으며, 나아가 테러리스트들이 자신의 행위를 정당화할 때 사용하는 현대 이슬람 사상들을 이해하는 데에도 극히 중요한 역할을 담당한다.

'성전'이라는 개념은 이 원칙과는 달리 어마어마한 비중으로 다루어지고 있지만, 사실상 이 원칙은 성전의 이론과 실천만큼이나 중요하다. 오히려 성전을 이 원칙, '선행을 명하고 악행을 금하는' 원칙의 한 가지 특별한 경우로 볼 수도 있겠다.

이슬람의 가장 위대한 신학자들 중 한 명이자 주요 수피였으며 이슬람 철학자였던 알 가잘리(1058-1111)는 이슬람의 이 독특한 의무를 다음과 같이 정의했다. "모든 무슬림들은 가장 먼저 옳은 일을 행할 의무를 지며, 그에 연속해서 그의 식구들과 이웃들, 동네 사람들이나 외곽 시골 사람들, 광야에 사는 베두인족이나 쿠르드족, 그리고 또

---

34 Encyclopaedia of Islam, vol. 9, 2nd ed., s.v. "shirk."

누가 되었든 세상의 끝까지 옳음의 범위를 확장시켜야 한다."[35] 이 분야의 저명한 현대 학자인 마이클 쿡은 다음과 같이 말하기도 했다. "어떠한 행위를 요구하게 되는 경우, 그들은 선행을 명하고 악행을 금하는 원칙(al-amr bi'l-ma'rūf wa'l-nahy 'an al-munkar)에 위배되지 않는지를 가장 먼저 살펴본다. 대략적으로 말하면, 이 원칙은 다른 이들이 잘못된 행동을 하고 있을 때 무슬림이 거기에 개입해야만 하는 의무라고도 할 수 있다."[36]

성전과 마찬가지로 이 의무는 쿠란에서 시작되었으며 이후 수세기 동안 이슬람 사상가들에 의해 해석되고 정교하게 다듬어져 오늘날에 이르렀다.

> Q3. 알 이므란 104: 너희는 한 공동체(움마)가 되어 선을 촉구하고, 선행을 행하며 악행을 금하리라. 이들이 번성하는 이들이리라.
>
> Q3. 알 이므란 110: 너희는 인간에게 내려진 가장 좋은 공동체의 백성이라 선행을 명하고 악행을 금하리라.

여성에게도 이와 같은 도덕적 의무가 부과된다.

> Q9. 앳 타우바 71: 남녀 신앙인들은 서로가 서로의 친구이니라. 그들은 선행을 명하고 악행을 금한다.

---

35 Michael Cook, Commanding Right and Forbidding Wrong in Islamic Thought (Cambridge and New York: Cambridge University Press, 2001), 445.

36 이 부분에서 나는 마이클 쿡의 훌륭하고 기념비적인 책 두 권에 거의 전적으로 의존해서 썼다. Commanding Right and Forbiding Wrong in Islamic Wrong. Cook, Forbidding Wrong, xi. 그리고 그 요약서인 Forbidding Wrong in Islam: An Introduction (Cambridge and New York: Cambridge University Press, 2003).

예언자의 하디스에서도 악행을 금할 의무에 관한 이야기들이 다수 등장한다. 그러나 수니 법학파는 금기시되는 악행들을 법전에서 다루지 않았으며, 자이드파와 이맘파, 이바디파(모두 시아파 종파들-역주)의 학자들만이 이를 거론했다. 알 가잘리는 아마도 충분한 분량을 할애해 이 의무들을 다룬 첫 번째 주요 무슬림 사상가일 것이다. 그의 저서『종교학의 재흥(Iḥyāʾ ʿulūm al-dīn)』은 후반에서 더욱 자세하게 다루도록 하겠다.

| 악행을 금함

무슬림 학자들에게 있어서 악행을 금한다는 것은 하나님이 내린 의무였으며, 쿠란의 계시와 하디스에서 이를 알 수 있다고 믿었다. 앞서 인용한 쿠란의 구절(Q3. 알 이므란, 104)을 보면 하나님은 무슬림 전체를 상대로 말하고 있다. 쿡이 설명한 대로, 여기서 하나님은 '~하리라'라는 상당히 지시적인 어투를 사용했다. "이 구절의 명백한 어투는 실로 하나님이 무슬림에게 의무를 부과한다는 것을 보여주며, 일반적으로도 그렇게 받아들여지고 있다."[37] 하디스에서 무함마드는 말한다. "누구라도 악행을 본 이가 있으며 자신의 손으로 그것을 옳게 고칠 수 있다면 그렇게 하라. 만일 그렇게 하지 못한다면 자신의 혀로 고치라. 그렇지 못하다면 자신의 심장으로 고치라. 그것이 최소한의 신앙이니라."[38]

이러한 의무는 이슬람을 위해 생겨난 것이기 때문에, 무슬림들의 의무이긴 하지만 비무슬림의 의무는 아니다. 대부분의 학자들은 이

---

37 Cook, Forbidding Wrong, 11.

38 Imam an-Nawawi: Forty Hadith, trans. Abdassamad Clarke (London: Ta Ha Publishers, 1998), hadīth 34. Another edition available at http://ahadith.co.uk/downloads/Commentary_of_Forty_Hadiths_of_An-Nawawi.pdf.

를 가리켜 집단적 의무(fard 'alā 'l-kifāya)라고 보았다. 의무를 행하려면 반드시 법적 능력이 있어야 했으며, 따라서 어린아이와 미치광이들은 제외되었다.

대부분의 학자들에 따르자면 여기서의 '선행'이란 하나님과 그의 예언자가 명령한 모든 것들을 가리키며, '악행'이란 그들이 금지한 모든 것을 말한다. 알 가잘리는 악행이 어떻게 금지되어야 하는지를 각각의 카테고리로 분류했는데, 그의 작업은 동류의 분류작업 중에서도 가장 포괄적이고 영향력 있는 것이다.

| 혀로 금하라

가잘리는 악행을 혀로 금하는 것부터 시작한다. 말로써 막으라는 말과도 같은데, 이는 다시 세 가지 단계로 나눌 수 있다. 첫째, 무지의 상태에서 악행을 저지르는 이들에게 반드시 그 사실을 알려주어야 하는데, 이때에는 동료 무슬림에게 굴욕감을 주지 않도록 조심해야 한다. 두 번째, 만일 누군가 악행을 알면서 저지르고 있다면 그것을 그만두라고 권고해야만 한다. 하디스를 인용하거나 독실한 무슬림들의 이야기 등을 동원해 권고하는 방법이 있겠다. 세 번째, 악행을 저지르고 있다는 사실을 알지만 그것을 그만두려 하지 않고 완강하게 버티는 이가 있다면 반드시 심한 말을 써가면서 그만두도록 강제해야 한다.

| 손으로 금하라

악행을 손으로 금하는 경우에도 가잘리는 이를 세 가지 단계로 분류한다. 첫 번째는 물리적인 행동이긴 하나 사람을 향한 신체적 공격이 없는 경우다. 예를 들자면 문제가 되는 물체를 파괴하는 방법(예시로, 악기를 부수는 방법)이 있겠다. 누군가 들어와서는 안 되는 곳에 있다면 그를 끌어내는 것도 여기에 해당한다. 두 번째 단계에서는 문제가 되는 사람을 향한 신체적 폭력이 사용되기 시작한다. 잘못된 행동을 하는 사람을 주먹으로 때리거나 걷어찰 것이며, 심지어는 곤봉을 사용하기도 한다. 무기는 최후의 수단으로만 사용되어야 하며, 절대로 대중 시위로 이어져서는 안 된다. 마지막으로 세 번째 단계에서는 자신을 도와줄 무장 군대를 모아 형성하는 방법이 있다. 물론 상대편도 이에 응해 군사조직을 만들게 되기 때문에 결국 격렬한 전투로 이어지게 된다.

이에 대해 쿡은 다음과 같이 말했다. "문제가 되는 대상을 공격한다는 주제는 어디에서나 볼 수 있다. (중략) 예를 들자면 체스 판을 뒤집어엎는 이야기, 신성하다고 여겨지던 나무를 잘라내는 이야기나 장식물들을 파괴하고 훼손하는 이야기 등이 있겠다. (중략) 그러나 여기에서는 술병과 악기를 부수는 이야기가 계속해서 등장한다."[39] 2001년 3월, 아프가니스탄의 웅장한 바미얀 석불이 탈레반에 의해 파괴되었을 때에도 한 탈레반 조직원은 "수백만 명의 아프가니스탄 국민들이 굶어 죽고 있는 와중에도 아프간 정부는 외국의 대표단들에게 돈을 받아 고대의 문화유산이나 돌보고 있다는 데에 분노에 찬 이슬람 정부가 내린 결정"이라며 말도 안 되는 이유를 댔다. "이번 공격은 종교 지도자들이 수개월에 걸쳐 논의한 끝에 내린 결정이며, 석상이 우상숭배의 대상이 되기 때문에 없애야 한다는 것이 그 이유였다"는 또 다른 보도가 차라리 훨씬 더 설득력 있게 들린다.[40] 다시 말

---

39 Ibid., 31.

40 Barbara Crossette, "Taliban Explains Buddha Demolition," New York Times, March 19, 2001, http://www.nytimes.com/2001/03/19/world/taliban-explains-buddha-demolition.html.

하자면 이 사건은 명백히 이슬람의 성상파괴주의에 기인한 것이며, 우리가 지금 논하는 원칙에 따라 자행된 사건이었다.

모든 무슬림에게 있어서 가장 중요한 의무이자 이슬람의 가장 근본적인 개념은 바로 하나님의 통일성, 타우히드를 받드는 것이다. 타우히드의 반대 개념인 시르크(다른 실체를 하나님과 결부하는 것)는 타구트(ṭāḡū) 혹은 우상숭배로 비추어진다. 하나님을 어떠한 방식으로든 형상화해서 만들어내는 행위는 무조건 우상숭배로 취급되었으며, 성인들이나 예언자 무함마드처럼 종교적으로 의의가 있는 인물들이 그 대상인 경우에도 마찬가지였다. 사람이든 동물이든, 살아 있는 것을 형상화해서 만들어내는 일은 우상숭배 행위의 범주 안에 들어갔다. 바미얀 석불은 두말할 것도 없이 우상숭배였던 셈이다.

다수의 무슬림 학자들은 악행을 금하는 데 있어서 폭력의 사용이 국가행위의 영역에 속해 있거나, 최소한 이맘의 허가가 필요한 일이라고 논한다. 이맘은 본래 모스크에서 기도를 주관하는 성직자이지만, 무슬림 공동체를 이끌거나 공동체의 모범이 되는 역할도 겸한다. 쿡은 이를 다음과 같이 일축했다. "너무나 많은 학자들이 놓치고 있는 부분이 있다. 상당수의 개인들이 무장 공격에 나서면서 국가행위 따위는 신경도 쓰지 않는다는 점을 분명히 밝히고 있다. 무으타질라파와 자이드파, 이바디파 또한 이를 여실히 증명했다. 수니파에서도 이는 절대로 드문 일이 아니다. 알려진 바로는 아부 하니파는 악행을 금하는 것이 말과 검으로 지켜야 하는 의무라고 말했으며, 이븐 하즘은 불가피한 경우라면 무장을 해야 한다는 의견에 강한 지지를 보냈다."[41]

---

41   Cook, Forbidding Wrong, 34.

| 마음으로 금하라

마지막으로는 마음의 의지가 손꼽히는데, 이는 순수한 정신적 행위를 말한다.

| 이주에 대한 알 가잘리의 견해

만일 악행이 팽배한 땅에 살고 있으며 현실적으로 그 악행을 바로잡을 수 없는 상황이라면, 무슬림은 그 땅을 떠나 이주할 의무를 진다.[42] 알 가잘리는 이를 공개적으로 지지하지는 않았으며, 대신 악행에 직접 참여하지만 않는다면 이주할 의무까지는 발생하지 않는다고 말했다. 보통의 무슬림들에게는 이쪽이 오히려 비현실적인 요구로 보인다. 그럼에도 불구하고 알 가잘리는 무슬림들에게 계속해서 이슬람의 의무를 따르라고 촉구한다. 특히 "시장에 악마가 있다는 것을 알았다면, 또 그것을 멈출 수 있는 능력이 있다면, 당신의 의무는 집에 앉아 있는 것이 아니라 자리를 박차고 일어나 악마와 마주하는 것"이라고 말한다.[43]

자이드파이자 무으타질라파인 맨크딤은 "악행을 금하는 데에는 조건(샤라이트sharā'it)이 있으며, 그 조건들이 충족될 때에만 의무가 된다"고 논했다.[44] 법에 대한 지식, 사실에 대한 파악, 더 나쁜 부작용의 부재, 효능, 자기 자신에게 돌아올 위험의 부재[45] 다섯 가지가 여기서 말하는 조건들이다. 위험에 관한 조건을 살펴보자면, "이제 우리에게 던져진 질문은 의무가 발생하지 않은 상황에서라도 계속해서 밀고 나가는 것이 더 좋은지를 판단하는 일이다. 표준적인 대답은,

---

42 Ibid., 39.
43 Ibid., 41.
44 Ibid., 45.
45 Ibid., 46.

만일 당신이 하나님을 연유로 위험을 무릅쓸 각오가 되어 있다면 당신은 상을 받을 것이다. 한계치까지 보자면 이는 곧 악행을 금하다가 죽임을 당한 사람을 순교자(샤히드shahīd)로 보는 의견을 지지하는 것이나 다름없다. 다수의 학자들이 이에 별다른 문제없이 동의한다."[46]

| 프라이버시 vs 숨겨진 죄

무슬림 학자들은 "우리가 생각하는 프라이버시에 견줄 만한 개념을 아예 가지고 있지 않으며, 다만 그와 관련된 문제들 정도만을 다룰 뿐이다."[47] 쿡의 말을 들어보자.

> (무슬림 학자들은) 특정 행위들이 본질적으로 사적인 성격을 가지며, 따라서 공공연하게 검토당하지 않을 권리를 가진다는 개념 자체가 결여된 것처럼 보인다. 공개적으로 알려지지 않은 상태에서의 행위는 '사생활'이 아니라 '숨겨진 죄'로 취급된다. 우리들은 우리에게 알려지지 않은 것을 캐낼 권리가 없으며, 우연히 알게 된 비밀을 폭로할 권리도 없다. 그러나 악행을 알게 되었다면 그제야 악행을 금할 일종의 의무가 발생하는 정도다. (중략) 따라서 현대의 서구 사상과 무슬림사상 간의 차이는 단순히 서구의 프라이버시에 상응하는 개념이 무슬림에게는 없다는 데에서 그치지 않는다. 무슬림들은 이와 관련하여 완전히 다른 종류의 개념을 가지고 있기 때문이다.[48]

마찬가지로 남의 일에 간섭하지 않는다는 원칙 또한 악행을 금하는 원칙 앞에서는 무시된다. '남의 일에 간섭하지 않는다는 것을 연

유로 악행을 금하지 말라는 교리는 없기' 때문이다.[49]

　무슬림 국가 또한 이 의무를 이행하는 주체다. 그러나 무슬림 국가가 악행을 저지르고 있다면 무슬림들이 나서서 부당한 지도자를 힐책해야만 한다. 많은 학자들은 무슬림들이 자신에게 닥칠 위험을 무릅쓰고서라도 그렇게 해야 한다고 논한다. 알 가잘리 또한 이 주장을 지지하면서, 초기의 무슬림들은 이와 같은 무슬림의 의무를 이행하는 데 있어서 위험을 무릅썼으며 "그 와중에 죽임을 당한다면 순교를 당한 것이라고 믿었다"고 말했다. 알 가잘리는 이어서 열일곱 개의 일화를 소개하면서 "그들의 용기와 꾸밈없는 태도를 격려했다. 가잘리는 본래 이것이 보통이었다며 슬퍼했다. 그러나 오늘날 학자들은 침묵하며, 목소리를 낸다고 해도 효과적일 만큼 강력하지 않다. 모두 그들이 이 세상의 것들을 너무 사랑하기 때문이다."[50]

　하나피파이자 무으타질라파인 자사스는 수니파 전통주의자들이 이 의무를 경시하는 경향이 있다며 격렬하게 비난했다.

> 부정과 살인을 저지르는 지도자는 처벌을 받지 않으며, 다른 이들도 무기는 들지 않았을지언정 말과 행동으로 똑같은 짓을 저지르고 있다. 그의 관점에서는 학문적인 것이 문제가 아니었다. 문제는 오늘날 이슬람의 유감스러운 사태, 타락한 자들과 조로아스터교인들과 이슬람의 적들이 이슬람을 점령한 현 사태를 불러온 그 태도에 있다. 이슬람과 신앙심 없는 자들을 가르는 국경은 무너지고 있으며, 부정이 확산되고 있고, 국가들은 파괴되며 거짓된 종교가 널리 퍼지고 있다.[51]

49　Ibid., 94.
50　Ibid., 76.
51　Ibid., 84-85.

모든 고전 하디스에서 이와 같은 의무를 다루고 있는 것은 아니지만, "악행을 금지해야 한다는 의무를 전면적으로 부정한다는 것은 거의 들어본 적이 없다."[52] 인도 샤란푸르의 하나피파 이스마트 알라의 글에서 이것이 가지는 의의를 포괄적으로 알아볼 수 있다. 이스마트 알라는 의무를 경시하는 사람들에 상당히 화가 나 있으며, 일부 수피들의 사람들을 평화롭게 내버려두라는 교리를 싫어한 것이 틀림없다.

> 만일 하나님이 사람들을 가만히 내버려둠으로써 만족을 얻으셨다면, 애초에 우리에게 예언자를 내려보내지도 않으셨을 것이며, 법을 세우지도 않으셨을 테고, 그것을 이슬람이라고 부르지도, 다른 종교들을 무효한 것으로 만들지도 않으셨을 것이다. 대신 사람들이 각자의 기준에 따라 살게 하셨을 것이며, 신성한 경험들로 마음이 흔들리게 하지도 않으셨을 것이다. 무슬림과 비신자, 양쪽 모두의 고통이 뒤따르는 성전의 의무를 우리에게 지우지도 않으셨을 것이다. 그는 범신론자를 포함한 수피들이 무분별한 관용을 실천하거나 설교하지 않는다는 점을 충분히 밝혔다는 사실을 재차 강조했다. 여기에 더해, 유명한 수피들은 악행을 금한다는 주제로 글을 썼다. 이는 차치하고서라도, 예언자가 선행을 명하고 악행을 금하기 위해 보내졌다는 사실은 그것을 좋은 행위이자 의무적인 행위로 만들기에 충분하다. 간단히 말해 만일 사람들을 가만히 내버려두는 것이 칭찬을 받을 만한 일이었다면, 악행을 금하는 것은 애초에 종교적인 의무도 아니었을 것이다.[53]

| 악행의 분류

마이클 쿡은 알 가잘리가 보여준 무슬림들이 흔히 저지르는 악행들

---

52 Ibid., 86.
53 Ibid., 89-90.

을 크게 세 가지로 분류했다. 종교적 관습을 침해하는 일(예를 들어 잘못
된 방식으로 기도하는 일), 금욕주의적 관습을 어기는 일(예를 들어 술을 마시고
음악을 만들며 부적절한 성관계를 탐하는 일), 그리고 '세속적인' 악행들(예를 들
면 길을 막는 행위)이 그 세 가지다.

쿡이 음주 행위를 '금욕적인 관습을 어기는 일'로 분류했다는 점은
꽤 이상한 부분이다. 음주는 확실히 샤리아에 어긋나는 행위이기 때
문이다. 샤리아는 모든 무슬림에게 적용되므로 곧 이슬람의 관습이
기도 하다. 쿡은 음주 행위가 중세의 이슬람 사회에서는 일반적인 행
위였다고 말하면서, 모든 무슬림들이 술에 관한 쿠란의 경고를 진지
하게 따르지는 않았음을 보여준다. 마지막으로 쿡은 매우 중요한 말
을 남겼다. "세속적인 악행들로 분류되는 행위들을 보자면 우리가 사
회정의라고 부를 만한 이유로 악행이 된 경우는 하나도 없었다."[54]
선행을 명하고 악행을 금한다는 의무를 통해 최우선적으로 이루고
자 하는 바는 곧 지도자들부터 일반 시민들까지 모든 무슬림들이 긴
장의 끈을 놓지 않게 만들어서 이슬람이 위험에 빠지는 일이 없도록
하는 것이었다.

쿡은 "이슬람의 초기 수세기 동안은 저항군이 악행을 저지르는 것
을 자신의 슬로건으로 삼는 것이 일반적"[55]이었다고 말한다. "하와지
리파 중에서는 이바디파가, 시아파 중에서는 자이드파가, 수니파 중
에서는 말리키파가 그 대표적인 예시다. 초대 이슬람에서 나타난 이
와 같은 반란 세력들로는 우마이야 왕조가 다스리던 트란스옥시아나
지방의 잠 이븐 사프완, 호라산 지역의 유수프 알 바름(776-777.), 팔레
스타인의 무바르카(841-842.), 901년 스페인의 이븐 알 키트, 960년 아

---

54 Ibid., 99.
55 Ibid., 81.

르메니아에서 반란을 일으킨 아바스 왕조의 인물 등이 있다."[56]

쿡은 악행을 금하는 행위가 대부분 금욕주의적인 태도에서 기인했다고 결론짓는다. 또한 "여기에는 종교적 엘리트들, 그리고 누구보다도 학자들이 왕성하게 참여했다. (중략) 악행을 금지하는 것과 반란세력 간의 연결고리는 문제 삼을 것도 없이 역사적인 것이다."[57]

| 악행을 금하는 것과 반란세력

악행을 금하는 것과 반란세력 간에는 부정할 수 없는 연결고리가 존재하며, 나아가 20세기의 두 번째 절반 동안 다시금 일어났던 이슬람의 무장운동과도 깊이 관련되어 있다. 이슬람 원리주의자들은 현대 모든 무슬림들의 삶에도 깊은 영향력을 미치고 있는 이슬람 전통에 열렬하게 의지했다. 이처럼 악행을 금한다는 중세의 교리는 현대 이슬람주의자들의 행위를 결정짓는 데에도 필수적인 역할을 담당했다.

고등 교육을 받은 수니파 무슬림들은 지난 수백 년 동안 실천되어 온 이슬람에는 극단적인 개혁이 필요하다는 점에 동의하지만, 어떠한 개혁이 가해져야 하는지에 대해서는 서로 합의점을 찾지 못하고 있다. 이슬람 근대주의자들은 전문직 종사자들이 근대 세계에 발맞추어서 편하게 살 수 있도록 허용하는 방식으로 이슬람을 회복하기를 제안한다. 그러나 많은 무슬림들은 이것을 일종의 타협이라고 보며, 사실상 서양화된 이슬람을 제안하는 것이라 본다. 이슬람 원리주의자들은 편재하는 서구 문화를 피해 이슬람의 타협 없는 복원을 선호하는 것이 분명하다. 이슬람을 정화하기 위해서 선행을 명하고 악

56　　Ibid., 108-109.
57　　Ibid., 110.

행을 금지하는 이슬람의 의무를 적용시킬 방법을 찾는 집단들과 근대의 폭력적인 개혁운동 간의 근본적이고 역사적인 연결고리는 앞서 쿡이 잘 보여준 바 있다.

필자가 이 책을 통해 강조하는 바와 같이, 종종 폭력적으로 변모하기도 하는 개혁운동은 초대 무슬림 공동체의 건립 이래 존재했던 순수한 이슬람을 회복시키고자 한다. 8세기 하와리즈파의 운동부터 9, 10, 11세기 바그다드에서 일어났던 운동, 7세기 이스탄불에서 일어난 카디자델리 운동 등이 여기에 속한다. 특히 카디자델리 운동은 와하브 운동을 일으킨 무함마드 이븐 압드 알 와하브(1703-1792)에게도 큰 영향을 미쳤다. 그의 이름을 딴 와하브 운동은 18세기 아라비아 반도의 내륙 지역인 나즈드에서 일어난 운동이자 오늘날 사우디아라비아를 만들어준 운동이다.

이븐 알 와하브는 해가 될 만한 혁신들을 제거하는 작업 등 오로지 순수한 이슬람을 회복하는 일에만 온 신경을 쏟았다. 또한 그는 스스로 구상한 오염되지 않은 이슬람을 실현하기 위해 폭력 쓰기를 두려워하지 않았다. 말하자면 이슬람주의자들은 편재하는 서구 문명의 치명적인 영향력과 맞서 싸웠는데, 여기에서 와하브는 전 세계 이슬람 원리주의자들에게 영감을 불어넣어 주었다. 그의 영향력은 동쪽으로는 인도부터 인도네시아까지, 또 중동의 이집트와 이란에까지 미쳤다(이븐 알 와하브의 사상에 대해서는 제14장에서 더 자세히 알아볼 것이다).

악행을 금한다는 이슬람의 원칙은 사실상 사람들에게 무엇을 믿어야 하는지 정해주는 것이나 다를 바가 없다. 여기서 우리는 다시 한 번, 이슬람과 서구 자유주의 간의 깊은 차이점을 발견할 수 있다. 앞에서도 이야기했지만, 이슬람 안에서의 삶은 이미 쓰인 책이나 다름

없다.[58] 샤리아의 명령과 알라의 변덕은 우리가 삶에서 선택할 수 있는 의제들을 엄격하게 제한해버린다. 서양에서라면 사람들은 각자 자신만의 목표를 선택하고 스스로의 앞길을 자유롭게 결정할 수 있으며, 우리 삶에서 어떤 의미를 찾을 것인지를 결정할 수 있다. 로저 스크러튼이 말했듯, "서구의 영광은 인생이 이미 펼쳐진 책이라는 데 있다."[59]

이집트의 이슬람주의자이자 1950년대와 1960년대 무슬림형제단 이집트 지부를 이끌었던 사이드 쿠틉(1906-1966, 자세한 내용은 제19장 참조) 및 알제리의 이슬람주의 행동가이자 설교자이며 이슬람구국전선당의 공동 창립자인 알리 이븐 하지(알리 벤하디 혹은 벨하디, 1956-). 두 인물은 공통적으로 서구 사람들이 개인적인 것이라고 여겨왔던 것들은 사실 존재하지도 않는다고 열정적으로 논했다. 관찰력 있는 무슬림이라면 이슬람법이나 관습이 침해되는 순간 개입해야 할 의무를 진다. 오래전인 1961년부터 프랑스의 이슬람학자 루이스 가르데(1904-1986)는 선견지명이라도 있는 듯 "도덕적 개혁(관습의 개혁réforme des moeurs)으로써 악행을 금한다는 개념은 오늘날 근대국가에 의해 억제되고 있다고는 해도 여전히 무슬림 국민들의 정서 속에 살아남아 있으며, 상황만 잘 갖추어진다면 언제든지 다시 일어날 수 있다"고 예견했다.[60] 그러나 쿠틉은 이상하게도 이러한 원칙이 적용될 수 있게 되기 이전에 진정한 이슬람 공동체가 성립해야 한다고 주장했다. 그러나 이는 모든 이슬람 원리주의자들의 입장과는 사뭇 다른

58 Ibn Warraq, Why the West Is Best (New York: Encounter Books, 2011), 11.

59 Roger Scruton, "The Glory of the West Is That Life Is an Open Book," Sunday Times (UK), May 27, 2007, http://www.thesundaytimes.co.uk/sto/culture/books/article65281.ece.

60 Cook, Forbidding Wrong, 115 - 116, 다음 인용. Louis Gardet, La cité musulmane: vie sociale et politique, 2nd ed. (Paris: Librairie Philosophique J. Vrin, 1961), 187.

견해였다.

　탈레반은 자신들이 아프가니스탄의 대부분을 점령했을 당시 악행을 금하는 부서를 창설했으며 이후에 이를 정부 부처로 승격시켰다. 사우디아라비아와 이란에서는 이 의무를 이행하는 데 더욱 가혹한 종교적 정책을 적용시켰다. 아야톨라 호메이니와 같은 몇몇 원리주의자들은 위험한 상황에서라도 동 의무를 이행해야 한다고 주장했으며, 만일 무슬림이 악행을 금하려다 죽임을 당한다면 그 죽음은 영광스러운 순교일 것이라고 말했다.

내세: 이슬람의 삶이 아닌, 이슬람의 피와 죽음

2015년 1월 9일, 파리의 포트 드 벵셴느의 한 슈퍼마켓에서 인질극을 벌이고 총기를 난사한 아메디 쿠리발리는 희생자들에게 자신을 다음과 같이 소개했다. "나는 말리의 무슬림 아메디 쿠리발리다. 나는 IS(이 경우에는 이라크-레반트 이슬람국가État islamique-역주) 소속이다. 너희 유대인들과 우리 무슬림 간의 차이는 너희들이 삶을 신성한 것으로 여긴다는 데 있다. 우리는 죽음을 신성하게 여긴다."[61] 잠시 후 이 젊은 말리인은 자신의 아내를 돌봐달라는 전언에서도 같은 태도를 다시 한 번 견지했다. 그의 주장에 따르자면 그의 아내는 아랍어와 쿠란, 그리고 신학을 배워야만 했다. 쿠리발리는 서구에 대한 자신의 혐오가 이슬람의 기관들이나 이슬람의 가치, 칼리프와 샤리아에 대해 서구가 끊임없는 공격을 보냈기 때문이라고 주장했다. '알라의 말씀을 받들기 위해', 또 이슬람을 보호하기 위해 쿠리발리는 네 명의

61　Jean Birnbaum, Un silence religieux: La gauche face au djihādisme (Paris: Éditions du Seuil, 2016), 14.

인질을 살해하고 경찰에게 사살되었다.[62] 랜드연구소의 전 국제정책 분석가 로랑 무라위에크는 이를 두고 다음과 같은 말을 남겼다. "현대의 이슬람 테러리즘과 피의 우상화, 야만성에 대한 숭상과 살인에 대한 광신적인 추종, 죽음에 대한 숭배는 (중략) 불가분적이다."[63]

| 삶에 대한 경멸

이와 같은 이슬람 테러리스트들은 인간의 생명을 가치 없고 소모적인 것으로 다루는 행위, 비무슬림들에게는 병적이고 비도덕적으로 보일 이 행위를 통해 상을 받을 기대로 기쁨을 느낀다. 그러나 이처럼 생명을 업신여기는 태도는 이슬람의 역사와 성서를 통해 얻어진 것이다. '최후의 날', 알 야움 알 아크히르(al-yawm al-ākhir)는 쿠란에서 다양한 표현을 빌려 최소 40번 등장한다.[64] '내세'나 '앞으로 올 세계', 즉 알 아크히르는 백 번도 더 등장한다.[65] '앞으로 다가올 삶'은 지상에서의 삶보다 훨씬 나으며, 삶을 즐기는 이들을 경멸하는 어조가 대부분을 차지한다. 예시로 몇 가지 구절을 살펴보자.

Q2. 알 바카라, 〈소〉, 86: 그들은 앞으로 다가올 세계를 팔아 현세를 사들인 자들이라.

Q2. 알 바카라, 〈소〉, 94: 만일 하나님 편에 있는 내세의 집이 실로 너희만을 위한 것이며 다른 그 누구를 위한 것도 아니라면, 그리고 만일 너희가 진실한 자들이라면 너희는 죽음을 동경하리라(동경해야만 하리라).

---

62 Ibid.
63 Laurent Murawiec, The Mind of Jihād (Cambridge and New York: Cambridge University Press, 2008), 21.
64 다음 참조. Hanna E. Kassis, A Concordance of the Qur'an (Berkeley: University of California Press, 1983), 131–132.
65 Ibid., 132-134.

Q9. 앳 타우바, 〈회개〉/알 바라트, 〈면죄〉, 38: 현세의 삶을 즐기는 일은 내세와 비교하자면 미미한 것이라.

Q16. 안 나흘, 〈벌〉, 106-107: 끔찍한 저주가 있으리라. 이것은 그들이 내세의 삶을 두고 현세의 삶을 선택했기 때문이라.

Q87. 알 아을라, 〈가장 위에 계시는 분〉, 16-17: 그래도 너희가 현세의 삶을 더 좋아하나. 내세가 더 좋으며 영원하니라.

하디스에서 이와 같은 태도가 잘 드러나 있다.

샤히흐 알 부카리 하디스 6413: "아나스의 말: 예언자가 말했다. '오 알라여! 내세에서의 삶 이외에는 가치 있는 삶이 없습니다.'"[66]

샤히흐 알 부카리 하디스 6415: "예언자가 가로되 '채찍으로 얻은 천국의 (작은) 한 자리는 (전) 세계와 그 안의 모든 것보다도 더 나으며, 알라가 시키신 일을 처리하는 오전이나 오후는 전 세계와 그 안의 모든 것보다도 더 낫다.'"[67]

이븐 마자의 수난, 제6권, 하디스 1571: "이븐 마스우드의 이야기에 따르자면 하나님의 사자가 말하기를, '본래 무덤들을 방문하는 것을 금했으나 이제는 방문하도록 하라. 그리하면 너희들이 현세에 관심을 갖지 아니하고 내세를 떠올리게 되리라.'"[68]

---

66 The Translation of the Meanings of Sahīh Bukhārī, trans. Muhammad Muhsin Khan, hadīth 6413 (Riyadh, Saudi Arabia: Darussalam, 1997), 8:233, https://futureislam.files.wordpress.com/2012/11/sahih-al-bukhari-volume-8-ahadith-5970-6860.pdf

67 Ibid., hadīth 6415, 8:234.

68 Sunan Ibn Majah, trans. Ansari, hadīth 1571, 6:397.

이후 지하드에 관한 장에서 더욱 자세하게 다루겠지만, 이슬람식 순교의 개념에도 이와 같이 현세에 대한 경멸이 깃들어 있다. 이 개념을 수식했던 말들은 현대의 지하디스트들이 사용하는 문구와 놀랄 만큼 유사하다. 알 타바리가 남긴 초기 무슬림 정복사에서 등장하는 문구, "삶을 열망하는 바 이상으로 죽음을 열망하라" 등이 그 예시다. 이와 같은 맥락의 현대 지하디스트들의 대사는 셀 수도 없이 많다. 여기에서는 2014년 7월 '팔레스타인미디어워치'에 기고된 두 개의 글을 예시로 들겠다.

> 하마스의 최고사령관 무함마드 다이프는 최근 가자전쟁 도중 녹음된 음성을 통해 다음과 같이 선언했다. "오늘날 너희(이스라엘인)들은 성스러운 병사들과 싸우고 있다. 이들은 너희가 삶을 사랑하는 만큼 알라를 위한 죽음을 사랑하며, 너희가 죽음으로부터 달아나는 만큼 순교를 위해 서로 앞 다투는 이들이다."
>
> 또한 하마스TV는 어제 자 방송을 통해 하마스 최고지도자인 이스마일 하니야의 과거 발언을 다시 한 번 송출했다. "우리의 적이 삶을 사랑하듯, 우리는 죽음을 사랑한다! 우리는 순교를 사랑하며, (하마스의) 지도자들도 순교로 세상을 떠났다."[69]

죽음을 칭송하는 글로는 '지하드워치'가 수집해 2014년 보도한 다음의 예시들도 있다.

---

69   Itamar Marcus, "Hamas: We 'Love Death for Allah,'" Palestinian Media Watch, July 31, 2014, http://palwatch.org/main.aspx?fi=157&doc_id=12235.

무슬림 꼬마 전도사 한 명은 가장 많이 혐오하라고 배운 그대로 그들을 조롱했
다. "오 시온주의자여, 우리는 알라를 위한 죽음을 사랑한다. 너희가 사탄을 위
한 삶을 사랑하는 만큼!" 나이지리아의 지하디스트 아부바카르 쉐카우는 "나
는 오히려 죽음을 열망하고 있다, 방랑자여"라고 말했다. 아이만 알 자와히리
의 아내는 무슬림 여성들에게 충고했다. "아이를 기를 때에는 먼저 지하드 문
화와 순교에 대해 가르친 후, 그다음 종교와 죽음을 천천히 가르치라고 충고하
겠습니다." 또 다른 지하디스트, 아프가니스탄의 마울라나 이냐둘라는 "미국인
들은 코카콜라를 사랑한다, 우리는 죽음을 사랑할 뿐이다"라고 말했다.[70]

혹자는 1977년 아야톨라 호메이니가 남긴 말을 기억할지도 모르
겠다. "이 세계는 통로일 뿐이다. 이 세계는 우리가 살아야 할 세계
가 아니다. (중략) 이 세계에서 삶이라 불리는 것은 사실 삶이 아닌 죽
음이다. 진정한 삶은 내세에서만 찾아볼 수 있다."[71] 또한 "물라(이슬
람 율법학자-역주)만이 사람들을 거리로 데리고 나와 이슬람을 위해 죽
음을 불사하도록 만들 수 있다. 사람들은 이슬람을 위해 자신의 피를
흩뿌리리라."[72]

정치 분석가이자 강연자이며, 이란의 최대 일간지 「카이한」의 편
집장인 아미르 하테리는 1987년의 저서 『성스러운 테러: 이슬람 테
러리즘의 내막(Holy Terror: The Inside Story of Islamic Terrorism)』을 통해 이슬
람에서 피가 얼마나 큰 의의를 가지고 있는지를 충격적인 일화들과
함께 보여준다.

---

70 Robert Spencer, "Hamas: 'We Love Death Like Our Enemies Love Life!'" Jihād Watch, July 31,
2014, https://www.jihādwatch.org/2014/07/hamas-we-love-death-like-our-enemies-love-
life.

71 인용구 발췌. Amir Taheri, The Spirit of Allah: Khomeini & the Islamic Revolution (Bethesda,
MD: Adler & Adler, 1986), 39.

72 Ibid., 53.

'천국을 기다리는' 순례자들은 남부 테헤란의 묘지 비헤쉬테 자흐라(꽃들의 천국)를 방문하는 것으로 이슬람 공화국 투어를 시작한다. 여기서 그들은 피의 분수대 앞에서 1분 동안의 묵념 시간을 가진다. 4.5미터 높이의 이 분수대에는 피처럼 빨간 물이 흐르는데, 여행 가이드의 말에 따르자면 이는 이슬람이 전달하려는 메시지의 본질을 상징한다.[73]

마지막으로, 오사마 빈 라덴이 1996년 남긴 말을 인용하겠다.

두 개의 신성한 땅(사우디아라비아)의 자손들은 세계 곳곳에 있는 쿠프르와의 싸움(즉, 비신자와의 성전)이 완전히 필수적이라고 느끼며 강력하게 믿기 때문에, 이들은 지금보다도 더 큰 열정을 가지고, 강력해지며, 숫자를 늘려 그들 자신의 땅에서 싸움을 행할 것이다. (중략) 그들의 가장 위대한 곳(성지), 고결한 카바를 수호하게 되리라. (중략) 그들은 전 세계의 무슬림들이 그들을 돕고 승리를 위해 지원해줄 것을 안다. 그들의 (성지를) 해방시키는 일은 모든 무슬림들의 최우선적인 과제다. 그것은 이 세계 모든 무슬림들의 의무이기도 하다. 당신(미 국방장관 윌리엄 코헨)에게 고하노니, 당신이 삶을 사랑하는 것만큼 이 젊은이들은 죽음을 사랑한다.[74]

---

73 Taheri, Holy Terror, 114.
74 Rubin, Barry & Rubin, Judith Colp, edd. Anti-American Terrorism and the Middle East. Understanding the Violence. A Documentary Reader. (Oxford: Oxford University Press, 2002) 140-141.

제5장

지하드의 의미

필자가 지하드(성전)를 상당히 자세하게 다루는 이유는 지하드의 이론과 실천이 이슬람 역사와 이슬람 신학 그 자체에 있어서 핵심적인 개념이며, 나아가 현대의 이슬람 근본주의자들과 테러리스트들의 정치적 이데올로기 및 행위들과도 매우 긴밀한 관계에 놓여 있기 때문이다. 그러나 여전히 다수의 근대 서양 지식인들과 분석가들은 오늘날 이슬람주의자들의 운동에서 지하드가 구심점이자 동력이 된다는 사실을 부정하고 있다. 이에 나는 지하드의 중요성을 논하기 위해 찾아볼 수 있는 모든 학술 증거자료를 읽어보았다. 사전과 백과사전, 쿠란, 하디스, 시라(무함마드의 생애), 높이 평가받는 이슬람 철학자들과 신학자들의 글, 그리고 역사와 관련된 학술논문 등이 여기에 속한다.

지하드의 정의

이슬람학과 아랍어에 능한 것으로 유명했으며 성공회 선교사로 영국령 인도를 다녀온 토마스 패트릭 휴스는 그의 유명한 저서 『이슬람 사전』(1885)에서 지하드를 다음과 같이 정의한다.

불꽃. 노력, 혹은 분투. 무함마드의 임무에 있어서 비신자들을 상대로 벌이는 종교전쟁. 지하드는 쿠란이나 하디스 등의 종교적인 제도에서 설정한 종교적 의무이며, 특히 이슬람을 발전시키고 악을 몰아내는 것을 목적으로 한다.

무슬림 지도자가 신앙심 없는 자들의 국가를 정복하는 경우, 원주민들에게는 세 가지 선택지가 주어진다.

① 이슬람 받아들이기. 이 경우 피정복자는 무슬림 국가의 보통시민이 된다.

② 인두세(지즈야) 내기. 이 경우에는 비록 이슬람을 믿지 않더라도 보호를 받을 수 있으며, 아라비아의 우상숭배자와는 구별되는 '딤미'가 된다.

③ 검살. 인두세도 내지 않으려는 이들은 칼로 베어 죽인다.

수피 작가들은 지하드를 두 종류로 나눌 수 있다고 말한다. '위대한 전쟁'이라는 뜻의 알 지하드 알 아크바르(al-jihādu 'l-Akbar)는 자신의 욕망과 맞서 싸우는 성전이며, '덜한 전쟁'이라는 뜻의 알 지하드 알 아스가르(al-jihādu 'l-asghar)는 비신자들을 상대로 하는 성전이다.

종교전쟁이 전 생애에 걸친 의무라는 사실에 토를 달 해설자들은 없다. 이는 쿠란의 구절들에서 기인한 의무다. 특히 무함마드가 최고지도자를 자처하거나 적들을 지배하는 자리에 오르기 이전에 쓰인 '메디나 수라'에서 그 모든 구절이 등장한다는 사실을 눈여겨보아야 한다(후략. 휴스는 여기서 다음의 구절들을 인용했다. Q9. 앳 타우바, 〈회개〉, 5-6, 29; Q4. 안 니싸아, 〈여성〉, 76-79; Q2. 알 바카라, 〈소〉, 214-215; Q8. 알 안팔, 〈전리품〉, 39-42).

하디스에서도 지하드를 주제로 한 긴 글들을 찾아볼 수 있다(부카리의 샤히흐

및 이븐 알 하자즈의 샤히흐인 바부 알 지하드 참고). 1

휴스가 인용한 하디스의 구절은 이외에도 많으나, 그에 대한 출처를 제대로 밝히고 있지는 않다. 나는 같은 하디스를 대상으로 그가 인용한 구절들을 면밀히 추적했으며, 이를 보다 읽기 쉬운 번역문으로 대체해 신겠다. 여기서 필자가 인용하는 문구는 무슬림 학자 무함마드 무흐신 칸, 아흐마드 하산, 아불 하미드 시디키의 역서다.

> 지하디스트가 알라를 위해 싸우다 죽임을 당한다면 알라는 그를 천국에 들일 것이며, 그렇지 않다면 그는 전리품과 상을 안고 무사히 집에 돌아가리라.
> – 부카리, 샤히흐, 〈키탑 알 지하드 와를 시야르(Kitāb al-jihād wa-l siyar)〉. 2

> 한 치의 의심도 없이 바라건대 나 역시 알라를 위해 싸우다 순교하고, 또 다시 살아나 또 한 번 순교하고, 그리고 다시 한 번 살아나기를 소망한다. 3

> 알라를 위해 싸우며 무슬림을 신앙심 없는 자들로부터 보호하는 일은 이 세계와 그 표면에 존재하는 모든 것들보다 더 좋은 일이다. 4

> 알라를 위해 두 발에 먼지를 덮어쓴 자들이라면 (지옥의) 불길도 미치지 않을 것이다. 5

---

1   Hughes, Dictionary of Islam, s.v. "jihād."
2   Bukhārī, Authentic Hadīth: Book of Jihad and Campaigns, hadīth 2787, 4:47.
3   Ibid., hadīth 2972, 4:138; see also hadīth 2797, 4:52; hadīth 36, 1:73.
4   Ibid., hadīth 2892, 4:97.
5   Ibid., hadīth 2811, 4:60.

알라의 길을 위해 전사를 자처한 이들이 싸움에 큰 몫을 했음은 물론이요, 전사들이 멀리 떠나 있을 때 이들의 가족들을 돌보아준 이들 또한 큰 몫을 했음이다. (중략) 만일 전사의 가족들과 재산을 돌보아주는 이가 있다면 그는 (지하드에) 나선 이들이 받는 상의 절반을 받을 것이다.

– 아부 다우드, 수난, 〈키탑 알 지하드(Kitāb al-Jihād)〉[6]

성스러운 예언자 가로되 "우리의 종교는 계속 존재할 것이며, 한 무리의 무슬림은 그 시점(부활의 날)에 다다를 때까지 계속 우리의 종교를 보호하려 싸울 것이다."

– 무슬림 이븐 알 하자즈, 샤히흐, 〈키탑 알 이마라(Kitāb al-Imara)〉[7]

알라를 위해 부상을 입은 자라면 알라도 그를 잘 알고 있으리니, 부활의 날이 오면 피의 색으로 물든 상처를 짊어질지언정 그 상처에서는 사향의 향기가 날 것이라.

– 부카리, 샤히흐[8]

샤히드(순교자)의 죄는 빚을 제외하고는 모두 사해지리라.

– 무슬림 이븐 알 하자즈, 샤히흐, 〈키탑 알 이마라〉[9]

(신앙심 없는 자들을 상대로) 싸워본 적 없거나 싸우는 것을 의무로 생각한 적 없이 생을 마감하는 이들은 일종의 위선을 저지른 채 그 죄로 죽을 것이다.

– 아부 다우드, 수난, 『키탑 알 지하드』[10]

---

6 Abū Dāwūd, Sunan, Kitāb al-Jihād, trans. Ahmad Hasan, ahādīth 2503, 2504 (New Delhi: Kitab Bhavan, 1997), 2:695.

7 Muslim ibn al-Hajjāj, Sahīh, Kitāb al-Imara, trans. ʿAbdul Hamid Siddiqi, hadīth 4717 (New Delhi: Kitab Bhavan, 2000), 3:1277.

8 Bukhārī, Authentic Hadīth, hadīth 2803, 4:55.

9 Al-Hajjāj, Sahīh, Kitāb al-Imara, hadīth 4649, 3:1261.

10 Abū Dāwūd, Sunan, Kitāb al-Jihād, hadīth 2496, 2:693.

만일 (무슬림 지도자가) 지하드(알라를 위한 성스러운 싸움)에 나설 것을 명한다면 지체 없이 나서도록 하라.

이맘(무슬림 지도자)은 피난처와도 같으며 무슬림들은 이를 지키기 위해 싸워야만 한다.

— 부카리, 샤히흐 [11]

지하드에 대한 설명

| 『이슬람사전』, 제1판, 1913

『이슬람사전』(제1판, 1913)의 '지하드' 항목을 작성한 맥도날드는 '성전'을 다음과 같이 묘사했다(1953년 간행된 『간추린 이슬람사전』에도 같은 글이 실려 있다).[12]

군사를 동원해 이슬람을 포교하는 것은 일반적으로 모든 무슬림이 지는 종교적 의무다. 이 의무는 무슬림의 여섯 가지 믿음(루큰rukn)이나 기초적인 교리들이 되기에는 아주 약간 모자라는 개념이며, 하리지파의 경우에는 동급의 개념으로 여긴다. 이 의무는 점진적으로, 그러나 빠르게 이와 같은 지위를 차지했다. 쿠란의 메카 수라에서는 공격에 인내하는 고통이 잘 드러나 있다. 당시 무슬림들은 인내하는 것 말고는 달리 뾰족한 수가 없었기 때문이다. 그러나 메디나로 이주한 후에는 공격을 물리칠 힘을 얻었다. 메카 사람들은 점차 적을 격퇴해야만 한다는 의무가 이전부터 존재했던 것처럼 여기기 시작했다. 무함마드가 보인 태도가 곧 이슬람이 신앙심 없는 세계를 정복하기 이전까지 꾸준히 이어질, 정당성 없는 전쟁을 부를 것이라는 사실을 무함마드 스스로 알고 있었는지는 의문으로 남아 있다. 하디스에서는 이것이 비교적 명확하게 드러

---

11 Bukhārī, Sahīh, hadīth 2825, 4:67; hadīth 2957, 4:131.

12 Encyclopaedia of Islam, vol. 1, "A–D," ed. Th. Houtsma, T.W. Arnold, and R. Basset (Leiden: Brill, 1913), s.v. "djihād," by D.B. Macdonald. Shorter Encyclopaedia of Islam, s.v. "Djihād."

나 있다. 그러나 쿠란 구절에서는 정복의 대상인 비신자들이 위험한 이들이자 신앙심 없는 자들이라는 이야기가 계속해서 등장한다. 무함마드가 주변 인물들에게 보낸 글들을 보면 (쿠란의 입장과 같은) 보편적인 태도가 무함마드의 마음속에도 자리 잡고 있었다는 사실을 잘 알 수 있다. 이 개념은 확실히 무함마드가 세상을 떠난 직후 발전하기 시작해, 무슬림 군대가 아라비아 반도 바깥으로 출정을 떠나기 시작했다. 오늘날 파르드 알라 알 키파야(fard ʿala ʾl-kifāya)라고도 불리는 이 의무는 정신과 신체가 온전하고 군영으로 올 수 있는 모든 성인 무슬림 남성들이 지는 의무였으나, 보통 일정한 인원이 집결하면 그것만으로도 충분한 무슬림 군대의 역할을 해내었다. 어찌 되었든 이 의무는 전 세계가 이슬람의 지배하에 놓이기 이전까지 계속되는 것이었다. (중략) 하나님의 길(피 사빌 알라fi sabīl Allāh) 위에서 목숨을 잃은 무슬림은 순교자(샤히드)이며, 천국으로의 입성과 그곳에서의 특권을 보장받는다. 초기 무슬림 세대는 이러한 죽음을 독실한 삶에 대한 훈장 정도로 받아들였다. 때때로 선동의 강력한 수단이 되기도 했던 이 의무는 이슬람이 정복 활동을 그만둔 시점부터 그 최우선적인 가치를 잃게 되었다. 그러나 무슬림과 비무슬림 간의 전쟁은 여전히 모두 성전일 것이며, 그와 함께 선동과 보상도 계속될 것이다. 물론 인도의 무으타질라파나 터키의 청년투르크당 등 현대의 이슬람 조직들은 이를 거부하면서, 핵심을 벗어난 채 마땅한 설명을 찾으려고 고군분투한다. 그러나 다수의 일반 무슬림들은 율법학자들이 만장일치로 내는 목소리를 따를 것이다. 지하드 정책이 소멸하려면 이슬람이 완전해지는 수밖에 없다. [13]

---

13   D.B. 맥도날드의 참고서적: Th. W. Juynboll, Handbuch des Islamischen Gesetzes Nach der Lehre der Shafiʿitischen Schule Nebst Einer Allgemeinen Einleitung (Leiden, Leipzig: E.J. Brill, Otto Harraowitz, 1910), 57, 336 이하 참조. 특히 전리품의 종류에 관해서는 Hughes, Dictionary of Islam, 243 이하 참조. 쿠란 및 하디스상의 문구와 하나피파의 법에 관해서는 C. Snouck Hurgronje, Politique Musulmane de la Hollande (Paris: E. Leroux, 1911), 16 이하 참조. 특히 이슬람에서 지하드의 영속적인 성격에 대해서는 Mawardi, Ahkam al-sultaniyya (ed. of Cairo 1298), 54 이하 참조.

|『이슬람사전』제2판, 1960-1986

『이슬람사전』의 제2판(1960-1986)은 20세기 서양의 가장 저명한 이슬람학자들이 모여 저술한 기념비적인 책으로, 학계에서도 상당한 존중을 받는 것은 물론이며 그 의의도 상당한 책이다. 당연히 지하드에 대해서도 지면을 할애해 논하고 있다.

> 일반적인 교리나 역사적 전통에 따르자면 지하드는 원칙적으로 이슬람의 확장을 목적으로 하는 군사 행위로 구성되며, 필요한 경우 방어전쟁까지도 여기에 포함된다. (중략) 본 개념은 이슬람의 보편성이라는 근본적인 원칙에 기인한다. 이슬람이라는 종교는 종교지도자의 지상권(세속권력-역주)을 통해 온 우주를 품에 안아야만 하며, 만일 필요하다면 무력을 동원해서라도 그렇게 해야만 한다. (중략) (지하드는) 종교적 의무이며, 신앙의 범주를 넓혀주는 효과가 있다. 지하드는 하나님과 그의 예언자가 미리 정해둔 의무다. 기독교에서 수도자들이 하나님을 섬기는 데 온몸을 바치는 것과 마찬가지로 무슬림들 또한 지하드에 스스로를 바친다. 다수의 하디스에서 말하는 바에 따르자면 '지하드는 이슬람의 수도원 생활'이자 '순수한 헌신의 행위'이며 '천국으로 향하는 문들 중 하나'다. 또한 (지하드에) 온몸을 바친 이에게는 천국의 풍족한 보상이 보장되어 있으며, 지하드로 인해 목숨을 잃은 이들은 신앙의 순교자가 된다. 지하드를 단식이나 기도 등과 마찬가지로 이슬람의 '기둥(아크란akran)'으로 보아야 한다는 의견들도 상당수 찾아볼 수 있다. 신체 건강한 남성 무슬림 자유시민이라면 모두 이 의무를 진다. 일반적으로 비무슬림 또한 지하드를 지원할 것을 명령받았다고 본다.
>
> (지하드는) 영속적이다. 지하드라는 의무는 이슬람의 지배권이 전 세계로 확대되지 않는 이상 계속해서 존재할 것이다. '부활의 날이 올 때까지', '세계의 종말이 올 때까지' 등이 이를 표현하는 데 자주 사용되는 격언이다. 따라서 비무슬림 국가와의 평화 상태는 그저 임시적인 현상일 뿐이다. 그때그때의 정황들

만이 평화를 일시적으로 정당화시켜줄 수 있다. 한 발 더 나아가자면, 이 국가들과 진정한 평화조약을 체결하는 일이란 있을 수 없다. 오로지 휴전만이 승인될 수 있으며, 그 기간도 원칙적으로는 10년을 넘을 수 없다. 그러나 그 휴전조약 또한 매우 위태로운 것이며, 만일 이슬람에게 있어서 전쟁을 다시 시작할 만큼의 이익이 보이는 경우에는 조약을 일방적으로 부인할 수 있다. 그러나 이와 같은 선택은 비신자들의 이목을 끌 것이 자명하므로, 모든 무슬림 영토에 그 소식을 충분히 알릴 수 있는 기회가 있을 때에만 이 길을 선택해야 한다.

마지막으로 최근 등장한 전적으로 호교론적인 입장을 하나 살펴보자. 이에 따르자면 이슬람은 다른 그 무엇도 아닌 설득과 여타 평화적인 수단에 의해서만 범위를 확장시키며, 지하드는 오로지 '자기 방어'나 '자기 방어가 불가능한 형제 혹은 동맹을 돕는 경우'에만 허용된다. 지하드라는 의무를 구성하는 데에는 여러 교리와 역사적 전통, 나아가 쿠란 구절들이나 수나들이 그 배경이 되는데, 이 호교론적 입장은 그것들을 모조리 무시하고 있다. 그럼에도 이들은 온전한 정설로 인정받고자 초기에 쓰인 성서들만을 인용하는데, 이 성서들은 앞서 살펴보았던 것과는 사뭇 반대되는 내용이 담긴 것들이다. [14]

---

14 Encyclopaedia of Islam, vol. 2, "C–G," ed. B. Lewis, Ch. Pellat, and J. Schacht, 2nd ed. (Leiden: E.J. Brill, 1965), s.v. "djihād," written by E. Tyan. "Dāmād Ef., Madjmaʿ al-anhur, ed. Ahmad b. ʿUthmān, 1328/1910, i, 636ff.; Dardīr, al-Sharh al-Aaghīr, with the gloss of Sāwī, i, 398ff.; Djāhiz, Rasāʾil, ed. Sandūbī, Cairo 1933, 57; Farrāʾ, Ahkām al-sultānīyya, Cairo, 25ff.; Goldziher, Schiʿitisches, in ZDMG, lxiv, 53iff.; Addison, The Ahmadiya Movement, in Harvard Theological Review, xxii, iff.; Ibn ʿAbidīn, Radd al-muhtār, Istanbul 1314/1905, iii, 315 ff.; Ibn ʿAbd al-Rahman, Rahmat al-umma fī ʿkhtiflāf al-aʾimma, Cairo, 294; Ibn Djumāʿa, Tahrīr al-ahkām, ed. Kofler, (in Islāmica, 1934), 349ff.; Ibn Qudāma, Mughnī, 3rd. ed. Rashīd Ridā, Cairo 1367/1947, viii, 345ff.; Ibn Taymiyya, al-Siyāsa al-sharʿiyya, Cairo 1322/1904, 156ff.; Marāghī, al-Tashriʿ al-islāmī, Cairo, 24ff.; Māwardī, Ahkām al-sultānīyya, Cairo, 30ff.; Querry, Recueil de lois concernant les musulmans chiites, Paris 1871, i, 321; Rashid Ridā, Khilāfa, Cairo 1341/1922, 29, 51; Sarakhsī, Mabsūt, Cairo, x, 35; Shāfiʿī, Kitāb al-umm, Cairo 1903, with the Muzanī gloss, v, 180 if.; Gaudefroy-Demombynes, Mahomet, Paris 1957, 578ff.; Draz, Le droit international publicé et l'Islām, in Revue égyptienne de droit international public, 1949, 17ff.; Haneberg, Das muslimische Kriegsrecht (Abh. der kgl. Bayer. Akad. der Wissensch., 1870, philos.-philol. cl., xii. Bd., II. Abt.), 219ff.; Juynboll, Handbuch 57, 335ff.; Milliot, Introd. a L'étude du droit musulman, Paris 1953, 22, 34; Saʿidī, al-Siyāsa al-islāmiyya, Cairo; Sanhoury, Le Califat, thesis, Lyon 1925, 146; Strothmann, Das Staatsrecht der Zaiditen, Strasbourg 1922, 42ff.; Muh. Shadīd, al-Djihād fī ʾl-Islām, 1960; IA, art. Cihād (Halim Sabit Sibay)."

지하드를 연구하는 현대 학자들

호교론적 입장을 벗어나 지하드의 본질에 관해 연구하는 다섯 명의 현대 학자들을 여기 소개한다. 혹시나 내가 서양의 학자들만을 인용한다고 오해할까 싶어, 그중 세 명은 이슬람 학자들로 골랐다. 마이드 카두리, 파즐라 라흐만, 무스탄시르 미르가 그 주인공들이다.

| 마이드 카두리, 『이슬람법 안의 전쟁과 평화(War and Peace in the Law of Islam)』, 1955 [15]

존스홉킨스대학교 고등국제대학(SAIS)에서 중동학을 가르쳤으며 워싱턴 D.C.의 중동연구소(MEI)에서 교육 및 연구소장을 지낸 마이드 카두리의 글을 살펴보자.

> 지하드는 설득을 통해, 혹은 검을 통해 실현되는 일종의 프로파간다로 간주해도 좋다. 초기 메카 시대의 계시들을 보면 대체로 설득에 초점이 맞추어져 있는 것을 볼 수 있다. 무함마드는 예언자로서의 역할을 수행하는 데 있어서 사람들에게 우상숭배를 하지 말라고 경고하거나 알라를 숭배하도록 권유하는 정도로 만족했던 것처럼 보인다. Q29. 알 안카부트, 〈거미〉, 6에서도 이를 잘 알아볼 수 있다. '노력하는 자(자하다jāhada)는 곧 자신의 영혼을 위해 노력하는 것이라(wa-man gāhada fa-'innamā yugāhidu li-nafsihī)'라는 구절에서 지하드는 누군가를 개종시키려는 행위가 아닌, 영혼을 구원하려는 행위로 그려지고 있다. [16] 메디나 계시에서 지하드는 불화를 지칭하는 말로도 사용되는 점에 미

---

15 Majid Khadduri, War and Peace in the Law of Islam (Baltimore: Johns Hopkins University Press, 1955; Clark, NJ: Lawbook Exchange, Ltd., 2006, 2010), 56–57.
16 Ibid., 56n4: "Shāfi'ī, Kitāb al-Umm (Cairo, A,H,1321), Vol. IV, pp.84–85; 'Abd al-Qāhir al-Baghdādī, Kitāb Uaūl al-Dīn (Istanbul, 1928), Vol. I, p. 193; Shaybānī, al-Siyar al-Kabīr, with Sarakhsī's Commentary (Hyderabad, A.H. 1335), Vol. I, p. 126."

루어 본다면, 몇몇 구절에서는 지하드라는 개념을 전쟁이나 싸움의 동의어로 여기고 있다는 점을 알 수 있다.[17]

법학자들은 무슬림들이 지하드의 의무를 다하는 서로 다른 네 가지 방법을 밝혀냈다. 그의 심장으로, 혀로, 손으로, 또 검으로 행하는 것이 그것들이다.[18] 첫 번째, 심장으로 행하는 방식은 악마와 싸우면서 악마의 유혹에서 벗어나고자 노력하는 행위를 말한다. 무함마드가 특히 중요하게 여기기도 했던 동 유형의 지하드는 '위대한 지하드'라고도 불렸다(이븐 알 후맘의 저서 『샤르흐 파트 알 카디르(Sharh Fath al-Qadīr)』(카이로, 1898), 4:277 참고). 두 번째와 세 번째 방식들은 옳은 것을 지지하고 잘못된 것을 바로잡는 행위로 대부분 충족될 수 있다. 네 번째 방식은 정확하게 전쟁을 가리키는 말로, 비신자들이나 신앙의 적들과의 싸움을 가리킨다.[19] 신자들은 전쟁을 수행하는 데 있어서 자신의 '부와 생명'을 희생할 의무를 진다(Q61, 알 사프, 〈전쟁의 대열〉, 11: tu'minūna bi-llāhi wa-rasūlihī wa-tugāhidūna fī sabīli llāhi bi-'amwālikum wa'anfusikum dālikum hayrun lakum 'in kuntum ta'lamūna).[20]

| 파즐라 라흐만, 『이슬람(Islam)』, 1966

파즐라 라흐만은 시카고대학교 이슬람사상학과에서 해롤드 H 스위

17　Ibid., "Q2. al-Baqara, the Cow 215; Q9. at-Tawba, the Repentance 41; Q 61. As-Saff, The Row 11; Q66. at-Tahrīm, the Prohibition 9."

18　Ibid., 56n6: "Ibn Hazm, Kitāb al-Fasl fī al-Milal wa'l-Ahwā' wa'l-Nihal (Cairo, A.H. 1321), Vol. IV, p. 135; Ibn Rushd, Kitāb al-Muqaddimāt al-Mumahhidāt (Cairo, A.H. 1325), Vol.I, p. 259; Buhūtī, Kashshāf al-Qinā' 'An Matn al-Iqnā' (Cairo, A.H. 1366),Vol. III, p. 28.

19　Ibid., 57n8: "이븐 하즘은 혀로 행하는 지하드와 라이(ra'y) 및 탓비르(tadbīr), 즉 이성으로 행하는 지하드를 구별했다. 또한 그는 예언자 무함마드가 검보다 이성을 선호했다고 말했다. Ibn Hazm, Vol. IV, p.135."

20　Ibid., 57n9: "Bukhārī, Kitāb al-Jāmi' al-Sahīh, ed. Krehl (Leiden, 1864), Vol.II, p. 199; Abū Dāwūd, Sunan (Cairo, 1935), Vol.III, p. 5; Dārimī, Sunan (Damascus, A.H.1349), Vol. II, p. 213."

<u>프트 공로교수</u>를 지낸 인물이다.

> 쿠란은 신도들에게 지하드를 수행할 것을 명령하는데, 이는 즉 '너희의 부와
> 너희 자신을 하나님의 길 위에' 바치라는 뜻이다. 해석하자면 '기도를 행하고,
> 자카트를 내며, 선행을 명하고 악행을 금'해서 사회도덕적 질서를 정립하라는
> 말이나 마찬가지다. 오래전 무슬림들이 메카 내에서 박해받는 소수그룹이던
> 시절만 하더라도 이슬람 운동을 추진하기 위해 지하드를 조직한다는 것은 생
> 각조차 할 수 없는 일이었다. 그러나 메디나로 이주한 후 상황은 크게 바뀌어
> 서, 기도와 자카트를 제외한다면 지하드가 가장 큰 주목을 받기 시작했다. (중
> 략) 모든 정력적이고 확장적인 이데올로기는 일정 단계에서 다른 집단들과 어
> 느 정도로 공존할 수 있는지, 또 직접적인 확장에는 어느 정도까지의 수단을
> 사용할지 자문하게 된다. 우리 세대에서도 러시아식, 중국식 공산주의가 그와
> 같은 문제와 선택들에 직면해 있다. 근대의 무슬림 호교론자들은 초기 무슬림
> 공동체의 지하드를 완전히 방어적인 전쟁이었다고 설명하고자 하지만, 역사적
> 맥락에서 다른 그 무엇보다도 말이 안 되는 의견일 뿐이다.[21]

| 무스탄시르 미르, 『이슬람의 지하드(Jihād in Islam)』, 1991 [22]
무스탄시르 미르는 오하이오 주 영즈타운의 영즈타운주립대학교 이
슬람학과 교수다.

> '지하드'라는 단어는 본래 '단호한 노력'을 의미하며, 이슬람에서 종교적인 의
> 미로 사용되는 경우에는 일반적인 뜻과 특별한 뜻을 동시에 가진다. 먼저 일반

---

21 Fazlur Rahman, Islam (Chicago: Chicago University Press, 1966), 37.

22 Mustansir Mir, "Jihād in Islam," in The Jihād and Its Times, ed. Hadia Dajani-Shakeel and
   Ronald A. Messier (Ann Arbor, MI: Center for Near Eastern and North African Studies,
   University of Michigan, 1991), 113~114.

적인 의미의 '지하드'는 이슬람이라는 종교를 위해 행하는 모든 노력을 지칭한 다. 그러나 여기에는 장애물을 뛰어넘거나 애로사항을 극복하는 것을 목적으로 어떠한 투쟁이나 대치 상황을 이겨낸다는 뜻이 함축되어 있다. 라그히브에 따르자면 지하드는 외부 적과의 투쟁, 사탄과의 대치, 그리고 자신의 내면과의 싸움으로 나눌 수 있다. 세 가지 경우 모두 적대적인 세력을 상대로 승리하거나 적군을 진압하는 것을 목적으로 한다. 특별한 의미에서의 지하드는 이 세가지 중 첫 번째 지하드만을 지칭한다. 이것은 '무장 행위'로도 번역되며, '키탈 (qitāl)'이라고도 불리는 동시에 '지하드'라는 단어의 가장 일반적인 용법이다. 지금 우리가 여기에서 말하는 '지하드' 역시 이 개념을 중심으로 한다. '지하드' 를 행하는 자에게 커다란 보상이 약속되어 있다는 쿠란이나 하디스의 구절들 에서도 지하드는 키탈을 가리킨다.

이슬람에서 지하드는 정확하게 말하자면 '지하드 피 사빌 알라(jihād fī sabīl Allāh)', 즉 '하나님을 위한, 혹은 하나님을 연유로 한' 지하드다. 쿠란에도 자 주 등장하는 이 수식어구(예를 들자면 2:154, 2:190, 2:244, 2:246, 2:261, 3:13, 3:157, 3:167, 4:74, 4:76 등등)는 이슬람의 전쟁과 이슬람이 도래하기 전 아라비 아의 전쟁을 구분 짓는다. 아랍어에는 전쟁을 지칭하는 단어가 여러 개 존재하 지만, 지하드가 그중 하나인 것은 아니다. 지하드는 단순히 '분투하다, 스스로 노력하다, 혹은 시도하다'라는 의미를 가진다. 이 단어를 사용해 전쟁을 지칭 함으로써, 지하드를 '지하드 피 사빌 알라'의 의미로 좁게 사용함으로써, 또 모 든 단계의 전쟁을 수행하는 데 있어 일련의 정교한 규칙들을 적용시킴으로써 이슬람은 전쟁에 대한 새로운 의미를 만들어냈다. 특정 하디스에 따르자면 어 느 전쟁이 누군가의 전리품이나 영광, 혹은 개인적이고 이기적인 목적을 위한 것이 아니라 오로지 하나님과 종교를 섬기고자 하는 전쟁이며 동시에 이번 생 보다 다음 생에서의 보상을 추구하는 전쟁일 때에만 지하드의 이름을 가질 수 있다(아부 다우드, 수난, 『키탑 알 지하드』의 〈밥 만 야그주 와 우얄타미수 드 던야 bāb man yaghzu [wa] yaltamisu d-dunyā〉 및 〈밥 만 카탈라 리 타쿠 칼리마투 일라히 히야 일 울리야bab man qātala li takū kalimatu llāhi hiya l-'ulyā〉 참고). 또한 이슬람에 있어서 지하드의 목적은 '이슬람식 사회도덕적 질서를 세우는' 데 있다.[23] 이 모든 요소들 때문에 지하드는 이데올로기 겸 윤리 차원의 개념 이 된다. 확실히 이슬람 이전 벌어졌던 전쟁들에서는 찾아볼 수 없는 요소들이 다. 혹자는 지하드가 '종교적 목표가 명확하게 존재하지 않았던'[24] 단지 '미묘 한 변화'[25]만을 동반하는 아라비아의 습격 혹은 이슬람화 된 침략[26]이라 말하 지만, 이는 사실과 다르다. 또 천국에서의 보상을 바라는 개인의 역할이 중요 한 개념[27]도 아니다. 초대 무슬림들이 지하드에 뒤따르는 이익으로 순교자 개 인의 보상을 말했다는 점을 완전히 부정하는 것은 아니지만, 지하드의 의의가 우선적으로 개인에게 있다는 평가에는 지하드라는 개념을 어느 정도 퇴색시키 고자 하는 의도가 숨어 있다.

| 루돌프 피터스, 『고전 및 현대 이슬람 속의 지하드(Jihād in Classical and Modern Islam)』, 1996

지하드 분야의 저명한 권위자인 루돌프 피터스는 암스테르담대학교 아랍 및 이슬람학과의 명예교수이자 이집트 카이로에 위치한 네덜란 드연구소의 소장이다.

---

23 Ibid., 124n4: "Fazlur Rahman, Islam, 2nd edn. (Chicago & London: University of Chicago Press, 1979) p. 37."

24 Ibid., 124n7: "Ibid., p. 33."

25 Ibid., 124n6: "W. Montgomery Watt, The Majesty That Was Islam (London: Sidgwick & Jackson, 1974), p. 32."

26 Ibid., 124n5: "W. Montgomery Watt, Islamic Political Thought (Edinburgh: Edinburgh University Press, 1968), pp.14 – 19."

27 Ibid., 124n8: "Ibid., p. 34; Watt, Islamic Political Thought, p. 18."

아랍어에서 동사 자하다의 명사형인 지하드는 '분투하다, 스스로 노력하다, 투쟁하다' 등의 의미를 가진다. (중략) 이슬람법을 다루는 본 책에서 이 단어는 비신자들과의 무장 투쟁을 의미한다. 이는 쿠란에서도 흔히 쓰이는 용법으로, 비신자들과의 지하드 혹은 싸움(키탈) 이야기가 나오는 경우 같은 의미를 가진다. (중략) 수많은 구절들이 신자들로 하여금 '모든 부귀영화와 삶을 걸고' 싸움에 참여할 것을 촉구하며, 지하드로 목숨을 잃은 자들에게 큰 상을 약속한다(Q3. 알 이므란, 〈이므란의 가족〉, 157–158, 169–172). 싸움에 동참하지 않은 자들에게는 내세에서 큰 벌이 있으리라고 협박하는 구절들도 있다(Q9. 앳 타우바, 〈회개〉, 81–82; Q48. 알 파스, 〈승리〉, 16).

고전적 무슬림 쿠란 해설자들은 (중략) '검의 구절'을 비신자들과 싸우라는 무조건적인 명령으로 간주하며, 비무슬림과의 교류에 관한 이전의 모든 구절들을 폐지하는 것으로 본다. (중략) 이슬람법에 잘 드러나 있는 지하드의 교리는 예언자와 초대 칼리프들에 의해서 정립된 것이며, 이는 하디스에도 기록되어 있다. 교리의 핵심은 모든 이슬람 공동체(움마)를 다스릴 단 하나의 이슬람국가를 만드는 것이다. 움마는 이슬람국가의 영토를 확장시켜 가능한 한 많은 사람들을 그 지배하에 두어야 하는 의무를 진다. 궁극적인 목표는 전 지구를 이슬람의 영향력하에 둔 채 불신을 완전히 제거하는 데 있다. "박해가 (혹은 유혹이) 사라질 때까지 그들에게 대항하라. 이것은 (온전히) 하나님을 위한 종교라(Q2. 알 바카라, 〈소〉, 193)." Q8. 알 안팔, 〈전리품〉, 39에서도 비슷한 말을 찾아볼 수 있다. 확장적 지하드는 집단적 의무(파르드 알라 알 키파야fard'alā al-kifāya)로, 충분한 인원이 참여할 때에만 달성할 수 있다. 만일 그렇지 못하다면 전 움마는 죄를 짓는 셈이 된다. 확장적 지하드는 정당성 있는 칼리프가 그 투쟁을 조직화해줄 것이라 상정한다. 정복 활동이 막을 내린 후에는 법 전문가들이 나서서 칼리프에게 적의 영토를 최소한 일 년에 한 번 공격하도록 하는 법을 만들어 지하드의 정신을 계속해서 유지시킬 것이다. (중략) 수니파와 시아파는 지하드에 대해 상당히 유사한 이론들을 가지고 있다. 그러나 여기에는 결정적인 차이점이 존재한다. 시아파계 12이맘파는 오로지 적법한 이맘이 이끌 때에만 지하드를 벌일 수 있다고 믿는다. 이론적으로 보자면 873년의 마지막 엄폐 이후 더 이상 적법한 이맘은 나타날 수 없게 되었다. 확장적 지하드에게는 이것이 사실이다. 그러나 외부 공격에 대한 방어전쟁 또한 여전히 의무로 남아 있으며 종종 '울라마'가 숨겨진 이맘의 대리인으로 간주되기 때문에, 19세기경 이란과 러시아 간 벌어진 여러 번의 전투 등은 지하드라 불리기도 했다. (수많은 하디스 기록에 따르자면) 비신자들과의 싸움은 그들을 개종시키거나 굴종시키는 데 그 목적이 있다. 후자의 경우 적군은 인두세(지즈야)를 내는 조건으로 그들의 종교를 유지하고 실천할 권리를 가진다(예를 들어 Q9. 앳 타우바, 〈회개〉, 29).

칼리프는 움마의 이익에 도움이 된다고 판단되는 경우 적군과의 휴전을 선언할 수 있다. 예언자 또한 메카인들과 후다이비야 휴전조약을 맺은 바 있다. 몇몇 법학파에 따르자면 휴전 협정에는 그 기한이 특정되어야 하며, 최대 10년까지 이어질 수 있다. 다른 몇몇 학파들은 기한이 꼭 필요한 것은 아니라, 칼리프가 전쟁을 재개하고자 마음만 먹는다면 언제든지 그렇게 할 수 있다고 주장한다. 여기에는 지하드라는 개념이 절대로 잊혀서는 안 된다는 사상이 깔려 있다.

지하드 교리에서 가장 중요한 것은 무슬림들을 움직이고 동원해서 비신자들과의 전쟁에 참여하도록 만들며, 심지어 그것을 종교적 의무의 이행으로 간주한다는 점에 있다. 전장에서 목숨을 잃은 순교자(샤히드, 복수형은 슈하다 shuhadā')들은 곧바로 천국에 갈 수 있다는 관념이 이를 가능케 한 동력이었다. 비신자들을 상대로 하는 전쟁이 발발하는 경우에는 쿠란 구절들과 하디스를 가득 인용한 종교적인 글들이 난무하며 지하드에서의 싸움을 칭송하면서 전쟁 도중 살해된 이들을 기다리는 천국의 보상을 생생하게 노래할 것이다.[28]

---

28 Rudolph Peters, Jihād in Classical and Modern Islam (Princeton, NJ: Markus Wiener Publishers, 1996), 1 – 5.

| 데이비드 쿡, 『지하드 이해하기(Understanding Jihād)』, 2005

데이비드 쿡은 텍사스 휴스턴 라이스대학교의 종교학 부교수다. 그
의 저서로는 『무슬림 종말론 연구(Studies in Muslim Apocalyptic)』(다윈 프레스,
2003), 『현대 무슬림 종말론 문학(Contemporary Muslim Apocalyptic Literature)』
(시라큐스대학교출판부, 2005), 『지하드 이해하기(Understanding Jihād)』(캘리포니
아대학교출판부, 2005), 『이슬람에서의 순교(Martyrdom in Islam)』(케임브릿지대학
교출판부, 2007), 『자살테러에 대한 이해와 재고(Understanding and Addressing
Suicide Attacks)』(올리비아 앨리슨 공저, 프레저프레스, 2007) 등이 있다.

> 고전 무슬림 법학자들이 규정한 바에 따르자면 (지하드라는) 용어의 가장 우선
> 적이고 근본적인 의미는 '영적 의의를 지닌 전쟁'이다. 전근대 시기의 무슬림
> 들 또한 이를 그대로 실천했다. 『이슬람사전』의 신판(제2판)에서도 이 용법이
> 표준적인 정의로 등재되어 있다. [29]

---

29 David Cook, Understanding Jihād (Berkeley: University of California Press, 2005), 2.

제6장

지하드, 이론과 실천

모든 경우를 따져 보더라도, 초대 수세기 동안의 이슬람은 지하드
를 공격적이고 전투적인 의미의 단어로 사용했다. 쿠란은 무슬림들
이 비신자들과의 전쟁을 치른다면 하나님이 그들의 편에 설 것이며
따라서 승리는 예정된 수순이라는 시각을 갖도록 만들었다. 이는 초
기 무슬림의 정복 활동에서 상당한 역할을 담당했다(제8장에서 살펴볼 초
대 이슬람의 사료들에도 이것이 잘 드러나 있다). 쿠란이 지하드의 원칙들을 개
론적으로 가르쳐주었다면, 엄청난 숫자의 기록물들과 그를 집대성한
위대한 하디스 컬렉션들이 여기에 살을 더했다. 또한 이를 바탕으로
정복 활동부터 수감, 조약, 휴전 등 지하드 수행의 모든 측면들을 규
정하는 정교한 법이 만들어졌다.

쿡의 말에 따르자면 정복 활동은 '이슬람을 위한 확증적인 기적'[1]
이었으며 "기적적인 사건과 그를 가능케 한 지하드 사상 간의 긴밀
한 일체화 때문에, 지하드는 이슬람 문화에서 필수적인 의의를 가지

---

1   David Cook, Understanding Jihād (Berkeley: University of California Press, 2005), 30.

게 되었으며 (중략) 언제나 (중략) 전면에 내세워지게 되었다."[2] 따라서 지하드의 이론 및 실천 간의 유사성은 역사의 발자취를 철저하게 따르고 있는 현대 이슬람 근본주의 조직들의 철학과 행동을 이해하는 데에도 필수적이다.

지하드는 근본적으로 '분투하다, 스스로 노력하다'라는 의미를 가지고 있지만, 아무래도 가장 먼저 다가오는 의미는 '영적 의의를 가진 전쟁'이다. 하나님을 위한(피 사빌 알라) 군사 단위의 싸움이나 무장 전투를 말하는 것이다. 지하드의 목적은 이슬람을 확장시키는 데 있으며, 신체 건강한 모든 무슬림 남성들에게 부여되는 종교적 의무이기도 하다. 전 세계를 이슬람 아래에 두며, 쿠란이 노래하는 바와 같이 온전하고 타협 없는 유일신 사상을 널리 퍼트리는 데 있다. 지하드는 본질적으로 영속적이며, 모든 인류가 이슬람에 복종하며 샤리아의 지배를 받을 때에만 일시적 휴지 상태에 돌입할 수 있다. 이슬람에 아직 정복당하지 않은 국가, 다르 알 하릅(Dar al-Harb)의 마지막 주자가 이슬람이 완전히 반포된 영토, 다르 알 이슬람(Dar al-Islam)이 되는 날이 바로 그날이 될 것이다.

쿠란 속의 지하드

제9수라는 지하드 개념을 발전시키는 데 있어 가장 중요한 역할을 한 쿠란의 장이다. Q9. 앳 타우바, 〈회개〉, 111을 살펴보자.

> 하나님은 믿는 자들의 삶과 부를 사시매 그 대가로 천국을 주시니라. 그들은 하나님을 위해 싸우고 죽이고 죽임당하노라. 이는 토라와 복음, 그리고 쿠란에

---

2   Ibid., 30-31.

서 진정으로 약속된 것이라. 하나님보다 약속을 더 잘 지키시는 분이 누구랴. 그러니 너희는 하나님과 성약한 것을 기뻐하라. 그것이 위대한 승리이리라.

데이비드 쿡이 보여준 것과 마찬가지로 이는 하나님과 무슬림 간의 계약을 잘 보여주는 구절이다. 무슬림들은 하나님을 위해 그들의 목숨을 내놓으면서 그 대가로 천국에서의 자리를 약속받는다.[3] 데이비드 쿡의 말을 들어보자.

이 계시가 있기 이전 하나님과 예언자에게 개종을 하지 않아도 된다고 약속받은 몇몇 부족들에게 그 면죄부를 폐지시키는 장이다. 면죄부가 제거된 이상 무슬림들은 비신자들과 싸워야만 한다. "성스러운 달들이 끝나면 너희가 발견하는 우상숭배자들을 모두 (포로로) 잡거나 포위할 것이다. 모든 신경을 곤두세운 채 매복하라. 만일 그들이 훗날 회개하며 기도를 올리고 구호금을 낸다면 그들을 풀어주라. 하나님은 관용과 자비로 충만하심이라(Q9. 앳 타우바, 〈회개〉, 5)."[4]

제9수라 5절은 '검의 구절'로도 알려져 있으며, 전쟁 및 평화에 관련된 다른 모든 구절들을 폐지시킨다.[5] 유대인들과 기독교들을 향한 적대적이고 우월적인 논조가 쿠란에서 널리 사용되기 시작한 것도 이 구절 때문이다. Q9. 앳 타우바, 〈회개〉, 29를 예시로 들어보자.

하나님을 믿지 않고 최후 심판의 날을 믿지 않으며 하나님과 선지자들이 금지한 것을 금기시하지도 않고 진리의 종교를 따르지 아니한 자들이라면 제아무

---

3   Ibid.,
4   Ibid., 10.
5   Ibid.

리 성서의 백성이라 하더라도 그들이 우리의 우위를 알고 세금을 지불할 때까
지 정복의 대상이 되리라.

지하드의 목적이 비무슬림을 정복하고 점령하는 데 있으므로, 이
수라가 얼마나 중요한지 짐작할 수 있겠다. 그러나 쿠란을 전체적으
로 보더라도 '이슬람의 적을 상대로 전쟁을 수행하는 데 있어 (정교한)
종교적 수단'을 찾아볼 수 있으며, "수감자를 다루는 일, 순교자의 운
명과 보상, 무슬림 계급 간 불신과 분열 및 여타 여러 주제들에 관한
질문들을 다루고 있다. 쿠란은 심지어 수많은 무슬림이 싸우기를 꺼
린다는 말 또한 쓰고 있다(Q2. 알 바카라, 〈소〉, 216; Q9. 앳 타우바, 〈회개〉, 38).
쿠란은 지하드 교리의 토대를 제공해주었으며, 이 교리를 바탕으로
7-8세기 무슬림들의 대규모 정복 활동이 나타났다."[6] 무슬림들은 정
복 활동의 성공이 하나님이 자신의 편에 서 있으며 자신들에게 이슬
람이 완전한 확증을 주었다는 신호로 받아들였을 것이다. 그러므로
무슬림의 정복 활동을 이해하려면 지하드의 종교적 본질이 '이슬람
통합의 힘'[7]임을 반드시 알아두어야 한다.

지하드는 이슬람의 핵심인 동시에 이슬람의 여섯 번째 기둥이라고
도 할 만하다. 본래 이슬람의 다섯 기둥(다섯 가지 기본, 혹은 실천의 5대 기초
요소)으로는 다음의 것들이 있다.

① 샤하다, 즉 "하나님 외에 다른 신은 없습니다. 무함마드는 그분
의 사도입니다"라 증언하는 일. ② 살라트, 하루 다섯 번의 기도를 올
리는 일. ③ 자카트, 법적으로 일 년에 한 번 구호금을 내는 것. ④ 사
움, 라마단 기간 동안 단식하는 것. ⑤ 하지, 일생에 한 번 메카로 순

---

6   Ibid., 11.
7   Ibid.

례를 다녀오는 것. 여기에 더해 지하드를 여섯 번째 기둥으로 인식하는 무슬림들도 다수 있는데, 한 예시로 7세기 초 탄생한 하와리즈파가 있겠다.[8] 성전을 통한 정복 활동은 이슬람의 성장에 있어서 필수적이며, 서쪽의 모로코부터 동쪽의 인도까지 드넓은 영토가 오늘날까지도 무슬림의 영토로 남아 있다.[9] 이후 제8장에서 무슬림의 정복 활동에 대해 더욱 자세하게 알아보겠다.

지하드에 대한 초기 무슬림 학자들의 견해

여섯 개의 하디스 정본 컬렉션에는 지하드를 수행하는 올바른 방법이 자세하게 기록되어 있지만, 이를 살펴보기에 앞서 먼저 오늘날 지하드를 논할 때 자주 언급되지 않는 초기 학자들의 연구들을 되짚어보고 넘어가도록 하자. 데이비드 쿡은 초기의 학자들 또한 상당한 비중으로 다루고 있는데, 여기서도 가장 먼저 등장하는 인물은 압드 알라 이븐 알 무바라크(?~797)다. 그는 금욕주의자인 동시에 지하디스트였다. "격년 주기로 순례를 가고 지하드에 참여하라"고 설파했다는 기록도 있다.[10] 또한 그는 2만여 점이 넘는 하디스를 수집한 것으로 추정되며,[11] '무함마드 사후의 정복기 동안 정립된, 전쟁에 대한 무슬림식 개념'[12] 및 지하드와 관련된 262개의 하디스가 수록되어[13] 있는 『키탑 알 지하드』를 쓴 것으로도 알려져 있다. 이븐 알 무바라

---

8   캐나디안 학자 앤드류 리핀은 지하드를 '신앙을 향한 투쟁' 혹은 '성스러운 전쟁'으로 정의하며, 종종 무슬림들의 사전에서는 '여섯 번째' 기둥으로도 등장한다고 말한다. 참조: Their Religious Beliefs and Practices, 2nd ed. (London: Routledge, 2001), 324.

9   Ibid., 13.

10   Encyclopaedia of Islam, vol. 3, "H – Iram," ed. B. Lewis et al., 2nd ed. (Leiden: Brill, 1971), s.v. "Ibn al-Mubarak."

11   Ibid.

12   Cook, Understanding Jihād, 14.

13   Ibid., 15.

크는 전쟁의 영적 본질을 쿠란보다 더욱 명확하게 밝히고 있다.

> (지하드에서) 죽임을 당하는 이들에는 세 가지 (종류가) 있다. 어떤 신자들은 하나님의 길 위에서 자기 스스로와 자신이 가진 것들과 싸움을 벌이면서, 훗날 (전투에서) 적을 만났을 때 스스로 죽임을 당할 때까지 싸울 것을 준비한다. 이와 같은 순교자(샤히드)들은 스스로를 증명하는 셈이며, 하나님의 왕국에 (들게 된다). 사도들 또한 예언을 제외한다면 이들보다 특별히 나은 점이 없다. (그다음으로는) 죄와 무례를 저지르지만 여전히 하나님의 길 위에서 자기 스스로와 자신이 가진 것들과 싸움을 벌이며 훗날 (전투에서) 적을 만났을 때 스스로 죽임을 당할 때까지 싸울 것을 준비하는 이들이 있다. 그러나 그의 죄와 무례는 자신과의 싸움으로 사해질 수 있으며 (검이 죄를 사해주는 것을 좀 보라!) 그 어떤 문을 바라더라도 천국에 들어갈 수 있을 것이다. [14]

아마도 쿡은 지하드를 수행하는 것이 구원적인 성격도 가지고 있음을 처음으로 밝힌 현대의 주요 학자일 것이다. 앞서 인용한 이븐 알 무바라크의 하디스는,

> 영적 전쟁으로서의 지하드를 쿠란의 9장, 앳 타우바, 〈회개〉, 111과 같은 태도로 보여주고 있다. 앞서 언급한 세 인물들(진정한 신자, 죄를 지었지만 회개하는 신자, 그리고 위선적인 신자) 중 두 번째 신자가 확실히 가장 흥미로운 인물이다. 죄를 지었지만 회개하는 신자는 전장에서 자신의 죄를 속죄하고자 노력한다. 전통에 따르자면 검이 전투자의 순수한 의도와 함께한다면 신도의 죄를 씻어줄 것이다. 따라서 지하드의 구원적 성격은 그 발전을 이해하는 데 필수적 요소다. [15]

---

14   Ibid., 14. 각주 214n9: Ibn Al-Mubarak, Kitāb al-Jihād (Beirut: Dar al-Nur, 1971), 30-31, no.7
15   Cook, Understanding Jihād, 15.

이븐 알 무바라크에게 있어서 "하나님의 길 위에서 죽임을 당하는 것은 불순물을 씻어준다. 살인은 두 가지, 속죄와 (천국에서의) 지위다."[16] 이븐 알 무바라크는 또한 신자들에게 그들의 희생에 대한 피가 명백하게 보일 수 있도록 흰 색의 옷을 입도록 권유했다.[17]

몇 종류의 전투자들을 구분하면서 이븐 알 무바라크는 하나님을 연유로 한 싸움에 속죄의 개념이 태생적으로 존재함을 밝힌다.

> 하나님의 길 위에서 싸우면서도 누군가를 죽이거나 죽임을 당하고 싶어 하지 않았던 한 사람이 화살에 맞았다. 그의 첫 번째 핏방울은 그가 저지른 모든 죄에 대한 속죄이며, 그가 흘리는 모든 핏방울마다 천국에서의 품급이 올라간다. 두 번째 종류의 인간은 싸움에서 누군가를 죽이고 싶어 하나 자신은 죽임을 당하고 싶어 하지 않는 이다. 그의 첫 번째 핏방울은 그가 저지른 모든 죄에 대한 속죄이며, 그가 흘리는 모든 핏방울마다 천국에서의 품급이 올라가 결국에는 아브라함의 무릎(최상위 품급)에까지 닿는다. 세 번째 종류의 사람은 하나님의 길 위에서 싸우면서 죽고 죽임을 당하고 싶어 하다가 화살에 맞은 이다. 그의 첫 번째 핏방울은 그가 저지른 모든 죄에 대한 속죄이며, 부활의 날이 오면 검을 뽑아들고 개입할 수 있게 될 것이다.[18]

성경 이전 기록들을 모은 몇몇 컬렉션에는 자신의 이름을 딴 말리키 법학파의 이맘, 말릭 아나스(714-796)의 『키탑 알 무와타(Kitāb al-Muwatta')』[19]가 포함되어 있는 경우도 있다. 『키탑 알 무와타』는 현존

---

16 Ibid. 다음 인용. Ibn Al-Mubarak, Kitāb al-Jihād, 30, no.6. 참조: Riley Smith, The Crusades.

17 Cook, Understanding Jihād, 15. 다음 인용. Ibn Al-Mubarak, Kitāb al-Jihād, 112, no.137.

18 Ibid. 다음 인용. Ibn al-Mubarak, Kitāb al-Jihād, 104 – 105, no. 125.

19 The date of his death, according to the Encyclopaedia of Islam, vol. 6, "Mahk-Mid," ed. C.E. Bosworth, E. Van Donzel, and Ch. Pellat, 2nd ed. (Leiden: Brill, 1991), s.v. "Mālik b. Anas."

하는 최고(最古)의 무슬림 법전으로, 초기 이슬람의 지하드에 대한 귀중한 사료다. 이븐 마자의 수난 정본 컬렉션에도 종종 포함되는 『키탑 알 무와타』는 1,720점의 하디스를 포함하고 있는데, 이 중 지하드와 관련된 장에서는 하나님을 위한 싸움을 격려하고, 순교자에 대해 논하며, 싸움의 영적 이익을 검토한다.

> 하디스 950: 하나님의 사도(그에게 평화 있으리)가 선언하기를, "주께서는 그분을 위해 싸우면서 그의 집에 머물지 않고 성전을 위해 나서는 이들의 신원을 보증해주시리니. 그분의 말이 참이매 그는 보상 혹은 전리품을 안고 천국에 입성하거나 집으로 무사히 되돌아갈 것이라." [20]

> 하디스 974: 하나님의 사도(그에게 평화 있으리)가 가로되, "나의 생을 주관하시는 하나님으로 인해, 나는 하나님을 연유로 싸우다 죽음을 맞이하길 열망하며, 오로지 다시 죽임을 당하기 위해 다시 한 번 태어나고, 또다시 죽임을 당하기 위해 다시 태어나고자 열망한다." [21]

> 하디스 980: 하나님의 사도(그에게 평화 있으리)가 가로되, "의심할 여지없이, 하나님을 연유로 죽음을 맞이하는 것보다 더 나은 일은 없다." [22]

알 아우자이(?~774) 또한 그의 수난에서 지하드에 대해서 논했으나, 지하드를 이슬람 국경에 대한 보호와 연관 짓는 경향을 보였다. 이븐 마자(?~887 혹은 889)의 스승인 이븐 아비 샤이바(?~849) 또한 이븐 무

---

20 Mālik b. Anas, Muwatta', Kitāb al-Jihād, trans. Muhammad Rahimuddin (New Delhi: Kitab Bhavan, 2003), 198.

21 Ibid., 206.

22 Ibid., 208.

바라크와 거의 같은 자료를 예로 들면서 (지하드와 관련된 기록들이) '천국에서의 기쁨, 정복과 승리, 그리고 순교자들의 속죄를 묘사'[23]한다고 강조했다. 예멘의 선도적인 학자였던 압드 알 라자크(?~826)는 전리품 분배를 상세하게 다루었다.

지하드에 관한 하디스

| 여섯 개의 정본 컬렉션

수많은 전통(하디스) 컬렉션이 각기 다른 학자들의 손에 의해 준비되어 있다. 이 중 여섯 개는 무슬림들 사이에서 정본으로 간주되며, 정통 무슬림 세계에서 상당한 권위를 인정받고 있다.

다음에서 우리는 수니파 이슬람의 정본 컬렉션(『쿠툽 알 시타Kutub al-Sittah』 혹은 『알 시하흐 알 시타Al-Sihāh al-Sittah』) 여섯 개를 살펴볼 것이다. 여섯 개 모두 동부 이란에서 쓰인 것들로, 이슬람 관행의 발달사에 극도로 중요한 역할을 담당한다.

샤히흐 알 부카리: 이맘 부카리(?~870)	7,397개 하디스
샤히흐 무슬림: 무슬림 이븐 알 하자즈(?~875)	9,200개 하디스
수난 이븐 마자: 이븐 마자(?~887 혹은 889)	4,000개 하디스
수난 아부 다우드: 아부 다우드(?~889)	4,800개 하디스
자미앗 티르미디: 알 티르미디(?~892)	3,956개 하디스
수난 알 수그라: 알 나사이(?~915)	5,270개 하디스

('샤히흐'는 '진본', '진품', '유효' 등을 의미하는 말이다. 수난은 수나의 복수형이다.)

---

[23]   Cook, Understanding Jihād, 16.

여섯 개의 하디스 모두 상당한 분량을 할애해 지하드의 영적 측면과 전투적 측면을 다루고 있으며, 쿠란보다 훨씬 더 상세한 정보들이 담겨 있다.

| 부카리

'진품'이라는 뜻의 '샤히흐'로 알려져 있는 부카리의 하디스 컬렉션은 수니파들에게 있어서 쿠란 다음 가는 경전으로 여겨진다.[24] 부카리 하디스의 첫 번째 장은 계시에 관한 것이며, 그다음 장에서는 이슬람 신앙의 구성요소들을 다룬다. 이 두 번째 장이 바로 '신앙의 글들', 〈키탑 알 이만(kitāb al-Īmān)〉이다. 물론 지하드를 다룬 글도 여기에 속한다.

제26장(아랍어로 밥Bāb). 지하드는 신앙의 일부다. 하디스 36: 아부 후라이라가 말하기를 "예언자[그에게 평화 있으리] 가로되 '하나님은 그분을 연유로, 또 그분과 그분의 사도에 대한 믿음 말고는 그 어떤 목적도 없이 (성전에) 참가하는 사람들에게 보상을 내리실 것이며, (만일 살아남는 경우) 전리품을 얻거나 (전장에서 순교당하는 경우) 천국으로 입성할 수 있게 되리라'고 말했다. 예언자[그에게 평화 있으리]가 더해 말하기를 '만일 나를 따르는 이들에게 누가 되지만 않았더라면, 나는 그 어떤 샤리아(군대) 뒤에라도 숨어 있지 않고 지하드를 위해 나아갔을 것이며, 알라를 연유로[피 사빌 알라] 순교당하기를 주저하지 않았을 것이며 이후에도 다시 살아나 다시 순교당하고, 또다시 살아나 또 한 번 그

---

24 Encyclopaedia of Islam, vol. 1, "A-B," ed. H.A.R. Gibb et al., 2nd ed. (Leiden: Brill, 1960), s.v., "al-Bukhārī," 1297a: "상세함에 있어서는 기독교주의가 한 수 앞이지만, 이것(부카리 샤히흐)은 대부분의 수니파 무슬림들이 쿠란 다음으로 가장 중요한 경전으로 받아들였다.

분을 연유로 순교당하기를 고대했을 것이라.'"25 (소괄호 안의 말은 번역가 무함

마드 무흐신 칸이 더한 코멘트이며, 대괄호 안의 말은 필자가 넣은 것이다)

　칸의 1997년 번역본은 사우디아라비아의 종교적 권위자 여러 명
으로부터 인증을 받았는데, 여기에는 1993년부터 1999년 세상을 떠
나기 전까지 사우디아라비아의 대 무푸티(Mufuti, 종교적 문제들을 관장하는
재판관-역주)였던 압둘 아지즈 빈 압둘라 빈 바즈도 포함되어 있다. 종
교적 학식은 물론이며 정치적으로 비타협적인 것으로도 명망 높았던
와하브 운동 체제의 최고지도자로 사우디아라비아 내에서 상당한 위
신을 지닌 이븐 바즈는 "수많은 신도들을 등에 업은 채 자신의 영향
력으로 사우디아라비아 왕족 일가의 정책을 강화시킬 수 있었다."26
따라서 이븐 바즈와 사우디아라비아 정부 또한 칸이 하디스 36번에
남긴 명백하고 타협 없는 코멘트와 같은 입장이라고 보아도 무리가
아니겠다.

　하나님을 위해 (인원과 무기를 제대로 갖추어) 지하드(성전)를 행하는 것은 이슬

람에게 있어서 가장 중요한 일들 중 하나이자 (이슬람을 떠받치는) 기둥 중 하

나다. 이슬람은 지하드에 의해 성립되며, 하나님의 말씀은 최고가 된다. 하나

님의 말씀('라 일라하 일라 알라', 하나님 이외 그 무엇도 숭배될 수 없음) 및 하나

님의 종교 이슬람 또한 지하드에 의해 전파된다. 지하드를 버리면 (하나님이 그

리 되지 않도록 하시겠으나) 이슬람은 파괴되며 무슬림은 열등한 지위로 격하될

것이다. 무슬림의 명예는 실추되고, 영토를 빼앗기며, 규칙과 권위는 사라질

25　Bukhārī, Sahīh, Kitāb al-Īmān, The Authentic Hadīth: Book of Belief (Faith), trans. Muhammad
　　Muhsin Khan, hadīth 36 (Riyadh, Saudi Arabia: Darussalam, 1997), 1:72 – 74.

26　Gilles Kepel, The War for Muslim Minds: Islam and the West (Cambridge, MA: Belknap Press,
　　2006), 186.

것이다. 지하드는 모든 무슬림에게 적용되는 이슬람의 의무이며, 이 의무를 다 하지 않으려 하는 자와 의무를 다하리라고 마음속 깊이 다짐하지 않는 자들이 있다면 위선자가 되어 죽으리라. [27]

부카리는 지하드에 관한 삼백여 개의 하디스에서 쿠란 구절을 수 도 없이 인용했는데, 이 중 가장 첫 번째로 등장하는 것은 Q9, 앳 타 우바, 〈회개〉, 111이다. [28] 지하드가 어떻게 종교적 원칙이 되었는지, 그 발전 과정에 있어서 이 구절이 차지하는 중요성을 생각해보자면 같은 인용구가 여러 번 등장하는 것도 이해가 갈 만한 일이다. 몇 가 지 예시를 살펴보자.

Q9, 앳 타우바, 〈회개〉, 52: 가로되 너희는 우리에게 두 가지 선 [순교 혹은 승 리] 이외에 (다른 운명이 있기를) 기다리느냐.

Q9, 앳 타우바, 〈회개〉, 38: 믿는 자들이여! 너희에게 무슨 일이 있기에 하나님 을 위해 [피 사빌리 일라히fi sabīli llāhi] (지하드에) 임하라 함에도 지상에 매달 리느뇨 현세를 내세[아히라티'āhirati/'akhirati]보다 더 좋아하느뇨 그러나 현세 의 삶은 내세와 비교하자면 실로 작은 것이라.

인용된 다른 구절들도 같은 이야기를 담고 있다.

---

27   Bukhārī, Authentic Hadīth: Book of Belief, hadīth 36, 1:72.
28   무함마드 무흐신 칸이 번역한 샤히흐 부카리의 온라인 공개본(http://www.theonlyquran.com/ hadīth/Sahih-Bukhari/?chapter=52&pagesize=0)에서는 쿠란 9장 111절의 인용구가 누락되어 있다. 그러나 아홉 권에 달하는 출판본에서는 인용구가 포함되어 있다. "Bukhārī, Sahīh, Kitāb al- jihād wa ‑l siyar, Khan, trans., Authentic Hadīth: Book of Jihād and Campaigns, 4:44, hadīth 2787."

Q33. 알 아흐잡, 〈연합〉, 23: 믿는 사람들 중에는 하나님과 맺은 성약에 충실한 사람들이 있다. 몇몇 이들은 [전장에서의 순교로] 죽음의 맹세를 다하는 자도 있으며, 몇몇 이들은 아직 기다리고 있으나 이들도 결코 마음을 바꾸지 않으리라.

Q3. 알 이므란, 〈이므란의 가족〉, 169-171: 하나님의 길 위에서 살해당한 이들 [쿠틸루 피 사빌리 일라히qutilū fī sabīli llāhi]이 죽었다고 생각지 말라. 그들은 하나님의 양식을 먹으며 살아 있으매 하나님의 너그러움을 누리고 있다. 아직 [그 행복을] 누리지 못하고 뒤에 남겨진 이들에게는 [순교의] 영광이 있으리니 그곳에는 두려움도 슬픔도 [느낄 이유가] 없으리라.

Q8. 알 안팔, 〈전리품〉, 65: 오 선지자여! 믿음으로 싸우는 이들에게 힘을 북돋우라.

| 여타 정본 문헌들에서의 지하드

부카리를 포함한 정본 하디스 수집가들은 전쟁을 생생하게 그려냈으며, 하나님을 위해 죽은 순교자들에게 돌아가는 보상 또한 기록하고 있다. 부카리 하디스 2810에서는 지하드를 행하는 이유가 하나님의 참된 말씀과 이슬람을 널리 퍼트리는 것이라 말한다. "한 남자가 예언자(그에게 평화 있으리)에게 다가와 물었다. '전리품을 위해 싸우는 이가 있고, 명예를 위해 싸우는 이가 있으며, 세 번째 이는 과시하기 위해 싸웁니다. 이들 중 누가 하나님을 위해 싸우는 것입니까?' 예언자(그에게 평화 있으리)가 말했다. '하나님의 말씀을 최고로 여기며 싸우는 이가 하나님을 위해 싸우는 것이니라.'"[29] 따라서 지하드는 영적 의의를 가진다.

부카리 하디스 2946[30]은 무함마드가 사람들에게 알라 외에는 또 다른 신이 없음을 인정하게 될 때까지 싸우라고 명했음을 명확하게 보이고 있다. 순교는 자주 칭송되었는데, 부카리 하디스 2817에서 인용된 예언자의 말이 여기에 해당된다. "천국에 입성한 자라면 이 땅 위의 모든 것을 다 준다고 해도 지상세계로 돌아오고 싶어 하지 않는다. 그러나 예외적으로 순교자들은 (하나님으로부터) 받을 명예와 긍지 때문에 이 세계로 돌아와 열 번이고 다시 순교당하기를 원한다."[31]

비신자들과의 싸움을 피하는 이는 모두 위선자나 겁쟁이로 불렸으며, 천국으로의 입성을 약속받지 못한다(아부 다우드, 수난).[32] 수감자들에 대한 처우, 여성이 지하드에 참여할 수 있는지 여부, 말을 다루는 적절한 방법, 검과 화살을 사용하는 방법 등 다른 많은 주제들도 여기에서 다루고 있다. 한 가지 명확한 것은, 무슬림들은 모든 사람들이 이슬람을 받아들일 때까지 싸울 의무가 있다는 점이다. "일화들에 따르자면 하나님의 사도(그에게 평화 있으리)는 다음과 같이 말했다. '나는 명령을 받았으니 모든 사람들이 알라 외에는 다른 신이 없고 무함마드는 그의 사도라 증언하고, 우리의 키블라(qiblah, 무슬림이 예배를 드리는 방향)를 향해 서서, 우리가 도살한 것을 먹고 우리처럼 기도를 드릴 때까지 그들과 싸워야 하느니라.'"[33]

---

29 Bukhārī, Sahīh, Kitāb al-jihād wa　－l siyar, Khan, trans., Authentic Hadīth: Book of Jihād and Campaigns, 4:59, hadīth 2810

30 Ibid., 4:126, hadīth 2946

31 Ibid., 4:63, hadīth 2817

32 Abū Dāwūd, Sunan, Kitāb al-Jihād, ahādīth 2496 and 2497, 2:693.

33 Ibid., hādīth 2635, 2:729.

이 하디스에서는 유대인들에 대한 쿠란의 입장을 다시 확인하고 있기도 하다. 유대인들과의 싸움(유대인들은 바위 뒤에 숨을 것이기 때문에 사냥하고 죽여야 한다)이 지하드의 일부라는 것이다. 사실 최후 심판의 날은 무슬림들이 유대인들과 싸우기 이전까지 오지 않을 것이다(부카리 하디스 2925, 2926).

심리적인 두려움을 다루고 있는 하디스 컬렉션도 다수 있는데, 이 두려움은 쿠란의 Q3. 알 이므란, 〈이므란의 가족〉, 151에서 등장하는 것이다. "우리는 믿음이 없는 자들의 심중에 하나님의 공포(bi-mā 'ašrakū bi-llāhi)를 불어넣을 것이매 그분이 아무 권위도 주지 않으시리라."[34] 이에 대해 쿡은 다음과 같이 설명한다. "예언자 무하마드는 이 사상을 강조하면서, 하나님이 무슬림 군대로 하여금 수개월이 걸리는 먼 여정을 떠나게 하시면서 이들의 두려움(루브ru'b 혹은 마하바mahaba)에 아무런 도움도 주지 않는다고 첨언한다."[35] 이 사상에 따르자면 무슬림(군대)으로부터 멀리 떨어진 곳에 사는 이들은 모두 두려움을 느끼게 될 것이며, 전장에서 무슬림과 만나기 전부터 이미 패배하게 된다.[36]

승리 혹은 패배에 대한 심리적인 준비는 하디스 문헌들의 또 다른 큰 주제다. 여기에는 전사들을 북돋우는 다수의 시[37]와 깃발, 그리고 슬로건들이 등장한다.[38] 이 중 가장 유명한 슬로건으로는 '알라후 아

---

34   Cook, Understanding Jihād, 17.

35   쿡의 각주: 예시로, al-Nasa'i, Sunan (Beirut, n.d.), VI, pp.3-4. 나의 저서 중 〈무슬림 종말론과 지하드(Muslim Apocalyptic and Jihād)〉 장에 인용된 문구 또한 참조할 것. Jerusalem Studies in Arabic and Islam 20 (1996), pp. 99 – 100, n. 120.

36   쿡의 각주: Al-Bukhārī, Sahih, IV, pp. 15 – 16 (nos. 2977 – 2978).

37   쿡의 각주: 지하드에 관한 무슬림 샤히흐 제5권, pp.168, 186-189, 191-192, 194-195에서 얼마나 많은 시가 인용되었는지 참조하라.

38   쿡의 각주: Khalil 'Athamina, 'The Black Banners and the Socio-Political Significance of Flags and Banners,' Arabica 36, no. 3 (November 1989): 307 – 326.

크바르(Allāhu akbar, 하나님은 위대하시다)'가 있는데, 이 역시 전투를 앞둔 무슬림들을 북돋우는 말이다.[39]

마지막으로 쿡은 "이슬람과 전쟁이 얼마나 긴밀한 관계에 있는지는 하디스에 관한 하디스에서 모스크 사원이 포로들을 가두는 감옥이나 무기 창고로 쓰여야 한다고 말하는 부분에서 잘 알 수 있다"고 말한다.[40]

무슬림 이븐 알 하지즈의 샤히흐에서도 이를 잘 알 수 있다. "권위자 아부 후라이라 또한 말했다. '하나님의 전령(그에게 평화 있으리)이 나즈드에 마부 몇 명을 보내셨는데, 이들이 사람 한 명을 생포했다. 그는 바누 하니파 부족의 일원인 투마마 우탈로, 야마마 일가의 수장이었다. 사람들은 그를 사원의 기둥 중 하나에 묶었다.'"[41]

우리가 신성한 법, 샤리아에 등장하는 것으로 알고 있는 신학적 구조는 모두 쿠란 및 여섯 개의 정본 컬렉션에 포함된 수천 개의 하디스로부터 증류된 것이다. 지하드, 혹은 이슬람의 이름으로 행해지는 전쟁을 관장하는 법과 전쟁을 선포하는 방식에 대한 법, 그리고 이교도들이나 다신교도 적군들에게 주어지는 선택지 등을 성문화하고자 하는 시도가 있었다.[42] 몇몇 규칙 및 원칙들은 이미 쿠란에 등장하고 있는데, 한 예로 홈스는 전리품 중 5분의 1은 반드시 하나님과 예언자, 근친, 고아, 그리고 여행자들을 위해 쓰여야 한다고 규정하고 있다(Q8. 알 안팔, 41).

---

39   Cook, Understanding Jihād, 17 – 18.

40   쿡의 각주: Muslim, Sahih, Beirut: Dar Jil, n.d., V, p. 158 [no. 4361]; Abu Da'ud, Sunan, Beirut, 1998, III, pp. 31 – 32 [no. 2673].

41   Muslim ibn al-Hajjāj, Sahīh, Kitāb al-Jihād wa'l-Siyar, trans. 'Abdul Hamid Siddiqi, hadīth 4361 (New Delhi: Kitāb Bhavan, 2000), 3:1160; 다음 또한 참조. Abū Dāwūd, Sunan, Kitāb al-Jihād, hadīth 2673, 2:741.

42   Cook, Understanding Jihād, 19 – 20.

법적 정의

무슬림들의 군사 행위를 규율하기 위해 몇몇 법적 정의들이 규정되었는데, 이를 통해 어떤 전투와 전투방식이 허용될 수 있는지를 알 수 있다. 여기에서는 영토를 세 가지 카테고리로 구별한다.

다르 알 이슬람: 이슬람의 칙령이 완전히 반포되었으며 샤리아가 최고 권위를 가지는 영토. 이슬람을 받아들이지 않는 이들이라도 이교도로 취급되지는 않으며, 몇 가지 불이익이 가해져 사실상 2등 시민의 지위를 가진다. 기독교인들과 유대인들도 그들의 관습에 따라 하나님을 숭배할 수 있으며, 이미 존재하는 교회와 회당을 수리하는 일도 가능하다. 그러나 숭배를 위한 건물을 새로 지을 수는 없다. 반면 우상숭배를 위한 사원들은 반드시 파괴되어야 하며, 우상숭배는 무력으로 진압되어야 한다.[43]

다르 알 하릅: 이슬람에 아직 정복되지 않은 영토로, 반드시 싸워야 하는 대상은 아니나 앞으로 싸울 가능성이 있는 영토. 『이슬람사전』 제2판에서는 이를 다음과 같이 정의한다.

> 실로 하디스는 다르 알 하릅을 메디나 시대에서부터 찾고 있다. 이슬람의 영토와 바로 인접해 있는 땅은 다르 알 하릅으로 여기는 것이 고전적인 관례였으며, 이곳의 왕자들을 초대해 이슬람을 받아들이지 않으면 침략할 것이라 경고하는 것 또한 관례였다. 이는 예언자가 카이사르와 코스로에스(및 유대인들)를 초대해 개종을 권한 일로 거슬러 올라간다(알 부카리, 『키탑 알 지하드』, 147, 148, 149, 151; 〈키탑 알 마그하지(Kitāb al-Maghāzi)〉, 416. 다음 또한 참조. 알 칼카샨디(al-Qalqashandī), 〈수브흐(Subh)〉, 카이로 1915년, p. 6, 15). 역사적

---

43   Hughes, Dictionary of Islam, s.v. "Daru 'l-Islam."

으로 야마마 일족의 사람들을 초대하는 것이 전형이었다(예를 들어 알 발라드후리al-Balādhuri, 〈푸투흐Futūh〉). 무슬림 공동체와 그 왕자들로 하여금 모든 비무슬림 주변국(하르비harbī, 특히 아흘 알 하릅ahl al-harb)을 상대로 잠재적으로든 공개적으로든 결국 전쟁을 선포하게 만드는 이 전통은 가장 널리 알려진 법전들에서도 전형적으로 매우 상세하게 기술하고 있다(예를 들어, 물라 크후스로우의 〈듀라르 알 후크 캄 피 샤르 그후라르 알 아흐캄Durar al-hukkām fī sharh ghurar al-ahkām〉의 『키탑 알 지하드』에서는 아흘 알 하릅을 적절한 초대를 통해 개종을 권유받았으나 이를 거부한 이들이자, 그 때문에 수라 제4권에 따라 어떠한 형태의 전쟁이라도 불사할 것이 허용되는 이들로 정의한다). [44]

다르 알 술흐: 무슬림들과 특정 형태의 조약이나 휴전을 맺은 영토. [45]

이슬람의 궁극적인 목표가 전 세계를 이슬람법 아래에 두는 것인 이상, 다르 알 이슬람은 적어도 이론상으로는 언제나 다르 알 하릅과 전쟁 중에 있어야 한다. 설득을 통해 이슬람을 설파하는 것은 무슬림의 의무이며, 칼리프와 전장의 지휘관들은 (적군에게) 몇 가지 제한된 선택지만을 제공해야 한다. 여기에는 이슬람을 받아들이거나, 인두세를 내는 것, 혹은 지속적으로 전투를 벌이는 것이 있다. 마이드 카두리는 이를 다음과 같이 쓴다.

이슬람국가는 이슬람법을 강화할 법적인 의무를 진다. 비무슬림 공동체가 전투 없이 이슬람교를 받아들이고자 할 때에도 이는 마찬가지로 적용되는 원칙

---

44   Encyclopaedia of Islam, vol. 2, "C – G," ed. B. Lewis, Ch. Pellat, and J. Schacht, 2nd ed. (Leiden: Brill, 1965), s.v. "Dar al-Harb."

45   Cook, Understanding Jihād, 20.

이다. 비무슬림이 이슬람을 받아들이지 않거나 인두세 내기를 거부한다면, 무슬림 국가의 지도자들은 이 비협조적인 개인 및 국가들을 상대로 지하드를 선포하게 된다. 이처럼 지하드가 무슬림과 비무슬림 간 존재하는 일반적인 전쟁 상태를 지칭한다면, 지하드는 다르 알 하릅을 다르 알 이슬람으로 끌어들이는 도구가 된다.[46]

사실상 이슬람은 '전쟁을 무슬림의 법체제 안의 한 가지로' 제도화했으며, 전쟁을 "무슬림이 되지 못한 이들을 상대로 끊임없이 선포되도록 설계된 성전으로 바꿔 사용했다. (중략) 이슬람은 지하드 이외의 모든 전쟁을 폐지했으며, 법학자이자 신학자이던 이들은 종교적 제재에 기반을 둔 국가이성에 대한 모든 개인적인 사고들을 법에 종속시키고자 의식적으로 노력했다."[47] (여기서 카두리는 이집트의 하나피 법학자이자 신학자였던 이븐 알 후맘의 말을 인용했다)[48]

그러나 이제 우리는 지하드에 관한 이론이 실제로 어떻게 실행에 옮겨졌는지를 살펴보아야 한다. 앞으로 살펴보겠지만, 지하드 이론은 무슬림과 비무슬림 모두에게 매우 실존적인 결과를 가져다주었다. 하나님의 이름 아래 자행된 정복 활동을 통해 다수의 영토를 점령하는 일이 정당화되었으며, 이슬람법을 완전히 반포한다는 것을 그 이유로 내세웠기 때문이다.

---

46 Khadduri, War and Peace in Islam, 53.

47 Ibid., 53-54.

48 알렉산드리아에서 태어났으며 카이로에서 교육받은 이븐 알 후맘은 시리아의 알레포에서도 어느 정도 거주한 바가 있다. 수피즘 전문가였던 그는 1443년 카이로의 수피형제단 최고 샤히흐이자 카나카 샤이쿠니야의 타리카로 추대되기도 했다.

제 7 장

지하드의 목표

아랍인들은 아라비아 반도 바깥으로 진격했으며, 30여 년 후 무함마드가 세상을 떠난 632년경에는 근동과 이집트까지 영토를 넓혔다. 8세기 중반에 이르자 이들은 북아프리카와 스페인, 시칠리아는 물론 인도 및 중국과 국경을 맞댄 지역까지 점령했다. 이처럼 충격적일 만큼 급속한 정복 활동을 이끈 유인에는 무엇이 있었을까?

이들은 과연 "곧 다가올 세계의 종말에 대한 강력한 믿음으로 지탱된 것일까?"[1] 미래는 오직 하나님만이 알고 계시며, 종말을 하나의 주제로 삼고 있는 쿠란 또한 다수의 구절들에서 그날이 머지않았음을 말하고 있다(Q42. 아스 슈라, 〈조언〉, 17; Q54. 알 카마르, 〈달〉, 1). 종말이 다가온다는 것에는 의심의 여지가 없으며(Q22. 알 하지, 〈순례〉, 7; Q40. 가피르, 〈용서하는 자〉, 54; Q45. 알 자티야, 〈무릎 꿇음〉, 32), 종말이 다가온다면 갑작스레 다가올 것이었다(Q12. 유수프, 〈요셉〉, 107; Q22. 알 하지, 〈순례〉, 55; Q43. 아즈 주크흐루프, 〈금〉, 66; Q47. 무함마드, 〈무함마드〉, 18).

---

1   Cook, Understanding Jihād, 23.

반면 하디스에서는 '일련의 싸움과 세계의 갑작스러운 종말 간의 관계'를 훨씬 더 강조하고 있다. "조심하라! 하나님은 [심판의] 그날 직전 나[무함마드]에게 검을 보내셨으매 일용할 양식을 창(槍)의 그림자 아래에 두셨고, 나에게 반대하는 이들에게 조롱과 경멸을 보내셨노라."[2]

쿡은 이에 대해 다음과 같이 말한다.

> 예언자 무함마드에 대한 묘사를 보자면 (중략) 최후 심판의 날을 예언하는 이자, 세계 종말의 직전 세상에 내려와 경고에 귀를 기울이는 이들을 살피고 그렇지 않은 이들을 벌하기 위해 도래한 자였다. 여기서 지하드는 (중략) 신자들이 가진 지상의 것들이 희석되는 일 중 하나다. 전사의 생이란 한시적이며, 안정적으로 가정을 꾸리거나 충분한 재산을 모으기 어렵다. 이 때문에 사람들과 이 세계를 묶어주는 연결고리들은 약화되며 심지어는 완전히 녹아 없어지기도 한다. 이를 염두에 두고 생각해본다면, 지하드가 가지는 영적 의의는 한층 더 확연해진다.[3]

무슬림 전사들은 세계 종말에 대한 관념을 품에 안은 채 열렬하게 전장에 뛰어들며, 지하드를 계속 실천하기 위해 필요한 용기를 북돋운다. 그리고 다수의 하디스와 종말론적 문학들은 부활의 날 이전까지 이들에게 주어진 의무를 다시 한 번 상기시킨다(알 나싸이, 수난, 제4판, 제28권, 하디스 3591; 아부 다우드, 수난).[4] 무슬림의 종말론적 문학에서 지하드

---

2   Ibid., 23. 쿡의 인용: Ibn al-Mubarak, Jihād, 89 – 90, no.105. 쿡은 각주에서 다음과 같은 말도 덧붙였다. "비교 참조. al-Awza'i, Sunan, p. 360 (no. 1165); and Ibn Abi Shayba, Musannaf, IV, p. 218 (no. 19, 394); 다음의 논의 또한 참조. Ibn Rajah, al-Hukm al-jadira bi-l-idha'a min qawl al-nabi "bu'ithu bi-l-sayf bayna yaday al-sa'a" (Riyadh, 2002)."

3   Cook, Understanding Jihād, 23.

4   Abū Dāwūd, Sunan, Kitāb al-Jihād, hadīth 2478, 2:686 – 687.

는 중요한 역할을 담당하는 게 일반적이다. "초기 무슬림들의 삶은 대
부분 전투와 정복으로 뒤덮여 있었다. 세계의 종말이 곧 다가오리라
는 미래관을 가졌다는 사실도 놀랄 만한 일이 아니다. 메시아의 미래
가 다가오리라는 이들의 믿음 또한 전쟁 상태가 지속되는 데에 한몫
을 더했다."[5]

마흐디

이슬람의 메시아 사상은 '초대 무슬림들이 끝마치지 못했던 정복 활
동을 마무리해줄 마흐디(mahdi)'[6]라는 존재가 지배하고 있다. 앞서 논
했듯 이슬람의 또 다른 목표는 정복 활동을 통해 이슬람을 포교하는
데 있으며, '지하드의 목적 중 하나 또한 개종과 반포에 있다. 지하드
는 개종으로의 전제조건'을 만들어준다.[7]

　지하드는 개종이 발생할 때까지 계속될 것이며, 오로지 성서의 백
성들, 유대인, 기독교인, 그리고 사바 사람들만이 인두세를 내면서
낮은 사회적 지위를 수용할 때에만 면죄부를 받을 수 있다. 우상숭
배자, 다신교도, 힌두교도, 불교 신자들에게는 개종 혹은 죽음이라는
냉혹한 선택지가 주어졌다.

　지하드에 대한 가장 밑바닥의 동기, 예를 들자면 전리품이나 여자
등도 인식되는 한편으로, 다수의 하디스에서는 지하드의 영적인 목
적을 극찬하고 있다. 앞에서 살펴본 부카리의 하디스는 물론이며, 아
부 다우드의 수난 중 두 개의 하디스도 여기에 해당한다.

5　　Cook, Understanding Jihād, 24.

6　　Ibid., 24.

7　　Ibid., 25.

2509: 무아드흐 이븐 자발이 말했다. "예언자(그에게 평화 있으리) 가로되 '싸움에는 두 가지 종류가 있다. 하나는 하나님을 위하며, 지도자에게 복종하고, 가치 있게 여기는 재산을 내놓고, 동료를 정중하게 대하며 나쁜 짓을 삼가는 싸움으로, 이를 행하는 이들은 깨어 있든 잠들든 언제나 보상을 받을 것이라. 그러나 다른 하나는 으스대는 마음가짐으로 임하며, 과시와 평판을 위해 싸우고, 지도자에게 복종하지 않고 지상에서 나쁜 짓을 벌이는 싸움으로 보상을 받을 수 없거나 비난을 피할 수 없을 것이다."

2510: 아부 후라이라가 말했다. "한 남자가 가로되 '하나님의 사도여, 하나님의 길 위에서 지하드에 참여하고자 하되 지상에서의 이익을 취하려는 자라면 [무엇이 따르는가]?' 그러자 예언자(그에게 평화 있으리) 가로되 '그는 보상을 받지 못하리라.'"[8]

순교

하나님을 위해 싸우면서 스스로를 날려 버리는 무슬림은 자살폭탄테러범으로 여겨지는 대신 사히드(šahīd, 복수형은 수하다šuhadā) 혹은 순교자가 된다.

한스 베어는 그의 저서 『현대 아랍어 문어체 사전(Dictionary of Modern Written Arabic)』(1974)에서 이를 '목격자; 순교자, 전장에서 신앙심 없는 이들과 함께 죽은 자; 행동에 나서 죽은 이'라고 정의한다.[9] 에드워드 윌리엄 레인 또한 아랍인 사전 편찬자 75명 이상의 작업을 집대성한 기념비적인 저서 『아랍어-영어 어휘(Arabic-English Lexicon)』

---

8   Abū Dāwūd, Sunan, Kitāb al-Jihād, ahadīth 2509 and 2510, 2:697.

9   Hans Wehr, A Dictionary of Modern Written Arabic, ed. Milton Cowan (Beirut: Librairie du Liban, 1974), s.v. "šahīd.

(1872)[10]에서 그 정의를 내리고 있다.

> 순교자는 하나님의 종교를 이유로 살해된 이다; [S, K;] [예를 들어] 전장에서 비
> 신자의 손에 죽임을 당한 자; [Msb] 하나님의 종교를 위해 싸우다 살해당한 이
> [Iath]: 소위 자비의 천사가 함께 하는 자; [K] 그의 시신을 씻길 때에는 천사들
> 이 함께할 것이며, 그의 영혼을 거두어 천국으로 갈 것이다. [Msb][11]

순교에 대한 무슬림의 개념은 기독교인이나 무슬림들이 가진 개념
과는 약간 다르다. 기독교나 유대교에서 순교자들은 자신의 신앙을
포기하거나 타협하고자 하지 않으며, 스스로의 신앙을 증명하기 위
해 고문을 견디고 심지어는 죽음도 불사하고자 한다. 쿡은 이를 다
음과 같이 설명한다. "이슬람의 순교는 훨씬 더 동적인 성격을 가진
다. 순교를 결심한 이는 순교할 수 있을 만한 상황을 찾아다닌다. 예
를 들어, 압드 알라 알 무바라크의 『키탑 알 지하드』에서 나우프 알
비칼리는 '하나님이시여, 나의 아내를 미망인으로, 나의 아이를 고아
로 만들어주시고 나우프에게 순교자의 작위를 내려주소서!'라 기도
했다.[12] 특히 초기 이슬람에서라면 순교는 곧 전장에서의 죽음을 의

10 '샤히드'라는 단어에 대해서 레인은 다음의 사전 편찬자들을 언급했다(대괄호 안의 약어는 레인이
쓴 것이다): Ismā'īl ibn Hammād Juwharī (d. 1007), al-Sahāh [S]; al-Fīrūzābādī (1329–1414),
Al-Qamus Al-Muhit[K]; Ahmad Al-Fayumi (d. 1368), Al-Misbah Al-Munir [Msb]; al-Anbari,
Abu Bakr Muhammad b. Al-Kasim (properly Ibn al-Anbari) (d. 940) [Iamb]; al-Mutarizzī,
Burhan al-Din Abu 'l-Fath Nasir (d. 1213) al-Mughrib fi tartib al-Mu'rib [Mgh]; al-Murtadá
al-Husaynī al-Zabīdī (d. 1790), Tāj al-'Arūs [TA]; Madjd al-din Abu 'l-Sa'adat al-Mubarak
Ibn al-Athir (d. 1210) al-Nihaya fi gharib al-Hadīth [Iath].

11 Edward William Lane, An Arabic-English Lexicon, part 4 (London: Williams & Norgate, 1872;
Beirut: Librairie du Liban, 1968), 1610.

12 쿡의 각주: Ibn al-Mubarak, Jihād, pp.110–11 (no.135); 다음에서 언급하는 기도문도 참조할 것.
al-Wasiti, Fada'il al-Bayt al-Maqdis (Jerusalem, 1979), p. 23 (no. 29); Abu Da'ud, Sunan, III, p.
21 (no. 2541); al-Tabarani, Kitāb al-du'a (Beirut, 1987), III, p.1703 (no. 2015); al-Tirmidhi,
Sunan III, p. 103 (no. 1704).

미했다."[13]

전쟁이나 폭력을 동반하지 않는 또 다른 종류의 순교들도 수세기에 걸쳐 정립되었는데, 여기에는 사고사나 병사 등이 포함될 수 있겠다. 그러나 이슬람 법학자들은 전장에서 목숨을 잃은 순교자들을 존중하는 의미에서 순교의 의미를 좁게 사용하고 있다.

순교에 대한 보상

| 쿠란에서 등장하는 보상

쿠란의 초기 구절들에서 묘사하고 있는 천국의 기쁨은 모든 신자들, 즉 모든 무슬림들에게 약속된 것이다. 후기 구절들에서 이와 같은 천상의 기쁨들은 "순교 혹은 전장에서의 죽음과 매우 긴밀한 연관성을 보인다."[14] 예시로 Q3. 알 이므란, 13-15를 보자.

> 이미 너희에게 계시가 있었나니 두 군대가 맞닥뜨렸노라. 하나는 하나님을 위해 싸우는 자들[피 사빌 알라]이었으며 다른 이는 비신자들이었으매 (중략) 그들의 눈으로 보자면 자신이 갈망하는 것에 대한 사랑은 정당한 것이나니 여기에는 여자들과 아들들, 산처럼 쌓아올린 금은보화, (혈통이나 품질로) 유명한 말, (살찐) 소와 잘 경작된 땅 (중략) 말하노니 내가 그것들보다 훨씬 더 기쁜 기별을 전해주리라. 정의로운 이들에게는 뒤로는 강물이 흐르는, 하나님 곁의 정원이 그들의 영원한 집이 될 것이며, 순수한 (그리고 성스러운) 동반자들이 함께할 것이며, 하나님의 기쁨이 있게 되리라.

순교라는 선(善)에는 극찬이 돌아가며, 이를 이유로 죽은 이들에게

---

13 Cook, Understanding Jihād, 26.

14 Ibid., 27.

는 언제나 조금 더 많은 것들이 약속되어 있다. "하나님의 길 위에서 살해당한 이들이 죽었다고 생각지 말라. 그들은 하나님의 양식을 먹으며 살아 있으매 하나님의 너그러움을 누리고 있다. 아직 [그 행복을] 누리지 못하고 뒤에 남겨진 이들에게는 [순교의] 영광이 있으리니 그곳에는 두려움도 슬픔도 [느낄 이유가] 없으리라(Q3. 알 이므란, 169-170)."

무슬림 순교자들이 평정심을 잃지 않고 전장에 뛰어들어 죽음을 맞이할 수 있는 것도 그들의 마음속에 이와 같은 대전제가 자리 잡고 있기 때문이다. Q9. 앳 타우바, 111을 보자. "하나님은 믿는 자들의 삶과 부를 사시매 그 대가로 천국을 주시니라. 그들은 하나님을 위해 싸우고 죽이고 죽임당하노니 이는 토라와 복음, 그리고 쿠란에서 진정으로 약속된 것이라. 하나님보다 약속을 더 잘 지키시는 분이 누구랴 그러니 너희는 하나님과 성약한 것을 기뻐하라. 그것이 위대한 승리이리라." 또한 Q22. 알 하지, 58에서도 순교자들에게 천국을 약속하고 있다. "하나님을 위해 자신의 고향을 떠나와 살해당하거나 죽은 이들에게 하나님은 훌륭한 양식을 주시리니, 실로 하나님은 가장 훌륭하신 양식의 공급자이시라."

| 하디스에서 등장하는 보상

하디스에서는 천국에서의 보상을 얻는 데에는 신앙과 신실함, 그리고 의지가 주요 역할을 담당한다고 말한다.

> 권위자 아나스 말리키의 말에 따르자면 하나님의 전령(그에게 평화 있으리)이 가로되 "신실함으로 순교하고자 하는 이들에게는 그들이 실제로 이루지 못한다 하더라도 그 보상을 받을 것이니라."
> – 〈샤히흐 무슬림〉, 무슬림 이븐 알 하자즈, 하디스 4694

신실함으로 순교하고자 하는 이들은 그가 침대에서 죽음을 맞이한다 하더라도
하나님께서는 이들을 순교자로 여겨주시리라.

— 〈샤히흐 무슬림〉, 무슬림 이븐 알 하자즈, 하디스 4695

한편에서는 천국의 관능적인 측면 또한 자주 거론되지만(예를 들면
72명의 처녀나 검은 눈의 처녀들. 알 티르미디와 이븐 마자[15] 참조), 중요한 것은 하
나님을 기쁘게 하는 일과 자기 자신, 또 지상세계의 가족들이 얻을
영예다. 부카리 하디스 2817을 예시로 살펴보자. "예언자가 가로되
'천국에 입성한 자라면 이 땅 위의 모든 것을 다 준다고 해도 지상세
계로 돌아오고 싶어 하지 않는다. 그러나 예외적으로 순교자들은 (하
나님으로부터) 받을 명예와 긍지 때문에 이 세계로 돌아와 열 번이고 다
시 순교당하기를 원한다.'" 쿡은 '천국에는 적어도 일백 가지의 지위
가 있다고 전해진다[알 티르미디[16] 참조]'고 설명한다. "여기서 순교자는
가장 높은 지위를 차지할 것이며, 그 지위는 천상에서의 품급들 중에
서도 예언자 및 하나님의 참된 이들 바로 아래에 있는 자리다. 심판
의 날에 무슬림들을 대신하여 순교자가 중재를 요청할 수 있다는 점
도 이 영적 지위의 가장 중요한 점들 중 하나다."[17]

이처럼 순교자가 이슬람 포교에서 담당하는 역할은 앞서도 짧게
인용했던 에드워드 윌리엄 레인의 『아랍어-영어 어휘』에서도 찾아

---

15 Al-Tirmidhī, Jamiʿ, The Virtues of Jihād, trans. Abu Khaliyl, hadīth 1663 (Riyadh, Saudi Arabia: Darrusalam, 2007), 3:410. Ibn Māja, Sunan, trans. M. Tufail Ansari, hadīth 4337 (New Delhi: Kitab Bhavan, 2008), book 37, 5:547-548: 아부 우마마 가로되 하나님의 전령이 말했다. "하나님은 천국에 들인 자들을 모두 각기 72명의 아내와 결혼시켜줄 것인데, 그중 두 명은 후리(천국의 미녀, 영원한 처녀-역주)이며 70명은 지옥의 사람들 중 고르는 것으로, 모두 이상적인 성기를 가지고 있으며 그 자신은 지치지 않는 정력을 가진 남자가 될 것이다." (저자가 다소 수정한 번역)

16 Al-Tirmidhī, Jamiʿ, The Description of Paradise, trans. Abu Khaliyl, ahadīth 2529, 2530, 2531 (Riyadh, Saudi Arabia: Darrusalam, 2007), 4:518-520.

17 Cook, Understanding Jihād, 29.

볼 수 있다. "하나님과 그분의 천사들은 (순교자의) 증언자이시며 천국에서의 지위를 보장할 것이다(Iamb, Mgh, K). 혹은 부활의 날에 증언을 해야 하는 인물이기 때문이며(K, TA), 예언자와 함께 그리 할 것이다(TA)."[18] 알 티르미디 또한 순교자들이 누리는 특권들을 역설했다.

> 하나님의 전령(그에게 평화 있으리)이 가로되 "하나님은 순교자에게 여섯 가지를 주시노라. 그는 (그가 흘리는) 첫 번째 핏방울로 사함 받으며, 천국에서의 자리를 약속받고, 지하의 형벌로부터 보호받으며, 거대한 공포로부터 안전할 수 있으며, 그의 머리에는 존엄의 왕관이 씌워질 것이매 그 보석은 지상세계와 그 안의 모든 것들보다 더 좋으리라. 그는 72명의 천녀(휴리huri)를 아내 삼을 것이며, 가까운 친척 70명을 위해 탄원할 수 있다."[19]

지하드에 관한 법학파들

이슬람의 탄생 이후 두 번째와 세 번째 세기(교회 역년으로 8, 9세기)[20]에는 상당한 숫자의 법학파가 존재했지만, "이 단계에서는 그들을 가르는 명확한 구분선이 아직 존재하지 않았다. 여기에는 독자적인 해석 이즈티하드(ijtihād)를 넓게 허용했던 진보적인 하나피파와 무으타질라파의 법학자들부터, 이즈티하드를 금지했을 뿐만 아니라 오로지 쿠란과 하디스를 문자 그대로 해석해야만 한다고 주장했던 보수적인 자히리파와 한발리 법학파까지 다양한 법학파가 존재했다."[21]

---

18 Lane, Arabic-English Lexicon, part 4, 1610.

19 Al-Tirmidhī, Jamiʻ, Virtues of Jihād, hadīth 1663, 3:410.

20 이슬람력은 서기 622년에 시작되었다. 이슬람법은 수년에 걸쳐 발전했는데, 이슬람력으로 두 번째, 세 번째 세기(교회력으로 8, 9세기) 즈음에는 쿠란과 하디스를 해석하는 법학파들이 다수 활동하고 있었다. 이들은 이슬람의 관행에는 어떤 것들이 있으며, 어느 것이 의무적이고 어느 것이 선택인지 등을 규정하기 시작했다.

21 Khadduri, War and Peace in Islam, 35 - 36.

이슬람력으로 4세기가 되자 하나피파와 말리키파, 샤피이파와 한발리파 등 네 개의 법학파(마드합Madhab, 복수형으로 마드하히브Madhahib)만이 승인되었으며 정통으로 인정받게 되었다. 이 중 한발리파는 가장 강성하고 비타협적인 학파로 자라나 이즈티하드를 완전히 거부하고 하디스에서만 문제의 해결책을 찾고자 했다. 이후 자세하게 다룰 이븐 타이미야(1263-1328) 또한 한발리파의 법학자로, 18세기의 압드 알와하브 또한 그의 가르침을 받아들였다.

카두리가 설명하는 바에 따르자면 이 네 개 법학파의 법전은 "표준 교과서로 받아들여졌으며, 어떠한 식으로든 이로부터 멀어지려고 하는 시도는 모두 혁신(비다)으로 간주되었다. 그 결과 이즈티하드는 점점 배척되기 시작했으며 대신 타크리드(taqlīd, 말 그대로 '모방'이라는 뜻)가 그 자리를 대신하게 되었다. 네 학파의 정본에 복종하는 것이 일반적이게 되자 이즈티하드로의 문은 닫혀버렸다."[22]

샤피이 법학파를 개창한 알 샤피이(767-820)는 이슬람 법리학, 즉 우술 알 피크흐(usūl al-fiqh, 법의 뿌리나 연원)학을 창립한 인물로, 지하드 수행을 독려했으며 "비무슬림(유대인, 기독교인 사바 사람들 등)이 지즈야를 내야 한다고 역설하는 한편 그 세금을 어떻게 부과하고 거둘 것인지도 다루었다. (중략) 휴전과 정전, 반역자를 다루는 일, 안전 통행, 전리품의 분배 또한 각각의 장을 할애해 다루었으며, 포로로 잡은 여성들과의 관계를 묘사한 장도 있었다. 이 모든 논의들은 승리를 거둔 정부를 상정하고 있는데, 여기서 하나님이 승리를 주시리라고 확신했던 초기 무슬림들의 자신감을 엿볼 수 있다."[23]

부카리와 마찬가지로 알 샤피이 또한 『키탑 알 리살라 피 우술 알

---

22 Ibid., 36 – 37.
23 Cook, Understanding Jihād, 21.

피크흐(Kitāb al-Risāla fī Usūl al-Fiqh)』에서 하나님이 모든 무슬림에게 지하드를 의무로 지워주셨음을 주장하면서 쿠란에서 다수의 구절을 인용했는데, 특히 제9수라의 많은 구절들을 가져왔다.[24] 알 샤피이는 또한 아부 다우드의 수난 속 하디스들도 인용했는데, 여기에서 무함마드는 다음과 같이 말한다. "나는 비신자들이 '하나님 외의 신은 없다'고 말할 때까지 그들과 싸울 것이며, 만일 이들이 그리 선언한다면 그들은 스스로의 피와 재산을 지킬 수 있을 것이나 그 값을 치러야 하며, 하나님의 보상 또한 내려질 것이다."[25] 알 샤피이는 이후 다음과 같이 요약했다.

> 이 대화는 즉 지하드, 특히 무기를 들고 일어나는 일이 신체 건강한 모든 이들 [신자들]의 의무이며, 기도와 순례와 구호금[을 내는 일]이 행해지는 것과 마찬가지로 그 누구도 면제 받을 수 없는 의무다. 그 누구도 다른 누군가의 의무를 대신 행할 수 없는데, 이는 다른 이가 대신한다고 해도 그의 의무가 충족되지는 않기 때문이다. 이는 즉 [지하드의] 의무가 기도와는 달리 집단적(키파야 kifāya) 의무라는 뜻이기도 하다. 다신교도들과의 전쟁을 수행하는 이들은 의무를 다할 것이며 한 사람 몫 이상의 보상을 받는데, 이를 통해 뒤에 남겨진 이들이 잘못에 빠지지 않도록 막을 수 있다.[26]

11세기경 트란스옥시아나에서 활동했던 하나피 법학자 알 사라크

---

24 Al-Shāfiʿī, Risāla: Treatise on the Foundations of Islamic Jurisprudence, trans. Majid Khadduri (Baltimore: The Johns Hopkins University Press, 1961; Cambridge: The Islamic Texts Society, 1987), 82–86. 알 샤피이가 인용한 쿠란 구절: Q9.112, Q9.36, Q9.5, Q9.29, Q9.39–39, Q9.41, Q9.123, 수라 Q4.97, Q4.88 또한 참조.

25 Abū Dāwūd, Sunan (Cairo, 1935), 3:44. Abū Dāwūd, Sunan, hadīth 2634 (Kitab Bhavan, 1997), 2:729.

26 Al-Shāfiʿī, Risāla, 84.

흐시는 서른 권 분량의 법학 개론서이자 푸루(furū)라는 장르에서 상당히 영향력 있는 책『키탑 알 마브수트(Kitāb al-Mabsūt)』를 썼다. 한스 베어의 정의에 따르자면 푸루는 '응용 피크흐 혹은 응용윤리'로, '이슬람법의 정본들에서 구조적으로 발달한 것이 특징'이다.[27] 맨체스터대학교 아랍어학과의 전 부교수였던 노먼 칼더는 "[알 사라크흐시의] 구성, 포괄적인 범위, 이크흐티라프(ikhtilāf, 쟁점)에 대한 탐험, 그리고 해석학적 조작 등은 모두 그의 책을 법학 문헌의 괄목할 만한 성과로 만들어주었다. 이 책은 19세기까지도 하나피 푸루 전통의 발전에 대한 참고문헌으로 쓰이고 있다"고 평했다.[28]

칼더는 '지하드의 의의와 그 저변의 이유들'을 매우 상세하게 논했으며, 이후 항복한 이들을 다루는 방법과 포위 작전을 벌이는 방법, 어느 포로를 죽이고 어느 포로를 노예로 만들어야 하는지 등 포로와 관련된 법 등 각각 전술들의 법적 타당성을 따졌다. 그는 무함마드가 치룬 전투를 다수 묘사하면서 각각의 전투들로부터 기본적인 법적 원칙들을 추출했다. 한 마디로 말하자면 알 사라크흐시는 알 샤피이가 시작한 일을 마무리 지은 셈이며, 지하드 수행에 대한 모든 것을 법적으로 다루었다. "개별적인 요소들은 앞으로도 계속해서 논의되겠지만, 전쟁에 대한 무슬림들의 방식은 이때부터 정립되었다."[29]

알 하킴 알 티르미디나 알 하이타미 등 다른 법학자들 또한 그들의 법학 저서에서 싸움과 관련된 다양한 죄를 논하면서 지하드가 '무슬림에게 결정적인 의의'를 가지고 있음을 한층 더 강조했다.[30]

---

27 Wehr, Dictionary of Modern Written Arabic, s.v. "furū̄."

28 Encyclopaedia of Islam, vol. 9, "San-Sze," ed. C.E. Bosworth et al., 2nd ed. (Leiden: Brill, 1997), s.v. "al-Sarakhsī."

29 Cook, Understanding Jihād, 22.

30 Ibid.

지하드의 영적 본질

지하드의 영적 본질은 쿠란 및 다수의 하디스에서도 강조되고 있는데, 이들은 전리품이나 지상에서의 영예를 위해 행한 지하드는 받아들여질 수도 없으며 유효하지도 않다고 말한다.

가장 먼저 눈에 띄는 것으로는 쿠란에서 다수 등장하는 문구, '하나님을 위하여(피 사빌 알라; 혹은 하나님을 연유로)'가 있다(2:154, 2:190, 2:244, 2:246, 2:261, 3:13, 3:157, 3:167, 4:74, 4:76 등). Q61. 알 사프, 〈전쟁의 대열〉, 4에서 쿠란이 말하듯, "실로 하나님은 그분을 연유로 대열에 서서 견고한 건물처럼 자리를 지키며 싸우는 이들을 사랑하시노라."

또 다른 쿠란 구절에서는 무슬림들이 하나님을 연유로 비신자들과 싸우기 때문에, 하나님은 바드르 전투를 이길 수 있도록 도우셨다고 말한다(Q3. 알 이므란, 〈이므란의 가족〉, 13).

> 이미 너희에게 계시가 있었나니 두 군대가 맞닥뜨렸노라. 하나는 하나님을 위해 싸우는 자들[피 사빌 알라]이었으며 다른 이는 비신자들이었으매 그들의 숫자가 [보기에] 곱절이었도다. 그러나 하나님은 그분의 뜻으로 승리를 주시나니 실로 이는 눈을 가진 자들을 위한 교훈이라.

부카리 하디스 2810에서는 지하드의 이유를 분명하게 밝히고 있다. "아부 무사가 가로되 한 남자가 예언자(그에게 평화 있으리)에게 다가와 물었다. '전리품을 위해 싸우는 이가 있고, 명예를 위해 싸우는 이가 있으며, 세 번째 이는 과시하기 위해 싸웁니다. 이들 중 누가 하나님을 위해 싸우는 것입니까?' 예언자(그에게 평화 있으리)가 말했다. '하나님의 말씀[즉 이슬람식 일신교로서의 하나님의 종교]을 최고로 여기며 싸우는 이가 하나님을 위해 싸우는 것이니라.'"[31] 부카리 하디스 2946은 이보다 한층 더 결정적이다. "아부 후라이라가 가로되 하나님의 전령(그에게 평화 있으리)이 말했다. '하나님께서 나에게 명하시길 사람들이 알라 외에는 신이 없다(라 일라하 일라 알라)고 말할 때까지 그들과 싸울 것이며, 라 일라하 일라 알라를 말하는 자들은 이슬람법을 제외하고는 그의 생명과 재산을 지킬 수 있고 그의 말에는 하나님이 함께할 것이다.'"[32]

지하드 수행의 이유를 좁게 해석하거나 초기 정복 활동의 사회경제적 조건들로 설명하고자 했던 역사학자들에 대해 현대 학자들 또한 지하드의 영적 본질을 강조하고 나섰다. 한 예시로 카두리의 글이 있다.

지하드는 일반적인 폭력 사태가 아니었다. 그보다는 복잡한 요소들의 산물이었으며, 그 속에서 이슬람은 법적이고 교리적인 역할을 수행했다. 몇몇 글쓴이들은 아라비아 내에서의 경제적 변화가 아랍인들의 불만족과 불안을 키웠으며 이 때문에 아랍인들이 어쩔 수 없이 아라비아 바깥의 비옥한 땅을 찾아 나서게 되었다고 말한다.

이 이론은 아랍인들이 아라비아 반도 바깥으로 진격했다는 사실을 설명할 수는 있겠으나, 그것만으로는 비신자들과의 전쟁은 영원히 선포된 것이며 아라비아 반도 바깥에 자리를 잡더라도 계속된다는 무슬림들의 믿음을 설명할 수 없다. 무슬림들의 마음속에 정치적이고 종교적인 임무를 심어주었으며 그들로

---

31 Bukhārī, Authentic Hadīth: Book of Jihād and Campaigns, hadīth 2810, 4:59. 다음 또한 참조. al-Hajjāj, Kitāb al-Imāra, hadīth 4684, 3:1269.

32 Bukhārī, Authentic Hadīth: Book of Jihād and Campaigns, hadīth 2946, 4:126. See also Bukhārī, Authentic Hadīth: Book of Belief, hadīth 25, 1:66; and Bukhārī, Sahīh, Kitāb al-Zakāt, trans. Muhammad Muhsin, hadīth 1399 (Riyadh, Saudi Arabia: Darussalam Publishers, 1997), 2:279.

하여금 아라비아 반도 바깥까지 정복하고자 하는 태도를 보이도록 만든 또 다른 요소들이 분명히 존재한다. [33]

쿡은 다음과 같은 말도 남긴다. "예언자 무함마드에 대한 묘사를 보자면 (중략) 최후 심판의 날을 예언하는 자이자, 세계 종말의 직전 세상에 내려와 경고에 귀를 기울이는 이들을 살피고 그렇지 않은 이들을 벌하기 위해 도래한 자였다. 여기서 지하드는 (중략) 신자들이 가진 지상의 것들이 희석되는 일 중 하나다. 전사의 생이란 한시적이며, 안정적으로 가정을 꾸리거나 충분한 재산을 모으기 어렵다. 이 때문에 사람들과 이 세계를 묶어주는 연결고리들은 약화되며 심지어는 완전히 녹아 없어지기도 한다. 이를 염두에 두고 생각해본다면 지하드가 가지는 영적 의의는 한층 더 확연해진다."[34]

초기 무슬림의 정복 활동이 가지는 영적 본질에 대해서는 뒤에서 더 자세하게 알아보도록 하겠다.

위대한 지하드와 덜한 지하드

| 정본 이외에서의 구별

현대의 이슬람 호교주의자들은 지하드의 비고전적인 정의, 즉 '위대한 내면의 지하드'를 강조하는 경향이 있다. 순수하게 영적 영역에서 벌어지는 이 지하드는 자기 내면의 밑바닥을 극복하려는 싸움이다. 그러나 여기에서는 지하드의 본래 뜻인 '싸움'이나 '분투'가 계속해서 뇌리에 맴돌 수밖에 없다. 전투적 의미의 지하드는 '덜한 외적의 지하드(알 지하드 알 아스가르)'다.

---

33 Khadduri, War and Peace in Islam, 63.

34 Cook, Understanding Jihād, 23.

쿠란의 Q22. 알 하지, 78을 보면 이 해석에 대한 정당성을 찾을 수 있다.

> 하나님을 위해 싸우며[와 자히두wa-jāhidū] 하나님을 연유로 싸우라[하카 지하디히haqqa jihādihī]. 하나님은 너희를 선택하사 종교에 있어 어떤 어려움도 처하지 않게 해주시노라. [이는] 너희 아버지 아브라함의 종교이니라. 하나님은 이전에도[기존 성서에서] 또 여기[이 계시]에서도 너희를 '무슬림'으로 칭하니 그분의 전령이 너희의 증인이 되고 너희는 백성들의 증인이 되리라. 그러니 기도를 올리고 자카트를 내고 구호금을 모으고 단식을 해 알라를 위하라. 그분은 너희의 보호자이매 가장 훌륭한 보호를 주시고 가장 훌륭한 도움을 주시니라.

그러나 쿡이 설명한 바와 같이 "이 쿠란 구절들을 아무리 강조한다고 하더라도, 전사들과 비전사들이 영적으로 동등하다는 주장들은 쿠란으로 뒷받침할 수 없다."[35] Q4. 안 니싸아, 95에서도 그와 같은 동등성은 없다고 명확히 밝히고 있다.

> 장애가 있는 이들을 제외하고 [집에] 남아 있는 신자들과 하나님을 연유로[피 사빌 알라] 재산과 목숨을 바쳐 싸움[무자헤딘mujāhidūna]에 나가는 이들은 동등하지 않노라. 하나님은 재산과 목숨을 바쳐 싸움[무자헤딘]에 나가는 이들을 [뒤에] 남아 있는 자들과 차등을 두어 좋아하시노라. 하나님은 두 무리 모두에게 최고[의 보상]를 약속하시나 [뒤에] 남아 있는 자들보다 싸움[무자헤딘]에 나서는 이들에게 더 큰 보상을 내리시니라.

---

35 Ibid., 32-33.

이븐 알 무바라크 등의 초기 학자들도 지하드를 스스로의 내면과 싸우는 것으로 표현하는 경우가 있었다. 그러나 '위대한 지하드'와 '덜한 지하드'의 구분은 대략 9세기경부터 시작된 것으로 보인다.

이와 관련해서 데이비드 쿡이 찾은 최고(最古) 문헌은 1066년에 세상을 떠난 아쉬아리파이자 샤피이 법학파 학자였던 알 바이하키의 책이다. 그의 『키탑 알 주흐드 알 카비르(Kitāb al-zuhd al-kabīr)』에는 다음과 같은 전통이 실려 있다. "여러 명의 전사들이 하나님의 전령에게 오자 (무함마드가) 가로되 너희는 '덜한 지하드'로부터 '위대한 지하드'로 나아가는 일을 잘 끝마쳤구나. 전사들이 '위대한 지하드'는 무엇이냐 물으니 (무함마드가) 가로되 '(하나님을) 섬기는 자들이 그 스스로의 정념과 싸우는 것이라.'"[36]

쿡은 다음과 같이 결론짓는다. "(두 지하드의 구분법은) 1066년에 세상을 떠난 바이하키의 책에서 처음 등장했기 때문에 대략 한 세기 이전부터 회자되었던 개념으로 보인다. 아마도 지하드에 대한 수피즘의 정통 패러다임에서 점점 벗어나고 있던 수피들이 새로운 사상을 대변할 말을 찾아다니던 과정에서 사용하다가(예를 들어, 정통 수피 그 자체였던 압드 알라 알 무바라크는 790년경 쓴 저서 『키탑 알 지하드』에서 '위대한 지하드'를 따로 언급하지 않았다), 이후 알 바이하키보다 한 세대 뒤인 알 가잘리에 의해 대중화되었다."[37]

위대한 지하드와 덜한 지하드의 구분법은 정본 하디스 컬렉션에는 일절 등장하지 않지만, 알 티르미디는 '전사란 스스로의 정념과 싸우는 이들'이라며 인용하기도 했다. 이에 대해 쿡은 각주에서 "그렇

---

36 Al-Bayhaqī, Kitāb al-zuhd al-kabir, ed. 'Amir Ahmad Haydar, no. 373 (Beirut: Dar al-Jinan, 1987), 165.

37 저자와의 개인적인 대화에서 발췌. David Cook, November 2015.

다 하더라도 그(알 티르미디)는 이 전통을 마라부트(국경을 지키는 이들)에게 주어지는 보상의 맥락에서 언급했기 때문에 전투적 의미를 완전히 배제한 것은 아니었다"고 설명했다.[38] 확실히 위대한 하디스 수집가들은 영적인 지하드가 지하드의 의미를 제대로 해석한 것은 아니라고 규정한 듯하다.

위대한 지하드와 덜한 지하드의 구분에 대해 현대의 몇몇 학자들이 내린 결론과 더불어 알 바이하키의 글에서 따온 전통들을 여기 싣는다.

> 루벤 파이어스톤, 서던캘리포니아대학교: "그 출처는 보통 기재되지 않았으며, 사실상 그 어떤 정본 컬렉션에서도 찾아볼 수 없다."[39]

> 루돌프 피터스, 암스테르담대학교: "비록 이 전통이 꽤 유명하며 자주 인용되었다고는 하지만, 권위적인 편찬들에는 실리지 않았다."[40]

> 데이비드 쿡, 라이스대학교: "현대 및 고전 무슬림 문헌들을 보면 영적 지하드의 지위는 무시해도 좋을 만큼 미미하다는 것을 알 수 있다. 오늘날 서양 외의 언어(예를 들어 아랍어, 페르시아어, 우르두어 등)를 사용하는 무슬림들이 지하드는 본래 비폭력적이었다거나 영적 지하드로 대체되었다고 주장하는 경우는 찾아볼 수 없다. 이와 같은 주장을 하는 이들은 모두 서구 학자들뿐이며, 특히 수피즘이나 종교 간의 대화를 연구하는 이들이 대부분이다. 현재의 이슬람

---

38 Al-Tirmidhī, Sunan (Beirut, n.d.), 3:89, no. 1671. Cited in Cook, Understanding Jihād, 217n10.

39 Reuven Firestone, Jihād: The Origins of Holy War in Islām (Oxford: Oxford University Press, 1999), 140.

40 Rudolph Peters, Jihād: A History in Documents (Princeton, NJ: Markus Wiener Publishers, 2016), 116.

을 가능한 한 무해하게 보이도록 만들려는 무슬림 호교론자 역시 여기에 포함된다."[41]

파즐라 라흐만, 시카고대학교: "그러나 초기 공동체의 지하드가 순수하게 방어적이었다고 주장하는 무슬림 호교주의자들의 태도는 역사적 맥락에서 그 무엇보다도 용납될 수 없는 것이다."[42]

무스탄시르 미르, 미시간대학교: "알 라그히브 알 이스파하니[~11세기 초]에 따르자면 지하드는 외부 적과의 투쟁(mujāhadat al-'aduww az-zāhir), 사탄과의 대치(mujāhadat ash-shaytān), 그리고 자기 자신의 내면과의 싸움(mujāhadatan-nafs)으로 나눌 수 있다. 세 가지 경우 모두 적대적인 세력을 상대로 승리하거나 적군을 진압하는 것을 목적으로 한다. 특별한 의미에서의 지하드는 이 세 가지 중 첫 번째 지하드만을 지칭한다. 이것은 '무장 행위'로도 번역되며, '키탈'이라고도 불리는 동시에 '지하드'라는 단어의 가장 일반적인 용법이다. 지금 우리가 여기에서 말하는 '지하드' 역시 이 개념을 중심으로 한다. '지하드'를 행하는 자에게 커다란 보상이 약속되어 있다는 쿠란이나 하디스의 구절들에서도 지하드는 키탈을 가리킨다."[43]

저명한 고전 이슬람 철학자 이븐 타이미야(앞서도 말했지만, 제12장에서 자세하게 다룰 것이다) 또한 몇몇 하디스의 진위에 대해 회의적인 태도를 보이면서 쿠란의 제4수라와 제9수라를 인용했다.

41 Cook, Understanding Jihād, 165–166.
42 Fazlur Rahman, Islam, 2nd ed. (Chicago: University of Chicago Press, 1979), 37.
43 Mir, "Jihād in Islam." Abū l-Qāsim Abū l-Husayn ibn Muhammad, known as al-Rāghib al-Isfahānī, Al-Mufradāt fī Gharīb al-Qur'ān, ed. Muhammad Sayyid Kīlānī (Egypt: Mustafā al-Bābī al-Halabī, 1381/1961 impression), 101.

몇몇 이들의 말을 기록한 하디스에서는 예언자가 타부크 전투에서 돌아온 무슬림들에게 이런 말을 했다고 한다. "우리는 덜한 지하드에서 위대한 지하드로 돌아왔다." 이는 위조된 하디스로, 원전도 존재하지 않으며, 예언자(하나님 그를 축복하시고 그에게 평화를 내리소서sallAllāhu alayhi wa sallam)가 이와 같은 태도를 보인 말이나 행동을 알고 있는 이는 아무도 없다. 비신자들과의 싸움은 가장 위대한 일 중 하나다. 사실상 개인이 자원할 수 있는 최고의 일인 셈이다.

하나님께서 가로되 쿠란 4:95-96: "아무런 정당한 이유 없이 편안히 앉아 있는 신자들은 하나님의 길 위에서 자신의 재산과 목숨을 바쳐 싸우는 이들과 결코 같지 않으매 하나님은 재산과 목숨을 바쳐 투쟁하는 이들을 편안히 앉아 있는 자들보다 점점 더 좋아하시노라. 하나님은 두 무리 모두에게 보상을 약속하시나 편히 앉아 있는 자들보다 투쟁하는 이들에게 더 큰 [차이 나는] 보상을 내리시니라."

Q9:19-22: "순례자의 갈증을 식혀주거나 신성한 이슬람 사원을 유지시키는 이들을 하나님과 최후의 날을 믿고 알라의 길에서 싸우는 이들과 같게 보느뇨. 이들은 하나님의 눈에는 같지 않나니 하나님은 우매한 자들을 인도하시지 아니함이라. 믿음을 갖고 이주하여 하나님의 길 위에서 자신의 재산과 목숨을 바쳐 싸우는 이들은 하나님에게 더 높은 지위를 약속받나니 이들이 성공한 자들이라. 하나님은 그들에게 하나님의 자비와 기쁜 소식들을 전해주시며 이들을 받아들이시매 영원한 행복이 있는 정원을 주시노라. 이들은 그곳에서 영원히 머물며 진정으로 하나님과 함께 위대한 보상을 누리리라."[44]

---

44   Ibn Taymiyya, The Criterion between the Allies of the Merciful and the Allies of the Devil: al-furqān bayna awliyā' ar-rahman wa awliyā' as-shaytān, trans. Salim AbdAllāh ibn Morgan (Birmingham, UK: Idara Ihya-us-Sunnah, 1993), 52 – 53, 다음에서 참조 가능: https://shaykhulislaam.files.wordpress.com/2010/12/criterion.pdf.

이로부터 수백 년 이후 무슬림형제단을 설립한 하산 알 반나 역시 위대한 지하드와 덜한 지하드의 구분을 묵살했다.

적군과의 싸움이 지하드 아스가르흐(덜한 지하드)이며, 영혼의 지하드인 위대한 지하드(지하드 아크바르)가 따로 있다는 믿음이 널리 퍼져 있다. 이 중 다수는 이에 대한 증거로 다음의 말[아사르Athar]을 들먹인다. "우리는 '덜한 지하드'로부터 '위대한 지하드'로 돌아왔노라. 이에 전사들이 '위대한 지하드'는 무엇이냐 물었다. (무함마드) 가로되 심중의 지하드, 혹은 영혼의 지하드라 하더라."

이에 힘을 얻은 몇몇 이들은 싸우고, 전투를 준비하며, 싸움에 뛰어들 결심을 하며 하나님의 길 위에 오르는 것에 대해 사람들이 두는 의의를 전환시키고자 한다. [그러나] 이 말은 샤히흐(유효한) 전통이 아니다. 믿는 자들의 왕자, 알 하피즈 이븐 하자르 알 아스칼라니[45]는 『타스디드 알 카우스(Tasdīd al-Qaws)』에서 "널리 알려지고 수십 번도 더 회자된 이 말은 이브라힘 이븐 알바의 말이라 설명했다."[46]

그러나 이것이 유효한 전통이라 하더라도, 지하드를 버리거나 무슬림의 영토를 구하고 비신자들의 공격을 격퇴하는 정도로 지하드를 준비하라는 근거가 되지는 못한다. 그 의미는 단순히 영혼과 투쟁해서 모든 행위에 있어서 하나님

45　Five Tracts of Hasan al-Bannā' (1906 – 1949): A Selection from the Majmūʿat Rasā'il al-Shahīd Hasan al-Bannā', trans. 주석은 다음에서 발췌. Charles Wendell (Berkeley: University of California Press, 1978), 161n49: 이븐 하자르 알 아스칼라니(1382-1449), "저명한 역사학자이자 신학자, 전통주의자이며 하디스 및 이슬람법, 쿠란학에 관한 저서들, 그리고 하디스 음역자들 및 초기 무슬림 지도자들의 전기를 쓴 인물. 이 분야에서 가장 유명한 그의 저서로는 여러 권에 달하는 『타흐디히브 알 타흐드히브(Tahdhīb al-Tahdhīb)』(수정의 수정) 및 『알 이사바 피 타미이즈 아스마 알 샤하바(Al-Isāba fī Tamyīz Asmā' al-Sahāba)』(예언자의 동료들에 대한 정확한 구별론)이 있다."

46　Ibid., 155.

께 진실로 헌신할 수 있도록 하라는 것이다. 그러니 이를 널리 알리라.[47]

1973년 알 아자르에서 이슬람법학으로 박사학위를 받은 팔레스타인 태생 압둘라 유수프 아잠(1941-1989)[48]은 하디스에 관해 글을 쓸만한 자격이 충분히 있다. "[이는] 사실상 거짓의, 조작된 하디스이며 근거도 없다. 단지 후계자 중 한 명인 이브라힘 이븐 아비 아발라의 말일 뿐이며, 문헌적 증거나 현실과도 대치된다. (중략) '지하드'라는 단어가 독자적으로 쓰이는 경우에는 무장 전투만을 의미하는데, 이븐 루슈두 또한 이와 같이 말한 바 있으며 네 명의 이맘들 또한 이에 동의한다. (중략) 이븐 하자르가 말했듯, '피 사빌 알라(하나님의 길 위에서)'의 실천이 곧 지하드다."[49]

| 군사 신비주의: 수피 전사들과 지하드

이슬람 신비주의자인 수피(sufi)는 이상적으로나 신비적으로 그려지는 탓에 서양에서 아주 잘못 이해되고 있다. 모든 것이 평화로운 사상이자 에큐메니칼(교회연합운동-역주)의 영향을 받은 것으로 알려져 있기 때문이다. 그러나 사실 (서기 10세기경 탄생한) 이슬람 수피의 초대 교단들은 매우 놀라운 특징들을 가지고 있었다. 옥스퍼드대학교의 전 아랍어학과 교수인 1930년생 윌퍼드 마델룽은 역사를 다음과 같이 설명한다.

---

47 Charles Wendell's 161n50: 압드 알 라힘 알 후세인 알 하피즈 알 이라키(1325-1404): "쿠르드족 출신의 학자로 대부분의 생애를 이집트에서 보냈다. 그는 하디스 연구를 위해 이웃 나라를 방문했으며, 전통과 법학, 예언자의 전기와 쿠란학에 관련한 저서를 여러 권 써냈다."

48 Imam Abdullah Azzam, "Join the Caravan: Conclusion," Religioscope, February 1, 2002, http://english.religion.info/2002/02/01/document-join-the-caravan/.

49 Ibn Hajar al-ʿAsqalānī (1382 – 1449), Fath-ul-Bari. 안타깝게도 아잠은 이에 대한 정확한 출처를 밝히지 않았다.

이란, 즉 이슬람 수피의 초대 교단으로는 샤이히 무르쉬드로도 알려져 있는 아부 이샤크 알 카자루니가 설립한 무르쉬드파, 혹은 카자루니파가 있다. 알 카자루니는 서부 시라즈의 카자룬에 위치한 가난한 집안에서 태어났으며 그의 할아버지는 그때까지도 조로아스터교를 믿고 있었다. 이븐 카람과 마찬가지로 그 역시 적극적인 금욕주의자였으며, 강력한 설교자로서 수많은 조로아스터교도들을 이슬람으로 개종시켰다. 그가 비무슬림에게 보인 강렬한 비난과 공격적인 행동들은 그와 그의 추종자들로 하여금 당시 부와이 왕조가 이끌던 강력한 조로아스터교 공동체와 폭력적인 갈등을 빚게 만들었다. 그는 이교도들을 상대로 하는 지하드를 설파했으며, 그의 추종자 무리들은 아나톨리아의 기독교인들을 상대로 행동을 전개하기 시작했다. [50]

『지하드 이해하기』의 훌륭한 장 〈수피 전사들〉에서 쿡은 다수의 수피 단체들이 위대한 지하드를 내세우면서도 "실제의 싸움이 필요하다는 점을 강조했으며 그 둘 간의 연결고리를 설명했다. (중략) 수피 단체들은 가는 곳마다 두 가지의 지하드를 모두 수행했다"고 설명한다. [51]

시아파는 오늘날 이라크와 이란에서 믿고 있는 이슬람의 주요 종파로 수니파 이슬람과는 계승이나 권위, 법 등 여러 문제에서 큰 차이를 보인다. 튀빙겐대학교의 이슬람학 교수 하인즈 하름은 시아파에 대한 그의 고전적인 저서에서 두 가지 지하드를 결합한 수피 단체들을 다수 예시로 들고 있다.

---

50 Wilferd Madelung, Religious Trends in Early Islamic Iran (Albany, NY: Persian Heritage Foundation, 1988), 48. 마델룽의 각주 48n35: "알 카자루니의 전반적인 사항에 관해서는 다음 참조. F. Meier, Die Vita des Scheich Abū Ishāq al-Kāzarūnī in der persischen Bearbeitung von Mahmūd b. ʿUtmān. Leipzig, 1948."

51 Cook, Understanding Jihād, 45.

독자적 타리카[수피 형제단. 데르비시파]가 시아파의 군사적 무장단체로 성장해 정치적 영향력을 행사하기 시작한 것은 14세기의 일이다. (중략) 가장 오래된 예시로는 '그노시스파의 방향성(쿠틉 알 아리핀Qutb al-Arifin)'을 따르는 샤이히야 주리야의 타리카로, 샤이히 칼리파(?~1335)와 그 후계자 샤이흐(수피 사상에서 샤이흐란 박식한 수피이자 수피즘의 대가이며, 다른 이들을 가르치고 의식을 열며 초보[무리드murid] 데르비시 교인들을 이끄는 인물이다) 하사니 주리(?~1342)가 있다. 방랑하는 데르비시파의 샤이히 칼리파는 카스피해 마잔다란 주 출신으로 테헤란 동쪽의 바이하크/사브자바르에 위치한 모스크에서 스스로 신비주의 스승의 자리에 올라 곧 다가올 마흐디의 출현(주흐르zuhūr)을 설파하면서 시아파 교인들로 하여금 성전을 준비하라고 촉구했다. 52

역사적으로도 큰 의의를 가지는 사파비 왕조 또한 사피 아드 딘 아르다빌리(1252-1334)가 주창한 사파비 수피 교단에 그 기원을 두고 있다. 사파 알 딘 이후 사파비 교단은 그의 아들 사드르 알 딘 무사(1305-1392)가 이끌었다. 이 교단은 현재 수니파 샤피이 법학파의 외향을 유지한 채 페르시아와 시리아, 소아시아 등지에서 활발한 개종 운동을 펼치고 있다. 사드르 무사 이후에는 그의 아들 흐와드자 알리와 손자 이브라힘이 그 뒤를 이었다. 1447년, 이브라힘의 아들 샤이흐 주나이드가 권력을 잡으면서 사파비 운동의 역사는 극적으로 변화하기 시작했다. 이란학자이자 사파비 전문가인 사보리의 말에 따르자면 "더 이상 영적 권위에 만족할 수 없었던 주나이드는 그를 따르던 이들을 군사적으로 선동해 비신자들을 상대로 하는 성전에 뛰

---

52 Heinz Halm, Shi'ism, 2nd ed. (1991; New York: Columbia University Press, 2004), 70-71.

어들도록 만들었다."[53]

하인즈 하름 또한 이에 대한 이야기를 이어나간다.

> 주나이드는 투르크멘족 유목민들 중에서 지원자를 모집해 국경수비대(가지 ghāzī)를 꾸려 이끌면서 조지아 정교회와 카프카스의 체르케스인들을 상대로 성전을 벌였다. 1460년에 그가 전사하자 그의 아들이었던 샤이흐 하이다르가 그 뒤를 이었다. (중략) 하이다르 역시 투르크멘족에게 '대표자(칼리프)'를 보내 사파비 교단과의 동맹을 맺고 비신자들과의 성전에 참여할 것을 촉구했다. 이러한 과정 속에서 교단의 성격이 상당히 바뀐 것도 놀랄 만한 일이 아니다. 하이다르는 더 이상 열두 명의 대가들과 함께 교단을 운영하는 전통적인 수피 샤이흐가 아니었으며, 그보다는 강력하고 거대한 힘을 이끄는 종교적 전사로 거듭났다. 수피라는 단어는 시간이 지날수록 '적극적인 무슬림'을 의미하게 되었다.[54]

사파비 역사학자 이스칸다르 베그 문쉬(혹은 에스칸다르 베그 토르카만 몬시, ?~1633년경) 또한 압바스 1세 정권의 역사를 기록한 『타리키 알람 아라이 아바시(Tārīkh-i ʿAlam-ārā-yi ʿAbbāsī)』(헤이다르가 영적 권위와 세속적 권위를 동시에 휘두르다)에서 다음과 같이 말했다. "내심 (수피) 샤이흐와 하나님의 사람들이 보여주었던 선례들을 따랐던 그는 영적 지도자의 길을 걷는 동시에 신앙을 수호하고자 했다. 그러나 표면적으로는 왕

---

53 Roger Savory, Iran under the Safavids (1980: Cambridge: Cambridge University Press, 2007), 16.

54 Halm, Shiʿism, 75-76. '적극적 무슬림'에 대한 하인즈의 각주에는 다음 참고문헌이 제시되어 있다. "H.R. Roemer, 'Die turkmenischen Qĭzĭlbaš-Gründer und Opfer der safawidischen Theokratie,' ZDMG 135 (1985): 227 – 40."

자들과 마찬가지로 왕위에 앉아 있었다."[55]

　인도에서도 비슷한 역사가 펼쳐졌는데, 여기서는 수피 교단의 일종인 낙쉬반디야 무자디디야가 그 주인공이었다.

> (낙쉬반디야 무자디디야는) 무슬림 부흥 운동 및 정복 활동과 밀접한 관계가 있었다. 사이먼 딕비가 번역한 『아브랑제브의 데칸 속 수피와 전사들(Sufis and Soldiers in Awrangzeb's Deccan)』(원제: 말푸자티 낙쉬반디야Malfuzat-i Naqshbandiyya)에서도 이와 같은 기조를 그리고 있다. 주요 인물인 바바 팔랑포쉬는 지역의 성인으로 아우랑제브 대제(1657–1701)가 이끄는 무굴 군대에 몸담았을 때 남부 인도 지역 정복전쟁에 참가한 바 있다. 그는 예언자 무함마드의 삼촌 함자(627년 우후드 전투에서 전사한 인물로 보통 '순교자들의 왕자'로 불림)의 계시를 목도했는데, 여기서 함자는 바바 팔랑포쉬에게 검 하나를 주면서 다음과 같이 말했다. "이 검을 받아들고 (중략) 데칸[남부 인도]의 땅에 있는 미르 쉬하브 알 딘의 군대로 가라."[56]

결론

고전 이슬람의 문헌들, 다시 말해 하디스 컬렉션과 쿠란 해설서, 온갖 법학파들이 편찬한 법서들 등에서는 전투적 지하드(즉 '덜한 지하드')에 대한 증거를 수백 개도 넘게 찾을 수 있지만, 오로지 영적인 '위대한 지하드'에 헌신한 글은 어디에서도 찾아볼 수 없는 듯 보인다.

　정본 하디스 컬렉션에서도 전혀 등장하지 않는 영적 지하드는 확

55　Iskandar Beg Munshī, Tārīkh-i 'Alam-ārā-yi 'Abbāsī, trans. R.M. Savory, Persian Heritage Series, ed. Ehsan Yarshater, no. 28, 2 vols. (Boulder, CO: 1978), 31; 다음에서 인용. Savory, Iran Under the Safavids, 18.

56　Cook, Understanding Jihād, 46. 쿡의 각주 219n40: "Simon Digby, Sufis and Soldiers in Awrangzeb's Deccan (New York: 2001), pp. 69–70; 이외 pp. 83–84, 122–123, 216에서도 수피 무리드[제자]가 보통 군인이었다는 흥미로운 이야기들이 등장한다."

실히 부차적인 형태의 개념이었던 것으로 보인다. 이후의 지하드 관련 문헌들에서도 '위대한 지하드'를 언급하는 것을 찾아보기는 힘들다.

제8장

무함마드의 운동과 초기 정복 활동

무슬림 역사학자이자 법관이었던 알 와키디(747-823)의 저서 『키탑 알 마그하지』('캠페인의 책')는 초기 이슬람 공동체의 역사와 무함마드의 생애에 대한 주요 자료다.

예언자는 총 27번의 공습[가자와트gazawāt]에 참여했다. 그는 그중 9번의 전투에 직접 참여했는데, 여기에는 바드르 전투, 우후드 전투, 알 무라이시 전투, 알 칸다크 전투, 쿠라이자 전투, 카이바르 전투, 메카 정복전쟁, 후나인 전투와 알 타이프 전투가 있다. 그는 47번의 원정을 지휘했으며 세 번의 움라[Umras, 핫지 의례 전후로 메카 카바를 순례하는 일]를 다녀왔다. 몇몇은 그가 바누 나디르와 싸웠다고도 하지만, 하나님은 이를 그를 위한 전리품으로 만드셨다. 그는 또한 카이바르로 돌아오면서 와디 알 쿠라(아라비아 반도의 유대인 점령지–역주)를 공격했으며 이 과정에서 여러 명의 동료를 잃었다. 이후 알 가바에서 전투를 벌였는데 이때 무흐리즈 나들라와 여섯 명의 적군이 목숨을 잃었다. 1

---

1   Al-Wāqidī, Life of Muhammad, 5.

이와 같은 움직임은 무함마드가 이슬람을 대표해서 벌인 것이다. 주요 이슬람 역사학자이자 쿠란 해석학자인 알 타바리(839-923)의 말에 따르자면 "하나님의 전령은 그가 받은 신성한 계시를 선언하며, 이를 공개적으로 사람들에게 주창하면서 그들을 하나님의 앞으로 데리고 오도록 명령받았다."[2] 무함마드의 전쟁은 '원형 그대로의 지하드 전쟁'[3]으로 비칠 수 있으며 그 종교적인 본질은 절대 무시될 수 없다. 정복전쟁과 마찬가지로 무함마드가 벌인 운동은 종교에 근거를 두고 있었다. 스코틀랜드의 역사학자 몽고메리 와트의 저서이자 무슬림들 사이에서 상당히 존중받는 무함마드 전기, 『무함마드: 예언자와 정치인(Muhammad: Prophet and Statesman)』에서도 이 점이 잘 드러나 있다. "따라서, 무함마드가 그를 따르는 이들을 선동해 행동하도록 만들고 또 그들의 과오를 사용해 행동을 정당화했든, 먼저 행동에 나서고자 하는 이들을 단순히 허락해준 것이든, 이슬람 공동체는 침략(라지아razzia)을 일반적인 아랍의 관행으로 삼았다. 그러나 이 역시도 그 과정에서 상당한 변모를 보였다. 침략 전쟁은 점차 비신자들에 대한 신자들의 싸움이 되었으며, 따라서 종교적 맥락 안에서 행해지게 되었다."[4]

메카에서 반대세력이 점점 자라나자 무함마드는 결국 메카를 떠나 메디나로 향했는데, 이주에 앞서 그를 따르던 메카인 70여 명을 먼저 메디나로 보냈다. 이 메카인들과 더불어 무함마드를 따르는 메디나인들은 각각 '이주자(무하지룬muhājirūn)'와 '원조자(안사르Ansār)'로 알려

---

2   Al-Tabarī, The History of al-Tabarī, trans. W. Montgomery Watt and M.V. McDonald, vol. 4, Muhammad at Mecca (Albany: State University of New York Press, 1988), 92.

3   Cook, Understanding Jihād, 2.

4   W. Montgomery Watt, Muhammad: Prophet and Statesman (1961; Oxford: Oxford University Press, 1974), 108.

지게 되었다. 와트는 다음과 같이 이야기를 잇는다.

> 이주자들은 '하나님의 길 위에서 재산과 목숨을 바쳐 싸우는 이들'로 묘사되
> 고 있다. 이들은 이슬람 공동체의 목표 중 하나인 하나님이 진정으로 숭배되는
> 마을을 건립하고자 했다. 행동에 있어서 이주자들이 이다지도 명확한 목표를
> 가지게 된 마당에 이들이 그 목표를 원조자들(안사르)과 공유하지 않을 이유
> 가 없었다. 모든 무슬림이 이 목표를 공유하는 것이 하나님의 뜻이었다. 한편
> 으로 메카인들은 카라반의 경비대를 더욱 강화한 것으로 보이며, 라지아가 성
> 공하려면 더욱 많은 참여자들이 필요했다. 쿠란 구절(Q5. 알 마이다, 39)에서도
> 원조자(안사르)들이 라지아 운동에 참여할 것을 독려하고 있는 듯 보인다. "신
> 자들이여, 하나님을 두려워하라 (중략) 그리고 그의 길 위에서 싸우라." 따라서
> 무슬림 원정에 메디나인들이 참여해 그 목표의식을 공유한 것은 모두 원정의
> 종교적인 성격 때문이었다. [5]

와트는 '지하드'라는 용어의 발달과정을 분석한 이후, 이어서 초기
정복 활동의 종교적 성격에 대해 논한다.

> 유랑하는 라지아의 이와 같은 변모는 이것이 영어로 어떻게 번역되었는지를
> 보면 좀 더 확실히 알 수 있다. '투쟁'이라는 단어는 '자하다'로 번역된다. 또한
> 이 단어의 동사형 '투쟁하다'는 '지하드'인데, 이는 시간이 지날수록 '성전'을
> 가리키는 말로 변모했다. 라지아에서 지하드로의 변화는 단순히 이름만 바뀐
> 것이며 같은 행위에 종교적 색채를 약간 더한 것으로 볼 수도 있겠지만, 이는
> 사실과 다르다. 이 행위는 시간이 지날수록 무엇보다도 큰 의의를 가지게 되었

---

5 Ibid., 108.

다. 라지아는 단순히 한 부족이 다른 부족에 대항하는 행위다. 두 부족들이 서로 매우 친밀하고 그 우정이 잘 유지되고 있었다고 하더라도, 수년 후에는 라지아가 벌어질 수 있다.

그러나 지하드는 한 종교적 공동체가 이 공동체에 속하지 않은 이들을 상대로 싸우는 행위이자, 종교 공동체를 확장시키려는 행위다. 만일 무슬림의 공격을 받은 이교도 부족이 이슬람을 공언하기만 한다면 그 부족은 곧바로 공격에서 면제될 수 있었다. 결과적으로 이슬람 공동체가 성장하면서 무슬림들의 공습 성향은 한층 더 바깥의 세계를 향하기 시작했다. 이처럼 지하드의 '종교적' 성격이 아랍인들의 에너지가 향하는 곳을 정했으며, 그 덕분에 불과 한 세기도 되지 않는 시간이 지나자 이슬람 공동체는 서쪽으로는 대서양부터 피레네 산맥까지, 동쪽으로는 옥수스와 펀자브까지 펼쳐진 드넓은 제국을 만들게 되었다. 지하드라는 개념 없이는 이와 같은 확장은 없었을 것이 확실해 보인다.[6]

무함마드와 무슬림들에게 있어서 압도적 규모의 메카인들을 상대로 완전한 승리를 거둔 바드르 전투(624년 3월)는 "종교적으로 상당히 깊은 의미를 가졌다. (중략) 실망스러운 상황 속에서도 이들을 지탱해 주었던 신앙이 드디어 증명된 것이다. 하나님의 (중략) 초자연적인 행위가 그들의 손을 통해 이루어진 셈이었다. 쿠란은 이 사건에 대한 종교적 해석을 다양한 구절들에서 다루고 있으며" 바드르 전투의 승리가 "무슬림들에게 하나님의 위대한 구조가 영향을 미친 것으로 간주되었다. 하나님이 홍해에서 이스라엘 민족을 구한 이야기와도 비교할 만한 것이었다."[7] 무함마드에게 있어서도 이 승리는 예언자의

6   Ibid., 108-109.
7   Ibid., 125.

지위를 다시 한 번 다질 수 있었던 기회였다.

언제나 그랬지만, 특히 627년 3월부터 628년 3월 사이 무함마드는 모든 아랍인들을 이슬람에 복종시키는 것을 목표로 했다.[8] 628년 3월 메카인들과 맺은 후다이비야 조약 또한 무함마드에게 유리하게 체결되었는데, 여전히 이슬람이라는 종교 사상이 지배적일 수 있었으며 언제나 새로운 개종자들을 끌어들일 수 있게 되었기 때문이다. 이와 더불어 '쿠란의 전갈에 대한 무함마드의 믿음, 종교이자 정치적 체계가 될 이슬람의 미래에 대한 그의 믿음, 또 그가 믿는 바에 의하면 하나님이 그에게 내려주신 과제들을 향한 그의 끝없는 헌신' 또한 엄청난 의의를 가졌다.[9]

무함마드는 뒤이은 630년, 아라비아 반도 북부에 위치해 있으며 메디나로부터 약 250마일 떨어져 있는 아카바 만의 도시 타부크를 상대로 사상 최대의 원정을 벌였다. 무함마드는 무슬림들의 참여가 종교적 의무라고 주장하며 무슬림들을 준비시켰다. 와트의 설명에 따르자면 "그의 사상에 있어서 종교적 측면은 거의 무엇보다도 중요한 위치를 점했다. (중략) 또한 그는 이슬람을 널리 퍼트리라는 하나님의 명령을 충족시키고자 하는 욕구를 동력 삼아 움직였다."[10]

필자가 이 책 전체에 걸쳐 계속해서 말하고 있는 바이지만, 서구의 역사학자들은 중동의 사건들에 있어서 종교가 가지는 역할을 과소평가하는 경향이 있다. "(다수의 사람들은) 이슬람국가를 위한 아랍 민족의 운동이 본질적으로 정치적이라고 생각할 수도 있다." 와트의 말이다. 그러나 "이는 사실과 다르다. (중략) 이집트에서 이스라엘 민족의 대

---

8   Ibid., 176.
9   Ibid., 188.
10   Ibid., 222.

탈출이 일어났을 때부터, 중동의 종교와 정치는 언제나 서로 밀접하게 관련되어 있었다. (중략) 이들의 운동이 (근대 서구의 사건들과는 달리) 표면적으로 정치적 성격을 가지고 있다고 해서 그것이 종교적이지 않았음을 의미하는 것은 절대 아니다."[11]

레오니 카에타니를 포함한 다수의 서양 이슬람학자들은 초기 이슬람의 정복 활동, 특히 7-8세기의 정복 활동에 있어서 종교가 가진 역할을 부정한다.[12] 그러나 조르주 앙리 부스케는 이러한 경향을 거부했다. "나는 이와 같은 정복 활동에 있어서 종교적 요소가 무시할 수 없을 만한 역할을 했다고 확신한다."[13]

부스케는 1956년 한 편의 글을 통해 이슬람의 정복 활동에 있어서 "종교적 요소들의 영향력을 과소평가하려는 (중략) 지난 반세기 이상 동안 이어진 [학자들 간의] 경향을 반대한다"고 주창했다.[14] 부스케는 종교적 열망이 '본래 다른 목적으로 행위에 참여한 사람들을 얼마나 성공적으로 끌어들일 수 있는지' 논했다.[15] 종교적 동기는 다음과 같은 이유로 배제될 수 없다는 말이다.

유명한 야르무크 전투[636년 8월 비잔틴 군대를 상대로 벌인 전투]를 묘사한 자마흐샤리의 저서에서도 이를 알 수 있다. "무슬림 설교자들은 전투원들을 끊

---

11   Ibid., 224.

12   Leone Caetani, Annali dell'Islam, 10 vols. (Milano: U. Hoepli, 1905 – 1926), 2:855 – 61; and Studi di Storia Orientale I (Milano: U. Hoepli, 1911), 364 – 71. 다음에서 영어 번역문 또한 참조할 것. Fred Donner, ed., The Formation of the Classical Islamic World, vol. 5, The Expansion of the Early Islamic State (Burlington, VT: Ashgate, 2008), chap. 1.

13   Georges-Henri Bousquet, "Queleques remarques critiques et sociologiques sur le conquête arabe et les theories émises àce sujet," in Studi Orientalistici in Onore di Giorgio Levi Della Vida (Roma: Instituto per l'Oriente, 1956), 1:52 – 60. 다음에서 영어 번역문 또한 참조할 것. Donner, Expansion of Early Islamic State, 21.

14   Georges-Henri Bousquet, "Observations sur la nature et causes de la conquête arabe," Studia Islamica 6 (1956): 37 – 52. 다음 또한 참조. Donner, Expansion of Early Islamic State, 23.

15   Ibid., 27.

임없이 독려했다. '아부 후라이라가 소리치기를 검은 눈의 후리들을 맞이할 준
비를 하고 천당 복락에서 너희의 주님을 뵐 준비를 하라. 또한 확신하라 (중략)
야르무크의 역사상 오늘보다 더 많은 머리가 땅에 떨어진 날은 없으리라.'" 여
기서 우리는 종교적 광신주의의 고전적인 논지와 그것이 아라비아 반도의 사
막화에서 담당한 역할을 알 수 있다!16

토머스 아놀드 경(1864-1930) 등의 학자들은 아랍인들이 피정복지의
사람들을 개종시킬 의사가 없었기 때문에 아랍의 정복전쟁에 종교적
성격이 없다고 주장했다.17 그러나 부스케가 지적했다시피, 십자군
전쟁을 예시로 살펴보아도 이것이 사실이 아님을 알 수 있다. 부스케
는 "십자군 전쟁 당시 서유럽에서는 십자군이 성지들을 구출해야만
한다는 거대한 열망이 자라나고 있던 반면, 이를 통해 무슬림을 개종
시키려는 의도도 없었으며 실제로 그렇게 하지도 않았다"고 설명한
다. 따라서 "아랍 정복 활동의 승리자들이 패배자들을 개종시키고자
하지 않았으므로 종교적 성격이 없었다는 주장은 아무런 설득력이
없으며, 그 명제는 (중략) 역사에 의해 거짓으로 기술되었다." 이후 부
스케는 필자가 그의 논의 중에서도 가장 강렬하다고 여기는 이야기
를 이어나간다.

만일 우리가 헤지라력의 첫 번째 세기[이슬람력으로 첫 세기, 서기 622–722년]
를 전체적으로 살펴본다면 우리는 그 시작부터 물질적 이득이 아니라 종교적
동기들에 명백하게 영향을 받은 영감들을 찾아볼 수 있다. 또한 세기말에는 종

---

16 Ibid., 28.
17 Thomas Walker Arnold, The Preaching of Islam: A History of the Propagation of the Muslim
   Faith, 2nd ed. (London: A. Constable, 1913), 45 – 71.

교적 특성을 가진 문명이 새로이 나타나기 시작했다. 정복 활동, 즉 누군가를 다른 무엇으로 전환시키려는 시도에 종교적 측면이 없다고 누가 말할 수 있단 말인가? (중략) 무함마드가 통합한 부족들이 주변 지역을 공격하고 정복했던 것이 오로지 비종교적인 목적에 의해서였다는 설은 나도 충분히 이해할 수 있다. 그러나 그 이후, 무슬림 문명은 어떻게 탄생했는가? 왜 이 사람들은 자신이 정복한 사람들, 로마제국 서부의 이방인들이나 중국의 만주 사람들 등 자신들보다 훨씬 훌륭한 문명을 이루고 있었던 사람들과 한데 뒤섞이지 않았을까? 일반적이라면 문명들이 혼합되기 마련이다. 확실히 무슬림 제도들은 주변의 환경에 크게 영향을 받아 만들어졌으나, 애초에 정복자들 중에 예언자와 같이 종교적 열성에 의해 영감을 받으면서 그 제자를 양성하는 이들이 없었더라면 무슬림 제도는 아마 첫 번째 이슬람 법학자들이 출현하기 전까지 생겨나지도 못했을 것이다.[18]

템플대학교의 부교수 칼리드 야햐 블랭킨십는 그의 저명한 역사책 『지하드 국가의 종말: 히샴 이븐 압드 알 말리크 정권과 우마이야 왕조의 몰락(The End of the Jihâd State: The Reign of Hishām Ibn 'Abd al-Malik and the Collapse of the Umayyads)』(1994)에서 무슬림 아랍 국가를 포함한 다수의 제국들이 군사 활동을 통해 정점을 찍었으며 "정복 활동을 도덕적 근거를 들어 정당화시키면서 이데올로기적 필수사항으로 만들었다"고 논했다.[19] 무슬림의 경우에는,

하나님의 권위만이 유일하게 정당한 주권이 되는 국가를 지상세계에 세우는

18   Bousquet, "Observations sur la nature et causes," in Donner, Expansion of Early Islamic State, 31.

19   Khalid Yahya Blankinship, The End of the Jihâd State: The Reign of Hishām Ibn 'Abd al-Malik and the Collapse of the Umayyads (Albany: State University of New York Press, 1994).

것이 그 필수사항이었다. 하나님의 권위는 그분이 명하신 방법을 통해서 세워져야만 했는데, 여기에는 그분의 길 위에서 무장투쟁하는 일이 포함되어 있었다. 이와 같은 무장투쟁은 지하드라는 이름으로 알려졌으며, 서기 750년 우마이야 왕조의 몰락에 이르기까지 칼리프 정권이 가장 은밀하게 시행했던 정책이 되었다. 무엇보다도 지하드는 대규모의 무슬림 인원을 동원해 칼리프 정권의 성공에 주요 역할을 하도록 만들었다.[20]

블랭킨십은 이어서 초기 무슬림들의 성공에 대해 논하면서 "무슬림 운동이 거의 한 세기 동안이나 계속해서 사방으로 뻗어나갈 수 있었던 것은 초기 무슬림 이데올로기의 기초 교리가 큰 역할을 담당했다고 보지 않고서는 설명할 수 없다"고 말했다.[21] 그와 같은 헌신에는 "이데올로기적 신앙이 뒷받침되어야만 하며" 무슬림들에게 있어서는 "가장 먼저 하나님에게, 두 번째로 하나님의 길 위에 재산과 목숨을 바친 이들을 위해 내세에 준비된 상 때문에 지하드를 통한 정복 활동이 유지될 수 있었으며, 살아남은 하나님의 전사들에게 돌아가는 지상의 보상은 세 번째 정도로나 고려되었다."[22]

필자가 앞서부터 계속해서 강조하고 있지만, 역사를 움직이는 데에는 이데올로기가 중요한 역할을 하며, 사회경제적 이유들로 그 근거가 약화될 수는 없다. 블랭킨십은 초기 무슬림 칼리프 정권의 이데올로기적 본질을 설명한다.

---

20 Ibid., 1.

21 Ibid., 1-2.

22 Ibid., 2; 279n5: "Indeed, a well-known hadith attributed to the Prophet states that the only true jihād is that waged to exalt God's word. Bukhari, I, 42-43. Martyrs in the jihād are promised paradise, Qur'an, III, 169. And those who fight in God's Path (and survive) are also promised a share of the spoil (innamā ghanimtum), Quran VIII, 41."

초기 무슬림 칼리프 정권은 그 이전에 존재했던 어떠한 정치적 공동체들보다
도 더한 이데올로기 국가였다. 여기서 이데올로기 국가란 통일된 단 하나의 이
데올로기적 목표를 향해 움직이는 국가를 말한다. 일반적으로 칼리프 정권의
이데올로기는 이슬람교, 혹은 쿠란과 예언자 무함마드를 통해 계시된 하나님
의 뜻에 대한 복종을 가리킨다. 쿠란이 이슬람국가에 대한 명확한 처방을 내리
고 있든 혹은 그렇지 않든, 실제로 예언자 스스로가 계시 받은 하나님의 말씀
을 바탕으로 자신의 개인적인 리더십을 통해 카리스마 있는 정치 공동체를 세
웠다는 것만은 틀림없다. 이 정치적 공동체의 유일한 공식 목적은 이슬람 이데
올로기를 가르치고 전도하는 일이었다. [23]

무함마드가 세상을 떠난 뒤에도 이야기는 달라지지 않았다. "칼리
프 국가는 계속해서 (중략) 명확한 이데올로기적 표현을 사용해 (중략)
지하드의 교리, 즉 하나님의 권위를 세우기 위한 싸움을 (중략) 비무
슬림을 상대로 하는 지속적인 군사 활동을 벌였으며, 비무슬림들이
이슬람을 받아들이거나 혹은 보호의 대가로 각각 공물(지즈야)을 내는
데 동의할 때까지 계속되었다." 예언자가 지하드라는 개념을 최초로
꺼내든 것은 최초의 라마단(623년 3월)부터다. 이때 이후로 "지하드 정
책은 칼리프 정권의 제도를 뒷받침하는 주요 이데올로기적 근거 중
하나가 되었으며, (중략) 이슬람 왕국을 확장시키려는 투쟁이 예언자
시대부터 끊임없이 이어졌기 때문에, 그 투쟁을 지휘하고 조직화할
정치적, 군사적 중심 권력자가 필요한 상태였다." [24]

블랭킨십은 초기 이슬람 역사에서 지하드가 얼마나 강조되었는지

---

23   Ibid., 11; 280n1: "Qur'an, IV.59, 64 – 65, 105; V.44 – 45, 47 – 50; Khadduri, [War and Peace in Islam,] 8 – 9, 16 – 17."

24   Ibid., 11.

는 이슬람의 문헌들, 심지어는 이슬람권 바깥의 문헌들에서도 분명히 드러나 있다고 단호하게 말한다. 앞서도 논했지만 지하드 교리는 쿠란에서 등장했으며 이후 하디스를 통해 정교하게 다듬어졌다.[25] 지하드는 무슬림에게 있어서 규칙적인 기도와 효도에 버금가는 세 번째 주요 의무였으며,[26] 이따금씩은 규칙적인 기도 바로 다음인 두 번째 의무로 여겨지기도 했다.[27]

이슬람의 이데올로기

이 책의 초반부에서 나는 20세기를 이데올로기의 시대라고 규정했다. 블랭킨십 또한 비슷한 논지를 펼친다. "일반적으로 쿠란과 하디스에서는 단 하나의 목표를 위해 움직이도록 사람들을 고무시키는 대중 이데올로기가 존재한다는 인상을 받을 수 있다. 실제로 이슬람의 이데올로기는 근대의 이데올로기보다도 먼저 대중성을 갖추고 사람들에게 열망을 불어넣던 이데올로기였다."[28]

서구 사회는 1996년 오사마 빈 라덴의 '전쟁 선언문' 때문에 큰 충격에 빠졌다. 특히 "당신이 삶을 사랑하는 만큼 (젊은 무슬림들은) 죽음을 사랑한다"는 문구 때문이었다. 그 맥락을 살펴보자. "두 개의 신성한 땅(사우디아라비아)의 자손들은 세계 곳곳에 있는 비신자들과의 싸움이 완전히 필수적이라고 느끼며 강력하게 믿기 때문에 (중략) 당신에게 고하노니, 당신이 삶을 사랑하는 것만큼 이 젊은이들은 죽음을 사랑한다. 이들은 긍지와 자부심, 용기, 너그러움, 신실함을 타고났다.

---

25 Ibid., 12.
26 Ibid., 14; 282n53: "Bukhari, IV, 17."
27 Ibid., 14; 282n54: "Ibn al-Mubarak, 44."
28 Ibid., 15.

(중략) 우리의 젊은이들은 죽음 이후의 천국을 믿는다."[29]

앞서 언급했던 무슬림형제단의 창시자, 하산 알 반나 역시 이보다 일 년 앞서 비슷한 말을 한 바 있다.

> 나의 형제들이여! 고결하며 명예롭게 죽는 방법을 알고 있는 움마에게는 현세의 훌륭한 삶과 내세의 영원한 행복이 약속되어 있다. 이 세계를 사랑하고 죽음을 두려워한다면 수모와 불명예가 따르리라. 그러므로 지하드를 준비하고 죽음을 사랑하는 이가 되어라. 삶이 스스로 너희를 찾으러 올 것이다. 형제여, 너희는 어느 날 죽음이 너희를 찾아올 것이며 그 불길한 사건은 오로지 단 한 번 일어난다는 사실을 알아야 한다. 만일 너희가 하나님의 길 위에서 이 사건을 맞이한다면, 너희에게는 이 세계에서의 혜택과 그다음 세계에서의 보상이 뒤따르리라. 그리고 형제들이여 그 무엇도 하나님의 뜻 없이는 일어나지 않음을 기억하라. (중략) 너희는 명예로운 죽음을 동경해야 하며 너희는 완벽한 행복을 얻을 것이다. 하나님이 나와 너희들에게 그분의 길 위에서 명예로운 순교를 맞이할 수 있도록 해주시길![30]

앞에서 자세히 살펴본 바와 같이, 쿠란 또한 무슬림들에게 다가올 삶을 사랑할 것을 촉구한다. Q9. 앳 타우바,〈회개〉, 38을 보자. "믿는 자들이여! 너희에게 무슨 일이 있기에 하나님을 위해 임하라 함에도 지상에 매달리느냐, 현세를 내세보다 더 좋아하느뇨? 그러나 현세의 삶은 내세와 비교하자면 실로 [매우] 작은 것이라." 이와 같은 정서와

---

29 다음 인용. Rubin and Rubin, Anti-American Terrorism, 140 – 141.

30 English Translation of Maj'muaat Rasail (the complete works) Imam Hasan al-Banna," vol. 10, "al-Jihād," https://thequranblog.files.wordpress.com/2008/06/_10_-al-jihād.pdf, epilogue, full text available at The Quran Blog—Enlighten Yourself, June 7, 2008, https://thequranblog. wordpress.com/2008/06/07/english-translation-of-majmuaat-rasail-the-complete-works-imam-hasan-al-banna/

철학은, 마찬가지로 앞서 살펴보았듯, 쿠란과 하디스 및 초기 이슬람 정복에 대한 아랍의 주요 문헌들에서 끊임없이 반복된다. 이제 우리는 그 본질을 간략하게 살펴본 뒤 그 문헌들을 탐구해 보겠다.

시카고대학교의 근동역사학 석좌교수 프레드 도너는 다음과 같은 논지를 제시한다.

> 이들의 영토 확장 활동에는 군사행동이 중심적인 역할을 담당했다. 이 때문에 영토 확장을 연구하는 대부분의 학자들이 이를 두고 '이슬람 정복 활동' 혹은 '아랍 정복 활동'으로 칭할 정도다. 종종 영토 확장의 다른 측면들을 등한시할 만큼 정복 활동을 강조했는데, 이는 아마도 푸투흐(futūh)라는 특별한 종류의 문헌 그 자체로 표현되고 있다 할 수 있겠다. 푸투흐 문헌들은 특히 그 광대한 제국 안에서 얼마나 많은 마을과 구역들이 이 활동의 일부가 되는지를 밝히고자 한다. '푸투흐'라는 단어는 종종 '정복'으로 번역되지만, 사실 그와는 약간 다른 의미를 가지고 있는 말이다. 영토 확장과 관련해서 '푸투흐'가 언급되는 경우라면 아마도 쿠란에서의 용법과 같은 의미로 사용될 터인데, 여기서 푸투흐는 하나님이 그의 신실한 신자들에게 약속하신 호의나 은혜의 행위를 의미하는 용어다(예를 들어 Q2:76 등의 여러 구절). 푸투흐 문헌을 제공한 이들이 만든 이와 같은 용법은 그 영토에 대한 무슬림의 점령이 문자 그대로 '하나님이 그들에게 수여하신' 땅이기 때문에 그 정복 활동이 정당한 것이라는 의미를 가졌다.[31]

여기서 이 '정복 활동'의 종교적 본질이 다시 한 번 강조된다.

알 타바리는 그의 기념비적인 만국사 『타리크 알 루술 왈 물루크

---

31 Donner, Expansion of Early Islamic State, xviii.

(Ta'rikh al-rusul wa'l-mulūk)』에서 초기 이슬람 정복 활동과 관련된 많은 이야기들을 들려준다. 칼리프 아부 바크르 정권의 무슬림 사령관 칼리드 이븐 알 왈리드가 알 히라에 다다르자 지도자 카비사흐가 그를 맞이하러 나왔다. 칼리드가 그에게 말하기를 "너희를 하나님과 이슬람으로 부르노라. 만일 너희가 부름에 응한다면 너희는 무슬림이라. 너희는 무슬림이 누리는 이득을 누릴 것이고 그들이 지는 책임을 지게 될 것이다. 만일 너희가 거절한다면 [너희는 반드시] 지즈야를 내야 한다. 만일 너희가 지즈야를 거부한다면 나는 너희 부족을 상대로 너희가 삶을 원하는 것 이상으로 죽음을 원하는 이들을 데리고 올 것이다. 우리는 하나님이 너희와 우리 사이를 결정하시기 전까지 너희와 싸울 것이다."[32](원문에서 강조)

잠시 후 칼리드는 약간 다른 말로 같은 협박을 반복한다. "이후 우리는 너희를 상대로 너희가 술 마시기를 사랑하는 것 이상으로 죽음을 사랑하는 이들을 이끌고 올 것이다."[33] 칼리프 아부 바크르는 칼리드에게 페르시아인들과 싸울 것을 촉구했으며, "내세의 일을 이 세계의 일보다 더 좋아하라, 그리하면 너는 두 곳 모두에서 보상을 받을 수 있으며, 이 세계를 더 좋아한다면 너는 두 곳 모두에서 거부당할 것"이라 말했다.[34]

두 번째 칼리프였던 우마르는 사드를 이라크 전쟁으로 보내기 전 그에게 다음과 같이 말했다. "하나님을 두려워하는 데에는 두 가지 방법이 있음을 알거라. 그분에게 순종하는 것이 하나이며, 그분에게 맞서는 이들을 막는 것이 다른 하나다. 그분에게 복종하는 데에는 이

---

32 The History of al-Tabarī, vol. 11, The Challenge to the Empires, trans. Khalid Yahya Blankinship (Albany: State University of New York Press, 1993), 4.

33 Ibid., 6.

34 Ibid., 48.

세계를 혐오하고 내세를 사랑하는 방법이 있으며, 그분을 혐오하는 데에는 이 세계를 사랑하고 내세를 혐오하는 방법이 있다."[35]

우마르 칼리프 정권 시기, 알 무그히라흐 슈바흐는 그의 페르시아 적군이었던 루스탐에게 "너희가 우리를 죽인다면 우리는 천국으로 들어가며, 우리가 너희를 죽인다면 너희는 불지옥에 들어갈 것"[36]이라고 말했다. 한편 무슬림 사령관 주흐라 하위야는 루스탐에게 "우리는 이 세계의 무언가를 위해서 너희에게 온 것이 아니다. 우리의 목적과 열망은 내세에 있다"고 말했다.[37] 우마르 칼리프 정권동안 있었던 사건들을 다룬 방대한 저서 속에서 알 타바리는 무슬림 사령관들과 전사들이 표현한 정서를 반복해서 드러냈다. 다시 말하자면 이들이 하나님을 연유로 싸우고 있으며 오로지 내세에만 가치를 두고 있음을 보여주는 셈이다. 또 그 모든 것들이 순교를 극찬하고 있다는 점[38]은 다음의 마지막 예시에 전형적으로 드러나 있다.

> 무슬림들은 스스로 전투를 준비해왔다. 오늘 밤은 무슬림들이 하나님께 닿고 성전에 [뛰어들] 첫 번째 날이다. 오늘 밤 누가 먼저가 되더라도 그는 그에 따른 보상을 받을 것이다. 순교를 위해 [다른] 무슬림들과 경쟁하며, 힘차게 죽음을 받아들여라. 그렇게 한다면 만일 너희가 살고자 한다면 너희를 죽음에서 구해줄 것이며, 만일 그렇지 않다면 너희는 내세를 얻을 것이라. (중략) 너희의 아이들과 아내들을 [내걸기를] 경쟁하라. 죽임당하는 것을 두려워하지 말지어니, 죽임당하는 것은 순교자의 위엄이자 운명이다.[39]

---

35   Friedman, Battle of a-Qadisiyya, 9.

36   Ibid., 32.

37   Ibid., 64.

38   Ibid., 38, 50, 75, 81, 84, 87, 88, 138, 167.

39   Ibid., 119.

알 타바리는 또한 자신이 비신자들과의 전쟁에서 하나님의 도움을 받았다고 말하는 역사상의 주요 인물들을 소개한다. 하나님은 이슬람교에게 연이은 승리를 약속하면서 그 종교를 명예롭게 한다. "그리고 하나님은 적군을 물리치는 무슬림들에게 영광스러운 방법으로 승리를 약속하시며", "그리고 하나님은 [비신자들을 무슬림에게] 패배하도록 만드신다" 같은 의미를 가진 문구들은 수도 없이 찾아볼 수 있다.[40]

---

40 The History of al-Tabarī, vol. 13, The Conquest of Iraq, Southwestern Persia, and Egypt, trans. Gautier H.A. Juynboll (Albany: State University of New York Press, 1989), 188–189; 175. See also vol. 11:102.

제9장

최초의 테러리스트?

1966년, 파즐라 라흐만은 하와리즈파의 급진적인 사상에 대한 글을 하나 저술했다. 7세기 초 시작된 하와리즈파의 영향력은 공공연하게도 중세 이슬람의 걸출한 인물 몇몇 뿐만 아니라, 18세기의 와하브 운동과도 같이 급진적인 이상주의에 영감을 받아 일어난 비교적 최근의 운동들, 그리고 그보다 더 최근 아랍 중동 지역에서 다소 중도적인 사상과 함께 탄생한 무슬림형제단에 의해 다시 되살아났으며 이를 의심할 여지도 없다는 것이 라흐만의 논지였다. 또한 라흐만은 "하와리즈파의 이상이 몇몇 측면에 있어서 파키스탄의 급진적인 이슬람 운동, 자마티 이슬라미의 교리와도 닮아 있다"고 논한다.[1]

1973년, 아랍의 지식인 마흐무드 이슬라미는 하와리즈파가 이슬람의 정체성과 초기 이슬람 공동체의 문화를 보존하기 위해 외국의 문화를 거부했다고 논했다. 근대의 이슬람 근본주의자 운동들 또한 같은 맥락에서 이슬람 사회를 희석시키고 타락시킨다는 서구 문화의

---

1   Rahman, Islam, 2nd ed., 170.

공격적인 침투와 맞서 싸웠다. 하와리즈파가 초기 이슬람의 정치적, 종교적 지도자들을 비난하고 그에 맞서 일어났듯이, 근대의 근본주의자들 또한 그들의 관점에서 보았을 때 비이슬람적이었던 당대의 아랍 정부들을 비난하고 그들을 상대로 봉기를 일으켰다.[2]

1927년 『이슬람사전』 제1판 1권에서 이탈리아의 유대인 언어학자 조르지오 레비 델라 비다는 하와리즈파가 그들의 "극단적인 광신주의를 일련의 과격한 선언문들과 테러 행위를 통해 드러냈다"고 묘사했다.[3] 『이슬람사전』 제2판에서도 레비 델라 비다의 글은 수정 없이 유지되었다.[4] 저명한 이슬람학자 몽고메리 와트 역시 『이슬람 사상 형성기(The Formative Period of Islamic Thought)』(1973)에서 하와리즈파의 하위 조직이었던 아즈라키트파를 '테러리스트'로 부르고 있다.[5] 아즈라키트파에 대해서는 잠시 후에 살펴보겠다.

하와리즈파에 대한 논의를 시작하려면 먼저 656년 메디나에서 일어난 우스만 칼리프 암살사건을 살펴보아야 한다. 와트가 말했다시피, 이 사건 때문에 조직된 하와리즈파는 "혁명주의적인 기조를 유지하기 위해 살인을 벌인 것이라 설명했지만, 그 기조의 정확한 본질이나 의의가 무엇인지는 명확하지 않다."[6]

우스만에게 불만을 품고 있었던 다수의 무슬림들은 이 살인사건 이후로 그들의 고충을 토로하기 위해 메디나로 모여들었다. 몇몇 이

---

2 Mahmūd Ismāʿīl, al-Harakāt al-sirrīyah fī al-Islām: ruʾyah ʿaṣrīyah (Secret Movements in Islam: Modern View) (Bayrūt: Dār al-Qalam, 1973), 14f., 다음에서 인용. Hussam S.Timani, Modern Intellectual Readings of the Kharijites (New York: Peter Lang, 2008), 94-95.

3 Encyclopaedia of Islam, vol. 2, "E-K," ed. M. Th. Houtsman, A.J. Wensinck, and T.W. Arnold (Leiden: Brill, 1927), s.v. "Khāridjites," by Giorgio Levi Della Vida.

4 Encyclopaedia of Islam, vol. 4, "Iran-Kha," ed. by E. van Donzel, B. Lewis, and Ch. Pellat 2nd ed. (Leiden: Brill, 1978), s.v. "Khāridjites," by Giorgio Levi Della Vida.

5 W. Montgomery Watt, The Formative Period of Islamic Thought (Edinburgh: University of Edinburgh Press, 1973), 21.

6 Ibid., 9.

들은 우스만이 본래 무슬림들을 위해 가지고 있어야만 했던 몇몇 개인 사유지들을 이라크에 양도했다며 불만을 터트렸다. 우스만이 그의 파벌 인사들에게 수익성 좋은 자리들을 넘겨주었다고 주장하는 이들도 있었다. 세 번째로는 종교적 불만이 제기되었다. 우스만이 몇몇 경우에서 쿠란에 규정되어 있는 형벌을 제대로 가하지 못했다는 게 그 요지였다.

이와 같은 불만만으로는 우스만을 상대로 벌어진 폭력을 모두 설명할 수 없어 보인다. 와트는 초반에 다소 혼란스러워하는 듯 보였으나 결국에는 늘 하던 대로 사회경제학적, 인류학적 설명을 내놓았다. 이 모든 불만들의 기저에는 본래 유목민이었던 배두인족이 자신의 생활을 완전히 바꾸는 데에서 발생한 불편함이 깔려 있다는 말이었다. 사막의 자유로움에서 강력한 행정체제가 부과하는 제약들을 참지 못한 나머지 영적이고 사회적인 위기 상황이 발생하게 되는 셈이다.

와트는 '이 문제들의 근본 원인은 [불만을 품은 사람들이] 새로이 놓이게 된 새로운 경제적, 사회적, 정치적 구조'라고 결론지었다.[7] 그러나 와트의 해석은 율리우스 벨하우젠의 반박에 부딪히게 된다. 이들의 행동에는 종교적, 즉 이슬람적 동기가 숨어 있다는 벨하우젠의 주장에 대해서는 뒤에서 더욱 자세하게 알아보도록 하겠다.

우스만의 사후 메디나의 무슬림들은 알리를 칼리프 자리에 앉혔다. 그러나 모두가 알리를 칼리프로 인정한 것은 아니었다. 알리는 살인자들을 처벌하지도 않았으며, 반란군들에게 공감하는 모습도 보여주지 않았다. 수많은 이들이 알리를 거부하며 메디나를 떠났다. 한편 시리아에서는,

---

7   Ibid., 12.

우스만과 관련된 인물이자 지도자였던 무아위야 또한 알리에게 충성하기를 거
부했다. 당시에는 무함마드의 미망인 아이샤를 따르며 공개적으로 알리의 정
당성에 의문을 제기하던 세 번째 집단이 있었다. 알리는 656년 12월 카멜 전
투에서 이들을 무찔렀다. 이에 자신감을 얻은 알리는 곧 무아위야 세력을 향
해 진격해 시핀 지역에서 이들과 대치해 몇 번의 소규모 전투를 벌였다. 출처
가 불분명한 이야기에 따르자면 이때 구도심에 있는 무아위야의 병사 여러 명
이 자신들의 창에 쿠란 사본 몇 장을 묶은 채 알리의 사람들에게 다가갔다고
한다. 추측건대 이 전투가 쿠란에 따른 판결로 해소되어야 한다고 주장하려 했
던 듯하다. [8]

레비 델라 비다의 설명에 따르자면 알리 측 병사들 대다수가 이들
의 제안을 받아들였는데, 이는 전쟁에 피로를 느낀 탓일 수도 있고,
쿠란 낭독자들이 "그와 같은 쿠란의 판결을 통해 우스만을 상대로
벌였던 맹렬한 공격 및 뒤이은 우스만 암살사건을 정당화할 수 있으
리라고" 바랐기 때문일 수도 있겠다. [9]

전쟁 중에 있던 부대들이 철수했으며 중재안이 제시되었다. 그러
나 무아위야와의 협의가 성사된 이후 알리의 지지자들 중 몇몇은 분
쟁을 신성한 언어가 아니라 인간 세계의 판단에 부치려고 한다며 격
렬한 시위를 일으켰다. 이들은 '판단은 오직 하나님의 몫'이라 주장
했다. 얼마 지나지 않아 수천 명의 사람들이 쿠파 인근의 마을 하루
라로 물러났다. 알리가 양보안을 제시했으나, 어찌 되었든 중재안이
실현될 기미를 보이자 두 번째 철수가 추가로 일어나 삼사천 명의
사람들이 안 나흐라완으로 이주했다.

---

8   Ibid., 13.

9   Encyclopaedia of Islam, vol. 4, 2nd ed., s.v. "Khāridjites."

레비 델라 비다는 이 사건 이후의 하와리즈 운동 발전사를 설명하면서 하와리즈파의 특성을 다음과 같이 규정했다.

하와리즈파의 극단적인 광신주의는 일련의 과격한 선언문들과 테러 행위를 통해 표명되었다. 이들은 알리의 칼리파 지위가 무효하다고 주장하면서 동시에 우스만의 행위를 비난했으며, 우스만 살해사건에 대해 보복하고자 하는 의도는 없다고 말했다. 여기에서 한 발자국 더 나아가 알리는 물론 우스만과의 연을 끊지 않으면서 자신들의 시각을 받아들이지 않는 모든 이들을 신앙심 없는 이들로 규정하기 시작했다. 이들은 다수의 살인을 저질렀으며, 여성 또한 예외로 두지 않았다. 하와리즈파는 광신적이고 사나운 타 세력들을 다수 받아들이면서 조금씩 세력을 키워나갔는데, 여기에는 비아랍계 인사들 또한 포함되어 있었다. 하와리즈파는 신앙 앞에서 모든 인종이 평등하다는 원칙을 내세워 이들을 끌어들였다. 이때까지 반란군들과 상대하는 일을 피해왔던 알리는 (중략) 자라나는 위협을 막기 위해 움직일 수밖에 없게 되었다. 알리는 하와리즈파의 본거지를 공격해 크게 승리했으며, 이븐 와흐브를 포함해 다수의 추종자들을 살해했다(알 나흐라완 전투, 658년 7월 17일). 그러나 이 승리는 알리에게도 독이 되었다. 반란은 전혀 수그러들지 않았으며 오히려 곳곳에서 지엽적인 폭동이 발생하기 시작했다. (중략) 그러나 정작 알리 자신은 하와리즈파 인물이자 알 나흐라완 전투에서 처가 일족을 모두 잃은 압드 알 라흐만 무르드잠 알 무라디의 검에 의해 목숨을 잃었다.[10]

하와리즈파의 기초 교리

와트는 하와리즈파가 내거는 슬로건, "하나님 외의 심판은 없다(lā

---

10   Ibid.

hukm illā li-llāh)"가 곧 쿠란에서 제시된 모든 규칙이 무조건 적용되어야 함을 의미한다고 해석한다. 인간은 이미 하나님의 답이 제시된 질문에 대하여 스스로의 결정을 내릴 수 없다는 말이다. 그러나 프린스턴고등연구소 사학과대학의 앤드류 W. 멜론 교수였던 고 패트리시아 크론은 하와리즈파가 정말 그런 의미를 부여했는지는 확신할 수 없다고 말했다. "(이 해석은) 너무나 시시하기 때문에 동 슬로건의 강령적 성격을 설명하기엔 역부족이다."[11] 크론 교수와 마이클 쿡은 공동집필한 저서 『하갈리즘(Hagarism)』에서 또 다른 해석을 제시하는 한편, 런던대학교 소아즈(SOAS, 아시아 · 중동 · 아프리카 지역학 단과대학)의 명예교수인 제랄드 호팅도 마찬가지로 새로운 설명을 내놓는다.[12] 아마도 하와리즈파는 자신들이 그 어떠한 형태의 정부도 원하지 않는다는 점을 표현한 것일지도 모른다. 그러나 이 또한 나즈다트파의 경우를 제외한다면 그다지 설득력을 가지지 못한다. 나즈다트파에 대해서는 뒤에서 더욱 자세히 알아보겠다.

　하와리즈파는 우스만이 쿠란의 명백한 처방을 여러 번 어겼으며, 따라서 우스만 살해에 대한 정당성을 두고 논박을 벌일 필요도 없다고 믿었다. 알리 또한 마찬가지로 쿠란의 명백한 규율을 어기지 않은 것으로 비난을 받았다. 알리가 어겼다는 쿠란 구절은 Q49. 알 후주라트, 〈주거지〉, 9로 억압적인 조직들에 대항해 싸울 것을 명령하고 있다. 알리의 경우에는 무아위야와의 전투를 계속하지 않은 것이 여기에 해당했다.

11　Patricia Crone, God's Rule—Government and Islam: Six Centuries of Medieval Islamic Political Thought (New York: Columbia University Press, 2004), 54.

12　Gerald R. Hawting, "The Significance of the Slogan 'lā hukma illā lillāh' and the References to the 'Hudūd' in the Traditions about the Fitna and the Murder of 'Uthmān," Bulletin of the (University of London) School of Oriental and African Studies 41, no. 3 (1978): 453.

니체는 한때 광신주의에 빠진 이들이라면 너무나 자연스럽게, 의심을 넘어 확신을 가진 채 자신의 집단이 옳고 상대 집단이 틀렸음을 대전제로 삼고 상대 집단과 싸워야 한다는 의무를 구심력으로 움직인다고 설명했다. 하와리즈파 또한 마찬가지다. 와트의 설명에 따르자면,

> 쿠란의 한 구절(Q7. 알 아라프, 〈고도〉, 85)에서는 "하나님이 우리 사이를 심판하실 때까지 기다리라"고 말한다. 이는 곧 하나님이 승리를 주실 때까지 계속해서 싸워야 하며, 하나님은 반드시 그러하시리라는 뜻으로 해석되었다. 이 해석에서는 전투의 결과에 대한 한 치의 의심이나 불확실성도 찾아볼 수가 없다. 하와리즈파에게 있어서 하나님의 심판은 이미 명백하게 알려져 있는 사실이며, 인간이라는 객체를 통해 이행될 일만 남았다고 본다. [13]

"하나님 외의 심판은 없다"는 말은 정의로운 공동체에 대한 사상 또한 암시하고 있다. 여기서 정의로운 공동체란 '신성한 법을 알며 그것을 실천하고, 그것을 알지 못하거나 실천하지 않는 공동체 혹은 개인들에 대항하는' 공동체를 말한다.[14] 가장 중대한 죄인은 하나님과 예언자가 금지했던 것을 금하지 않는 자이며, 이 때문에 비신자가 되어 공동체에서 배척된다. 이러한 종류의 선언 혹은 판결은 타크피르(Takfir)로도 불리며, '누군가를 카피르(kāfir) 혹은 비신자라고 선언하는 일'로 정의된다. 배교가 사형에 이를 수 있는 중범죄이기 때문에 타크피르는 매우 중대한 혐의가 된다.[15]

---

13 Watt, Formative Period, 15.

14 Ibid.

15 Encyclopaedia of Islam, 2nd. ed., vol. 10, "Tā'-U[...], s.v. "takfir."

하와리즈파의 몇몇 원칙들은 '하와리즈'라는 말의 의미에서도 추론해볼 수 있다. 영어로 하리지(Kharijite)라고도 표기하는 하와리즈(Khawārij)는 '이탈하다'는 의미의 동사 하라자(kharaja)의 복수형 명사이며, 하리지야(Khārijiyya) 역시 같은 의미의 집합명사다. 와트의 설명에 따르자면 "이 단어는 여러 가지 의미로 해석될 수 있는데, 그중 네 가지 의미가 하와리즈파의 이름과 관계가 있다고 볼 수 있다." 다음에서 이 네 가지를 열거하겠다.

1. 알리 진영으로부터 '이탈' 혹은 '분리 독립'했음.
2. 비신자들로부터 이탈하여 '하나님과 그의 전령에게 히즈라(성천)'함(Q4. 안 니싸아, 〈여성〉, 100). 즉, 비신자들과의 모든 사회적 연결고리를 끊음.
3. 반역의 의미로 알리에게서 벗어나 대항함(하라자 알라kharaja 'alā).
4. '가만히 앉아 있는' 이들과는 달리 '자리를 박차고 일어나 지하드를 적극적으로 수행'함. 쿠란에서도 '박차고 일어남'을 의미하는 후루즈(khurūj)와 '가만히 앉아 있음'의 쿠우드(qu'ūd)라는 두 가지 개념 및 이 두 행위를 행하는 사람들을 구별해 서로 대조시키고 있다(예를 들어 Q9. 앳 타우바, 〈회개〉, 83).[16]

하와리즈파 사람들은 이 네 가지 요소 모두를 몸소 보여주었다. 예를 들어, 네 번째 요소는 이븐 알 아즈라크의 교리에서 눈에 띄게 두드러진다. 정의롭지 못하다고 여기던 집단으로부터 스스로를 분리시키고자 하던 이들은 두 번째 의미의 '분리 독립'을 행하는 것이라 믿

---

16   Ibid.

었다. 알리와 우마이야 칼리프들은 아마도 세 번째 의미에서 하와리 즈파를 '반역자'로 규정했을 것이다. 실제로 알 타바리의 기록에 따르자면 알리는 '하리자'라는 단어를 '반역 단체'를 지칭하는 데 사용했다고 한다.[17] 따라서 정부 인사들 및 하와리즈파 반대세력이 '하와리즈'라는 말을 '반역자' 혹은 '반역 단체'를 지칭하는 데 사용했다면, 하와리즈파의 동조자들은 같은 단어를 '활동가들'이라는 의미로 사용한 셈이다.

하와리즈파의 교리는 오랜 시간에 걸쳐 발전했지만 한 가지만은 명백하게 자리를 지켰다. 독일의 성서학자이자 동양학자인 율리우스 벨하우젠의 말에 따르자면, 하와리즈파는 태초부터 '이슬람의 참된 아들들'이었다.[18] 「원시 이슬람의 종교적 · 정치적 반당들(The Religio-Political Factions in Early Islam)」(1901)에서 그는 이렇게 말한다.

> 이들은 신권 정체를 진지하게 구상하고 있었으며 그에 반대되거나 그와는 어울리지 않는 그 어떠한 요소도 도입시키지 않았다. (중략) 이들은 원칙밖에 몰랐지만, 이미 사람들은 이에 대해 잘 알고 있었다. 덕분에 찾아 모을 필요도 없이 지지자들을 끌어들이는 일이 가능했다. 그러나 한 단계 너머의 행위에 실제로 참여한 사람들은 언제나 극히 소수에 불과했다. 이들은 언제나 새로운 사람들을 영입하고자 찾아다녔다. 누군가 어느 한 곳에서 불을 놓으면 눈에 보이는 소통 없이도 다른 곳에서 다시 불길이 치솟았다. 어느 곳에서나 긴장이 도사리고 있었으며 언제든지 폭발할 준비가 되어 있었다. 이슬람의 본질과

---

17 Watt, Formative Period, 16, citing al- Tabarī, i.3372.
18 Julius Wellhausen, The Religio-Political Factions in Early Islam (Amsterdam: North-Holland Publishing Company, 1975), 17. Originally published as Die religiös—politischen Oppositionsparteien im alten Islam (Göttingen, 1901).

신권 정체에서 (이와 같은 긴장감이) 얼마나 깊이 도사리고 있었는지를 잘 알

아볼 수 있는 셈이다. [19]

　벨하우젠은 와트와는 정반대로 하와리즈파가 "아랍주의에서 탄생

한 것이 아니라 이슬람에서 탄생한 것"이라고 단호하게 말한다. 또

한 "이슬람으로부터, 또 이슬람에서 독실하기로 손꼽히는 인물들 및

쿠란 낭독자들과 맺은 관계에서부터 (탄생한 것이었다) 형식적으로는 유

대교 광신주의자였던 바리새인들과도 비슷한 모습이 있었으나, 내용

측면에서는 상당한 차이점이 존재했다. 유대교 광신주의자들이 조국

을 위해 싸웠다면, 하와리즈파는 오로지 하나님을 위해 싸웠다."[20]

　나아가 하와리즈파의 행동은 선행을 명하고 악행을 금하라는 쿠란

원칙의 가장 좋은 예시다. '이론적으로는' 벨하우젠이 설명한다.

　　독실함은 일반적으로 정치적 편향성을 가지기 쉬운데, 하와리즈파에서는 이

　　점이 극대화되어 드러났다. 하나님은 그의 백성들에게 만일 그분이 지상에 내

　　려주신 계명이 남용되는 것을 본다면 침묵하지 말라고 명했다. 사람들은 개인

　　차원에서 스스로 선을 행하고 악행을 피해야 하기도 했으나, 모든 경우에서 이

　　러한 일이 지켜지고 있는지 감시하기도 해야 했다. (중략) 부정의에 반하는 공

　　개적인 행동은 모든 개인들의 의무였다. 사람들은 스스로의 단죄를 말과 행

　　동으로 표현해야만 한다. 모든 무슬림들은 보편적으로 이 원칙을 받아들이고

　　있지만, 모든 경우에 있어서 난폭하게 행동하는 것만은 하와리즈파의 특성이

　　었다. [21]

19　Ibid., 17 – 18.
20　Ibid., 20.
21　Ibid.

쿡은 악행을 금지하는 의무가 "하와리즈파의 정치적 활동주의와 규칙적으로 결합되었다"고 말했는데, 이는 올바른 지적이다.[22]

이슬람 학자 윌퍼드 마델룽 또한 하와리즈파의 활동주의를 이와 같은 이슬람의 원칙 및 의무에서 기인한 결과로 본다.

> 비록 [선행을 명하고 악행을 금하라는] 공식이 하나님의 신앙과 이슬람의 계율을 이교도들에게 설파하고 이들을 순종하게 만들기 위해 지하드를 행하라는 뜻으로 해석될 수도 있겠으나(타바리, 『타프시르』, 세이커 편저, 카이로, 1374-/1955-, VI, pp. 90ff., XIII, p.165 참조), 곧 이는 우선적으로 모든 무슬림들이 동료 무슬림을 쿠란 및 종교법에 알맞게 살며 행동하고 샤리아에 저촉될 수 있는 행동을 삼가도록 유도하는 의무로 이해되게 되었다. 특히 하와리즈파는 이를 슬로건으로 내걸고 불법적이거나 정당하지 못한 무슬림 지도자들과 큰 의미에서 이들을 지지하는 무슬림 공동체를 검열하는 데 사용해 스스로의 무장 반란과 신성한 법을 준수하도록 강제하는 싸움을 정당화했다.[23]

앞서도 이야기했듯이 하와리즈파는 대죄를 저질렀던 이라면 그 어떤 신자도 받아들이지 않았으며 나아가 그를 배교자(무르타드murtadd)라고 규정했다. 아즈라키트로 대표되는 하와리즈파의 극단주의자들은 이와 같은 방식으로 신앙심 없는 자가 된 이라면 누가 되었든 다시는 신앙에 발을 들일 수 없으며, 배교의 죄를 물어 그의 아내들 및 아이들과 함께 죽여야 한다고 주장했다.[24] 사실 모든 비하와리즈파 무슬림들이 배교자로 여겨진다. 레비 델라 비다의 말에 따르자면 이

22　Cook, Commanding Right and Forbidding Wrong, 393.
23　Encyclopaedia Iranica (www.iranicaonline.org/), s.v. "Amr be Maʻrūf," by Wilferd Madelung.
24　Encyclopaedia of Islam, vol. 4, 2nd ed., s.v. "Khāridjites," by Giorgio Levi Della Vida.

는 '이스티라드(isti'rād, 종교 살인)의 원칙'으로, "하와리즈 운동의 시작점부터 적용되었으며 심지어는 이론적으로 정립되기 이전부터 적용되어 아즈라키트의 전쟁 도중 용법이 완성되었다."[25] 레인의 『아랍어-영어 어휘』에서는 다섯 명의 아랍계 사전 편찬자의 말을 인용하여 이스티라드라는 단어의 사용법을 소개하고 있다. "하와리즈파는 가능한 모든 방법으로 사람들을 죽였으며, 파괴할 수 있는 그 누구라도 파괴했다. 무슬림이건 아니건, 자신이 죽이는 이의 조건은 묻지도 존중하지도 않았으며 죽는 이를 배려하지도 않았다."[26] 그보다 훨씬 최근에도 이스티라드에 대한 정의를 담은 책이 몇 권 출간되었는데, 그중 하나인 베어의 『현대 아랍어 문어체 사전(Dictionary of Modern Written Arabic)』에서는 이를 두고 "무자비하게 저지르다; 고심 없이 살육하다(흠, 적이군)"라 쓰고 있다.[27]

하와리즈파의 후기 역사

하와리즈파는 시골 지역에 쏟아진 공습 때문에 일부분만 생존할 수 있었는데, 이때에도 이들은 그 철학을 바탕으로 하와리즈파가 아닌 이들을 적으로 삼아 약탈하고 죽였다. 하와리즈파는 자신들의 이슬람식 근원을 잊지 않았으며, 스스로의 정치적 통일체 및 사회가 쿠란과 쿠란의 원칙들 위에 세워져야 한다고 강렬하게 믿었다.

683년 칼리프 야지드가 세상을 떠나면서 바스라를 다스리던 우바이드 알라 이븐 자이드가 하와리즈파 및 시아파 종파들 다수에 대한 통제력을 상실했다. 바스라 사람들은 당시 메카에서 칼리프 지위를

---

25   Ibid.

26   Lane, Arabic-English Lexicon, part 5, 2006, col. 3.

27   Wehr, Dictionary of Modern Written Arabic, s.v. "isti'rād."

주장하고 있던 이븐 아즈 주바이르를 지지하기로 결정했다. 다수의 하와리즈파가 메카로 가 이븐 아즈 주바이르를 도왔다. 그러나 그는 하와리즈파의 사상에는 공감하지 않았다. 이븐 알 아즈라크의 지휘에 따라 한 무리의 하와리즈파가 바스라로 돌아와 이븐 아즈 주바이르의 즉위를 반대했다. 이븐 알 아즈라크의 군대는 패배했으며, 그와 그의 추종자 몇몇은 동부의 마을까지 후퇴했으나 여기에서 주바이르의 군대에 붙잡히고 만다. 이븐 알 아즈라크는 685년 처형되었으나 아즈라키트파는 "다른 지도자들의 지휘를 따라 계속해서 폭동의 중심이자 테러리스트로의 행보를 이어나갔다"는 게 와트의 설명이다.

"이들이 충분히 강하면서 적군이 약한 곳이라면 어디든지 (중략) 약탈과 방화, 살육을 일삼았으며, 아즈라키트파를 적극적으로 지지하는 이들을 제외하고서는 그 누구도 예외가 될 수 없었다."[28] 이들을 처리하는 일은 이제 이라크의 새로운 지도자였던 무시무시한 인물 알 하자즈의 몫이 되어, 결국 마지막 아즈라키트파 인사가 698년 처형되었다.

와트는 이븐 알 아즈라크가 보여준 하와리즈 철학의 발전 과정이 집단 연대의 개념에 영향을 받았다는 점을 시사한다. 이븐 알 아즈라크는 하와리즈파의 본래 슬로건이었던 "하나님 외의 심판은 없다!"를 받아들였으며 정치적 통일체가 반드시 쿠란에 기초하고 있어야 한다는 그 적용법 또한 받아들였다. 그가 이해한 바에 따르자면 이는 "'자리에 가만히 앉은 채' 비신자들을 상대로 '일어서서 나서거나' 집단의 단죄 행위에 적극적으로 참여하지 않는 이들은 그 자체로 신성한 명령을 어기는 것이며 따라서 비신자와 마찬가지다."[29] 달리 말하

---

28 Watt, Formative Period, 21.
29 Ibid., 22.

자면, 신앙심 없는 자들을 상대로 지하드에 참여하지 않는 이들이 곧 비신자라는 말이다. 따라서 아즈라키트파만이 오로지 진정한 무슬림이며, 다른 모든 이들을 상대로 강도를 벌이거나 죽이는 일은 합법적인 일이 된다. 와트의 말에 따르자면 이는 '자신들의 테러 행위에 대한 종교적 정당화'인 셈이었다.[30] 이다지도 엄격하고 배타적인 구조의 사상은 아즈라키트파로 하여금 다른 모든 무슬림들과의 잠재적이고 영구적인 전쟁 상태에 있도록 만들었다.

와트는 이것이 "아즈라키트파가 아닌 무슬림들의 아내들과 아이들에게도 똑같이 적용되었다"며 말을 이었다. "아즈라키트식 집단 연대 개념에 따르자면 비신자들의 가족 역시도 비신자였기 때문이다."

> 이들은 다른 무슬림들을 만나면 그들의 신앙에 대해 질문을 던졌다. 이 때문에 본래 '질문하다'를 의미하는 단어 '이스티라드'는 곧 신학적인 적을 '무분별하게 죽이다'를 의미하게 되었다. 아즈라키트파에 합류하기 위해서는 한 가지 시험(미흐나mihna)을 거쳐야만 했는데, 전해지는 바에 따르면 포로 한 명을 정해주고 그를 죽이는 것이 시험의 요지였다. 만일 후보자가 여기에 순응한다면 그는 아즈라키트파에 더욱 깊이 구속되는 셈이었다. 특히 만일 그가 죽인 사람이 그 자신과 같은 부족 출신이라면 그는 이미 존재하는 연결고리를 부순 것이며, 따라서 아즈라키트파의 '보호'에 의존하게 되었다. 그러나 이 시험은 규칙적으로 행해졌다기보다는 이따금씩 일어났던 일로 보인다.[31]

하와리즈 운동의 의의

하와리즈파의 근본적인 원칙은 이슬람 공동체가 반드시 쿠란에 기초

---

30   Ibid.
31   Ibid.

하고 있어야 한다는 것이었다. 와트는 하와리즈파의 이슬람적이면서 정치적인 활동주의가 없었더라면 아마도 평범한 무슬림들은 칼리프 왕조가 세속적인 아랍 국가를 이끌도록 내버려두었을 것이라고 확신한다.[32] 하와리즈파는 "이슬람 공동체의 일원이 되려면 최소 기준으로 몇 가지 믿음과 행위를 상정해야 한다"고 강조했다.[33] 이와 같은 공동체적 사고방식은 하와리즈파의 궁극적인 구원 혹은 영벌을 집단의 회원자격과 관련짓는 결과를 가지고 왔다. 와트는 이처럼 확신에 차 있는 공동체를 '카리스마적 공동체'라고 부른다.

> 집단의 카리스마는 집단의 일원이 된 자에게 구원을 내려줄 능력이 있다는 데에서 온다. 이 카리스마는 집단이 (하나님이 무함마드에게 내려주신 계시를 통해) 신성하게 설립되었기 때문에 가질 수 있는 것이며, 하나님이 내려주신 생활 규칙 혹은 (쿠란과 무함마드의 선례에 따라 발전한) 샤리아에 기초하고 있기 때문에 가질 수 있는 것이다. (중략) 따라서 어느 한 사람의 삶이 의미를 가지려면 이 공동체에 소속되어야 한다. 의의를 양껏 안고 태어난 이 공동체는 그 가치의 전달자가 되며, 그에 따라 자신이 가지는 의미의 일부를 그 구성원에게 이전해준다.[34]

시아파가 지도자의 카리스마적 성격을 상당히 강조하는 것과 달리 하와리즈파는 공동체를 더욱 강조했는데, 와트에 따르자면 바로 여기에서 하와리즈파의 진정한 의의가 드러난다. "하와리즈파는 자신들의 소규모 하위 공동체가 그 카리스마를 지니고 있다고 믿었지만,

---

32 Ibid., 35.
33 Ibid.
34 Ibid., 36.

이들의 투쟁에 따른 결과로 이슬람 공동체 전체(혹은 적어도 수니파 이슬람 공동체)는 하나의 카리스마적 공동체라는 인식이 생기게 되었다. 오늘날 이슬람 공동체의 힘이나 연대의 상당 부분은 집단의 카리스마적 성격에 대한 수니파 무슬림들의 믿음에서 오는 것이다."[35]

칼리프 체제에 대한 이들의 시각은 오늘날까지도 영향력을 발휘하고 있는 하와리즈파의 정치적·종교적 이론의 또 다른 한 측면이다. 모든 신자들은 포고할 의무를 지는데, 심지어는 올바른 길에서 벗어난 이맘을 권좌에서 끌어내려야만 한다. 하와리즈파가 7세기경 중재안을 받아들였던 알리를 떠났던 것 또한 이와 같은 맥락에서였다. 하와리즈파가 권좌의 적격성을 가늠할 때 사용한 단 하나의 기준은 혈통이 아니라 바로 그 인물의 가치뿐이었다. "신체와 정신이 건강한 모든 자유시민 무슬림 남성이라면 그 출신에 관계없이 칼리프가 될 자격이 있었다. (일반적으로 전해지는 바와 달리) 노예들은 고려대상이 되지 못했으며, 여성 또한 마찬가지였다."[36] 크론의 설명에 의하면 공동체에 의해 선출된 칼리프는,

> 가치에 있어서 스스로 우위를 지키고 있는 이상 자신의 권좌를 지킬 수 있었다. 적어도 이바디스의 말에 따르자면 칼리프는 하나님을 위한 지상의 대리인이었으며, 이것이 사실로 남아 있는 이상 칼리프에게는 의심할 여지없는 복종이 뒤따랐다. 만일 그가 실수를 저지른다면 신자들은 그에게 회개하며 잘못을 고칠 것을 요청해야만 했다. 만일 칼리프가 스스로 자리에서 물러나기를 거부한다면 신자들은 그를 강제로 권좌에서 끌어내려야 할 의무가 있었으며, 필요한 경우라면 죽여서라도 그렇게 해야만 했다. 사람들이 우스만을 상대로 벌인

---

35   Ibid.
36   Crone, God's Rule, 57.

일이 바로 이러한 맥락에서였다. 이들의 시각에서 보자면 우스만에 대한 처분은 반란과 폭군 살해라는 맥락에서 합법적인 것이었으며 본질적으로는 실로 의무에 가까운 것이었다. [37]

하와리즈파의 이와 같은 시각은 필연적으로 반권위주의적일 수밖에 없다. 그러나 그렇다고 해서 민주주의적인 것일까? 크론은 미묘한 해답을 내놓는다. "힘의 균형은 공동체에 기울어져 있었기 때문에 '민주주의적'이라는 묘사가 사용되었다. 그러나 이바디스에게 있어서 이맘은 사람들이 아닌 하나님을 대변하는 인물이자 그저 복종해야 할 인물이었다. 반면 이맘이 하나님을 대변하는지 혹은 그렇지 않은지를 결정하는 것은 사람들(다시 말하자면 학자들)이었으므로, 실질적으로 하나님이 그의 의지를 표명하는 것은 이맘이 아닌 이 사람들을 통해서인 셈이었다." [38]

하와리즈파의 윤리적 원칙에서도 비슷한 순결주의를 찾아볼 수 있다. 이들은 '의식의 순결이란 정당한 숭배 행위를 위한 육체의 순결을 위해 없어서는 안 될 보완물'이라고 보았다. [39] 예를 들어 하와리즈파는 쿠란의 한 장인 〈유수프〉 수라(Q12)가 하나님의 말이라고 보기에는 너무 세속적이고 하찮다며 이를 거부한다. 반면 이들은 간통을 범한 사람들을 대상으로 돌팔매질을 허용하지 않는데, 이는 그것이 쿠란에 명시되어 있지 않기 때문이며 동시에 이와 같은 형벌을 정당화하는 하디스를 진본으로 받아들이지 않기 때문이다.

와트와 델라 비다 모두 '테러리스트'라고 묘사했던 하와리즈파의

---

37 Ibid., 58.

38 Ibid., 59.

39 Encyclopaedia of Islam, vol. 4, 2nd ed., s.v. "Khāridjites."

정치적 활동주의는 현대 이슬람 테러리스트들 대다수가 모방하는 모델이 되었다. 하와리즈파는 쿠란에서 나온 이슬람식 목표를 추구했으며, 스스로를 알라가 직접 선발한 특권적인 공동체의 일원으로 여겼다.

제10장

사흘 이븐 살라마, 바르바하리 및 비다

현대의 이슬람주의자 단체 및 조직들은 1970년대 들어 갑자기 생겨
난 것이 아니다. 이들은 처음부터 이슬람 문화를 기반으로 탄생했으
며 그 전통에서 자신의 정당성을 찾았다. 이들의 정치적 구조, 그리
고 무엇보다도 이들 사상의 기원은 이슬람의 기초가 되는 성서, 쿠란
과 하디스 및 수나, 그리고 예언자의 생애인 시라 안에서 찾아볼 수
있다. 우리는 어떻게 이를 알 수 있는가?

　다수의 이슬람주의자들이 이를 공개적으로 언급하며, 뉴스 미디어
와 인터넷을 통해 그들의 사상을 발전시키고 전파하는 중이다. 그중
에서도 하나를 꼽자면 중세 이슬람 한발리 학파의 신학자 이븐 타이
미야를 동경하는 발언이 자주 들려온다. 그에 대해 자세하게 알아보
기에 앞서, 먼저 근대 이슬람학의 창시자인 서양 학자 이그나츠 골드
지헤르가 이븐 타이미야의 영향력을 어떻게 묘사했는지 살펴보자.

> (1328년 이븐 타이미야가 세상을 떠난) 바로 직후의 시기, 이슬람 신학 문학에서
> 는 그가 이단자였는지 혹은 수나를 독실하게 따르는 광신자였는지에 대한 논

쟁이 주요 주제로 떠올랐다. 이븐 타이미야를 따르던 이들은 성스러운 후광이라도 드리울 기세로 그의 족적을 미화했다. 타이미야를 적대시하던 이들조차 곧 그의 글에 담긴 깊은 신실함에 감명을 받은 채 호의적인 태도를 보이게 되었다. 이후 4세기 동안 이븐 타이미야의 영향력은 겉으로 드러나지 않았을지언정 분명히 존재했으며, 그의 저서는 널리 읽히고 연구되었다. 이슬람 사회 곳곳에서는 종종 비다(혁신)에 대해 강한 반발을 품은 무언의 세력이 모습을 드러내기도 했다.[1]

이븐 타이미야의 저서가 잠재적 영향력을 품고 있었던 것만큼 지하드 사상 또한 짙게 도사리고 있었다. 우리는 앞서 거의 이슬람의 여섯 번째 기둥에 가깝던 지하드 사상에 대해 자세히 알아보았다. 지하드 사상은 마치 지하의 핏빛 강처럼 조용히 흐르면서, 지층이 분노를 견디지 못하고 갈라져 용솟음치게 되기만을 기다리고 있는 것처럼 보였다. 사회-종교적 불안의 시대는 그야말로 이븐 타이미야가 등장한 14세기 초보다 훨씬 이전에 시작된 셈이다.

813년, 알 마문이 내전 끝에 그의 형제인 칼리프 알 아민을 무찌르고 이라크의 권력을 잡았다.[2] 그러나 그는 특히 시골 지역에서 권위를 세우는 데 상당한 어려움을 겪었으며, 수많은 반란세력들과 씨름해야만 했다. 알 마문의 적대세력 중에는 자신들이 칼리프 계승권을 가지고 있다고 주장하던 시아파 교도들도 존재했다. 알 하산 알 하라시의 반란세력과 그 뒤를 이은 나스르 이븐 샤바스 세력이 여기에

---

1 Ignaz Goldziher, Introduction to Islamic Theology and Law, trans. Andras and Ruth Hamori (Princeton, NJ: Princeton University Press, 1981), 241.

2 알 마문 치하의 바그다드에 관련한 부분에서 나는 거의 전적으로 이라 라피두스의 다음 논문에 의존해 썼다. "The Separation of State and Religion in the Development of Early Islamic Society," International Journal of Middle East Studies 6, no. 4 (October 1975): 363–385.

해당했으며, 814-816년 쿠파에서 이븐 타바타바가 이끈 또 다른 세력도 있었다. 캘리포니아대학교 버클리캠퍼스의 중동 및 이슬람사학 명예교수인 이라 라피두스의 설명에 따르자면 "이들 반란세력은 알 리다와 아말 빌 키탑 왈 수나, 다시 말하자면 '선택받은 자'라는 개념과 '쿠란과 수나에 걸맞은 행동'이라는 슬로건을 주창했다."[3]

바그다드가 무법 상태가 되자 약탈과 강도짓을 저지하기 위한 대중적 운동이 여러 곳에서 일어났는데, 이들 중에는 사려 깊은 시민이었던 칼리드 알 다리우스도 있었다. 그는 그의 이웃들과 지역 시민들에게 맞서 싸울 것을 촉구하고 나섰다. 여기에서 칼리드는 "선행을 명하고 악행을 금하라는 종교적 슬로건을 사용해 사람들을 모은 뒤 무타위아(mutawwi'a)라는 자경단을 조직해 강도들에 대항했다."[4] 독일의 이슬람학자 요제프 반 에스가 지적했듯, 이 종교적 슬로건은 "이들 소규모 사회적 집단이 어느 정도의 정치적 독립성과 자치성을 갖추었다는 지표로 볼 수 있다."[5]

"종교적 색채는 사흘 이븐 살라마 알 안사리가 이끌었던 비슷한 자경단에서 한층 더 극명하게 드러났다." 쿠라산 출신이자 바그다드의 알 하르비야 지구에 거주하던 사흘은,

> 쿠란 사본을 목에 두르고 돌아다니면서 사람들에게 '선행을 명하고 악행을 금할 것'을 촉구했다. 그는 그의 이웃들에게, [지역구의] 사람들에게, 또 칼리프 왕족 바누 하심을 포함한 군중에게, 지위고하를 막론하고 이를 호소하며 다녔다. 사흘은 질서를 지키고 강도 행위를 막기 위해 자신을 따르던 이들을 조직

---

3   Ibid., 370.

4   Ibid., 372.

5   Josef van Ess, "Une lecture a rebours de l'histoire du mu'tazilisme," Revue des études Sahl ibn Salāma, Barbahārī, and Bid'a 2 171 islamiques 47, no. 1 (1979): 68.

화해 거리와 교외로 행진했다. 그러나 이 과정에서 사흘이 일으킨 운동은 강도
행위에 대한 저항운동을 넘어서는 수준으로 발전했다. 사흘은 자경단 자원자
들에게 명부(디완dīwān)를 적도록 했으며 쿠란과 수나에 걸맞은 행동을 준수
할 것을 요구했다. 또한 사흘 자신에게 충성을 맹세하며 쿠란과 수나에 반하는
행동을 하는 이들에게 대항할 것을 선서하도록 시켰다. 사흘은 사람들이 단순
한 강도 자경단을 넘어서서 보다 상위의 원칙을 따르도록 만들었는데, 이를 통
해 곧 아무리 칼리프 왕조나 국가라 할지라도 이슬람을 제대로 떠받들지 못한
다면 그에 대항할 수 있다고 정당화했다. 바로 이 지점에서 사흘과 칼리드 알
다리우스는 서로 다른 태도를 보여준다. 칼리드는 질서를 유지하기 위해 사람
들을 동원했고, 칼리프 왕조는 본질적으로 정당성을 가지고 있다고 생각했으
며 왕조에 대항하려 하지는 않았다. 반면 사흘은 이슬람을 드높이는 데 실패하
면서 이슬람에 누를 끼친 권력자에 대한 충성보다는 쿠란과 수나에 대한 충성
이 우선한다고 설파했다.[6]

　사흘은 확실히 알 마문에게 상당한 위협이 되고 있었다. 사흘의 종
교적 입장은 "창조주에게 복종하지 않는 그 어떤 창조물에게도 복종
하지 않는다(lā tāʿa lil-makhlūq fī maʿsiyat al-khāliq)"는 슬로건을 받아들이면
서 한층 더 명확해졌다. 라피두스는 이를 두고 "사흘의 시각에 따르
자면, 존재하는 하나님의 의지와 칼리프 왕조 간의 갈등을 공개적으
로 시사한 것이나 다름없었다"고 설명한다.[7] 사흘은 (대략 817년경) 바
그다드 내 거주지에서 어이없이 잡혀버린 후 투옥되었다가 풀려났
으며, 이후 알 마문을 정당한 칼리프로 인정한 다음에는 알 마문에게
봉급을 받고 일했다.

6　Lapidus, "Separation of State and Religion," 372.
7　Ibid., 373.

라피두스는 사흘의 슬로건 "선행을 명하고 악행을 금하라"를 두고 "정의로운 사회, 즉 하나님의 법을 바탕으로 정당한 삶을 꾸리는 공동체에 대한 요구가 모두 담겨 있다"고 평한다. 그러나 알 마문의 칼리프 정권은 오로지 그들 자신과 무흐타시브라 불리던 관리들만이 선행을 명하고 악행을 금할 책임이 있다고 주장했다. 이와는 달리 유명 설교자들은 신성한 법을 지키고 적용시키는 것은 모든 무슬림의 의무라고 설파했다. "그러므로 사흘의 슬로건에는 모든 무슬림들이 이슬람의 법적, 도덕적, 의례적 가르침에 복종할 의무를 질뿐만 아니라, 나아가 다른 이들이 그것을 해하지 못하도록 막아야 한다는 이슬람적 사상이 담겨 있는 셈이었다."[8]

사흘의 야망은 강도 자경단을 훨씬 뛰어넘는 것을 목표로 하고 있었다.

> 그는 모든 무슬림들이 각기 개인적으로 정의로운 사회에 대한 책임이 있음을 강조하면서 저변에 잠재하고 있는 종교적 정서를 동원하고자 했다. 사흘은 지하드 혹은 성전을 일으킬 때의 감정과 유사한 정서에 이끌리고 있었는데, 실제로 무타위아라 불리던 그의 자경단은 국경 수비 및 비잔티움 제국에 대한 성전을 위하여 조직된 이들이었다. 사흘의 머릿속에는 칼리프 정부의 범주를 벗어나 본질적으로 하나의 공동체를 이루는 이슬람에 대한 구상이 자리 잡아가고 있었다. 이러한 측면에서 보자면 [사흘 세력의] 날선 움직임에는 무슬림 사회구조에 대한 혁명적 구상이 깃들어 있었던 셈이다. [9]

"창조주에게 복종하지 않는 그 어떤 창조물에도 복종하지 않는다"

---

8   Ibid., 376.
9   Ibid.

는 동 슬로건을 표방하는 또 다른 극단적 세력들도 존재했다. 본래 이 슬로건은 하와리즈파가 칼리프 정권에 대한 자신들의 저항을 정당화하기 위해 사용하던 말이었다. 페르시아 출신의 아랍계 작가이자 인도 및 이란 문명에 대한 아랍어 문헌들을 최초로 옮긴 번역가 중 하나인 이븐 알 무까파(720?-756)도 이 슬로건에 대해서 논하면서, 만에 하나 종교적 계율을 어긴 지도자에게 복종할 의무가 없어진다 하더라도, 그 지도자는 일반적인 정치적 사항에서만큼은 계속해서 지위를 지켜야 한다며 자신의 견해를 밝혔다. "신성을 모독하는 명령에는 구속력이 없지만, 그렇다고 해서 지도자의 권위가 완전히 사라지지는 않는다."[10]

　마지막으로 아바스 왕조 또한 쿠라산 지역에서 우마이야 왕조의 지도자에 대해 반란을 일으키며 '쿠란과 수나에 걸맞은 행동'이라는 슬로건을 사용했다. 사흘은 이 슬로건을 사용함으로써 "쿠라산의 혁명적 전통과 아바스 왕조의 선교(다와da'wa)가 직접 보여준 선례 사이에 자신을 안착시킬 수 있었다." 사흘이 이끈 운동은 '종교적 이상의 이름으로 우마이야 왕조를 전복시킨' 운동이자 최초의 운동으로 전해지고 있다. 따라서 사흘이 이끈 운동은 단순히 평화유지 수단이나 불안정한 정치 상황 속에서 세력을 쥐기 위한 싸움이 아니었으며, 그보다는 "종교적으로 고무된 정치적 활동주의를 부활시켰다"는 데에서 진정한 의의를 가진다. "앞서 이미 한 왕조를 무너뜨리고 다른 왕조를 세운 이 활동주의는 이제 자신이 낳은 창조물에 대해 기본적인 종교 원칙의 이름으로 맞서게 된 셈이다."[11]

10　Ibid., 377.
11　Ibid., 378.

광신적 테러리즘과 바르바하리

이븐 한발(780-855)은 엄밀히 말하자면 비정치적이었던 인물로, 마이클 쿡은 그의 태도를 두고 '상대적 정숙주의'라 묘사하기도 했다. 그러나 10세기경에 이르자 한발리파의 폭력은 바그다드의 거리 곳곳을 뒤덮었다. 앞서 골드지헤르 또한 무력을 동반한 한발리즘을 두고 박해받는 교회(ecclesia pressa)에서 싸우는 교회(ecclesia militans)로의 진화이자 '광신적 테러리즘'을 흡수하게 되었다며, 신랄하지만 적절하게 평한 바 있다.[12]

한발리파의 정치에서 나타난 이 새로운 스타일은 바르바하리(?~941)의 생애와 직결되어 있다. 한발리파 신학자였던 바르바하리는 종종 바그다드 시가지에서 그의 적대 세력들과 피의 대치를 벌이곤 했다.[13] 바르바하리가 저술한 신앙고백서 『키탑 알 수나(Kitāb al-Sunna)』는,

> 혁신(비다)으로 의심되는 행위들의 증식을 맹렬히 비난하면서 '원시 종교'의 계율로 회귀할 것을 강력하게 촉구하는 논쟁적인 책이다. 여기서 원시 종교란 최초의 3대 칼리프 시대에서 향유하던 종교로, 우스만 아판의 암살과 알리 아비 탈리브의 계승 이후로 나타난 분파가 아직 없는 상태의 종교를 말한다.

이븐 타이미야와 마찬가지로 바르바하리 또한 '종교적 신념의 영역에서 개인적이고 임의적인 추론(타윌ta'wil, 라이ra'y 혹은 키야스qiyās)을 사용하면서 발생한 치명적인 이탈'을 비난했다. 마찬가지로 이븐 타

---

12 Cook, Commanding Right and Forbidding Wrong, 116, citing Ignaz Goldziher, "Review of Walter M. Patton, Ahmed Ibn Hanbal and the Mihna," in Zeitschrift der Deutschen Morgenländischen Gesellschaft, Bd. 52 (1898), 158.

13 바르바하리에 대한 내용은 전적으로 앙리 라우스트가 쓴 『이슬람사전』 제1판의 내용에 의거해 쓰였다. Encyclopaedia of Islam, vol.1, "A－B," ed. H.A.R. Gibb et al., 2nd ed. (Leiden: Brill, 1960), s.v. "al-Barbahārī."

이미야도 이미 세워진 모든 권위에 복종하되 하나님에 대한 불복종을 보이는 권위에는 복종하지 않아야 한다는 의무를 신자들에게 상기시키는 바르바하리의 이야기에 동의했을 것이다. 그는 모든 종류의 무장 반란에 반대하면서,

> 법의 재정립은 사실상 여론에 대한 호소, 선교와 전도(다와da'wa), 선의 명령(아므르 빌 마루프amr bi 'l-ma'rūf), 그리고 현명한 조언자(나시하nasīha)의 가르침에 따라 이루어져야 한다고 말했다. 이슬람이 수많은 분파로 나누어진 세계에서 이와 같은 법의 재정립은 필수적이었으며, 특히 하나님에게 승리를 확언받은 '하디스의 백성들', '수나와 공동체의 백성들(ahl al-sunna wa 'l-djamā'a)'에게는 더더욱 그러했다. 알 바르바하리는 그의 교리에 걸맞게 개인적으로도 비다와 교파(피르카firqa)에 대해 격렬한 행동을 보여주었으며 특히 무으타질라파와 시아파에 강하게 반발했다. 이 때문에 당시 그는 정치적 야망을 품고 있다는 비난을 받기도 했다. [14]

　그러나 콜레주 드 프랑스의 이슬람 사회학 교수였던 고 앙리 라우스트가 우리에게 일러주었듯, "알 바르바하리의 영향력은 921년부터 941년 사이 바그다드에서 발생한 여러 번의 대중 시위나 반란 사태를 바탕으로 이해해야 한다. 한발리파의 반대 세력이었던 알 타바리 또한 알 바르바하리와 어느 정도 관련이 있다. 알 타바리는 이슬람력으로 309년(서기 922년-역주) 와지르 알리 이사의 초대로 한발리파 인사들과 함께 그들이 교리의 어느 부분에서 서로 의견을 달리 하는지를 논의하기도 했으나, 이듬해인 310년 성난 군중의 습격을 받아 자

14　Ibid.

신의 집에서 매장당했다."[15]

929년의 바그다드에서는 쿠란의 한 구절에 대한 해석을 놓고 또 다른 유혈 폭력사태가 일어났다. "하나님은 그대를 영광의 지위에 오르게 하시니라(Q17. 알 이스라, 〈야행〉, 79)"가 문제의 그 구절이었다. "알 바르바하리의 제자들은 이를 두고 부활의 날에 하나님이 예언자를 그분의 왕좌에 앉히시리라는 의미로 해석되어야 한다고 주장했다. 반면 알 타바리와 이븐 쿠자이마의 교리를 따르던 반대 세력들은 이 구절이 단지 심판의 날 예언자가 중대한 잘못을 저지른 신자들을 옹호해주리라는 위대한 중재(shafa'a)라는 개념을 의문스럽게 만들 뿐이라고 말했다."[16]

바르바하리의 추종자들은 계속해서 시위를 이어나갔으며 그 소요는 935년에 정점에 달했다. 당시 한발리파는 "상점을 약탈하고, 상거래에 개입해 법을 따르도록 강요했으며, 주류 판매자와 노래하는 소녀들을 공격하고 악기들을 깨부쉈으며, 다른 이들의 집에 무작정 쳐들어가고, 길거리에서 남녀가 함께 있는 모습을 볼 때마다 마흐람(mahram, 이슬람에서 결혼을 허용하지 않는 친족범위)을 이유로 들며 이들을 지방 경찰에 넘겼다."[17]

칼리프 정부는 바르바하리의 추종자들이 한데 모이거나 가르침을 설파하는 것을 금지했으며, 무슬림들이 한발리파의 교리를 따르며 이맘의 등 뒤에서 기도하는 것 또한 금했다. 그러나 바르바하리의 추종자들은 이를 받아들이지 않았다. 923년 공포된 칼리프 알 라디의 칙령은 한발리 학파를 비난하고 무슬림 공동체에서 이들을 제거하

---

15   Ibid.
16   Ibid.
17   Ibid.

는 것을 목표로 했으며, 의인화 신정론(타슈비흐, 신이나 동물, 사물을 표현하는 데 있어서 인간의 특성이나 행동을 빗대는 것)의 발전도 이들의 탓으로 돌렸다. 또한 위대한 이맘들의 무덤을 방문하는 행위(지야라트 알쿠부르ziyārat al-qubūr)도 금지했다. 그러나 이와 같은 비난도 한발리파의 시위를 잠시 잠재우는 데 그쳤을 뿐이었다.[18]

바르바하리의 추종자들은 바즈캄이 권력을 잡은 939년에도 계속해서 폭력 시위를 이어나갔다. 이들을 진압하기 위해 경찰 병력이 동원되었으나 바르바하리는 무사히 탈출해서 은신하는 데 성공했으며, 대신 바르바하리의 오른팔이었던 달라가 붙잡혀 처형되었다. 940년에는 칼리프 알 무크타디르가 시아파의 온상이라며 철거했었던 바라타 모스크를 바즈캄이 재건하면서 상황은 한층 더 심각해졌다.

941년 바즈캄이 쿠르드족 강도들에게 암살당하자 한발리파는 이를 요란스럽게 축하하면서, 재건된 모스크를 파괴하려 하는 한편으로 상가와 은행이 몰려 있는 지구를 공격했다. 이로 인해 한발리파 인사 여러 명이 체포되었으며 바라타 모스크에는 경비 병력이 배치되었다.

바르바하리는 941년 4월 세상을 떠나 생전 은신했던 곳에 묻혔다. 그러나 그의 영향력은 그와 동시대를 살았던 한발리파 인사들 사이에서 계속해서 자라났다. 그의 제자들 중 하나로는 비다에 반발하는 폭력적인 대중시위를 수차례 이끌었던 샤리프 아부 자파르 알 하시미가 있다. 여러 번 바르바하리를 직접 만나보기도 했던 또 다른 제자 이븐 바타 알 우크바리는 두 권의 신앙고백서(아키다ʿaqīda)를 저술했는데, 훗날 두 명의 주요 학자 알 카디 아부 야라(990~1066)와 이븐

18 Ibid.

타이미야가 이 책에 큰 영향을 받게 된다. 라우스트가 지적하듯이, 이븐 바타는 바르바하리와 같은 초기 한발리파 논객들과 뚜렷하게 구별되는 점이 있었다.

> (이븐 바타의) 교리 연구와 설교 또한 [한발리 학파의] 창시자가 세상을 떠난 후 한 세기 동안 샤이흐 압드 알라(?~903), 아부 바크르 알 칼랄과 바르바하리 등이 벌였던 한발리 학파의 격론에서 한 축을 담당한다. 이븐 바타 역시도 다른 이들과 마찬가지로 혁신(비다)이 교의의 영역에서는 물론이거니와 숭배와 법, 도덕 등 전반의 영역에서 예언자가 다진 종교의 근간을 약화시킨다면서 이를 비난하고 금기시했다. 특히 그는 좋은 혁신과 나쁜 혁신을, 심지어는 작은 혁신과 거대한 혁신을 달리 취급하지 않을 만큼 혁신에 대한 엄중한 태도를 보였다. 그는 최초 세 명의 칼리프, 아부 바크르 · 우마르와 우스만 생전에 형성되었던 원시 종교를 그대로 답습하는 것만이 인간이 구원받을 수 있는 유일한 방법이라고 생각했다. 19

이븐 바타부터 이븐 타이미야까지 이어지는 기조는 계속해서 비르길리, 카디자드, 이븐 압드 알 와하브를 따라 현대 이슬람주의자들에게까지 닿고 있다.

---

19 Encyclopaedia of Islam, vol. 3, "H – Iram," ed. B. Lewis et al., 2nd ed. (Leiden: Brill, 1971), s.v. "Ibn Batta," by Henri Laoust.

제11장

바그다드의 종교적 폭력사태, 991–1092년

수니파와 시아파의 분열

바르바하리 이후에도, 한발리 학파의 활동주의는 부와이흐 왕조에서도 계속해서 이어졌다. 중세 이슬람 역사상 주요 시아파 왕조 중 하나인 부와이흐 왕조는 945년부터 1055년 사이 페르시아와 이라크 등지에서 융성한 왕조였다. 부와이흐 왕조 치세의 바그다드에서는 수니파와 시아파 간의 대중적 대립이 수차례 발발했다. 그러나 마이클 쿡이 강조하듯, "물론 부와이흐 왕조가 몰락했다고 해서 수니파와 시아파 간의 대립도 함께 끝나지는 않았다. 아바스 칼리프 왕조가 [1258년 바그다드를 빼앗기면서] 몰락할 때까지 바그다드 정치의 특성 중 하나로 남아 있었다는 점만 살펴보아도 충분할 것이다."[1]

991년부터 1092년 사이의 바그다드는 종교적 색채를 띤 수차례의 폭력사태로 점철되었다.[2] 알 카디르는 재임기간(991-1031) 동안 새로

---

1   Cook, Commanding Right and Forbidding Wrong, 118.

2   이 부분에서 나는 앙리 라우스트의 다음 책에 의존해 썼다. "Les Agitations Religieuses à Baghdad aux IVe et Ve Siècles de l'Hegire," in Islamic Civilisation 950 – 1150, ed. D.S. Richards (Oxford: Oxford University Press, 1973).

운 해결책을 모색해 수니파를 보호하고 칼리프 지위를 재정립했다. 시아파 교의를 보호하기 위해 최초로 설립된 이슬람 고등교육기관으로도 종종 거론되는 지혜의 집(Dār al-ʿilm)이 세워지자, 칼리프 알 카디르는 하비야 지구에 새로운 쿠트바(khutba, 설교) 사원을 설립하는 것으로 응수했다.

998년이 되자 심각한 소요 사태들이 발발했다. 바그다드의 시아파들은 당시 무하람[정월] 10일의 알 아슈라와 둘히자[제2월] 18일의 가디르 훔을 기념하는 엄중한 의식을 치르면서 다소 열광에 들떠 있었다.[3] 수니파는 시아파의 기념 의식에 응수해 자신들만의 행사를 두 가지 제창했다. 무스아브 주바이르가 알 무크타르의 반란세력을 상대로 승리를 거둔 것을 기념하면서 무하람 18일에 주바이르의 무덤을 순례하는 것이 그중 하나였으며, 무함마드가 생전 아부 바크르와 함께 동굴에 숨어 적들을 따돌렸다는 '동굴의 날'에 축제를 여는 것이 나머지 하나였다.[4]

이 행사들을 치루면서도 대중적 소요 사태가 크게 번졌으나, 1002년에 소위 아야룬[5]이라 불리던 조직들 중 알리 조직과 알아바스 조직 두 곳이 시가지에서 무장 충돌을 벌인 사건을 마지막으로 마침내 막을 내렸다. 이듬해에는 이 모든 행사들을 기념하는 행위가 금지되었다.

수니파와 시아파는 1007년에 다시 한 번 격돌했는데, 이븐 마스

---

3   알 아슈라는 시아파 무슬림들이 무함마드의 손자 후세인 이븐 알리의 순교를 애도하는 기념일이다. 후세인 이븐 알리는 이슬람력으로 61년 무하람 10일(서기 680년 10월 10일) 카르발라 전투에서 가족들 여러 명과 함께 학살당했다. 가디르 훔은 시아파 무슬림들의 주장에 따르자면 예언자 무함마드가 그의 후계자로 알리 이븐 아비 탈리브를 임명한 사건을 가리킨다. 수니파 무슬림들은 예언자 무함마드가 가디르 훔은 물론 다른 어떤 방식으로도 후계자를 지목하지 않았다고 믿는다.

4   Laoust, "Les Agitations," 170.

5   명사 '아야르(ayyar)'는 본래 방랑자를 뜻하는 단어로, 푸투와 형제단 및 그에 상응하는 대중 조직들의 단원들을 가리키는 데 쓰였다. 아야룬은 보통 비정규 전투원이거나 전사 계급 출신으로, 당시 무법지대였던 바그다드에서 활개를 치면서 길목과 시장들에 세금을 부과하고, 부유한 지역이나 시장을 불태웠으며, 부자들의 집을 약탈했다. 아야룬의 지도자였던 알 부르주미와 이븐 알 마우실리가 정권이 불안정한 틈을 타 수년간(1028-1033) 바그다드 시를 지배하는 일도 있었다.

우드의 쿠란과 우스만의 쿠란 중 어느 것이 정본인지를 놓고 다투는 싸움이었다. 사건의 발단은 카디(재판관-역주) 아부 무하마드 알 아크파니와 샤이흐 아부 하미드 알 이스파라이니라는 두 명의 저명한 샤피이 학파 인사들이 공격당한 이후, 이에 대한 보복으로 시아파의 바라타 모스크를 약탈하면서 촉발된 것으로 보인다. 칼리프 왕조가 설치한 위원회에서는 이븐 마스우드가 가진 쿠란 교정본에는 쿠란 구절에 대한 용납될 수 없는 변형이 가해져 있다고 결론을 내렸다.[6]

1008년 4월 24일에서 25일로 넘어가는 밤, 카르발라 지역의 시아파 교도들은 '[이븐 마스우드의] 무스하프(mushaf, 쿠란 필경본-역주)를 불태운 남자'를 공개적으로 지탄하고 나섰는데, 이는 명백히 칼리프 우스만을 지칭하는 말이었다. 시아파 교도들은 칼리프 우스만이 이맘 알리의 자리를 빼앗고 압드 알라 마스우드를 박해하는 한편으로 자신이 가진 쿠란 필경본과 다른 교정본들을 모두 불태웠다는 이유로 비난했다. 칼리프 왕조는 이에 칼리프 우스만을 모독한 이들을 체포하고 처형했다. 그러나 폭동이 끝나고 파티마 왕조의 알 하킴이 승기를 잡으면서 샤이흐 아부 하미드와 알 이스파라이니는 고향을 떠나 피신해야만 했으며, 12이맘파의 대변인이던 샤이흐 알 무피드가 국외로 추방되었다.

바그다드 시민대표들의 요청으로 칼리프 및 부와이흐 왕조의 에미르(왕-역주)가 개입하기 시작하자 상황이 한결 진정되었다. 두 집단의 유명 설교자들도 이전까지는 공공장소에서의 집회 주최를 금지당한 상태였으나, 설교를 통해 폭동을 선동하지 않는 조건으로 활동을 재개할 수 있게 되었다.[7] 그러나 잠시간의 소강상태를 거친 끝에 1015년

---

6   Laoust, "Les Agitations," 171.

7   Ibid.

과 1017년에 폭력사태가 또다시 벌어지기 시작했다.

다시 한 번 수니파와 시아파는 불화의 한복판에 놓이게 되었다. 비지르(고위 관리-역주) 파크르 알 물크는 시아파 교도들이 알 아슈라를 기념할 수 있도록 허용하면서 사태를 진정시키고자 했다. 그러나 1016년이 되자 폭력사태는 한층 더 빈번하게 발생했다. 시발점을 알 수 없는 불길이 카르발라와 이맘 알 후세인의 묘, 바그다드 내 다수의 성소와 심지어는 사마라의 대 모스크를 뒤덮었다. 메카와 메디나, 예루살렘에 위치한 세 개의 대 모스크 또한 마찬가지로 약탈당했다.

알 카디르는 치명적인 교리들, 특히 칼리프 지위를 위협하는 교리들과의 싸움에 가장 큰 노력을 기울였다. 그는 1017년,

> 무으타질라파의 교리에 어느 정도 동조를 보이던 하나피 법학자들에게 회개 의식을 행할 것을 명령하는 한편으로 무으타질라파와 시아파의 교리들을 가르치는 것을 금했다. 이듬해인 1018년에 그는 공식적인 교리를 정의하는 글이자 동시에 살라프('선조', 초기 무슬림 세대-역주)의 사상에도 상응하는 내용을 담은 신앙고백서 『알 리살라 알 카디리야(al-risāla al-qādiriyya)』를 접하게 된다. 한발리 학파의 사상에 감명 받아 쓰인 이 글은 모든 형태의 시아파 교리뿐만 아니라 무으타질라파, 심지어는 아쉬아리파까지도 비난했다. 아쉬아리파는 무으타질라파의 교의와 위험한 타협을 도모하는 한편으로 예언자의 동료들을 숭상하는 일 또한 진정한 의무라고 주장하면서 비난을 면치 못했다. 8

칼리프 알 카디르는 재임 말기에 수니파에 힘을 실어주었다. 그는 궁전에서 세 개의 편지를 공개적으로 낭독했는데 첫 번째 편지는 무

---

8   Encyclopaedia of Islam, vol. 4, "Iran - Kha," ed. by E. van Donzel, B. Lewis, and Ch. Pellat 2nd ed. (Leiden: Brill, 1978), s.v. "Al-Kādir Bi'llāh," by Dominique Sourdel.

으타질라파를 비난하는 내용이었으며, 두 번째 편지에서는 '쿠란을 창조한다'는 교리를 공격했다. 세 번째 편지에서는 초대 칼리프들의 우월성을 선포하면서 선행을 명하고 악행을 금할 의무를 확인했다.[9] 알 카디르는 긴장을 완화시키기 위해 바라타 모스크에서 극도로 친 시아파적인 설교를 행하던 설교자를 해고하기도 했다.

알 카디르의 후임자인 알 카임의 치세에서도 소요는 그칠 줄을 몰 랐으며, 오히려 더욱 빈번하게 발생했다. 라우스트의 말에 따르자면 아야룬의 수장 알 부르주미는 '진정한 테러'에 고무되었으며, 그의 범죄 행각에는 터키 민병대의 느슨한 규율까지 더해졌다. 혼돈과 소 요가 너무나 심한 나머지 순례를 떠나는 카라반도 출발조차 하지 못 할 지경이었다. 1045년과 1047년에는 폭동이 발생했는데, 여기에서 도 유대인과 기독교인이 그 타깃이었다. 1048년에는 폭력 사태 때문 에 단 한 개의 카라반도 순례를 떠나지 못했다.

1049년에도 수니파와 시아파는 다시 한 번 맞붙었다. 두 공동체는 도시 내 각자의 구역에 바리케이드를 쌓고 들어갔다. 잠시간의 평화 가 찾아오는 듯했으나 그 기간은 그리 길지 않았으며, 1051년이 되 자 두 공동체 사이의 폭력 사태가 다시 한 번 불거졌다. 다수의 무덤 들이 파괴되었는데, 시아파는 심지어 이븐 한발의 묘지를 파괴하려 다가 설득 끝에 그만두었다. 1053년에는 수니파-시아파 간 폭력 사 태가 한층 더 빈번해졌으며, 같은 해에 토그릴 베그(이란 셀주크 왕조의 초대 술탄-역주)는 공식적으로 아쉬아리파를 비난하기에 이르렀다.

셀주크 왕조의 술탄 알프 아르슬란 정권 및 술탄 말리크 샤 정권 에서 재상을 지낸 니잠 알 물크(1018-1090)는 아쉬아리파, 샤피이파와

---

9   Ibid.

수피파에게 호의적인 정책을 펼치면서 혼란을 환기시키는 데 기여했다. 그러나 니잠 알 물크 산하의 고등교육기관이었던 니자미야를 세우려는 계획은 하니피파와 한발리파 양측 모두의 거센 반발에 부딪혔다. 그 과정에서 심각한 수준의 대중 시위가 발생했는데, 이는 수니파 내에 존재하던 긴장을 보여주는 것은 물론 니잠 및 셀주크 왕조의 정책이 별다른 인기를 얻지 못했음을 증명하는 바다.

말리크 샤 치세(1072-1092)에서도 바그다드의 종교적 소요는 계속되었다. 이 시기에는 바그다드 사상 가장 어마어마한 사건들이 두 가지 발발했는데, 한발리파와 아쉬아리파 간의 잦은 무력 충돌이 하나였으며, 수니파와 시아파 간의 갈등이 새로운 국면에 접어든 것이 또 다른 하나였다.

마이클 쿡 또한 셀주크 왕조 치하의 바그다드에서 한발리파의 활동주의가 어떠한 양상을 보였는지 설명한 바 있다. 한 예시를 들자면, 저명한 샤리프였던 이븐 수카라는 칼리프궁 주변의 촌락 두 곳을 습격해 악기를 깨부수고 술을 따라 버렸다. 1072년에는 젊은 한발리파 학자 아부 사드 알 바칼(?-1112)이 투르크를 위해 노래하며 공연을 선보이던 여성에게 다가와 그녀의 류트를 빼앗고는 줄을 끊어버렸다. 그녀가 투르크에게 이를 알리자 투르크는 아부 사드의 집을 공습하는 것으로 보복했다. 전형적인 한발리파 행동가였던 샤리프 아부 자파르(?-1077)는 상당한 수의 추종자들과 함께 1077년 한발리-아쉬아리 간 폭동에서 '진흙 벽돌을 던져 공격자들을 때려눕히며'[10] 한발리파의 모스크를 방위했다. 칼리프가 중재를 시도하자 아부 자파르는 교리 간의 갈등은 이익 간의 갈등처럼 대충 기워질 수 없는 것이

---

10   Cook, Commanding Right and Forbidding Wrong, 118-120.

라고 응수했다.

1078년, 두 집단 간의 갈등에 또 한 번 새로운 기류가 찾아왔다. 그러나 쿡이 말한 바와 같이 "한발리파와 아쉬아리파 간의 적대관계는 그다음 세기 이후로도 오래도록 지속되었다."[11] 그보다 더 오래된 한발리파 대 무으타질라파 간의 갈등 또한 끝날 기미가 없었다. 한발리 학파는 이제 더 이상 국가를 경외시하지 않았음에도 불구하고 악행을 금하라는 의무를 위해 적극적으로 협조했다. 이들은 사창가와 매춘, 그리고 술 판매 상인들을 대상으로 조치를 취하라며 칼리프에게 요구했고, 칼리프 또한 최선을 다해 이에 응했다.[12]

11세기에 이르자 바그다드 내에는 시아파 교인들보다 한발리파 교인의 숫자가 훨씬 많아졌으며, 이에 한발리파는 상당한 자신감을 가지게 되었다. 국가 권력은 과거보다 다소 약해진 듯했으나, "한발리파와 칼리프 왕조 사이에는 특별한 유대관계가 성립되어 있었다. 이들은 지역의 시아파나 외부의 군사적 지도자가 쳐들어오는 경우에는 반드시 서로가 필요해질 터였다."[13]

이븐 한발은 정부 관료들을 무시하는 태도를 보인 바 있으나, 이제 한발리파에서도 관료들을 조금 다르게 여기기 시작했다. 이븐 한발의 아들은 개인적으로 빚에 시달리다 재판관 일을 시작했는데, 이때부터 한발리 학파는 법 분야를 좀 더 깊이 다루기 시작했다. 또 다른 예시들로, 아부 무하마드 알 타미미(?-1095)는 '중개인 및 외교관으로서의 커리어를 쌓았으며'[14] 당대 '칼리프와 대중의 사랑을 독차지하

---

11   Ibid., 120.
12   Ibid., 121.
13   Ibid., 122.
14   Ibid., 124.

던'[15] 설교자로 활약한 이븐 알 자우지(1115년경-1201)도 있었다. 그는 1176년 행정권을 잡아 "극단적 시아파의 발현(라프드rafd)을 엄중히 단속하기 시작했다. 범죄자를 무기 투옥시키며 그들의 집을 부숴버리는 것이 그 작전이었다."[16]

한발리 학파의 신학자 이븐 아킬은 지적 호기심 때문에 문제에 휘말렸다. "그는 스승이었던 아부 야라가 1066년 세상을 떠나기 전부터 무으타질라파의 대가들이 이끄는 스터디 모임에 자주 참석했으며, 한발리 학파가 신랄하게 비판했던 칼람(kalām, 사변적 신학 즉 경전의 말씀에 대해 사유하고 해석하는 학문-역주)을 위해 책들을 뒤지는 한편으로 위대한 신비주의론 저서, 알 할라즈의 『와흐다트 알 슈후드(wahdat al-shuhūd)』에도 큰 관심을 보였다."[17] 이처럼 수차례 학파 간의 경계를 넘나들었던 이븐 아킬은 1068년 즈음부터 1072년까지 거의 몸을 숨기고 살아야만 했으며, 1069년에는 처음으로 공격을 받기도 했다. 1072년이 되자 대중의 거리낌을 알아챈 이븐 아킬은 아부 자파르의 압력에 의해 알 할라즈 및 무으타질라파에 대한 초기 저서들의 내용을 다소 번복했다.

앙리 라우스트의 말에 따르자면, 이븐 아킬을 박해했던 아부 자파르는 '바르바하리와 이븐 바타의 정신적 후계자'로서 "한발리 학파의 기조를 지원하고 아바스 칼리프 왕조의 권위를 회복시키는 데 엄청난 노력을 쏟으면서 (중략) 다른 이들과는 차별화된 모습을 보여주었다. 우리는 그가 무으타질라파와 수피파에 대항해 일련의 대중 봉기를 이끄는 모습을 확인할 수 있다. 1068년에는 니자미야에서 가르치는 내

---

15 Ibid., 127.
16 Ibid.
17 Encyclopaedia of Islam, vol. 3, 2nd ed., s.v. "Ibn 'Akīl," by George Makdisi.

용에 반발해 봉기했으며, (중략) 1076년에는 마침내 니자미야의 교사 이븐 알 쿠샤이리에 반발해 일어났다. 당시 쿠샤이리가 의인화 신정론(타슈비흐)이 한발리 학파의 짓이라고 주장하고 있었기 때문이다."[18]

이븐 알 쿠샤이리의 추종자들과 아부 자파르의 추종자들 사이에서도 폭력을 동반한 충돌이 발생했다. 1077년에도 또 다른 소요 사태가 벌어졌으며 우두머리 몇몇을 축출시키면서 어느 정도 진정되는 모습을 보였다. 그러나 1082년 한발리파 학자가 니자미야를 공격하고 그 학생들에게 니자미야를 파괴할 것을 종용한 사건을 계기로 불안이 다시 한 번 점화되었다. 이 학자는 붙잡혀 태형에 처해진 후 투옥되었다. 1083년에는 또 다른 사건이 발생했다. 니자미야의 설교자로 임명되었던 알 바크리를 열렬하게 따랐던 것으로 보이는 여러 명의 사람들이 아부 야라의 아들 중 하나의 집에 숨어들어 야라의 연구서 중 한 권을 훔쳤다. 알 바크리는 이 연구서를 이유로 들며 아부 야라의 불경함을 공개적으로 비난했다. 또한 그해에 한발리 학파의 불경함을 고발하는 설교를 행하기도 했다. 돌팔매질이 오갔으나, 결국 칼리프 왕조가 질서를 바로잡는 데 성공하였다.

이후 수년 동안에는 상황이 몇 배로 심각해졌다. 1085년에는 수니파와 시아파 간에 피가 낭자한 접전이 벌어져 다수의 사망자가 발생했다. 말리크 샤와 니잠이 바그다드를 방문해 상황이 다소 누그러졌으나, 1088년에는 혼란이 다시 한 번 점화되어 이듬해인 1089년에는 이전보다 한층 더 심각한 규모의 봉기들이 발생했다. 이븐 알 자우지의 말에 따르자면 당시 발생한 사망자만 200명이 넘었다. 시아파는 이슬람교와 이슬람법을 혐오한다며 비난받았다. 1091년부터 1095년

18　Encyclopaedia of Islam, vol. 3, 2nd ed., s.v. "Hanabila," by Henri Laoust.

사이에는 사망자가 발생하는 사건들이 줄줄이 이어졌다.[19] 수백 명의 목숨을 앗아간 당시의 폭동은 결국 10세기, 11세기, 12세기 그리고 13세기의 이슬람 세계와 특히 바그다드와 같은 대도시에는 종교의 영향으로 발생한 테러리즘, 다시 말해 20세기의 현상과 거의 다르지 않은 테러리즘이 존재했음을 확인해준다.

---

19 Laoust, "Les Agitations," 184.

제12장

이븐 타이미야

1983년 5월, 역사학자 엠마누엘 시반은 「엔카운터」지에 '이븐 타이미야, 이슬람 혁명의 아버지: 중세 신학과 근대 정치학'이란 제목의 글을 기고했다.

오늘날의 아랍 세계(특히 이집트)에서 '이 시대 가장 뜨거운 저작물'로 불리는 것이 바로 14세기 신학자 이븐 타이미야의 글들이다. 사다트 대통령의 암살 사건이 있기 6개월 전, 이집트 여당이 발행하는 주간지 「마요」에서는 이븐 타이미야(와 당대의 주요 제자들)를 가리켜 이집트 젊은이들에게 가장 전반적이고 유해한 영향력을 미치고 있다고 지적했다. 젊은이들은 타이미야에게서 '폭력과 권력 장악이 이슬람법 및 전통으로 정당화되는 것'을 배웠으며, 이에 따라 수니파를 포함한 동료 무슬림들이 '하나님을 위한 성전'의 타깃이 될 수도 있었다. 「마요」는 이븐 타이미야의 사상이 만연해 있는 대학가에서 탄생한 무슬림 조직들이 결국 다양한 테러리스트 단체들로 자라나고 있다고 말했다. [1]

---

1   Emmanuel Sivan, "Ibn Taymiyya: Father of the Islamic Revolution: Medieval Theology & Modern Politics," Encounter 69, no. 5 (May 1983): 41.

그보다 최근에는 벨기에의 무슬림 출신인 이슬람학 교수이자 이븐 타이미야의 열성적인 지지자 야히야 미쇼는 『프린스턴대백과: 이슬람사상편(The Princeton Encyclopaedia of Islamic Political Thought)』(2013)에서 다음과 같이 말했다. "독립적인 주요 수니파 무푸티이자 신학자, 그리고 맘루크 왕조 시대의 활동가였던 그의 글은 다수의 개혁가들에게 영향을 미쳤으며, 후기 무슬림 사회에서 나타난 순수주의 운동들에도 영향을 주었다. 종종 와전되기도 하나, 이 글들은 여전히 현대 이슬람주의자 사상 및 무슬림들의 폭력을 위한 의지에서 중심적인 역할을 차지하고 있다."[2]

초기 생애와 교육

타키 알 딘 아흐마드 이븐 타이미야는 (오늘날의 터키 남동부에 위치한) 하란에서 1263년 태어났다. 그는 한발리 학파의 신학자이자 법학자였으며, '샤이흐 알 이슬람'이라 불리며 많은 추종자들을 이끌었다. 그와 그의 가족들은 1269년 몽골을 떠나 다마스쿠스에 정착했다. 그는 평생을 맘루크 술탄 왕국의 영토(시리아, 이집트, 팔레스타인, 히자즈)에서 살았으며 1328년 다마스쿠스 성채에 갇힌 채 세상을 떠났다.

이븐 타이미야는 그의 아버지 및 샴스 알 딘 압드 알 라흐만 알 마크디시와 함께 법을 공부했다. 그는 또한 잠시 동안 술레이만 이븐 압드 알 카위 알 투프트에게서 아랍어 문법 및 어휘를 배웠으며, 마침내 시바와이히의 위대한 아랍어 문법책 『알 키탑(Al-Kitāb)』을 완전히 마스터하게 되었다. 이븐 타이미야는 20세의 나이에 법률 의견서를 발행할 수 있는 자격을 얻었으며, 1283년 그의 아버지가 세상

---

2   Yahya Michot, "Ibn Taymiyya," in The Princeton Encyclopaedia of Islamic Political Thought, ed. Gerhard Bowering (Princeton, NJ: Princeton University Press, 2013), 238.

을 떠난 뒤로는 수피파의 수도원이자 하디스 교육기관이었던 '다르
알 하디스 알 수카리야'의 하디스 교수직을 물려받게 된다. 1285년
이 되자 이븐 타이미야는 우마이야 모스크에서 쿠란 주해를 가르치
기 시작했으며, 1292년에는 메카로 순례를 다녀오면서 첫 번째 논문
인 「마나시크 알 하지(Manāsik al-hajj)」에 쓰일 대부분의 이야기들을 얻
는다. 「마나시크 알 하지」에서 그는 순례라는 의례에서 나타난 혁신
몇 가지를 비난했으며,[3] 이를 위해 위대한 한발리파 학자 이븐 쿠다
마와 반대되는 의견을 개진하는 것도 마다하지 않았다.[4]

　이븐 타이미야의 교의 연구에 가장 큰 영향력을 미친 것은 다름 아
닌 쿠란으로, 그는 여기에 '완전히, 그리고 역동적으로' 사로잡히게
된다.[5] 이븐 타이미야는 옥중에서 40권의 쿠란 주해서를 썼으나 오
늘날 남아 있지는 않다.

　그는 하디스 또한 마스터했으며, 다른 그 무엇보다도 아흐마드 이
븐 한발의 『무스나드(Musnad)』를 선호했다. 이븐 타이미야의 지적, 교
리적 발전에 있어서 쿠란 및 하디스 다음으로 큰 영향력을 미친 것
은 아흐마드 이븐 한발과 그의 제자들이었다.[6] 그러나 그는 하디스
들에 완전히 구속되지는 않았으며, 부카리와 무슬림의 하디스도 완
전히 엄격하지는 않다고 주장했다. 예시로 부카리의 하디스 중 다수
의 진위가 의심된다는 식이었다.

3　Encyclopaedia of Islam, vol. 3, "H‒Iram," ed. B. Lewis et al., 2nd ed. (Leiden: Brill, 1971), s.v. "Ibn Taymiyya," by Henri Laoust. George Makdisi, "Ibn Taymiyah," Islamic Philosophy Online, May 13, 2003, updated September 6, 2007, http://www.muslimphilosophy.com/it/itya.htm.

4　Henri Laoust, "La Biographie d'Ibn Taimīya d'après Ibn Katīr," Bulletin d'études orientales 9 (1942‒1943): 117.

5　Henri Laoust, Essai sur les doctrines sociales et politiques de Takī‒d‒Dīn Ahmad b. Taimīya (Cairo: Imprimerie de l'Institut Français d'Archéologie Orientale, 1939), 73.

6　Ibid., 79.

권력에의 충돌과 투옥

이븐 타이미야는 1293년 최초로 권력에 맞서 대항하기 시작했다. 예언자를 모독했다는 혐의를 받던 기독교인 아사프 알 나스라니의 사건이 주된 원인이었다. 이븐 카트히르의 말에 따르자면, 정부 인사한 명이 이 사건과 관련하여 이븐 타이미야에게 아사프에 대한 법적 평결(파트와fatwa)을 내려줄 것을 요청했다. 요청을 수락한 그는 파트와를 공포하면서, 예언자를 모독한 사람이라면 심지어 무슬림이라고 하더라도 반드시 죽여야 한다며 그에게 사형을 선고했다. 대중은 이븐 타이미야의 평결을 인정하는 분위기였으나, 시리아 정부는 사건을 해결하기 위해 아사프에게 이슬람으로 개종할 것을 권유하고 아사프가 이를 받아들임으로써 사건은 일단락되었다. 이븐 타이미야는 이 결과에 반대하면서 자신을 따르던 이들과 함께 정부 관리의 집으로 가 아사프의 사형을 요구하며 시위를 벌였다. 그러나 이븐 타이미야는 그가 보여준 비타협 및 반항을 이유로 투옥된다. 옥중에서 이븐 타이미야는 첫 번째 걸작, 『예언자를 모독하는 이들에게 겨누는 칼(al-Sārim al-maslūl 'alā shātim al-Rasūl)』을 집필한다.[7]

이븐 타이미야는 그의 믿음과 법학에 관한 견해 때문에 여섯 번 투옥되었으며 감옥에서 총 6년의 시간을 보냈다. 미쇼가 동의한 바에 따르자면, 그가 투옥된 진정한 이유는 '강력한 종교기관 및 수피 기관들이 믿던 교리 및 관행, 동년배들의 질투, (그의 사상이 보여준) 매우 노골적인 개인성, 그리고 대중에게 호소하는 태도와 정치적 모의 때문에 그가 공공질서에 위협이 되리라는 우려' 때문이었다.[8] 미쇼는

---

7   Makdisi, "Ibn Taymiyah." See also Wikipedia, s.v. "Ibn Taymiyyah," last modified, January 14, 2017 https://en.wikipedia.org/wiki/Ibn_Taymiyyah.

8   Michot, "Ibn Taymiyya," 239.

이븐 타이미야가 대중에 개입하면서 어떻게 정부 인사들의 적대감을 샀는지를 다음과 같이 설명한다.

> 전해지는 말에 따르자면 (이븐 타이미야는) 선행을 명하고 악행을 금하라는 종교적 의무를 스스로 실천하며 남에게도 부과하는 과정에서 어린이들의 머리를 깎고, 사창가와 여관에서 방탕에 반대하는 캠페인을 벌였으며, 무신론자가 공개 처형을 당하기 직전에 주먹으로 그를 팼고, 한 모스크 내부에 위치한 바위 하나가 신성한 것으로 여겨지자 이를 파괴했으며, 점성술사들을 공격하고, 올바른 길을 벗어난 수피 샤이흐들이 대중 앞에서 회개하고 수나에 따르도록 만들었다. 그는 다양한 상황에서 지하드를 권유했을 뿐만 아니라, 그 스스로도 몇몇 원정 및 전투에 참여했다. [9]

이븐 타이미야의 성격

그의 까다로운 성격은 도날드 리틀의 고전 논문, 「이븐 타이미야는 미친 사람이었는가?」에 잘 요약되어 있다. 리틀은 여기서 이븐 타이미야를 따랐던 이들의 글을 인용했는데, 이 중에는 한발리-샤피이파에 호의적이었던 알 드하하비(1274-1339)나 타이미야의 한발리파 마드하브 소속이었던 알 하디의 글도 있었다.

> 이븐 타이미야의 공개적 행동들은 알 드하하비가 쓴 다수의 관찰문으로 남아 있는데, 특히 이븐 타이미야의 자긍심과 성급함, 집요함, 비관용 및 요령 없는 태도가 잘 드러나 있다. 이차적 사료들에서도 이와 같은 점이 드러나는 이야기들을 다수 찾아볼 수 있는데, 특히 이 중에서는 격분한 그가 몽골 관리와 대

---

9   Ibid.

치한 일,[10] 맘루크 술탄 왕조를 상대로 몽골에 맞서 지하드를 일으켜야 한다고 대담하게 설교한 일,[11] 예언자에게 바쳐진 성물들을 파괴한 일,[12] 겁도 없이 리파이 데르비시파의 허풍을 폭로한 일,[13] 그를 따르던 알 미찌를 몰래 감옥에서 빼내온 일,[14] 맘루크 왕조에게 복종하기를 거부한 일,[15] 다른 울라마(이슬람 율법학자-역주)들이 침묵의 지혜를 잃지 않고 있는 동안 요령 없게도 콥트교를 맹렬하게 비난한 일[16] 등 몇 개의 사건들만 살펴보아도 충분하겠다. 그는 종교적 원칙에 대해 너무나도 외골수처럼 헌신했으며, 무위와 허영에 극도로 비관용적이었다. 이븐 압드 알 하디에 따르자면 그는 투옥된 이집트의 감옥 전체를 종교 연구기관이자 기도의 장으로 바꾸어버렸으며, 수감자들이 체스나 보드게임을 두는 대신 기도를 올리도록 만들어버릴 정도였다.[17] 하루는 그의 추종자들의 생각으로는 암살이나 다름없었던 일을 벌이러 카이로의 길거리를 행진하다가도, 대장간 발치에서 두 명의 남자들이 게임을 하고 있는 모습을 보자 참지 못하고 달려가 게임판을 발로 걷어차 버린 일도 있었다.[18] (중략) 확실히 그는 훌륭하고 명석한 사람이었으며 그중에서도 용기와 독실함, 자제 및 방대한 지식이 돋보이던 자였다. 그러나 그에게는 다수의 단점들도 있었는데, 알 드하하비는 이 중 몇 가지를 나열한다. 가장 큰 문제는 바로 폭력적인 분노였으며(그는 분노를 다스리는 법을 배웠다고 인정한 바 있다), 인간의 불완전

---

10 Laoust, "Biographie d'Ibn Taimīya," 123 – 124.

11 Ibid., 127.

12 Ibid., 133; Hasan Q. Murād, "Mihan of Ibn Taymiya: A Narrative Account Based on a Comparative Analysis of Sources" (master's thesis, McGill University, 1968), 80.

13 Laoust, "Biographie d'Ibn Taimīya," 135 – 136, and Essai, 126 – 127; Murād, "Mihan of Ibn Taymiya," 80 – 82.

14 Laoust, "Biographie d'Ibn Taimīya," 137; Murād, "Mihan of Ibn Taymiya," 89.

15 Laoust, "Biographie d'Ibn Taimīya," 139 – 141, 153, and Essai, 133 – 134, 144 – 145; Murād, "Mihan of Ibn Taymiya," 92, 94 – 95, 106 – 107.

16 Laoust, Essai, 141 – 142; Murād, "Mihan of Ibn Taymiya," 101 – 102.

17 Muhammad b. Ahmad b. 'Abd al-Hādī (d. 744/1343), Al-'Uqūd al-durriyya min manāqib Shaykh al-Islām Ahmad b. Taymiyya (Beirut: Dār al-kutub al-'ilmiyya, n.d), 288.

18 Ibid., 269.

성에 대한 비관용, 그리고 극도로 강직한 태도가 그 뒤를 이었다. 장점과 단점
을 모두 포함해서도 그는 확실히 예외적인 사람이었으며, 알 드하하비 자신을
포함해 비교적 부드러운 태도를 보이던 동료 '울라마'들과는 구별되는 사람이
었다.[19]

지하드에 대한 요청

이븐 타이미야는 1296년 다마스쿠스에 위치한 한발리 학파의 마드
라사(종교 학교 겸 수도원-역주)에서 한발리 법학을 가르치는 교수가 되었
다. 같은 해에 맘루크 술탄 알 아딜 키트부그하가 부술탄 알 말리크
알 만수르 라진에 의해 권좌를 잃는 일이 발생한다. 얼마 지나지 않
아 라진은 실리시아의 아르메니아 왕국 내 기독교인들을 상대로 원
정을 벌이고자 하면서, 무슬림들에게 지하드를 설파해줄 것을 이븐
타이미야에게 요청했다. 라우스트가 말하다시피, 라진은 샤리아에
견주어보더라도 완벽한 형태의 지하드를 자신의 교리로 삼았던 이
븐 타이미야가 맘루크 왕조의 이슬람 제국주의를 위해 적절한 선동
가가 될 수 있으리라고 생각했다.[20] 이븐 카트히르의 기록에 따르자
면 1298년 7월 이븐 타이미야는 우마이야 모스크에 모인 거대한 관
중 앞에서 열렬한 연설을 통해 성전을 촉구하면서 순교자들에게 뒤
따를 보상들을 상기시켰다. 그러나 그의 이러한 노력도 성공을 거두
지는 못했다.[21]

　1299년, 이븐 타이미야는 신앙고백서 『알 하마위야 알 쿠브라(al-
Hamawiyya al-kubrā)』를 저술해 아쉬아리파의 합리주의적, 혹은 사변적

19　Donald P. Little, "Did Ibn Taymiyya Have a Screw Loose?" in Studia Islamica, No. 41 (1975:
　　Paris), 107-108.

20　Laoust, "Biographie d'Ibn Taimīya," 120.

21　Ibid.

인 수니파 신학 및 칼람(kalām, 사변적 신학)에 대해 극도로 적대적인 태도를 드러냈다. 이븐 타이미야에게 적대적이었던 이들은 그가 의인화 신정론을 사용한다고 비난하면서 하나피파의 카디 잘랄 알 딘 아흐마드 알 라지의 앞으로 타이미야를 소환했다. 타이미야는 이를 거절하면서, 교리의 영역에서는 카디도 적절한 관할권을 갖지 못한다고 말했다. 결국 "샤피이파의 카디였던 이맘 알 딘 우마르 알 카즈위니가 〈하마위야〉의 연구 장소로도 쓰였던 본인의 자택에서 사적으로 회의를 벌인 끝에 이븐 타이미야를 더 이상 문제 삼지 않기로 판결했으며, 타이미야 또한 그 결과에 매우 만족했던 것으로 전해진다."[22]

몇몇 근대 학자들은 이븐 타이미야가 '상습적인 의인화 신정론자'라면서 "쿠란의 모든 구절들 및 하나님이 보여주신 전통들을 모조리 문자 그대로 해석했다"고 평한다.[23] 이븐 타이미야를 '미친 자'라 표현했던 이븐 바투타 또한 다음과 같이 기록하고 있다. "(이븐 타이미야는) 민바르(minbar, 금요 예배에서 설교를 드릴 때 모스크의 이맘이 올라서는 설교단)에서 사람들을 꾸짖고 설교했다. 그의 연설 중에서도 압권이었던 것은 '진정으로 하나님은 마치 지금 내가 내려서는 모습과도 같이 하늘에서 우리에게 내려오셨노라'며 민바르에서 한 발자국 내려섰을 때였다."[24] 이븐 타이미야는 『이슬람 신앙의 원칙(al-'Aqīda al-Wāsitiyya)』에서 다음과 같이 썼다.

---

22 Encyclopaedia of Islam, vol. 3, 2nd ed., s.v. "Ibn Taymiyya," by Laoust.

23 Encyclopaedia of Islam, vol. 2, "E – K," ed. M. Th. Houtsman, A.J. Wensinck, and T.W. Arnold (Leiden: Brill, 1927), s.v. "Ibn Taimīya," by M. Ben Cheneb.

24 Ibn Battūta, The Travels of Ibn Battuta, A.D. 1325 – 1354, trans. by H.A.R.Gibb (Delhi: Munshiram Manoharlal Publishers, 1999), 1:136. 사실 이븐 타이미야는 1326년 7월 옥중에 있었으며 1328년 9월 숨을 거둘 때까지 갇혀 있었으므로, 이븐 바투타가 1327년 8월에 어떻게 이를 목격했다는 것인지는 이해하기 힘든 부분이다.

하나님에 대한 믿음 중 일부는 하나님이 성서(쿠란) 속에서 자신을 묘사한 말
에 대한 믿음이자 그의 예언자 무함마드(그에게 평화 있으리)가 하나님을 묘사
한 말에 대한 믿음이다. 그것을 곡해하거나 부인하지 말고 그대로 믿을 것이
며, 질문을 던지거나 형상화하지도 말지어다. 대신 고귀하신 하나님을 믿어라.
"그 무엇도 하나님과 같지 않다. 그분은 모두의 듣는 자이시매 모두를 내다보
는 자이시다(Q42. 아스 슈라, 〈조언〉, 11)." 그분이 스스로를 묘사한 것을 부정하
지 말고, 그들의 맥락에서 단어를 바꾸지도 말지어다. 알라의 이름과 그의 징
후를 불신하지 말지어다. 25

　1300년, 이븐 타이미야는 누사이리파 정벌에 나서면서 다시 한 번
맘루크 왕조와 일하게 된다. 알라위트파라는 이름으로도 알려져 있
는 누사이리파는 9세기경 이븐 누사이리가 레바논의 산맥에서 몽골
족 및 시아파 동맹과 합작해 설립한 종파다(알라위파라고도 한다-역주). 이
븐 타이미야는 이들을 위험한 이단자로 간주했다.

　이 사람들의 이름은 '알 누샤이리야'로, 카르마트파나 바티니야[이스마일파]와
마찬가지로 유대인이나 기독교인보다 더한 불신자들이다. 아니, 이들은 대다
수의 무슈리킨(mushrikīn, 성서의 백성들이 아닌 다신론자들)보다도 더한 불신자
들이며, 이들이 무함마드[그에게 평화 있으리]의 움마에 끼친 해악은 무슬림과
전쟁 중에 있는 모든 불신자들이 미치는 해악보다 더 크다. (중략) 이들은 무지
한 무슬림들의 앞에서 자신들이 아흘 알 바이트(Ahl al Bayt, 예언자의 가문 사
람들, 즉 딸 파티마와 사위 알리의 자손들-역주)를 따르는 사람들이라고 소개하

25　Sheikh Al-Islam Ahmad Ibn Taimiyah, Principles of Islamic Faith (Al-`Aqidah Al-Wasitiyah),
　　trans. Assad Nimer Busool (Skokie, IL: IQRA' International Educational Foundation, 1992),
　　http://www.islamicweb.com/beliefs/creed/wasiti/taimiyah_1.htm.

지만, 사실상 이들은 하나님도 믿지 않고 예언자도 믿지 않으며, 성서도, [하나님의] 명령도, 금기도, 보상도, 벌도, 천국도, 지옥불도 믿지 않는다. (중략) 대신 이들은 하나님과 예언자가 남긴 말을 무슬림 학자들에게 알려져 있는 바 그대로 가져다 듣는다. 또한 그 말들을 마음대로 가공하고 해석하면서, 그들의 해석이 '숨겨진 지식(ilm al-bātin)'이라고 주장한다. (중략) 이들의 불신앙에는 끝이 없다. (중략) 이들의 목적은 이슬람 신앙과 법을 가능한 모든 방법을 통해 부인하는 것이며, 그 문제들에 그들만이 알고 있는 현실이 있는 것처럼 보이도록 만들고자 한다.[26]

1300년, 몽골의 가잔 칸이 맘루크 왕조의 아미르 키브자크의 지원을 받아 쳐들어오자 이븐 타이미야는 다마스쿠스에서 저항군의 지도자가 되어 활약했다. 가잔 칸과 그의 장군들은 회의 끝에 이븐 타이미야의 요구를 받아들여서 무슬림 및 비무슬림 포로 일부를 석방시켜주었다.[27] 몽골족이 새로이 공격해오자 그는 요청에 따라 사람들에게 지하드에 나서줄 것을 촉구했으며, 1301년 1월에는 맘루크 술탄 무함마드 칼라윈이 시리아에 개입해줄 것을 탄원하기 위해 카이로로 건너갔다. 이븐 타이미야는 1303년에도 다마스쿠스 근방의 샤크하브 지역에서 몽골을 상대로 승리를 거둘 당시에도 그 자리를 지키며 "싸우고 있는 이들을 위해 단식할 의무를 면제해주는 일과 관련하여 파트와를 공포하는 일을 도맡았다."[28]

---

26 ASHĀBULHADEETH, "Ruling on the Nusayri/Alawi Sect," Shaykh-ul-Islaam Ibn Taymiyyah, August 13, 2009, https://shaykhulislaam.wordpress.com/2009/08/13/ruling-on-the-nusayrialawi-sect/.

27 Michot, "Ibn Taymiyya," 239.

28 Encyclopaedia of Islam, vol. 3, 2nd ed., s.v. "Ibn Taymiyya," by Laoust.

선행을 명하고 악행을 금하는 일에 관한 고찰

이븐 타이미야는 선행을 명하고 악행을 금하라는 이슬람의 의무에 상당히 매료되어 있었다. 이 의무는 그의 활동주의적 기질에도 딱 들어맞는 것이었지만, 이 때문에 정부당국과 계속해서 마찰을 빚기도 했다. 리틀의 말에 따르자면 "맘루크 왕국이 실천하는 종교의 거의 모든 측면들을 하나하나 말과 행동으로 반대했다는 점이 이븐 맘루크의 유별난 점이었다."[29] 그러나 마이클 쿡이 지적했듯, 이와 같은 대립의 저변에는 "국가와 협력하려는 구조적인 성향이 깔려 있었으며, 대립보다는 오히려 협력을 추구하는 것이 그의 정치사상의 핵심이었다."[30] 사실 이븐 타이미야는 악행을 금한다는 이슬람의 의무와 관련하여 짧은 논문을 한 편 저술한 바 있는데, 이는 가능한 한 많은 대중을 독자로 겨냥해 쓴 글이다.

　이븐 타이미야에게 있어서 이 의무란,

> 하나님의 계시가 전부인 의무이자, 성전의 의무와도 긴밀하게 연결되어 있는 개념이다. 이 의무는 성전과 마찬가지로 누군가가 실제로 행하기 이전까지 모든 사람들이 함께 지는 의무다. 따라서 이는 집단적 의무(알라 알 키파야)이며, 본질적으로 보았을 때 모든 사람들이 개별적으로 지는 의무와는 약간 성격을 달리한다. 동시에 그 누구도 이 의무를 면제받을 수 없다. 예언자의 하디스에 따르자면 이 의무는 세 가지 형태로 이행되어야 한다고 상세하게 설명되어 있다. 손으로, 혀로, 또 마음으로(혹은 마음 안에서) 행하는 것이 그 방법들이다. 여기에서는 시민정신(리프크rifq)이 강조되는데, (중략) 옳은 일(마루프ma'rūf)과 그른 일(문카르munkar)을 구별하는 데 필요한 지식을 갖추고 있어야 한다. 의무를

29　D.P. Little, "Religion under the Mamluks," Muslim World 73, no. 3–4 (October 1983): 180.

30　Cook, Commanding Right and Forbidding Wrong, 150.

이행함으로써 수호되는 공익(마슬라하maslaha)은 반드시 의도하지 않았던 부정적인 결과(마프사다mafsada)보다 더 커야만 하는데, 이 때문에 의무를 이행하고자 반란을 일으키려는 자는 없게 되었다. 그러나 적대적인 행위를 마주하게 되었을 때에는 반드시 인내(사브르sabr)를 먼저 보여주어야 한다. 이 의무는 또한 주체가 행동할 힘(쿠드라qudra)을 가지고 있음을 나타내주기도 한다.[31]

의무에 대한 논의들에서 가장 두드러지는 것은 바로 이븐 타이미야의 공리주의다. 쿡의 설명에 따르자면 '정치학에 관한 주요 저서에서' 이븐 타이미야는 '비용과 이익을 비교해야 하는 상황이라면 소수의 이익을 희생해서 더 큰 이익을 추구하는 것, 또 작은 비용을 감수하고 큰 비용을 피하는 것이 바람직한 방법'이라고 말했다. "마찬가지로 검열(히스바hisba) 당국에 관한 연구에서도 그는 누구나 자신에게 열려 있는 행동의 선택지 중 가장 최선의 것을 선택하는 정도로 의무가 한정되어 있다고 강조한다. 실제 상황에서는 보통 두 가지 선행 중 더 큰 선행을 고르거나, 두 개의 악행 중 덜한 악행을 선택할 수밖에 없다는 의미다. (중략) 비용과 이익에 관한 공리주의적 관용구는 도덕적 절대주의를 다소 경시하는 경향이 있지만, 확실히 그의 정치사상에 놀라울 만큼 강한 설득력을 가져다주는 요소이기도 하다."[32]

이븐 타이미야는 또한 이 의무가 대부분 정부 인사들의 책임이라고 본다. 선행을 명하고 악행을 금하는 일은 일반 백성들에 대해 권력(알라 아마티힘'alā 'āmmatihim)을 행사하는 모든 공동체(타이파tā'ifa)의 학자(울라마), 정치적 · 군사적 고위 인사(우마라umarā'), 노년층(마샤이크흐

---

31   Ibid., 152 – 153.
32   Ibid., 154.

mashāyikh)의 의무다.[33] 이후 이븐 타이미야는 권력자에 왕(물루크mulūk)
과 국가공무원(아흘 알 디완ahl al-dīwān) 및 추종자를 거느리는 인물(마트
부matbū')를 포함시켰다. "이들은 각기 하나님이 명령하신 것을 명하
고 금지하신 것을 금해야 한다. 권력의 객체가 되는 모든 이들은 각
기 하나님에 대한 복종 안에서 이 권력자들에게 복종해야 하는 한편
으로, 하나님에 대한 불복종에는 그렇게 하지 않아야 한다. 감투를
쓴 권력자들이 악행을 금하는 일에 있어서 담당하는 역할은 이븐 타
이미야의 저서 곳곳에서 강조되고 있다. 실제로 그는 모든 국가권력
이 의무를 이행하기 위해 존재해야 한다고 생각한다."[34] 의무를 성공
적으로 이행하려면 그것을 집행할 권위가 있어야 함이 명백하기 때
문에, 권력을 가진 이들이 의무를 이행해야 한다는 점은 지극히 자연
스러운 일이라는 셈이다.

이븐 타이미야는 정치철학에서도 마찬가지로 실용적인 면모를 보
여주었다. 정치적 도덕은 곧 스스로 나름의 최선을 다하는 일이라
본 것이다. "권력을 가진 자리에 앉은 이가 신실하게 행동했다면 그
는 그의 의무를 다한 것이며, 능력 부족으로 미처 달성하지 못한 바
에 대해서는 책임을 지지 않는다."[35] 지도자의 의무는 각각의 직책
에 가장 잘 어울리는 사람을 찾아 그를 공직에 앉히는 것이며, 그의
선택으로 인해 바람직하지 않은 결과가 뒤따를 수 있다고 해도 그렇
게 해야만 한다. "모든 형태의 정치권력은 신성한 법(샤리아)의 축복
을 받았으며, 모든 공기관은 종교적 기관(마나시브 디니야manāsib dīniyya)
이다."[36]

---

33 Ibid., 155.
34 Ibid.
35 Ibid., 156.
36 Ibid.

이븐 한발과 달리, 이븐 타이미야는 정치권력을 행사하기를 주저하지 않았다. 그의 논의에 따르자면 사람들은 "정치권력에 보이는 태도에 따라 세 분류로 나눌 수 있다. 첫 번째 무리는 (중략) 정치적 도덕률이 존재할 수 없다고 보면서, 도덕성이 결여된 정치학을 선택하는 이들이다. 두 번째 무리도 앞서의 전제를 받아들이지만, 첫 번째 무리와는 다르게 정치성이 결여된 도덕률을 택하는 이들이다. 세 번째 무리는 (중략) 앞서의 두 무리가 공유하는 대전제를 거부하면서 극단적 태도를 지양하고 올바른 태도를 가지게 된 이들이다."[37]

그러나 이븐 타이미야는 두 번째 무리, 즉 도덕주의적 무리를 한층 더 자세히 논하면서, 오늘날 이슬람 테러리스트들에게 큰 영향을 미친 21세기의 한 사상과도 직결되는 논의를 펼쳤다. 이븐 타이미야에 따르자면, 도덕주의자들은 '가장 조용한' 도덕주의자들과 '활동가적' 도덕주의자로 나눌 수 있다.

> 가장 조용한 도덕주의자는 타협할 수 없는 정의와 관련된 일에서도 어느 정도 소심하거나 영적으로 쩨쩨한 태도를 보인다. 이와 같은 실패는 그로 하여금 의무를 도외시하게 만들 수 있는데, 이때의 부작위는 금지된 행위들을 저지르는 것보다 더 나쁜 것이다. 또 이 실패는 자칫 다른 사람들의 의무 이행을 금지시켜버릴 수도 있는데, 이는 하나님의 길로부터 사람들을 멀어지게 만드는 것이나 다름없는 일이다. (중략) 활동가적 도덕주의자들은 정치적 부정의에 맞서 무기를 사용해 자신의 입장을 표명하는 것이 곧 의무라고 믿으며, 이 때문에 결국에는 하와리즈파와 같은 방식으로 무슬림들과 싸우게 된다.[38]

---

37 Ibid., 157.

38 Ibid.

이븐 타이미야의 반–몽골 파트와

이븐 타이미야가 몽골 및 맘루크 왕조와 관련해서 13세기 말부터 14세기 초까지 공포한 파트와 세 건의 주된 목적은 전투 중인 전사의 지위를 결정하는 일이었다. 당시에는 몽골제국 내 일 칸국의 지도자였던 가잔 칸(재위 1295-1304)과 그의 병사 대부분이 이슬람으로 개종한 상태였다. 몽골인 중에서는 자신들의 무슬림 형제들을 상대로 싸우도록 강요받은 맘루크계 포로들도 있었다. 만일 몽골이 맘루크 왕조와 같은 무슬림이었다면, 싸우기를 거부한 맘루크 병사들의 지위는 어떻게 되는 것일까? 또 자원해서 몽골군에 합류한 맘루크 병사들의 지위는 어떻게 되었을까?[39]

영토의 상당한 부분이 이제 몽골의 지배를 받게 되었다. 그러나 과거와 달리, 무슬림들이 정복당한 땅을 떠나 무슬림의 영토로 이주하는 것은 더 이상 불가능한 일이었다. 마르딘 시가 몽골에 함락되던 때를 예로 들자면,

> 이븐 타이미야는 이 도시가 다르 알 하릅(전쟁의 땅)인지 혹은 다르 알 이슬람(이슬람의 땅)인지를 판가름해줄 것을 요청받았다. 그는 마르딘의 무슬림들은 여전히 무슬림이며, 위선으로 처벌받거나 혹은 비무슬림이 지배하는 도시에 살고 있다고 비난받아서는 안 된다고 말했다. 그러나 같은 이유로 이들은 몽골 점령군에게 그 어떠한 노골적인 도움도 주어서는 안 되었다. 마르딘이 다르 알 하릅이냐 혹은 다르 알 이슬람이냐에 대한 질문에 이븐 타이미야는 다음과 같이 답했다. "병사들이 무슬림이라 하더라도, 이슬람의 법이 유효하지 않기 때문

---

39 Denise Aigle, "The Mongol Invasions of Bilād al-Shām [Syria] by Ghāzān Khān and Ibn Taymīyah's Three 'Anti-Mongol' Fatwas" Mamluk Studies Review 11, no. 2 (2007): 97, http://mamluk.uchicago.edu/MSR_XI-2_2007-Aigle.pdf.

에 이곳을 다르 알 이슬람이라고 볼 수는 없다. 그러나 동시에 신앙심 없는 자
들이 거주하는 다르 알 하릅이라고 볼 수도 없다. 이곳은 세 번째 카테고리에
속한다. 그 내부의 무슬림들은 가능한 나름의 수준에 맞게 행동하며, 할 수 있
는 한 이슬람의 샤리아를 위하여 외부인[아마도 몽골인]에 대항하여 싸운다."[40]

데이비드 쿡이 지적하듯, 이븐 타이미야의 이 발언은 무슬림 국가
와 무슬림 개개인들을 구별한다. 무슬림들과 그들을 다스리는 지도
자가 종교적으로 일치하지 않을 수 있다는 가능성을 시사한 셈이다.
이븐 타이미야에게 있어서 무슬림 전사는 이슬람의 승리를 위해 싸
우는 자이며 이슬람의 법을 지키는 이들이지만, 몽골인들은 기독교
계 아르메니아인, 그레고리아인, 이교도 몽골인, 그리고 무엇보다도
시아파 및 수니파 무슬림들의 연합군의 지원을 받아 싸우고 있었다.
따라서 이들은 이슬람을 위해 싸우고 있다고 볼 수 없다. "몽골인들
은 신앙심 없는 자들이자 거짓된 무슬림이다. 이들은 (기독교인과 같은)
다른 이교도들보다 한층 더 위험한 존재들이며, 더욱더 지속적으로
맞서 싸워야 할 존재들이다."[41]

이븐 타이미야답지 않은 일이지만, 그는 '누군가가 이슬람을 위해
싸우려는 의지를 얼마나 가지고 있느냐에 따라 그 사람의 이슬람을
밝힐 수 있는' 준비가 되어 있었다. "몽골 내 무슬림들은 주로 이슬람
국가가 아니라 거대한 몽골 제국에게 충성을 바치고 있었기 때문에,
이븐 타이미야의 공식에 따르자면 이들은 비무슬림인 셈이었다."[42]

---

40 Ibn Taymiyya, Majmūʻat Fatāwā (Cairo: n.d.) 28:240 – 241; cited by Cook, Understanding
    Jihād, 64.

41 Ibn Taymiyya, Majmūʻat Fatāwā, 28:410 – 467, esp. 413 – 416, and 28:501 – 508, 589 – 590;
    cited by Cook, Understanding Jihād, 65.

42 Cook, Understanding Jihād, 65.

그는 몽골군과의 싸움을 쿠란의 Q33. 알 아흐잡, 〈연합〉에 묘사된 예언자와 연합군 간의 전투와 비교한다. 이븐 타이미야에게 두 연합은 다를 바가 없었는데, 이는 두 연합 모두 자신들의 증오 및 이슬람을 파괴하고자 하는 욕망으로 정의되었기 때문이다.[43]

맞서 싸워야 할 무리들

이븐 타이미야의 주요 논점 중 또 다른 하나는 정당한 권력에 맞서 일어나는 반란들을 진압하기 위해 싸워야 한다는 것이었다. 그다음에는 이슬람의 종교적 의무에 따라 살기를 실패한 이들, 예를 들자면 다섯 번의 정규기도, 법적으로 요구되는 세금(알 자카트al-zakāt)의 지불, 단식(알 사움al-sawm), 메카로의 순례(알 하지al-hājj) 등을 이행하지 못하는 이들은 물론, 신앙심 없는 자들(알 쿠파르al-kuffār)을 상대로 하는 지하드에 참여해 그들을 정복하고 인두세(알 지즈야)를 내도록 만드는 일, (중략) 간통(알 지나al-zinā)을 저지른 이들과 발효된 음료(알 카마르al-khamar)를 소비하는 일 등은 하나님의 명령에 위배되는 것들이기 때문에 가차 없이 탄압되어야 하며, "쿠란에서 특별히 명시적으로 금기시하고 있는 죄(후두드 알라hudūd Allāh)에 속한다. 또한 싸워야만 하는 집단들에는 (중략) 선을 명령하고 악을 금하는 일을 행하지 않는 이들도 포함되어 있었다. 이븐 타이미야는 이 의무를 지하드의 또 다른 형태로 간주했기 때문이다."[44]

두 번째로 공포한 몽골 파트와에서 이븐 타이미야는 반드시 싸워야만 하는 무리들의 목록에 하나님의 자유의지(알 카다르al-qadar)와 칙령(알 카다al-qadā')을 부정하는 이들, 그리고 그분의 이름과 속성을 부

---

43 Ibid., 65-66.

44 Aigle, "Mongol Invasions of Bilād al-Shām," 98.

정하는 이들은 물론이거니와, 쿠란과 수나에 반대되는 혁신을 내보이는 이들, 독실한 선조(알 살라프al-salaf)들의 길을 따르지 않는 이들, 그리고 이븐 타이미야가 성서 및 종교과학계 학자들 간의 합의(알 이즈마al-ijmā')에서 일탈했다고 여기던 (중략) 모든 무슬림 종교 운동 집합체 등을 추가했다.[45] 본질적으로 무질서는 죽음보다 더 두려워해야 할 대상이었으므로 무질서를 유발한 어떤 공동체나 집단에는 맞서 싸워야만 했으며, 이단의 대중적 시위는 침묵을 지키는 이단보다 훨씬 더 엄격하게 처리되어야 한다.

무슬림 침략자들을 상대로 한 지하드를 정당화시키기 위해, 이븐 타이미야는 끊임없이 쿠란 및 하디스에 드러난 예언자의 수나를 언급한다. 또한 초기 이슬람의 시대에 있었던 사건들을 패러다임으로 삼았다.

이븐 타이미야는 초기 이슬람 공동체에서 폭동을 선동했던 반역자들을 자신이 살던 당대의 사건들과 연결시켰다. 이슬람은 여섯 세기 동안 흔들림 없는 패권을 행사했으나 새로이 나타난 무슬림들 때문에 흔들리고 있었다. 이들의 정치적 이데올로기는 이슬람의 이단 분파인 기독교나 시아파와 관련 있는 것이었기 때문에, 이들을 공격할 구실이 되어주었다. 이븐 타이미야가 이란의 몽골인들에 대해 품었던 가장 큰 불만으로는 (그가 보기에) 이들이 그 모든 신앙심 없는 자들과 결탁했다는 점이었다. 그는 이를 바탕으로 "무슬림의 우위를 끝내버려도 좋다"고 선언한 이들에 대항한다는 명분을 만들어 지하드를 정당화시켰다.[46]

이븐 타이미야는 이집트 술탄 왕조가 이슬람 제국의 챔피언으로

---

45   Ibid.
46   Ibid., 102.

서 몽골과 싸우는 데 최적의 위치를 점하고 있다고 보았다. 무슬림 공동체는 분열되는 한편으로 프랑크족부터 종파들의 움직임까지 그 수많은 적들에 대해 지하드를 제대로 벌이지 못한 탓에 점점 약해지고 있었다. "이븐 타이미야는 가잔 칸 이후 올제이투 왕이 성지에 대한 소유권을 주장하는 것을 수니파 이슬람에게 중대한 위협을 미치는 일로 간주했다. 또한 그는 바로 이 이유로 맘루크 정권에 호의적인 태도를 보였다."[47]

몽골의 정치사상에 대한 지식을 얻은 후, 이븐 타이미야는 일 칸국이 이슬람을 위해서가 아니라 단순히 사람들을 복종시키기 위해 싸운다고 비난했다. "무지의 시대(알 자힐리야al-jāhilīyah, 이슬람이 도래하기 전의 시대-역주)부터 그들에게 복종하면서 그들의 신앙심 없는 길(알 쿠프리야흐al-kufrīyah)을 따르게 된 자들은 그들의 친구(사디쿠훔sadīquhum)로, 신앙심 없는 자(알 카피르al-kāfir), 유대인, 혹은 기독교인이라도 이야기는 달라지지 않는다. 복종하기를 거부한 자들은 그들의 적(아두우훔ʿadūwuhum)이며, 비록 그가 하나님의 예언자 중 한 명이라고 해도 그러하다."[48] 또한 그는 정치적 신권정치를 격렬하게 거부했다. 몽골이 이슬람법에서 일탈했으며(카리준 안 샤라이 알 이슬람khārijūn ʿan sharāʾī al-Islam) 무지의 시대로부터 이어진 고대의 신앙을 유지하고 있기 때문이었다. "타타르족은 칭기즈 칸의 위대함을 숭배했다. 이들은 칭기즈 칸이 하나님의 아들이라고 믿었는데, 이는 마치 기독교인들이 메시아(알 마시히al-masīh)를 믿는 것과 유사했다."[49]

문제는 몽골의 법이 이슬람법과 극단적으로 불일치한다는 데 있다.

47 Ibid., 111-112.
48 Ibid., 112, quoting Ibn Taymiyya, Majmūʿ Fatāwa, 28:525.
49 Ibid., 113–114, quoting Ibn Taymiyya, Majmūʿ Fatāwa, 28:521–522.

칭기즈 칸은 '자신의 이성(아크리히'aqlihi)과 본인의 의견(드히흐니히dhihnihi)'에 따라 법, 야사(yāsā)를 구상했다. 이븐 타이미야는 이를 기반으로 몽골이 비난받아 마땅한 혁신(알 비다)의 죄를 저질렀다고 논했다. "그는 자신의 혁신을 도입하기 위해 인류가 예언자의 길을 떠나도록 만들었다. 무지의 시대로 이어지는 길(수나 알 자힐리야sunnat al-jāhilīyah)과 그의 신앙심 없는 법(샤리 아티히 알 쿠프리야흐sharī 'atihi al-kufrīyah)이 그 혁신들이었다." 50 이븐 타이미야는 또한 같은 이유로 몽골의 정치 구조에 대해서도 논박했다. 일 칸국의 이슬람은, 이븐 타이미야에 따르자면, 이성(알 아크리al-'aqlī)이 법(알 샤리al-shar'i)을 대체하기 때문에 무슬림의 종교를 중대한 위험에 노출시킨다.

이란의 몽골인들은 근대적 이슬람을 도입하고자 했다. 이들은 종교적 자유를 옹호하면서 칭기즈 칸이 세운 법, 야사를 따를 것을 주장했다. 달리 말하자면, 몽골인들은 이슬람으로 개종했다 하더라도 이슬람법의 원칙에 순응하지는 않았던 셈이다. 51

혁신, 이단, 종교적 소수자들

앞서도 말했듯, 1296년 술탄 라진은 실리시아의 아르메니아인들을 상대로 지하드를 벌이는 데 있어서 이븐 타이미야에게 무슬림들을 동원해줄 것을 요청했다. 1300년 6월, 이븐 타이미야는 레바논 산맥의 카스라완 원정에 합류해 당시 프랑크족 및 몽골인들과 결탁했던 것으로 여겨지던 시아파와 전투를 벌이고자 했다. 이 작전 때문에 곧 수니파 대학살이 발생했는데, 시리아 역사학자들의 기록에 따르자면 이는 기독교 아르메니아인들과 조지아인들의 선동에 의한 것

---

50   Ibn Taymiyya, Majmū' Fatāwa, 28:523.
51   Aigle, "Mongol Invasions of Bilād al-Shām," 116.

이었다. 그러나 이븐 타이미야는 시아파가 대학살을 조장했다고 믿었다.[52]

1303년 4월, 그는 가잔 칸을 상대로 텔 사크하브를 탈환할 당시 현장에 나가 있었다. 여기서 그는 전투원들이 몽골군과 싸울 수 있을 만큼 충분한 힘을 모을 수 있도록 라마단 기간 동안 단식하지 않아도 된다는 면죄의 파트와를 공포했다. 예언자 무함마드 또한 메카 정복 당시 같은 일을 했던 바 있다. 이븐 타이미야는 무함마드의 선례를 이용하면서도 너무 멀리 나간 나머지, 단식이 전투원들을 약화시킬 수 있다고 비난했으며 (단식을 지키다가는) 이슬람의 승리를 위한 투쟁의 성공 여부와 타협해야 할지도 모른다고 말했다.[53]

이븐 타이미야는 말년의 15년을 다마스쿠스에서 보냈다. 그는 격정적인 열정 때문에 폭력적이고 맹렬한 비난을 퍼붓고 다녔다. 그가 생각하기에 이슬람에 혁신을 도입하려는 자들, 샤피이파, 아쉬아리파, 진디크파, 이단들, 반율법주의나 일원론, 혹은 은비주의(구루우 ghuluww)에 굴복한 것으로 의심되는 수피파 등이 여기에 포함되었다. 또한 모든 수니파 종파들이 동의하는 바와 모순되는 의견을 내놓는 이들도 마찬가지로 비난했다.[54]

1326년 7월, 이븐 타이미야는 술탄의 명령으로 다마스쿠스 성채에 투옥되었다. 예언자들과 성인들의 무덤들을 방문하는 일을 격렬하게 비난했기 때문이었다. 그는 2년이 넘도록 성채에 갇혀 있다가 1328년 9월 26일 세상을 떠났다. 그의 장례식에는 수많은 다마스쿠스 사람들이 구름처럼 몰려들었다. 이븐 타이미야는 수피파의 공동묘지에

---

52 Alfred Morabia, "Ibn Taymiyya: Dernier grand théoricien du Ǧihād médiéval," Bulletin d'études orientales, Mélanges offerts a Henri Laoust, tome 2, 30 (1978): 90.

53 Ibid.

54 Ibid., 91.

묻혔는데, 아이러니하게도 그의 무덤은 사람들이 가장 많이 방문하고 기리는 성소가 되었다.[55]

더 많은 혁신들[56]

이븐 타이미야는 몽골에 대해 총체적으로 반대했다. 그는 성서의 백성들이 이슬람으로 개종하는 경우 그들을 무슬림 공동체에 무조건적으로 받아들일 준비가 되어 있었으나, 한편으로는 일 칸국의 이슬람 개종자들에게 극렬하게 적대적인 태도를 유지했다. 그는 이들의 이슬람이 심지어 위선적으로 보인다며 비난했다. 그는 그들이 모든 신앙들에 대해 균형을 유지하면서, 그 자신들의 승리를 확실시하기 위해 기독교인들이나 시아파 사람들의 지원을 받아 이득을 보며, 칼리프 왕조를 압박하고, 엄격한 정통주의를 따르지 않으며, 무엇보다도 무슬림 공동체의 통일 전선을 분열시키는 데 일조하고 있다고 비난했다.

이븐 타이미야는 이미 확립된 권력에 충성한다는 한발리파의 오랜 전통에 심취해 있었다. 쿠란의 Q4. 안 니싸아, 〈여자〉, 59, "믿는 자들이여, 하나님과 예언자에게 복종하며 그분들에게 권력을 받은 이들에게 복종하라"가 그 바탕이었다. 그는 이를 지도자들과 울라마 간의 동맹을 말하는 것으로 해석했다. 이븐 타이미야는 종교와 국가가 불가분의 관계에 있다고 믿었다. 국가가 행사하는 통제적 권력(사우카 šawka)이 없다면 종교는 쇠락하고 무너질 것이다. 계시된 법의 지도가 없다면, 국가는 독재적인 조직이 될 것이다.[57]

---

55   Ibid.

56   나는 알프레드 모라비아의 고전적인 논문 「이븐 타이미야: 중세 지하드의 마지막 위대한 이론가 (Ibn Taymiyya: Dernier grand théoricien du Ğihād médiéval)」에서 많은 것을 배웠으며, 이 부분과 관련해서는 대부분 이 논문의 91페이지 등을 패러프레이즈했다.

57   Encyclopaedia of Islam, vol. 3, 2nd ed., s.v. "Ibn Taymiyya," by Laoust.

　그러나 몽골인들은 맘루크 왕조에게 실재적인 위협이 되고 있었으며, 심지어는 시리아의 귀족 일부도 이들에게 동조하는 모습을 보이기 시작했다. 알프레드 모라비아의 말에 따르자면 이븐 타이미야는 맘루크 왕조와 몽골인들 간의 싸움을 서로 다른 정치-종교적 세계관의 결전으로 보면서, 그 결과로 다음의 두 가지 상황이 도래할 수 있다고 보았다. 첫째로, 군사적·종교적 지도자들 간에 이슬람의 순수성을 지키고자 하는 동맹이 발생해 무함마드와 그의 동료들의 가치관을 지키면서 경건함과 안정성, 그리고 통일된 움마를 이룰 수 있었다. 혹은 이와는 반대로, 혁신과 지적 억측이 승리해 도덕적 혼란이 발생하면서 이슬람의 쇠퇴로 이어질 수도 있었다.[58]

　그는 몽골을 혐오하는 것만큼 혁신을 혐오했다. 이븐 타이미야는 혁신이 이슬람의 영적 죽음이자 불경스러움의 은밀한 승리라고 보았다. "혁신주의자는 독창적인 의견을 개진할수록 하나님으로부터 멀어진다."[59] 그는 500페이지짜리 책을 저술해 이슬람에 도입된 혁신이 지옥의 사람들을 모방하려는, 완전히 비무슬림적인 행위라며 그에 대한 극렬한 혐오를 드러냈다.[60] 이 방대한 저서에서 이븐 타이미야는 수피즘의 과잉, 비아랍계 관습, 철학자들, 칼람(철학적 신학),[61] 키야스(qiyas, 유추)의 남용, 수도원 제도, 베두인족의 전통 등을 하나씩

58　Morabia, "Ibn Taymiyya," 92.

59　Laoust, Essai, 223.

60　Ibn Taymiyya, Iqtidā' al-sirāt al-mustaqīm li-mukhālafat ashāb al-jahīm (Cairo, 1950); also ed. 'Isām Fāris al-Harastāni & Muhammad Ibrāhīm al-Zaghlī (Beirut: Dār al-Jīl, 1993).

61　Encyclopaedia of Islam, vol. 3, "H‒Iram," ed. B. Lewis et al., 2nd ed. (Leiden: Brill, 1971), s.v. "'ilm al-kalām": 종교적 신앙들(아카이드 'aqā'id)을 섬기는 일에 논변적인 의논을 더하는 수련법. 따라서 성찰과 명상의 자리를 통하며, 같은 이유로, 신앙의 내용에 대한 해명과 방어를 통한다. 무엇보다도 '의심하는 자와 부정하는 자'에 반대하는 입장을 취하며, 방어적인 '변명'으로서의 기능은 아무리 강조해도 부족하다. 대체로 사용되는 동의어로는 일므 알 타우히드('ilm al-tawhid), '(하나님의) 통일의 과학'이 있는데 이는 곧 이것이 단순히 '신성한 통일체'만을 다루는 것이 아니라 나아가 무슬림 신앙의 모든 기초, 특히 예언 또한 다룬다는 의미를 가지는 것으로 이해된다.

비난했다(이븐 타이미야는 유목민들의 조악함을 경멸하면서, 특히 아랍계 베두인족과 쿠르드족, 타르타르족 등을 거론했다).[62] 또 다른 부분에서 그는 대중,[63] 무슬림들의 비아랍화, 기독교 축제나 페르시아 축제들을 기념하는 일, 비신자들과 어울리는 일, 학자들 사이에서 준엄성이 사라진 일, 마울리드(Mawlid, 예언자의 생일)와 아슈라('Āšūrā)[64]를 기념하는 일, 예루살렘을 순례하는 일(바로 뒤에서 예루살렘에 대해 자세하게 다루겠다), 우마르 모스크 내부의 바위를 숭배하는 일,[65] 무함마드와 그의 동료들의 무덤을 기리는 일(이븐 타이미야는 그들의 유물 앞에서 넋을 놓고 마냥 서 있는 것보다는 그들이 남긴 선례를 따르는 것이 훨씬 더 바람직하다고 보았다), 점성술, 그리고 예언자 이외의 중재자에게 의지하는 일(그는 이를 『알 푸르칸 바인 아위리야 알 라흐만 와 아위리야 아스 사이탄al-Furqān bayn awliyā' Ar-Rahmān wa awliyā' aš-Šaytān』에서 폭력적으로 비난했다)에 대해서도 마찬가지의 혐오를 드러냈다.[66] 이븐 타이미야는 지치지도 않고 계속해서 그의 의견을 되풀이해 주장했다. 무슬림들은 언제나 무함마드가 직접 가르친 바에 따라 스스로를 신앙심 없는 자들과 구별될 수 있도록 해야 한다. 여기서 말하는 신자(무슬림)의 특이성이란 곧 어떤 방식으로든 비무슬림과 닮아서는 안 된다는 그의 바람을 의미한다.[67]

게다가 이븐 타이미야는 그리스 철학자들과 그를 연구하는 대표적

---

62   Ibn Taymiyya, Iqtidā' al-sirāt, 146 – 147.

63   A.N. Poliak, "Les révoltes populaires en Égypte à l'époque des Mamelouks et leur causes economiques," Revue des Études Islamiques 8 (1934): 255.

64   이슬람력의 정월, 모하람의 열 번째 날. 수니파에게는 단식을 행하는 것이 권장되는 날이며, 시아파에게는 이맘 호세인의 순교를 애도하는 날이다. Encyclopaedia Iranica, http://www.iranicaonline.org/, s.v. "Āšūrā'."

65   이븐 타이미야는 이 바위가 유대인들과 기독교인들이 숭상하는 대상이라는 점을 인정했으나, 그럼에도 무슬림들이 이들을 모방해서는 안 된다고 주장했다. 예언자의 발자국이나 그의 터번이 모스크 내부에 모셔져 있었기 때문에, 그의 발언은 다소 정직하지 못한 주장이었다.

66   Taymiyya, Criterion between Allies.

67   Morabia, "Ibn Taymiyya," 92.

인 무슬림 학자들, 이를테면 이븐 시나나 이븐 사빈을 공격하면서 다음과 같은 질문을 던졌다. "철학은 비신앙으로 연결되지 않나? 이슬람의 심장부에서 발생하는 다양한 분파들도 결국 대체로 철학 때문에 일어난 일이 아니든가?"[68]

수피파와 시아파

이븐 타이미야는 수피파와 시아파를 표현하는 데 있어서도 굳이 말을 고르지 않았다. 그는 두 종파 모두 '혁신과 변덕의 사람들(혹은 '이단', 말 그대로 '욕정'의 사람들이란 의미로 아흘 알 비다 와 일 아흐와ahl-bida' wal-ahwā')'이라고 보았다. 이븐 타이미야는 많은 측면에서 초기 한발리 학파의 설교자이자 전통주의자, 법학자였던 이븐 알 자우지(혹은 알 가우지)와 닮아 있으며 타이미야 자신도 그를 크게 존경했다.[69] 이븐 알 자우지와 마찬가지로 이븐 타이미야는 신비주의적 운동이 불안정하면서, 신앙과 반대되는 탈선으로 가득 차 있다고 보았다.

이븐 타이미야는 수피파에 대해 이중적인 태도를 보였다. 그는 하나님과 예언자 무함마드를 숭배하는 장소에서 펼쳐지는 수피파의 의례를 비난했으며, 수피파의 혼합주의적이고 종파 간 연계적인 경향에 따르는 관용 원칙을 맹렬히 비난했다. 이븐 타이미야의 철학에 에큐메니칼적 정서가 들어설 자리는 조금도 없음이 분명했다. 말하자면, "어차피 하나의 주님을 숭배하는 행위인데 서로 다른 갈래의 길

---

68 Encyclopaedia of Islam, vol. 2, s.v. "Ibn Taimīya," by Cheneb.

69 이븐 알 자우지는 그의 격렬한 논쟁서 『탈비스 이블리스(Talbīs Iblīs)』에서 모든 종류의 이단을 공격했는데, 여기서 그는 수니파 이외의 다양한 종파들(하와리즈파, 라와피드, 무으타질라파, 팔라시파파, 바티니야파 등)을 공격했을 뿐만 아니라, 나아가 수피나 내부의 종파들 중에서도 비난받을 만한 혁신(비다)을 이슬람의 신조나 법에 도입시키는 것으로 간주되는 자들(파끼[faqih, 율법학자], 전통주의자, 국가 관리 등) 또한 비난했다. 그중에서도 아부 탈리브 알 마키, 알 쿠샤이리와 알 가잘리 등 다수의 인사들을 포함한 수피파 인사들을 가장 격렬하게 공격했다. Encyclopaedia of Islam, vol. 3, 2nd ed., s.v. "Ibn Taymiyya," by Laoust.

을 걷는다는 게 무슨 상관이냐"고 묻는 일은 하나님에 대한 배신이라는 셈이었다.

그러나 이븐 타이미야가 가장 크게 비난했던 점은 이와 같은 사색적인 행위들이 믿는 자들의 참여도를 떨어트리며 결국 지하드를 버리게 만든다는 것이었다. "단식과 기도, 침묵, 고독 등의 의례를 선호하는 이들에게, 우리는 지하드가 훨씬 더 중요한 일이라고 말해야 한다. 사실상 자기희생(자신을 바치는 일), 자기 스스로를 죽음 앞에 내놓는 일이 바로 그것이다. 이것은 지상의 모든 유혹을 포기한다는 금욕주의라는 단어 자체의 뜻에 포함되어 있다."[70]

이븐 타이미야는 다수의 수피파 인사들 및 전체 수피파 집단을 다양한 이유로 자주 비난했다(한 예시로, 그는 샤이흐 무함마드 알 카바즈가 반율법주의자라며 공격했다). 이븐 타이미야는 바이바르 알 드자쉬니키르의 영적 지도자이자, 이븐 알 아라비(1165-1240?)의 추종자 집단이었던 이티하디야의 가장 주요한 인물 중 하나인 샤이흐 나스르 알 딘 알 반디브지에게 이븐 알 아라비의 일원론을 비판하는 공손하면서도 강경한 편지를 보냈다.[71] 앙리 라우스트의 설명에 따르자면 이븐 타이미야는 "많은 수피파 인사들의 연구에 대한 지식을 언급하고 상기시키면서, (중략) 자신 또한 젊은 시절에 이븐 알 아라비의『푸투하트(Futūhāt)』를 읽고 착각에 빠진 적이 있었지만 (중략) 이후 그것들이 얼마나 미묘하게 이단적인지를 깨달은 바 있다고 이야기했다." 반면 "그는 절대로 수피파의 교리 그 자체를 비난하지는 않았으나, 그가 보았을 때에는 너무나 많은 수피파 인사들이 교리와 의례 혹은 도덕

---

70 Ibn Taymiyya, al-Jawāb al-Sahīh li-man baddala dīn al-Masīh (Cairo: Matba'at al-Nīl, 1905), 4:113–114; quoted by Morabia, "Ibn Taymiyya," 93n42.

71 Encyclopaedia of Islam, vol. 3, 2nd ed., s.v. "Ibn Taymiyya," by Laoust.

률의 영역에서 일원론(와흐다트 알 우주드wahdat al-wujūd)[72]이나 반율법주의, 은비주의와 같은 용납될 수 없는 일탈을 저지르고 있다고 비난했다."[73]

그러나 이븐 타이미야는 가장 유명한 수피파 인사인 알 가잘리와 그의 저서 『문키드흐 민 알 달랄(Munqidh min al-Dalāl)』 및 『이흐야 울룸 알 딘(Ihyā' 'ulūm al-dīn)』에 드러난 철학을 공격하면서 이 책들이 "출처가 불분명한 하디스를 다수 포함하고 있다"고 비난하는 만용을 보이기도 했다. 이븐 타이미야는 "수피파와 무타질라파의 칼람은 같은 골짜기에서 자라난 것(민 와딘 와히드min wādin wāhid)"이라고 주장했다.[74] 라와피드(Rawāfid) 혹은 알 라피다(al-Rāfida)라고도 종종 불렸던 시아파에 대해서도 이븐 타이미야는 오랫동안 증오를 집요하게 드러냈다. 그러나 라와피드와는 달리 아부 바크르 및 우마르의 칼리프 지위를 정당한 것으로 보았던 자이드파는 예외로 두었다.[75]

이븐 타이미야는 라와피드가 의뭉스럽고 은근한 방식으로 공동체 내에서 움직이기 때문에 유대인이나 기독교인들보다 훨씬 더 위험한 존재라고 보았다. 이들의 신정론은 유대교나 기독교의 요소들을 빌려온 탓에 더럽혀졌으며, 언제나 법, 즉 샤리아에 위반되는 방식으로 소수자들에게 면죄부를 주고 이들을 해방시켰다. 따라서 이븐 타이미야는 이들을 상대로 냉혹하고 가차 없는 성전을 일으켜야 한다고 주장했다.

그는 이 싸움을 교리적이고 군사적인 수준에서 단행할 확고한 결

---

72   이븐 타이미야는 「존재 일체의 파탄(Ibtāl wahdat al-wujūd)」이라는 제목의 논문 하나를 저술했다. 그는 일원론이 범신론과도 같은 것이며, 마찬가지로 받아들일 수 없는 혁신이라고 보았다.

73   Ibid.

74   Encyclopaedia of Islam, vol. 2, s.v. "Ibn Taimīya," by Cheneb.

75   Morabia, "Ibn Taymiyya," 93n43.

심이 서 있었다. 그는 시아파 이단을 비난했으며, 그 추종자들과 모든 혁신가들을 정복해 회개의 의식을 치를 수 있도록 사형에 처해야 한다고 주장했다. 히스바(hisba)에 대한 논문에서도 이븐 타이미야는 공익을 위해 사형을 주장했다. "누군가가 불의를 저지르는 것을 막기 위한 유일한 방법이 처형이라면 그는 사형에 처해질 수 있다. 무슬림 공동체를 분열시키는 자나 종교 안의 혁신을 설교하는 이들이 여기에 해당할 것이다. (중략) 샤히흐에서 예언자(그에게 평화 있으리)가 '만일 두 명의 칼리프가 존재한다면, 두 번째 사람을 죽이라'고 명령한 데에서 같은 원칙을 찾을 수 있다."[76]

이븐 타이미야가 카스라완의 누사이리파 정벌에 어떤 조언을 주었는지는 앞서도 살펴보았다. 1317년, 누사이리파의 농부들이 (추정컨대 종교적이며 경제적인 동기로) 봉기를 일으켰던 또 다른 도시 자발라에 대해서도 이븐 타이미야는 이들을 맹렬하게 지탄하는 글을 썼다. 맘루크 왕조가 이들을 야만적으로 진압하자 이븐 타이미야는 이슬람으로의 개종을 강요받은 누사이리파에 대해 파트와를 공포하면서, 그들의 개종이 그들 자신을 위한 것이자 무슬림 공동체의 공익을 위한 것이라고 말했다.[77] 『이크티다(Iqtidā')』에서 이븐 타이미야가 주장했다시피, "진정한 신앙은 유일한 창조주를 경배하는 일이기도 하지만, 그의 명령에 따라 순응하며 그를 숭배하는 것 또한 동등한 신앙이다."[78]

"하나님께 찬송을!" 이븐 타이미야는 한 파트와에서 이렇게 말했

76　Sahīh Muslim, Kitab Al-Imara (정부의 책), trans. Abdul Hamid Siddiqui, no. 4568 (Delhi: Kitab Bhavan, 2000), 3:1243 – 1244. "아부 사이드 알 쿠드리가 말하길: 하나님의 전령(그에게 평화 있으리)가 말했다. '충성의 맹세가 두 명의 칼리프에게 바쳐진다면, 더 늦게 맹세를 받은 이를 죽여라.'"

77　Yaron Friedman, The Nusayrī-'Alawīs: An Introduction to the Religion, History and Identity of the Leading Minority in Syria (Leiden and Boston: E.J. Brill, 2010).

78　Ibn Taymiyya, Iqtidā', 451.

다. "이들[누사이리파]은 그들이 저항하는 한, 그들이 이슬람의 법을 받아들일 때까지 맞서 싸워야만 한다."

> (이들은) 악마의 말을 따르는 최악의 이단으로부터 비롯된 자들이자 최악의 무르타둔[murtaddūn, 배교자]들이며, 그 전사들은 죽임당해야 하고 그들의 재산은 몰수되어야 한다. (중략) 이들은 하루에 다섯 번 기도를 드리지도 않고, 라마단 기간에 단식하지도 않으며, 순례를 행하지도 않는다. 이들은 자카트(구호금)를 내지도 않고, 그것이 의무라는 것을 인정하지도 않는다. 이들은 술[을 마시는 행위] 및 다른 금기사항들을 허용한다. 이들은 알리가 하나님이라고 믿으며, "초월적이고 은밀하신 하이다라(Hydara) 이외의 신은 없으며, 정의롭고 신실한 무함마드 이외의 장막은 없다 / 또한 그분께 닿을 수 있는 길은 권위자 살만(Salmān) 이외에 없다"고 간증한다. 이들이 자신들의 극단주의를 드러내지 않는다 하더라도, 또 이 거짓말쟁이가 그들이 고대하던 마흐디라고 선언하지 않더라도, 이들은 반드시 무찔러야 하는 대상이다. (중략) 이들은 반드시 이슬람법에 복종하도록 만들어야 하며, 거절할 경우 죽여야만 한다. (중략) 이들을 타락하게 만든 이들은 뒤늦게 후회를 내비친다 하더라도 사형에 처해져야 한다. (중략) 따라서 한 치의 의심도 없이, 이 악마[누사이리 마흐디]는 반드시 사형당해야 한다. 하나님이 더 잘 아시리라.[79]

이븐 타이미야는 성서의 백성들[80]을 업신여기는 태도를 보였다. 그는 완고한 성서의 백성들은 무시되어야 한다고 강력하게 믿었다.

---

79 Ibn Taymiyya, al-Fatāwā al-kubrā, (Cairo: Dār al-Kutub al-Hadītha, 1966), 3:513 – 514; 다음에서 인용. Friedman, The Nusayrī-'Alawīs, 194.

80 이 용어는 본래 유대인들과 기독교인들의 경전, 이를테면 토라와 복음이 쿠란의 이슬람 계시에 따른 무슬림들의 신앙으로 마무리된다는 것을 의미했다. 그러나 이후 용어의 의미가 확대되어, 조로아스터교와 같은 여타 종교들의 지지자들까지도 포함하게 되었다. Netton, Popular Dictionary of Islam, s.v. "People of the Book."

그들은 "하나님께서 예언자에게 복음과 진리의 종교(디니 알 하키dīni l-haqqi)를 보내어 그것을 모든 종교 위에 있도록 하시었으니 불신자들이 이를 증오하더라(Q9. 앳 타우바, 〈회개〉/알 바라트, 〈면죄〉, 33. 다른 구절인 Q48. 알 파트, 〈승리〉, 28과 Q61. 아스 사프, 〈전쟁의 대열〉, 9에서도 거의 같은 말을 찾아볼 수 있다)"라는 구절에 등장하는 '진리의 종교'의 미덕을 여전히 이해하지 못했다.

유대인, 기독교인, 알 딤미

유대교와 기독교 또한 모두 잘못된 것들이다. 완전하지도 완벽하지 못한 이 종교들은 추종자들의 행복을 보장해줄 수도 없으며, 각각의 법은 오직 무함마드의 도래를 예견하기 위한 제한된 의미(무카야드 muqayyad)로만 계시되었으며, 이후 무함마드가 나타나 비로소 최종적이고 완전한(무제한적인) 법(무트라크mutlaq)을 가져다주었다.[81] 무함마드는 유대인들의 자만과 고집, 엄숙주의를 비난했으며 기독교인들은 예수의 가르침을 변형했다는 이유로 해이관용주의 혹은 일탈이라는 비난을 받았다.[82] 이븐 타이미야는 이 불완전한 일신론이 계시의 진정성에 대한 모독이며 지속적으로 신실한 무슬림들이 과오를 범하도록 치명적인 선동을 벌이고 있다고 보았으며 이를 제거하기 위해 노력했다. 이븐 타이미야는 무슬림들이 비굴하게도 유대인들과 기독교인들을 모방한 탓에 무슬림의 관습과 윤리가 쇠퇴하고 있으며, 이 때문에 그분의 공동체에 화가 난 하나님이 벌로써 투르크족을 내려 이전에는 보지 못했던 파괴를 일삼도록 하셨던 것이라고 썼다.[83] 또한

---

81 Ibn Taymiyya, al-Jawāb al-Sahīh, 3:261; 다음 참조. Morabia, "Ibn Taymiyya," 93.
82 Ibid.
83 Ibn Taymiyya, Iqtidā', 118-119.

이단적 종파에 대한 동조를 숨기지 않았던 소수자들이 있으므로, 이들을 반드시 설득해 무슬림의 임무를 위한 올바른 길을 찾도록 만들어야 한다고 강조했다.

그러나 이븐 타이미야는 개종이나 박해를 강요하라고 주장하지는 않았으며, 다만 모든 힘을 쏟아 딤미(2등 시민)에 관한 법을 적용시키고자 했다. 딤미는 우마르 협정에 의거하여 법학자들이 정의한 개념이다. 이븐 타이미야에게 있어서 종교적 소수자들은 오로지 그들을 보호하는 것이 무슬림 공동체의 이익에 들어맞을 때에만 그와 같은 지위를 누릴 수 있어야 했다. 그렇지 않은 경우라면 정부 당국은 합법적으로 소수자들을 추방할 수 있었는데, 이는 우마르가 유대인이나 기독교인들을 아라비아 반도에서 쫓아냈던 것과 같은 맥락이었다.

그러나 이븐 타이미야는 모든 것들이 자연스럽게 흘러가는 것에 대해 만족하지 않았다. 오히려 그는 정부 당국 앞에서 장황한 연설을 늘어놓으면서, 예언자를 모욕한 기독교인의 경우와 마찬가지로 차별적인 조치를 엄격하게 취해야 한다고 주장했다. 그는 또한 시나고그 및 교회들을 보수하고 새로 짓는 데 반대하는 소책자를 써냈다.[84] 1301년 맘루크 왕조가 카이로의 교회들을 폐쇄시키자 이븐 타이미야는 '마스아라트 알 카나이스(Mas'alat al-Kana'is)'라는 제목의 파트와를 공포해 '교회들을 폐쇄시키는 것이 불합리하다는 주장'을 부정했으며, "예언자의 동료들과 후계자들, 네 개의 수니 학파 및 또 다른 초기 법학자들이 만들어낸 합의에 따라 지도자는 자신이 원하는 경우 언제든지 이집트, 이라크, 시리아 등을 포함하여 무력으로 정복한

84　Encyclopaedia of Islam, vol. 2, s.v. "Ibn Taimīya," by Cheneb. 다음 또한 참조. Ibn Taymiyya, Mas'alat al-Kana'is, Paris Bibliothèque Nationale, no. 2962, ii.

무슬림 영토(아르드 알 안와ard al-'anwa) 내의 모든 교회들을 철거하는 데 대한 정당성을 얻을 수 있다"고 보았다.[85] 또한 비무슬림들의 권리를 규정한 우마르 조약은 예언자의 동료들이 살았던 시대에 쓰였기 때문에 이미 법적 능력을 상실한 것으로 간주했다.

교리의 영역에서, 이븐 타이미야는 조로아스터교인이나 가난의 맹세를 한 수도승 혹은 성직자에게 인두세를 부과할 수 있으며, 세금이 불쾌한 방식으로 거두어져야만 하는 경우가 있더라도 강력하게 시행해야 한다고 강조했다. 이는 그의 한발리 학파 스승인 이븐 쿠타마보다 한층 더 강경한 입장이다. 이븐 타이미야는 정치적으로나 군사적으로 책임을 담당하고 있는 비무슬림이 있다면 이들을 총체적이고 완전하게 축출해야 한다고 지속적으로 주장했다. 또한 이븐 타이미야는 여성과 어린아이, 성직자, 노인, 그리고 '보호받는' 병약자들을 죽일 수 없도록 금지하는 한편, 다음과 같이 단언하는 데에도 주저하지 않았다.

> 반감 혹은 신의 분노를 부르는 무언가를 숭배하는 행위는 단순히 하나님이 금지하신 금단의 열매를 먹는 것과는 완전히 다른 차원의 심각한 일이다. 이것이 바로 결합주의[쉬르크shirk, 하나님 이외의 다른 것을 숭배하는 행위, 즉 다신교]가 간통보다 훨씬 더 중대한 흉악 범죄로 여겨지는 이유다. 또한 성서나 경전을 가진 이들을 상대로 지하드를 일으키는 것이 이교도들을 상대로 행하는 성전보다 한층 더 바람직한 일인 것도 같은 이유에서다. 성서의 백성들에게 죽임당한 신재[무슬림]들이 천국에서 두 배의 보상을 받아야 하는 이유도 여기에 있다.[86]

---

85 Christian-Muslim Relations: A Bibliographical History, ed. David Thomas, vol.4, 1200 – 1350, ed. David Thomas and Alex Mallet (Leiden: E.J. Brill, 2009), 857.

86 Ibn Taymiyya, Iqtidā', 192.

지하드의 위대한 재생산가

모라비아는 이븐 타이미야가 지하드의 교리를 끝없이 재창조해내는 위대한 인물이라고 말한다. 몇 세기 이전부터 이미 자리 잡힌 공식들을 사용하는 것으로 만족하지 못했던 그는 '하나님을 연유로 하는 싸움'이라는 개념을 구심점으로 삼고 활동하면서 그것을 종교의 본질로 만들었다. 모라비아는 이븐 타이미야를 '지하드의 황금시대를 살았던 시인'이라 칭하면서도 너무 강력한 적에게 대항해 공격적인 지하드를 일으키는 것은 소용없는 짓이라는 점을 깨달을 만큼 충분히 방어적이고, 교리적이며, 윤리적이고, 현실적인 인물이었다고 평한다.[87]

당시에는 무력을 사용해서 이슬람의 영토를 넓힐 만한 시기가 아니었다. 따라서 이븐 타이미야 또한 방어적인 지하드[88]를 주장했다. 즉 이슬람 내부의 적, 말하자면 이단과 반란군, 그리고 불협화음이나 추문의 씨앗을 뿌리는 이들에 맞서 싸워야 한다는 것이었다.[89] 그러므로 선행을 명하고 악행을 금하라는 의무에서 가장 시급한 일은 하나님을 섬기는 일에 매진하는 사회를 건설하는 것을 목표로 세우는 일이었다. 궁극적으로, 지하드는 '가장 바람직한 행위 중 하나'[90]이자 '하나님께 바칠 수 있는 자발적인 섬김 중 최선의 형태'[91]로서 이슬람 움마의 이익을 위해 실천되는 행위를 모두 통합하는 일이다.

모든 국가기능이 오로지 형제들이 서로 도울 것을 목적으로 하고 있으며 도덕적 사도직의 의무를 다하고자 하는 것이기 때문에, 또한 지하드가 오로지 이슬람만이 가지는 특권이기 때문에, 이는 이슬람

---

87 Morabia, "Ibn Taymiyya," 95.

88 Ibn Taymiyya, al-Siyāsa al-shar'iyya fī ialāh al-rā'ī wa-al-ra'iyya, (Le Traité de droit public d'Ibn Taimīya), trans. Henri Laoust (Beruit: Institut français de Damas, 1948), 17.

89 Ibid., 74ff., 90, 122, 130 – 133.

90 Ibid., 72.

91 Ibid., 125.

이 다른 종교들보다 우위에 있다는 증거가 된다.[92] 사실 기독교의 본
질적인 요소, 그리고 이븐 타이미야가 행하는 비난의 초점은 전쟁에
참여하기를 거절하는 일에 있다.[93] 그는 또한 위대한 지하드와 덜한
지하드를 논하는 몇몇 신비주의를 옹호하는 전통을 거부했다.

> 몇몇 이들의 입으로 전해지는 하디스에 따르자면 예언자는 타부크 전투에서
> 돌아온 무슬림들에게 "우리는 덜한 지하드에서 위대한 지하드로 돌아왔다"고
> 말했다고 한다. 그러나 이는 잘못된 하디스로 그 출처도 없으며, 이를 전도하
> 는 예언자(그에게 평화 있으리)의 그 어떠한 말이나 행동도 알려진 바가 없다.
> 비신도들과의 싸움은 가장 위대한 일 중 하나다. 사실상 어느 한 사람이 자원
> 해서 할 수 있는 최선의 일이다.

> 알라께서 말씀하시길, Q4:95-96: "아무런 정당한 이유 없이 자리에 남아 있는
> 신자들은 자신의 재산과 생명을 바쳐 하나님의 길 위에서 싸우는 이들과 동등
> 하지 않노라. 하나님은 재산과 목숨을 바쳐 싸움에 나가는 이들을 [뒤에] 남아
> 있는 자들과 차등을 두어 더 좋아하시노라. 하나님은 두 무리 모두에게 최고의
> 보상을 약속하시나 뒤에 남아 있는 자들보다 싸움에 나서는 이들에게 더 큰 보
> 상을 내리시니라."[94]

이븐 타이미야는 이슬람에 아무런 위해도 가하지 않는 이교도들에
게 이슬람을 덧씌우려고 하지는 않았으나, 이단자들에게는 다른 태
도를 보였다. 이단자들은 무력을 포함해 가능한 모든 수단을 동원해

---

92 Ibid., 178.
93 Ibn Taymiyya, al-Jawāb al-Sahīh, 3:299 – 300.
94 Ibn Taymiyya, Criterion between Allies, 52 – 53.

진압해야 했으며, 그들의 이익을 위해서라도 정통 수니파의 올바른 길로 되돌려 놓아야 했다. "자신의 의무를 경시하는 자들이나 금지된 행위를 행하는 자들을 벌하는 일은 지하드의 가장 큰 목적이었다. 그에 맞서 싸우는 것은 전 공동체의 집단적 의무라는 점도 쿠란과 하디스에서 명확하게 밝히고 있다."[95]

지하드를 설파하는 이븐 타이미야의 경향성은 몽골인, 사이프러스의 프랑크족, 실리시아의 아르메니아인, 그리고 시아파 이교도들에 대항하는 맘루크 왕조의 활동주의를 전제로 두고 살펴보아야 한다.[96] 그러나 그는 혁신(비다)을 비난하는 일에 과도할 만큼 많은 힘을 쏟았으며, 초기 무슬림(살라프salaf, 복수형은 아슬라프aslāf)의 독실한 가르침들로 돌아갈 것을 촉구한 나머지 자신과 선조들을 비교했으며, 그 과정에서 선을 넘는 것도 주저하지 않았다. 지하드를 종교의 근본적인 원칙(우술, 단수형은 아슬asl) 중 하나로 삼았던 그는 하나님을 위해 싸우는 일에 가능한 한 최대의 찬사를 보냈다. 이븐 타이미야는 싸움을 위한 신성한 제도를 기도와 함께 이슬람의 본질적 요소 중 하나로 꼽았다. "이 때문에 예언자에 관한 대부분의 하디스가 기도와 지하드를 다루고 있는 것이다. 병든 자들의 침상에 다가갈 때면 예언자는 이렇게 말하곤 했다. '오 주여, 당신의 노예를 낫게 하소서, 그러면 그는 당신을 위해 기도를 올릴 것이며 당신을 위해 적을 물리칠 것입니다.'"[97] 비록 순례가 이슬람의 기둥 중 하나로 인식되고 있긴 하지만, 이븐 타이미야에게 있어서 지하드는 순례보다 더욱 우위에 있는 개념이었다.[98] "모든 공동체에는 헌신을 위한(시야하siyāha) 길

---

95 Laoust, Le Traité, 73.
96 Morabia, "Ibn Taymiyya," 96.
97 Laoust, Le Traité, 19.
98 Ibid., 125.

이 있다." 이븐 타이미야의 글이다. "우리 공동체의 경우에는 하나님
의 길 위에서 지하드를 행하는 일이 있다."

> 모든 의무들을 통틀어 보아도, 지하드만큼이나 그 보상과 메리트가 미화되는
> 의무는 없다. 그 이유는 쉽게 이해할 수 있다. 지하드의 이익은 보통 그에 참
> 여한 개인에게만 미치는 것이 아니라 다른 이들에게까지 확장되는데, 종교적
> 인 측면에서도 그러하며 세속적인 측면에서도 그러하다. 둘째로, 지하드는 내
> 적 · 외적 형태를 가리지 않고 모든 종류의 숭배를 암시한다. 지하드는 하나님
> 의 사랑, 진정성, 하나님에 대한 신뢰, 완전한 복종, 체념에 대한 열망, 금욕주
> 의, 하나님의 이름을 부르는 일 등 모든 종류의 숭배 행위를 나타낸다. 다른 그
> 어떤 숭배 행위도 이만큼을 암시하지는 못한다. [99]

지하드의 실현을 반대하는 이들은 누가 되었건 맞서 싸워야 할 대
상이었다. [100]

> 맞서 싸워야 할 적군[의 목록]에서 성서의 백성들을 제외시키는 자는 그 자신
> 또한 신앙심 없는 자다. [101]

> 모든 인간은 죽음을 맞이할 수밖에 없다. 그러므로 신앙을 위해 싸우다 죽는
> 것이 가장 아름답고 가장 쉬운 길이자 현세의 승리를 대신할 숭고한 대안이자
> 내세의 행복을 확인받을 수 있는 유일한 길이다. [102]

---

99   Ibid., 127.
100   Ibid., 128.
101   Ibn Taymiyya, al-Jawāb al-Sahīh, 2:257.
102   Ibid., 4:266 – 67; Laoust, Le Traité, 127 – 28.

이븐 타이미야에게 있어서 모든 사람들은 지하드의 성공에 공헌해야 하지만, 현세에서 주어지는 이득 또한 반드시 경멸의 대상이 되는 것은 아니었다. 무슬림의 왕자들은 하나님을 위해 싸우는 이들을 국가 지출의 첫 번째 수혜자로 두어야 한다.[103] 집회에 나서주었으면 하는 사람들의 마음을 돌리기 위해 정치적 편의를 챙겨주는 것 또한 마다해서는 안 된다.[104] 신앙심 없는 자들의 땅에 살고 있는 무슬림들은 키트만(타끼야taqīya, 법적 이중성 혹은 전략적 항복)을 행할 권리를 가지나, 만일 시아파들이 이를 행한다면 매도당했다. 마지막으로, 전리품은 매우 중요한 자원이다.

> 신앙심 없는 자들은 더 이상 하나님을 섬기지 않는 그 백성들과 더 이상 하나님을 섬기는 데 도움이 되지 않는 그들의 재산을 하나님을 섬기는 신실한 신자(무슬림)와 하나님이 만회의 기회를 주신 이들에게 돌아가는 것이 정당하도록 만들었다. 그러므로 인간은 자신이 빼앗겼던 유산을 돌려받으며, 심지어는 그가 그것을 손아귀에 넣기 이전이라도 그러하다.[105]

지하드의 의무는 국가의 후원을 받아들이겠다는 점을 암시하고 있다. 국가의 후원은 하나님이 내려주신 명령의 이행을 확인하는 유일한 방법이다. 이븐 타이미야는 하와리즈파의 비협조적인 경건함과 활동주의에 대한 열망을 굳이 숨기지도 않았지만, 한편으로는 이들이 자격이 없는 지도자들을 상대로 반란을 선동했다며 비난했다. 한층 더 현실적으로, 그는 "하나님은 비뚤어진 사람들을 통해 그분의

---

103 Laoust, Le Traité, 47

104 Ibid., 49.

105 Ibid., 35-36.

종교를 강화시킬 수 있다"[106]는 예언자의 말씀을 자주 언급했으며, 공동체의 이익이 도덕적 양심의 가책을 뛰어넘을 수도 있다고 주장했다.

이슬람의 땅에 자리 잡은 신앙은 언제나 창조주 및 창조주의 형제들과의 관계에서 신자들이 어떠한 증거나 헌신을 내보이도록 요구했다. 여러 형태의 지하드가 이와 같은 증거나 헌신을 보여주는 가장 인상적인 수단인 이상, 의무 불이행이나 비겁함, 기권 등을 격렬하게 공격했던 이븐 타이미야로서는 '하나님을 위한 싸움'의 전령 자리에 스스로 앉았던 셈이다. 또한 이는 그가 종교적 미온이나 타협이 지배적이던 시대를 살았기 때문에 더더욱 쉬운 일이었을 것이다.[107]

당대에서는 이븐 타이미야의 논지들이 오직 당대의 이익과 일치하는 선에서만 받아들여졌지만, 그의 논지들은 이슬람 근본주의자들에게 잠재적이면서도 명확한 영향력을 계속해서 행사했다. 또한 이슬람의 역사는 지하드가, 심지어 잠잠해 보일 때라 하더라도 언제든지 휘황찬란하게 부활할 수 있다는 사실을 잘 보여주었으며, 옳은 쪽이든 나쁜 쪽이든 그 위험성은 다시 한 번 감지되고 있다.

---

106 Ibid., 12.
107 Morabia, "Ibn Taymiyya," 98.

제13장

17세기 이스탄불의 카디자델리 운동

이전 세기의 이슬람 세계, 특히 바그다드에서는 이번 장에서 다룰 운동과도 상당한 유사성을 가지고 있는 다수의 폭력적인 근본주의 운동이 발생했다. 이슬람 역사상 모든 경건주의자나 무슬림 성인들이 사람들을 평화 속에 살도록 내버려둔 것은 아니었다. 예를 들어 16세기 오스만 제국의 경건주의자 비르길리(1522-1573, 알 비르기위, 비르게위, 비르기비, 비르카위, 비르기위, 알 비르가위 등으로도 불림)는 순교를 극찬하기도 했던 인물로, 선행을 명하고 악행을 금하라는 의무를 열렬하게 지지하면서 이 의무가 지하드에 대한 의무보다도 한층 더 구속력 있는 의무라고 말했다.[1] 『이슬람사전』에 따르면 비르길리는 "이븐 타이미야와 마찬가지로 신성한 법을 지키기 위해 모든 혁신들에 대해 강경하게 반대하면서, 계급에 대한 고려 없이는 스스로도 신앙에 대한 비준수를 묵인하게 될지도 모른다고 여겼다. 심지어 그는 말년에 비르기부터 이스탄불까지 여행하면서, 위대한 고관 마흐메드 파샤가 발견한

---

1   Cook, Forbidding Wrong, 91.

몇몇 불규칙성들을 개정하는 데 조언을 해주기도 했다. 종교적 문제
들에 있어서 완전히 광신적인 면모를 보였던 비르길리는 샤리아에서
조금이라도 일탈하는 것을 결코 용납하지 않았다."[2]

비르길리는 이스탄불을 기반으로 일어난 폭력적인 순수주의 운
동, 카디자델리 운동(1620-1680)에도 영감을 주었다. 카디자델리 운동
에서는 단순히 금연령을 어긴 것만으로도 절단형, 관통형, 교수형 등
에 처해지곤 했다.[3] 비르길리는 전 무슬림 세계에서 이름을 떨쳤으
며, 그의 저서들은 많은 이들에 의해 해설되고 논의되었다.[4] 루돌프
피터스[5]나 바르바라 플레밍[6]과 같은 학자들은 카디자델리 운동의 활
동들이 8세기 아라비아 반도에서 일어난 와하브 운동에도 큰 영향을
받았다고 주장한다.[7] 비르길리에 관한 연구들은 오늘날까지도 샤피
이 학파나 와파브파 집단들 사이에서 엄청난 인기를 구가하고 있다.[8]

비르길리는 인생의 대부분을 이즈미르 근방의 외진 마을 비르기에
서 사람들을 가르치고 글을 쓰며 보냈다. 다소 간결하고 독실한 삶을
살았음에도 불구하고, 비르길리는 언제나 선행을 명하고 악행을 금
함을 통해 예언자의 수나를 되살리고 보호해야 한다는 이슬람의 의
무를 다하리라는 마음으로 가득 차 있었으며, 다른 이들에게도 그리

2　Encyclopaedia of Islam, vol. 1, "A–B," ed. H.A.R. Gibb et al., 2nd ed. (Leiden: Brill, 1960), s.v. "Birgewī."

3　Simeon Evstatiev, "The Qādīzādeli Movement and the Revival of Takfīr in the Ottoman Age," in Accusations of Unbelief in Islam: A Diachronic Perspective on Takfīr, ed. Camilla Adang et al. (Leiden: Brill, 2015), 221.

4　Ibid., 222.

5　Rudolph Peters, "Islamischer Fundamentalismus: Glauben, Handeln, Führung," in Max Webers Sicht des Islams: Interpretation und Kritik, ed. Wolfgang Schlucter (Frankfurt: Suhrkamp, 1987), 217–242.

6　Barbara Flemming, "Die vorwahhabitische Fitna im osmanischen Kairo, 1711," in Ord. Prof. İsmail Hakki Uzunçarşili'ya Ar-mağan (Ankara: Türk Tarih Kurumu, 1976), 55–65.

7　Referred to by Evstatiev, "Qādīzādeli Movement."

8　Evstatiev, "Qādīzādeli Movement," 230.

하라고 주장하고 다녔다.[9]

그의 추종자들은 그의 주요 저서 두 권에 의존한다. 1562년부터 1563년 사이에 터키어로 저술된 『리살레 이 비르길리 메흐메드(Risale-i Birgili Mehmed)』(『바스이에트나메Vasiy(y)etname』 혹은 비르길리의 『일르미할Ilmihal』로도 알려져 있음), 그리고 아랍어로 쓰여 1572년에 마무리된 『알 타리카 알 무하마디야(al-Tarīqa al-Muhammadiyya)』 혹은 『타리카트(Tarikat)』가 그것들이다.

『리살레』는 쉬운 터키어로 쓰인 근본주의 교리 문답서[10]로, 왜 이책이 이다지도 널리 보급되고 유명해졌는지를 알 수 있는 부분이다. 앞서도 인용했던 학자 마델린 질피는 이 책을 다음과 같이 설명한다.

> [비르길리는] 쿠란, 예언자의 전통 및 원로들의 글에서 증거들을 찾아 제시하며 '곧은 길'을 제시했다. 그가 다룬 주제들에는 성경, 예언자, 기적과 성인들, 천국이나 지옥에 사는 자들, 심판의 날에 대한 전조, 신성한 법이 명하거나 허용하거나 중립적인 태도를 보이거나 끔찍하게 여기거나 금지하는 일들, 명예욕·거짓말·고집 등 부도덕한 삶의 특징들, 인내·관용·독실함 등의 윤리들, 올바른 양육법, 여자가 집을 나서도 되는 상황들, 기도의 종류와 시기, 혁신의 본질과 실체 등이 있다.

질피는 비르길리의 『리살레』와 자신의 『타리카트』를 비교하기도 했다.

---

9   Madeline C. Zilfi, "The Qādīzādelis: Discordant Revivalism in Seventeenth-Century Istanbul," Journal of Near Eastern Studies 45, no. 4 (October 1986): 260.

10   Ibid., 261.

(『타리카트』는) 보다 높은 수준의 독자를 대상으로 한다. 『타리카트』에서는 『리살레』가 다루었던 주제들을 한층 더 정교하게 다루며, 비르길리의 논지 아래에 깔려 있는 권위 있는 정본들을 보다 상세하게 다룬다. 그때나 지금이나 근본주의자들이 대부분 그러하듯, 비르길리 역시 "관습이나 용법에 아무런 역점을 두지 않았다."[11] 다시 말하자면, 공동체가 어떠한 실천을 행한다고 해서 그들이 쿠란이나 하디스에 기초한 권위가 없다는 점을 무마하지는 못한다는 것이다.[12]

카디자델리 운동 자체는 카디자드 메흐메드 무스타파(?-1635)의 이름에서 따온 명칭이다. 모스크 금요 예배의 설교자였던 그는 이슬람에 비다(혁신)를 도입하는 일, 특히 수피파가 그리 하는 일을 비난하던 인물이다. 그나 그와 비슷한 마음을 가지고 있던 동료 설교자들은 설교를 통해 "1630년부터 1680년 사이에 한 번 이상 (중략) 길거리뿐만 아니라 모스크 내의 신성한 구역까지도 피로 뒤덮이는 대립이 발생할 것"이라고 전언했다.[13]

17세기 이스탄불에서 발생한 대립은 신성한 법이 정의를 내린 정통주의 대 이슬람 신비주의, 수피즘의 방식이나 주장들 사이에서 일어난 것이었다.[14] 이 또한 이슬람의 역사 속에서 일어났던 다수의 대립과 마찬가지였다. 수사적으로든 물리적으로든 가장 많은 공격을 감내했던 것은 수피파였지만, 본질적으로 분쟁은 혁신의 필요성을 어느 정도 받아들였던 울라마와 카디자델리 순수주의 사이에서 벌어진 것이다. 카디자델리는 대중적 이슬람, 특히 수피에 반대했다.

---

11 Ibid., 261n47: "Katib Chelebi, The Balance of Truth, p. 60; Birgili, Tarikat-i Muhammediyye Tercümesi (trans. from Arabic into Turkish by Celal Yildirim), Istanbul, 1981, pp. 34 – 41."
12 Ibid., 261.
13 Ibid., 251.
14 Ibid., 252.

카디자드 메흐메드

1582년 아나톨리아 서부의 발리케시르 마을에서 태어난 카디자드 메흐메드는 비르길리 밑에서 공부한 후 이스탄불로 가 전문적인 모스크 설교가(설교와 책망의 길)가 되었다. 처음에는 수피파의 교의에 푹 빠졌던 카디자드는 곧 그 '주정주의'를 거부하고 보다 더 금욕적인 설교의 길을 추구하기 시작했다. 그는 '표현과 전달의 우아함이라는 재능'[15] 덕분에 술탄 셀림 1세 모스크의 설교자로 임명되기도 했다.

1631년, 카디자드는 제국의 모스크인 아야 소피아의 설교자로 승진했으며 이때부터 예언자 무함마드의 메디나 시대 이후로 축적된 이슬람의 신앙이나 관행 등을 없애고자 하는 교리적 입장을 견지하면서 일종의 근본주의적 윤리들을 설교하기 시작한다. "카디자드의 설교와 그의 중독성 있는 전달방식은 지난 수세기 동안 이어진 혁신과 근본주의적, '정통' 이슬람 간의 변증법에 새로운 생명을 불어넣었다."[16]

질피는 비르길리와 카디자드의 근본주의를 이슬람 공동체가 스스로의 역사와 맺고 있는 문제적 관계, 이슬람 공동체에서 언제든지 다시 수면 위로 떠오를 수도 있는 그 문제적 관계를 바탕으로 살펴보아야 한다고 강조한다.

> 근본주의적 윤리가 계속해서 호소되는 이유는 이슬람 공동체가 스스로의 과거, 즉 예언자와 신앙의 아버지들이 살았던 시대의 금욕 및 정의와 맺은 관계에 있다. 메디나의 원형 이슬람 공동체는 수니파 이슬람에게는 아마도 가장 강

---

15 Ibid., 252n7: "Katib Çelebi, Fezleke-i Tarih, 2 vols. (Istanbul, 1286/1870), vol. 2, p. 64; Bursali Mehmed Tahir, Osmanli Müellifleri, 3 Vols. (Istanbul, 1972–75), vol. 1, p. 173; Nevizade Atai, Zeyl-i Şakaik, 2 vols. in 1 (Istanbul) pp. 602–603, 759."

16 Ibid., 253.

렬한 기억을 주었을 것이나, 그 기억은 이제 고통스러운 것이 되었다. 유일한 진리의 하나님이 그의 마지막 예언자에게 내려주신 계시 이후로 시대가 바뀌었다는 것은 곧 신앙의 이상적인 실천으로부터 끔찍한 거리가 매번 생겨났다는 것을 의미할 수밖에 없다. 시간이 지나면 변화와 이탈이 생기기 마련이기 때문이다. 의례나 의복, 사회적 예식 등에서 발생하는 크고 작은 차이들은 태생적으로 인류의 모든 행위에 신성한 의미를 부여해주는 신앙이 변했기 때문에 나타나는 결과다. 카디자드와 그의 추종자들, 그리고 이슬람의 과거가 남겨준 영적인 조언에 있어서 혁신은 공동체의 구원을 위협하는 변절일 뿐이었다. 예언자의 전통(터키어로 하디스hadis, 아랍어로 하디스hadith)은 수세기를 지나면서도 정통주의자들에 의해 거듭 되풀이되었는데, "모든 혁신은 이단이며, 모든 이단은 오류고, 모든 오류는 지옥에 떨어지리라"는 것이 그 핵심이었다.[17] 구원을 염두에 두고 본다면, 시간은 모든 상처를 치유해주기는커녕 스스로 상처를 입히고 있었다.[18]

당시의 주요 논쟁거리 중 하나는 선행을 명하고 악행을 금하는 일이 과연 모든 무슬림들의 의무인지에 대한 것이었다. 카디자델리파는 모스크에서 캠페인을 벌이던 행동가들로, 무슬림들에게 사태에 뛰어들어 이 종교적 의무를 다할 것을 촉구했다. 어떤 이들은 예언자 무함마드의 부모님을 포함하여 신성한 계시가 있기 이전에 세상을 떠난 모든 이들 또한 신자로서 생을 마감했거나, 예언자 알 카디르의 불멸을 믿었거나, 이슬람을 '아브라함의 종교'라고 불렀던 이들이라고 주장했는데, 카디자델리파는 이들을 하나같이 비난했다. 이들은

---

17 Ibid., 254n10: "Ignaz Goldziher, *Muslim Studies*, ed. S. M. Stern (London, 1967 – 1971), Vol. 2, pp. 34 – 35; for similar condemnations, 다음 또한 참조. Ibid., pp. 28ff."

18 Ibid., 253.

또한 신비주의자 이븐 알 아라비(1165-1240)의 저서들을 비난하면서, 특히 수피파의 개념인 '존재의 단일성(wahdat al-wujūd)'이 범신론적 색채가 있다며 규탄했다. 이븐 알 아라비의 글을 읽는 것은 신성한 중재자들에게 기도를 올리기 위해 무덤을 방문하고 순례하는 일만큼이나 죄스러운 혁신이며, 이렇게 하는 이들은 스스로가 신앙과 공동체를 위험에 빠트리기 전에 그짓을 멈추어야 한다는 식이었다.

카디자델리파의 폭력은 "정확히 수피파를 겨냥하고 있었다. 수피 대가들은 비난받고 두들겨 맞았으며 이들의 집회소가 약탈당했는데, 이는 보통 카디자델리파 설교자의 선동에 의한 일이었다. 카디자드 메흐메드가 살았던 시대, 술탄 무라드 4세는 어느 정도 카디자드의 요구에 못 이겨 여관과 다방을 폐쇄시켰으며 담배와 술을 금지시켰다. 1630년대, 무라드는 여러 채의 여관을 파괴했으며, 금연령을 어겼다는 이유로 수천 명의 흡연자를 처형했다."[19]

그러나 술탄 무라드는 수피파와 특별히 설전을 벌인 적은 없으며, 오히려 특정 수피 교단과 개인적으로 강렬한 유대 관계를 가지고 있었다. 그가 수피파의 집회소를 가만히 내버려두자 카디자델리파는 무라드의 후계자, 이브라힘 1세(재위 1640-1648) 정권과 메흐메드 4세(재위 1648-1687) 정권의 첫 번째 해에 한층 더 진격해 나갔으며, 결국 수피파의 과도, 특히 그들의 음악과 춤을 비난하는 파트와를 얻어내기에 이르렀다.

이와 같은 카디자델리파 활동주의의 두 번째 물결은 1656년 다수

19 Ibid., 257n22: "Mustafa Naima, Tarih-i Naima, 6 vols. (Istanbul, 1280/1863-1864), Vol. 3, pp.160 - 164, 168 - 172, 179; Katib Çelebi, Fezleke-i Tarih, 2 vols. (Istanbul, 1286/1870), vol.2, p. 154; Paul Rycaut, The History the Turkish Empire from the year 1623 to the Year 1677, 2 vols. in 1 (London, 1680), vol. 1, pp. 52, 59, 71, 79; Antoine Galland, De l'Origine et du progrez du café (Caen, 1699); Dimitrie Cantemir, The History of the Growth and Decay of the Othman Empire, trans. N. Tindal (London, 1734), p. 246."

의 주동자들이 체포되거나 사이프러스로 도피하면서 막을 내렸다. 대립의 세 번째이자 마지막 물결은 학자이자 에르주룸 시의 라라 무스타파 파샤 모스크의 설교자였던 '바니' 마흐메드와 함께 시작되었다. 수피파의 황홀주의에 적대적이던 그는 에디르네 시 근방의 데르비시파 집회소를 최소한 한 곳 이상 파괴했으며, 수피파가 샤리아에 복종하지 않는다고 공개적으로 규탄하고, 공개적인 곳에서 수피파의 음악을 공연하는 것을 금지시켰다. 이후에는 모스크가 있는 곳마다 피의 시위가 이어진 끝에 술의 판매 및 소비가 금지되었다. 바니의 영향력은 1683년 오스만 제국이 비엔나에서 패배하면서 끝났다.

카디자델리파의 영향

이제 카디자델리 운동이 과연 와하브 운동에 영향을 미쳤는지를 살펴보자. 역사학자 시므온 에브스타시에프는 두 운동이 서로 "매우 다른 사회적, 정치적, 문화적, 지역적 맥락에서 발생한 일들이긴 하지만 (중략) 진정한 신앙을 위해 어떠한 것이 요구되었는지, 또 진정으로 이슬람적인 정통주의 교리가 무슬림에 어떠한 의미로 다가와야 하는지에 대하여 서로 이해의 궤를 같이한다"고 지적한다.[20] 에브스타시에프는 "(두 운동들의) 지지자들이나 이슬람 역사 속에 등장했던 또 다른 부활주의자들의 사상 간에는 단절보다 연속성을 더욱 많이 찾아볼 수 있다"고 말한다. 예시로 "초대 무슬림 세대의 신앙과 관행을 부활시켜서 샤리아에 입각한 개혁을 일으키고자 했던 이들의 노력을 (중략) 완전히 새로운 것으로 볼 수는 없다. 이와 같은 기조는 초기 무슬림 역사 속에서도 전반적으로 나타났을 뿐만 아니라, 초기 오

---

20 Evstatiev, "Qāḍīzādeli Movement," 213.

스만 제국의 학계 및 정치-종교계 또한 겪었던 일이다."[21] 달리 말하자면, 17세기 도심에서 발생한 운동과 18세기 아라비아의 중심부에서 일어났던 또 다른 운동 하나는 모두 이슬람의 순수화를 목적으로 일어난 운동이며, 이는 서로의 이슬람에 대한 이해를 공유하는 셈이다.

에브스타시에프는 "카디자델리 운동은 이슬람 역사상 이미 존재하고 있던 궤적이 정점을 찍었던 순간 중 하나"라고 강조한다.[22] 카디자델리파는 이븐 타이미야를 존경했으며, '불경스러운 행위나 불신을 박멸하고자 하는 (이븐 타이미야의) 호소'[23]는 대중의 심금을 울렸다. 이슬람 역사는 이와 같은 운동으로 빼곡하게 채워져 있다. 그러나 이 운동들도 넓은 의미에서 본다면 쿠란과 수나로 회귀하고자 하며 이단적 혁신을 거부하는 움직임의 일부이며 시르크나 다신교, 보다 엄밀하게는 하나님에게 파트너가 있다고 보는 사상, 그리고 그 연장선상의 우상숭배 등의 위협에 맞서 타협할 수 없는 일신교(타우히드)를 공격적으로 내세우는 움직임 중 하나일 것이다.

이븐 타이미야의 영향

이븐 타이미야가 비르길리와 카디자드 및 카디자델리파 전반에 미친 영향에 대해서는 상반되는 의견들이 존재한다. 하버드대학교 아랍 및 이슬람 정신사학과의 제임스 리차드 주이트 교수인 할레드 엘루아이헤브는 "비르기위와 카디자델리 추종자들의 시각은 [한발리 학파인] 이븐 타이미야의 사상이 아니라 하나피-마투루디 학파의 비관용적인 기류에 뿌리를 내리고 있을지도 모른다. 하나피-마투루디 학

---

21 Ibid., 214.
22 Ibid., 215.
23 Ibid., 228.

파의 대표적인 학자로는 이븐 아라비와 이븐 타이미야 모두 비신자
였다고 주장했던 유명한 알라 알 딘 알 부카리 등이 있다."[24] 그러나
『타리카트』에서 비르길리는 무덤을 방문하는 일은 금지되어야 한다
는 점에 동의하면서 이븐 타이미야나 그의 제자 이븐 알 카임과 비
슷한 의견을 내놓는다.

둘째로, 사우디의 학자 술탄 이븐 압드 알라 알 아라비는 비르길리
가 오스만 제국 종교기관에 거부당하거나 탄압당할 것이라는 두려
움에 굴복한 나머지 이븐 타이미야와 이븐 알 카임의 사상을 그대로
빌려오긴 했으나 그것을 시인하지는 않았다고 주장했다. "이러한 이
유로 알 비르기위는 이븐 타이미야 파트와 전문을 포함하여 그의 말
을 크게 차용했으나, 그것을 '아주 약간만 바꾸어 가져왔다.'"[25]

살라피파와 와하브 종파 인사들 사이에서 큰 인기를 구가하는『지
야라트 알 쿠부르(Ziyārat al-qubūr)』(묘지들을 방문하는 일에 대하여)라는 책 또
한 한때에는 비르길리가 저술했던 것으로 알려졌었다. 비르길리의
추종자, 아흐마드 알 루미 알 아크히자리가 쓴 것으로 추정되는 이
논문은 그 첫머리에서 이븐 알 카임을 명시적으로 언급하면서, 이븐
타이미야와 이븐 알 카임이 가지는 의의는 물론, 그들이 비르길리와
그의 추종자들에게 미친 영향을 기술하고 있다.

카디자드 메흐메드에 대해 말하자면, 그는 "이븐 타이미야의『알
시야사 알 샤르 이야(al-Siyāsa al-shar'iyya)』를 오스만투르크어로 확장

---

24 Khaled El-Rouayheb, "From Ibn Hajar al-Haytamī (d. 1566) to Khayr al-Dīn al-Ālūsī (d. 1899): Changing Views of Ibn Taymiyya among non-Hanbalī Sunni Scholars," in Ibn Taymiyya and His Times, ed. Yossef Rapoport and Shahab Ahmed (Oxford: Oxford University Press, 2010), 304.

25 Evstatiev, "Qādīzādeli Movement," 232, quoting Sultān Ibn 'Abd Allāh al-'Arrābī, "Dāmighat al-mubtadi 'īn wa-kāshifat butlān al-mulhīdīn. Al-Imām Muhammad b. Bīr 'Alī Iskandar al-Birgiwī: Dirāsa wa-tahqīq," (master's thesis, Jāmi 'at Umm al-Qurā, Mecca 1425/2004), 114.

번역해『타쥐 르-레사일 베 민하쥐 르-베사일(Tācü 'r-resā'il ve minhācü l-vesā'il)』이라는 제목으로 술탄 무라드 4세에게 바치는 방식으로 그의 정치적 관점을 드러냈다"고 전해진다.[26]

26   Ibid., 228n81.

제14장

이브 압드 알 와하브와
18세기 개선 및 개혁

18세기

필자가 이 책을 통해 계속해서 강조하려고 하는 바이기도 하지만, 20세기 후반 들어 부활한 이슬람 근본주의는 '신앙의 본질적인 요소들을 엄격하게 고수하는 태도를 부활시키고 (신앙을) 정화시켜야 한다는 점을 특히 강조하는 오랜 전통'을 배경으로 두고 살펴보아야 한다.[1] 여기에서는 '현대 이슬람 부흥운동의 주요 기반을 마련해주는 한편으로'[2] 거기에 결정적인 영향력을 행사했던 18세기의 운동들을 집중적으로 살펴보겠지만, 궁극적으로는 이슬람 저변의 무언가가 활동주의를 독려하고 있다는 것이 필자의 논점이다. 이슬람학계 및 비교종교학계의 저명한 권위자였던 팔레스타인계 미국인 철학자 고 이스마일 알 파루키는 "이슬람은 선이 이 세계에서 실현 가능할 뿐만 아니라, 지금 이 순간 이 자리에서 그렇게 되도록 만드는 것이 곧 모

---

1   Nehemia Levtzion and John O. Voll, eds., Eighteenth-Century Renewal and Reform in Islam (Syracuse, NY: Syracuse University Press, 1987), 6.

2   Ibid.

든 남성과 여성의 의무라고 가르친다"[3]고 주장했다.『18세기 이슬람의 갱신과 개혁(Eighteenth Century Renewal and Reform in Islam)』의 저자인 네헤미야 레프지온 및 존 볼의 말에 따르자면 "갱신과 개혁은 무슬림들이 겪어온 역사적 경험의 주요 키워드들이다. 하나님의 계시를 인류 사회의 실제 상황에 맞게끔 도입하는 것은 신자들의 주요한 임무다. (중략) 개혁은 모든 무슬림들의 신앙과 행위의 중심부를 차지하고 있다."[4]

18세기 내내 갱신과 개혁을 위한 수많은 활동주의 운동들이 이슬람 세계 곳곳에서 나타났으며, 이러한 운동이 나타나지 않았던 곳에서도 이슬람 정체성이 강화되면서 후기 부흥운동에 필수적인 조건들이 갖추어졌다. 그러나 18세기 운동들은 '이전 시대나 이후 시대에 나타났던 이슬람 부활운동들과'[5] 연속적인 것으로 보아야 한다. 예를 들자면 와하브 운동과 오늘날 사우디아라비아 국가 간에는 직접적인 연속성이 존재한다.

18세기 이슬람 정체성의 성장과 강화는 이슬람 세계 중에서도 특히 사회 내 비무슬림들이 노골적으로 자신들의 권리를 주장하고 나서면서 위협으로 성장하고 있던 지역들에서 두드러지게 나타났다. 과거의 무슬림들이었다면 타 종교의 구성원들과도 공생을 이루며 살았을 테지만, 새로운 개혁가들은 비무슬림과 무슬림을 구별하고자 했다. 이들은 확실히 너무나 많은 '무슬림들'이 무덤을 숭상하거나 죽은 성인의 중재를 바라는 등 이슬람답지 않은 행위들을 저지르고 있다고 느꼈다. 무장 개혁가들 또한 이와 같은 행위들을 바탕으로

---

3   Ismail R. al-Faruqi, Islam (Niles, IL: Argus Communications, 1979), 13, cited by Levtzion and Voll, Eighteenth-Century Renewal, 6.

4   Levtzion and Voll, Eighteenth-Century Renewal, 6.

5   Ibid.

추정상의 무슬림들이 타크피르를 저지르고 있다고 보았다. 지하드는 오로지 신앙심 없는 자들을 상대로 이루어지며 배교자는 결국 반드시 처형당하게 되어 있으므로, 타크피르는 매우 중대한 혐의일 수밖에 없었다.

모든 개혁 운동들과 마찬가지로 이슬람의 운동들 또한 사회 내 현존하는 조건들을 바꾸기 위해 분투한다. 개혁가들은 자신이 보기에 이슬람이 만족스럽지 못한 방식으로 실천되는 행태를 바꾸고자 했다. 18세기의 개혁 운동들은 "이슬람 전통의 진정성을 포용주의적인 말보다는 배타주의적 용어들을 사용해 강조했다."[6] 개혁가들은 이슬람이 다른 종교 혹은 전통들과 맞추어 나가는 과정에서 너무나 많은 타협이 이루어졌다고 믿었으며, 이 때문에 이와 같은 반작용이 나타나게 되었다. 이제 개혁주의 운동은 한층 더 금욕주의적 준엄함을 갖추게 되었다. "근대에 사용되었던 이슬람의 '부활'이라는 말은 다소 근본주의적 논조를 보이는 경향이 있었는데, 이는 (중략) 갱신주의가 이슬람 세계 내 서구의 영향력이 여러모로 한층 더 커졌던 근대 초기 당시 보였던 논조와도 맥락을 같이한다."[7]

근본주의와 18세기 카이로의 종교 폭동에 관한 견해

이러한 운동들이 어떻게 진행되었는지를 좀 더 면밀하게 살펴보자. 여기 앞서도 언급했던 학자 루돌프 피터스가 18세기 카이로에서 나타난 종교 폭동에 관해 밝힌 견해를 소개한다.[8] 「두들겨 맞는 밥 주와이라의 데르비시」에서 피터스가 이슬람 근본주의에 관하여 보여

---

6   Ibid., 19.
7   Ibid.
8   Rudolph Peters, "The Battered Dervishes of Bab Zuwyala: A Religious Riot in Eighteenth-Century Cairo," in Levtzion and Voll, Eighteenth Century Renewal, 93–115.

준 해석은 앞서 우리가 17세기 이스탄불의 카디자델리 운동과 관련해 펼쳤던 논의에 역사적이며 이데올로기적인 색채를 더해준다.

피터스는 "18세기 이슬람 갱신 및 개혁의 동력이 되었던 가장 중요한 요소 중 하나가 이슬람 근본주의라는 점은 의심할 여지가 없다"며 논의를 시작한다. "근본주의는 그 저변에서부터 활동적이고 전투적인 성격을 가지며, 이슬람의 이상을 도입하기 위한 운동과 조직들을 키워낸다."[9] 이후 그는 이집트의 터키계 병사들 간에서 나타났던 단기간의 근본주의적 운동 하나를 묘사한다. 수피파의 의례를 행하는 데르비시파(신비주의 교단의 일종)가 이슬람답지 못하다고 여긴 터키계 병사들이 종교적 열정에 들떠 그들을 공격한 사건이다.

1711년 10월, 터키계 신학생(소프타softa) 한 명과 몇 명의 동료들이 무아야드 모스크에 하숙하고 있었다. 이들은 모여서 비르길리의 논문들(즉, 앞선 장에서 이스탄불의 카디자델리 운동에 주요한 영향을 끼친 것으로 살펴보았던 그 논문들)을 함께 공부했다. 이후 이 소프타는 설교를 행하기 시작하면서 점점 더 유명해졌으며, 시간이 지날수록 그의 설교를 듣는 이들도 많아졌다.

그의 설교에는 다음과 같은 주장이 담겨 있었다.

성인들의 기적은 죽음 이후 중단되기 때문에, 그들 사후에 그들이 행했다고 전해지는 기적들은 모두 거짓이다.

몇몇 성인들의 '보존된 명판'[10]을 볼 수 있다는 말도 거짓이며, 이와 같은 의견

---

9   Ibid., 93.
10   '보존된 명판'은 쿠란의 원문이 적혀 있는 천국의 명판으로, 쿠란의 수라 Q85. 알 부루즈, 〈별들의 저택〉, 22에서 언급된다.

을 내세우는 자는 모두 비신자다. 예언자조차 보존된 명판을 볼 수 없는데, 어떻게 성인들이 그렇게 할 수 있단 말인가? [이 소프타는 예언자가 보존된 명판을 한 번도 본적이 없다고 주장했다.]

성인들의 무덤에서 양초와 기름 램프를 태우는 것도 허용되지 않으며, 그들의 문턱이나 무덤에 입 맞추는 자들은 자칫 불신자가 될까 두렵다. 모든 무슬림들은 반드시 이 행위를 그만두어야 한다.

무슬림은 무덤 위에 세워진 쿠폴라(테케tekke, 수피파 수도장—역주), 이를테면 굴세니 테케나 메브레비 테케, 혹은 성인들의 무덤 위에 세워진 테케들을 의무적으로 파괴해야 한다.

데르비시파를 위해 세워진 테케들은 모두 폐쇄되어야 하며, 그곳에 사는 데르비시파 교인들은 모두 쫓아버리고 대신 신학생들이 그 자리를 차지해야만 하며, 그 테케를 마드라사[이슬람 교육기관]로 탈바꿈시켜야 한다.

공개적인 디크르(dhikr)를 위해 토요일 전야에 이맘 샤피이의 무덤이나 다른 무덤들을 집단으로 방문하는 일은 금지된다. [디크르란 문자 그대로는 '추도', '회상', '언급'이라는 의미. 수피교에서 이 용어는 엄밀히 말하자면 '호칭 기도'를 의미하게 되었다. 이는 하나님의 이름, 혹은 '가장 위대하신 하나님(알라후 악바르 Allahu Akbar)'과 같은 말들을 높거나 혹은 낮은 목소리로 반복해서 읊는 기도로, 주로 신체적 율동이나 호흡법과도 연계된다. 디크르는 수피교의 가장 중요한 의례 중 하나다.][11]

---

11 Ian Richard Netton, A Popular Dictionary of Islam, (Richmond, Surrey, UK: Curzon Press 1992), s.v. "Dhikr."

디크르를 치른다는 구실로 무식자들이 라마단 기간의 한밤중에 밥 주와이라 (데미르카부) 근방에 무리를 지어 모여 자정이 다 되도록 소리를 지르고 뛰어 오르며 벌이는 행위들은 다신교도의 행위(시르크)나 다름없으며 모두 금지되어 있다. 카디를 비롯한 다른 사람들은 이들을 막아야만 하며, 끔찍한 행위를 금하지 못한 자(알 나히 안 알 문쿠르al-nahy an al-munkur)는 내세에서 형벌을 받게 될 것이다. [12]

이 터키계 소프타의 추종자들은 디크르를 치르는 데르비시파 교인들을 매복해 기다렸다가, 저녁 기도가 끝나자 검과 곤봉을 들고 이들을 공격했다. 데르비시파 교인들은 심하게 맞은 뒤 밥 주와이라에서 쫓겨났다. 몇몇 사람들은 샤이흐 아흐마드 알 나프라위에게 가 이 소프타가 한 말들을 전했다. 알 나프라위는 하나피파, 샤피이파의 울라마들과 한데 모여 파트와를 공포해 이 소프타의 주장을 반박했다. 피터스의 설명에 따르자면,

우리의 터키계 소프타가 급진적이었다는 점은 더 논할 필요조차 없다. 그의 급진주의는 종교적인 것이었으며 특히 특정 수피교 의례들과 성인 공경에 대한 사나운 입장을 통해 드러났다. 이러한 문제들에 강경한 입장을 보였던 것으로 유명한 비르길리의 논문들을 그와 그의 동료들이 공부했다는 사실은 상당한 의미를 지닌다. 이와 같은 태도는 근본주의자들의 이슬람에서 전형적으로 나타난다. 여기서 내가 말하는 근본주의자들의 이슬람이란 하나님의 초월성 대 그의 임박하심, (쿠란이나 하디스 등 직·간접적인) 계시에 기초한 종교적 경험

---

12 Peters, "Battered Dervishes," 94 – 95. Peters is relying on three sources: Ahmad Shalabi, "Awdah al-isharat fi-man tawalla Misr min al-wuzara wa-l-bashat"; Yusuf al-Mallawani, "Tuhfat al-ahbab bi-man malak Misr min al-muluk wa-l-nuwwab"; and Muhammad b.Yusuf al-Hallaq, "Tarih-I Misr."

의 진위, 종교적 경험의 통일성, 하나님 앞에서 모든 신자들이 가지는 기본적인 평등성 등을 강조하는 이슬람의 경향을 의미하는 바다.[13]

피터스는 그다음 중요한 관찰 한 가지를 제시한다. "대체로 근본주의는 행동 지향적이며, 세계를 근본주의적 이상에 종속시킴으로써 변화시키고자 한다. 이즈티하드[ijtihād, 선례의 법에 구속받지 않는 독자적인 판단 행위]로의 문이 완전히 닫히지 않았다는 주장이 바로 근본주의 사상의 핵심이다."[14]

확실히 이 터키계 소프타는 비이슬람적이라 여기던 여러 개의 관습들에 종지부를 찍고자 했으며, 정부당국이나 무슬림 개개인들이 그 금지를 행해야 한다고 믿었던 것으로 보인다. 선행을 명하고 악행을 금하라는 무슬림의 의무에 호소하던 소프타의 설교는 꽤 효과적이었다. 군중은 그의 말을 따라, 밥 주와이라에서 디크르를 치르고 있던 데르비시파 교인들을 공격했다.

그의 추종자들은 대부분 1711년 내전에 출전했던 터키계 병사들이었다. 당시에는 예니체리 연대와 예니체리 연대 간의 싸움, 아자반 부대와 아자반 부대 간의 싸움 등이 이어지고 있었으며, 그 3달간의 내전 끝에 거의 사천 명에 가까운 사람들이 목숨을 잃었다. 피터스가 언급하듯,

이 혼란의 시대에서 병사들은 과거와의 단절을 시사해주는 한편으로 구원으로의 명확하고 단순한 길을 제시해주는 종교적 부름에 끌렸던 것이 분명하다. 전쟁 중 카이로 주민들은 자신들에게 닥친 재앙이 스스로의 불경과 죄악 때문이

---

13   Ibid., 100.
14   Ibid.

라고 믿었는데, 이 병사들도 이와 유사한 감정을 느꼈던 것으로 보인다. 따라서 설교자 하나가 나타나 그들이 기존에 가지고 있던 습관적이며 신비주의적인 종교성, 혹은 종교에 대한 무관심으로부터 벗어나 진정으로 경건해질 수 있는 새로운 길을 보여주었을 때 다수의 사람들이 거기에 이끌렸던 것으로 보인다. (소프타가 주장했던 바의) 역동적이고 실용적인 특성이 병사들의 기질을 건드린 것도 한몫을 했을 것이다. 병사들은 그저 마음이 이끌린 정도가 아니었다. 그들은 이 운동에 크게 동조하면서, 이를 위해 스스로 목숨을 바치고자 하는 수준에 이르렀다.[15]

터키계 소프타는 공포된 파트와에 폭력적으로 반응했다. 그는 울라마들을 통렬히 비난하면서 그들을 비신자라고 칭했는데, 이는 곧 그들이 배교자라고 공표되어야 하며 궁극적으로는 사형에 처해져야 한다는 의미였다. 그는 대중을 선동해 카디 아스카르(고위 판사)[16]에게 몰려갔는데, 이때부터 군중이 (무려 오스만 제국의 고위 공무원인) 카디를 위협하면서 상황이 통제를 벗어나기 시작했던 것으로 보인다. 결국 질서를 회복시키기 위해 군 당국이 나서는 수밖에 없었다.

피터스는 이 단기적 운동의 의의를 다음과 같이 요약한다. 세례를 행하던 그 신학생의 "사상과 행동은 터키식 소프타 근본주의, 그리고 비르길리 메흐메드부터 이븐 타이미야와 이븐 카임 알 자우지야까지로 거슬러 올라가는 터키식 근본주의의 한 유형에서 비롯된 것이었다." 이후 피터스는 이와 관련해 보다 포괄적이고 어딘가 낯익은 결론을 제시한다.

---

15 Ibid., 104.
16 오스만 제국 사법체계의 고위 판사직 두 가지. 궁정의 고위직이었던 이들은 사법 작용들을 감독하고 사건을 심리했으며, 군사-행정 인사들의 법적 문제들을 관리 감독하고, 캠페인 직무를 담당했다.

내가 근본주의라고 이름 붙인 그 경향(이를 복고주의라고 부를 만한 이유도 충분히 많다)은 이슬람 역사에 깊숙이 뿌리내리고 있다. 이슬람 학자들은 수세기 동안 근본주의적 의견들을 개진해왔다. 근본주의적 운동들도 몇 번이고 일어나 종교가 부패했음을 주장했으며, 계시된 원전으로의 회귀와 부적절한 축적물의 제거를 통해 종교를 정화하고자 했다. 이러한 운동들은 주로 공격적이고 활동적인 성격을 띠었는데, 이는 그들이 세상을 바꾸고자 하는 한편으로 전 세계가 순수하고 완전한 이슬람의 지배하에서 하나님의 통일성과 유일성(타우히드)을 인식하고 예언자 무함마드가 보여주었던 일련의 이상적인 행동양식을 따르도록 만들고자 했기 때문이다. 17

또한 피터스는 근본주의적 운동을 서구의 확장정책과 관련지어 설명할 수 없다는 점을 분명히 밝힌다.

서구의 상업적 자본주의가 발달한 탓에 무역로가 변경되면서 이집트가 다소간의 영향을 받은 것은 사실이다. 그러나 필자가 지금까지 언급한 사건들을 이와 같은 경제적 변화와 연결해 생각하는 것은 불가능하다. 18

와하브주의의 탄생

와하브파의 창립자인 이븐 압드 알 와하브에 대한 이야기를 시작하기에 앞서서, 먼저 몇 가지 배경지식을 짚고 넘어가려 한다. 와하브주의는 18세기 중반 나즈드 지역(네즈드라고도 부름)에서 탄생했다. 사우디아라비아의 중부에 위치한 나즈드 지역은 리야드 시, 카심 주, 하일 주 등을 포함하고 있으며 오랫동안 종교적으로나 문화적으로 변

---

17 Peters, "Battered Dervishes," 109 – 110.
18 Ibid., 110-111.

두리 취급을 받던 곳이다. 이러한 지역을 원산으로 하여 탄생한 종교적 개혁 운동인 와하브주의는 결코 반식민주의 운동이라 볼 수 없다. 사실 최초의 와하브파 교인들은 '당시 영국이나 프랑스가 무슬림 영토의 깊숙한 곳까지 얼마나 빠르고 깊게 침투하고 있는지'조차 알지 못했다.[19] 이들은 민족주의자도 아니었으며, 자신들의 중심 교의에 서구의 것을 단 한 조각도 빌려오지 않았다.

중동에 관한 글을 저술하는 컨설턴트 마이클 크로우포드의 말에 따르자면 와하브주의는 "지중해 및 인도 내 이슬람 영토들에 대한 서구의 위협이 한층 더 심각하게 구체화되기 이전에 발생한 전근대적 운동이었다. 와하브주의는 언제나 스스로를 가리켜 당대의 현안들에 대한 진정한 이슬람식 반응이라고 표현했는데, 이는 오늘날에도 타당한 소개가 되겠다."[20]

사우디아라비아 자체는 서구에 식민 지배를 당한 적이 없다. 다만 이론적으로는 18세기 동안 성지 메카와 메디나를 포함한 히자즈 지역을 필두로 일부 영토가 오스만 제국에 포함된 바 있으며, 나즈드 내륙 지방 역시 명목적으로는 그러하였다.

혼란과 변화의 시대를 지나는 동안 무슬림들은 자신들의 문화적, 종교적 유산에서 해답을 찾고자 했으며, 여기에서 강력한 목적의식과 소속감, 그리고 새롭고 고무적인 이슬람 정체성을 발견했다. 와하브파는 본래 그들이 살던 세계의 변두리에서 무슬림들이 어떻게 하면 도덕적으로, 또 종교적으로 잘 지낼 수 있을지를 궁리하던 이들이었다.

---

19   Michael Crawford, Ibn 'Abd al-Wahhāb (London: Oneworld Publications, 2014), 7.
20   Ibid., 13.

나즈드와 한발리 전통

무함마드 이븐 알 와하브의 사상이 발전하는 데 있어 한발리 학파가 얼마나 중요한 역할을 했는가만 봐도 알겠지만, 나즈드의 학자들이 와하브주의가 출현하기 훨씬 이전부터 한발리파의 의식을 따르고 있었음을 짚고 넘어갈 필요가 있다. 안타깝게도 16세기 이전의 나즈드 학자들에 대해서는 알려진 바가 없다. 아흐바드 이븐 아트와(?-1541)가 전해지는 최초의 이름이다.

이븐 아트와는 다마스쿠스에서 공부하면서 시하브 알 딘 아흐마드 이븐 압드 알라 알 아스카리와 같은 한발리파 학자 여러 명의 이슬람 법학 강의를 들었다. 나즈드로 돌아온 이븐 아트와는 한발리 전통과 의례와 관련한 존경받는 권위자가 되었으며, 아흐마드 이븐 무하마드 이븐 무샤라프와 같은 후대의 학자들을 가르쳤다. 그는 다수의 파트와를 공포하고 두 권의 피크흐(법의 연원)를 저술했다. 이외에도 16세기를 살았던 동류 학자들 총 일곱 명에 대한 기록이 남아 있다. 17세기가 되자 나즈드 지방의 거의 모든 마을이 각각 한발리파 출신 카디(판사)들을 전속으로 두었던 것으로 보인다.[21]

나즈드의 학자들은 또한 이집트 및 시리아의 저명한 한발리파 교인들과 연락을 주고받고 있었다. 예시로 이집트 학자였던 샤이흐 만주르 알 부후티는 나즈드 출신 제자 여러 명을 두었는데, 이 중에는 1646년 세상을 떠날 때까지 알 우야이나의 카디로 일했던 압드 알라 이븐 압드 알 와하브가 대표적이다. 알 아즈하르의 또 다른 이집트 학자이자 유명한 한발리파 교인은 "나즈드의 학자들에게 그의 저서 『극도의 한계(Ghāyat al-Muntahā)』 사본을 보내면서 하미스 이븐 술레이

---

21 'Abd Allāh Sālih al-'Uthaymīn, Muhammad ibn 'Abd al-Wahhāb: The Man and His Works (London and New York: I. B. Tauris, 2009), 20 – 21.

만과 무함마드 이븐 이스마일에게 안부를 전했다."[22] 이븐 이스마일
의 제자들 중 몇몇 또한 이후 유명해졌는데, 여기에는 카디이자 리야
드의 교사였던 압드 알라 이븐 드하흐란이 있다. 또 그가 리야드에서
가르친 유명한 학생 중에는 아흐마드 알 만쿠르와 무함마드 알 아우
사지도 포함되어 있었다. 그는 1687년 이곳에까지 퍼진 전염병으로
세상을 떠났다.[23]

17세기 가장 위대한 나즈드 학자로 손꼽히는 이는 아마도 무함마
드 이븐 압드 알 와하브의 조부인 술레이만 이븐 알리일 것이다. 대
체적으로 나즈드 학자들은 법학에만 전적으로 집중했다. 그도 그럴
것이 이곳은 학자들이 다른 마을에서 판사직을 수행할 수 있도록 준
비시키는 것을 교육의 주된 목적으로 삼는 지방이었다. 그러나 우스
만 이븐 카이드라는 예외적인 인물도 있었다. 압드 알라 이븐 드하흐
란 밑에서 공부한 이븐 카이드는 다마스쿠스로 여행을 떠났다가 카
이로에 정착한 후 1685년 세상을 떠났다. 그는 다수의 책을 집필했
는데, 그중 가장 중요한 저서로는 『선조들의 신앙을 통한 후계자들
의 구원(Najāt al-Khalaf fī ''tiqād al-Salaf)』이 있다. '현대 무슬림들의 신앙'
을 다루는 이 책은 이븐 드하흐란의 '초기 이슬람의 관행들로 돌아가
야 한다는 신념'을 보여준다.[24]

18세기 전반 동안 나즈드에서 융성하게 활동했던 것으로 무슬림
역사책에 기록된 학자들만 스무 명이 넘는데, 이들 중 몇몇은 법학에
대한 글을 쓰는 작가들이었으며 나머지는 판사로 활동했다.

---

22   Ibid., 21.
23   Ibid.
24   Ibid., 22.

와하브 이전의 신앙과 관행

시간이 지나면서 이슬람 관행에도 의문스러운 믿음이나 혁신들이 다수 더해졌다. 예를 들자면 여기에는 세상을 떠난 성인은 살아있는 자들을 위해 하나님 앞에 탄원해줄 수 있다는 믿음이 포함되어 있었다. 이 때문에 수많은 무슬림들이 신성한 인물들의 묘지를 조성하고 무덤 위에 아치 지붕을 세웠으며, 거의 순례와 같은 형태로 이 무덤들을 방문했다. 성인들이 악을 쫓아내고 선을 가져다주리라는 확신에 차 있던 사람들은 성인들의 무덤 주변을 둥그렇게 돌면서 자신들을 돌봐줄 것을 간청하는 기도를 올렸다. 특정 바위나 나무들을 숭배하는 전(前) 이슬람적 관행들도 다시 부활했다.

이러한 관행들은 명백한 우상숭배였으며, 이븐 비슈르(1795-1873)와 같은 몇몇 와하브 학자들은 이를 상세하게 묘사하면서 특히 나즈드 지방이 이들에 의해 더럽혀졌다고 논했다.

> 다신교는 나즈드를 포함한 여러 지방에 널리 확산되었다. 나무들이나 바위들에 초자연적인 힘을 부여하는 일이 흔하게 벌어졌으며, 무덤들을 숭배하며 그 위에 사당을 지었고, 그 모든 것들을 축복의 원천이자 서약의 대상으로 간주했다. 사람들은 진(Jinn, 정령-역주)들에게 공물을 바치거나 사당 구석에 음식을 차려 두고 정령들의 보호를 구했는데, 이렇게 함으로써 그들이 아픈 친척을 낫게 해주며 좋은 일들을 가져다주고 나쁜 일들을 물리쳐 주리라고 믿었다. 그 외에도 하나님 이외의 존재에게 맹세를 바치는 행위나 그와 유사한 행태들을 통한 크고 작은 다신교가 횡행했다.[25]

25 Uthmān ibn Bishr, 'Unwān al-Majd fī Ta'rīkh Najd (Token of Glory: On the History of Najd) (Beirut, 1967), 16; cited in al-'Uthaymīn, Muhammad ibn 'Abd al-Wahhāb, 23.

사우디 지도자에게 고무된 또 다른 학자로는 연대기 작가 이븐 가
남(?-1811)이 있는데, 그는 와하브주의 이전의 나즈드를 가리켜 무지
의 세계라 묘사했다. 이와 같은 무지의 세계를 가리키는 유명한 용
어, 자힐리야는 그보다 훨씬 더 이후 사이드 쿠틉(1906-1966)이 만든
말이다.

무함마드 이븐 알 와하브

무함마드 이븐 알 와하브는 1703년 알 우야이나 지방에서 종교적으
로 명성을 떨치던 가문 출신으로 태어났다. 그의 아버지는 카디였으
며 동시에 그의 첫 번째 스승이었다. 명석했던 이븐 알 와하브는 열
살의 나이에 쿠란을 전부 암송했다. 그는 또한 타프시르(쿠란에 대한 주
해, 해석 혹은 해설), 하디스, 그리고 마드하브(법학파, 이븐 알 와하브의 경우에는
한발리 법학파) 등도 공부했다.

이븐 알 와하브는 20세의 나이로 결혼하기 직전에 메카로 순례를
다녀온 것으로 보인다.[26] 순례 이후 그는 메디나로 가 샤이흐 압드
알라 이븐 이브라힘 이븐 사이프의 영향을 받게 된다. 알 우야이나의
집으로 돌아온 그는 타우히드에 대한 연구서들을 읽으면서 지식의
깊이를 더해 나갔다. 야심가였던 이븐 알 와하브는 명성 있는 학자들
아래에서 배우며 지식을 확장시키기 위해 여행을 떠나겠다는 마음을
먹은 상태였다. 그는 메카와 메디나로 돌아가 이븐 사이프와 다시 한
번 가까이 지냈으며 무함마드 하야트 알 신디의 서클에도 가입했다.
이븐 타이미야의 지지자였던 이븐 사이프는 나즈드 지방 수다이르의
작은 마을 알 마즈마아 출신으로, 당시의 나즈드 지역에 영적인 개혁

---

26   Al-ʿUthaymīn, Muhammad ibn ʿAbd al-Wahhāb, 30.

이 필요하다고 믿었다. 어느 날인가에는 이븐 사이프가 이븐 알 와하브에게 물었다. "내가 알 마즈마아를 위해 준비해둔 무기들을 볼 테냐?" 어렸던 알 와하브가 좋다고 답하자, 이븐 사이프는 가옥 한 곳으로 그를 데려가 가득 쌓여 있는 책들을 보여주면서 "이것이 내가 준비한 무기"라 말했다. 러시아 학자 알렉세이 바실리에프가 말했듯, "이븐 압드 알 와하브는 이를 통해 그의 메디나 스승이 사상이라는 무기를 가지고 그의 오아시스에 널리 퍼져 있던 신앙들과의 전투를 준비한다는 것을 알아차렸다."[27]

이븐 알 와하브는 또한 무함마드 하야트에게서도 많은 것을 배웠다. 하야트는 "수니파 네 개 법학파들이 공통적으로 수용하던 타크리드(모방)에 반대했으며 대신 이즈티하드(독자적인 법적·교리적 판단)를 옹호했다. 반면 그는 혁신(비다)에 강력하게 반대했으며, 예언자의 시대 당시의 이교도들을 묘사한 쿠란의 구절들에 비다를 행하는 이들을 빗대면서 그들은 우상숭배자나 마찬가지라고 여겼던 것으로 보인다."[28]

이븐 알 와하브의 메디나 체류는 그의 지성적 발전에 있어서 세 가지 중요한 의의를 가진다. 메디나에서 ① 이븐 타이미야의 연구를 접했으며, ② 무함마드 하야트 알 신디와 어울리게 되었고, ③ 비다, 특히 예언자의 무덤을 방문하는 이들의 이교도적 관행들을 격렬하게 규탄했기 때문이다. 이븐 타이미야를 존경하게 된 그는 여전히 한발리 사상의 중심지이던 다마스쿠스로 갔다.

이븐 알 와하브는 이 시기 즈음 여러 곳을 돌아다니며 여행했던 것으로 보인다. 그는 바스라, 바그다드, 쿠르디스탄, 하마단, 이스파한,

---

27   Alexei Vassiliev, The History of Saudi Arabia (London: Saqi Books, 2000), 65.
28   Al-ʿUthaymīn, Muhammad ibn ʿAbd al-Wahhāb, 33.

콤, 알레포, 예루살렘, 카이로, 그리고 다시 한 번 메카에서 시간을 보내다가 1730년대에 나즈드로 돌아와 설교를 시작했다. 1740년에 그의 아버지가 세상을 떠나자 이븐 알 와하브는 1742년경 그의 고향으로 돌아왔다. 그는 돌아온 지 얼마 지나지 않아 알 우야이나의 지도자 우스만과 동맹을 맺었으며, 모든 우상숭배적 관행을 뿌리 뽑기 위해 나무들을 베고, 예언자의 동료들에게 바쳐진 사당을 파괴했으며 묘지들을 파괴했다. 인용할 저서에 따르자면 이븐 알 와하브가 돌아온 이후로,

> 비교적 짧은 기간 만에 (중략) 이 구역 내의 우상숭배적 관행이나 광경들이 모두 제거되었다. (파괴된 것들이) 파괴하는 자들에게 아무런 위해도 가하지 못함을 보여준다는 것은 (중략) 몇몇 이들의 주장에 따르자면, 정식으로 교육받지 못한 사람들로 하여금 무엇이 진정한 이슬람 신앙인지를 확신하게 만들고 그들의 초자연적인 믿음을 버리도록 만드는 데 이보다 더 효과적인 방법이 있을 수 없었다. 사실상 이러한 행위들은 와하브 운동의 시작을 알리는 실질적인 선언이나 다름없었다. [29]

　한발리 학파의 다수가 그러하듯, 이븐 알 와하브 역시 수피파에게 매우 비판적이었다. 그의 아버지가 돌아가시기 직전에도 이 문제와 관련하여 아버지와 갈등을 겪었던 것으로 보인다. 그의 아버지는 아마 수피파 중 카디리 교단과 연관되어 있던 듯하다. 그러나 이븐 알 와하브는 대중의 우상숭배적 관행과 '카디리파 혹은 낙쉬반드파의 의식적 신비주의 교단'을 명확하게 구분하지 않았다. "그에게 있어서

29　Ibid., 43.

이들은 모두 어떠한 형태로든 하나님과 중재자를 동등하게 두는 방식의 중보 기도를 행하는 자들이었으며, 때문에 곧 다신교도나 마찬가지인 자들이었다."[30] 이븐 압드 알 와하브는 바스라의 신비주의 조직들을 직접적으로 알고 있었지만, 수피교에 대해서는 이븐 타이미야와 같은 태도를 보였다.

. 그는 또한 이븐 쿠다마(1147-1223)에게도 지적으로 큰 빚을 졌다. 또 다른 한발리파 금욕주의자이자 법학자였던 이븐 쿠다마의 저서, 『알 무그니(al-Mughnī)』와 『알 움다(al-'Umda)』는 18세기 초 나즈드에서 상당한 권위를 인정받고 있었다. 이븐 쿠다마는 신비주의와 신비주의자들에게 놀라우리만치 약한 모습을 보였는데, 이븐 아킬이 위대한 신비주의자 알 할라즈에게 숭상을 바치던 것을 용납했다는 사실만 보아도 이를 잘 알 수 있다. 그러나 다른 많은 한발리파와 마찬가지로 이븐 쿠다마 역시 이븐 아킬의 과도한 이성주의에는 매우 비판적인 모습을 보였으며, 이븐 알 와하브 또한 이 지적 특질을 그대로 물려받게 된다.[31] 이후 와하브파는 그들의 교의가 양립 가능하다며 수피교에 대한 태도를 누그러뜨렸다. 몇몇 수피파 인사들은 사우디아라비아 왕족 알 사우드 가문과 개인적으로 관계를 형성하는 일도 있었다.[32] "메카 정벌 당시에는 이븐 압드 알 와하브의 아들, 샤이흐 압드 알라가 (와하브파의 해석에 따른) 정통과 정행을 따르는 수피 교단들을 발표할 정도였다."[33]

---

30 Crawford, Ibn 'Abd al-Wahhāb, 28 – 29.

31 Encyclopaedia of Islam, vol. 3, "H – Iram," ed. B. Lewis et al., 2nd ed. (Leiden: Brill, 1971), s.v. "Ibn Kudāma al-Makdisī," by George Makdisi.

32 The House of Sa'ud has thousands of members. It is composed of the descendants of Muhammad bin Saud, founder of the Emirate of Diriyah, known as the First Saudi state (1818 – 91), and his brothers, though the ruling faction of the family is primarily led by the descendants of Ibn Saud, the modern founder of Saudi Arabia.

33 Crawford, Ibn 'Abd al-Wahhāb, 86.

1744년(추정), 이븐 알 와하브는 압력을 이기지 못하고 알 우야이나를 떠나 알 디리야로 갔는데, 이곳에서 그는 지도자 무하마드 이븐 사우드와의 운명적인 만남을 가지게 된다. 모든 종교적인 문제는 이븐 알 와하브의 관할로, 반면 모든 군사적이고 정치적인 사건들은 이븐 사우드의 관할로 하는 조약을 맺은 그들은 곧 아라비아 반도의 모든 백성들을 이슬람의 진정한 원칙들로 회귀시키고 그 불순한 첨가물들을 정화해야 한다는 데 동의했다. 이 조약은 첫 번째 사우디 국가의 시작을 알렸다.

영향력 및 일부 교리

이븐 알 와하브는 이븐 타이미야 이외에도 이븐 카임 알 자우지야, 이븐 쿠다마 등의 학자들이나 압드 알라(?-903), 아부 바크르 알 칼랄(?-924)과 같은 한발리 전통의 초기 학자들로부터 영향을 받았다. 앞서도 논했지만, 와하브파는 혁신에 관해서는 한발리 학파의 보수적인 태도를 차용했다. 다시 말해 이븐 알 와하브는 모든 형태의 혁신들을 비난했으며, 혁신이 바람직할 수도 있다고 주장하는 이들의 시각을 거부했다.

마찬가지로 그는 수니파의 교의와 양립 불가능하다고 판단되는 교파들, 이를테면 시아파나 무으타질라파, 하와리즈파 등에는 매우 적대적인 태도를 보이며 한발리 학파의 사상과 궤를 같이했다. 그는 모든 형태의 사변적 신학(칼람)을 규탄했으며, 모든 종류의 혁신을 도입했던 다수의 수피들을 가리켜 이단 혹은 분리론자로 간주했다.

이븐 알 와하브에게 있어서 시아파는 진정한 종교를 위협하는 부패의 가장 큰 원천 중 하나였다.

한발리파는 자연스럽게 시아파에 적대적일 수밖에 없다. 그들의 교리상 입장
은 예언자의 동료들이 전한 예언자의 전통에 크게 의존하고 있었다. 시아파는
이 전통 중 다수가 칼리프 알리와의 논쟁에서 잘못된 편에 서 있다면서, 이 기
록들이 믿을 수 없거나 잘못된 것이라고 보았다. 초기 와하브파의 악마학(데모
놀로지)에서 시아파는 전형적인 관념연합론자로 그려졌으며 특히 알리와 그의
자손들에게 특별한 힘이나 신격적인 면모가 있었다고 믿는 부분에서 비난받아
마땅한 자들로 묘사되었다. 또한 이들은 하나님과 예언자의 적들 중 하나였고,
이들의 불경스러움을 의심하는 자들이 있다면 그 또한 불신자였다. [34]

　이븐 알 와하브는 모든 시아파들을 가리켜 '라피다(Rāfidite, 거부자 혹
은 유기자)'라는 모욕적인 명칭으로 불렀는데, 이는 "그들이 아부 바크
르와 우마르를 버렸기 때문이었다. 또 다른 설명에 따르자면, 이들
이 740년 자이드 이븐 알리가 쿠파에서 일으킨 반란을 정의롭지 못
한 것으로 여기기 때문이었다."[35] 이븐 알 와하브는 바스라에서 최초
로 시아파를 만난 이후로 시아파의 관행들이 진정한 이슬람과 양립
할 수 없다고 여기게 되었다. 그는 이들이 다신교를 이슬람에 도입시
켰으며, 알리 이외의 모든 칼리프들을 거부하고 예언자의 동료 중 다
수를 배교자로 여긴다며 비난했다. 이들의 타끼야(taqiyya, 음폐)나 한시
적 결혼(무타mut'a) 등의 관행 또한 죄스러운 것이다. 이들의 극단은 유
대인이나 기독교인보다도 더 나쁘다.
　시아파를 향한 와하브파의 적대감은 1802년 그 실체를 드러냈다.
680년 알 후세인 알리의 대학살 이후로 모든 시아파 교도들의 영에
바쳐진 도시, 카르발라를 와하브파가 공격한 것이다. 1816년까지 주

34　Ibid., 86-87.
35　Halm, Shi'ism, 39.

이라크 프랑스 총영사였던 루소는 당시의 끔찍했던 실상을 다음과 같이 묘사한다.

> 우리는 최근 이맘 후세인 [모스크]의 끔찍한 운명에서 와하브파의 잔혹한 광신주의가 드러난 무시무시한 사건을 목격했다. (중략) 1만 2천 명의 와하브파 교인들이 갑자기 이맘 후세인을 공격했다. 그 어떤 위대한 승리에서 탈취했던 전리품보다도 더 많은 전리품들을 긁어모은 이들은 이윽고 모든 것에 불을 질렀으며 그들의 검은 (중략) 노인과 여성, 어린아이들을 베었다. 모든 사람들이 야만인의 칼에 죽었다. (중략) 전해지는 말에 의하면 이들은 임신한 여자를 발견할 때마다 여자의 배를 가르고 태아를 꺼내 여자의 피 흐르는 시신 위에 놔두었다고 한다. 이들의 잔혹성은 만족할 줄을 몰랐으며, 살육을 멈추지도 않아서 피가 물처럼 흘렀다. 피투성이 대재앙에 따른 결과로 4천 명 이상이 목숨을 잃었다. [36]

이븐 알 와하브는 무함마드 이븐 이드에게 보낸 편지에서 그 자신의 교리가 네 가지 원칙을 바탕으로 한다고 말한 바 있다.

1. 타우히드[하나님의 통일성 혹은 일체성]를 해석하는 일
2. 다신교[시르크]가 실제로 무엇인지를 보여주는 일, 그리고 일신교가 하나님과 그분의 예언자를 위한 종교임을 제대로 알고 있으면서 일신론을 싫어하거나, 다른 이들이 일신론을 믿지 못하게 하거나, 같은 이유로 예언자를 지지하는 이들과 싸우는 자들을 가리켜 신앙심 없는 자라고 비난하는 일

36　J.B.L.J. Rousseau, Description du Pachalik de Bagdad Suivie d'une Notice Historique sur les Wahabis (Paris: Treutel & Würtz, 1809), 7:261f.; quoted in Vassiliev, History of Saudi Arabia, 97.

3. 다신교가 무엇인지를 알고 예언자가 다신교와 싸우기 위해서 보내진 분임을 인식하고 있으나 그럼에도 이를 칭송하지 않고, 오히려 다신교도들이 대다수(알 사와드 알 아잠al-sawād al-a'zam)라는 이유를 들어 이들이 잘못된 것이 아니라고 주장하는 자들을 가리켜 마찬가지로 [비신자(타크피르)]라고 비난하는 일

4. 마지막으로 진정한 종교가 오로지 하나님만을 위한 배타적인 종교로 남아 있도록 만들기 위해 이에 반하는 이들을 상대로 [하나님의 명령인] 전쟁을 허가하는 일[37]

그러나 압드 알라 살리흐 알 우사이민이 지적하듯, 첫 번째 원칙이 가장 중요한 것이다. 나머지 세 요소들은 첫 번째 원칙의 논리적 귀결이다.[38]

| 타우히드

이븐 알 와하브의 글은 대부분 다소 짧으며, 쿠란 및 하디스 인용구들로 가득하고, 평이하며 간결한 문체로 쓰였다. 그의 첫 번째 주요 저서로는 1734년에서 1742년 사이 집필된 『키탑 알 타우히드(Kitab al-Tawhīd)』를 손꼽을 수 있겠다. 이븐 알 와하브는 이 책을 통해 "가장 엄격한 한발리파의 교리와 같은 맥락에서 그의 가르침을 설파한다."[39]

---

37 Al-'Uthaymīn, Muhammad ibn 'Abd al-Wahhāb, 114, citing Husayn ibn Ghannām, Ta'rīkh Najd al-Musmmā Rawdat al-Afhām li-Murtād Hāl al-Imām wa-Ta'dād Ghazawāt Dhawī 'l-Islām, 2 vols. (Cairo, 1949), 1:107.

38 Ibid., 114.

39 Encyclopaedia of Islam, vol. 3, "H–Iram," ed. B. Lewis et al., 2nd ed. (Leiden: Brill, 1971), s.v. "Ibn 'Abd al-Wahhāb," by Henri Laoust.

『키탑 알 타우히드』는 67개 장으로 나뉘어 있다.[40] 각 장의 소제목에서 이븐 압드 알 와하브는 그의 관점을 뒷받침해주는 쿠란 구절이나 하디스 구절을 적어두었다. 그다음에는 예언자의 동료들이나 그들의 직계 후손이 남긴 말들을 인용했는데, 이는 이븐 타이미야와 같은 학자들이 종종 사용하던 방식이다. 그는 125개의 하디스 구절을 인용했는데 이 중 18개는 무슬림 하디스, 6개는 부카리 하디스에서 가져왔고 31개 구절은 두 가지에 모두 실려 있는 구절이었으며 7개는 이븐 한발의 컬렉션, 17개는 이븐 한발 및 다른 이들의 공동 컬렉션에서 가져왔다. 나머지는 이븐 마자, 알 티르미디, 아부 다우드 등의 하디스 수집가들과 관련 있다.

이븐 알 와하브의 핵심 사상은 타협할 수 없는 일신론, 즉 타우히드(하나님의 일체성)였다. 이를 인식하는 것은 모든 무슬림에게 주어지는 첫 번째 의무이자, 심지어는 기도보다도 더 중요한 의무다(참고로, 타우히드의 정반대 개념으로는 종종 '다신론'으로도 번역되는 시르크가 있다).

와하브파는 타우히드를 세 가지 종류로 구분한다.

1. 타우히드 알 루부비야(Tawhīd al-rubūbiyya, 주님의 일체성)
2. 타우히드 알 아스마와 아 시파트(Tawhīd al-asmāʾ wa-a-sifāt, 이름과 특성)
3. 타우히드 알 일라히야(Tawhīd al-ilāhiyya, 신격의 유일성) 혹은 타우히드 알 이바다(tawhīd al-ʿibāda, 숭배의 유일성)

'타우히드 알 루부비야'는 하나님과 하나님의 행위의 유일성에 대한 주장으로 정의된다. 말하자면 그분만이 우주의 창조자이자 공급

---

40 Al-ʿUthaymīn indicates sixty-nine chapters, whereas Crawford gives sixty-seven chapters.

자이고 처리자임을 믿고 고백하는 일이다. 타우히드 알 루부비야와
관련되는 것들로는 운명예정원칙과 피조물의 의지 등이 있다(그러나
와하브파가 이 관점에 내재하는 모순들을 해결했는지는 의문스럽다).

　'타우히드 알 아스마와 아 시파트'는 쿠란과 하디스에서 등장하는
하나님의 모든 이름과 속성을 믿고 확증하는 일로, 단어나 의미를 조
금도 수정하지 않고 그대로 받아들여야만 한다. 하나님의 특성과 인
류의 특성은 비슷해 보이는 경우가 있다 하더라도 전혀 유사한 것이
아니다. 예를 들어 하나님께서 가로시되, "하나님께서 믿음을 위증하
는 남성과 여성, 이교도 남성과 여성, 하나님에 대한 사악한 의견을
가진 자들을 벌하시리라(Q48. 알 파스, 〈승리〉, 6)."

　'타우히드 알 울루히야'[41] 혹은 '타우히드 알 이바다'는 "하나님만
이 기도와 탄원, 희생 및 다른 모든 종류의 숭배를 받으시는 수신자
임을 인식하는 일이다. 중개자나 중간자 역할을 하는 또 다른 신, 혹
은 하위 신은 존재하지 않는다."[42] 와하브파는 예언자가 하나님만이
유일한 창조주이자 주님임을 믿도록 사람들에게 요청했을 뿐만 아니
라, 나아가 하나님만을 위해 숭배를 바치기를 원했다는 점도 강조하
고자 한다.[43]

　이븐 알 와하브는 심지어 비신자들(쿠파르kuffar)까지도 타우히드 알
루부비야에 동의한다고 말하면서, 이를 비신자의 일체성(타우히드 알 쿠
파르Tawhīd al-kuffar)이라고 불렀다. "비신자들, 특히 기독교인들 중에도
밤낮으로 하나님을 숭배하는 자들이 있다. 이들은 그 세계의 금욕주
의자들이며 그들이 받은 것 중에서 구호금을 내놓고, 수도원의 사람

41　그러나 압드 알라 살리흐 알 우사이민은 이를 '타우히드 알 일라히야'라고 불렀다.
42　Crawford, Ibn ʿAbd al-Wahhāab, 29.
43　Al-ʿUthaymīn, Muhammad ibn ʿAbd al-Wahhāb, 120.

들과 자신들을 구별한다. 그럼에도 불구하고 그들은 비신자들이며, 하나님의 적이자 영원한 불구덩이에 내던져질 운명이다. 이들이 예수와 다른 성인들에 대해 가지는 믿음 때문이다."[44]

이븐 알 와하브는 이슬람의 모든 계율과 조건들을 준수하면서도 하나님 이외의 존재나 대상에 기도를 드리는 무슬림들에게도 똑같이 가혹했다. 이 무슬림들은 같은 운명에 처해질 것이며, "타우히드 알 루부비야를 지켰는지 아닌지에 관계없이 자신들의 생명과 재산, 아내들이 몰수당할 것이다. 신자들을 진정한 이슬람으로 이끌어주는 것은 바로 타우히드 알 울루히야다. 하나님 대신 무언가를 숭배하는 것은 모두 우상숭배(타구트)다."[45]

이븐 알 와하브에 따르자면 하나님은 진(Jinn)과 인류를 창조하고 그들 모두가 하나님만을 위해 숭배하도록 만들었으며, 일신론을 모든 인류의 첫 번째 의무로 만들었다. 예언자들은 백성들이 그 의무를 다하도록 상기시키기 위해 보내진 사람들이다. 의무를 다한다면 사람들은 보상을 받을 것이었다. 심판의 날이 오면 "타우히드를 완전히 준수한 사람은 재판 없이도 천국에 들 것이다."[46] 이슬람에 들기를 거부하거나 그 대표자들에게 반하는 자를 상대로 하는 지하드는 합법이다.[47] 예언자 무함마드는 무슬림들에게 알라를 위해 지하드에 참여할 것을 명령했다.

모든 신자들은 스스로 다신교에 빠져들지 않도록 바짝 경계해야 한다. 이는 사람들이 나무나 바위, 성인들의 사당 등에서 축복을 찾

---

44   Ghannām, Ta'rīkh Najd al-Musmmā Rawdat, 1:177; quoted in Crawford, Ibn 'Abd al-Wahhāb, 29.

45   Crawford, Ibn 'Abd al-Wahhāb, 29.

46   다음 인용. al-'Uthaymīn, Muhammad ibn 'Abd al-Wahhāb, 79.

47   Ibid.

을 때 벌어지는 일이다. 또한 다른 제사의식이 행해지는 장소에서 하나님에게 제물을 바치는 것도 다신교로 이어질 수 있으므로 금해야 한다. 하나님 이외의 다른 그 무엇에게서도 도움과 보호를 구해서는 안 된다. 죽은 성인들에게 중재를 구하는 것도 금지되어 있다. 마술 또한 금지되며, 마술을 행하다 발각된 자는 사형에 이를 수 있다.[48] 무슬림은 종교적 행위를 통해 지상의 보상을 구해서는 안 된다.[49]

"운명예정론에 대한 믿음은 의무적이며, 이를 부인하거나 의심하는 자는 선행조차 하나님께 무시 받은 채 지옥에 가게 될 것이다."[50] 조각상이나 그림을 만드는 것은 하나님과 그분의 창조물을 인간이 모방하는 행위이므로 금지되어 있으며, 그러한 작품들은 반드시 파괴되어야 한다.

이븐 압드 알 와하브는 타우히드와 관련해서 그 어떠한 중도도 용납하지 않았다. 타우히드에 찬성하거나 혹은 반대하는 일만이 가능하며, 세 번째 선택지는 없다. "진리가 아니라면 오류 이외에 무엇이 있겠는가?"[51]

무슬림들은 하나님의 일체성을 아는 것만으로는 충분하지 않으며, 다신교를 삼가는 것만으로는 천국으로의 입성을 보장받을 수 없다는 주장은 이븐 압드 알 와하브의 활동주의가 가장 명확하게 드러나는 부분이다. 일체성에 대한 인식은 행동에 옮겨져야만 한다.

> 타우히드가 마음속에, 혀 위에, 행동을 통해 존재해야 한다는 사실에는 이견이 없다. 만일 이 중 하나라도 지키지 못하는 사람이 있다면 그는 무슬림이 아

---

48 Ibid., 80.
49 Ibid., 81.
50 Ibid., 82.
51 Crawford, Ibn ʿAbd al-Wahhāb, 56.

니다. 만일 타우히드를 알면서도 그것을 실천하지 않는 사람이 있다면 그는 비신자(카피르)이자 파라오, 악마 등과 마찬가지로 [하나님을] 거역하는 자다. 많은 사람들이 이와 같은 실수를 범한다. 그들은 [타우히드가] 진리이며 자신들이 그것을 이해하고 목격하고 있다고 말하지만 동시에 자신들이 사는 동네에서는 [그 지도자들에] 동의하는 이들만을 받아준다거나 하는 이유로 [타우히드를] 실천할 수 없다고 말한다. (중략) 타우히드의 실천은 외형적인 행위다. 그것을 이해하지 못하거나 마음속 깊이 믿지 않는 자들은 위선자이며 노골적으로 신앙심 없는 자들보다 더 나쁜 이들이다.[52]

마지막으로 이븐 알 와하브의 공식에는 개인적인 공헌이나 사적 독실함이 끼어들 자리가 없었다. 마이클 크로우포드는 이를 다음과 같이 설명한다.

무슬림은 자신의 사적인 삶과 행동들에서 타우히드를 인식하고 실천해야 할 뿐만 아니라, 나아가 공공장소에서 다른 이들의 다신교를 반대함으로써 타우히드를 준수하는 모습을 보여주어야 했다. 비신자들과의 싸움은 추상적이라거나 멀리 있는 일이 아니었다. 불신은 어디에나 실재하고 있었으며, 이를 인식하고 규탄하며 여기에 반하여 항의할 수 있어야만 했다. 진정한 신자들은 비신자를 방관하거나 용서하지도 못하거니와, 인간의 상황을 모두 알고 계시는 하나님께서 해결하실 문제라면서 자기 자신에게 면책을 주지도 못했다. 모든 무슬림은 활동주의자인 동시에 간섭주의자여야만 했다.[53]

---

52 Muhammad Rashid Rida, ed., Majmūʿat al-Tawḥīd al-Najdiyya (Riyadh: Al-Amana al-ʿAmma, 1999), 120–121; 다음 인용. Crawford, Ibn ʿAbd al-Wahhāb, 57.

53 Crawford, Ibn ʿAbd al-Wahhāb, 57.

| 타크피르와 키탈

프린스턴대학교의 근동학과 교수이자 현대 중동 · 북아프리카 · 중앙
아시아 간지역연구소 소장인 버나드 하이켈은 타크피르와 키탈(무장
행위)에 대한 이븐 알 와하브의 입장을 요약하면서 그와 같은 입장이
가질 수 있는 충격적인 함의를 밝힌다.

> 이븐 압드 알 와하브에 따르자면 무슬림으로 여겨지기 위해서는 자기 자신이
> 신자라고 선언하는 것, 예를 들자면 신앙 고백 기도문(샤하다)을 읊는 것만으로
> 는 부족하다. 여기에 더해, 다신교의 모든 믿음과 숭배 행위를 말과 행동을 통
> 해 역동적으로 부정해야만 한다. 활동적 와하브 신앙 및 방식을 공유하지 못했
> 거나, 신앙의 필요조건을 몰랐다고 주장하는 이들은 곧 신앙심 없는 자로 여겨
> 지게 될 것이다. 게다가 이븐 압드 알 와하브는 그의 후손들 몇 명과 마찬가지
> 로 (중략) 무슬림은 동료 신자에 대해서는 충성과 우정을 보이지만 비신자에게
> 는 적대감을 분명히 드러낸다고 주장했다. 알 왈라 왈 바라[al-walā' wa-l-barā',
> 충성과 부정]로도 알려진 이 교리는 비이슬람적이라고 여겨지는 개인이나 정치
> 질서를 상대로 정치적 활동주의와 폭력에 대한 가능성을 내포하고 있다.[54]

　　하이켈의 말에 따르자면 와하브파가 "오스만제국이 이슬람국가이
며 따라서 정당한 것으로 인식했다"고 알려진 바는 없으며, 대신 "[오
스만제국과] 그 영토를 가리켜 비신앙의 집을 지배하고 있다고 보았다.
와하브파는 스스로를 무슬림이라고 칭하는 이들에 대해서도 타크피
르를 실천하고 전쟁을 수행(키탈)하고자 했으며, 이 때문에 한발리 학
파나 이븐 알 와하브의 직계 가족들을 포함한 다수의 학자들이 와하

54　Bernard Haykel, "Ibn ʿAbd al-Wahhāb, Muhammad (1703－92)," *Princeton Encyclopaedia of Islamic Political Thought*, 231.

브파의 운동과 가르침을 규탄했다."[55] 그러나 결국 와하브파가 무함마드 이븐 사우드와 결탁해 국가를 세우는 성공을 거둔 것도 이와 같이 매우 공격적인 교리 덕분이었다는 점은 명백하다.

이븐 알 와하브는 '알 왈라 왈 바라'의 교리를 타우히드의 두 가지 기본적인 형태와 함께 진정한 종교의 세 가지 근본 요소들로 삼았다.[56] 이는 확실히 그가 비신자의 제명(타크피르) 및 이주(히즈라)에 대해 가지고 있던 관점에 따른 결과였다. 그는 다신교도들을 상대로 한 전투에 참여하지 않는 자들을 논하면서, "하나님의 타우히드를 실천하며 다신교를 버린 자라고 하더라도, 다신교도들에게 적의를 품고 그 적의와 혐오를 선언하지 않는 이상 그의 이슬람은 타당한 것이 아니"라고 말했다.[57] 다시 한 번, 진정한 무슬림은 친구와 적을 제대로 나눌 줄 안다. "같은 종교 안에서는 두 가지 타당한 고백들이 존재할 수 없다."[58]

이처럼 충성을 강조하던 와하브파의 교리는 확실히 엄청난 긴장감을 조성했으며, 위선자들까지도 항상 경계하던 와하브파를 고립시켰다. 이와 같은 마니교도적 인생관은 확실히 "그와 같은 시대를 살았던 무슬림 대부분과 다른 편에 서도록 만들었다."[59]

후기 와하브파는 한 집단 전체를 상대로 타크피르를 선언한다는 것이 무분별하며 받아들일 수 없는 행위라고 결론지었다. 이와 같은 공표는 그 집단을 상대로 지하드를 행해야 할 의무를 수반하는데, 만일 집단 내부에 신실한 무슬림들이 포함되어 있다면 이 지하드는 정

55   Ibid.
56   Crawford, Ibn 'Abd al-Wahhāb, 58.
57   Rida, Majmū'at al-Tawhīd al-Najdiyya, 140; quoted in Crawford, Ibn 'Abd al-Wahhāb, 59.
58   Crawford, Ibn 'Abd al-Wahhāb, 59.
59   Ibid., 61.

의롭지 못한 현상이 되어버린다. 이븐 알 와하브는 무슬림을 매우 좁게 정의했다. 그는 이븐 타이미야의 뒤를 따르듯, 타크피르를 선언하지 않는 모든 이들을 신앙심 없는 자라고 규정했다.

그다음으로는 히즈라에 관한 질문이 남는다. 히즈라는 전통적으로 불신앙이 지배적인 땅(다르 알 쿠르프 혹은 다르 알 하릅)에서 이슬람의 땅(다르 알 이슬람)으로의 물리적 이주를 의미했다. 이븐 알 와하브는 시내에서의 삶은 다신교도로 오염될 위험이 너무나 크다며 와하브파의 영토로 이주해 오는 것을 권유했다. 그러나 이는 다수의 진정한 무슬림들에게 언제나 가능하거나 현실적인 이야기는 아니었다.

| 지하드

이븐 알 와하브는 언제나와 같이 노골적인 어투로 "타우히드를 위해서는 무력이 필수적임을 인식했으며 이에 따라 '검을 뽑을 것'을 요구했다."[60] 쿠란이 Q8. 알 안팔, 〈전리품〉, 39에서 말하듯, "그리하여 사회적 갈등(피트나fitna)이 멎을 것이고 모든 종교는 하나님에게 속하게 되리라." 만일 이슬람의 근본요소 중 하나라도 의심하거나 경합을 붙이는 자는 사형에 처해야 한다고 합의되었더라면, "그 종교의 근본인 타우히드를 부인하는 일에 어찌 사형이 따르지 않을 수 있겠는가."[61] 게다가 하나님께서 "비신자들과 위선자들을 상대로 말과 행동을 통하여 지하드를 행할 것을 명령하셨으니, 신자들은 이를 행하는

---

60   Muhammad Ibn 'Abd al-Wahhāb, Mu'allafāt al-shaykh al-imām Muhammad ibn 'Abd al-Wahhāb, including al-Rasā'il al-Shakhsiyya (RS), and al-'Aqīda (2 parts), 'Aqīda, al-Fiqh (Fiqh), and Mukhtaaar Sīrat al-Rasūl (Sira), ed. 'Abd al-'Azīz Zayd al-Rūmī et al. (Riyadh: Jāmi 'at al-Imām Muhammad b. Su 'ūd al-Islāmiyya, 1978), 'Aqīda, 1:284; quoted in Crawford, Ibn 'Abd al-Wahhāb, 69.

61   Rida, Majmū'at al-Tawhīd al-Najdiyya, 117; quoted in Crawford, Ibn 'Abd al-Wahhāb, 69.

것 외의 선택지는 없었다."[62] 다수의 고전적인 하디스에서 강조되었
듯,[63] 지하드를 행할 의무는 절대적인 것이었을지라도 지하드는 반
드시 전리품이 아니라 하나님을 섬기기 위하여 행해져야만 했다.[64]
이븐 알 와하브 또한 망설이거나 뒤로 물러나 있는 자들에게 매우
비판적이었다. 한 번은 한 촌락의 사람들이 사우디와 전쟁을 치를 것
에 동의했다가 이후 이웃 마을과 싸우기를 거부하자, 이븐 알 와하브
는 이들을 가리켜 '영원한 것보다 한시적인 것을 더 좋아하며, 분노
를 위해 진주를 팔고, 악을 위해 선을 파는' 이들이라고 비난했다.[65]

고전적인 한발리파 법에 의하면, 무슬림은 비무슬림을 상대로 지
하드를 선포하기 이전에 이슬람으로 올 것을, 다시 말하면 개종을 권
유할 것을 설교해야만 했다. 따라서 무지의 베두인족을 상대로 하는
경우라면 와하브파는 이들에게 이슬람의 계율을 가르치고자 노력해
야만 했다. 베두인족이 이슬람으로의 설교를 거부했을 때에만 이들
을 상대로 지하드를 행할 수 있었다. 그러나 만일 이미 쿠란과 수나
를 잘 알고 있는 동료 무슬림들이 해당 공동체 안에 있다면, 처음부
터 지하드를 행하는 것도 타당하게 여겨졌다. 크로우포드의 설명에
따르자면 "와하브운동이 계속된 지 수년이 지날 무렵의 이븐 알 와
하브는 모든 나즈드인들이 쿠란상의 증거들을 알고 있는 것으로 간
주했으며, 실제로 그들이 쿠란을 받아들였는지 여부는 고려하지 않
았던 듯하다."[66]

---

62 Ghannām, Ta'rīkh Najd al-Musmmā Rawdat, 1:189; 다음 인용. Crawford, Ibn 'Abd al-Wahhāb,
    69.

63 예를 들어 Bukhārī, Authentic Hadīth: Book of Jihād and Campaigns, hadīth 2810, 4:59.

64 Ghannām, Ta'rīkh Najd al-Musmmā Rawdat, 1:159, 178; quoted in Crawford, Ibn 'Abd al-
    Wahhāb, 69

65 Ibn 'Abd al-Wahhāb, al-Rasā'il al-Shakhsiyya, 293; quoted in Crawford, Ibn 'Abd al-Wahhāb,
    69 – 70.

66 Crawford, Ibn 'Abd al-Wahhāb, 70.

이븐 알 와하브는 처음으로 지역의 성인들과 그 추종자들을 비무슬림이라고 비난했다. 타크피르의 장막 아래에서 그는 성인과 성자, 그리고 수피교도들을 구분하지 않았다. 그러자 와하브의 적대세력은 와하브파를 파문시키는 것으로 응수했으며 결국 박해로 이어지게 되었다.

비록 당시의 와하브파는 자신들의 지하드가 방어적인 지하드였다며 정당성 있게 주장했다지만, "그 갈등은 이븐 압드 알 와하브의 사상과 행동 때문에 촉발된 것이었다. 그의 교리와 야망은 와하브파와 적대세력 간의 불화를 폭력적인 대립으로 발전시킬 수밖에 없는 운명이었으며 심지어는 그것을 의도하고 있었다."[67] 이븐 비슈르에 따르자면 이븐 알 와하브는 그의 설교를 듣고도 개종하지 않는 마을들을 상대로 공격적인 지하드를 선언했다.[68]

일반적으로 공격적인 지하드를 선언하는 것은 지도자의 몫이었다. 와하브주의에서는 '경건의 정권을 정하는 (그 어떤) 경계'도 없다고 보았으므로, 사실상 이븐 알 와하브가 전쟁을 시작했다.

(그 전쟁은) 승리 혹은 전멸에 이르러야만 완성될 수 있었다. 이것이 이븐 압드 알 와하브의 교리에 따르는 가혹한 결과였다. 이들은 이슬람 공동체를 분열시키도록 만들어졌으며 와하브파와 반와하브파 간의 갈등을 촉발했다. 타우히드라는 교리가 그 원인을 규정했으며, '신자들과의 연합' 및 '비신자들과의 분리'라는 교리가 충성을 도모하는 데 사용되었다. 일차적, 이차적 타크피르의 개념으로 누가 적인지 지목했으며, 이주(히즈라)를 통해 병력을 모을 수 있었

---

67 Michael Crawford, "The Da'wa of Ibn 'Abd al-Wahhāb before the Al Sa'ūd," Journal of Arabian Studies 1, no. 2 (2011): 159-160.

68 Uthmān ibn Bishr, 'Unwān al-Majd fī Ta'rīkh Najd, 1:45-46, 48; quoted in Crawford, Ibn 'Abd al-Wahhāb, 70.

다. 그리고 지하드, 특히 폭력적인 지하드는 하나님의 뜻을 이루는 데 필수적인 방편이었다.[69]

| 베두인족

UCLA 법과대학의 오마르앤드아즈메랄다알피 석좌교수인 아부 엘 파들은 마이클 크로우포드가 '와하브주의에 대한 전형적인 오해들'이라고 칭한 주제들에 대해 쓰면서, "와하브족은 언제나 베두인족의 소박한 문화적 관행을 하나뿐인 진정한 이슬람의 것으로 여겼다"[70]고 말했다. 크로우포드의 설명에 따르자면, 사실 와하브주의는 나즈드의 작은 마을들과 촌락들 안에서 일어난 현상이었다. 이븐 알 와하브는 특히 당대의 나즈드인들을 좋지 않게 보면서 '샤리아가 아니라 관습법과 관행에 의존'하는 이들이라고 폄하했다. 이들은 "종교에 대한 얕은 지식을 선조들에게 물려받고 전통적인 신앙들과 관행들을 후세대에게 물려준다. (중략) 이븐 압드 알 와하브는 베두인족이 무지의 전형이나 다름없다는 이유로 가장 심하게 비난했다."[71] 이와 같은 상황에서 알 사우드는 연합을 맺기 딱 좋은 이상적인 상대였다. "베두인족의 생활습관, 그리고 베두인족과 여타 공동체들 간의 강력한 부족 간 충성에 맞서서 운동을 벌이는 데에는 (중략) 인습을 타파하고 안정적인 상태를 유지하던 이들[알 사우드 집단]이 매우 효과적인 도구가 되어주었다."[72]

이븐 알 와하브는 진정한 이슬람이란 쿠란을 보존하고 샤리아를

---

69   Crawford, Ibn ʿAbd al-Wahhāb, 71.

70   Khaled M. Abou El Fadl, The Great Theft: Wrestling Islam from the Extremists (New York: HarperOne, 2007), 47; quoted in Crawford, Ibn ʿAbd al-Wahhāb, 77.

71   Crawford, Ibn ʿAbd al-Wahhāb, 77.

72   Ibid., 78.

따르는 안정적인 사회에서만 나타날 수 있다고 믿었다. 그러나 베두인족은 전통적으로 마을 사람들에게 적대적이었으며, 결혼이나 이혼, 재산, 상속 등의 문제에 대한 샤리아의 조항들도 알지 못했다. 이븐 알 와하브에 따르자면 베두인족은 쿠란과 전체 종교에 대해 타크피르를 선언한 셈이었다.[73] 그는 이들이 신성한 법에 대해 무지하면서 이슬람 너머의 관습법이나 태도 및 신앙들을 선호한다는 이유로 이들을 가리켜 신앙심 없는 자로 간주했다.[74]

이븐 알 와하브에게 있어서 베두인족이 신앙심 없는 자임을 선언하는 파트와를 발행하는 것은 논리적인 수순일 뿐이었다. 베두인족이 단순히 신앙고백을 암송한다고 해서 무슬림으로 간주될 수 있는 것은 아니었다.[75] 그러나 이 타크피르는 집단의 생존력과 응집력을 위협할 수 있었기 때문에 심지어 안정적인 촌락에서도 이에 대한 거센 반대가 터져 나왔다. 18세기의 마지막 몇 년 동안 사우디는 결국 베두인족 인사들을 선임했으며, 이들은 이후 사우디의 군사적 성공에 있어서 지대한 역할을 담당하게 된다. 1802년의 카르발라 대학살은 물론이며, 1803년 타이프를 야만적으로 점령하고 약탈했던 데에도 이들의 역할이 컸다.[76]

| 이즈티하드와 타크리드

이븐 알 와하브와 그의 추종자들에 따르자면, 하나님은 그분께 복종하고 그분을 숭배하며 예언자의 가르침을 따를 것을 사람들에게 명

---

73 Ibn 'Abd al-Wahhāb, Sira, 39; 다음 인용. Crawford, Ibn 'Abd al-Wahhāb, 79.

74 Ghannām, Ta'rīkh Najd al-Musmmā Rawdat, 1:159,178; 다음 인용. Crawford, Ibn 'Abd al-Wahhāb, 79.

75 Ibn 'Abd al-Wahhāb, Sira, 44; 다음 인용. Crawford, Ibn 'Abd al-Wahhāb, 80.

76 Crawford, Ibn 'Abd al-Wahhāb, 81 – 82.

령했다. 다른 누군가에게 복종하는 것이 하나님의 명령이었던 적은 한 번도 없다. 쿠란과 하디스에 엄격하게 따른다면 무슬림 간의 그 어떠한 불화도 충분히 해결할 수 있다. 이 때문에 이븐 알 와하브의 추종자들은 와하브파의 관점을 지지하는 학자들만을 언급할 것이다. 또한 와하브파 교인들은 푸루와 관련된 문제에서는 한발리 학파의 견해를 따르는 한편, 쿠란과 전통에 일치하지 않는다면 자신의 학파 도 버릴 준비가 되어 있다[77]('푸루', 즉 '푸루 알 피크흐furu' al-fiqh'는 법학의 분 과 학문으로, 주로 개별 법규정을 다룬다. 법의 연원인 '우술 알 피크흐usul al-fiqh'와 함께 이슬람 법학을 구성하는 2대 요소다[78]).

와하브파는 이즈마(ijmā', 무슬림 공동체나 특정 세대의 법학파에서 이룬 합의)[79] 를 반대하지는 않았으며 이것이 샤리아로서의 구속력을 가진다고 보 았으나, 쿠란 및 하디스와 대립되는 관행이라면 아무리 많은 사람들 이 행하는 관행이라 하더라도 용납될 수 없다고 보았다. "타당한 이 즈마는 원전의 문언과 대조적일 수 없다."[80]

이즈티하드(선례의 법에 구속받지 않는 독자적인 판단 행위)에 대해 와하브파 는 "언제나, 모든 경우에 허용되어야 한다는 입장과 (중략) 현재로써 는 누구에게도 허용되지 않았다는 입장"[81] 두 가지 모두 극단적이라 며 거부했다. "물론 이들은 어떠한 경우라도 이즈티하드를 허용하지 않았지만, 마찬가지로 이즈티하드로의 문이 완전히 닫혀버렸다는 생 각 또한 거부했던 셈이다."[82]

77　Al-'Uthaymīn, Muhammad ibn 'Abd al-Wahhāb, 139.

78　Norman Calder, "Law, Islamic philosophy of" Islamic Philosophy Online, 1998, http://www.muslimphilosophy.com/ip/rep/H015.htm

79　Netton, Popular Dictionary of Islam, s.v. "Ijmā'."

80　Al-'Uthaymīn, Muhammad ibn 'Abd al-Wahhāb, 140.

81　Netton, Popular Dictionary of Islam, s.v. "Ijtihād."

82　Al-'Uthaymīn, Muhammad ibn 'Abd al-Wahhāb, 142.

타크리드는 문자 그대로 '모방'을 의미하지만, 실질적으로는 법학파들이 전하는 바에 따라 과거의 선례와 법에 무조건적으로 의존한다는 의미를 가진다. 이안 리차드 네톤은 이 개념을 판례법과 비교한다. 타크리드는 보통 이즈티하드와 대조되는 개념이다.[83] 이븐 알 와하브에 따르자면, 예언자 이외의 이슬람 신도를 꼭 따라야만 하는 의무가 무슬림들에게 있는 것은 아니었다. "네 명의 이맘들[네 개 법학파의 창시자들]은 무조건적인 모방을 스스로도 경계했으며, 추종자들에게도 만일 그들의 관점이 쿠란이나 하디스와 갈등을 빚거나 혹은 한층 더 타당한 의견들이 앞서 있었을 때에는 그들의 관점을 버리라고 말했다."[84]

| 이맘

이맘 체제, 즉 칼리프 왕조는 와하브파에게 있어서 중요한 교리가 아니다. 그러나 알 와하브는 지도자가 '압제적이거나 죄를 짓고 있다 하더라도' 그들에게 복종하는 것이 의무적이라고 믿었으며, "그들의 명령은 종교의 규칙들에 반하지 않는 이상 따라야 한다면서 이들이 지하드를 명할 경우 기꺼이 이에 응해야 한다고 단언했다."[85] 그러나 지도자들 또한 그들의 의무를 지며, "종교와 사회에 대한 범죄를 예방하고자 해야 하며, 무슬림을 보호하기 위해 일해야 하고, 지하드를 통해 이슬람을 전파하고자 힘써야 한다. 짧게 말하자면, 지도자들은 하나님의 말씀이 통치하도록 만드는 것을 목표로 삼아야 하며, 그것을 종교적 삶과 세속적 삶을 포함한 모든 측면에서 드러내야 한다."[86]
　정치권력은 그 자체로 필요한 것이 아니라 종교를 섬기기 위해 필

83　Netton, Popular Dictionary of Islam, s.v. "Taqlīd."
84　Al-ʿUthaymīn, Muhammad ibn ʿAbd al-Wahhāb, 142.
85　Ibid., 144.
86　Ibid., 145.

요한 것이었으며, 지도자는 타우히드와 샤리아를 받들고 비다를 금해야 했다. 쿠란과 수나를 따르지 않는 지도자는 타구트, 즉 우상이되었다.

| 선행을 명하고 악행을 금하라

마이클 쿡의 말에 따르자면 이븐 알 와하브는 악행을 금하라는 원칙을 아주 중요하게 생각하지는 않았다고 하나,[87] 이를 종종 언급하기는 했다. 그가 쓴 글 중에는 이를 상당한 분량으로 다룬 글이 두 가지존재한다.

이븐 알 와하브는 수다이르의 와하브파에게 보내는 편지에서 의무이행에 있어서 요령이 얼마나 중요한지를 강조한 바 있으며, 특히 공동체 내에서 그 어떠한 종류의 종파도 생기게 만들어서는 안 된다고말했다. 지도자는 공개적으로 책망되어서는 안 된다. 두 번째 글에서, 이븐 알 와하브는 악행을 금한다는 원칙을 다신교와의 싸움과 연관지어 논하면서[88] 오래전 시대에서는 지도자들이 아니라 학자들이이 의무를 행했다고 설명했다. 크로우포드는 선행을 명하고 악행을금하라는 원칙이 매우 안정적인 이슬람식 개념이기 때문에 "이븐 알와하브 또한 이를 지지했으며, 오늘날에도 사우디 종교경찰(무타위이인 mutawwi'in)의 행위에 잘 반영되고 있다"[89]고 논한다.

그러나 나는 이븐 알 와하브가 타우히드를 명하고 시르크를 금하라고 촉구하면서 얼마나 이 의무 이행에 헌신했는지를 쿡이 크게 과소평가했다고 생각한다. 이븐 알 와하브는 공식적으로 이 의무를 다

---

87 Cook, Commanding Right and Forbidding Wrong, 169.
88 Ibid., 170.
89 Crawford, Ibn 'Abd al-Wahhāb, 93.

론 적은 없을지 몰라도, 그의 사상과 특히 그의 행동은 다신교의 승리를 가만히 바라보고만 있어서는 안 된다는 원칙에 입각해 있다(타우히드에 관한 필자의 논의 참고). 크로우포드가 지적했듯이 이븐 알 와하브는 일생에 걸쳐 그의 원칙을 실행에 옮기는 데 상당한 도덕적, 물리적 용기를 보여주었다. 바스라와 후라이밀라에서 침묵을 지키라는 명령을 어긴 일, 그리고 알 우야이나에서 대중적 반발에도 불구하고 알 주바이라의 무덤과 모스크를 파괴하는 일을 도맡았던 것 등이 여기에 해당된다.

이븐 알 와하브에게 있어서 타우히드를 실천하고 강요해야 한다는 의무는 확실히 가족이나 부족, 국가에 대한 충성보다도 더 중요한 의무였다. 동료나 지위를 잃게 되리라는 두려움도 이 의무를 무시하는 것을 정당화할 수는 없었다.[90] 이븐 알 와하브는 종교적 관습을 집행하는 데 큰 신경을 쏟았지만, 그럼에도 "일상적인 죄악보다는 주요 교리에 대한 위반에 더욱 관심이 있었다."[91] 크로우포드의 설명에 따르자면 이 때문에 이븐 알 와하브는 "공식적인 글에서는 선행을 명하고 악행을 금한다는 전통적인 문언들을 상대적으로 드물게 사용했다. 타우히드라는 역동적인 개념이 실천에 옮겨질 때에는 보다 이념적이고 논쟁적인 영향력이 행사되었다."[92] 이븐 알 와하브는 공공 개입을 지지했지만, 공동 집행 그 자체를 조직하는 최선의 방법을 내놓지는 못했다. 개입주의를 실천하는 데 있어서 과도한 열정이 가질 수 있는 위험을 잘 알고 있었던 그는 엄격한 집행에 공동체적 연대가 맞서면서 불화가 발생해 결국 분열로 이어지는 것을 두려워했다.

---

90 Ibid., 58.
91 Ibid., 94.
92 Ibid.

선행을 명하고 악행을 금한다는 주제를 한층 더 공식적으로 받아들인 것은 후대 와하브파 학자들 때의 이야기다. 예를 들어 압드 알라흐만 이븐 하산(?-1869)은 이 원칙을 적용시키지 않고서는 그 어떤 종교적 · 세속적 일도 다할 수 없다고 논한다. 예언자들은 선행을 명하고 악행을 금하기 위해 보내진 사람들인데, 그중에서도 최고의 선은 일신교를 믿는 것이며 악행으로는 다신교를 들 수 있겠다. 여기에는 지하드가 포함되는데, 지하드 없이는 하나님의 말이 세상을 다스리지 못하기 때문이다. 그의 아들 압드 알 라피트 이븐 압드 알 라흐만(?-1876) 또한 여기에 동의하면서 "이 원칙이 모든 무슬림 공동체의 의무이면서 동시에 가장 훌륭한 특질 중 하나라고 언급한다. 예언자 무함마드는 반대할 만한 행동을 목격하는 이는 반드시 무력이나 말로써 그에 반대해야 한다고 말했다. 만일 목격자가 두 가지 다 사용하지 못하는 상황이라면, 적어도 그것을 혐오해야만 한다."[93] 1926년 사우디아라비아는 선행을 명하고 악행을 금하는 위원회(Hay'at al-amr bi'il ma 'rūf wa'l-nahy 'an al-munkar)를 설치하고 비역질부터 음주까지 다양한 악행들을 근절하고자 했다. 그러나 이 기관은 상당한 논쟁을 불러일으켰다.[94]

이븐 알 와하브의 다른 글들

이븐 압드 알 와하브의 작품 중에는 "하디스 편찬서들, 특히 이븐 타이미야나 이븐 알 카임 등의 연구서를 간추린 글들, 예언자의 전기(시라)를 요약하거나 확대한 글들, 쿠란 주해(타프리스) 등도 있었다. (중략) 그의 저서들은 좁고 독단적인 지역주의 전통을 바탕으로 했으며 사

---

93   Al-'Uthaymīn, Muhammad ibn 'Abd al-Wahhāb, 146.

94   Cook, Commanding Right and Forbidding Wrong, 191.

변적 신학(칼람)을 적대시했다. 또한 해석에 있어서 권위주의적인 경향이 있었으며, 강력한 지시들을 담고 있는 글들이었다. 그가 그다지도 존경했던 한발리파 학자들(특히 이븐 타이미야, 이븐 알 카임, 이븐 쿠다마)의 글에서 찾아볼 수 있는 지적인 기교는 없었으며, 혹은 그와 적대적이었던 이들의 글에서도 드러나는 다양성이나 뉘앙스조차 찾아볼 수 없었다."[95] 그의 후계자들은 이러한 한계를 넘고자 노력했으나, 이븐 알 와하브의 국한된 사상을 훨씬 벗어나는 것밖에는 방법이 없어 실패하고 말았다.[96]

와하브주의의 진정한 원인과 목적

이슬람 근본주의가 오랜 역사를 가지고 있으며 그 폭력적인 경향은 이슬람의 핵심 원칙에 내장되어 있기 때문에 가난이나 식민주의, 사회경제학 때문에 나타난 현상이 아니라는 필자의 이론에 따르자면, 와하브주의가 이슬람 활동주의의 부활을 보여주는 고전적인 예시이자 민족주의나 반식민주의와는 아무런 관련이 없다는 점을 반드시 짚고 넘어가야겠다. 크로우포드가 말하다시피,

> 와하브주의는 (중략) 지중해나 인도의 이슬람 영토들에 대한 서구의 위협이 한층 더 심각하게 구체화되기 이전에 발생한 전근대적 운동이었다. 와하브주의는 언제나 스스로를 가리켜 당대의 현안들에 대한 진정한 이슬람식 반응이라고 표현했으며, 이는 오늘날에도 타당한 소개가 되겠다.[97]

---

95 Crawford, Ibn 'Abd al-Wahhāb, 50–51.

96 Ibid.

97 Crawford, Ibn 'Abd al-Wahhāb, 13.

전반적으로 보자면 이븐 알 와하브는 비무슬림들에 직접적으로 관여하지 않았다. 그의 사상 형성기 당시만 하더라도 유럽 세력은 중동 지역에서 중요한 존재가 아니었다. 아라비아 반도 내에는 기독교인이나 유대인 소수자들이 없었으며, 이슬람법에서 이들이 딤미(2등 시민)의 지위를 가진다는 점도 논쟁의 대상이 아니었다. 이븐 알 와하브의 "관심과 원한은 무엇보다도 그의 종교적, 문화적 전통 내부의 적들에게 향해 있었으며, 그다음으로는 다른 배경을 가진 동료 무슬림들에게 향했다."[98]

크로우포드는 또한 "사회정의는 초기 와하브파의 연구와 사상에서 주요한 주제가 아니었다"고 강조한다.[99] 이븐 알 와하브의 주요 관심사는 경건의 국가를 세우는 일이었다. 또한 신자들 간의 형제애라는 와하브파의 교리가 실제로 그들의 운동에 가난한 이들을 끌어들였음에도 불구하고, 이븐 알 와하브는 대중을 믿지 않았으며 다신교와 선동에 대한 대중의 감수성을 두려워했다. 이븐 알 와하브는 독재자에 대한 완전한 복종이라는 그의 원칙이 '사회정의'와는 조화를 이루기 어려우리라는 점을 알고 있었을 것이다. "그는 대체로 사회적 이슈들에는 명백한 관심을 주지 않았다."[100] 그렇다고 해서 이븐 알 와하브가 국가 형성에 관심이 있었던 것도 아니다. 그는 모든 무슬림들이 지도자에게 무조건적으로 복종해야 한다는 주장 이외에는 정부에 대한 어떠한 발상도 내놓지 않았다. 그럼에도 불구하고 와하브주의는 국가, 즉 이슬람의 가치를 수호하고 촉진하는 경건의 정권이 출현하는 데 있어서 사상적 연결고리를 제공해주었다.

---

98   Ibid., 115.
99   Ibid., 104.
100   Ibid., 105.

와하브주의에 대한 비판과 이크완

영국계 무슬림 자유주의자이자 인도무슬림연맹의 창립멤버 중 하나인 사이드 아미르 알리(1849-1928)는 1891년 『무함마드의 삶과 가르침: 혹은, 이슬람의 정신(The Life and Teachings of Mohammed: Or, The Spirit of Islam)』을 통해 무함마드의 생애 전반과 이슬람의 정치사 및 문화사를 다루었다. 아미르 알리는 (앞서 논했던) 하와리즈파의 하위 집단, 아즈라키트파는 비록 하자즈 이븐 유수프에 의해 사라졌지만, 그들의 "피를 좋아하고 사나우며 자비 없는 교리는 9세기가 지난 이후 와하브주의에서 다시 한 번 드러난다"고 말했다. 이븐 알 아즈라크의 추종자들과 마찬가지로,

> 와하브파는 다른 모든 무슬림들을 비신자로 규정했으며, 그들을 약탈하거나 노예로 삼는 것을 허용했다. 이들은 바람직하게도 현대 무슬림들 사이에서 유행하는 인간 신격화에 대해 저항한 바 있으나, 그럼에도 불구하고 종교와 신성한 정부, 이를테면 오늘날 나즈드에 위치한 이크완의 정부에 대해서는 극도로 음울하고 칼뱅주의적이며, 진보나 발전과는 완전히 반대되는 시각을 견지한다. 101

아미르 알리와 같은 자유주의자 무슬림들에게는 경악스럽게도, 이븐 사우드는 1924년과 1925년 사이 히자즈의 성지들을 다시 한 번 점령해 와하브주의에 넘겨주었다. 수천 명의 독실한 무슬림들이 사랑하던 무덤들과 성소들을 와하브파가 파괴하려고 하자 전 이슬람 세계가 놀랐으며, 이에 반와하브주의 논쟁이 촉발되었다.

---

101 Syed Ameer Ali, The Life and Teachings of Mohammed: Or, The Spirit of Islam (London: W.H. Allen & Co., Ltd., 1891), 527.

사우디 왕가는 이집트, 이라크 및 여타 지역의 종교 개혁가들에게 지원을 요청하면서 반와하브주의에 맞서고자 최선을 다했다. 당시의 개혁주의 지식인들 중에는 1920-1930년대 와하브파의 사상을 대중화시킨 라시드 리다(1865-1935)도 있다. 사우디 왕가는 '와하브주의'라는 용어를 금지시키고 대신 그들의 이슬람을 '살라프주의'라고 칭하기 시작했다.

이크완(신도들) 운동이 어떻게 출현하게 되었는지는 정확히 알려진 바가 없다. 추측컨대 이븐 사우드나 와하브파의 '울라마'들이 유목민들을 유혹한 끝에 이들을 우상숭배에서 벗어나게 만들고는 이슬람의 교리를 가르쳤을 수 있다. 결국 와하브파가 괴물을 만들어내고 만 것이다. 이크완은 열성적이면서 극도로 폭력적이고 편협한 전사들이 되어 이븐 사우드에게 충성을 바치기보다는 종교적 이상주의에 따라 움직였으며, 결국에는 이븐 사우드를 무너뜨리게 된다.[102]

이븐 알 와하브가 베두인족을 멸시했던 사실이나 그들을 이슬람으로 끌어들이기 위해 교육했다는 점은 앞서도 논한 바 있다. 이븐 사우드는 어떤 의미에서는 유목민들을 이슬람화한다는 임무를 다하는 중이었다. 그는 히즈라(hijra, 이주자들의 공간)로 알려진 촌락을 세우고 이주자들을 살게 함으로써 이를 달성했다. 여기서의 용어는 종교적인 목적이 강조된 것으로, 우상숭배의 집에서 이슬람의 집으로 이주했다는 의미를 가진다. 이주는 "19세기 와하브 논쟁의 핵심이었으며, 울라마들은 이를 바탕으로 우상숭배의 땅을 여행하거나 그곳에 사는 일을 비난했다."[103]

신앙심 없는 자나 우상숭배자의 지배하에서 진정한 무슬림으로 살

---

102 David Commins, The Wahhabi Mission and Saudi Arabia (New York: I.B. Tauris, 2006), 80.

103 Ibid., 81 - 82.

기란 거의 불가능한 일로 여겨졌는데, 이는 그들의 방식과 관습에 순종하라는(현대식으로 말하자면 '사회적으로 동화되어야 한다는') 압력이 계속해서 가해지기 때문이다. 따라서 이주는 하나의 의무였다. 7세기경 메카에서 메디나로 이주하기를 강요받았던 초대 무슬림들의 선례를 생각해보라. 히즈라는 '유목민들을 신앙의 마을에 모이게 만든 후 와하브파의 종교적 관행들에 동화시키기 위한' 완벽한 방법이었다.[104] 따라서 히즈라는 주입식 종교교육이 집중된 캠프나 마찬가지였다.

> 부족 간 경계를 지우고 히즈라로 통합하는 일과 더불어, 부족의 샤이흐는 리야드로 가 와하브파의 교리를 교육받았고, 울라마들은 히즈라의 부족 구성원들을 가르쳤다. 따라서 정착 베두인족들이 처음으로 접한 공식적인 이슬람 교리는 와하브파의 선생들에게 직접적으로, 또 배타적으로 배운 것이었다. 후자르에도 무타위아라 불리던 종교적 열성분자들이 있었는데, 이들이 사회도덕과 적절한 기도시간의 준수를 강제했다.[105]

이들은 다른 교재들과 더불어 이븐 알 와하브가 쓴 간략한 『교리문답서』를 공부했다. 이크완은 전장에서의 흉포함으로 널리 알려지게 되었다. 이들은 일반적으로 남성 포로들을 모두 죽였으며, 이따금씩 여성과 어린아이들도 죽였다. "이와 같은 살육에 대해 이크완은 그들이 특히 1912년부터 1919년 사이에 싸우던 유목민들을 개종시키거나 혹은 사형에 처해야 한다고 믿었기 때문이라는 평계를 댔다."[106] 이들은 자신들이 종교적으로 게으르다고 간주했던 부족들이

---

104 Ibid., 82.
105 Ibid.
106 Ibid., 85.

나 오아시스들을 자주 공격했으며 시아파를 강제로 개종시키고자 했다. 이라크 내의 영국인들에 대해서 정치적으로 훨씬 더 유연한 태도를 보였던 이븐 사우드와의 충돌은 불가피했다. 1927년, 몇몇 이크완 부족민들이 반란을 일으켰다. 이븐 사우드는 영국인들의 도움을 받아 1929년 이들을 무찔렀다.

1953년 이븐 사우드가 세상을 떠난 이후로 그의 아들 사우드가 자리를 물려받았으나, 그는 나약하고 비효율적인 지도자였을 뿐이었다. 1964년 사우드의 형제였던 파이살 왕자가 그를 축출하고 왕국의 질서를 어느 정도 바로잡았다. 그는 1970년대 초기 중동을 휩쓸었던 세속적 민족주의자들의 도전에 맞서야만 했다. 파이살 왕은 이슬람 연대정책에 투자했으며, 이를 통해 지역의 분위기를 그들의 종교적 이데올로기에 호의적으로 바꿀 수 있었다.

> 그는 히자즈 내에 새로운 글로벌 이슬람 기관들을 세워 세속주의적이고 민족주의적인 신조들에 대항하고자 했으며, 나아가 살라피파와 사우디 왕가의 이익을 수호하고자 했다. 1962년 설립된 세계무슬림연맹과 1972년 설립된 세계무슬림청년협의회는 모두 사우디 왕가와 와하브파의 영향력을 수호하는 역할을 톡톡히 했다. 사우디 왕가가 외국인 유학생들을 두 팔 벌려 받아들였던 메디나 이슬람대학교(1961년 설립) 등의 이슬람 교육기관들도 마찬가지였다. 석유 수익이 증가하면서 사우디아라비아는 이슬람 세계의 새로운 리더 역할을 맡게 되었으며, 이슬람국가들뿐만 아니라 서구 내의 이슬람 공동체까지 포섭하면서 해외에 와하브주의를 적극적으로 퍼트렸다. [107]

---

[107] Crawford, Ibn ʿAbd al-Wahhāb, 125.

1960년대에는 가말 압델 나세르의 박해를 피해 무슬림형제단이 이집트를 탈출하려고 하자 파이살 왕은 이슬람주의자들 간의 연대라는 의미에서 이들에게 피난처를 제공한다. 그러나 그는 스스로 그의 왕국에 폭력적인 사상을 들여오는 데 일조했다는 사실을 모르고 있었다. 파이살 왕은 무슬림형제단을 단순히 서구 문화에 저항하는 동료 이슬람주의자로 간주했으나, 무슬림형제단은 전혀 다른 전략적 목표를 가진 이들로서 대부분 사이드 쿠틉이 발전시킨 종파의 사상에 따라 움직였다.[108]

와하브주의의 영향

와하브주의가 전 세계 개혁주의 운동들에 미친 영향은 매우 크다. 예를 들어 알제리의 샤이흐 무함마드 이븐 알리 아스 사누시는 리비아 남부와 적도 아프리카에 신정주의 국가를 세우고 "오스만 술탄 왕조의 세속주의적 방종에 항의했다. 무함마드 아흐마드 또한 수단 동부 지역에서 마흐디주의자 형제단을 조직해 투르크계 이집트인 지도세력과 그들의 이집트인 수하들에 저항했다. 나이지리아나 수마트라와 같이 멀리 떨어진 지역에서도 와하브파의 영향을 받은 무장 운동들이 발발했다."[109]

이쯤에서 와하브파가 인도에 미친 영향력을 잠시 들여다보아야 하겠다. 우선 파라이디야(Fara'idiyya, 인도 아대륙 내에서 알려진 이름으로는 파라이지스Fara'izis) 운동부터 살펴보자. 파라이디야는 종교사회적 특성을 가진 운동으로, 무슬림들이 정치적 우위를 잃었다는 데 대한 반응이자 힌두계, 무슬림계 지주들이 무슬림 대중에게 행사하는 권력에 대

---

108 Ibid., 126.
109 H.A.R. Gibb, Modern Trends in Islam, (New York: Octagon Books, 1975), 27.

항하는 운동이었다. 운동을 이끈 하지 샤리아트 알라는 (아마도 1781년에[110]) 동부 벵골에서 태어났다. 그는 어린 나이에 메카로 이주했으며 이후 20여 년을 그곳에서 살았던 것으로 보인다. 그가 언제 인도로 돌아왔는지는 확실하지 않으나, 각기 다른 사료들에 따르자면 1807년, 1822년, 혹은 1828년으로 알려져 있다. 『이슬람사전』에 따르자면, "만일 그가 1828년에 인도로 돌아온 게 사실이라면 샤리아트 알라가 메카의 와하브파 개혁주의자들과 접촉했음에는 의심의 여지가 없다. 샤리아트 알라가 벵골에서 펼쳤던 활동들을 이해하기 위해 특정 와하브파의 영향력을 고려할 필요는 없다. 무엇보다도 그가 자국 내의 특정 이슬람 분파와 예언자의 본국에서 본 '아랍' 이슬람 간의 차이점들에 대해 크게 분개했다는 사실이 그가 이끈 운동을 가장 잘 설명해주기 때문이다. 다소간의 차이는 있지만 (델리의 샤 왈 알라 자신을 포함하여) 인도의 다른 무슬림 개혁가들 또한 비슷한 경험을 겪었다."[111] 그는 벵골로 돌아오기 전까지 카이로의 알아즈하르대학교에서 수학했던 것으로 보인다.

종교의 정화는 샤리아트 알라의 핵심 주장이었는데, 이는 당시 벵골 지역 무슬림들의 대중 신앙이 초기 이슬람의 순수성과는 매우 거리가 멀었기 때문이었다. 그는 파라이드(farāʾid), 즉 '종교적 의무'로 돌아가고자 했다. 신앙고백, 일일 기도, 라마단 달의 단식, 자카트 구호세 납부, 그리고 메카로의 순례 등이 여기에 속했다. 샤리아트 알라 또한 이븐 압드 알 와하브와 마찬가지로 타우히드의 원칙을 강조하고 비다(혁신)와 시르크(다신교 신앙과 실천)를 비난했다.

---

110 다음 참조. Kenneth W. Jones, Socio-religious Reform Movements in British India (Cambridge: Cambridge University Press, (The New Cambridge History of India, III.1), 1989), 19.

111 Encyclopaedia of Islam 2nd Edn., Vol. 2, s.v. FARĀʾIDIYYA (A.Bausani), 783 b.

알레산드로 바우사니가 요약한 바에 따르자면, "그는 다양한 유사 힌두관습을 금지한 것은 물론이거니와 카르발레에서 순교한 이맘 후세인을 애도하는 장례식 및 그와 관련된 특별한 예식들도 금지했으며, 무슬림의 간결하고 소박했던 결혼 및 장례 예식에 덧입혀진 장관이나 의식들을 거부했고, 심지어는 무덤에 과일이나 꽃을 올리는 것도 금지했다. 게다가 그는 신비주의적 용어인 피르(pir, 대가)와 무리드(murid, 제자)라는 용어의 사용을 금지했는데, 제자가 그의 영적 스승에게 총체적 헌신을 바친다는 함의가 있는 이 용어들은 거의 이브라함교에서나 쓸 법한 용어들이자 엄격한 이슬람 전통과 일치하지 않는 용어들이었다. 대신 역시 페르시아어지만 보다 '세속적'인 용어, 우스타드흐(ustādh)와 샤기르드(shāgird)라는 말을 사용하도록 했다. 또한 다양한 무슬림 단체들에서 일반적으로 행하던 입회식, 바야[bay'a, 충성의 맹세]도 금지되었으며 회개(타우바)와 무리드(혹은 샤기르드)로서 변화한 삶을 이야기하는 간단한 성명으로 대체되었다. 금요일이나 축일에 행하는 공동 기도를 금지한 것도 샤리아트 알라트의 또 다른 주요 계율 중 하나였는데, 이는 다르 알 이슬람에서 영국령 인도를 축출하기 위한 것이었다."[112]

군사적이고 통합적이었던 파라이지스 운동은 동부 벵골 지역에서 적과 마주하게 되었다. 당시 자신들이 하던 방식 그대로 이슬람을 실천하고자 하는 무슬림들이 그 대상이었다. 그들은 힌두교 또한 다신교와 악한 혁신들이 쏟아져 나오는 분수나 다름없다며 경계했다. 1831년에 이르자 혼란이 가중되어 공장들이 불타올랐고, 무슬림 소작농들은 힌두계 지주들에게 소작료 내기를 거부했으며, 지주들이

---

112 Ibid., 784 a.

다양한 힌두교 의례를 위해 요구하던 돈도 내지 않았다.

샤리아트 알라가 세상을 떠나자, 그의 아들이자 두드후 미얀이라는 이름으로 더 잘 알려진 무함마드 무흐신(1819-1860)이 운동 조직을 물려받았으며 계속해서 정치적 이슈들과 종교적 이슈들에 신경을 쏟았다. 두드후 미얀이 그의 추종자들에게 세금은 샤리아의 관점에서 보자면 아무런 정당성이 없는 제도이며 따라서 세금을 내지 않아도 된다고 말했을 때에는 상당한 격전이 벌어졌었다. 영국은 두드후 미얀을 체포하고 형을 선고했으나, 캘커타 고등법원에서 그 판결이 취소되자 그를 석방시켰다. 두드후 미얀이 세상을 떠나고 그의 아들이 조직을 물려받은 이후 이들은 마침내 영국과 협조하기 시작했다. 케네스 존스의 말과도 같이, "파라이지스 운동은 동부 벵골 지역의 무슬림 소작농들 다수가 행하던 이슬람 신앙과 실천을 재정립하는 데 성공했다."[113]

서부 벵골에서 태어난 티투 미르(1782-1831, 사이드 미르 니사아 알리로도 알려짐)는 마드라사에서 아랍어, 페르시아어와 다양한 이슬람의 과목들을 배웠다. 이후 그는 레슬링 선수로 일하다가 지역의 힌두계 지주를 위해 일하게 된다. 티투 미르는 봉건 권력에 대항하다가 잠시간 투옥된다. 1822년, 순례를 떠난 티투 미르는 메카에서 사이드 아흐마드 브렐뤼를 만나 〈타리키 무하마디야(Tariq-i Muhammadiyya)〉의 기초를 배우게 된다. 이후 인도로 돌아온 티투 미르는 이슬람을 정화하기 위한 운동을 벌이기 시작하면서 사이드 아흐마드 브렐뤼와 샤라이트 알라가 설교한 바와 맥락을 같이했다. 티투 미르는 당시 힌두계, 혹은 무슬림계 대지주(자민다르zamindar)를 상대로 쌓여가던 소작농들

---

113 Kenneth W. Jones, Socio-religious Reform Movements in British India (Cambridge: Cambridge University Press, (The New Cambridge History of India, III.1), 1989), 22.

의 불만을 활용하는 데 성공했다. 티투 미르와 점점 늘어만 가는 그의 추종자 무리는 "대지주 한 명의 사유지인 마을을 공격해 공공장소에서 소 한 마리를 도살하고 마을의 [힌두교] 사원을 그 피로 더럽혀 놓았다. 티투 미르와 자민다르 간의 야전이 뒤따랐으며, 티투 미르는 자신의 운동에 적대적이었던 무슬림 지주들도 공격하기를 마다하지 않았다."[114] 그는 힌두교인들을 분노케 하기 위해 계획적이고 의도적으로 행동했으며 '무슬림 공동체와 힌두 공동체 모두를 공포에 떨게' 만들기 위해 움직였다.[115] 일련의 소규모 접전 끝에 수십 명이 죽었으며, 영국 당국과의 무장 충돌 끝에 티투 미르는 대나무 요새를 짓기에 이르렀으나 이 또한 동인도회사의 포병에게 파괴당한다. 결국 티투 미르는 1831년 11월 19일 그의 수많은 추종자들과 함께 살해당한다.

바너지의 말에 따르자면, 파라이지스 운동과 티투 미르의 운동은 단순히 "경제적 개선을 위한 소작농들의 싸움은 아니었다. 두 경우 모두에서 종교적 광신주의가 뚜렷하게 나타났으며, 그 불가결한 파생물로서 강압과 폭력이 뒤따라 나타났다. 힌두 자민다르의 기관들에 대한 공습은 종종 우상에 대한 신성모독과도 연결되었다. 와하브파의 이슬람을 받아들이지 않았던 정통주의 무슬림들 또한 강압의 대상이 되었다. [영국의] 장교가 관찰한 바에 따르자면 (중략) 그들은 폭력이나 지속적인 공작을 동원해서라도 다른 무슬림들을 자신의 종파에 들어오라고 강요하는 것이 정당하다고 여겼다. 티투 미르 또한

---

114 Peter Hardy, The Muslims of British India (Cambridge: Cambridge University Press, 1972), 57.

115 Charles Allen, God's Terrorists: The Wahhabi Cult and the Hidden Roots of Modern Jihād (Cambridge, MA : Da Capo Press, 2006), 93.

비슷한 생각을 가지고 있었다."[116] 파라이지스 운동과 티투 미르의
운동은 모두 인도가 다르 알 하릅이며 따라서 다르 알 이슬람이 될
때까지 의무적으로 지하드를 행해야 하는 지역임을 천명했다.

---

116 A.C. Banerjee, Two Nations. The Philosophy of Muslim Nationalism (New Delhi: Concept
Publishing Company, 1981), 68.

제15장

사이드 아불 알라 마우두디

마우두디의 사상은 아무것도 없는 곳에서 갑자기 자라난 것이 아니라, 인도의 초기 무슬림 철학가들의 사상에 지대한 영향을 받아 생겨난 것이다.

이슬람 지배하의 인도, 13–14세기

이르게는 13세기부터, 일투트미시 술탄(재위 1211-1236)의 궁정에서 일했던 누르우드 딘 무바라크 카즈나비 등의 사상가들은 인도 내 이슬람의 존재와 관련해 공격적인 풍조를 형성했다. 누르우드 딘은 딘 파나히(Din Panahi, 종교 수호)라는 교리를 발전시키면서, (신성을) 더럽히는 힌두교를 한 자리에 몰아넣고, 모욕하거나 수치를 주고, 명예를 더럽히고 헐뜯음으로써 힌두교로부터 이슬람을 수호해야 한다고 말했다.[1] 지아우딘 바라니(디야 알 딘 바라니, 1285-1357)는 인도의 법관이자 역사학자, 정치사상가, 작가이자 술탄 무함마드 투글루크(1309-1388)

---

1   A.C. Banerjee, Two Nations: The Philosophy of Muslim Nationalism, (New Delhi: Concept Publishing Company, 1981), 11.

의 동료였던 인물로, 당시 사실상의 군주들, 즉 술탄들에게 부패의 시대에서 그들이 이슬람에 대해 지는 의무를 교육시키기 위해 마키 아벨리의 『군주론』과도 유사한 군주용 교육서 『파타와이 자한다리 (Fatāwā-yi Djahāndārī)』를 저술했다. 바라니는 술탄들에게 샤리아를 강제하고, 비정통주의(특히 사변적 철학, 팔사파falsafa)를 억제하며, 신앙심 없는 자들은 매몰차게 다루어야 하는 자들이므로 이들을 강등하도록 조언했다.[2] 술탄들은 모든 사람들이 "알라 외의 신은 없다"고 증언할 때까지 예언자 무함마드처럼 싸워야만 한다. 불신을 몰아내고 완전히 뿌리 뽑는 한편으로 모든 것에 대해 신성한 법 샤리아를 적용시키는 것이 무슬림 지도자의 의무다.[3] 델리 술탄 왕조를 다스렸던 투르크계 무슬림 피루즈 샤 투글라크(1309-1388, 재위 1351-1388)는 초기 침략자들의 편협한 전통을 그대로 이어나가면서 가능한 한 모든 곳에서 힌두교를 제거하는 것이 하나님을 섬기는 길이라고 믿었다.[4]

샤이흐 아흐마드 시르힌디와 16세기

무굴 제국 황제 악바르(재위 1556-1605)가 모든 종교에 대한 포괄적인 관용을 천명했을 당시 무슬림 종교계, 즉 '울라마'는 이를 전혀 달가워하지 않았다. 결과적으로 다수의 이슬람 부흥운동이 발생했는데, 이 중 몇몇은 메시아가 내려와 세상의 모든 부패를 휩쓸어버린 후 독실하고 진정하며 순수한 이슬람의 시대를 제창해줄 것이라는 믿음을 바탕으로 움직였다. 이와 같은 부흥운동을 처음 이끌었

---

2 Encyclopaedia of Islam 2nd. Edn., Vol. I .1036a. s.v. Baranī, Diyā al-Dīn.

3 Mohammad Habib, The Political Theory of the Delhi Sultanate, (Allahbad: Kitab Mahal, 1961), 46-47.

4 Vincent A. Smith, The Oxford History of India, (Delhi: Oxford University Press, 1981 [Ist edn. 1919]), 258-259.

던 사람들 중에는 샤이흐 아흐마드 시르힌디(1564-1624)[5]가 있다. 훗
날 무자디디 알피 타니(이슬람의 쇄신자)라고도 알려진 시르힌디는 수나
와 샤리아가 이슬람 문화의 가장 중요한 구성요소라고 여겼다. 수피
교 낙쉬반드파의 일원이었지만, 그럼에도 불구하고 시르힌디는 수
피의 경험이 샤리아보다 열등하다고 주장했다. 샤리아는 "반박의 여
지가 없는 증거들에 기초하고 있으나, 수피 경험은 틀릴 수 있는 사
변에 따른 결과일 뿐이기 때문이다. (중략) 샤리아에게 거부당한 수피
경험은 이단일 뿐이다."[6] 시르힌디는 소위 좋은 혁신을(비다 하사나bid'a
hasanah) 포함한 모든 혁신들을 규탄했다. 그는 몇몇 수피교단이 도입
한 특정 관습들을 인정하지 않았는데, 여기에는 음악(사마samā'), 춤(라
크스raqs), 노래(나그마흐naghmah), 황홀경의 경험(와즈드Wajd) 등이 포함되
어 있었다.[7] 시르힌디는 또한 그의 저서『시아파의 반증에 대한 서한
(Epistle on the Refutation of the Shi'is)』에서 시아파를 가장 폭력적이고 혹독
한 방식으로 공격하면서, 이단적인 사상이 나타날 때마다 그것을 규
탄하는 것이 자신의 의무라고 주장했다.[8]

  많은 다른 근본주의자들과 마찬가지로 시르힌디 또한 철학자들에
게 관용을 보이지 않았다. 그는 "예언적인 조력이 없다면 인간의 지
적 능력으로는 하나님의 본질을 제대로 이해할 수 없다"[9]고 믿었기
때문이다. 그러나 그는 철학자들을 거부하는 과정에서 "(철학자들의) 자
연과학까지도 마찬가지로 거부하게 되었다. 그들의 기하학, 천문학,

5　시르한디(Sirhandi) 혹은 사르힌디(Sarhindi)라고도 한다. 각각 Ayesha Jalal, Partisans of Allah: Jihād in South Asia, Cambridge, MA: Harvard University Press, 2008; Q. Ahmad, Wahabi Movement in India, Calcutta, 1996.

6　Yohanan Friedmann, Shaykh Ahmad Sirhindi, An Outline of His Thought and a Study of His Image in the Eyes of Posterity (Montreal: McGill-Queen's University Press, 1971), 41.

7　Ibid., 68.

8　Ibid., 51.

9　Ibid., 53.

논리학, 수학 등은 내세가 존재하는 이상 쓸모없는 일이었으며 따라서 하찮은 것들(마 라 야니mā lā ya'nī)의 분류에 속하는 학문들이었다."[10] 그는 심지어 유명한 문학 작품들을 읽는 일도 반대했다.[11]

시르힌디는 힌두교에 대해서도 맹렬한 공격을 퍼부으면서, 모든 힌두교도들은 시르크의 죄를 짓고 있기 때문에 가능한 한 언제나 수모를 겪어야 한다고 믿었다. 시르힌디는 혁신을 가차 없이 탄압했으며, "따라서 모든 무슬림들은 모든 혁신들을 상대로 일상적인 전쟁을 벌여야 할 의무가 있다"고 썼다.[12] 아이샤 잘랄이 지적하듯, 시르힌디는 '국가권력을 사용해 이슬람을 강화해야 한다고 단호하게 믿었던 인물'이었으며 "샤리아트(샤리아)는 검으로 길러낼 수 있다"[13]는 슬로건을 만들어 썼다. 시르힌디는 모든 이들이 반드시 예언자의 수나와 샤리아를 준수해야 하며 그것이 가장 포괄적인 방법이라고 믿었다. "모든 경전들의 본질은 쿠란에 담겨 있으므로, 샤리아에 믿음을 집중한 신자들은 그렇게 하지 않은 사람들이나 국가들보다 더 훌륭한 자들이다. 그는 철학 연구와 무으타질라파 및 그들의 추종자들이 가진 믿음들을 가장 강력한 어조로 규탄했다."[14]

샤 왈리 알라와 18세기

샤 왈리 알라(1703-1762)는 인도 내의 무슬림 권력을 다시 세우기 위해 아프가니스탄의 지도자 아흐마드 샤 압달리에게 인도를 침략해

---

10 Ibid., 54.

11 Ibid.

12 Saiyid Athar Abbas Rizvi, Muslim Revivalist Movements in Northern India in the Sixteenth and Seventeenth Centuries, (New Delhi: Munshiram Manoharlal Publishers Pvt. Ltd. 1965), 256.

13 Ayesha Jalal, Partisans of Allah. Jihād in South Asia (Cambridge, MA: Harvard University Press, 2008), 31-32.

14 Saiyid Athar Abbas Rizvi, Muslim Revivalist Movements, 255.

힌두 마라타족을 파괴해 달라는 요청을 했던 것으로 가장 잘 알려져 있다.

샤 왈리 알라는 1731년 4월부터 1732년 6월까지 14개월 동안의 시간을 히자즈에서 보냈다. 샤 왈리 알라(1703년생)와 이븐 압드 알 와하브(1702년생)는 모두 같은 기간 동안 메디나에서 수학했으며 최소한 한 명의 스승을 공통으로 두고 있었다. 알려진 바에 의하면 무함마드 하야트 알 신디(하야 알 신디라고도 함)는 이븐 압드 알 와하브의 선생이었으며 그에게 중요한 영향을 미쳤던 인물이다. 샤 왈리 알라는 아라비아로 온 이후 무함마드 하야트의 선생, 아부 알 타히르 무함마드 이븐 이브라힘 알 쿠라니의 밑에서 하디스를 공부했다.[15]

진정한 이슬람을 회복시키고자 하는 샤 왈리 알라의 비전 중에서도 가장 핵심적인 요소는 바로 이슬람의 문헌 원전들, 이를테면 쿠란과 하디스를 강조하는 일이었다. 저서 『후자트 알라 알 발리가(Hujjat-Allah al-bāligha)』에서 샤 왈리 알라가 펼친 논의에 따르자면 샤리아는 인류의 피트라트(fitrat)[16] 즉 본질적인 기질 혹은 독창적인 특질이었으며 "신성한 법들 간의 순환 속에서 인류의 최고 가치들을 보호해 줄 마지막 수호자였다. 이슬람의 샤리아는 세계를 지배하고 모든 바람직하지 못한 요소들을 타파할 운명이다. 샤리아에 덧붙여진 모든 잘못된 해석들은 하나님이 각 세기말에 보내주신 쇄신자에 의해 제거되었다."[17] 이슬람은 모든 다른 종교, 특히 힌두교보다 우위에 있

---

15 John Voll, "Muhammad Hayyā al-Sindī and Muhammad ibn 'Abd al-Wahhab: An Analysis of an Intellectual Group in Eighteenth-Century Madīna" in Bulletin of the School of Oriental and African Studies (University of London), Vol.38, No. 1 (1975), 39.

16 예를 들어, 쿠란: Q30. 알 룸, 〈로마인〉, 30: 그러므로 그대의 얼굴을 들어 종교와 진실을 향하라. 알라께서 창조하신 (모든) 인간의 피트라(를 고수하라). 알라의 창조물에는 그 어떤 변화도 있어서는 안 된다. 그것이 올바른 종교이나, 대부분의 사람들이 이를 알지 못하더라.

17 Saiyid Athar Abbas Rizvi, Shah Wali-Allah and His Times (Lahore: Suhail Academy, 2004), 281.

다. 지하드는 이슬람의 핵심이며, 지하드 없이는 이토록 성공을 거두지도 못했을 것이다. 샤 왈리 알라는 지하드가 방어적인 방식으로 해석되는 경우를 개탄했다. 리즈비는 저서 『후자트 알라 알 발리가』에서 드러난 샤 왈리 알라의 교리를 다음과 같이 풀어 쓴다. "지하드, 혹은 이슬람 성전의 현대적 해석은 그 방어적인 성격을 지나치게 강조하고 있다. 울라마들에게 있어서 지하드는 파르드 키파야(집단적 의무)였으며 이슬람이 보편적으로 모든 지역에서 제1 종교로 받아들여질 때까지 계속되는 의무였다. 샤 왈리 알라에 따르자면 지하드가 실행되었다면 샤리아가 완벽하게 이행되었다고 볼 수 있었다. (중략) 무력은 가장 좋은 방법이며, 마치 어린아이에게 쓴 약을 먹이듯 사람들에게 이슬람을 강제해야 한다. 그러나 이는 비무슬림 공동체의 지도자가 이슬람을 받아들이지 않으려 할 때 그들을 죽임으로써만 실현될 수 있는 일이다. [그렇게 한다면] 그 공동체의 세력은 약화되고 그들의 재산은 몰수될 것이며, 그들의 추종자들과 후손들로 하여금 적극적으로 이슬람을 받아들일 상황을 만들 수 있을 것이었다."[18]

샤 왈리 알라의 정치사상은 알 마와르디(972-1058), 알 가잘리, 이븐 타이미야 등의 수니파 신학자들에게서 영향을 받았는데, 특히 이븐 타이미야의 혁신과 관련한 사상은 그에게 중요한 영향을 미쳤다.

샤 왈리 알라는 지하드의 목적에는 적어도 세 가지가 있다고 보았다.[19] 첫째로는 올바른 지도를 받는 영역을 확장시키는 일,[20] 두 번째는 범죄와의 싸움, 그리고 마지막으로는 우상숭배자들과의 싸움이

---

18 Shah Wali-Allah, Hujjat-Allah al-baligha, Urdu translation by Abū Muhammad 'Abd al-Haq Haqqānī (Karachi: Asahhal-Mutābi', n.d.) II.480. Summarized in Saiyid Athar Abbas Rizvi, Shah Wali-Allah and His Times (Lahore: Suhail Academy, 2004), 285-286.

19 J.M.S. Baljon, Religion and Thought of Shāh Walī Allāh Dihlawī 1703-1762 (Leiden: E.J. Brill, 1986),186.

20 Shah Wali Allah, al-Khayr al-Kathīr (Arabic) (Maktaba al-Qāhira, 1974), Khizāna 6.

그것들이었다. 앞서 살펴보았던 인도의 초대 무슬림 사상가들과 마찬가지로 샤 왈리 알라 또한 비무슬림 전반과 특히 힌두교도에 대해 완강한 혐오를 드러내면서 종종 힌두교 사원의 파괴를 독려하거나 그러한 일이 있을 때마다 크게 기뻐하는 모습을 보였다.

지하드를 옹호하는 것 이외에도, 샤 왈리 알라는 혁신에 대한 사나운 공격을 이어나갔다. 그가 공격하는 혁신은 대부분 힌두교의 관행들, 혹은 무하람 등 시아파의 기념일이나 관습으로부터 영향을 받은 무슬림의 관행들이었다. 무슬림들은 또한 기도나 자카트를 내는 일을 경시하고 있었다. 아지메르 지방의 크와자 무인 알딘 치스티 무덤이나 그와 비슷한 무덤에 대고 기도를 올리는 행위를 두고 샤 왈리 알라는 이러한 행위가 우상숭배보다 나은 점이 조금도 없다고 보았다. 샤에 따르자면 사실상 자신의 필요에 의해 죽은 자에게 기도를 올리는 자들은 모두 죄인이었다.

샤 왈리 알라는 공정성이나 정의, 중용 등을 외칠 때에도 이러한 원칙들을 오로지 무슬림의 시각을 통해서만 바라보았다. 다시 말하자면, 비무슬림이나 시아파는 마치 무슬림과 동등한 것처럼 무슬림과 유사한 처분을 받을 가치가 없는 자들이었다.

사이드 아흐마드 브렐뤼

사이드 아흐마드 브렐뤼(사이드 아흐마드 바렐뤼, 사이드 아흐마드 샤히드, 샤 사이드 아흐마드노모, 혹은 단순히 사이드라고도 불림)는 1786년 북부 인도의 라이 바렐리 지역에서 태어났다. 1804년 델리, 그는 샤 왈리 알라의 장남이었던 위대한 샤 압드 알 아지즈(1746-1823)의 제자가 되었다. 1807년에는 이슬람 신비주의(수피) 전통을 처음으로 접하게 된다. 같은 해 그는 바렐리로 돌아가 결혼했으며, 1810년에는 라자스탄의 통크 지역으로 떠나 나와브 아미르 칸의 군대에서 7년을 복역했다. 그러나 통크의 나와브가 영국과 동맹을 맺자 사이드 아흐마드는 이곳을 떠났다. 이슬람국가의 재건설을 통해 이슬람의 우위를 회복하고 정화된 이슬람을 재건하는 것을 꿈꾸고 있던 그는 이 사건으로 큰 환멸에 빠지게 된다.

사이드 아흐마드 브렐뤼는 샤 왈리 알라의 친족 몇 명을 수피교단으로 끌어들였으며 이들을 제자로 받아들이게 된다. 1818년부터 1819년 사이, 사이드 아흐마드 브렐뤼는 북부 인도의 도시들을 순회하는 대규모의 선교 여행에 올랐다. 그와 동행했던 제자 압드 알 하이와 샤 이스마일은 격렬한 설교를 통해 퇴보한 무슬림 관행들, 이를테면 무덤 방문 등을 규탄했다. 정부 당국이 사이드의 집회를 금지하자 반란이 한 차례 일어났다. 이후 이들의 선교 여행은 1819년 4월에 재개되었다.

사이드와 그의 제자들은 사적 집회에서 주로 지하드와 하지(Hajj, 메카 순례-역주)에 대한 논의를 펼쳤다.[21] 이슬람의 의무 중 하나인 하지는 이와 모순되는 다수의 파트와들이 공포되어 무슬림들에게 이 의무를 면책해주면서 거의 잊혀져가고 있던 상태였으므로, 사이드와 그의 제자들은 무슬림들이 하지에 오르도록 설득하기 위해 선교 여행을 떠났던 것이다.

마침내 1821년 7월, 사이드는 400명의 무리를 이끌고 라이 바레일리에서 출발했다. 선교 여행 도중 "이들은 비다에 반대하여 설교했으며 샤리아의 금욕주의적인 규칙들을 엄격하게 준수하라고 명령했다. (중략) 바라나시에서 사이드의 수니파 제자 몇 명은 수백 개의 타지야

---

21 Saiyid Athar Abbas Rizvi, Shah ʿAbd al-ʿAziz, 480.

스(ta'zīyas)[22]를 파괴했으며 그 나무와 종이를 가져다가 사이드 무리가 먹을 음식을 요리하는 데 사용했다."[23] 결과적으로는 수니파와 시아파 간의 전반적인 관계가 더욱 악화되었으며, 심지어는 그때까지 두 종파가 조화롭게 공존하던 지역에서도 갈등이 발생했다. 그럼에도 사이드 세력은 점점 더 많은 개종자들을 끌어모았다.

사이드와 그의 무리는 1822년 5월 메카에 당도했다. 히자즈 지방에서도 이 인도 출신의 무슬림 순례자들은 비무슬림적 관행을 근절하기 위해 노력했다. 1822년 8월, 사이드는 그의 추종자들로부터 지하드를 행하겠다는 맹세를 받기에 이른다.[24] 이들은 1823년 7월 메카를 떠나 1824년 4월에 라이 바레일리에 다시 도착했으며, 사이드는 이후로 1년 10개월을 이곳에 머무르면서 지하드에 관한 사상을 다듬고 지하드를 준비하는 데 시간을 쏟았다.

이쯤에서 사이드가 이븐 압드 알 와하브의 사상과 닮은 교리나 시각을 언제, 또 어디에서 형성하게 되었는지를 논하는 것이 적절하겠다. 사이드의 사상은 그가 1817-1818년 인도에서 집필한 『시라타 알 무스타킴(Sirāta l-Mustaqīm)』에 잘 드러나 있다. 메카 순례가 1822년 5월의 일이니 그 이전에 쓰인 글인 셈이다. 그러나 나지다 와하브파의 사상은 당대 인도의 무슬림 지식인들 사이에서도 잘 알려져 있었다.[25] 리즈비 또한 사이드 아흐마드, 압드 알 하이, 이스마일 샤히드 등이 하지를 떠나기 이전부터 계획했다고 지적한다. "메카와 메디나에서 와하브 전쟁이 얻은 명성은 사이드와 그의 무리들이 노스웨스

---

22 남아시아에서 이 용어는 특히 시아파가 무하람의 달에 행하는 의례에서 사용하는 미니어처 마우솔레움(카르발라의 묘지 마우살레움의 모형으로, 일반적으로 색종이와 나무, 대나무로 만듦)을 가리킨다.

23 Saiyid Athar Abbas Rizvi, Shah 'Abd al-'Aziz, 481.

24 Ibid., 484.

25 Ibid., 498.

트프런티어 주 부족들의 도움을 받아 지하드를 행할 것을 결심하는
데 한몫을 더했다."[26] 히자즈의 울라마는 인도의 울라마들에게 상당
한 영향을 미쳤다. 피터 하르디 박사가 지적한 대로, "이전에 인도에
존재했던 형제단들은 스스로를 16세기 노스웨스트프런티어 주의 무
장 라우샤니야 운동이나 시크교의 운동처럼 무장 형제단으로 탈바
꿈하고자 하지는 않았으나, 아랍의 와하브주의가 사이드 아흐마드의
사상을 적극적인 무장 지하드로 돌려놓는 데 일조했다는 것은 의심
할 여지가 없다."[27]

바너지가 논하듯, "인도의 와하브주의는 내부적, 외부적 총 두 가
지의 원천으로부터 비롯되었다. 샤 왈리 알라의 철학과 이븐 압드 알
와하브의 가르침이 그것들이다."[28] 무굴 제국의 쇠락과 몰락 이후 이
슬람은 인도에서 더 이상 지배적인 위치를 점하고 있지 못했다. 인도
는 더 이상 다르 알 이슬람이 아니라 다시 한 번 다르 알 하릅이 되
었으며, 이슬람은 느리지만 천천히 비이슬람의 전통과 관습들로 오
염되고 있었다. "갖가지 오염된 이슬람에 대한 총체적인 개혁과 비무
슬림 지도자에 대한 지하드는 시대의 요청이었다. 샤 왈리 알라의 사
상은 야심찬 계획들에 허가를 내준 것이나 다름없었다."

바너지는 계속해서 논의를 이어나간다. "그러나 이슬람을 오염된
혁신들이나 이단들에서 건져내겠다는 기본적인 아이디어는 이븐 압
드 알 와하브의 교리에서 비롯된 것이었으며, 장기적인 관점에서 보
았을 때 하와리즈파부터 아즈라키트파에게서 온 것이었다. 와하브주
의는 사실상 범이슬람주의의 특별한 유형이다."[29]

---

26   Ibid., 523.
27   Peter Hardy, The Muslims of British India (Cambridge: Cambridge University Press, 1972), 53.
28   A.C. Banerjee, Two Nations: The Philosophy of Muslim Nationalism, 57.
29   Ibid., 58.

사이드는 하나님의 일체성을 부인할 수도 있을 만큼 위험한 혁신들이 다수 있다고 보았는데, 성인들의 무덤 앞에 꿇어 엎드리는 일 따위가 여기에 속했다. 원을 그리며 무덤 주위를 도는 것 역시 카바 (Ka'ba)에서만 허용된 의례이기 때문에 잘못된 행위였다. 성인들의 중재를 요청하는 행위는 이미 하나님께서 정해주신 자신의 운명을 부정하는 길이었다.

사이드는 또한 시아파가 평범한 수니파 교도들의 신앙을 변질시키는 데 일조했다고 비난했는데, 특히 초대 칼리프들의 우위에 대한 시아파의 믿음이 주된 원인이었다. 무하람과 관련된 의례들에서도 잘못된 행위들이 다수 비롯되었다. 세월이 흐르면서 점성술 따위의 미신들도 셀 수 없을 만큼 자라났는데, 모두 제거되어야 할 행위일 따름이었다.

『시라 알 무스타킴』에서는 지하드를 상당히 자세히 논하면서, 지하드의 혜택은 보편적인 것이며 신자들뿐만 아니라 죄인들과 위선자들도 그 혜택을 받게 된다고 말한다. "진정한 신앙의 순교자들과 무슬림 용사들(가지스ghazis), 강력한 지도자들과 용감한 전사들 덕분에 생겨나는 지하드의 특별한 혜택은 모두 형언할 수 없을 정도다. 지하드는 정신주의의 수피들도 간단한 영적 의식을 통해 훌륭한 성인(월라야wilāyat)의 지위에 오르게 만들어준다. 지하드는 울라마들이 진정한 신앙을 퍼뜨리고 종교교육을 늘릴 수 있도록 도와준다. (중략) 신앙심 없는 자들 또한 독실한 수니파들과 연합하거나 이슬람 관습 및 행정법을 도입하는 방식을 통해 무슬림이 될 수 있도록 유도할 수 있다. 무슬림과 싸우다가 죽은 이들 또한 혜택을 받는데, 이는 그들이 죽음으로써 자신이 불신앙 속에 빠져 있는 시간을 줄일 수 있으며 따라서 이후 받을 징벌을 한층 덜어낼 수 있기 때문이다. 그들의 가족 또한 무슬림의 노예가 되거나 무슬림들과 연합함으로써 이슬람을 포용할 수 있는 혜택을 얻게 된다."[30]

1824년(이슬람력 1239년)에 그는 인도로 돌아와 지하드, 혹은 종교전쟁을 적극적으로 준비하기 시작한다. 그가 이끄는 개혁주의 운동의 궁극적인 목적은 영국과 시크교 지배세력을 몰아내고 인도 내의 무슬림 지배세력을 회복하는 것이었다. 우선 그는 펀자브의 시크교도들을 몰아내야만 했다.[31] 사이드 아흐마드는 1826년 1월 라이 바레일리를 떠나 여러 지역을 굽이도는 수천 마일짜리 긴 여행길에 올랐다. 사이드는 가장 먼저 란지트 싱(인도 펀자브 시크교도 왕국의 왕-역주)에게 최후통첩을 보냈다. 1826년 12월 시크교도를 상대로 빠른 승리를 거둔 사이드는 이후 인근의 파탄인 지도자들과 결탁했는데, 여기에는 페샤와르주의 사르다르(사령관-역주)들도 포함되어 있었다. 1827년 초, 그는 칼리프 왕국의 이맘으로 공식 선출되었으며 아미르 알 무미닌(종교 최고지도자)의 지위를 얻게 된다. 다수의 부족민들이 최초의 두 전투에서 거둔 전리품들로 기뻐하는 한편으로, 사이드는 그의 목적이 '하나님에게 복종하고 이슬람의 이익을 증진하는 것'임을 명확히 했다. "그(사이드)는 이슬람을 받아들이기로 결정하는 주요 지도자들에게 전폭적인 지지를 보냈다. (중략) 그는 전리품이나 영토를 획득하는 데에는 아무런 관심이 없었으며, 무슬림들에게 이슬람을 위하여 신앙심 없는 자들과 싸울 것을 명령했다."[32]

1831년 5월, 이들은 카그한 강 유역인 발라콧에서 동 지역 사령관들을 끌어들여 하자라와 카슈미르의 시크교도를 상대로 싸우게 만들

---

30   Saiyid Athar Abbas Rizvi, Shah 'Abd al-'Aziz, 506-507.

31   Encyclopaedia of Islam 2nd Edn. Vol.1, 282a-282b, s.v. "Sayyid Ahmad Brēlwī."

32   Saiyid Athar Abbas Rizvi, Shah 'Abd al-'Aziz, 488-489.

고자 했으나 그 과정에서 사이드 아흐마드와 샤 이스마일, 그리고 약 600여 명의 추종자들이 목숨을 잃었다. [33]

사이드 아흐마드 브렐뤼의 지하드 운동이 가지는 의의는 절대로 곡해되어서는 안 된다. 인도에서 영국 세력을 몰아낸 이후 사이드가 권력을 인도의 국가 원수와 비무슬림에게 다시 넘겨주고자 했다는 것은 완전히 잘못된 생각이다. 이는 사이드의 일생에 걸친 임무와 그의 운동에 깃든 정신 및 목표의식을 완전히 오해한 것이다. "그는 절대로 인도 세속주의자들이나 힌두-무슬림 연합 세력이 이슬람이나 이슬람법의 우위 없이 나라를 지배하도록 놔두지 않았을 것이며, 국가의 통솔권이나 주권이 이슬람의 손아귀를 벗어나도록 하지도 않았을 것이다. 그가 남긴 편지들은 이러한 통설과 명백하게 반대되는 이야기들을 담고 있다. 사실상 사이드의 지하드 운동은 시크교도와 영국 세력, 양측 모두를 파괴하고 인도를 다르 알 이슬람으로 만들기 위해 계획되었다. 사이드의 다르 알 이슬람에서는 그를 도왔던 힌두교 지도자들만이 그들의 권좌와 딤미(보호받는 존재. 즉 본질적으로 열등한 존재)로서의 지위를 보장받았으며, 나머지에게는 음울한 미래만이 기다리고 있었다. 그의 지하드가 인도의 독립을 위한 전쟁이었다는 말은 그야말로 말도 안 되는 소리였다."[34]

아이샤 잘랄 또한 비슷한 평가를 내린다. "남아시아 무슬림으로서 이슬람 전사의 정수를 보여주었던 사이드 아흐마드와 샤 이스마일은 발라콧에서 1831년 5월 6일 시크교도와의 전투에서 쓰러졌다. (이 전투는) 인도 아대륙에서 이슬람교의 우위를 세우기 위해 치러진 진정한 지하드였으며 유일무이한 지하드였다."

---

33 Peter Hardy, The Muslims of British India (Cambridge: Cambridge University Press 1972), 52.

34 Saiyid Athar Abbas Rizvi, Shah 'Abd al-'Aziz, 535.

발라콧은 최근 들어 이슬람 지하드의 상징으로서 한층 더 중요한 의미를 가지게 되었다. 잘랄의 설명에 따르자면, "발라콧에서 나타난 남아시아 지하드의 사상과 실천 간 결합은 1990년대 들어 더욱 강화되었다. 주민 대부분이 무슬림인 카슈미르 지역에 주둔하고 있는 인도 안전보장군을 상대로 전투를 준비하기 위해 무장 집단들이 발라콧 인근에 훈련 캠프를 설치했기 때문이다. 이들 무장 세력들에게 있어서 사이드 아흐마드와 샤 이스마일은 위대한 영웅들이며, 그들의 지하드를 모방하면서 현재 그들이 부정의라고 느끼는 것을 바로 잡고자 한다."[35] 그러나 무장 세력만이 지하드를 극찬한 것은 아니었다. "인도의 가장 재능 있는 무슬림 사상가나 시인들 또한 (그들의 지하드) 운동에 명백하게 영향을 받아, 1831년 5월 6일 발라콧에서 일어난 사이드 아흐마드와 샤 이스마일의 순교에 대하여 격정적인 글들을 쏟아냈다."[36]

발라콧의 순교가 가지는 엄청난 파동과 의의는 아무리 강조해도 모자라다. "파키스탄의 한 시인(알림 나시리)도 이 운동을 극찬하는 장문의 시, 〈샤나마 이 발라콧(Shahnamah-i-Balakot)〉을 썼다. 마울라나 후세인 아흐마드 나드위는 1947년의 대분수령을 다룬 저서의 서문에서, 유명한 전장에서 흘려진 숭고한 피가 여전히 무슬림 공동체(밀라트millat)의 동맥을 타고 흐르고 있다고 지적한다. 사이드 아흐마드 샤히드와 마울라나 이스마일 샤히드가 이끌었던 운동들은 수니파 개혁에 관한 아흐마드 시르힌디의 사상, 그리고 비다를 제거한다는 샤 왈리 알라의 지하드 운동이 합쳐진 결과물이기 때문이다. 파탄인 부족

---

35   Ayesha Jalal, Partisans of Allah: Jihād in South Asia (Cambridge: Harvard University Press, 2008), 2.

36   Ibid., 61.

민들 수만 명과 함께 노스웨스트프론티어의 거친 땅에서 싸운 600
여 명의 이타적인 무슬림 무자헤딘들은 이슬람 문화와 문명의 봄날
을 불러왔다. 오늘날까지도 무슬림 사회에서 지하드의 정신이 다양
한 무슬림 조직들과 운동들의 형태로 살아있는 것 또한 그들이 보여
준 행보 덕분이다."[37]

　한편으로는 시인 알림 나시리 본인도 발라콧을 둘러싼 산봉우리들
이 발라콧 순교자들의 피로 물드는 것에 열광했다. 또 다른 현대의
작가, 흐와자 압둘 와히드는 무자헤딘이 배반에도 굴하지 않고 이슬
람의 빛을 꺼지지 않게 만들어주었다며 칭송한다.[38]

사이드 아불 알라 마우두디

1903년 남부 인도 아우랑가바드 시에서 태어난 사이드 아불 알라 마
우두디는 치스티파의 위대한 수피 성인의 혈통을 잇는 델리의 저명
한 가문 출신이었다. 그의 아버지 하산은 마우두디에게 서양식 교육
을 시키지 않기로 결심했기 때문에, 마우두디는 개인 교사들을 통해
우르두어와 페르시아어, 아랍어 및 하디스를 배웠다. 그러나 그는 서
양 과학 또한 배웠으며, 사이드 아흐마드 칸의 근대주의에 영향을 받
은 이슬람 아카데미에서 영어와 수학을 배웠다. 1919년, 마우두디
는 델리로 떠나 그곳에서 서양 과학과 역사, 철학을 한층 더 깊이 공
부했다. 마우두디는 자미야티 울라마 힌드(Jam'iyyat-i 'Ulamā'-i Hind: JUH,
데오반드파의 '성직자' 및 러크나우의 신학대학들이 이끌었던 힐라파트 운동이 절정이던
1919년에 설립)와 접촉하게 되었으며 이후 그곳이 발행하는 잡지 「알
자미야트(al-Jam'iyyat)」의 편집장이 된다. JUH가 의회(즉, 인도 국민회의파.

37　Ibid., 62-63.
38　다음 인용. Ayesha Jalal, 62-63.

1885년 설립된 세속주의 정당)와 결탁하자 그는 JUH를 탈퇴했으며, 1928년
에는 델리를 떠나 하이데라바드로 갔다.

처음에는 마우두디 또한 일부 서구 문명에 이끌렸으나, 이제 그는
무슬림이 쇠퇴하는 이유가 이슬람이 어느 정도 서구 문화의 영향
을 받아 부패했기 때문이라는 결론을 내리게 되었다. 1932년, 그는
'순수한' 이슬람을 전파하기 위해 우르두어 잡지 「타르주마눌 쿠란
(Tarjumanul Qur'an)」을 만든다.

1930년대에 들자 마우두디는 선명한 계획을 수립하기에 이르렀다.

> 내가 가장 먼저 해야 할 일은 무슬림 인텔리겐치아 사이에 퍼진 서구 문화와
> 사상의 맥을 끊는 일이며, 이슬람이 고유의 도의와 문화, 정치체제와 경제체
> 제, 철학과 교육체계를 가지고 있으며 그 모든 것들은 서구 문명이 제시하는
> 그 무엇보다도 훌륭한 것이라는 사실을 무슬림 지식인들에게 알려야 한다. 그
> 들이 문화와 문명이라는 측면에서 다른 이들에게 빌려와야만 했던 잘못된 개
> 념들을 제거하고자 한다.[39]

샌디에이고대학교 정치학과의 조교수 세이드 발리 레자 나스르
의 글에 따르자면, 마우두디는 하이데라바드에서 그의 이론을 완
성했다. 이슬람이 '수세기 동안 지역의 관습 및 풍습들과 결탁하면
서 신앙의 진실한 가르침들을 모호하게 만들었기' 때문에 부패했다
는 것이 그의 입장이었다. "무슬림 문화를 구원하고 그 권력을 수호
하는 일은 무슬림들의 권력을 약화시켰던 문화적 영향들을 씻어낸

---

39 Sayyid Abul Ala Maudoodi, "Twenty-Nine Years of the Jamaat-e-Islami," Criterion 5, no. 6 (November – December 1970): 45; quoted in Encyclopaedia of Islam, vol. 4, "Iran – Kha," ed. by E. van Donzel, B. Lewis, and Ch. Pellat, 2nd ed. (Leiden: Brill, 1978), s.v. "Mawdūdī, Sayyid Abu 'l-a'la," by F.C.R. Robinson.

후 이슬람의 제도와 관행들을 원래대로 회복시킴으로써 이뤄낼 수 있다."[40]

그러나 "마우두디의 부흥주의적 입장은 극단적인 커뮤널리즘이나 다름없었다. 그는 무슬림의 이익을 천명했으며 무슬림의 권리를 지키기 위해 노력했고, 이슬람의 정화를 도모하기 위하여 힌두교인들과의 모든 문화적, 사회적, 정치적 연계를 끊기를 요구했다."[41] 마우두디는 특히 사회주의와 자본주의라는 서구의 이데올로기에 대항하기 위해 이슬람 이데올로기를 만들었다. 그는 '이슬람을 서구의 이데올로기와 유사한 전체주의적 이데올로기'로 보았다. "이슬람 이데올로기 중에서도 가장 풍성하고 체계적인 글들을 통해 그가 선보인 관념은 이슬람과 이슬람의 역사, 그리고 이슬람이 무슬림 세계에 가지는 목적에 관한 자료로 이슬람 부흥운동을 형성하는 데 가장 강력한 영향을 미쳤다."[42]

마우두디는 인도국민회의파와 인도무슬림연맹 양측 모두에 비판적이었다. 그는 두 집단 모두 세속적이라고 보았으며 이들을 가리켜 '이교도들 무리'라고 불렀다. 인도무슬림연맹이 샤리아 국가를 건설하기 위한 그 어떠한 논의도 하지 않았기 때문에, 마우두디는 파키스탄의 미래를 개탄하면서 '무슬림들이 사는 신앙심 없는 국가'가 될 것이라고 했다.[43] 이러한 배경 속에서 마우두디는 1941년 이슬람주의 정당인 자마아티 이슬라미(Jamā'at-i Islāmī: JI)를 설립한다. 1947년의

---

40 Seyyed Vali Reza Nasr, "Mawdudi and the Jam'at-i Islami: The Origins, Theory and Practice of Islamic Revivalism" in Pioneers of Islamic Revival, ed. Ali Rahnema, Studies in Islamic Society (London: Zed Books Ltd., 1994), 2.

41 Ibid., 103.

42 Ibid., 105.

43 Irfan Ahmad, "Mawdudi, Abu al-A 'la (1903–1979)," Princeton Encyclopaedia of Islamic Political Thought, 334.

인도 분할[44] 이후 자마아티 이슬라미는 인도계 정당과 파키스탄계 정당으로 나뉜다. 마우두디는 385명의 당원들과 함께 파키스탄계 정당을 선택하긴 했으나, 그의 최종적인 목적은 '알라의 정부(후쿠마티 일라히야hukūmat-i ilāhiyya)' 혹은 진정한 '이슬람국가'를 건설하는 데 있었다. 샤리아와 일신론에 대한 믿음은 모든 무슬림들의 중심이었다.

> 그는 『쿠란의 네 가지 근본 개념(Qur'an ki Char Bunyadi Istelahen)』에서 일라 (ilāh, 신), 랍(rabb, 주님), 이바다트('ibādat, 숭배), 딘(dīn, 종교) 등의 단어를 재해석하면서, 쿠란이 모든 무슬림들에게 신성한 주권에 기초한 국가를 세울 의무를 지우고 있으며 동시에 인간 주권의 전형인 자힐리야(jāhiliyyat)를 거부하거나 오히려 그 권좌를 무너뜨릴 것을 명하고 있다고 주장했다. 마우두디가 1942년에 집필을 시작해 1972년에 완성한 방대한 시리즈 서적이자 이슬람주의자뿐만 아니라 수많은 무슬림들의 책장에 자리 잡고 있는 쿠란 주해서 『타프힘 알 쿠란(Tafhīm al-Qur'ān)』에서도 동일한 입장이 잘 드러나 있다.[45]

마우두디는 세속적인 서구 문명을 혐오하기는 했으나, 그와는 별개로 헤겔주의나 마르크스주의의 분석들을 그의 철학에 차용하기도 했다. 그는 이를 통해 7세기부터 이어진 역사는 모두 이슬람과 자힐리야 간 싸움의 역사였으며, 자힐리야는 궁극적으로 세속적 민주주의라는 형태로 드러났다고 논했다. 그는 추종자들에게 선거에서 세속적, 민주주의 국가를 위해 투표하지 말 것을 충고했다.[46] 그러나

---

44 1947년, 인도는 무슬림들만의 영토를 제공하기 위해 두 개의 정치 독립체로 분할된다. 파키스탄이 바로 무슬림을 위해 만들어진 나라다.

45 Irfan Ahmad, "Mawdudi, Abu al-A 'la (1903 - 1979)," Princeton Encyclopaedia of Islamic Political Thought, 334.

46 Ibid.

이슬람국가도 사회가 완전히 이슬람화되기 이전에는 제대로 작동할수 없었다. 예를 들어 쿠란에서 열거한 후두드(하드의 복수형. 하나님이 내리신 '범주', '한계', '조건' 혹은 '제한') 형벌들은 사람들이 '이슬람의 가르침을 완전히 알고 있으며 샤리아를 따르지 않는 데 대한 그 어떠한 변명도 할 수 없을' 때에만 도입할 수 있는 것들이었다. 따라서 이슬람국가는 "샤리아를 강제하는 기관이 아니라 사람들의 의지를 실현하는 기관이 되어야 한다. 이상적인 경우, 대중은 스스로 샤리아의 도입을 요구할 것이며 그로써 국가의 부담을 덜고 국가 통치를 정당화하게 될 것이다."[47]

그러나 마우두디의 가장 큰 관심사는 주권이 국민이 아니라 하나님에게 있는 이슬람국가를 세우는 일이었다. 레자 나스르가 지적하는 바에 따르자면,

> 그는 인구성장이나 경제적 불평등, 사회적 부정의와 같은 사회경제적 문제들에는 신경을 덜 썼다. 그는 이러한 문제들은 진정한 관심사가 아니며, 단순히 이슬람 질서의 부재 때문에 나타나는 증상이자 서구 이데올로기의 실패를 드러내는 현상들일 뿐이었다. 국가와 사회가 완전히 이슬람화된다면 이러한 문제들은 사라질 것이며, 따라서 무슬림들은 이러한 이슈들에 관심을 가질 것이 아니라 이슬람국가를 세우고 관리하는 데 집중해야 했다.[48]

이슬람국가 내의 소수자들에 대해서도 이슬람법은 이미 확실한 규칙을 제정해두었다. 비무슬림, 혹은 딤미는 2등 시민으로서 특별세가 부과되며 여타 사회적 불이익도 받게 된다. 여성의 역할 또한 샤

---

47 Reza Nasr, "Mawdudi and the Jam'at-i Islami, 107.

48 Ibid., 108.

리아에 규정되어 있다. 이슬람국가가 민주적이리라는 주장들은 어떻게 이러한 관점들과 양립할 것이란 말인가? 마우두디는 결코 미안해하지 않았다.

> 그는 이슬람국가란 이데올로기적 개념이며, 그 이데올로기적 순수성을 수호하는 것은 따라서 그 생존과 발전에 필수불가결한 조건이다. 소수자들의 권리가 확대된다면 그들이 이데올로기적 경계를 흐릴 것이며 따라서 이슬람국가가 약화될 것이다. 그러므로 이슬람법에서 그들의 권리를 2등 시민으로 제한한 것은 국가안보와 자기방어를 위한 일이었다.[49]

1953년, 마우두디는 파키스탄의 아흐마디 외무부 장관에 반대하는 운동을 벌이면서 아흐마디야파가 비무슬림 소수자로 분류되어야 한다고 주장했다.[50]

마흐두디는 또한 여성에게는 명백히 남성과 동등하지 않은 사회정치적 역할만을 부여했다. 성별 간의 상호작용이 커지게 되면 부도덕이 자라나며 이슬람국가의 실패로 이어질 것이라는 두려움 때문에, 그는 "여성을 간사한 힘 정도로 보면서, 이들 때문에 대혼란이 일어나기 이전에 여성들의 활동을 제한하고 규제해야 한다고 간주하기에 이르렀다."[51] 마우두디는 "하나님은 성별 간의 무제한적인 뒤섞임을 금지하셨으며 푸르다(purdah, 페르시아 기원의 단어로, 여성이 종교적·사회적으로 은둔하는 관행을 의미)를 명하셨다"고 썼는데, 이는 곧 '여성에 대한 남

49　Ibid., 109.

50　아흐마디야는 1889년 미르자 굴람 아흐마드(1835-1908)에 의해 설립되었다. 아흐마디야파는 종종 다른 무슬림들에게 박해받았는데, 이는 굴람 아흐마드가 스스로 자신이 계시를 받았다는 등의 주장을 펼쳤기 때문이다. 정통 무슬림들은 이를 신성 모독으로 받아들였다. 이들에게는 오로지 무함마드만이 계시를 받은 마지막 예언자였기 때문이다.

51　Reza Nasr, "Mawdudi and the Jam'at-i Islami," 110.

성의 후견인 지위'를 인정하는 것이나 마찬가지였다. 여성의 자유는
'서구에서도 인간 문명을 파괴하려 위협했던 악마적인 물결'이나 다
름없으며 무슬림들은 이를 경계해야만 한다는 식이었다.[52]

1992년에 이르자 파키스탄 자마아티 이슬라미의 당원은 7,861명,
동조자는 35만 7,229명에 달하게 되었다. 이들이 가장 강조한 분야
는 바로 교육이었다. 자마아티 이슬라미는 스스로를 움마, 즉 고결한
무슬림 공동체라고 보았으며, 그렇기 때문에 각각의 구성원들에게
당이 규정한 이슬람의 기준을 충족시키기 위해 그들 삶의 모든 측면
들을 개선하도록 명할 수 있다고 보았다. 자마아티 이슬라미는 마우
두디의 이상에 맞추어 사회를 변화시키고자 한다. 레자 나스르의 말
에 따르자면, "정치적인 관점에서 자마아티 이슬라미의 조직은 이슬
람 혁명을 위한 싸움의 선봉을 맡은 정당의 기능을 수행했다."[53] 그
러나 종합적인 목적은 언제나 이슬람 엘리트들의 선봉을 길러 그들
로 하여금 국가 단위의 이슬람 부흥을 감시하도록 만드는 것이었으
며, 이슬람의 현존하고 내재하는 종교적 활동주의로 하여금 파키스
탄이 이슬람화를 완성하도록 압박하는 것을 독려하는 것이었다.

새로이 형성된 파키스탄에서 마우두디는 지속적으로 당국과 마찰
을 빚었다. 그는 얼마간 징역을 살았으며 심지어는 반아흐마디야 시
위에 참여했다가 사형을 선고받기도 했다(이후 취소됨). 이슬람 없이
파키스탄을 근대화시키고자 했던 아유브 칸 장군의 군사정권(1958-
1969)에서도 마우두디는 달가워하지 않았다. 자마아티 이슬라미의 후
보자들은 다양한 선거들에서 다수의 의석을 확보하지 못했다. 마우

---

52 Syed Abul A'la Maududi, Political Theory of Islam (1960: Lahore: Islamic Publications Ltd.,
1980), 27.

53 Reza Nasr, "Mawdudi and the Jam'at-i Islami," 113.

두디는 사회주의 포퓰리즘을 어느 정도 옹호했던 줄피카르 알리 부토(1928-1979) 정부에 대해서 격렬하게 반대했고, 니자미 무스타파(예언자의 질서)를 세우기 위한 운동을 조직했다.[54]

　1950년대 도중 마우두디는 파키스탄 외부를 두루 여행하면서 종종 사우디아라비아를 방문했는데, 여기에서 그는 메디나의 이슬람대학교 및 세계무슬림연맹을 설립하고 운영하는 것을 돕는다. 그러나 그는 한 번도 파키스탄 내의 이슬람 관련 이슈들을 경시한 적이 없으며, 1961년의 무슬림 가족법 조례 제정이나 아흐마디야 문제 등에도 꾸준히 신경을 썼다. 자마아티 이슬라미의 반 부토 시위는 1977년 군사 쿠데타에도 일조했으며, 이 쿠데타로 인해 무함마드 지아 알 하크 장군(1924-1988)에게 권력이 돌아갔다. 지아 알 하크는 발 빠르게도 예언자의 질서 운동에 일종의 정당성을 부여해주었으며, 심지어 마우두디에게 '고위 정치인의 지위, 즉 국가의 새로운 지도세력이 그의 조언을 구하며, 인쇄 매체들의 첫 페이지들이 그의 말을 실을 것'을 부여했다.[55] 그러나 마우두디는 1979년 뉴욕 주 버팔로에서 그가 그토록 경멸하던 신앙심 없는 자들에게 치료를 구하다가 세상을 떠났다. 수백만 명의 사람들이 라호르에서 열린 그의 장례식에 참석했다고 전해진다.

　지아 알 하크는 파키스탄의 이슬람화에 진지하게 착수했으며, 자마아티 이슬라미는 전례 없는 성공과 정치적 영향력을 누렸다. 자마아티 이슬라미의 지도자들은 내각 장관직을 포함하여 정부 고위 관직을 차지했다. "정당의 견해는 정부 계획에 반영되었다. 이들은 국가의 이슬람화는 물론, 국가 정책을 실현하는 데에도 직접적인 영

향을 담당했으며, 특히 아프간 전쟁에 대한 정책이나 지방제일주의
자 혹은 민족적 경향들에 대한 정부의 반응에 관여했다."[56] 그러나
1985년 선거에서 자마아티 이슬라미는 국회에서 10석을 차지하는
데 그쳤으며 다수 지방 의회에서도 13석밖에 얻지 못했다.

선거에서 패배했음에도 불구하고 자마아티 이슬라미는 '상당한 사
회적, 문화적 영향력을 행사하는 강력한 정치세력'[57]이 되었으며 그
위치를 유지했는데, 이는 모두 그 조직력 덕분이었다. 20세기 무슬
림들 중에서 '가장 영향력 있는' 인물로 손꼽혔던 마우두디는 "서구
의 지배에 대한 답변이 민족주의나 세속주의적인 용어가 아니라 이
슬람의 영역 안에서 형성되어야 한다"고 믿었다. "그 자신 또한 이븐
할둔, 샤 왈리 알라, 무함마드 이크발, 하산 알 반나에게 영향을 받
았으며, (중략) 이집트, 시리아, 이란 등지의 이슬람 운동 지도자들과
수많은 평범한 무슬림들을 거쳐 전 이슬람 세계에 (중략) 영향을 미
쳤다."[58]

| 마우두디의 신념

마우두디는 하나님만이 통치자라고 믿었다. 인간은 하나님 이외의
통치자를 받아들이는 순간 길을 잃게 될 것이며, 샤리아는 하나님이
내려주셨으며 쿠란과 수나, 그리고 하디스에서 비롯된 법으로 인류
의 모든 것을 아우르는 지침이다. 이슬람에는 국경선이 없으므로, 하
나님의 법으로 지배되는 국가는 전 세계적인 것이다. 사람들은 이슬
람의 원칙들을 마음속에 가득 품은 자를 지도자로 택할 수 있지만,

---

56 Ibid., 119.
57 Ibid.
58 Encyclopaedia of Islam, vol. 4, 2nd ed., s.v. "Mawdūdī, Sayyid Abu 'l-a'la."

그 지도자 역시 하나님이 내려주신 법의 지배를 받아야 한다. 입법기관 역시 사람들이 뽑을 수는 있으나, 입법은 '해석과 유추, 추론에 의해야 하며 샤리아가 미처 다루지 않은 인간사에는 독립적 판단을 통해' 이루어져야만 한다. 모든 사람들은 하나님이 내려주신 법에 복종해야 하며, 국가의 유일무이한 기능은 이 법을 시행하는 것이다. "이슬람의 관습은 단순히 무슬림들이 사적인 계획이나 개인적인 생활에서 지켜야 하는 관습으로 그치는 것이 아니라, 나아가 국가의 강제력을 통해 실행되어야만 한다."[59]

마우두디는 이슬람국가만이 이슬람 관습에 충실한 생활을 보장할 효과적인 수단이라고 확신했다. 진정한 이슬람에 극도로 무지한 사람들은 그것이 의미하는 바를 반드시 교육받아야만 했다. 그의 가정환경이나 샤 왈리 알라, 아흐마드 시르힌디, 그리고 수피교나 수피교인들에게 호의적이었던 인도 내 이슬람 학파 등을 존경했음에도 불구하고, 마우두디는 놀라울 만큼 수피교에 적대적이었다. 이들을 가리켜 '진정한 이슬람을 침해하는 데 특히 지독한 모습'을 보였다고 생각했으며 "수피를 무신론이나 다신교와 어깨를 나란히 하는 금욕주의로 간주하기까지 했다."[60]

마우두디의 주요 공헌으로는,

이슬람을 하나의 이데올로기, 통합되었으며 모든 것을 아우르는 하나의 시스템으로 탈바꿈했다는 것이 있다. 그는 정통 칼리프 시대의 이상적인 질서를 회복하는 것을 목적으로 했다. 그 결과물은 오늘날 이슬람국가의 본질에 대한 가

---

59   Roxanne L. Euben and Muhammad Qasim Zaman, Princeton Readings in Islamist Thought: Texts and Contexts from al-Banna to Bin Laden (Princeton, NJ: Princeton University Press, 2009), 81.

60   Ibid.

장 포괄적인 명제가 되었으며, 과거로부터의 이상을 기원하는 한편으로 현대적인 관심사와 사고방식을 통해 형성되어왔다. 그러나 그의 입장표명은 (본래 신학자였던 사람답게) 일반적 원칙에서는 아주 강력했지만 자세한 사항들에서는 약했다.[61]

인도 내의 이슬람 부흥주의 전통을 확실히 알고 있었던 마우두디는 샤이흐 아흐마드 시르힌디와 사이드 아흐마드 샤히드가 보여준 선례에 크게 영향을 받았으며, "그의 권위 또한 이븐 타이미야와 샤 왈리 알라의 전통에서 비롯되었다"고 간주되었다.[62] 마우두디는 종교 지도자의 본보기로서 무자디드(쇄신자-역주)의 전통에 이끌렸다. "시르힌디의 시대 이후로 여러 세대에 걸친 무슬림 권력자들은 이슬람의 갱신과 개혁의 전통에 의지해 신앙을 부활시키고자 했다. 이들과 마찬가지로 마우두디 또한 무슬림들을 그들의 정치적 무기력에서 구해내겠다는 약속을 통해 스스로 지도권을 자청했다."[63]

시르힌디의 전통은 활동주의에 강력한 패러다임을 제공해주었으며, 마우두디는 "스스로를 그 전통을 일부라고 여겼다. 그의 추종자들 또한 마우두디가 그 전통의 일부라고 보았는데, 이는 그의 모든 발언에 대한 기록이나 그가 내린 모든 결정들이 증명하고 있다."[64] 그는 다른 여러 명의 무자디드와 함께 스스로가 무슬림을 샤리아에게 되돌려놓고, 혁신을 피하며, 살라프의 순수한 이슬람으로 되돌아가게 만들 책임이 있다고 인식했다.

---

61   Encyclopaedia of Islam, vol. 4, 2nd ed., s.v. "Mawdūdī, Sayyid Abu 'l-a'la."

62   Seyyed Vali Reza Nasr, Mawdudi and the Making of Islamic Revivalism (Oxford and New York: Oxford University Press, 1996), 115.

63   Ibid., 126.

64   Ibid., 136.

| 마우두디의 지하드

마우두디에 관한 개론서들은 보통 지하드에 대한 그의 견해를 거의 다루지 않는다. 그의 견해는 타협을 몰랐고 한 치의 망설임도 없었으며 매우 충격적인 적용으로 이어질 수도 있었다. 마우두디는 그의 짧은 논문 「이슬람 속의 지하드」에서 종교와 국가를 정의하는 것으로 논의를 시작한다.

> 사실 이슬람은 '종교'의 이름이 아니며, '무슬림'이라는 것도 '국가'의 이름이 아니다. 사실상 이슬람은 혁명적인 이데올로기이며, 전 세계의 사회 질서를 그 교리와 이상에 순응하도록 바꾸고 재건하고자 한다. '무슬림'이란 이슬람에 의해 조직되었으며 그 혁명적인 계획을 실행에 옮기기 위한 국제적인 혁명당의 이름이다. 또한 '지하드'는 그 혁명적인 싸움을 가리키는 말이자 이슬람당이 이와 같은 목표를 달성하기 위해 벌일 최고의 분투를 의미하는 말이다.[65]

무슬림은 전쟁(하릅harb)의 일반적인 용법을 피해야 한다. 전쟁이 전통적으로 국가들 간의 싸움을 의미하는 말이지만, 이슬람은 국가를 위해 전쟁을 치르지 않기 때문이다. 마우두디의 선언에 따르자면,

> 이슬람은 특정 국가를 위하는 일에는 아무런 이익을 보장하지 않는다. 특정 국가가 지구상에서 가지는 헤게모니는 이슬람과 무관하다. 이슬람의 유일한 관심사는 인류의 안녕이다. 이슬람은 인류의 안녕을 위하여 개혁을 실행할 특유의 이데올로기적 관점과 실질적인 계획을 갖추고 있다. 이슬람은 이슬람의 이데올로기 및 계획에 반대하는 국가와 정부가 있다면 그들이 어느 지역이나 민족을

---

65 Syed Abul A'la Maududi, Jihād in Islam (Beirut: The Holy Koran Publishing House, 1980), 5.

다스리고 있는지와 관계없이 그들을 모조리 파괴하고자 한다. 이슬람의 목적
은 그 고유의 이데올로기와 계획에 바탕을 둔 국가를 세우는 것이며, 어떤 민
족이 이슬람의 제1 전달자로서 행동하게 되는지는 중요한 문제가 아니다. 이데
올로기적 이슬람국가를 설립하는 과정에서 특정 국가의 지배력이 약화되어도
상관없다. 이슬람은 전 지구, 즉 일부 국가들이 아닌 행성 전체를 요한다. 그러
나 이는 지구상 국가들의 주권을 또 다른 특정 국가에 귀속시키기 위함이 아니
다. 그보다는 전 인류가 그 이데올로기와 복지 계획, 더 진실되게 말하자면 전
인류의 행복을 위한 계획인 '이슬람'의 수혜를 받아야 하기 때문이다. 이를 위
해 이슬람은 혁명을 초래할 수 있는 모든 힘들을 동원하고자 하며, 이렇게 모
든 힘들을 사용한다는 의미를 포괄적으로 가리키는 단어가 바로 '지하드'다. [66]

　　이보다 더 명확한 논지가 있을 수 없었다. 이슬람은 전 지구를 정
복해야만 하며, 지하드는 전체주의를 목표로 한다. 다시 말하자면,
지하드는 전 지구가 이슬람의 계율에 따라 지배되도록 만들기 위해
모든 무슬림의 참여를 요청한다. 다른 모든 이데올로기들, 그리고 인
간이 만든 법이 지배하는 체제들은 모두 적일 따름이다. 마우두디는
이것들을 모두 하나님이 만드신 법, 샤리아로 대체하고자 했다.

| 마우두디와 샤리아

마우두디는 샤리아가 하나님의 뜻이며, 그렇기 때문에 지구상의 모
든 것을 다스린다고 본다. 모든 사람들은 샤리아에 복종해야 하며,
그렇지 않다면 길을 잃고 자힐리야에 들게 될 것이다. 쿠란과 예언자
의 수나가 곧 최고 상소 법원이다. 이들에게 의문을 제기한다는 것은

66　Ibid., 6 - 7.

곧 용서받을 수 없는 죄이자 시르크의 범죄를 저지르는 일이다. 이는 타우히드의 원칙에도 내재되어 있는 이야기다.

> 타우히드는 하나님만이 창조주이자 지지자이시며, 우주의 주인이시매 그 안에 존재하는 모든 유기물, 무기물들의 주인이심을 의미한다. (중략) 그분만이 명령을 내리거나 금하실 권한을 가진다. 숭배와 복종은 오로지 그분에게만 향해야 한다. (중략) 우리 존재의 목적과 목표를 결정하는 것은 우리의 몫이 아니며, 우리 권한의 한계를 정하는 것도 우리의 몫이 아니다. 또한 그 누구도 우리를 위해 그 결정을 대신 내려줄 권한을 가지지 못한다. 오로지 하나님만이 그 권한을 가지신다. (중략) 하나님의 유일성이라는 이 원칙은 인간 존재의 법적, 정치적 독립성이라는 개념을 완전히 무효화한다. 그 어떤 개인이나 가문, 계층 혹은 인종도 하나님보다 자신을 우위에 둘 수 없다. 하나님만이 지배자이시며, 그분의 계명이 곧 법이다.[67]

마우두디의 글에 따르자면 '모든 악행과 해악'의 근원은 "인간의 인간에 대한 직·간접적인 지배에 있다. (중략) 만일 당신이 하나님을 믿지 않는다면, 일종의 인위적인 신이 당신의 생각과 행동 속에서 그분의 자리를 차지할 것이다. 심지어는 진실된 하나의 하나님 대신 여러 거짓된 신들(일라와 랍)이 당신의 일에 간섭하게 될 수도 있다."[68]

샤리아는 어느 한 개인의 행동에 대한 지침서일 뿐만 아니라, 공동 생활을 도모하기 위한 법이자 모든 것을 아우르는 지침들을 담고 있는 법이다. 마우두디는 여기에 '가족관계, 사회적·경제적 일들, 행

---

67 Syed Abul A'la Maududi, The Islamic Way of Life, ed. Khurshid Ahmad and Khurram Murad (Leicester, UK: The Islamic Foundation, 1992), 29–30. First Urdu edition, 1948; first English edition, 1967.

68 Maududi, Political Theory of Islam, 13.

정, 시민의 권리와 의무, 사법 체계, 전쟁과 평화와 국제관계에 관한 법' 등이 포함된다고 보았다. 또한 "샤리아는 완전한 생활계획이자 모든 것을 아우르는 사회질서이며, 여기에는 그 어떤 것도 더 필요하지 않고 그 어떤 것도 모자라지 않다"고 보았다.[69] 총체적인 이슬람 체제를 수립하지 않고서는 이슬람법의 조항들은 적절하게 시행될 수 없다. 샤리아는 삶의 다른 측면들과 종교를 전혀 구분하지 않으며, 종교와 국가 또한 구별하지 않는다. 마우두디는 세속주의를 가리켜,

> 종교와 국가의 분리이자 비종교적인 것으로 보았으며, 세속주의와 이슬람이 양극단에 있는 개념이라고 보았다. 이는 세속주의가 사회를 통제하는 메커니즘에서 (중략) 모든 도덕과 윤리, 혹은 인간의 기본적인 품위들을 배제시킬 수 있는 길을 열어주었기 때문이다. 이것이 바로 (중략) 정확히 서구 세계에서 벌어진 일이었다. 그는 서구의 정부와 사회기반이 형언할 수 없을 만큼, 또 바로잡을 수도 없을 만큼 타락했다고 끊임없이 비난했다. 그는 종교와 그 종교를 뒷받침할 영원한 형벌이 존재하지 않고서는 그 어떤 종류의 도덕도 자리 잡지 못할 것이라고 보았다.[70]

또한 샤리아를 적용시키는 데 있어서는 이슬람국가에 내재하는 정치권력이 필수적이었다. "이슬람이 행하고자 하는 개혁들은 단순히 설교만으로는 실현될 수 없다. 그 달성을 위해서는 정치적 권력이 필수적이다."[71]

---

69   Syed Abul A'la Maududi, Islamic Law and Constitution (Lahore, IL: Islamic Publications, 1967), 53.

70   Charles Adams, "Mawdudi and the Islamic State," in Voices of Resurgent Islam, ed. John L. Esposito (Oxford and New York: Oxford University Press, 1983), 113.

71   Maududi, Islamic Law and Constitution, 177.

"이슬람국가를 구성하는 데 필요한 재료들은 네 가지 원천에서 모두 찾을 수 있다. 쿠란, 예언자의 수나, 네 명의 정당한 칼리프들이 만든 합의와 관행들, 그리고 이슬람 전통의 위대한 법관들이 내린 판결이 바로 그것들이다."[72]

앞서도 살펴보았듯, 이슬람국가의 첫 번째 기본 원칙은 하나님의 주권을 인식하는 일이다.

두 번째 기본 원칙은 예언자의 권위에 관한 것이다. "예언자에게 복종하는 자는 곧 하나님에게 복종하는 자다(Q4. 안 니싸아, 〈여자〉, 80)." 예언자는 모방되어야 할 완벽한 본보기다.

이슬람국가의 세 번째 기본 원칙은 바로 하나님의 부섭정이다. 이슬람국가는 자신의 법을 스스로 만들지 않으며, 대신 하나님을 위해 하나님이 만드신 법을 다시금 집행한다. 쿠란은 이슬람국가의 모든 무슬림 시민들에 대하여 부섭정을 확정한다(Q24. 안 누르, 〈빛〉, 55). 마우두디의 글에 따르자면, "전 지구를 다스릴 수 있는 힘은 신자들의 공동체에게 이미 약속되어 있다. 그러나 그들 중 그 어떤 특정 인물이나 민족이 그 자리를 차지하리라는 약속은 없었다. 이 때문에 모든 신자들은 스스로 칼리프를 품고 있는 자들이나 다름없는 셈이 된다."[73]

네 번째 원칙은 이슬람국가가 반드시 모든 무슬림들 간의 상호적인 협의(슈라surah)를 통해 자신의 일들을 행해야 한다는 것이다. 마우두디는 이슬람국가의 전체주의적인 성격에 대해 잘 알고 있었음에도 불구하고 한 치의 망설임도 없이 이 정부체제를 가리켜 '신-인 민주정치(theo-democracy)'라고 불렀다. 이슬람국가는 "그 범위를 제한할 수

---

72 Adams, "Mawdudi and the Islamic State," 114.
73 Maududi, Political Theory of Islam, 35.

없으며 (중략) 생활과 활동의 모든 측면들이 그 도덕 관습과 사회개혁 계획에 조화될 수 있도록 만들고자 한다. 이와 같은 국가에서는 그 누구도 자신의 일을 개인적이라거나 사적이라고 여길 수 없게 된다. 이러한 측면에서 이슬람국가는 파시스트 국가나 공산주의 국가와 어느 정도 유사성이 있다."[74] 여기에서 마우두디는 이슬람이 '서구의 세속 민주주의에 대한 완전한 안티테제'임을 확실히 밝힌다. '서구 민주주의의 철학적 기반은 인민의 주권'이기 때문이다.[75] 그는 이슬람국가가 이데올로기적 사회가 되어야 한다고 말한다. "하나님의 뜻에 복종하는 자들은 모두 하나의 공동체로 모이게 되며, 이를 통해 '무슬림 사회'가 존재하게 된다. 따라서 무슬림 사회는 이데올로기적 사회이며, 인종이나 색, 혹은 지리 따위의 우연으로 존재하게 된 사회들과는 극단적으로 다르다."[76]

인도에서 나타난 부흥운동들과 인도 무슬림 개혁가들의 사상은 서로 상당한 유사성을 보이며, 18세기 아라비아에서 나타난 와하브 운동 등 이슬람 세계의 다른 지역에서 나타난 부흥운동과도 유사한 점을 보인다. 이들 개혁가들은 이슬람이 위험에 처해 있으며, 힌두교나 불교, 혹은 서구와 같은 비무슬림 문명들에 의해 서서히 타락해가고 있다고 믿었다. 용납할 수 없는 혁신(비다)들이 도입되고 있으며, 이것들을 제거하고 선조들의 순결한 이슬람을 회복해야만 했다. 타우히드(하나님의 유일성)는 반드시 받들어져야 하며, 시르크(다신교, 우상숭배, 혹은 하나님과 다른 존재의 연합)는 제거되어야 한다. 이 개혁가들은 다양한 수피 형제단으로부터 그 기초를 배웠으며 몇몇 수피 사상가들을 깊

---

74 Ibid., 30.
75 Ibid., 21.
76 Maududi, Islamic Law and Constitution, 50.

이 존경했음에도 불구하고, 쿠란과 수나 및 샤리아가 수피의 경험이나 원칙을 무효화한다고 보았다. 무엇보다도, 수피교도가 된다고 해서 군사적인 의미의 지하드를 행하지 않아도 된다는 면책을 받는 것은 아니었다. 사이드 아흐마드 브렐뤼는 지하드가 전리품을 위해 행하는 전쟁이 아니라 이슬람의 국경을 확장시켜 결국 전 세계까지 넓히기 위한 전쟁임을 다시 한 번 상기시킨다. 이슬람이 힌두교, 혹은 인도 내 영국인들의 기독교와 합의를 이룬다는 것은 말도 안 되는 일이었으며, 그와는 정반대로 이슬람이 그들을 정복해야만 했다. 마지막으로, 마우두디는 이슬람이 파시즘이나 공산주의와 유사한 전체주의적 이데올로기임을 인정했다. 개개인은 반드시 이슬람에, 오로지 이슬람에만 총체적인 충성을 바쳐야만 하며, 그 과정에서 자신의 개인성을 버리고 이슬람 공동체(움마) 속에 자신을 깊이 감추며 안정을 찾을 것이다.

제16장

S. K. 말리크 준장과
쿠란이 말하는 전쟁

파키스탄의 이슬람화

1978년부터 1988년까지 파키스탄의 대통령이었던 지아 알 하크
(1924-1988)는 이슬람 원칙에 따라 국정을 운영하겠다고 맹세하면서,
"이슬람의 이름으로 만들어진 파키스탄은 계속해서 이슬람을 준수
할 때에만 살아남을 것이다. 이것이 바로 내가 이슬람식 체제를 국가
의 본질적인 전제조건으로 도입하고자 하는 이유"라고 밝혔다.[1] 지
아 알 하크는 이처럼 파키스탄의 이슬람화에 본격적으로 박차를 가
하면서도 한편으로는 글을 쓰는 데 상당한 시간을 할애했다. 그의 글
은 처음 접하는 사람에게는 S. K. 말리크 준장의 논문, 「쿠란이 말하
는 전쟁(The Qur'anic Concept of War)」(1979)을 극도로 칭찬하는 글처럼 보
일 수도 있겠다.

　해병대학교의 매튜 C. 호너 군사이론 명예학장인 세바스티안 고
르카의 말에 따르자면 말리크의 이 논문은 "지하드가 왜 필수적인

1　Ian Talbot, Pakistan, a Modern History (New York: St,Martin's Press, 1998), 251.

지, 또 어떻게 지하드를 행해야 하는지에 관한 가장 영향력 있는 논문"이다.[2] 현대의 지하디스트들 또한 계속해서 이 논문을 참조하거나 인용하고 있다. 그러나 지아 알 하크 대통령의 파키스탄 이슬람화 계획과 더불어 지하드가 이슬람의 본질적인 의무라는 사실로 미루어본다면, 대통령이 왜 말리크 준장의 논문에 승인 도장을 찍어주었는지도 제법 이해가 간다.

말리크 준장에 대해서는 남아 있는 정보가 그다지 없지만, 패트릭 풀과 마크 한나는 말리크 준장의 저서에 대한 출판사 서평을 통해 다음과 같이 지적한다.

> 「쿠란이 말하는 전쟁」의 계속되는 영향력은 미군 장교들이 아프가니스탄의 반란자들을 생포하거나 사살할 때마다 다양한 언어로 발행된 이 논문의 요약본을 발견한다는 점에서도 잘 알 수 있다. 더 이상 놀랍지도 않은 일이지만, 말리크는 쿠란 속에서 비무슬림을 상대로 하는 공격적이고 확장적이며 지속적인 지하드의 교리를 발견했으며, 이에 더해 이슬람의 권세를 전 세계로 넓히기 위한 수단으로 테러리즘을 사용해도 된다는 종교적 정당화를 찾았다. 다시 말하자면, 이슬람주의 이데올로기를 전 세계적 테러리즘으로 이어주는 교의를 쿠란에서 찾은 셈이다.[3]

지아 알 하크와 더불어, 파키스탄의 법무관이자 전 주 인도 파키스탄 대사였던 고 알라 부크흐쉬 브로히 또한 여기에 공개적인 지지를

---

2   Sebastian Gorka, "Grandmasters of Jihad," The Counter Jihad Report, May 16, 2015, https://counterjihadreport.com/tag/s-k-malik/.

3   Patrick Poole and Mark Hanna, "Publishers Preface" to Brigadier S. K. Malik, The Qur'anic Concept of War (1992; Delhi: Adam Publishers & Distributors, 2008), http://www.discoverthenetworks.org/Articles/Quranic%20Concept%20of%20War.pdf.

보냈다. 이것은 곧 "지하드에 대한 말리크의 견해를 국가정책으로 세우는 일이었으며, 그의 해석에 공식적으로 국가적 승인을 내려주는 것이나 다름없었다."[4] 지아 알 하크는 이 책이 군인들과 민간인들에게 모두 필수적인 것이라고 보았다.

> 이 책은 전체성이라는 맥락에서 행해지는 군사력 사용, 즉 '지하드'에 대한 쿠란의 철학을 간결하고 정확하게 짚어내고 있다. 하나의 무슬림 국가를 위한 목표들을 좇는 무슬림 군대의 직업 군인들은 자신들의 모든 행동들을 '알라의 색채' 안에서 취하지 않는 이상 '직업' 군인이 될 수 없었다. 무슬림 국가의 민간 시민들 또한 자신의 국가가 어떠한 종류의 군인을 길러야 하는지, 또 국가의 군대가 치러야 하는 유일한 종류의 전쟁이 어떤 것인지를 알고 있어야만 했다. [5]

열정에 차 있던 지아 알 하크는 파키스탄 군대의 모토를 '이슬람, 경건함 그리고 지하드'로 바꾸고자 한 바 있다.[6]

「쿠란이 말하는 전쟁」은 성서 속에서 인간으로 하여금 하나님을 위해, 하나님의 이름으로 전쟁을 행할 것을 촉구하는 구절들을 다수 인용하고 있다. 가장 많이 인용된 수라들에는 Q2. 알 바카라, 〈소〉, Q3. 알 이므란, 〈이므란의 가족〉, Q8. 알 안팔, 〈전리품〉, Q9. 앗 타우바, 〈회개〉/알 바라트, 〈면죄〉, Q48. 알 파스, 〈승리〉, Q4. 안 니싸아, 〈여자〉 등이 있다. 이외에도 11개 수라가 이보다는 적은 비중으로 인용되었다. 말리크는 무함마드가 치른 모든 전투들을 상세하게

---

4   Ibid.

5   General M. Zia-ul-Haq, "Foreword," in Malik, Qur'anic Concept of War.

6   Ayesha Jalal, Partisans of Allah: Jihad in South Asia (Cambridge, MA: Harvard University Press, 2010), 275.

분석했으며, 그의 전기에는 마우두디의 『타프힘 알 쿠란』과 『알 지하드 피 알 이슬람(al-Jihād fi 'l-Islām)』 등이 언급되어 있다. 앞서도 논했지만, 이 책들은 파키스탄인 전반은 물론이며 특히 지아 알 하크에게 막대한 영향을 끼쳤다.

말리크의 독특한 교리 중 하나로는 테러, 즉 공포를 그 나름의 필요에 따라 사용해야 한다는 것이 있다.

> 하나님이 그분의 적에 대해 그분의 뜻을 행하고자 하시매, 그 적군들의 마음속에 공포를 퍼트리는 방법을 택하셨다. (중략) 하나님은 우리에게 다음과 같이 직접적으로, 날카롭게 명령하신다. "비신자들이 (경건한 자들보다) 우월하리라고 생각하도록 놔두지 말지어다. 그들은 절대로 그분을 좌절케 할 수 없노라. 너희의 모든 힘을 다해 그들에게 맞설 준비를 할 것이니, 전쟁의 군마들을 준비하고 하나님의 적군과 너희의 적군(의 마음)에 공포를 불어넣으라. 너희는 그들을 알지 못하나 하나님은 그들을 아시니라."[7] (Q8. 알 안팔, 〈전리품〉, 59-60)

말리크는 자신의 견해를 다음과 같이 설명한다.

> 따라서 쿠란의 군사전략은 우리로 하여금 최대한으로 전쟁에 대비할 것을 명하며, 이는 알려진 적들과 숨은 적들의 마음속에 공포를 불어넣기 위함이자 동시에 적군이 우리에게 가할 공포를 수비하기 위함이다. (중략) 테러로부터 우리 자신을 수비하는 것이 '기본'이며, 최대한으로 전쟁에 대비하는 것은 '원인', 그리고 적들의 마음속에 공포를 불어넣는 것은 '결과'다. (중략) 전쟁 시 우리의 주요 목표물은 적들의 마음이나 영혼이며, 이들을 상대로 하는 모욕이라는 우

---

7   Malik, Qur'anic Concept of War, 57-58.

리의 주된 무기는 우리 영혼의 힘이고, 또 그와 같은 공격을 시행함으로써 우리는 우리의 마음속에서 공포를 몰아내야 한다.

또한 말리크는 전쟁을 정신적으로 대비하는 것이 무엇보다도 중요하다고 본다.

전쟁에 대한 대비는 지극히 영적이고 열성적인 동시에 완전하고 철두철미해야 한다. 또한 '의지의 전쟁'에서 이미 이기고 난 뒤에 '무력의 전쟁'에 들 수 있도록 준비해야 한다. 적들의 마음속에 공포를 불어넣는 것을 목표로 하는 전략만이 준비 단계에서 이와 같은 결과를 가져올 수 있다. [8]

"적들의 마음속에 불어넣는 공포는 수단일 뿐만 아니라 나아가 그 자체로 하나의 목표다." 말리크의 말이다. "이는 수단과 목적이 한데 만나 어우러지는 지점이다. 공포는 우리가 적군에게 어떠한 결단을 강요하는 데 사용하는 수단이 아니라, 우리가 그들에게 강요하고자 하는 결단 그 자체다."[9] 그렇다면 공포와 테러리스트 행위의 궁극적인 목적은 무엇인가? 적군의 신앙을 파괴하는 일에 대해 그는 이렇게 말한다.

심리적 해체는 일시적이지만, 영적 해체는 영구적이다. 심리적 해체는 육체적 행위를 통해 유발할 수 있지만, 이것이 반드시 영적 해체까지 이어지지는 않는다. 적군의 마음속에 공포를 주입하기 위해서는 반드시 마지막에 그의 신앙을 해체해야 한다. 아무도 꺾을 수 없는 신앙은 공포에 면역되어 있다. 약한 신

---

8   Ibid., 58.
9   Ibid., 59.

앙은 공포가 침투할 길을 터준다. 성스러운 쿠란이 우리에게 내려주신 신앙은 우리에게서 공포를 몰아내고 적군에게 공포를 불어넣어줄 내재적 힘을 가지고 있다. [10]

말리크는 제프리 블레이니, 버나드 브로디, 리들 하트 등 전쟁의 원인을 연구하는 서구의 전문가들을 계속해서 인용하면서 이들의 사회정치적 논의가 이슬람과는 전혀 무관하다고 주장한다. "성스러운 쿠란에서 설명하듯, 전쟁의 원인들 이면에는 하나님의 원인이 핵심 주제로 자리 잡고 있었다. 이 원인은 이슬람 역사의 각기 다른 단계들에서 서로 다른 형태와 모양으로 드러났다. 이 원인을 좇기 위해, 무슬림들은 본래 싸워도 좋다는 허가를 받는 정도였으나 나중에는 하나님의 길 위에서 싸우라는 명령을 받게 되었으며, 곧 하나의 종교적 의무이자 책무가 되었다."[11] (원문에서 강조)

말리크는 쿠란에서 말하는 전쟁이란 인도주의적이고, 고결하며, 정의롭고, 독재와 부정의로부터 인류를 자유롭게 하는 것이라고 분명하게 믿고 있다. 그러나 좀 더 자세히 들여다보자면, 그가 말하는 정의와 평화란 곧 모든 이들이 이슬람을 받아들일 때까지 전 인류에 이슬람을 강요함으로써 얻어내는 것임을 알 수 있다. 무슬림들에게 쿠란은 하나님의 말씀이자 반드시 유념해야 할 말씀이다. 말리크는 헌신적인 무슬림들에게 다음과 같이 설파한다.

전쟁에 대한 쿠란의 관점은 전쟁이 하나님을 위해 치러지는 것이자, 정의와 평화를 위한 조건을 조성하고자 하는 행위라는 사실로부터 비롯된다. 이처럼 가

---

10   Ibid., 60.
11   Ibid., 20.

장 고귀한 천국의 이유를 위해 싸우는 이들에게 성서는 아름다운 하늘의 조력
을 약속한다. 하나님의 뜻에 대한 인간의 완전한 복종이 있다면 그 싸움은 하
나님을 위한 싸움이다. 하나님의 뜻에 완전하고 충분하게 복종하지 못한 자들
은 하늘의 분노를 초래할 위험을 지게 된다. 자연은 어떠한 공동체나 사람들을
특히 편애하는 일이 없으며, 오로지 스스로 그 자격을 갖추고 나머지를 벌하는
이들을 도울 따름이다. 싸움에는 생명이나 재산에 대한 위험이 뒤따르는데, 이
는 반드시 즐거운 마음으로 기꺼이 받아들여야 할 위험이다. 이 세계에서의 죽
음은 피할 수 없는 것이며, 내세에서의 삶은 틀림없이 존재한다. 또한 하나님
을 위해 싸운 이들에게 돌아갈 보상은 안전하고, 훌륭하며, 확실하다. 우리의
보상은 우리의 행위에 정비례하여 주어진다. 하나님을 연유로 싸우다 죽은 이
들은 사실 죽은 것이 절대 아니다. 12

잠시 후, 그는 '이슬람의 승리는 이슬람의 연유를 위한 승리'라고
덧붙인다. 13 말리크의 설명을 들어보자.

(쿠란은) 우리에게 총력전이라는 독특한 개념을 알려준다. 국가와 개인들이 전
쟁에 있어 '모든 것을 내놓는', 즉 그들의 모든 영적, 도덕적, 물질적 자원들
을 내놓는 전쟁을 말한다. (중략) 총체성 안에서 행해지는, 전쟁에 대한 쿠란의
관점은 무슬림 군대에 그 어떤 심리적 공격에도 대비할 수 있는 완전한 보호
를 제공해준다. (중략) 우리의 신앙에서 비롯된 힘과 적군의 나약함 안에서 우
리는 우리 적군들의 마음속에 공포를 불어넣기 위한 계획과 행동에 착수할 수
있다. 14 (원문에서 강조)

---

12   Ibid., 44.
13   Ibid., 50.
14   Ibid., 144.

파키스탄의 전 외교관이자 법무관이었던 알라 부크흐쉬 브로히는 말리크의 저서에 실은 서평에서 이슬람 및 지하드에 대한 이슬람의 논의에 대해 한층 더 노골적인 견해를 밝혔다. 브로히는 우선 '이슬람 법학에 귀중한 공헌'을 더했으며, '전쟁과 평화라는 주제에 대한 쿠란의 지혜들을 분석적으로 재진술'해준 말리크에게 감사를 표했으고, 이후 '방어'에 대한 기발하고 새로운 정의를 소개해 논했다.

> 신자들이 하나님께 향하는 여정을 떠나지 못하도록 막으려는 자가 있다면, 그것을 발견한 신자는 지하드의 정신을 다해 그자를 (중략) 멈추어야 하며, 그 장애물을 (중략) 제거해서 인류가 천국으로 향하는 길을 자유롭게 찾을 수 있도록 만들어야 한다. 이를 생략하는 것은 비난받을 만한 생략이자, (중략) 하나님에 대한 신념을 지키고자 하는 이들의 앞을 가로막는 세력을 (중략) 수동적으로 관전하려고만 하는 것이나 마찬가지인 행위다. 인류가 지금까지 행해왔던 일반적인 전쟁, 즉 (중략) 더 넓은 영토나 더 많은 전리품들을 얻기 위한 욕망을 충족시키기 위해서나 복수를 위해서 치러졌던 전쟁들은 이슬람에서 허용되지 않는다. 모든 싸움은 오로지 하나님을 위해 행해져야 한다는 규칙이 있기 때문이다. (중략) 이슬람법의 이론 속에서 전쟁은 하나님의 뜻을 지구상에서 펼치기 위한 분투나 마찬가지이며, 따라서 언제나 방어적인 성격을 가진다.

이제 '방어'에 대한 브로히의 정의가 등장한다.

> 아름다운 방식을 통해 하나님의 전갈을 널리 퍼트리고 동포들에게도 널리 알리는 일은 곧 의무다. 그러나 만일 누군가가 그렇게 하려는 자의 앞길을 막고자 한다면, 그자에게는 방어의 수단으로써 '보복할' 권한이 생겨난다. 달리 말

하자면. 무슬림은 이슬람과 그 전갈을 퍼트리는 것을 막는 자들에게 맞서 싸울 권리가 있으며, 그 싸움은 방어적 수단이라고 정의할 수 있다. [15]

그러므로 모든 무슬림들은 쿠란과 이슬람의 메시지를 퍼트릴 의무를 지며, 그 길을 가로막는 이들이 말로도 물러나지 않는다면 반드시 이들을 상대로 군사적 의미의 싸움을 행해야 한다.

이슬람에서 전쟁은 주님의 우위를 세우기 위해 행해지는 것이며, 그분의 뜻을 거부하면서 인류가 만들어진 목적에 반하여 행동하는 이들을 다른 방식으로 설득하는 데 실패했을 때에만 행해지는 것이다. 실제로 성전에 나가는 이들은 사실상 그가 가진 가장 소중한 것들, 이를테면 그의 생명을 포기함으로써 하나님의 법이 가지는 우월성과 최고권을 증언하는 것이나 다름없다. (중략) 대략 순교자를 가리키는 말로 사용되는 '샤히드'는 사실 하나님의 법이 가지는 우월성을 목도하고 그것을 증언하는 자를 가리키는 말이다. 또한 하나님께 향하는 길을 걸으려는 자들의 진전을 막고자 하는 자들이 있다면, 그들은 엄중하게 처리될 것이며, 그것만이 지상에서 하나님의 권위를 회복하고 명예를 회복시키는 유일한 길이라는 의미도 포함되어 있다. [16]

달리 말하자면, 소위 '자살폭탄 테러범'이라 불리는 자들 또한 사실은 이슬람을 연유로 하나님에게 다가가고자 하는 이들의 길을 밝히는 순교자이며, 그렇기 때문에 그들의 앞길을 막아서는 안 된다는 의미다.

브로히는 이슬람이 비이슬람 세계와 영원한 싸움을 치를 것이라는

---

15 Allah Bukhsh K. Brohi, "Preface," in Malik, Qur'anic Concept of War, iii.

16 Ibid., v.

서구의 비평가들을 묵살하면서, 인간은 하나님의 종이며 하나님에 대한 반역은 이슬람법에서 반역죄에 해당하므로 하나님께 반항하는 자를 모두 제거하는 것은 무슬림의 의무라고 논한다.

> 다수의 서구 학자들은 몇몇 쿠란 구절들에 (중략) 비난의 화살을 돌리고 있다. (중략) 그들에게는 이렇게 답해주는 것으로 충분할 것이다. (중략) 하나님의 종이 하나님의 권위에 대해 반항한다면 그 종은 반역죄를 지게 될 위험을 감수하는 것이며, 이슬람법의 관점으로 본다면 그와 같은 죄는 실로 (중략) 인류라는 유기체에서 자라나는 암적인 존재와 같이 다루어져야 한다. (중략) 따라서 나머지 인류를 구하기 위해서는 (다른 치료법이 듣지 않는다면) 수술적인 수단을 동원해서라도 그 암적 기형을 제거하는 일이 반드시 필요하다.[17]

말리크 중사는 이슬람을 퍼트리기 위해서는 지하드가 필수적이며, 이슬람이 전 지구를 뒤덮을 때까지 모든 무슬림들이 지게 되는 의무임을 명확하게 밝힌다. 브로히 또한 이슬람은 이슬람을 위한 총체적인 복종을 요하며, 이슬람 공동체(움마)를 위하여 개인은 자신을 희생하고 또 스스로 희생된다면서 이슬람의 또 다른 전체주의적 측면을 강조한다.

---

17   Ibid., vii.

제17장

하산 알 반나와 무슬림형제단

하산 알 반나는 1906년, 카이로 북쪽에 위치한 마을 마흐무디야에서 태어났다. 시계 수리공이었던 그의 아버지는 여가 시간을 종교 연구에 쏟는 한편 마을 모스크의 이맘으로 활동했다. 당시 이집트는 완전히 영국의 지배하에 있었는데, 알 반나와 그의 동포들은 이 사실을 매우 수치스럽게 여겼다. 알 반나는 13살의 나이에 영국에 반대하는 시위에 참여하기도 했다.

자신의 회고록에 따르자면, 알 반나는 어린 시절부터 선행을 명하고 악행을 금하라는 이슬람의 원칙을 상당히 진지하게 여겼다. 예를 들어 한 조각가가 뱃머리에 달 나체 목조 조각상을 만드는 것을 발견하자 이를 지역 경찰에 고발했던 적도 있었다. 이후 그는 그의 형제 및 몇몇 친구들과 함께 '금기예방협회'를 설립했으며, 이슬람의 가르침을 행동으로 따르지 않는 것으로 보이는 사람들에게 글을 쓰는 것이 자신들의 종교적 의무라고 믿었다.

13살 당시의 알 반나는 또한 수피 교단의 일부이자 샤딜리 교단의 한 분파였던 하사피야 형제단에게도 깊은 영향을 받았다. 하사피야

형제단의 설립자 샤이흐 하사나인은 샤피이 학파 소속의 아즈하르계 학자였으며 선행을 명하고 악행을 금하라는 원칙을 매우 진지하게 여겼던 인물이었다. 알 반나는 이곳의 타리카(수피 교단)에서 많은 친구들을 사귀었는데, 여기에는 훗날 무슬림형제단의 주요 인물 중 하나가 된 아흐마드 알 수카리도 있었다.

17살이 된 알 반나는 카이로의 사범대학, 다르 알 울룸에 입학하기로 결심한다. 그에게 있어서 교직이란 종교적 부름이나 마찬가지였다. 그는 교육이 모든 것을 아우르는 이슬람의 진리를 전파하는 일이라고 믿었다. 알 반나는 스스로를 무르시드(종교 지도자이자 선생)라고 여겼으며 이후에는 그의 추종자들에게 완전한 충성과 복종을 요구했다. 1927년 이곳을 졸업한 그는 수에즈 운하 지역의 이스마일리야에서 교편을 잡게 된다. 여기서 알 반나는 서구의 패권을 처음으로 마주하게 되었으며, 서구 문명의 가장 나쁜 요소들인 세속주의와 퇴폐를 부끄러운 줄도 모르고 수용하는 무슬림들을 만나게 된다.

그는 서구 문화의 영향을 혐오했으며, 여기에 유혹당해 무슬림의 윤리와 이슬람식 생활방식을 버린 무슬림들을 증오했다. 1928년, 한 무리의 노동자들이 알 반나에게 찾아와 그들의 조국에서 외국인들이 가하는 지속적인 굴욕에 맞서 달라고 탄원하자, 마침내 알 반나는 무슬림형제단(자미아트 알 이크완 알 무슬리민Jam'iyyat al-Ikhwān al-Muslimīn)을 설립하기에 이르렀다.

알 반나는 다수의 조직원들을 이끌면서 결속력 높은 조직을 만들기 위해 끊임없이 일했다. 그들은 전 계층의 평범한 이집트인들의 이익을 위해 일했으며, 학교와 병원을 짓는 한편, 사실상의 사회복지계획을 실행하면서 시골의 사회적 여건들을 개선하는 데 힘썼다. 당시의 정치적 상황은 매우 불안정했다. 1922년 이래 이집트는 명목적으로 독립한 상태였으나, 이집트 군주정과 민족주의 와프드당, 그리고 영국이 이집트의 실권을 나누어 가진 채 서로 이리저리 동맹을 맺어 가며 다투고 있었다. 부정이 만연해 있었다. 제2차 세계대전이 발발한 한편으로 국내에서 민족주의 시위가 일어나자, 영국은 이집트에 대한 통제력을 유지하기 위해 애쓰면서 이집트를 연합군 세력에 가담시키고자 했다.

알 반나가 국가 차원의 이집트 정치에 참여하기 시작한 것도 이 즈음의 일이다. 그는 1941년 직접 공직에 입후보하고자 했으나, 와프드당의 설득 끝에 무슬림형제단에 대한 제재를 거두는 조건으로 입후보하지 않았다. 알 반나는 언제나 영국으로부터의 독립보다 더 큰 것을 목표로 했다. 그는 진정으로 이슬람다운 정부, 즉 쿠란과 수나, 샤리아에 의한 정부를 설치하고자 했다. 그는 그 일환으로 와프드당으로부터 음주와 매춘을 금지하겠다는 약속을 받아냈다.

1945년 선거에서도 고배를 마신 알 반나는 그 이후부터 계속해서 사적, 공적 영역에 이슬람을 도입시키기 위한 시위에만 집중했으며, 그 과정에서 자신의 목표를 달성하기 위해서라면 점점 더 폭력적인 수단들을 동원하는 것도 마다하지 않았다.

무슬림형제단의 이데올로기

1939년 제5회 회담에서 무슬림형제단은 그 기초 이데올로기를 발표했다.

1. 총체적 제도로서의 이슬람. 그 자체로 완전하며, 삶의 모든 분야에서 최종 결정자가 되는 이슬람.

2. 두 가지 주요 원전. 즉 하나님의 계시이자 그분의 '입시시마 베르바'인 쿠

란, 그리고 예언자의 완벽한 선례인 수나에 기초해 공식화된 이슬람.

3. 보편적이었던 이슬람. 즉 모든 시대와 모든 장소에서, 전 인류를 상대로 적
   용될 수 있는 이슬람.[1]

알 반나는 무슬림형제단을 "살라피야의 메시지, 수니파의 길, 수니파의 진리, 정치적 조직, 운동 집단, 문화교육 조합, 경제적 회사, 사회적 사상"[2]이라고 명시적으로 정의했다. 무슬림형제단은 끈기 있는 계획과 조직, 프로그램 및 행동들에 있어서 매우 엄격하게 운영되었는데, 이것만이 승리를 보장해줄 것이었다.

1943년, 민족주의 시위를 벌이다가 영국 당국이 개입할 기미를 보이면서 체포당할 위기에 처하자 알 반나는 그의 추종자들에게 다음과 같은 메시지를 남긴다.

나의 형제들이여, 너희는 공제회도, 정당도, 제한적 목적을 가진 지역 조직도
아니다. 오히려 너희는 이 나라의 심장에 깃든 새로운 영혼이며, 쿠란의 도움
으로 이 나라에 새로운 생명을 불어넣을 자들이다. 너희는 하나님을 앎으로써
물질주의의 어둠을 파괴할 새로운 빛이다. 너희는 예언자의 전갈을 소리 높여
상기시킬 강력한 목소리다. (중략) 너희는 스스로 다른 모두가 거부했던 짐을
지고 있음을 자각해야 한다. 너희가 원하는 것이 무어냐고 누군가 물어본다면,
그것은 이슬람이요, 무함마드의 전갈이자, 정부를 품은 종교이며, 의무 중 하
나로 자유를 꼽는 종교라고 대답하라.[3]

---

1   '알 무타마르 알 카미스(Al-Mu'tamar al-Khāmis)'. 다음에서 인용. Richard P.Mitchell, The
     Society of Muslim Brothers (1969; Oxford: Oxford University Press, 1993), 14.
2   Ibid.
3   다음에서 인용. Mitchell, Society of Muslim Brothers, 30.

1942년 말부터 1943년 초에는 새로운 부대가 구성되었는데, 무슬림형제단 내부 인사들은 이를 '특별한 집단(알 니잠 알 카즈al-nizam al-khass)'이라 불렀으며 외부 인사들은 '비밀결사단(알 지하즈 알 시리al-jihaz al-sirri)'이라고 불렀다. 무슬림형제단은 그 목적을 달성하기 위해서라면 폭력을 사용하는 것도 마다하지 않았으며, 오히려 "다른 조직들보다 한층 더 폭력적이었다." 이는 그 단원들이 호전성과 순교를 지하드에서 찾을 수 있는 이슬람의 미덕 중 하나로 배웠기 때문이다. 알 반나의 말에 따르자면,

> 지하드는 하나님이 모든 무슬림에게 지우신 의무이자 무시할 수도, 피할 수도 없는 의무다. 하나님은 지하드에 상당한 의의를 부여하셨으며 그의 길 위에서 싸운 자들과 순교한 자들에게 아름다운 보상을 내려주신다. 지하드를 행함에 있어서 순교자들을 본받아 행동하거나 그와 유사하게 행동한 이들에게만 그 보상이 돌아갈 것이다. 게다가 하나님은 특별히 무자헤딘에게 현세와 내세 모두에서 그들을 이롭게 할 진귀한 영예를 하사하셨다. 그들의 순수한 피는 이 세계에서의 승리에 대한 상징이자, 다가올 세계에서의 더할 나위 없는 행복과 성공을 나타내는 표식이다.
>
> 그러나 변명밖에 찾지 않는 이들에게 하나님은 극히 지독한 형벌이 예고되어 있고, 하나님은 (중략) 그들의 비겁함과 영혼 없음을 질책하셨으며, 그들의 나약함과 무단이탈을 크게 질책하셨다. (중략) 지하드를 회피하거나 기권하는 것을 하나님은 (중략) 실패가 보장된 7대 죄악 중 하나로 보신다.
>
> 이슬람은 지하드에 관한 문제들을 다루고 지하드를 계획하며, 전 움마가 하나의 실체로서 그 모든 힘을 다하여 정의를 수호할 수 있도록 동원하고자 한다.

(중략) 쿠란의 구절들과 무함마드(그에게 평화 있으리)의 수나는 이 모든 고결한 사상들과 함께 넘쳐 흐르며, 일반 사람들에게 (가장 유창한 표현과 명확한 설명을 통해) 지하드, 전쟁, 무장 세력, 육지전과 해상전의 모든 수단들에 오를 것을 촉구한다.[4]

여기에 이어서 알 반나는 무슬림들에게 지하드를 촉구하는 쿠란 구절들,[5] 그리고 수니파 이슬람 내 다양한 법학파들 및 그 학자들이 인정하는 여섯 가지 하디스 정본들의 구절들을 인용한다.

알 반나는 지하드가 개인 내면의 가장 저열한 본능과의 싸움이라는 평화적인 해석을 거부한다. 그는 이와 같은 내용을 담은 하디스는 가짜이며, 정본 컬렉션에도 포함되어 있지 않다고 보았다. "이것들은 비록 전통처럼 들릴지는 모르겠으나, 무슬림의 영토를 구출하고 비신자들의 공격을 격퇴하기 위한 지하드나 그것을 위한 준비를 하지 않아도 된다는 근거는 절대로 되지 못한다."[6]

그는 선행을 명하고 악행을 금하라는 원칙을 강조하면서 다음과 같이 말했다. "이는 하디스에서도 말하는 바다. 가장 위대한 형태의 지하드 중 하나로 독재자의 앞에서 진리의 말을 소리 높여 외치는 것이 있다. 그러나 그 무엇도 샤하다 쿠브라(shahadah kubra, 최고의 순교)의 영예, 그리고 무자헤딘을 위해 기다리고 있는 보상과 견줄 수 없다."[7] 따라서 무슬림은 명예로운 죽음을 추구해야만 한다.

4　Complete Works of Hasan al-Banna, vol. 10, "al-Jihad,." 4.

5　여기서 인용된 구절들은 다음과 같다. 2:216; 3:156－158, 169－170; 4:74; 8:60, 65; 9:14－15, 29, 41, 81－83, 88－89, 111; 47:20－21; 48:18－19; 61: 4.

6　Complete Works of Hasan al-Banna, vol. 10, "al-Jihad,." 20.

7　Ibid.

나의 형제들이여! 고결하며 명예롭게 죽는 방법을 알고 있는 움마에게는 현세의 훌륭한 삶과 내세의 영원한 행복이 약속되어 있다. 이 세계를 사랑하고 죽음을 두려워한다면 수모와 불명예가 따르리라. 그러므로 지하드를 준비하고 죽음을 사랑하는 이가 되어라. 삶이 스스로 너희를 찾으러 올 것이다.

어느 날 죽음이 너희를 찾아올 것이며 그 불길한 사건은 오로지 단 한 번 일어난다. 만일 너희가 하나님의 길 위에서 이 사건을 맞이한다면, 너희에게는 이 세계에서의 혜택과 그다음 세계에서의 보상이 뒤따르리라. 그리고 형제들이여 그 무엇도 하나님의 뜻 없이는 일어나지 않음을 기억하라.

너희는 명예로운 죽음을 동경해야 하며 너희는 완벽한 행복을 얻을 것이다. 하나님이 나와 너희들에게 그분의 길 위에서 명예로운 순교를 맞이할 수 있도록 해주시길![8]

필수적 폭력

무슬림형제단은 오로지 초대 네 명의 정통 칼리프들이 살았던 시대(알 쿠라파 알 라시둔al-khulafā' ar-Rāshidūn)만이 '신앙으로서의, 또 체제로서의 이슬람에 대한 진정한 대표'였다고 믿게 되었다. 이슬람 공동체는 이 시대 이후로 쇠퇴하고 분열되기 시작했다는 것이다.[9] 알 반나는 아즈하르대학교에 완전히 환멸을 느끼고 있었으며, 이후로도 무슬림형제단은 아즈하르대학교가 역동적인 이슬람을 대변하거나 외국의 영향을 물리치는 데 완전히 실패했으며 궁극적으로는 이집트의 종

---

8   Ibid.

9   Mitchell, *Society of Muslim Brothers*, 210.

교적, 문화적 생활이 쇠퇴하는 데 책임이 있다고 비난했다.[10] 그들의 궁극적인 목표는 이슬람의 사회질서, 즉 쿠란과 수나, 하디스에서 비롯된 샤리아에 따라 운영되는 국가를 형성하는 것이었다. 무슬림형제단은 이슬람에는 종교계층이 없으며 따라서 신정 독재가 생길 가능성도 없다고 주장했다.

무슬림형제단은 이슬람의 시각에서는 여성이 남성과 동등하다고 보았으며, (상속과 증거능력, 기도 등에서) 현존하는 차별은 남성이 더 큰 책임을 지는 데 따른 것이자 남성과 여성 간의 정신적, 감정적 능력에 따른 차이라고 보았다.

폭력은 운영에 있어서 필수적인 요소였다. 이들의 논의에 따르자면 폭력은 '군사적 의미의 지하드'라는 이슬람의 개념에서 비롯된, 형제단의 사상을 수호하는 방법이었다. 고 리차드 미첼이 『무슬림형제단(The Society of the Muslim Brothers)』(1969)에서 논한 바에 따르자면, 무슬림형제단은 '메시지를 수호하기 위한 이슬람의 군대'였다.[11] 미첼은 이들의 폭력 행위에는 정치적인 요소들도 존재했으나, 종교적 측면이 훨씬 더 큰 의의를 가졌다고 믿었다. "무력이 존재한다는 데에서, 그리고 '영원한' 목표들을 수호하기 위해 무력이 사용된다는 데에서 무슬림형제단의 독선적이고 편협한 오만이 자라났으며, 이 때문에 무슬림형제단과 동료 시민들 간 메울 수 없는 간극이 생겨났다."[12]

알 반나와 무슬림형제단은 일종의 집단성과 배타성을 형성하게 되었으며, 이를 통해 정적들을 폭력의 대상으로 삼기 시작했다. 알 반

---

10   Ibid., 212.
11   Ibid., 319.
12   Ibid.

나는 선행을 명하고 악행을 금하는 데 있어서 상대적으로 온건한 태도를 보였으나, 무슬림형제단은 일반적으로 상당히 공격적인 노선을 선택했다. 그러나 사실 이와 같은 잔혹성은 무슬림형제단만의 특징은 아니었다. 이들이 택한 노선에는 모든 종류의 정치적, 사회적 폭력과 그 너머의 비관용에까지 이어지는 이슬람식 관점이 포함되어 있었다.[13] 예를 들어 무슬림형제단은 1945년 이집트의 수상 아흐마드 마하르가 추축국에 대한 전쟁 선언문을 발표한 직후 그를 암살한 바 있다(무슬림형제단은 친 나치파였다. 알 반나는 히틀러에게 정기적으로 지원금을 받았다). 고위 정부 인사였던 아민 우스만이 1946년 1월 살해당했으며, 1946년 이후로는 영국 군인들이 반복적으로 공격당했다. 1948년 3월에는 "존경받던 판사 한 명이 비밀결사단 단원 두 명에 의해 살해당했다."

　　나하스 파샤(1879–1965) 수상에 대한 두 번의 암살 시도가 있었다. 6월에는 카이로의 유대인 거주구역에서 가옥들이 폭파되었으며, 유대인 소유의 거대 백화점 두 곳에서 폭탄이 터졌다. 영화관들에서 다이너마이트가 터졌으며, '이단자들과 신앙심 없는 자들'을 손님으로 받던 호텔 및 레스토랑들에 방화가 벌어졌다. '부적절한 옷'을 입은 여성들은 칼을 든 강도들에게 해를 당했으며, '즉흥적인 시위'를 위해 모인 성난 신도들은 배교자들이 소유한 것으로 알려진 집들을 습격하고 뒤졌다. 12월에는 전역에서 시위가 일어나 대학교들을 마비시켰다. 카이로 경찰총장이 폭탄에 목숨을 잃었으며, 수십 명의 다른 공무원들과 회사원들, 지식인들 또한 같은 방식으로 살해당했다. 누크라시 파샤 총리(1888–1948, 이집트의 제2대 총리)는 결국 무슬림형제단의 해산을 명했지만, 그

13　Ibid., 320.

로부터 20일 후 총살당한다. 알 반나가 말했듯, "단검과 독, 권총. (중략) 이것
들이 적에게 대항하는 이슬람의 무기다."[14]

1952년 1월 25일, 영국군은 이스마일리야 경찰본부를 공격해 보조
경찰 몇몇을 무장 해제시키려 했다. 뒤이어 발생한 전투에서 마흔 명
이 넘는 사람들이 목숨을 잃었다. 미첼은 그 이튿날을 다음과 같이
묘사한다.

> 근대 이집트 역사상 가장 파괴적이었던 폭동이 발생하여, 근대적이고 서구화
> 된 도시 카이로의 중심부가 새까맣게 탄 폐허로 전락했다. 카이로 보조경찰 단
> 원들은 이른 아침부터 다리를 건너 기자대학교로 행진해 갔는데, 그 과정에서
> 학생들과 병사들이 행렬에 합류하였다. 의회 앞으로 돌아간 이들은 그곳에서
> 영국에 대한 즉각적인 전쟁 선포를 소리 높여 요구했다. 같은 시각, 잘 조직된
> 무장 세력 하나가 도시의 중심부에 차례차례 불을 지르기 시작했다. 화마가 백
> 화점들과 영화관들, 술집들과 나이트클럽들, 사교클럽들, 고급 식료품점과 옷
> 가게들, 선물가게들과 자동차 쇼룸들과 창고들, 항공사 사무실 등을 집어 삼
> 켰다.[15]

이는 사실 무슬림형제단이 이끌었던 계획적인 작전이었다.

무슬림형제단과 이슬람의 전체주의적 본질

이집트 정부는 무슬림형제단이 하와리즈파 및 하와리즈 운동을 그
대로 본뜬 것처럼 행동하고 있다며 비난했다. 실제로 무슬림형제단

---

14   Murawiec, Mind of Jihad, 34 - 35.

15   Mitchell, Society of Muslim Brothers, 92.

의 행동대장 살리 아슈마위는 무슬림형제단이 발행하는 주간지 「알
마바히스(al-Mabāhith)」(1950년 5월-1951년 1월)에서 하와리즈파의 '청렴함'
및 '하나님의 길 위에서의 분투'를 칭송한 바 있다.[16] 미첼이 관찰한
바에 따르자면, "18세기 후반의 와하브 운동 이후로 아랍 세계에도
불어든 개발의 물결 속에서 무슬림형제단은 근대의 이슬람이 처한
역경에 대처하고자 하는 조직 중 최초로 대중의 지지를 받았던 이들
이었으며, 동시에 본질적으로 도시 지향적인 이들이었다. 무슬림형
제단의 계보를 거슬러 올라간다면 한층 더 복잡한 일들이 드러나겠
으나, 초대 개혁운동들이 각기 가졌던 목표들은 일반적으로 한데 조
화를 이룬다."[17]

또한 무슬림형제단은 자말 알 딘 알 아프가니(1838-1897), 무함마
드 압두(1849-1905), 라시드 리다(1865-1935) 등 선대의 개혁가들을 존
경하면서도, 그들의 개혁이 이슬람을 전체성 안에서 바라보는 데 실
패했으며 때문에 부적절한 개혁이었다고 믿었다.[18] 알 반나는 자신의
아버지가 압두의 제자였던 데다가 그 자신도 리다의 「알 마나르(al-
Manar)」를 애독했음에도 불구하고, 무슬림형제단의 포괄적인 시각을
미처 견지하지 못했던 선대의 개혁가들에게 비판적인 태도를 보였다.

> 우리는 이슬람이 주는 양식과 가르침이 모든 것을 담고 있으며, 현세와 내세의
> 모든 인간사를 아우르고 있다고 믿는다. 이슬람의 가르침들이 오직 영적이
> 거나 의례적인 측면에만 머물러 있다고 생각하는 이들은 오류를 범하고 있는
> 셈이다. 이슬람은 민족(와탄watan)과 민족성, 종교와 국가, 정신과 행위, 성전

---

16 Ibid., 320n63.

17 Ibid., 321.

18 Ibid.

과 검 등에 대한 신앙이며 의례라고 믿어버리기 때문이다. (중략) 영광의 쿠란
은 (중략) [이것들이] 이슬람의 핵심이자 본질이라고 여긴다. [19]

필수적인 이슬람 전통을 유지하기 위하여 무슬림형제단은 모든 무
슬림들에게 스스로의 유산을 제대로 받아들이라고 촉구했다. 그러나
알 반나는 무슬림형제단에게 강성함과 순수주의를 물려주었으며, 그
의 추종자들이 모든 반대에 대하여 불관용을 내비치도록 만들었다.
미첼의 말에 따르자면, "이슬람으로의 회귀를 촉구하는 목소리와 그
활동주의적 기조는 그 자체로만 본다면 진정한 것이었다. 그러나 그
들이 물려받은 그대로를 복종해 따르고자 하는 데에서 유명무실함이
생겨나는 한편, 독실한 체하며 전능을 노래하는 데에서 독선이 자라
나 그 목소리를 더럽혔다."[20]

앞서 논한 바와 같이, 무슬림형제단은 행동 방식에 있어서 확고한
선호를 드러냈다. "우리는 지하드, 분투, 그리고 일함을 노래한다. (중
략) 우리의 메시지는 철학적인 메시지가 아니다."[21] 이들은 '계획' 대
'이데올로기'를 논했다. 무슬림형제단의 반주지주의적 성격에 대한
미첼의 냉혹한 판단은 새겨 들을 필요가 있다. "이들의 세계관에는
고전적인 이슬람 사상들이 전형적으로 보였던 근대적이고 대중적인
표현들이 반영되어 있었다. 알 반나는 신학과 수피 전통 모두에 깊이
빠져 있었으며, 양측 모두로부터 사상을 흡수해왔다. 또한 그의 가르
침에서는 비이성주의, 비주지주의적 특성이 드러난다. 이는 무슬림
사상의 한 측면으로도 관찰되어왔던 바다." 중요한 점은, "알 반나도,

---

19   Ibid., 322-323.
20   Ibid., 325.
21   Ibid., 326.

또 그의 운동도, 신학이나 철학으로부터 확연히 구분할 수 있을 만한 그 어떤 것도 보여주지 못했다는 점이다."[22]

프린스턴대학교의 정치학과 교수였던 고 맨프레드 할펀은 그의 이상하리만치 저평가된 저서 『중동 및 북아프리카 사회 변화에 관한 정치학(The Politics of Social Change in the Middle East and North Africa)』(1963)에서 무슬림형제단, 마우두디의 자마아티 이슬라미, 그리고 하크사르 운동이 1951년 파키스탄의 리아콰트 알리 칸 암살사건에 책임이 있다고 단호하게 지적했으며, 이슬람 세계의 다른 몇몇 조직들에게도 신이슬람(neo-islam) 전체주의자이자 파시스트라는 꼬리표를 붙였다.[23] 그 조직들이나 운동들의 전체주의적 성격은 극단적 민족주의와 대조해보면 더욱 명확하게 드러난다. 후자는 자신의 활동범위를 지리적으로 제한하는 데 비해서, 신이슬람 사상들은 이슬람이 보편적으로 결정적인 요소가 되어야 한다는 야망을 가지기 때문이다.

알 반나의 사위이자 무슬림형제단을 이끌었던 사이드 라마단에게 있어서 민족이란 곧 우상숭배적 개념이었다. "나에게 있어서 종교는 가족이나 부족보다 더욱 중요한 것이다. 나의 종교는 내가 집을 지을 첫 번째 나라다."[24] 그러므로 한때 무슬림들이 살았던 모든 국가들은 이슬람의 주권 아래로 다시 돌아와야 한다는 것이다. 『무슬림형제단의 요청(The Call of the Moslem Brotherhood)』에 따르자면,

> 무슬림 신앙은 쿠란의 교리에 자신의 영혼을 흠뻑 적신 모든 강인한 무슬림들
> 이라면 이슬람에 영혼을 흠뻑 적신 다른 모든 무슬림들을 지키는 것이 그들

---

22   Ibid., 326-327.

23   Manfred Halpern, The Politics of Social Change in the Middle East and North Africa (Princeton, NJ: Princeton University Press, 1963), 134, 135.

24   Ibid., 135.

의 의무라는 점을 명확하게 밝힌다. 그 교리가 전부다. 신앙에 사랑과 미움 말고 다른 것이 있던가? 이제 우리는 하나님의 깃발이 한때 이슬람 안에서 행복을 누렸던 모든 지역들에서 다시 한 번 높이 휘날리기를 원한다. (중략) 그러나 불행이 그들로부터 빛을 앗아갔다. (중략) 안달루시아, 시칠리아, 발칸 반도, 그리스 섬. 이 모든 곳들은 무슬림의 식민지이자 다시금 무슬림의 품으로 돌아와야 하는 곳들이다. 지중해와 홍해는 이전에 그리하였던 것처럼 무슬림의 두 강줄기가 되어야 한다. (중략) 이에 따라 우리는 (우리의 바람을 따를 것을) 전 세계에 요청하며 힘 있는 모든 사람들에게 이에 완전히 복종할 것을 요청하노니, 그곳에는 그 어떤 혼란도 없을 것이며 그 모든 종교는 모두 알라의 것이리라. [25]

할편은 신이슬람 전체주의 운동들이 "열정과 폭력을 동원해 카리스마적 지도자의 권력과 운동 내부의 연대를 강화하는 데 집중하기 때문에 파시스트나 다름없다"고 설명한다. "이들은 무엇보다도 물질적 진보가 곧 정치적 확장을 위한 힘을 축적해줄 최고의 수단이라고 보았으며, 개인이나 사회의 자유를 완전히 부정했다." 또한 이 운동들은 "영웅적인 과거를 (중략) 위해 싸우는" 한편으로 "그들 과거의 근원이나 현재의 문제들에 대한 모든 자유로운 비판적 분석들을 억압한다." [26]

영국의 역사학자 고 노만 콘의 연구 [27]에 따르자면, 할편은 중동의 파시스트 운동과 군사적, 사회적 천년왕국설 간의 유사성을 처음으

---

25 The Call of the Moslem Brotherhood, Cairo, October 1938; quoted in Halpern, Politics of Social Change, 147 – 148.

26 Halpern, Politics of Social Change, 135 – 136.

27 Norman Cohn, The Pursuit of the Millennium: Revolutionary Millenarians and Mystical Anarchists of the Middle Ages (London: Secker & Warburg, 1957).

로 지적했다.[28] 근대 초기 서유럽에서 나타난 특정 종교-정치적 운동인 천년왕국설(미래의 어느 날 예수가 재림하여 천 년간 이 세상을 다스릴 것이라는 교리)은 프랑스의 신보수주의자 로랑 무라위엑를 통해 주장된 바있다.[29]

신전체주의 운동들은 과거를 부활시키고자 분투하는 집단에 개인들이 자신의 운명을 동화시킬 것을 촉구한다. 신전체주의 운동은 곧 운동원들의 삶 그 자체가 된다. 근대성을 견딜 수 없었던 신이슬람전체주의자들은 '허무주의적 공포, 간계, 욕정을 통해' 자신들의 계획을 추구했다.[30]

지도자는 완전한 복종을 요구하며, 운동원들은 자신의 개인성을 완전히 잃는다. 개인들은 '권력과 감정, 그리고 생활방식이 그 자체로 추종자들의 동경의 대상이 되는' 지도자와 자신을 완전히 동일시하며, 이를 통해 "니힐리즘식 감정에 도취된다. 다시 말하자면, 자기자신을 희생하고자 하는 의지가 희생의 본래 목적이나 대상보다도 더 중요해지는 것이다. 실험체마냥 죽음에 내던져진 이들은 스스로가 순교자로서 죽음을 맞이한다는 환상을 가지고 있었다."[31] 집회에서는 다음의 노래가 끊임없이 불렸다.

하나님은 우리의 목적!

예언자는 우리의 지도자!

쿠란은 우리의 헌법!

성전은 우리의 길!

---

28   Halpern, Politics of Social Change, 136.
29   Murawiec, Mind of Jihad.
30   Halpern, Politics of Social Change, 140.
31   Ibid., 142.

하나님을 섬기다 맞이하는 죽음은 우리의 최고 희망!

하나님은 가장 위대하신 분, 하나님은 가장 위대하신 분!

배타주의와 비관용, 개인의 희생에 기울어 있으며, 어려운 질문들에 대답하거나 반대를 용납하지도 못하던 이들의 신이슬람 전체주의 운동은 폭력 이외에는 달리 기댈 곳이 없었다.

제18장

아민 알 후세이니와 나치

『나치, 이슬람주의자, 그리고 근대 중동의 형성(NAZIS, ISLAMISTS, and the Making of the Modern Middle East)』(2014)에서 배리 루빈과 볼프강 슈와니츠는 대 무푸티 하즈 아민 알 후세이니(1895-1974, 엘 후세이니라고도 함)가 근대 아랍과 이슬람주의 정치학의 형성에 있어서 중요한 역할을 담당한 인물이라고 설득력 있게 논했다. 후세이니는 1950년대부터 1960년대 사이 이슬람주의 운동이 살아남는 데 주요 역할을 담당했으며 그 덕분에 이슬람주의 운동은 1970년대 들어 부활하여, 21세기 초까지 이란과 터키를 포함한 대부분의 아랍어권 세계와 이란에서 패권을 획득할 수 있었다.[1] 이것만으로도 알 후세이니가 이 연구에 포함된 이유를 방증할 수 있겠으나, 알 후세이니와 나치 간의 협력 또한 반드시 살펴보아야 하는 요소다. 최근 이들의 관계는 마티아 쿤젤[2]을 필두로 한 학자들에 의해 잘못 해석되고 있다.

---

1 Barry Rubin and Wolfgang G. Schwanitz, Nazis, Islamists, and the Making of the Modern Middle East (New Haven, CT: Yale University Press, 2014), 87.

2 Matthias Küntzel, Jihad and Jew-Hatred: Islamism, Nazism and the Roots of 9/11 (New York: Telos Press Publishing, 2009).

쿤젤과 같은 역사학자들은 근대 이슬람의 반유대주의가 전적으로 나치에서 비롯되었다고 주장한다. 그러나 루빈과 슈와니츠는 알 후세이니 및 알 반나, 사이드 쿠틉, 아야톨라 호메이니와 같은 후대 이슬람주의자들이 자신들의 배경과 전통, 교리들을 통해 그들의 반유대주의를 확산시켰다고 반복해서 강조한다. 알 후세이니는,

> 나치 정부보다도 먼저 제노사이드를 옹호했다. 1937년 그는 전 세계 모든 무슬림에게 보내는 호소문을 통해 그들 땅의 유대인들을 청소해야 한다고 촉구했으며, 이 글은 이듬해인 1938년 독일어로 번역되었다. 중동의 모든 유대인들에 대하여 무력을 사용해야 한다고 촉구하면서, 알 후세이니는 히틀러와 평행선상에 놓인 교리를 펼치는 한편, 이후 극단적 아랍 민족주의자들과 이슬람주의자들이 오늘날까지도 사용할 반유대주의 논의의 기초를 닦았다. 반세기가 지난 이후에도 하마스, 헤즈볼라, 이란 정권, 무슬림형제단, 알 카에다 등이 행하는 모든 설교와 연설들에는 알 후세이니의 선언문에 드러난 요점들이 그대로 반복되고 있다.[3]

루빈과 슈와니츠는 그들의 분석을 통해 알 후세이니가 "유대인에 대한 이슬람의 전통적인 혐오를 근대 정치개념의 틀을 이용한 논의와 결합시켰다"고 설명한다.[4] 그는 쿠란과 시라, 하디스를 끊임없이 인용하면서, "유대인들은 저주받았으며 악하다. 그들은 이집트 국민들을 착취하다가 이집트에서 축출되었다. (알 타바리를 인용하면서) 그들은 모세를 죽이려고 했다. 그들은 그 죄악으로 인해 하나님께 벌을 받았다. 그들은 질병을 퍼트린다. 그들은 무함마드를 혐오했으며, 그

---

3   Rubin and Schwanitz, Nazis, Islamists, 94 – 95.
4   Ibid., 95.

의 명예를 해하고자 했고, 마침내는 그를 독살하고자 했다. 그들은
이슬람을 파괴하기 위한 존재들이다"라고 주장했다. 대 무푸티의 통
렬한 비판은 다음과 같이 마무리된다.

> 전 세계 모든 무슬림 형제들에게 소개하노니, 유대인들이 결코 부정할 수 없
> 는 역사와 진실한 경험이 존재하노라. 쿠란과 하디스의 구절들은 유대인이 이
> 슬람의 가장 커다란 적이었음을 증명하고 있으며 이들을 파괴하고자 계속해서
> 노력한다. 그들을 믿지 말지어다. 그들은 오로지 위선과 간교한 속임수밖에 모
> 르는 자들이다. 단결하여 이슬람 사상을 위해, 너의 종교를 위해 싸우고 너의
> 존재를 위해 싸우라! 너희의 땅이 유대인으로부터 자유로워지기 이전에는 멈
> 추지 말지어다. 펠레스타인은 수세기 동안 아랍의 땅이었으며 앞으로도 아랍
> 의 땅으로 남아 있어야 할지니, 너희는 분리정책을 용인하지 말라. 5

루빈과 슈와니츠는 다음과 같이 결론짓는다.

"알 후세이니와 그의 동료 극단주의자들이 단순히 유럽의 유대주의
를 들여왔다거나 나치당의 영향을 받았다고 해석하는 것은 틀린 견해
다. 두 집단의 사상들은 각각의 역사와 정치 문화를 배경으로 평행을
이루며 발전했다. (중략) 두 집단은 공동의 관심사와 유사한 세계관을
바탕으로 하나가 된다."6

1944년 10월, 알 후세이니는 한 연설에서 나치를 위해 싸우는 보
스니아 SS사단의 이맘들을 상대로 다음과 같이 말했다. "쿠란의 3분
의 1 정도는 유대인을 다루고 있다. 쿠란은 모든 무슬림들로 하여금

5 Andrew G. Bostom, The Mufti's Islamic Jew-Hatred: What Nazis Learned from the 'Muslin Pope' (Washington, DC: Barvura Books, 2013), 25–33.
6 Rubin and Schwanitz, Nazis, Islamists, 95.

유대인으로부터 스스로를 방어할 것이며, 어디에서든지 그들을 만난
다면 그들과 싸울 것을 촉구하고 있다."[7]

알 후세이니, 이슬람, 그리고 폭력

전반적으로 보았을 때, 알 후세이니는 스스로 나치 및 제2차 세계대
전의 패전 세력과 결탁했으며 한편으로는 1948년 이스라엘에 대한
아랍의 수치스러운 패배에도 관련이 있다는 이유로, 그가 근대적이고
폭력적인 아랍의 극단주의 운동들의 아버지나 다름없었다는 사실은
다소 간과되는 경향이 있다. 그는 팔레스타인 조직과 다소 과하게 동
일시되었으나 실제로는 국제적인 아랍 극단주의 세력, 즉 이슬람주의
자와 민족주의자 양측 모두의 지도자였다. 민족주의자 세력이 득세했
을 때에도, 알 후세이니가 양 집단 모두와 조화를 이루었다는 사실은
다시 한 번 잊혀졌다. 또한 앞서도 살펴보았듯 알 후세이니는 1950년
대와 1960년대 이슬람 근본주의의 생존을 이끌었으며 1970년대 근
본주의의 부흥에도 한몫을 더한 바 있다.[8]

　여러 무슬림 국가 내의 무슬림들은 알 후세이니를 지도자로 인식
하고 있었으며, 그의 본거지인 예루살렘으로 와 자신들의 존경심을
표했다. 또한 그는 무함마드 무스타파 알 마라기를 통해 무슬림형제
단과도 긴밀한 연락을 취하고 있었다. 1931년, 알 후세이니는 예루
살렘에서 총이슬람의회(General Islamic Congress)를 조직했으며 곧이어
그를 회장으로 하는 이슬람세계회의(Islamic World Congress)의 형성이 뒤
를 이었다. 세계 각지의 지부에서 예루살렘 본부를 위한 기금을 조달
했다.

7　다음에서 인용. Bostom, Mufti's Islamic Jew-Hatred, 19.

8　Rubin and Schwanitz, Nazis, Islamists, 87.

알 후세이니는 초반에는 통일된 강력한 국가를 건설하는 데 주력하면서 민족주의자인 면모와 이슬람주의자적인 면모를 동시에 보임으로써, 당시 세속적 민족주의를 받아들일 준비가 되어 있지 않던 종교 지향적 대중의 지지를 끌어모았다. 그는 또한 나치에게 자신이 전 세계 무슬림들과 아랍인들의 지도자임을 피력했다. 이 단계에서 알 후세이니와 극단주의 조직들이 사용했던 가장 주된 전술은 "호전성을 정당성의 증거로 만드는 일이었다. 가장 극단적인 입장이 곧 가장 정당한 주류로 받아들여졌다. 상대적으로 온건한 그 모든 것들은 곧 이슬람과 아랍 국민들에 대한 반역으로 여겨졌다. 이러한 원칙을 세운 알 후세이니와 그의 동맹 세력들은 아랍 정부들을 협박하고 위협하면서, 서구와 타협하고자 하는 이들이 있거나 후세이니 세력의 목적에 반대하는 이들이 있다면 그자들의 명예를 추락시키거나 심지어는 그들을 암살할 것을 종용했다."[9]

알 후세이니는 또한 팔레스타인 문제를 다루는 데에도 의지대로 영향력을 행사할 수 있었다. 그와 그의 동맹 세력은 이제 모스크에서 설교를 행하면서, 열렬한 연설과 '군중에 대한 위협 및 시위'를 통해 대중에게 입김을 미쳤다.[10] 알 후세이니는 또한 영국인들과 미국인들은 악마이자 이슬람의 적이라고 가르쳤으며, 곧 독일이 전 세계를 지배하게 될 것이라고 추종자들을 확신시켰다. 그 결과 팔레스타인의 아랍인들과 시리아, 이라크 민족주의자들, 그리고 이집트의 이슬람주의자들이 히틀러 정권과 동맹을 맺게 되었다.

이전의 독일-오스만 동맹이 "오스만 제국의 현상을 유지하는 한편 라이벌들의 식민지를 파괴하는 것을 목적으로 만들어진 것"이라면,

---

9   Ibid., 89.
10   Ibid., 90.

"나치와 아랍 민족주의자 및 이슬람주의자들 간의 새로운 동맹은 (중략) 중동 전역에 혁명적인 정치·사회적 변화를 일으키기 위함이었다."[11] 정치적 비타협성과 폭력을 동반한 극단주의자들은 확실히 이와 같은 강경 노선이 성공할지에 대해 의구심을 가지는 지도자들이나 온건파 정치인들과 다소 들어맞지 않는 부분이 있었다.

그러나 알 후세이니는 알라가 무슬림의 편이며 그렇기 때문에 결국에는 그들이 승리하리라고 믿었다. 막대한 영향력을 행사하던 알 후세이니의 전략이 어떻게 중동의 미래를 결정하게 될지가 드러나는 대목이었다. "알 후세이니와 그 동지들이 보였던 기초적인 견해들은 압드 안 나시르, 아라파트, 알 아사드 가문, 알 카다피, 사담 후세인, 빈 라덴 등의 지도자들이 보였던 행보는 물론, 호메이니나 마흐무드 아흐마디네자드와 같은 이란의 이슬람주의자들을 통해서도 계속해서 이어졌다."[12]

알 후세이니는 히틀러의 지원을 약속받는 조건으로 독일에서 이주해오는 유대인들을 막았으며, 같은 방식으로 연합국과도 협상했다. 독일에서 빠져나오려면 팔레스타인으로 이주하는 수밖에 없었기 때문이다. 영국은 대 무푸티와 아랍 세계로부터의 애매모호한 지지를 유지하기 위하여 팔레스타인으로의 유대인 이주를 막을 수밖에 없었다. 따라서 알 후세이니는 홀로코스트에 대한 그의 역할을 정당하게 다할 수 있었다.

나치 독일은 중동 지역에서 체계적인 캠페인을 벌이면서 각국 엘리트 인사들에게 친나치적이고 반유대주의적인 정서를 불어넣었다. "베이루트와 바그다드, 카이로와 예루살렘, 카불과 테헤란, 트리폴리

---

11   Ibid., 91.
12   Ibid., 92.

와 튀니스 등에서 나치당 지부들이 군인 및 SS정보요원, 회사원과 학자들을 조직화해서 히틀러 정권의 영향력을 퍼트렸다. 알렉산드리아와 포트사이드, 하이파와 야파, 아다나, 앙카라, 이스탄불, 이즈미르 등의 지역에도 나치당 지부가 설치되었다."[13] 무슬림형제단, 파시스트였던 젊은이집트당, 팔레스타인 내의 알 후세이니 세력 및 이라크와 시리아 등지의 여러 집단을 포함한 수많은 이슬람주의자 및 민족주의자 단체들을 지원해주면서 이데올로기적으로 사용하는 것이 나치당의 정책이었다.

이란에서 독일식 훈련의 수혜를 받았던 학생들 가운데에는 훗날 주요 극단적 이슬람주의 지도자이자 알 후세이니의 가장 가까운 협력자로 자라나는 나와브 사파비도 있었다. 그러나 독일의 영향력이 가장 거세게 미친 곳은 다름 아닌 이라크였다. 당시 이라크 민족주의자들은 경제 발전을 위한 도움을 구하고 있었기 때문이다. 하산 알 반나는 1939년 독일 국방부의 첩보국 아프베어를 위해 일하면서 달마다 1,000이집트파운드를 받았으며, 그 이전에도 카이로의 독일 뉴스국을 위하여 일했던 것으로 추정된다.[14]

1940년 6월, 전쟁이 독일에게 유리하게 돌아가는 듯하자 알 후세이니는 당시 터키 주재 독일 대사였던 프란츠 폰 파펜에게 편지를 써 지지를 보낼 것을 약속했다. 다른 민족주의자들과 달리 알 후세이니는 이슬람 칼리프 왕국을 꿈꿨으며 자신이 그 칼리프 자리에 올라 전 이슬람 움마를 다스리고자 했다. 그의 단기적인 목표는 시리아와 레바논, 팔레스타인, 요르단, 이라크를 포함한 완전 독립국을 형성해 통치하는 것이었다. 이미 아랍어권 세계와 극동의 무슬림 국가들 전

---

13   Ibid., 110.
14   Ibid., 118.

역에서 대중적인 네트워크를 형성하는 데 성공했던 알 후세이니는 이제 민족주의자들과 이슬람주의자들을 한데 통합해야만 했다.[15]

1941년 3월, 히틀러는 알 후세이니를 전 중동 지역 무슬림에 대한 사실상의 지도자라고 인정했으며, 아랍 세계를 가리켜 고대 문명이라고 칭송하면서 대 무푸티에 걸맞은 총체적인 지원을 보내주었다. 독일은 알 후세이니에게 10만 라이히스마르크[16]를 지원했으며, 그 이후로도 이탈리아 정부와 독일 정부가 반반씩 부담하여 매달 2만 라이히스마르크를 지원했다.[17]

이제 친나치 세력이 중동에서 떠오르기 시작했다. 1940년 11월에는 파시즘과도 긴밀하게 관련되어 있는 범아랍 민족주의자 정당, 바스당이 설립되었는데, 정당 설립자들은 알프레드 로젠베르그가 1930년에 써낸 극단적인 반유대주의 논문, 「20세기의 신화(Der Mythus des 20. Jahrhunderts)」에 크게 영향을 받았다.

루빈과 슈와니츠가 지적하듯, 히틀러와 알 후세이니는 모두 각자 국가와 문명의 안녕을 위협하는 가장 큰 적이 유대인이라고 보았다.

> 이슬람주의자에게 유대인 및 다른 신앙심 없는 자들에 대한 적대감은 본래 무슬림의 성서들을 읽는 데서 비롯된 것이지만, 근대 들어서는 1924년의 칼리프 체제 폐지가 전환점으로 손꼽힌다. 칼리프 체제가 수세기 동안 제대로 작동하지 않았다는 사실을 무시해버린 알 후세이니는 이슬람 고유의 전 지구적 유대를 해산시키는 일이 너무나 위험한 일이며, 특히 영미발 민주주의 및 그들의 '유대인 옹호자들'과의 충돌을 고려해본다면 더욱 그러하다고 주장했다. (중략)

---

15 Ibid., 119.
16 1930년대 당시 1라이히스마르크는 미화로 4.2달러였다. 따라서 10만 라이히스마르크는 42만 달러다.
17 Ibid., 127.

그러므로 히틀러와 나치가 독일인과 '아리아인' 전반의 운명에 대하여 유대인을 비난하는 한편으로, 알 후세이니와 극단적 민족주의자들 및 이슬람주의자들 또한 아랍과 무슬림들의 운명을 두고 똑같은 짓을 벌였던 것이다. 이들에게는 나치가 그 사상을 가르칠 필요도 없었다. 이들은 이미 자신들의 종교적, 문화적, 역사적 전통에서 가져온 요소들로 이야기들을 완성한 후였다. 18

알 후세이니는 팔레스타인 내의 유대인들을 격파하기 위해 히틀러의 도움을 요청했으며, 유대인들이 독일을 떠나지 못하도록 막아달라고 간청했다. 히틀러는 1933년부터 1941년까지 총 53만 7천 명의 유대인들이 독일을 벗어나도록 놔두었으나, 알 후세이니의 반유대주의적 발언 및 유대인을 제거한다는 그의 '신선한' 주장에 따라 히틀러는 '유대인 문제에 대한 최종 해결책'을 준비하기로 결심했다.[19]

극단적 무슬림의 진정한 영웅

세계대전 이후에도 알 후세이니는 전범으로 기소되는 것을 피할 수 있었다. 서구 세력들이 그를 처벌했다가 자칫 중동 내 지정학적 위상이 떨어질까 걱정했기 때문이었다. 무슬림형제단을 위시한 아랍 세계에서는 알 후세이니가 과거에 보여준 극단주의를 이유로 들어 그가 진정한 무슬림 영웅이라고 떠받들었다. 알 반나가 쓴 글을 보자.

(알 후세이니가) 어디를 가든 그 길에는 이슬람과 아랍의 영광을 위하여 그가 들인 노고에 감사하는 환영 인사가 줄지어 기다리고 있어야 한다. (중략) 그는 영웅이요, 인간의 기적이다. 아랍의 젊은이들, 내각의 장관들, 부유한 자들, 팔

---

18   Ibid., 158, 159.
19   Ibid., 162.

레스타인과 시리아, 이라크, 튀니지, 모로코, 트리폴리의 왕자들이 이 영웅과
어깨를 나란히 하기 위해 어떠한 일을 행할지 알게 되기를 바란다. 그렇다, 이
영웅은 히틀러와 독일의 도움을 받아 제국에 대항하고 시오니즘과 맞서 싸웠
다. 독일과 히틀러는 사라졌지만, 아민 알 후세이니는 그의 싸움을 계속할 것
이다.[20]

이집트로 돌아온 알 후세이니는 계속해서 이슬람의 이름을 앞세워
그의 싸움을 이어 나갔다. 나치 협력자였던 알 카우크지, 압드 알 카
디르 알 후세이니, 살라마 등도 알 후세이니의 군사령관으로 활약했
다. 1939년, 나치는 아랍에게 이집트 사막에 숨겨져 있던 무기들을
보냈다. 알 후세이니가 무슬림형제단의 도움을 받아 이 무기들을 수
리했으며, 이후 성전부대(알 지하드 알 무카다스al-Jihad al-Muqaddas)를 훈련
시키는 데 사용되었다. 성전부대를 조직한 압드 알 카디르는 이라크
내 리비아 국경 부근의 비밀 훈련 캠프에서 친나치 전투원으로 싸웠
던 바 있다.

알 카디르는 1948년 팔레스타인 전쟁에서 알 후세이니의 주력 부
대를 이끌다가 전사했다. 그러나 알 후세이니는 아랍 지도자들에게
그의 타협 없는 입장을 받아들이라고 계속해서 종용했다. "알 후세이
니와 그가 이끌던 운동처럼, 팔레스타인 문제와 관련하여 비타협적
인 태도나 전쟁을 밀어붙이던 이들은 대부분 나치에 협력했던 자들
과 같은 극단적 아랍 및 이슬람 세력 출신이었다. 이집트와 시리아의
무슬림형제단은 물론이며, 시리아 및 이라크 등지의 군사적 민족주
의와 이슬람주의자들이 그 주인공들이었다."[21]

---

20 다음에서 인용. Ibid., 199.
21 Ibid., 201.

1948년 비교적 신생국이었던 이스라엘에 아랍이 처참하게 패배하자, 알 후세이니는 이후 25년간의 여생을 모두 바쳐 극단적 이슬람주의를 흥왕시키는 데 헌신했다. 서구나 이스라엘에 대해서뿐만 아니라, 나아가 아랍 민족주의자들에게까지도 복수하는 것이 그의 목표였다. 후세이니는 운동의 명맥을 계속해서 이어나갔으나, 이따금씩 전 파트너였던 극단적 민족주의들에게 무자비하게 진압되었다. 더 이상 이들 간의 협력은 불가능해 보였다. 알 후세이니는 1951년 카이로에 지하드요구연맹(League of Jihad Call)을 설립했으며, 그 과정에서 무슬림형제단 및 파시스트 젊은이집트당과도 다시 한 번 유대관계를 형성했다.

통합을 위한 노력들

이스라엘과 모종의 평화를 도모했던 요르단이나 레바논 등의 온건파 지도자들이 암살당한 배후에 알 후세이니가 있었다는 데는 의심의 여지가 없다. 그는 또한 이슬람으로 개종시킨 기존 나치 당원 여러 명이 중동에서 새로운 신분과 직업을 가지고 살아갈 수 있도록 도왔다(4천여 명에 가까운 독일 전범들이 중동으로 탈출해왔다는 사실은 거의 잊힌 상태다. 남아메리카로 도주한 독일 전범은 180명~800명 사이로 훨씬 적다).

알 후세이니는 1949년부터 1952년 사이 이슬람세계회의의 연례 집회를 열어 파키스탄과도 계속해서 연락을 이어 나갔다. 이란에서는 전 나치 당원이었던 나와브 사파비 등의 이슬람주의자들과의 관계를 더욱 공고히 했다. 1953년 동예루살렘의 이슬람세계회의에서 알 후세이니는 이란의 주요 이슬람 성직자였던 압드 알 카심 알 카사니와 극단적 이슬람주의자 조직 페다이야니 알 이슬람(Fidaiyyun al-Islam)의 지도자 사파비를 만나 격려를 도모했다. 알 후세이니는 한때 본인 및 무슬림형제단과도 일했던 이집트인 사이드 라마단과도 다시 한 번 우정을 회복했다. 무슬림형제단의 주요 사상가이자 이후 근대 이슬람주의 이데올로기의 대부가 되는 사이드 쿠틉 역시 여기에서 등장했다.

사파비의 처형, 카사니의 정치계 은퇴, 쿠틉의 투옥 및 처형 등으로 이슬람주의 조직들은 잠시간 후퇴하는 모습을 보였다. 그러나 알 후세이니가 혁명과 폭력의 씨앗을 뿌렸다는 것만큼은 명백한 사실이다. "카사니의 제자 중 한 명이 바로 호메이니였다. 사파비는 이란의 혁명적인 테러리스트 이슬람주의자 집단들에게 본보기가 되어주었다. (중략) 무슬림형제단 및 본체보다 한층 더 과격한 파생 집단들, 그리고 20세기 및 21세기 초를 살았던 모든 혁명적 이슬람주의자 집단들은 모두 알 후세이니와 쿠틉의 혁신적인 사상에 큰 빚을 지고 있다."[22]

무슬림형제단이 이집트의 정권을 잡기 직전이었던 2011년, 이슬람교도이자 서구에서 생활하는 저명한 지식인 타리크 라마단은 「뉴욕타임스」의 특별 기고문을 통해 무슬림형제단 소속이자 그 지도자였던 자신의 할아버지가 절대로 나치의 협력자가 아니었다고 논했다. 그는 심지어 무슬림형제단이 1930년대와 1940년대 동안 '영국식 의회 체제'를 모방하고자 했던 반-파시스트 기관이라고 주장하기까지 했다. 그러나 루빈과 슈와니츠는 조심스럽게 다른 의견을 내놓는다.

> 무슬림형제단은 제2차 세계대전이 발발하기 이전부터 나치당에게 자금과 무기를 제공받았음이 확실하다. 독일과 알 후세이니 간의 협력 속에서 이들은 독

---

22   Ibid., 206.

일군의 이집트 점령은 물론 카이로의 유대인과 기독교인들을 죽이는 것까지
지원하기 위한 폭동을 계획했다. 이 계획이 실패한 유일한 이유는 영국인들이
독일을 사전에 차단했으며 킹 파루크에게 정부 내 친독일 정치인들을 쫓아내
라고 강요했기 때문이다. 무슬림형제단의 캠페인 중에서는 21세기 초반 자신
이 온건파 집단이었다는 기록을 남기는 일이 있는데, 이는 역사를 다시 쓰는
일이나 다름없었다. 23

하산 알 반나의 사위이자 타리크 라마단의 아버지였던 사이드 라
마단은 1953년 알 후세이니와 함께 CIA에게 지목되었다. 라마단은
후세이니의 대리인처럼 행동하면서 이란의 알 카사니에게 전갈을 실
어 날랐다.

이후 알 후세이니는 "사이드 라마단을 그의 후계자로 선택해 유럽
에 바탕을 둔 이슬람주의 운동들을 이끌도록 했다."24 그는 알 후세
이니의 프로테제였으며, 궁극적으로는 대 무푸티의 '이슬람주의 네
트워크, 재정적 기반, 그리고 스위스 및 여러 곳에 위치한 제도적 자
산' 등을 물려받게 될 이였다.25 알 후세이니는 스스로 세계무슬림회
의의 사무국 일원이 되었으며, 그로부터 2년 후에는 사무총장 자리
에도 올랐다. 라마단은 시리아로 이주했으나 그 이후에도 알 후세이
니 및 무슬림형제단을 위해 계속해서 일했다. 알 후세이니는 시리아
무슬림형제단의 사상들을 실어 나르던 그의 잡지 「알 무슬리민(al-
Muslimin)」을 재정적으로 지원한 바도 있다.

아랍의 민족주의 정권들이 이슬람주의자들을 박해하기 시작하자,

---

23 Ibid., 234.
24 Ibid., 233.
25 Ibid., 248.

이슬람주의자들은 유럽으로 후퇴해 이슬람 프로파간다 캠페인을 끈질기게 벌이면서 모스크를 건설하고, 이슬람 기관들을 설립하며, 무슬림 협회 및 신문사 등을 장악하기 시작했다. 수십 년에 이은 사이드 라마단의 노력과 활동 끝에 2000년에 이르러서는 무슬림형제단 단원들이 다수의 이슬람 공동체를 이끌게 되었다.

라마단은 특히 시리아 태생의 알리 갈리브 히마트와 우즈베키스탄 출신의 누르 아드 딘 나만자니가 장악한 뮌헨 모스크를 유지하는 데 큰 공을 들였다. 1973년 히마트가 실권을 넘겨받자 라마단은 제네바로 가 사우디아라비아의 재정 지원과 함께 제네바이슬람센터를 세울 수 있었다. 런던에도 비슷한 센터가 등장했지만, 뮌헨 센터가 계속해서 이슬람주의 및 서독 내 무슬림형제단의 가장 중요한 거점 역할을 담당했다.[26]

나치와 무슬림형제단, 혹은 모든 이슬람주의 운동들 간에는 이데올로기적 유사성이 두드러지게 나타났으며, 나치와 무슬림형제단 간의 협력 관계 때문에 한층 더 유사해지고 있었다. 주요 이슬람주의 사상가들의 선언문이나 성명서를 비교해본다면 알 후세이니를 포함한 다른 이들과의 유사성이 드러나는 것을 알 수 있다. 한 예시로, 사이드 쿠틉은 다음과 같이 썼다.

> 유대인들은 실로 악행으로 돌아갔으니, 알라께서는 우리에게 그들을 누를 권력을 주셨다. 그러므로 무슬림들은 전 아라비아 반도에서 그들을 추방한 것이다. (중략) 이후에도 유대인들은 또다시 악행으로 돌아가며, 알라 또한 다른 종들을 보내 그들을 대하게 하시는 일이 근대에까지 이어졌다. 이후 알라는 그들

26　Ibid., 249.

에게 히틀러를 보내 그들을 지배하게 하셨다. 그리고 다시 한 번 오늘날의 유대인들은 '이스라엘'이라는 이름의 악행으로 돌아와 그 땅의 주인, 아랍인들에게 슬픔과 비애를 안겨주고 있다. [27]

수많은 이슬람주의자들에게 홀로코스트는 신성한 허가를 받은 행위였다.

---

[27] Ronald L. Nettler, Past Trials and Present Tribulations: A Muslim Fundamentalist's View of the Jews (Oxford: Pergamon Press, 1987), 86 – 87; quoted in Rubin and Schwanitz, Nazis, Islamists, 251.

제19장

사이드 쿠틉

사이드 쿠틉은 현대의 수많은 이슬람 테러리스트들에게 가장 큰 영향을 미치고 있는 것으로 간주되는 걸출한 사상가다. 그는 오늘날 이슬람 사회의 문제들을 불러온 원인들에 대한 자신의 논의를 펼치면서, 이슬람의 영광을 회복하기 위한 논리정연한 해결책들을 제시했다. 그는 서구와 서구의 '타락한' 가치들을 경멸했으며, 민주주의를 가리켜 인간이 만든 법의 독재라며 혐오했다.

쿠틉은 1906년 이집트 중부에서 태어나 그곳에서 학교를 다녔으며, 어린 나이부터 그의 아버지가 이끌던 반영 이집트 민족주의자 정치활동에 참여했다. 이후 그의 가족은 카이로로 이주하였는데, 그곳에서 그는 사범대학을 다닌 후 결국 교육학 학사를 취득한다. 쿠틉은 교육부에 입부해 일하면서 1940년부터 1948년까지 교육부 장관을 지냈다. 쿠틉은 문학, 특히 시문학을 사랑했으며 스스로를 문인이라고 여겼다. 그는 여러 소설 및 단편들을 집필했으나, 1945년 이후로 쿠틉의 글은 정치적 문제들에 집중되기 시작했다. 1948년, 그는 미국으로 가 미국의 교육 체계에 대해 공부했으며 노던콜로라도대학교

사범대학원에서 교육학 석사를 취득한다. 그는 뉴욕과 샌프란시스코 및 여타 여러 도시에서도 시간을 보냈다.

쿠틉은 콜로라도 주 그릴리 시에서 체류한 경험 또한 글로 써냈다. NPR의 〈올 싱스 컨시더드(All Things Considered)〉 선임 진행자 로버트 시걸의 말에 따르자면 이 마을은 '음주가 금지될 만큼 매우 보수적인 도시'였다. "그릴리 시는 유토피아를 꿈꾸던 이상주의자들이 덴버 북부의 메마른 땅에 개관 시설을 설치해 꾸린 정원과도 같은 계획도시였다. 그릴리 시를 세운 이들은 그 어떤 기록들을 보더라도 온화하고, 종교적이며 평화로운 인물들이었다고 한다."[1]

쿠틉은 점잖은 교회 무도회 한 곳에 참석했다가 그곳에서 성적 난잡함과 이성 간의 뒤섞임을 목격하고는 경멸에 빠진 적도 있다. 그의 이슬람적 감수성이 다시 깨어난 셈이다.

> 미국인 소녀들은 그녀들의 몸이 사람을 유혹할 수 있다는 사실을 잘 알고 있다. 그녀는 자신의 얼굴에, 표정이 담긴 눈과 메마른 입술에 유혹이 걸려 있음을 안다. 둥그런 가슴과 꽉 찬 엉덩이, 맵시 있는 허벅지와 매끈한 다리에도 걸려 있음을 잘 알고 있다. 그녀는 이 모든 것을 숨기지도 않고 모두 내보인다. [2]

교회 목사가 무도회장의 조명을 어둡게 만들었을 때에는 그 모든

---

1   Robert Siegel, "Sayyid Qutb's America: Al Qaeda Inspiration Denounced U.S. Greed, Sexuality" May 6, 2003, All Things Considered, NPR, http://www.npr.org/templates/story/story. php?storyId=1253796.

2   다음에서 인용. Robin Wright, Dreams and Shadows: The Future of the Middle East (New York: Penguin Press, 2008), 107. Wright is quoting Qutb's essay, "The America I Have Seen: In the Scale of Human Values," 1951, available at https://archive.org/stream/SayyidQutb/The%20America%20I%20have%20seen_djvu.txt.

상황의 부도덕성이 한층 더 심각해졌음은 물론이다!

쿠틉은 그가 목도한 인종차별에 대해서도 항의했다. 그러나 본인 또한 '재즈' 음악에 대하여 다음과 같이 인종차별적인 비난을 쓴 바 있다. "이 음악은 니그로들이 자신들의 원시적인 성향을 만족시키기 위해 개발한 음악이며, 시끄럽게 굴기 위한 한편으로 짐승적인 기질들을 자극하기 위한 음악이다."[3]

쿠틉은 역사에 대한 해박한 지식의 소유자였던 것으로 알려져 있으나, 미국의 역사는 완전히 왜곡해 말하고 다녔다. 시걸의 보도에 따르자면 "그는 그의 아랍계 지도자들에게 (미국의 역사가) 원주민들과의 피 튀기는 전쟁으로 시작되었다고 말하면서, 그 전쟁이 1949년 당시에도 이어지고 있다고 주장했다." 또한 독립 이전의 미국인 식민주의자들은 라티노들을 남쪽으로 밀어내 중앙아메리카에 이르게 만들었다고 썼다. 미국인 식민주의자들 그 자신도 미시시피강 서쪽으로 넘어가지 않았는데 말이다. (중략) 그 이후에는 쿠틉이 '조지 워싱턴이 이끈 파괴적인 전쟁'이라고 묘사한 미국 혁명이 발생했다.[4]

1951년 이집트로 돌아온 쿠틉은 무슬림형제단에 가입한 후 형제단 집회에 자주 출석하였다.[5] 그를 비롯한 다수의 단원들은 이집트 내 영국 세력의 존재를 반대하고 있었으며, 이에 따라 처음에는 식민 지배를 종식시키고 가말 압델 알 나세르에게 권력을 가져다주었던 1952년의 쿠데타에 열광하였다. 그러나 나세르는 본질적으로 세속적인 인물로, 이집트에 이슬람국가를 세우려고 하지는 않았다. 오

---

3 다음에서 인용. James A. Nolan Jr., What They Saw in America (Cambridge and New York: Cambridge University Press, 2016), 196.

4 Siegel, "Sayyid Qutb's America."

5 Albert J. Bergesen, "Sayyid Qutb in Historical Context," in The Sayyid Qutb Reader: Selected Writings on Politics, Religion, and Society, ed. Albert J. Bergesen (London: Routledge, 2008), 3.

히려 그는 무슬림형제단의 지도자들을 체포하기 시작했다. 쿠틉은 수차례 투옥되고 고문당했으며, 그 결과 세 번의 심장마비를 겪기도 했다.

1964년, 쿠틉은 『길가의 이정표(Ma 'alim fi'l-tariq)』를 집필·출판한 이후 세 번째이자 마지막으로 체포되었다. 정부에 반하는 음모에 가담했다는 혐의를 받은 쿠틉에게 이 책은 그 혐의를 증명하는 증거로 사용되었다. 쿠틉은 1966년 사형을 선고받았으며, 평결이 얼마 지나지 않아 교수형에 처해졌다.

핵심 사상

모든 살라피스트들과 마찬가지로 쿠틉 또한 쿠란과 수나를 믿었으며, 예언자와 그의 동료들이 7세기 아라비아에 세웠던 사회가 어떠한 이슬람 정체를 세워야 하는지에 대한 적절한 지침이 되어준다고 보았다. 종교와 정치는 서로 분리할 수 없이 연결되어 있다. 예언자의 시대가 누렸던 이상적인 이슬람 사회이자 정치체제는 쿠란, 즉 하나님의 입시시마 베르바에 기초하고 있었다. 쿠틉은 저서에서 이처럼 "성서의 문언에서부터 국가가 탄생하고, 국가는 그 문언을 바탕으로 살며, 그 지침을 원동력으로 삼는 것이 인류 역사의 놀라운 현상이 아닐 수 없다"며 감탄했다.[6]

그는 계속해서 후세대들은 쿠란으로부터 멀리 떨어져 나왔으며, 이 때문에 "오늘날 인류가 비참한 상황에 처해 있는 것을 볼 수 있다"고 말했다. 애리조나대학교 사회학과 교수 알버트 베르게센이 「역사적 맥락 속의 사이드 쿠틉(Sayyid Qutb in Historical Context)」에서 소

---

6   Sayyid Qutb, The Islamic Concept and Its Characteristics (Plainfield, IN: American Trust Publications, 1991), 2; 다음 인용. Bergesen, Sayyid Qutb Reader, 14.

개하고 설명하는 바에 따르자면, 전 인류를 이슬람에 다시 돌려놓겠다는 쿠틉의 야심찬 계획은 총 세 가지 개념에 기초하고 있다.

> 첫 번째로는 쿠란의 신성한 계시들, 그리고 그 계시들이 특정하거나 암시하는 이슬람식 생활방식이 있다. 두 번째로는 사회정치적 장애물들이 있는데, 이는 인종이나 경제적 관계부터 근대국가의 권력까지 현존하는 모든 사회정치적 체제들을 가리킨다. 쿠틉은 이 모든 것들이 자힐리야(하나님에 대한 무지)의 특성을 가진다고 말한다. 현존하는 세계는 하나님의 뜻에 적극적으로 반대하고 있다. 세 번째로, 그와 같은 자힐리(jahili) 사회들이 하나님의 말씀이 적용되는 것에 적극적으로 저항하고 있기 때문에, 그에 맞설 세력 또한 존재해야 한다. 이슬람의 사회운동이라는 형태의 이 힘은 그와 같은 사회정치적 장애물들을 제거하고자 하며, 그에 따라 인류를 해방시켜 하나님이 고안하신 삶의 방식을 자각하게 만들고자 한다. 짧게 말하자면, ① 실현해야 할 목표, ② 극복해야 할 장애물, 그리고 ③ 그 장애물을 극복하고 목표를 실현할 수단들이 있는 셈이다.[7]

쿠틉에게 있어서 인류를 이슬람으로 데려다 놓기 위한 길은 사람들에 대한 주권이 신성의 주요 속성임을 이해하는 것에서부터 시작된다. 그러므로 누군가가 민주정이나 왕정을 통해 다른 누군가를 지배하고자 한다면, 그 사람은 하나님의 역할을 빼앗는 셈이다. "만일 하나님만이 사람들에 대하여 주권을 행사하신다면, 인간이 다른 인간들에 대하여 주권을 주장하는 것은 암암리에 사람들을 하나님으로부터 멀어지게 만드는 일이나 다름없다. 물론 이것은 서구의 정교분

7　Ibid.

리에 대한 반대급부였다. 서구는 카이사르의 것은 카이사르에게, 하나님의 것은 하나님에게 두라고 말하지만, 쿠틉의 이슬람에서는 카이사르의 것이 곧 하나님의 것이며, 카이사르에게 둔다는 것은 곧 하나님에게서 빼앗는 것이었다."[8]

또한 하나님이 인류에게 바라는 것은 모두 쿠란에서 찾아볼 수 있으며, 이를 그대로 따라야만 한다. 일정 수준의 정치권력을 행사한다는 것은 주권을 행사한다는 의미이며, 만일 주권이 하나님의 중심 특질이라고 한다면 주권이란 타우히드(하나님의 일체성 혹은 유일성)에 따라 그 누구와도 나눌 수 없으며 나누어서도 안 되는 것이다. 그러므로 오로지 하나님만이 쿠란에서 드러낸 그분의 법에 따라 사람들에게 주권을 행사하신다. 우리는 국가의 법을 따를 수 없으며, 만일 그렇게 한다면 그 국가는 하나님의 특권을 침해하게 된다. 쿠틉의 글을 보자면,

이 종교는 인간의 다른 인간에 대한 노예 상태, 그리고 자신의 욕망에 대한 인간의 또 다른 노예상태에 대하여 자유를 부여하는 보편적 선언이다. 이는 주권이 오직 하나님께만 속하며 그분은 전 세계의 주님이시라는 선언이다. 이는 인간주권이라는 개념에 근거를 둔 모든 종류와 모든 형태의 체제들, 다른 말로 하자면 인간이 하나님의 속성을 탈취한 모든 곳에 대한 도전이다. 최종 결정권이 인간에게 있거나 모든 권력이 인간으로부터 비롯되는 체제들은 하나같이 주님으로서의 하나님보다 특정 인간을 다른 이들의 위에 앉힘으로써 인간을 신격화하고 있다. [9]

---

8   Bergesen, Sayyid Qutb Reader, 18.
9   Ibid., 37.

타우히드에 근거를 둔 그의 원칙은 곧 정치적 행동이라는 실질적인 결과물로 이어진다. 쿠틉의 말에 따르자면, "하나님의 권력과 주권을 선언한다는 것은 곧 모든 인류의 왕권을 제거하는 것이며, 우주의 제공자 하나님의 규칙을 전 지구에 설파한다는 것이다. (중략) 하나님 이외의 다른 무언가를 이와 같은 방식으로 섬기는 자들은 비록 자신이 이 종교를 섬기고 있다고 주장한다고 하더라도 모두 하나님의 종교 바깥에 있는 셈이다."[10]

쿠틉에게 민주주의와 그에 따른 정교분리란 하나님에 대한 직접적인 도전과도 같았다. 따라서 "하나님 이외의 신이 없다는 것을 행동을 통해 증언하고자 한다면, 하나님 이외의 신은 없으며 하나님 이외의 주권이 없다는 것을 내보이기 위하여 정치적 행동을 취해야 한다는 의미였다. 또한 그것을 증언한다는 것은 다른 주권들에 대한 복종을 거부한다는 것, 다시 말하자면 현존하는 세속 정치권력들에 반항한다는 것을 의미했다."[11]

쿠틉 또한 다음과 같이 썼다.

> 이슬람이 말하는 개념들의 본질은 인간의 정신에만 머물러 있을 것이 아니다. 이들은 즉시 행동에 옮겨져야 하며, 사건들의 세계 속에서 구체적인 현실로서 드러나야만 한다. 신자들은 그의 신앙을 마음속에만 숨기는 것으로 만족할 수 없다. 그 스스로도 자신의 삶을 바꾸고 그 주변 사람들의 삶을 바꾸는 데 있어서 그의 신앙을 효과적인 힘으로 사용하고자 하는 충동을 느끼게 되기 때문이다.[12]

---

10 Sayyid Qutb, Milestones (Damascus, Syria: Dar al-Ilm, n.d.), 57 – 60.
11 Bergesen, Sayyid Qutb Reader, 19.
12 Qutb, Islamic Concept, 155; quoted in Bergesen, Sayyid Qutb Reader, 19 – 20.

따라서 하나님이 인류를 위해 세우신 계획은 무함마드를 통해, 또 쿠란 안에서 모두 드러나 있다. 그보다 앞서 유대인이나 기독교인들에게 내려진 예언적 계시들은 모두 치명적인 타협을 거쳤거나 왜곡되었다. 하나님은 인류가 자신의 신앙을 행동에 옮기리라고 기대하신다. 모든 무슬림들은 전 인류를 하나님께 다시 인도할 의무를 진다. 이는 보편적인 의의를 가지는 혁명적인 프로젝트다.[13]

자힐리야(jahiliya: jahiliyya, jahiliyyah 등으로도 표기)라는 아랍어 단어는 일반적으로 '무지의 상태, 전(前)이슬람 이교주의, 이슬람 이전의 시대'를 말한다.[14] 그러나 쿠틉은 그 의미를 확장해 하나님 이외의 모든 권력에 대한 복종이 존재하는 상태를 지칭하도록 만들면서, '종(從)에 대한 섬김'이라는 개념을 제시했다.

현대의 생활방식이 어디에서 비롯되고 어떻게 세워졌는지를 살펴본다면, 전 세계가 자힐리야의 위에 세워져 있으며 그 모든 훌륭한 물질적 안락함과 고수준의 발명들로도 그 무지를 씻어낼 수 없다는 사실이 자명해진다. 자힐리야는 지상에 대한 하나님의 주권에 반항하는 것을 바탕으로 한다. 하나님의 가장 위대한 속성 중 하나를 인간에게 이전하는 행위이자, (중략) 특정 인간을 다른 인간들에 대한 주(主)로 만드는 일이다. 이제는 (중략) 가치를 창출하는 일과 집단적 행동들에 대한 규칙들을 제정하는 일, 혹은 삶의 방식을 선택하는 일들이 모두 인간의 책임이며, 하나님이 지시하신 것들은 고려하지 않아도 된다고 주장하기에 이르렀다. 하나님의 권위에 대한 이와 같은 반항은 곧 하나님의 그 창조물들에 대한 압제로 돌아온다.[15]

---

13   Bergesen, Sayyid Qutb Reader, 31.
14   Wehr, Dictionary of Modern Written Arabic, s.v. "jāhilīya."
15   Qutb, Milestones, 10 – 11.

달리 말하자면, 자힐리야는 하나님의 지도편달을 의도적으로 무시하는 행위로, 결국 완전히 다른 정치체제와 오류로 가득 찬 국가로 이어지게 된다. 쿠틉의 논의에 따르자면,

> 시대와 장소를 불문하고, 모든 인간의 삶에는 오로지 두 가지의 가능성만이 존재한다. 지도를 받는 삶이거나 오류로 점철된 삶일 것이며, 오류의 형태는 그 무엇이든지 될 수 있다. 진실의 삶이거나 거짓의 삶일 것이며, 거짓 또한 다양한 형태로 나타날 수 있다. (중략) 신성한 안내에 복종하는 삶이거나 변덕에 따르는 삶일 것이며, 그 변덕 또한 여러 가지로 나타날 수 있다. 이슬람의 삶이거나 자힐리야의 삶일 것이며, 자힐리야가 어떤 형태로 나타나는지는 중요하지 않다. 신앙의 삶이거나 비신앙의 삶일 것이며, 그것을 삶의 방식이자 사회정치적 체제로 삼는 삶이거나, 그렇지 않다면 비신앙과 자힐리야와 변덕과 어둠과 거짓과 오류의 삶일 것이다.[16]

해결책: 지하드

초대 무슬림들, 즉 무함마드의 동료들은 어떻게 행동해야 하는지에 대한 지도를 쿠란에서 구했다. 쿠틉이 지적하듯, "쿠란은 쿠란을 통해 안 것을 바탕으로 행동하고자 (중략) 하는 마음가짐을 가지고 쿠란을 받아들이는 자들 이외에는 자신의 보물을 드러내지 않는다. 쿠란은 지적 내용을 담고 있는 책이 아니었으며, 문학책도 아니었고, 역사나 이야기들을 담고 있는 책도 아니며, 그 요소들을 모두 갖추고 있다 하더라도 그렇게 평가되기 위해 내려온 책이 아니었다. 쿠란은 삶의 방식이자, 하나님에게 헌신하는 길로써 제시되었다."[17]

---

16   Qutb, Islamic Concept, 78; 다음에서 인용. Bergesen, Sayyid Qutb Reader, 22.

17   Qutb, Milestones, 18.

이슬람 운동은 반드시 '개혁적 사상들과 믿음들에 대한 설교와 설득'을 통해 자힐리야 국가에 맞서야 한다. 그러나 쿠틉은 '사람들이 자신의 사상과 신앙을 개혁하지 못하도록 막고, 자신들의 잘못된 방식들에 복종하도록 만들며, 전능하신 주님 대신 특정 인간을 주인으로 섬기도록 만드는 자힐리 체제의 조직들과 권력들을 무너뜨리기 위해서는 반드시 물리적 힘과 지하드' 또한 사용해야 한다고 명백하게 밝힌다.[18] 쿠틉은 이와 같은 추정상의 무슬림들을 다음과 같이 비난했다.

> 이들은 현 무슬림 세대의 유감스러운 상태가 만들어낸 산물이다. 이들에게는 이슬람이라는 이름표 이외에는 아무것도 없으며, 패배 속에서 자신들의 영적, 이성적 무기들을 내려놓았다. 그들은 "이슬람은 방어적인 전쟁 이외에는 아무것도 지시하지 않으셨다!"고 주장하면서, 스스로 그들 종교의 무기를 빼앗음으로써 무언가 좋은 일을 했다고 믿고 있는 듯하다. 그러나 그 무기는 지구상의 모든 부정의를 청산하고, 사람들로 하여금 오로지 하나님만을 섬기게 만들며, 다른 이들에게 종노릇을 하던 이들을 모두 하나님의 종으로 만들기 위한 무기다. 이슬람은 사람들에게 그 신앙을 믿으라고 강요하지는 않으며, 대신 사람들로 하여금 신앙을 선택할 수 있는 자유로운 환경을 만들고자 한다.[19]

쿠틉은 지하드와 신앙이 근본적으로 연결되어 있다고 보면서, "이슬람식 지하드라는 개념을 방어적 전쟁이라는 현재의 개념으로만 좁게 해석함으로써 변호하고자 하는 이들은 (중략) 이슬람의 본질과 그 주된 목적, 즉 전 세계에 이슬람의 메시지를 전파한다는 목적을 제대

---

18   Ibid., 55.
19   Ibid., 56.

로 이해하지 못하고 있다"고 말했다.[20]

　말하자면 방어적 지하드가 곧 이슬람의 생활방식을 약화시킨다는 것이다. "이슬람의 지하드가 단순히 '이슬람의 조국'을 방어하기 위한 수단이라고 말하는 사람들은 이슬람의 삶의 방식이 가지는 위대함을 약화시키는 것이며, 그것을 그들의 '조국'보다 덜 중요한 것으로 생각하는 것이나 다름없다."[21] 지하드는 모든 방어물들을 제거하고 모든 사람들이 자유롭게 선택할 수 있는 환경을 만들기 위해서 반드시 무력을 동원해야만 한다. 이슬람의 역사는 군사적 의미의 지하드로 가득 차 있으며, 초대 무슬림들의 정복 활동은 이슬람을 위했던 성공적인 지하드의 본보기들이다. 쿠틉은 다음과 같은 설명을 내놓는다.

> (쿠란에서) 거론된 지하드에 나서는 이유들에는 하나님의 권위를 지상에 세우기 위함, 인간사를 하나님이 내려주신 진실한 안내에 따라 맞추기 위함, 모든 사악한 세력과 사악한 생활 체제들을 폐지하기 위함, 그리고 모든 인간은 하나님의 창조물이며 그 누구도 다른 이들을 자신의 종으로 만들거나 임의로 법을 제정할 권한을 가지지 못한다는 원칙을 세우기 위하여 특정 인간의 다른 인간에 대한 주인 행세를 끝내기 위함 등이 있다(Q3. 알 이므란, 〈이므란의 가족〉; Q8. 알 안팔, 〈전리품〉; Q9. 앳 타우바, 〈회개〉/알 바라트, 〈면죄〉). 이 이유들은 지하드를 선언하기에도 충분한 것들이다.[22]

　쿠틉의 이슬람관은 이미 세워진 정치체제에 대한 직접적인 도전으

20　Ibid., 62.
21　Ibid., 71.
22　Ibid., 70.

로 이어진다. 이 도전들은 결국 일종의 싸움으로 끝날 수밖에 없는
데, 왜냐하면,

> (그 도전의) 목적이 결국 현존하는 체제를 무너뜨리고 새로운 체제로 대체하려
> 는 것이기 때문이다. 그 새로운 체제의 특성이나 원칙들은 일반적인 수준이나
> 특정적인 수준 모두에서 현존하는 자힐리 체제와는 완전히 다른 모습을 보여
> 준다. 또한 이 새로운 체제가 전장에서 조직적인 운동의 역할을 담당해야 한다
> 는 것도 당연한 이치다. (중략) 전술들이나 사회적 조직망, 그리고 체제가 개개
> 인들과 맺는 관계에 있어서 [새로운 체제는] 현존하는 자힐리 체제보다 한층 더
> 강력하고 견고한 체제를 형성하고자 하기 때문이다. 23

쿠틉의 세계에서 정치와 종교는 한몸이나 다름없었다. 지하드는
곧 "신앙을 목도하는 일이자 신앙에 내재되어 있는 일이며, 신앙을
가지고자 함은 곧 현존하는 자힐리 체제의 세계에 신앙을 사회학적
으로 적용시키고자 노력한다는 의미다."24 따라서 지하드는 "이슬람
의 영토나 그 안에 살고 있는 무슬림에 대하여 어떤 거대한 위협이
있기 때문에" 존재하는 것이 아니다. "지하드를 행하는 이유는 그 메
시지의 본질 안에 있으며, 인간사회의 실제 조건들 속에 있다. 단순
히 방어가 필요하다는, 어쩌면 임시적이고 제한적인 이유 때문에 행
하는 것이 아니다."25

쿠틉의 말에 따르자면 사실 이슬람은 지하드를 개시할 권리를 가
지고 있다. "본질적으로, 이슬람은 하나님이 아닌 다른 자에 대한 종

---

23 Ibid., 47.
24 Bergesen, Sayyid Qutb Reader, 27.
25 Qutb, Milestones, 71.

노릇으로부터 전 인류를 자유롭게 하는 데 앞장서기"때문이다. 또한 "이슬람은 모든 장애물들을 제거할 권리를 가진다. (중략) [이슬람은] 그 어떤 정치체제의 간섭이나 반대 없이, 인간의 이성과 직관에 직접 말을 걸고자 한다." 이 때문에 "자유로 향하는 길을 가로막는 장애물들인 (중략) 그 모든 정치체제를 전멸시키는 것은 곧 무슬림들의 의무가 된다."[26]

쿠틉은 자신이 저술한 쿠란 주해서에서, "이슬람을 위해 싸우고자 하는 것은 곧 이슬람의 생활방식과 그 체제를 도입하기 위해 싸우는 것이다. 반면 신앙은 그 모든 압력들과 장애물들을 제거한 후에 개개인이 자유롭게 결정할 문제"라고 말했다.[27] 이 싸움은 보편적인 싸움이다. "이슬람이 스스로를 지리적 경계나 인종적 한계 등에 가둔 채 나머지 인류를 버리거나, 인류가 악과 부패가 들끓는 곳, 또 전능하신 하나님 이외의 다른 자들을 주인으로 섬겨야 하는 곳에서 고통받도록 놔두는 일은 일어나지 않을 것이다."[28] 따라서 "이슬람의 본질을 이해한다면, (중략) 지하드를, 혹은 하나님을 연유로 싸우는 일을 그 옹호적인 형태와 더불어 전투적인 형태로도 행해야 하는 것이 필수적인 일임을 깨닫게 된다."[29]

26 Ibid., 74-75.
27 Sayyid Qutb, In the Shade of the Qur'an, trans. Adil Salahi, sura 8 (Leicester: The Islamic Foundation, 2003), 7:24.
28 Ibid., 22.
29 Ibid., 12.

제20장

무함마드 압드 알 살람 파라즈와 도외시된 의무

이슬람 근본주의의 이념

아랍-이스라엘 간의 대립은 종종 이슬람 테러리즘을 일으키는 원인으로 지목된다. 1981년 10월 이집트의 안와르 사다트 대통령이 이슬람 근본주의 조직에 의해 암살당했을 때에도, 사다트 대통령이 이스라엘과 화해한 것이 암살의 원인이라는 의견이 대두되었다. 그러나 그 조직의 이데올로기가 잘 설명된 책인 『도외시된 의무(The Neglected Duty)』의 서문에서 역자 요하네스 얀센이 논하는 바에 따르자면, 그들의 성명에는 "이스라엘이 거의 언급되지 않았다. 심지어는 이슬람의 적인 시온주의자들과의 전쟁은 보다 더 중요한 문제들이 해결된 이후로 미루어져야 한다는 주장도 언급되어 있다. 그보다 우선 이집트는 이슬람의 상세한 법체계, 샤리아를 국법으로 받아들여야 한다는 것이다. (중략) 암살자들은 샤리아 적용의 재도입이 그 어떤 다른 의무보다도 우선해야 한다고 믿었다."[1]

---

1   Johannes J.G. Jansen, The Neglected Duty: The Creed of Sadat's Assassins (1986; New York: RVP Publishers, 2013), viii.

1980년경 카이로에서 쓰인 55페이지짜리 이 책은 이 조직의 신학과 이데올로기를 설명하고 있다. 저자 무함마드 압드 알 살람 파라즈(1982년 처형당함)는 이 책의 제목을 『알 파리다 알 카이바(al-Farīda al-Ghā'iba)』라고 지었는데, 이는 '부재중인 계율,' '잊힌 책임' 혹은 '도외시된 의무' 등으로 다양하게 번역할 수 있다. 어떻게 번역하든, 이 모두는 지하드를 가리키는 말이다. 파라즈는 지하드가 종교적 의무이자 애석하게도 도외시된 의무라고 생각한다. "샤리아를 적용시키는데 실패했다면, 모든 무슬림들에게는 각각 지하드라는 신성한 의무가 주어진다."[2] 얀센은 『도외시된 의무』가 "9.11테러를 포함하여 비무슬림들을 겁주기 위해 행해진 모든 테러 행위들을 정당화하는 데 필요했던 모든 이데올로기적 사항들을 담고 있다"고 평한다. 또한 그는 이 책이 유럽 각지의 교외 및 도심에서 젊은 이주민들이 벌이는 범죄 행위들 또한 설명할 수 있다고 생각한다. 저자가 이슬람을 '살해, 강도, 방화에 대한 허가'라고 간주함이 명백하기 때문이다.[3]

『도외시된 의무』가 특히 흥미로운 이유는 이 글이 외부자들을 위해 쓰인 것이 아니기 때문이다. 특정 암살에 대한 사과라거나 정당화를 위한 글도 아니다. 심지어 사다트는 이름조차 언급되지 않는다. 이 책은 엄격한 무슬림들 사이에서 공유하던 내부적인 메모다. 자칫 모욕적으로 들릴 수 있는 사항들을 포장하거나 생략하는 대신, 독자들로 하여금 이슬람 무장세력들이 진정으로 어떻게 생각하는지를 완곡어법이나 핑계 없이 적나라하게 훔쳐볼 수 있도록 해준다.

이미 예상했겠지만, 이 책의 143개 문단들은 쿠란 인용문들(15개 이상의 수라들에서 구절들이 인용되었으며, 특히 제2수라와 제9수라의 구절들이 압도적이

---

2   Ibid., xi.
3   Ibid., xxi.

다), 그리고 이븐 한발, 무슬림, 부카리 등 다수 컬렉션의 하디스 인용
문들로 장식되어 있다. 또한 알 샤피이 등 이슬람 법학파를 세운 이
들의 글들도 인용하며, 이븐 카임과 이븐 카시르 등의 무슬림 신학자
들과 학자들도 인용한다. 그중에서도 이븐 타이미야는 수차례 반복
해서 인용되었다.

『도외시된 의무』는 먼저 초기의 세대들과 다른 모습을 보이는 무
슬림들을 꾸짖으며 무함마드와 하나님을 칭송하는 제57수라의 구절
(Q57. 알 하디드, 〈철〉, 16)을 인용한 다음, "모든 참신함은 혁신이며 모든
혁신은 이탈이요, 모든 이탈은 지옥에 떨어지리라"라며 혁신을 규탄
한다(제2문단). 뒤이은 제3문단에서는 지하드가 어떻게 도외시되었는
가에 대한 이야기가 시작된다.

> 하나님을 위한 지하드[지하드 피 사빌 알라]는 이 종교에 대하여 극도의 중요성
> 과 엄청난 의의를 가짐에도 불구하고 이 시대의 울라마(선도적인 무슬림 학자
> 들)에게 도외시되어왔다. 이들은 지금까지 모르는 체해왔지만, 사실은 이것이
> 새로운 이슬람의 영광을 회복하고 정립하기 위한 유일한 길임을 잘 알고 있다.
> 모든 무슬림들은 칭송받고 영화로운 주님이 직접 그리신 위대한 길, 그의 종들
> 을 영광 안에 다시금 들도록 이끌어주시는 길에 대하여 자신만의 사상과 철학
> 을 선호할 따름이다.[4]

제4문단과 제5문단에서는 이븐 한발의 하디스를 인용하여 우상숭
배의 세계를 물리칠 수 있는 검의 힘과 하나님의 유일성, 타우히드를
강조한다. 여기에서 무함마드는 다음과 같이 말한다. "나는 이 시(時)

---

4   Ibid., 153. 이 문헌에서의 인용구들은 모두 원문의 문단 번호에 따라 주석을 달았다.

에 검과 함께 보내졌으니, 오로지 하나님만이 다른 그 어떤 연합자 없이 숭배되게 하기 위함이라. 그분은 내 창(槍)의 그림자 아래에 일 용할 양식을 두셨으매, 그분은 나의 명령에 반하는 이들에게 비천함 과 왜소함을 주시니라." 제5문단에서는, "하나님은 (무함마드를) 보내시 어 검으로 하나님의 일체성을 (인식시키도록) 만드셨다."

다음으로는 이슬람국가의 건립과 1924년 폐지된 칼리프 제도의 재도입을 다룬다. 제8문단부터 제13문단까지는 이슬람의 영광이 어 떻게 되돌아올 예정인지를 논하며, 14문단에서는 수많은 무슬림들이 빠졌던 절망을 논하면서, 하나님께서는 무슬림에게 성공을 약속하셨 기 때문에 무슬림들은 인내해야 한다고 조언한다. 제14문단은 알 티 르미디히 등의 말을 인용하는 것으로 끝맺는다. 제16문단에서는 이 슬람의 국가를 세워야 한다는 무슬림의 의무에 대해 논하며, 제18문 단에서는 그들이 아직까지 이슬람국가에 살고 있지 않음을 확실히 밝힌다. 제19문단에 따르자면, "각 구역은 그 구역을 다스리는 법에 따라 분류되어야 한다. 만일 (그 구역이) 이슬람의 법에 의해 다스려진 다면, 그곳은 이슬람의 구역이다. 만일 (그 구역이) 비신앙의 법으로 다 스려진다면, 그곳은 비신앙의 구역이다." 『도외시된 의무』는 이슬람 의 법에 따라 다스리지 않는 지도자는 곧 배교자이며, 배교는 사형에 이를 수 있는 죄임을 강조했던 이븐 타이미야와 아부 하니파의 말을 인용하여 이 관점에 지지를 보탠다.

파라즈는 총 일곱 가지의 반대되는 의견들을 꼽으면서 그것들을 하나하나 논박한다. 예를 들자면 수피교도들은 이집트의 모든 불행 에 대하여 개인의 경건함을 해답으로 제시하는데, 파라즈는 이것을 용납하지 않는다. 개인적으로 신앙생활을 하겠다는 것은 곧 이슬람 의 다른 기둥들이 존중받기만 한다면 무슬림의 최고 의무, 지하드를 무시하겠다는 의미나 마찬가지이기 때문이다(제50문단). 『도외시된 의무』에서는 지하드가 '지식을 얻기 위한 싸움'이라 해석되는 것에도 반대한다. 파라즈는 '너희에게 지시된 것은 곧 싸움'이라는 쿠란 구절(Q2. 알 바카라, 〈소〉, 216)을 인용하면서, "학문은 이교주의의 막을 극단적으로 내려줄 결정적인 무기가 아니다"라고 밝힌다(제64문단). 파라즈는 또한 칼리프나 특정 장군의 지휘 아래에서만 싸움이 허용된다는 의견에도 반박하면서, 이븐 타이미야를 다음과 같이 인용하는 것으로 끝맺는다. "이슬람의 선도적인 학자들에 따르자면, 이슬람이 명확하고 확실하게 내려주신 명령들을 단 하나라도 어기는 무리가 있다면, 그 무리의 일원들이 이슬람의 신앙고백을 읊는 자들이라 하더라도, 반드시 맞서 싸워야만 한다(제66문단)."

제68문단에서는 멀리 있는 적과 가까이 있는 적에 대한 논의를 소개한다. "가까이 있는 적과의 싸움은 멀리 있는 적보다 더욱 중요하다." 예를 들자면 무슬림들은 제국주의 따위와 싸우느라 힘을 허비하는 대신, 우선 자신이 처한 상황과 맞서 싸우면서 자국을 하나님의 종교가 다스리도록 만들고 하나님의 말씀이 최고로 받들어지도록 만들어야 한다(제70문단).

『도외시된 의무』는 지하드가 방어적인 목적으로만 행해져야 한다는 말에 대해서도 반대한다. 예언자에게 "하나님을 위한 지하드가 무엇이냐"고 묻자, 그는 "하나님의 말씀을 최고의 것으로 만들고자 싸우는 이들이 진정으로 하나님을 위해 싸우는 이들"이라고 대답했기 때문이다. "이슬람에서 싸운다는 것은 곧 이 세계에서 하나님의 말씀을 최고의 것으로 만들기 위한 싸움이다. 공격을 통해서든 방어를 통해서든, (중략) 이슬람은 검을 통해 널리 전파되었으며, (중략) 진실을 숨기고 거짓을 퍼트리는 지도자들을 상대로 검을 높이 들어 올리는 것이 무슬림의 의무다(제71문단)."

파라즈 또한 위대한 지하드와 덜한 지하드 간의 구분법이 가지는 정당성을 부정한다. 이븐 알 카임에 따르자면 이 구분법은 "검으로 행하는 싸움의 가치를 떨어뜨리고 무슬림들을 이교도 및 위선자들과의 싸움에 집중하지 못하도록 만들기 위한" 속셈으로 조작한 것이다(제90문단).

제98문단과 제99문단은 하나님을 위해 싸우는 이들에게 주어지는 보상을 확실히 밝힌다. 무함마드의 말에 따르자면, "하나님은 그분을 위해 싸우는 자들을 향해 돌아서신다. 그분은 그분의 연유와 그분에 대한 믿음, 그리고 그 사도들의 진정성을 받아들이기 위한 것 이외의 다른 이유로 누군가를 지하드에 내보내지 않으실 것이다. 그는 그가 천국에 들게 되거나 혹은 그가 얻은 전리품이나 보상을 가지고 집으로 다시 돌아가게 될 것임을 보증하신다(제98문단)." 또한 무함마드가 이르길, "하나님은 순교자에게서 여섯 가지 미덕을 보신다. 그는 처음으로 흘리는 핏방울에 모든 것을 용서받을 것이며, 천국에는 그의 자리가 마련될 것이다. 그는 무덤의 형벌을 받지 않을 것이며, 거대한 공포도 피할 수 있다. 그는 신앙의 의복을 입게 될 것이다. 그는 검은 눈의 천국의 처녀들과 결혼하게 될 것이며, 70명의 친척들을 위해 탄원할 수 있게 된다(알 티르미디히의 기록, 제99문단)."

마찬가지로 지하드의 의무를 도외시하는 경우에는 처벌이 가해지며, 무슬림 세계에서의 수치와 불화도 뒤따른다. 『도외시된 의무』에서는 쿠란의 Q9. 앳 타우바, 〈회개〉/알 바라트, 〈면죄〉, 38-39를 인용한다.

믿는 자들이여, 너희에게 무슨 일이 벌어진 것이느뇨? 너희에게 '하나님의 길

위에서 행진하라'고 함에도 지상에 매달리느뇨. 너희는 가까운 날의 삶을 위해
내세(알 아크히라티ㅡ'ākhirati)를 무시하는 데 만족하느뇨? 가까운 날의 삶이 주
는 즐거움은 내세와 비교하자면 실로 작은 것이라. 만일 너희가 그분을 위해
행진하지 않는다면 너희에게는 고통스러운 벌이 가해질 것이매, 너희를 다른
이들로 대체할 것이라. 그러나 그리하여도 그분께는 어떤 위해도 가해지지 않
으리라. 하나님은 모든 것을 다스리는 힘을 가지시니라. (제100문단)

이 세계에 대한 경멸은 지하디스트 조직들 사이에서는 흔히 찾아
볼 수 있는 것이다.
『도외시된 의무』에서는 지하드에 참여하는 무슬림들이 자칫 다른
계열의 무슬림들과 싸우거나 동료 무슬림들을 죽여야 할지도 모른다
는 문제점 또한 다룬다. 파라즈는 이븐 타이미야의 논의를 다시금 꺼
내든다.

그들과 싸워야 한다는 것을 의심하는 자들이야말로 이슬람의 종교에 대해 가
장 무지한 자들이다. 그들과 싸우는 것이 의무인 이상 반드시 그들과 맞서 싸
워야 하며, 심지어는 그 계열에 강제로 속하게 된 이들이 존재한다 하더라도
마찬가지다. 이에 대하여 무슬림들은 모두 동의한다. 알 압바스 또한 (한때) 말
하길, "하나님의 사도여, 나는 강제로 끌려 나갔던 것입니다." 그러자 하나님의
사도가 말하길, "표면상으로 너는 우리의 적이다. 오로지 하나님만이 너의 마
음속에 무엇이 있는지 아시리라." (제103문단)

적에게 거짓말하는 것은 완전 허용된다. 전쟁은 사기이기 때문이
다(제107-109문단). 그러나 무슬림이 비무슬림 군대에 복역하는 것 또
한 허용되는가? 사다트 암살사건에 연루된 이들이 이집트 군대의 병

사들이었다는 점으로 미루어본다면, 이 또한 중요한 문제임이 확실해 보인다(이집트가 샤리아로 다스려지지 않기 때문에 비무슬림 국가로 간주된다는 점을 명심하라). 『도외시된 의무』에서는 이븐 타이미야를 인용하면서 이를 긍정하는 답변을 내놓는다. "무슬림들 사이에서는 (중략) 트렌치 지방 사람들의 이야기가 회자되는데, 여기에서는 종교의 이익을 위하여 자신의 목숨을 내놓을 것을 명령받은 젊은이들이 등장한다. 이 때문에 네 명의 이맘들은 만일 그것이 무슬림들의 이익을 위한 일이라면, 신앙심 없는 자들이 그를 죽일 수도 있다고 간주되는 경우라도, 그자들의 무리 속으로 침투해 들어갈 것을 허했다(제118문단)."

얀센은 이와 같은 정책의 적용에 대해 다음과 같이 논한다. "무장 활동가들이 목자의 조언을 얼마나 갈구했는지는 쉽사리 짐작할 수 있다. 당시 이들 중에는 자신이 놓인 곳에 계속해서 남아, 앞으로 다가올 것만을 기다리며 최선을 바라야 하는지를 고민하는 이들도 다수 있었을 것이다. 만일 정말로 그러했다면, 이집트 군대 내에는 그 누구의 상상보다도 더 많은 잠재적 무장 활동가들이 존재했을 지도 모른다."[5]

다른 수많은 문단들에서는 군사 전술 및 윤리 또한 다룬다. 파라즈는 다양한 무슬림 신학자들 및 학자들을 인용하여 적군의 재산을 완전히 파괴하는 것을 정당화한다. 공격으로 인해 결백한 방관자나 여성, 어린아이들 또한 뜻하지 않게 살해될 수 있다. 이는 어쩔 수 없는 일이며, 지하디스트는 이러한 사상에 대해서는 책임지지 않는다.

이후 파라즈는 지하드의 진정한 본질에 대한 이야기로 돌아온다. 제130문단에서는 이븐 알 자우지를 인용한다. "헛된 영광과 긍지를

---

5   Ibid., 29.

꿈꾸거나, 하나님의 전사라는 말이 듣고 싶은 많은 이들이 사탄의 꾐에 넘어가 지하드에 참여하게 된다. 이들의 진정한 의도는 사람들에게 하나님의 전사라는 칭호를 듣고 싶었거나, 혹은 전리품을 얻기 위함이었을 것이다. 그러나 행동은 모두 그들의 의도를 바탕으로 심판된다."

마지막으로 이슬람 조직의 지도자들은 한 치의 흠결도 없도록 스스로 노력해야 하지만, 진정한 지하드를 준비하지 않는 이상 그들은 올바른 길 위에 오를 수 없다. 그 모든 과정에서의 진정한 목표는 이집트에 진정한 이슬람국가를 건설하는 일이 될 것이다.

제21장

압둘라 아잠과 무슬림 영토의 방어

1979년 이래, 압둘라 유수프 아잠은 소비에트에게 침공당한 당시 아프가니스탄 내 지하디스트 운동들에 막대한 영향을 미쳤다. 아잠은 이슬람의 성서들과 법학 분야의 지식을 활용해 선전 활동을 펼치면서 동요하던 무슬림들이 하나님을 위한 싸움에 뛰어들도록 선동하고자 했다. 또한 같은 방식으로 아프가니스탄에서 외국인들을 추방해야 한다고 선전했으며, 이슬람을 전 세계적으로 지배적인 신조로 재정립하고자 했다. 이슬람 학문에 대한 그의 지식은 그의 위신에 한층 더 힘을 실어주었다.

압둘라 아잠은 요르단강 서안지구의 자닌지구 내 실라트 알 하리시야인 마을에서 태어났다. 툴카름에 위치한 농경대학인 카두리대학교에서 학위를 딴 그는 잠시 교편을 잡았다가, 이후 1963년부터 시리아의 다마스커스대학교 샤리아학부에서 이슬람학 연구를 시작한다. 그는 1950년대부터 이미 무슬림형제단에 큰 영향을 받고 있었으며 거기에 가입한 상태였다. 아잠은 하산 알 반나의 글과 정치적 활동들에도 큰 인상을 받았지만, 그의 개인적인 멘토는 샤피크 아사드 압드 알 하디였다. 알 하디는 그에게 이슬람을 위한 싸움을 행하는 방법을 알려주며 이에 대한 확신을 심어주었다.

아잠은 1966년 샤리아, 이슬람법에 대한 학사학위를 취득한다. 1967년의 6일전쟁 이후 이스라엘이 서안지구를 점령하자 아잠과 그의 가족들은 요르단에 자리를 잡는다. 이때부터 아잠은 이스라엘을 상대로 한 군사 활동에 참여하지만, 곧 PLO의 세속적이고 완전히 지역주의적인 본성에 환멸을 느끼게 된다. 아잠은 이슬람 움마의 긍지와 영광을 회복해주며, 한편으로 식민주의자들이 인위적으로 그려 놓은 정치적 경계들을 끊어줄 범이슬람주의 운동을 계획하기 시작한다.

아잠은 카이로의 알아자르대학교에서 이슬람학 연구를 계속하면서 샤리아학으로 석사학위를 취득한다. 암만의 요르단대학교에서 잠시 교편을 잡은 이후, 아잠은 장학금을 받고 알아자르대학교로 돌아와 1973년 이슬람 법학의 원칙들에 관한 연구로 박사학위를 취득한다. 그의 학력사항은 매우 중요한 의의를 가지며, 지하디스트들이 이슬람에 대해 아무것도 모른다거나 이슬람법, 혹은 신학에 대하여 그 어떠한 판단도 내릴 수 없다는 듯 말하는 이들에 대한 좋은 논박거리가 되어준다.

아잠은 요르단대학교로 돌아와 학생들을 가르치지만, 극단적인 관점을 이유로 자리에서 물러나게 된다. 따스한 환영을 받으며 사우디아라비아로 건너간 그는 제다의 킹압둘아지즈대학교에서 강연을 시작한다. 그는 추방당한 1979년 이전까지 계속해서 이 대학에 몸담았으며, 재직기간 도중 오사마 빈 라덴을 만났을 가능성도 존재한다. 바야흐로 1979년, 바깥 세상에서는 그의 운명을 결정지을 사건이 일어나고 있었다.

과연 1979년에는 어떤 결정적인 사건이 일어났던 것일까?

1979년은 다음의 세 가지 사건 때문에 근대 이슬람 극단주의 운동들의 역사상 가장 중요한 해로 손꼽힌다. 이란에서는 이란 혁명이 성공하여, 아야톨라 호메이니가 신권정체를 도입했다(비록 시아파의 혁명이긴 했으나, 모든 이슬람 운동에 지대한 영향을 미쳤던 사건이다). 소비에트 연방은 아프가니스탄에 군대를 보내 마르크스주의 정권을 지원하기로 결정했다(전 세계적 근대 지하디스트 운동의 시작을 알렸던 사건이다). 사우디아라비아에서는 무장 극단주의자들이 대모스크를 점령하고 사우디 정권의 퇴진을 요구했다(사우디아라비아는 2주 만에 대모스크를 탈환할 수 있었으나, 막대한 수의 사상자가 발생했다).

아잠은 파키스탄으로 건너가 교편을 잡지만, 이후로는 소비에트와 싸우면서 지하드에 대한 철학을 발전시키는 데 모든 힘을 쏟았다. 1979년과 1984년 사이의 어느 시점에는 그의 가장 유명한 글 〈무슬림 영토의 방어〉를 펴낸다.『도외시된 의무』와 마찬가지로 〈무슬림 영토의 방어〉 또한 쿠란과 하디스는 물론 이븐 카시르, 그리고 빠질 수 없는 이븐 타이미야 등의 이슬람 학자들 및 신학자들을 다수 인용한다. 실제로, 제1장은 이븐 타이미야의 말을 인용하는 것으로 시작한다. "이만(Iman, 신앙, 믿음, 올바른 믿음) 다음으로 가장 우선하는 의무는 이슬람과 그 속사를 공격하는 적군들에게 반발하는 일이다."

아잠의 말에 따르자면 하나님은 지상에 내려온 마지막 예언자, 무함마드를 통하여 이슬람에게 전 세계를 배경으로 하는 명령을 내려주셨다.

무함마드가 증거들과 논의들을 통해 명백하게 드러냈듯, (이슬람은 전 세계에) 검과 창을 통하여 승리를 가져다주어야 한다. 아흐마드와 타바라니의 샤히흐

[진본] 하디스에 의하자면 무함마드는 다음과 같이 말했다. "나는 이 시(時)에 검과 함께 보내졌으니, 오로지 영화로운 하나님만이 다른 그 어떤 연합자 없이 숭배되게 하기 위함이라. 그분은 내 창(槍)의 그림자 아래에 일용할 양식을 두셨으매, 그분은 나의 명령에 반하는 이들에게 비천함과 왜소함을 주시니라. 또한 백성과 닮은 이가 있다면, 그 또한 그중 하나이니라."[1]

하나님은 지하드의 의무로부터 등을 돌리는 자들을 좋아하지 않으시며, 그자들을 보다 용감한 자들로 대체하고 겁쟁이들을 벌할 것이다. 그러나 명백한 규칙과 안내에도 불구하고, 무슬림들은 그들의 종교로부터 멀어져왔다. 그들이 오늘날 신앙심 없는 자들이나 제국주의자들에게 패배하거나 수모를 당하는 것도 다 이것 때문이다. 종교로 돌아가는 일, 그리고 칼리프 제도를 다시 세우는 일만이 이슬람의 영광을 회복해줄 것이다.

그렇다면 도외시된 의무가 뭘 어쨌단 말일까? "싸움이라는 잊힌 의무는 (무슬림이) 잊은 가장 중요한 의무 중 하나다. 오늘날의 무슬림들은 이를 잊어버린 이후 오물이나 다름없는 쓰레기가 되었다."[2] 아잠이 인용한 바에 따르자면, 무함마드는 "하나님은 너희의 마음속에 와흔(Wahn, 나약함, 무력함)을 불어넣으실 것이며 너희 적군의 마음속에서 두려움을 거두어 가실 것이다. 너희가 현세를 사랑하고 죽음을 싫어하기 때문이니라"라고 말한 바 있다. 마찬가지로 아잠이 인용한 아부 다우드의 하디스에서는, 누군가 무함마드에게 "하나님의 전령이여, 와흔이란 무엇입니까?" 하고 묻자 무함마드(그에게 평화 있으리)가

1   Abdullah Azzam, Defense of the Muslim Lands: The First Obligation after Imam, trans. Brothers in Ribatt, 1979 - 1984, 11 - 12, https://islamfuture.files.wordpress.com/2009/11/defence-of-the-muslim-lands.pdf.

2   Ibid., 13.

"이 세계를 사랑하고 싸움을 싫어하는 일이라"라고 답했다.[3]

이 글에서도 수차례 드러나는 '다른 이들이 삶을 사랑하듯 죽음을 사랑하는 진정한 무슬림'이라는 주제는 쿠란에서도 등장하며, 앞서 살펴본 아부 다우드의 인용문이 말해주듯 초대 이슬람 전통에서도 찾아볼 수 있다. 순교는 하나님을 위하여 싸우는 무슬림이 받을 수 있는 가장 드높은 영광이다. 아잠이 말하듯,

> 역사는 피 없이는 한 줄도 쓰이지 않는다. 영광은 해골 없이는 그 드높은 탑을 세울 수 없다. 명예와 존경은 불구자들과 시체들을 기반으로 두지 않고서는 세워질 수 없다. 제국들과 특출한 백성들과 국가들과 사회들은 선례 없이는 세워질 수 없다. 피와 희생과 부상자들 없이, 순수하고 무고한 영혼들 없이 현실을 바꾸거나 사회를 바꿀 수 있다고 생각하는 자들이 있다면 그들은 딘(din, 종교, 즉 이슬람)의 본질을 이해하지 못한 이들이며, 예언자들(그에게 축복과 평화 있으리)이 최고로 여긴 방법을 알지 못하는 이들이다.[4]

학자의 잉크, 순교자의 피

아잠은 공격적 지하드와 방어적 지하드 모두 의무적인 것으로 보았다. 공격적 지하드는 파르드 키파야(fard kifaya, 전 공동체의 이익을 위하여 공동체 구성원 몇몇이 직접 행해야 하는 집단적 의무)이며, 그 목표로는 인두세(지즈야) 걷기, 적군을 공포에 떨게 만들기, 그리고 '무력으로 다와(da'wah, 이슬람을 위한 요청, 초대 혹은 선교활동)하기'가 있겠다. 이 중 다와는 '(세상에)

---

3   Abū Dāwūd, *Sunan*, hadīth 4284, 3:1196.

4   Abdullah Azzam, "Document—Martyrs: The Building Blocks of Nations," *Religioscope*, February 1, 2002, http://english.religion.info/2002/02/01/document-martyrs-the-building-blocks-of-nations/. Also quoted by Sebastian Gorka, *Defeating Jihad: The Winnable War* (Washington, DC: Regnery Publishing, 2016), 88.

무슬림과 이슬람을 받아들인 사람들만이 존재할 때까지 가능한 모든 능력을 동원하여' 신자들이 다해야 하는 의무다.[5] 방어적 지하드는 파르드 아인(fard ayn, 모든 무슬림들의 필수적인 의무)이며, 무슬림의 땅에서 비신자들을 축출하는 것을 목표로 한다. 게다가 "지하드가 파르드 아인인 이상, (지하드를 행하고자 하는 이들은) 그 누구의 허락도 구할 필요가 없다. 해가 뜨기 이전에 아침 기도를 드리기 위하여 아버지나 샤이흐, 혹은 대가의 허락을 구할 필요가 없는 것이나 마찬가지다."[6] 당시 무슬림에게는 아프가니스탄과 팔레스타인을 처리하는 일이 가장 시급한 문제였다.

그러나 고르카가 지적하듯, 아잠은 순교자의 피만큼 학자의 잉크 또한 필수적임을 잘 알고 있었다.

실로 국가들은 오로지 그들의 신앙과 관념으로만 태어날 수 있으며, 그들의 욕망과 쾌락에 의해서만 죽을 수 있다. (중략) 무슬림 움마의 경우 인류의 역사를 따라 계속해서 존재하긴 했으나, 신성한 이데올로기와 그 이데올로기를 퍼트리고 실제 세계에 도입하려다가 흘린 피에 의하여 계속해서 존재한 것은 아니다. 무슬림 움마(공동체)의 생명은 학자의 잉크와 순교자의 피에 오롯이 의존하고 있다. 학자의 잉크와 순교자의 피로 쓰인 움마의 역사보다 더 아름다운 것이 무어란 말인가? 이슬람 역사의 지도는 두 색선으로 칠해진다. 한 선은 검은 선으로, 학자들이 그들 펜의 잉크로 쓴 것이다. 다른 한 선은 붉은 선으로, 순교자들이 그들의 피로 쓴 것이다. 그러나 이보다 아름다운 것이 있다면 피가 하나요 펜이 하나인 상태, 즉 잉크를 쓰고 펜을 움직이는 학자들의 손이 피를 쓰고 움마를 움직이는 손과 같을 때다. 순교당한 학자들의 수가 늘어날수록,

---

5   Azzam, Defense of Muslim Lands, 14.
6   Ibid., 34.

깊은 어둠에서 구출되며 쇠락에서 벗어나고 잠에서 깨어난 국가들의 수도 늘 어난다.[7]

1987년의 저서 『카라반에 오르라(Join the Caravan)』에서 아잠은 이제는 익숙한 쿠란과 하디스, 이슬람 학자들의 말을 인용하면서 같은 논리로 지하드를 정당화한다. 그는 지하드를 행해야 하는 열여섯 가지 이유를 나열한다.

1. 비신자들이 지배하지 못하도록
2. 인류의 희소성 때문에
3. 지옥불에 대한 두려움 때문에
4. 지하드의 의무를 다하고, 하나님의 부름에 응답하기 위하여
5. 독실한 선조들의 발자취를 따라
6. 이슬람의 기초가 될 굳건한 바탕을 닦기 위하여
7. 이 땅에서 탄압당하는 이들을 보호하기 위하여
8. 순교를 희망하며
9. 움마를 위한 방어로서, 또 그들에게서 불명예를 벗겨내기 위하여
10. 움마의 긍지를 보호하고, 적들의 음모를 격퇴하기 위하여
11. 지구를 보존하고, 부패로부터 보호하기 위하여
12. 이슬람이 숭배되는 장소들을 보호하기 위하여
13. 형벌과 변형, 변위로부터 움마를 보호하기 위하여
14. 움마의 번영, 그리고 그 자원의 흘러넘침을 위하여
15. 지하드는 이슬람의 최고점이기 때문에

7　Azzam, "Document—Martyrs."

16. 지하드는 숭배의 가장 훌륭한 형태이며, 무슬림은 이를 수단으로 삼아 가
   장 높은 계급에 오를 수 있기 때문에 8

아잠은 아프가니스탄의 신앙심 없는 자들로부터 이슬람의 영토를
수호하는 일을 가장 시급한 문제라고 여겼다. 그가 원하는 바에 따르
자면 이는 칼리프 체제의 도입으로 이어져야만 하며, 마지막에는 쿠
란과 수나에서 드러났으며 종교학자들에 의해 발전된 하나님의 법에
의해서만 지배되는 움마를 세움으로써 완성되어야만 한다. 그때가
되어서야만 무슬림들은 식민주의자들과 인간이 만든 법에서부터 다
시금 자유로워질 수 있으며, 이슬람 또한 과거의 영광과 긍지를 되찾
을 수 있을 것이다.

아잠은 1989년 차량 폭탄 테러로 암살당했는데, 그 범인이 누구였
는지는 아직까지도 밝혀지지 않았다. 오사마 빈 라덴부터 이란인들
과 CIA, 그리고 모사드(Mossad, 이스라엘의 비밀 정보기관-역주)까지 모든 이
들이 한동안 서로를 범인으로 지목하였다.

---

8   Shaykh Abdullah Azzam, Join the Caravan, 1987, archived at https://archive.org/stream/
    JoinTheCaravan/JoinTheCaravan_djvu.txt.

제22장

아이만 알 자와히리

예언자의 깃발 아래에 선 기사들

아이만 알 자와히리는 2011년 5월 2일 오사마 빈 라덴의 죽음 이후로 알 카에다를 이끌고 있는 인물이다. 알 자와히리는 1951년 이집트 카이로 내 마아디지구의 상위 중산 계급 출신으로 태어났으며, 양 부모님 모두 부유한 가문 출신이었다. 이 점은 가난이 이슬람 테러리즘을 만든다는 고전적인 주장을 마주할 때 반드시 염두에 두고 있어야 할 중요한 사실이다. 알 자와히리는 카이로에서 의학을 공부해 1974년 학위를 취득했으며, 수년 후 외과 전공으로 상위 학위들을 취득했다. 더불어 그는 이슬람 신학과 법학에도 상당한 지식을 쌓았다.

종교적으로, 또 정치적으로 활동적인 십대를 보낸 알 자와히리는 14살의 나이로 무슬림형제단에 가입한다. 그는 1966년 쿠틉의 처형에 크게 영향을 받았으며, 이후 이와 관련하여 "나세르 정권은 사이드 쿠틉과 그의 동료들을 처형하는 것으로 이슬람 운동에 큰 타격을 가했을 것이라고 생각했겠지만, 겉으로 드러난 고요한 표면 아래에서는 사이드 쿠틉의 사상들이 살아 숨 쉬고 있었으며, 이집트 내 근대 이슬람 지하드 운동들의 핵이 자라나고 있었다"고 쓴 바 있다.[1] 로렌스 라이트의 『문명전쟁: 알 카에다에서 9.11까지』에 따르자면, 같은 해 당시 15살이었던 알 자와히리는 "정부를 전복시키고 이슬람 국가를 건설하는 일에 헌신하기 위한 지하 조직을 형성하는 일을 도왔다."[2]

모든 이슬람 근본주의자들과 마찬가지로 알 자와히리 역시 1924년으로 막을 내린 칼리프 제도를 회복시키기를 꿈꿨다. 칼리프 제도가 다시 세워지고 세속주의 정권이 샤리아에 의해 다스려지는 정권으로 교체된 이후라면, 이집트는 다시 한 번 이슬람 세계의 집결지가 될 수 있을 것이다.

2001년 저술한 『예언자의 깃발 아래에 선 기사들(Knights under the Prophet's Banner)』에서 그가 한 말에 따르자면, "군대들은 보병이 영토를 장악해야만 승리를 거둘 수 있다. 마찬가지로 무자히드 이슬람 운동 또한, 이슬람 세계의 중심부에 근본주의적 기반을 마련해 두지 못한 상태에서는 절대로 세계라는 연합체를 상대로 승리할 수 없다. 민족을 움직이기 위해 우리가 살펴보았던 모든 수단들과 계획들도 그것이 이슬람 세계의 중심부에 칼리프의 국가를 세우는 일로 이어지지 않고서는 그 어떤 손에 잡히는 이익이나 이득도 얻지 못한 채 뜬구름마냥 남아 있게 될 것이다."[3] 그러나 알 자와히리는 현재의 상황이 칼리프 제도를 세우기에 그리 적합하지 않다는 것 또한 잘 알

---

1   다음에서 인용. Wright, Looming Tower, 37.
2   Ibid.
3   Ayman al-Zawahiri, Knights under the Prophet's Banner; 다음 인용. Walter Laqueur, ed., Voices of Terror: Manifestos, Writings and Manuals of Al Qaeda, Hamas, and Other Terrorists from Around the World and Throughout the Ages (New York: Reed Press, 2004), 432.

고 있었으며, 침착하게 기다릴 것을 당부했다.

동시에 지하드 이외의 다른 해결책은 있을 수 없었다. "우리 민족에게 오래도록 없었던 새로운 이슬람주의자들이 한 무더기 출현하면서, 지하드 이외에는 다른 해결책이 있을 수 없다는 새로운 자각이 이슬람의 아들들, 이슬람을 떠받들고자 하는 자들 사이에서 점점 더 확대되고 있다."[4] 알 자와히리에게 있어서,

> 하나님의 길 위에서 행하는 지하드란 그 어떤 개인이나 조직보다도 위대한 것이다. 이는 곧 진실과 거짓 간의 싸움이자, 전능하신 주가 세상과 백성 모두를 돌려받으시기 이전까지 이어지는 싸움이다. (중략) 하나님의 길 위에서 행하는 지하드 이외에 다른 개혁이란 존재하지 않는다. 지하드 없이 개혁하고자 하는 이들은 스스로 죽음과 실패의 저주를 내리고 있는 것이나 마찬가지다.[5]

『예언자의 깃발 아래에 선 기사들』에서 알 자와히리는 이 싸움에서 이기기 위한 필수 전략들을 다음과 같이 요약한다.

> 전반적인 이슬람 운동, 그리고 그중 특히 지하드는 다음의 방법들을 통해 민족을 동원시켜 전투를 시작해야만 한다: 이슬람에 맞서 싸우는 지도자들을 드러내기, 신앙에 대하여 충성을 바치고 신앙심 없는 자들을 단념시키는 일이 이슬람의 신조에서 얼마나 중요한 일인지 강조하기, 이슬람과 그 성소들, 민족, 그리고 조국을 수호하는 것이 모든 무슬림의 책임임을 강조하기, '술탄의 울라마'에게서 등을 돌리는 대신 '지하드의 울라마'와 '희생의 이맘'들이 있는 세계

---

4   Ibid., 428.
5   Ayman al-Zawahiri, "Interview," in The Al-Qaeda Reader: The Essential Texts of Osama Bin Laden's Terrorist Organization, ed. and trans. Raymond Ibrahim (New York: Broadway Books, 2007), 182–186.

의 미덕을 상기시키기, 또 민족이 그 미덕을 수호하고 보호하며 그 명예를 드
높이며 따라야 할 필요가 있음을 상기시키기, 우리의 교리와 성스러움에 대해
어떠한 공격이 가해지며 우리의 재산은 어떻게 강탈당하는지를 보여주기. 6

1991년경 처음 배포되기 시작한 그의 저서, 『쑬쑬한 수확: 60년의
무슬림형제단(The Bitter Harvest: The [Muslim] Brotherhood in Sixty Years)』에서
알 자와히리는 무슬림형제단이 현재의 이집트 정권에 대항하여 지하
드를 행하라는 이슬람의 의무를 따르는 대신 소위 민주주의 선거에
동참하기로 동의하면서 길을 잃어버렸다며 애통해했다. 이는 비이슬
람적인 행위이며, 따라서 배교행위로 간주되어야만 했다.7

그가 배교 혐의를 선고하는 데에는 다음의 두 가지 원칙이 근거가
되었다. ① 만일 스스로를 이슬람국가의 지도자라 말하는 자가 샤리
아, 즉 하나님이 만드신 법에 따라 국가를 다스리지 않는다면, 무슬
림은 반드시 그 지도자를 타도해야만 할 의무를 진다. ② "민주주의
와 이슬람은 반대기제이며 따라서 절대로 공존할 수 없다."8 민주주
의는 인간에게 주권을 부여하며, 인간이 만든 법을 샤리아로 오롯이
드러난 하나님의 법보다 상위에 두기 때문이다. 알 자와히리는 『쑬
쑬한 수확』을 다음과 같은 문장으로 마무리한다. "따라서 민주주의
적 무슬림, 혹은 민주주의를 옹호하는 무슬림 따위가 되고자 하는 이
들이 있다면, 이들은 스스로 유대인 무슬림이라거나, 혹은 더 끔찍하
게도 기독교 무슬림이라고 자신을 소개하는 것이나 다름없다. 그는
신앙심 없는 배교자다."9 민주주의와 이슬람, 그리고 그것들 간의 상

---

6   Al-Zawahiri, Knights, 432.
7   See al-Zawahiri, "Interview," 116.
8   Ibid., 117.
9   다음에서 인용. ibid., 119.

호 불화합성에 대한 알 자와히리의 논의는 계속해서 이어진다.

> 하나님의 샤리아 없이 무슬림 국가들을 다스리는 오늘날의 모든 지도자들은 모
> 두 신앙심 없는 배교자다. 그들을 타도하고, 그들을 상대로 지하드를 일으키며,
> 그들을 축출하고 그 자리에 무슬림 지도자를 앉히는 것은 의무적인 일이다.[10]

> 이 지도자들이 배교자로 간주되어야 하는 근거는 다음과 같다.
> - 이들은 하나님의 샤리아를 버렸다.
> - 이들은 샤리아를 우습게 만들었다.
> - 이들은 민주주의 제도를 세웠다. 아부 알 알리 알 마우두디가 그의 책 『이
>   슬람과 근대문명(Islam and Modern Civilization)』에서 말한 바에 따르자면,
>   민주주의란 '대중의 지배'이자 '인간의 신격화'다.[11]

이슬람의 지배하에서는 오로지 하나님만이 입법자이시다. 『예언자
의 깃발 아래에 선 기사들』은 이외에도 이제는 익숙해진 쿠란과 하
디스 구절들, 그리고 이븐 카시르나 이븐 타이미야와 같은 이슬람 신
학자들과 여러 학자의 말을 다수 인용한다.

---

10   Ibid., 122.
11   Ibid., 123.

제23장

아야톨라 루홀라 호메이니와 이란 혁명

호메이니 득세의 역사적, 정치적 배경

파르하드 카제미에 따르자면[1], 모즈타바 나와브 사파비(나바브 사파피라

고도 함)는 1923년[2] 테헤란에서 태어났다. 출신 가문은 자신들이 예언

자의 혈통이라고 주장했으며, 외가 가문은 시아파 이슬람을 이란의

국교로 만들었던 16세기 사파비 왕조의 후손이라고 하였다.

나와브 사파비는 어린 나이에 나자프로 떠나 신학도가 되었다. 이

곳에서 나와브는 아흐마드 카스라비의 연구들을 접하게 된다. 카스

라비는 이슬람 개혁을 옹호했으며, 이후에는 전반적인 시아파 이슬

람에 매우 적대적인 태도를 보였던 인물이다. 또한 그는 이란의 성직

자들에 대해서도 상당히 비판적이었으며, 이란의 쇠퇴가 그들의 책

---

1   Farhad Kazemi, "The Fada'iyan-e Islam: Fanaticism, Politics and Terror," in ed. Said Amir Arjomand, From Nationalism to Revolutionary Islam (State University of New York Press, 1985), 160.

2   소흐라브 베흐다드는 사파비가 1924년생이라고 말했다. Sohrab Behdad, "Islamic Utopia in Pre-Revolutionary Iran: Navvab Safavi and the Fad'ian-e Eslam", in Middle Eastern Studies, Vol.33, No.1, January 1997, 40. 아미르 타헤리는 사파비가 20세기의 개막과 함께 태어났다고 믿었던 것으로 보인다. Amir Taheri, Holy Terror, The Inside Story of Islamic Terrorism, (London: Sphere Books Ltd., 1987), 51.

임이라고 비난했다. 그는 성직자들이 지옥에 대한 두려움을 이용하거나 천국의 기쁨을 약속하면서 글을 읽을 줄 모르는 일반 대중을 착취하는 기생충이라고 믿었다. 카스라비는 테헤란 법과대학과 파리 소르본대학교에서 훌륭한 성적을 거두었던 탓에 그의 글들은 상당한 권위와 신뢰를 인정받고 있었다. 본질적으로, 카스라비는 이란의 궁극적인 비이슬람화를 바라고 있었다.

카스라비의 글을 읽은 뒤 상당한 혼란에 빠진 나와브 사파비는 '카스라비를 처리하기 위하여' 테헤란으로 돌아온 뒤 테러 운동을 시작한다. 성직자 기관들은 카스라비의 글들에 격분한 상태였으며, 아야톨라 호메이니 역시 카스라비의 〈그들이 읽고 판단하리라〉에 대한 답신으로 〈읽고 행동하라〉를 써내 카스라비에 대항하는 그 어떠한 행동도 보이지 않는 무슬림들을 비판했다.

1944년, 호메이니는 저서 『비밀의 폭로(Kashf al-Asrar)』를 통해 솔직 담백한 말투로 카스라비는 물론, 이름을 언급하지 않은 여타 이슬람 개혁가들까지 간접적으로 규탄했다. "너희 무슬림들은 어떻게 그처럼 부끄럽기 짝이 없는 책에 대항하여 일어나지 않았단 말인가?" 호메이니의 물음이다.

우리 신실한 신도들이여, 우리 명예로운 형제들이여, 페르시아어로 말하는 우리 친구들이여, 우리 용감한 젊은이들이여! 이 글들, 범죄의 표상들이자 수치스러운 글이자, 분열과 적대의 핵들이며, 조로아스터교로의 초대이자, (중략) 우리 신성한 종교를 비난하는 이 글들을 읽어보라. 그리고 행동하라. 민족적 폭동으로, 종교적 폭동으로, (중략) 강력한 의지로, 철권으로, 지구상에서 이 불명예스럽고 수치스러운 존재들의 씨를 말려라. (중략) 우리는 우리 종교의 법정에서 비난받을 것이며, 이슬람의 예언자는 우리를 불명예스럽게 여기리라.

그렇다! 호기롭고 명예롭게 일어나 그 거만한 자가 너희를 굴복시키지 못하게

하라. 3

　호메이니는 이슬람에 대한 이와 같은 공격을 가리켜 '지상의 타락 (mofsed fi al-arz)'이라고 칭했으며, "스스로를 신앙이나 쿠란, 그리고 종교적으로 신성한 믿음들에 대한 수호자라고 여기는 (중략) 학자들이 철권으로 이 머저리들의 이빨을 부수고, 그 용맹한 발들로 이들의 머리를 깨부수기를" 바랐다. 그는 이슬람 정부였다면 이와 같은 '신앙의 지지자들 앞에 선 범죄자들'을 처형했었으리라는 점을 잘 알고 있었다. 4

　호메이니는 계속해서 다음과 같이 말한다. "이슬람의 규칙들은 방탕과 간음은 물론 강박적인 거짓말과 사기 등을 사랑하는 너희 마음의 병에 대한 치료제가 되어주지 않는다. 이슬람의 규칙들은 너희의 피가 무가치하다고 선언할 것이며 도둑질하는 너희의 팔을 잘라낼 것이다. 이것이 바로 너희가 (이슬람과) 싸우는 이유다. 물라들은 배반으로 가는 너희의 길을 막고자 한다. 그들은 우리 모두가 알고 있듯 특정한 목적으로 사용되었던 그 아름다운 여성들을 모두 물러나게 만들어 그들이 다시금 베일 속으로 돌아갈 수 있도록 만들고자 한다."5

　나와브 사파비가 호메이니와 직접 연락을 취했을 가능성은 거의 없지만, 적어도 호메이니의 『비밀의 폭로』는 읽어보았을 공산이 매우 크다. 사파비는 카스라비와 공개 토론을 벌였으나, 결국 그를 암

3　Khomeini, Kashf al-Asrar, 74, quoted in Sohrab Behdad, "Islamic Utopia in Pre-Revolutionary Iran: Navvab Safavi and the Fad'ian-e Eslam", 43

4　다음에서 인용. Sohrab Behdad, "Islamic Utopia in Pre-Revolutionary Iran: Navvab Safavi and the Fad'ian-e Eslam", 43.

5　Amir Taheri, Holy Terror, 57.

살하는 것 이외에는 아무런 해결책도 없다는 결론에 도달한 뒤 다소 좌절하게 된다. 사파비는 총 한 자루를 구매하여 1945년 4월 28일 카스라비를 쏘지만 그를 죽이는 데는 성공하지 못한다. 이 임무는 이후 사파비를 따랐던 두 명의 추종자, 사이드 호세인 에마미와 사이드 알리 무함마드 에마미였다. 이들은 1946년 3월 11일 카스라비를 사살했다. 이 때문에 사이드 호세인은 사형에 처해졌으며, 나와브 사파비 또한 두 달간 투옥되었다.

이 암살자들은 단번에 영웅으로 떠올랐으며, 성직자들 또한 크게 기뻐했다. 호메이니의 최측근 중 한 명인 아야톨라 샤이흐 사데크 할할리는 이를 두고 '내 인생 가장 아름다웠던 날'이라고 회고했다. "우리는 하나님이 범법자를 직접 처리하셔서 이슬람이 다시 한 번 살아갈 수 있도록 해주심을 안다." 샤이흐 사다크는 사파비가 대략 1945년경 창립한 것으로 추정되는 조직, 페다이야니 이슬람[6]에 가입하기로 결심한다. 이러한 상황 속에서 나와브 사파비는 다음과 같이 선언한다.

> 우리는 모두 살아 있으며, 복수자 하나님은 기민하시다. 궁핍한 자들의 피는 오래전부터 이기적으로 기쁨을 추구하는 자들의 손가락을 타고 흘러왔다. 이들은 각기 다른 이름과 각기 다른 색으로, 압제와 도둑질과 범죄라는 검은 커튼 뒤에 숨어 있다. 이따금씩 그들에게 마땅한 천벌이 내려지지만, 다른 이들은 도무지 교훈을 배울 줄 모른다. (중략) 망할 놈들! 너희 배신자들, 사기꾼들, 압제자들아! 부정직한 위선자들아! 우리는 자유롭고, 고귀하며, 기민하다. 우리는 아는 것이 많고, 하나님을 믿으며 두려움이 없다. [이 선언은 종교의 이름으로 가하는 공격일지니 그 대상은] 신앙의 기초와 쿠란의 지식을 해하려는 자들

---

6   영어로는 Fada'ian-e Eslam, Fada'iyan-e Islam 등으로도 표기한다. 그러나 엄격한 아랍어-영어 음역으로는 Fida'iyin-i Islam이 맞다.

이요, (중략) 가난한 자들의 궁핍을 긍휼히 여기지 않는 자들이요, 후세인(그에게 평화 있으리)의 축복받은 피에 흙을 던지는 이들이요, (중략) 노상강도와 거래하는 이들이며, [몰락과 분열의] 씨앗을 뿌려 오늘날 젊은이들의 도덕관을 악화시키고 종교에 대한 혐오를 키우는 이들이다.[7]

이 선언은 쿠란 구절들을 가득 인용하고 있으며, 그중에는 Q3. 알 이므란, 〈이므란의 가족〉, 169 또한 포함되어 있다. "하나님의 길 위에서 살해당한 이들이 죽었다고 생각지 말라. 그들은 하나님의 양식을 먹으며 살아 있으매 하나님의 너그러움을 누리고 있다." 본 선언은 전 세계의 무슬림들에게 그들이 처한 예속의 사슬을 끊을 것을 촉구하고 있다. "이 사슬은 이슬람 문명과 쿠란의 부름이 도래한 이후에도 무지와 야만의 시대를 살아왔던 이들에 의해 만들어지고 설치된 것이다. (중략) 무슬림 세계의 백성들이여, 일어나라! 살아나라! 우리의 권리를 다시 회복할 수 있도록!"[8]

이 선언은 '후와 알 아지즈(huwa l-'azīz)'라는 말로 시작되는데, 쿠란에서도 자주 등장하는 이 말은 '전능하신' 하나님을 의미하는 말이다. 이 문구는 페다이야니 이슬람의 슬로건으로 사용되었으며, 이들이 발간하는 소책자나 전단지는 물론이며 신문의 타이틀에서도 등장하였다.

1946년, 아야톨라 호메이니는 페다이야니 이슬람에 적극적인 관심을 보이기 시작하면서 그들이 목표를 이루는 것을 도왔으나, 한편으로는 그들을 이용해 자신의 목적을 이루고자 하였다. 대중을 선동하고자 한 것이다. 1949년, 페다이야니 이슬람은 압둘호세인 하지르

---

7   Sohrab Behdad, "Islamic Utopia in Pre-Revolutionary Iran," 45.

8   다음에서 인용. Sohrab Behdad, "Islamic Utopia in Pre-Revolutionary Iran," 46.

국무총리를 암살했으며, 이후 하즈 알리 라즈마라 장군과 아흐마드 잔게네 교육부장관 또한 암살했다. 라즈마라의 암살 이후 나와브 사파비는 이슬람국가의 창설이라는 그의 책무를 세상에 천명했다. "너희 팔레비의 아들들이여, 너희 마즐리스(이란 국회-역주)의 의원들과 상원의원들이여, (중략) 너희와 너희 조직은 페다이야니 이슬람의 책에 따라 이슬람의 모든 교리들을 하나씩 따르지 않는다면 곧 지옥이 너희에게 닥칠 것을 반드시 알아야만 한다." 저서 『바르나메호예 엔케라비(Barnameh-ye Enqelabi)』의 부록에서 나와브 사파비는 반대측 조직들에게 "이란은 무함마드를 따르는 이들과 무함마드 후손들의 국가이며, 이슬람법의 위반에 대하여 가장 소극적인 행동을 보이는 이들은 이슬람의 규칙에 따라 처리될 것이다."[9]

또 다른 연설에서, 사파비는 언젠가는 무함마드의 빛이 이란의 땅 위를 비추리라고 꿈꾼다며 이를 자세히 설명했다.[10] 사파비는 페다이야니 단원들을 정확히 그가 원하는 대로 움직이는 데 성공하였으며, 그 전사들이 이슬람을 위하여 죽을 준비에 헌신하도록 만들었다. "마음을 달랠 때 쓰는 염주 따위는 버리고 총을 사라." 사파비의 말이다. "염주는 너희를 침묵하게 만들지만 총은 너희의 적을 침묵하게 만든다."[11] 호메이니의 말과 마찬가지로 행동할 준비를 하라는 말이었다.

사파비는 선행을 명하고 악행을 금하라는 이슬람의 원칙에 호소하면서, 모든 무슬림들이 악과 싸우기 위하여 행동에 뛰어들 것을 촉구했다. 그의 글에 따르자면, "이슬람은 선행을 명하고 악행을 금하라

---

9   Ibid., 49.
10   Amir Taheri, Holy Terror, 59.
11   다음에서 인용. Amir Taheri, Holy Terror, 50.

고 우리에게 명령한다. 이제 선과 악은 남성들과 여성들의 문제이지 물체들의 문제가 아니다. 우리가 해야 할 일은 악을 따르는 자들에게 이제 그만 멈추고 하나님의 편으로 건너올 것을 요청하는 일이다. 만일 조언으로 해결할 수 없다면 우리는 악을 따르는 자들을 상대로 행동을 취할 수밖에 없다."[12]

모사데크를 축출한 쿠데타 이후, 공산주의자들과 근본주의 무장 세력들에 대한 대규모 숙청이 일어났다. 이를 통해 수천 명이 체포되었는데, 그중 약 4분의 1이 페다이야니 이슬람의 단원들이었다. 나와브 사파비를 포함한 총 9명의 단원들이 교수형에 처해졌다. 교수형을 모면해 살아남은 이들은 20여 년 이후에서야 호메이니 세력에 가담할 수 있었다.

페다이야니 이슬람은 1944년 당시 약 70여 명의 단원들로 시작했으나 이후 수년 만에 수백 명의 단원들을 끌어모았다. 이들은 1940년대와 1950년대에 열 명이 넘는 정치인들을 암살하면서 정계에 공포를 불러 일으켰다. 단체의 지지자들은 대부분 소상인들이나 바자의 견습생 등 사회 변두리 계층으로 일컬어지던 자들이었다. 나와브 사파비는 확실히 카리스마 있는 지도자였으며, 서구의 부당한 문화가 이슬람 사회를 부패시키고 특히 무슬림 여성들을 타락시킨다면서 열렬한 연설을 쏟아냈다.

소흐랍 베흐다드는 다음과 같은 말로 그의 글을 마무리한다. "아야톨라 호메이니가 공개석상에 모습을 드러낼 때 언제나 후와 알 아지즈가 쓰인 슬로건 아래에 앉기를 선호했던 것에서 알 수 있듯이 이란이슬람공화국과 페다이야니 이슬람 간에는 역사적인 연결고리가

---

12 다음에서 인용. ibid., 53.

존재했다. 모든 것은 호메이니의 『비밀의 폭로』에서부터 시작되었다."[13] 호메이니 행정부는 나와브 사파비의 교수형이 선고되었을 때에는 이를 막기 위하여 한층 더 적극적인 모습을 보여주었다. 콘 코글린이 지적했듯이, "위대한 아야톨라 보루제르디를 포함한 국내 대다수의 주요 성직자들이 되도록 극단주의자들과 연관되지 않으려고 노력했던 것에 비해, 호메이니만은 사파비의 생명을 구하기 위하여 활발한 캠페인을 펼쳤다. 그는 개인적으로 보루제르디에게 로비를 시도하며 샤에게 사파비의 석방을 탄원해줄 것을 간청했으나 보루제르디는 이를 거절했다. 보루제르디를 설득하는 것이 실패로 돌아가자 호메이니는 법원의 주요 인물 여럿에게 편지를 써 관용을 보여줄 것을 호소했다."[14]

그러나 그의 노력도 모두 소용이 없었으며, 사파비는 1956년 1월 교수형에 처해진다.[15] 무슬림들이 자신들의 신앙을 행동에 옮겨야 하며, 동시에 이슬람 혁명을 일으키기 위해 적극적으로 노력해야 한다고 주장했던 호메이니로서는 확실히 사파비의 호전성에 마음이 이끌렸을 것이다. 사파비가 미처 이루지 못했던 이슬람의 의제들은 이슬람공화국에 대한 호메이니의 바람들과 상당히 닮아 있다.

1979년 이란 혁명이 이슬람 세계에 미친 영향

1979년의 이란 혁명은 아야톨라 호메이니가 망명 생활을 끝마치고 이란으로 돌아와 이슬람공화국을 세웠던 사건이다. 이란 혁명은 비

---

13 Sohrab Behdad, "Islamic Utopia in Pre-Revolutionary Iran, 62.

14 Con Coughlin, Khomeini's Ghost. The Definitive Account of Ayatollah Khomeini's Islamic Revolution and its Enduring Legacy (London: Macmillan, 2009), 87.

15 콘 코글린의 말에 따르면 사파비는 1956년 1월 교수형에 처해졌다(Con Coughlin, op.cit., 87). 그러나 소흐라브 베흐다드에 따르면 교수형 날짜는 1955년 12월이라고 한다(Sohrab Behdad, op.cit.,51).

록 시아파 이슬람 신정 체제에 관한 사건이었지만, 그럼에도 불구하고 전 이슬람 세계에 상당한 영향을 미쳤다(반면, 이란이 시아파 국가였기 때문에 수니파 세계에는 아무런 충격도 미치지 못했을 것이라는 의견 또한 종종 대두된다. 수니파와 시아파가 서로 협력하는 일은 절대로 없었으리라는 주장 또한 존재한다). 그 이후로 방글라데시부터 모로코까지 다수의 무슬림 국가들에서 혁명 운동의 색채를 띤 폭동들이 발생할 때마다, 부리부리한 눈빛의 호메이니가 그려진 깃발들이 나부꼈으며 시위자들 사이에는 지역 언어로 번역된 호메이니의 글이 배포되었다.

안와르 사다트 이집트 대통령 암살사건의 주범들은 1981년 재판에서 아야톨라 호메이니의 이름을 언급했으며, 모로코 국왕 하산 또한 1983년 폭동의 책임이 호메이니에게 있다고 비난했다. 아미르 타헤리가 『알라의 정신: 호메이니와 이슬람 혁명(The Spirit of Allah: Khomeini & he Islamic Revolution)』(1986)에서 내놓은 설명을 들어보자.

> 호메이니의 호소는 시아파에게만 닿은 게 아님이 분명해졌다. 수니 극단주의자들 역시 대중의 지지를 동원하기 위하여 호메이니의 슬로건을 차용했다. 최근 말레이시아, 방글라데시, 파키스탄, 아부다비, 요르단, 예멘, 이라크, 이집트, 수단, 소말리아, 튀니지, 모로코, 모리타니 등의 국가들에서도 최근 엄격한 이슬람법이 갑자기, 그것도 실질적으로 재도입된 것 또한 어느 정도는 호메이니의 공포 때문이다. 심지어는 세속주의 터키 역시도 이란이 퍼트리는 새로운 이슬람 군사주의의 물결에 발맞추기 위하여 케말주의에서 멀어지려는 모습을 보이고 있다. [16]

---

16 Taheri, Spirit of Allah, 296 - 297.

아야톨라 루홀라 호메이니

아야톨라 루홀라 호메이니는 1902년 9월 24일, 테헤란에서 남서쪽으로 수백 킬로미터 떨어진 호메인 시(후메인 시라고도 함)의 유복한 가정에서 태어났다. 그의 아버지 사이드 모스타파는 시아파 학문의 성지였던 나자프에서 공부하면서 신학으로 학위를 받았다. 호메이니의 친할아버지 사이드 아흐마드 역시 나자프에서 공부한 바 있다.

호메이니는 1920년 유명한 고위 성직자, 샤이흐 압둘 카림 하에리(혹은 하이리)의 문하생으로서 신학 공부를 시작한다. 하에리는 이후 이란의 학문적 중심지가 되었던 콤 시에 자리를 잡게 된다. 호메이니 역시 하에리를 따라 이곳으로 가, 당시 부활한 지 얼마 되지 않았던 신학대학 파지야에서 교편을 잡고 하디스와 윤리학, 신비주의에 대한 주해서들을 펴냈다. 그는 모든 책을 아랍어로 썼는데, 이는 유년 시절 고향에서 학교를 다닐 때 배운 것이다.[17] 호메이니가 펴낸 책으로는 『길잡이의 책(Misbah al-Hidaya)』, 『새벽기도 해석(Shahar Do'ay al-Sahar)』, 『하디스 해석(Shahar Arbe'en)』, 『기도 문학(Adab as-Salat)』 등이 있다. 호메이니는 또한 페르시아어로 운문도 지었으나, 이것들은 그의 사후에나 출간되었다. 당시 콤의 성직자들은 대부분 비정치적인 태도를 견지했으며, 함부로 군주제 비판하기를 꺼렸다.

1937년 호메이니는 메카로 순례를 떠났다가 돌아오는 길에 나자프에 들러 수개월을 머무르면서 성소 여러 곳을 방문했다. 그가 처음으로 정치학에 발을 들였던 것은 1943년의 글 『비밀의 폭로』를 통해서다. 여기에서 그는 당대의 세속주의자들을 신랄하게 비판했는데, 특히 레자 샤와 팔레비 왕조가 그 대상이었음은 물론이며, 선대 군주

---

17 Ervand Abrahamian, Khomeinism: Essays on the Islamic Republic (Berkeley: University of California Press, 1993), 7.

를 지지했던 개혁적 성향의 성직자 샤리아트 상갈라지, 시아파와 이란을 연구하는 역사학자이자 강한 반교권주의자로서 서구와 민주주의를 신봉했던 아흐마드 카스라비 등 또한 비판의 대상이 되었다.

『비밀의 폭로』에서 호메이니는 샤의 정책들이 이슬람 교리를 무시하고 울라마를 약화시킴으로써 궁극적으로 이슬람 그 자체를 훼손하고 있다면서 이란의 현 상황을 개탄했다. 그는 또한 평생에 걸쳐서 '유대인들의 악한 의도'라는 주제를 계속해서 이야기한다. "유대인들과 그들을 지지하는 외국 세력들은 이슬람의 근본에 반대하는 자들이며 국제적인 유대인 정부를 세우고자 하는 이들이다. 그들은 술수가 뛰어나고 적극적이기 때문에 어느 날 그들이 성공을 거둘지도 모르겠다는 두려움이 들 정도이며, 하나님이 이를 막아주시기를 바랄 뿐이다."[18] 그러나 전반적으로 본다면 호메이니는 정치에 개입하기를 꺼려했으며, 1950년대에는 파지야에서 학생들을 가르치고『명확해진 질문들(Towzih al-Masa'el)』(1961)을 집필하며 지냈다. 그가 진정으로 정치에 뛰어들기 시작한 것은 1963년의 일이다.

1962년 10월, 이란 정부가 전국의 지방 의회에 대한 선거법을 제정했는데, 호메이니를 포함한 종교 지도자들은 다음의 세 가지 이유를 들어 이 법이 이슬람답지 못하다고 주장했다. ① 여성에게 선거권이 있으며, ② 이슬람에 대한 준수를 선거권자와 후보자의 필수적 자격요건으로 두지 않고, ③ 선출된 의원이 취임 선서를 할 때 쿠란이 아니라 '성서'에 대한 맹세를 하는데, 이는 의원들이 비무슬림 교파에게 맹세를 바치도록 허용하는 단어라는 것이 그 이유였다.[19]

---

18   다음에서 인용. Taheri, Spirit of Allah, 155.
19   Shaul Bakhash, The Reign of the Ayatollahs Iran and the Islamic Revolution (London: Unwin Paperbacks, 1985), 24.

호메이니는 이 법이 순결한 무슬림 여성들을 타락시키기 위한 법이자, 국민 생활의 정중앙에서 종교를 제거하려는 사악한 시도이며, '배교자'와 바하이교(Bahāʾī)에게 의원직으로 선출될 수 있는 가능성을 열어주는 문이라고 여겼다. 그는 지방 의회법이 "유대인과 시온주의자 스파이들에 의해 발의되었을 가능성이 있다"면서, "쿠란과 이슬람은 위험에 처했다. 국가와 경제의 독립은 시온주의자들의 탈취라는 위협에 시달리고 있는데, 이들은 이란에서는 바하이교도의 탈을 뒤집어쓴 채 출몰하고 있다"고 썼다.[20] 호메이니는 '쿠란과 모순된다면'[21] 그것이 헌법이라도 기꺼이 반대할 준비가 되어 있었다.

1963년 훗날 백색혁명으로 불리게 되는 일련의 개혁들이 추진될 때에도 호메이니는 정치적으로 적극적인 모습을 보여주었다. 신학생들이 개혁에 대항해 시위를 벌이자 샤는 육군 특공대들을 동원하여 3월 중 수일에 걸쳐서 학생들을 공격하고 탄압했다. 그러자 호메이니는 샤가 이슬람의 명령을 어기고 무슬림들의 권리를 침해했다고 규탄했다. 그는 6월 3일 종교 계층, 울라마를 변호하는 설교를 행하면서 샤가 이스라엘과 결탁하여 이슬람을 파괴하려 한다고 비난했다. 이스라엘은 '이 나라에서 쿠란이 살아남기를 원하지 않으며' 이를 위하여 "암흑의 매개를 통해 파지야 신학대학을 파괴했다. 이스라엘은 우리를 파괴하고 너희들, 우리 민족을 파괴한다. 이스라엘은 우리 경제를 점령하고자 한다. 이스라엘은 우리의 상업과 농업을 파괴하고자 한다. 이스라엘은 우리나라의 부를 장악하려 한다."[22]

이 설교가 있은 지 며칠 후, 호메이니는 여러 명의 종교 인사들과

---

20 다음에서 인용. Ibid., 26.
21 다음에서 인용. Ibid., 27.
22 다음에서 인용. Ibid., 29.

함께 체포되었다. 샤는 다수의 특사들을 보내 호메이니가 정치 활동을 단념하도록 설득하고자 했다. 악명 높았던 이란 비밀경찰(SAVAK)의 서장이 호메이니에게 찾아와 "정치는 거짓말이고 속임수이며 수치이자 비열함이다. 정치는 우리에게 맡겨라"라고 말했을 때에도, 호메이니는 다소 모호한 태도로 "이슬람의 모든 것이 곧 정치"라고 답했다.[23]

호메이니는 두 달간 구금되어 있다 석방되었다. 1964년 그는 샤의 정책을 계속해서 비판하다가 다시 한 번 체포된다. 샤가 이슬람과 쿠란을 파괴하려 한다는 비난 또한 빠지지 않았다. 결국 터키로 추방되고 만 호메이니는 이라크 나자프로 가 이후 13년 동안을 그곳에서 머무르게 된다.

나자프에서 호메이니는 이슬람 법학(피크흐)을 가르쳤으며 순례의 의례와 무역에 관한 안내서들을 저술한다. 1970년 호메이니는 이란의 군주정과 타협한 채 정치에서 손을 떼고 있는 성직자들을 비난하는 일련의 강연을 행한다. 그의 강연들은 기록되고 출판되어 『법학자가 본 이슬람 정부(Vilāyat-i faqīh: Hukumat-i Islami)』란 제목으로 이란 전역에 유통되었다. 프랑스에서 수개월을 지낸 호메이니는 이후 이란으로 금의환향한다. 그가 지난 십여 년 동안 행한 강연과 토론, 설교 등에서는 모두 이슬람에 닥친 위험과 이란의 독립에 대한 위협이라는 주제들이 일관적으로 드러났다.

이슬람 혁명

에르반드 아브라하미안과 같은 몇몇 현대 학자들은 호메이니가 이

---

23 다음에서 인용. Bernard Lewis, Islam in History: Ideas, People, and Events in the Middle East (Chicago and La Salle, IL: Open Court 1993), 390.

슬람 근본주의자가 아니었으며 그보다는 라틴아메리카의 파퓰리스트와 더 유사하다고 주장했다. 이 학자들은 필시 종교가 가지는 의의를 전반적으로 과소평가하고 있으며, 특히 호메이니의 사상을 분석하는 데 있어서 이슬람이 가지는 역할을 경시하고 있는 셈이다. 호메이니는 1979년의 이슬람 혁명이 사회경제학적 이유들 때문에 일어난 것이라는 논지를 공개적으로 부정했다. 혁명은 이슬람을 위한 것이었다.

1979년 9월 8일 호메이니가 테헤란 라디오를 통해 이란 국민들에게 남긴 연설 중 일부를 살펴보자.

> 나는 모든 사람들이 우리의 운동, (중략) 우리가 엄청난 노력과 희생을 들였으며 젊은이들이 죽어가고 가정들이 파괴되었던 그 운동 (중략) 그것이 오로지 이슬람을 위한 것이었음을 알기를 바란다. (중략) 우리가 고작 집세를 낮추기 위하여 젊은이들을 희생시켰다고 생각하는 (중략) 사람은 절대 용납할 수 없다. 누구든 제정신이라면 고작 집세를 낮추기 위하여 젊은이들을 희생시키지 않을 것이다. 몇몇 이기적인 사람들이 만들어내는 논리에 따르자면 (중략) 희생의 목표가 농업을 증진시키기 위해서였다는 말도 있다. 그 누구도 더 나은 농업을 위하여 목숨을 바치려 하지는 않을 것이다. (중략) 이슬람은 우리의 젊은이들을 타락으로 이끄는 그 모든 것들을 처단한다. 이슬람은 우리나라에 맞서는 비신자들을 상대로 전사들이 들고 일어나기를 원한다. 이슬람은 무자히드(지하드에 참여하는 자들)를 형성하고자 한다. 이슬람은 난봉꾼을 키우려는 의도는 없기 때문에, 만일 난봉꾼들이 마음껏 활개치고 있노라면 다른 이들은 그들을 폄하하고 망신을 준다. 이슬람은 진중한 종교다. (중략) 이슬람에서 허용된 유일한 게임은 사격과 말 타기이며, 그것도 오로지 싸움을 위한 것뿐이다. (중략) 그러나 서구에서는 우리를 이전과 같은 상태로 묶어두려 한다. (중략) 우리는 이슬

람공화국의 진정한 본질을 도입하고자 노력해야 한다. (중략) 희망의 날개를 펼쳐줄 과감하고 심오한 변화들이 일어났던 것이다. [24]

이란 출신의 다른 학자들도 이란 혁명의 본질을 강조한다. 예를 들어 샤울 바크하쉬의 훌륭한 연구에서는 새로이 건설된 이란이슬람공화국에서 이슬람이 가지는 역할에 명백한 의의를 부여한다.

세속 정체는 유사 신권정체로 바뀌었으며, 이슬람의 법은 세속 법령으로 대체되었다. (중략) 이란 혁명은 완전히 이슬람적인 혁명이었기 때문에 페르시아만이나 중동의 이슬람 공동체들 또한 여기에 큰 감명을 받았다. 이 혁명을 통해 이슬람이 독재정권을 타도하거나 미국을 유린하기 위하여, 또 국경선을 수비하고 외국을 상대로 전쟁을 행하기 위하여, 그리고 궁극적으로는 이슬람국가라는 이상을 실현하기 위하여 수백만 명의 사람들을 움직일 수 있는 능력이 있음이 증명되었다. [25]

바크하쉬는 이란이 '이슬람법 및 이슬람식 경제기관을 조성하며 이슬람국가를 세우기 위한 가장 포괄적인 노력이 이루어진 곳'이 이란임을 강조한다.[26] 이란에서 벌어진 격변 속에는 여러 복잡한 요소들이 얽히고설켜 있음을 인정하더라도, '이슬람 이데올로기의 강력한 견인력'[27]이 한몫을 했음을 부정할 수는 없다.

---

24 아야톨라 루홀라 호메이니의 연설, 테헤란 라디오, 1979년 9월 8일, 외국방송청취기관(FBIS) 번역, 1979년 9월 10일; 다음에서 인용. Rubin and Rubin, Anti-American Terrorism, 35-36. 외국방송청취기관은 CIA 과학기술부서의 일부 기능으로, 공개적으로 송출되는 미국 외 미디어의 뉴스 및 정보들을 감시 · 번역하여 미국 정부에 배포하는 공개출처 정보다.

25 Bakhash, Reign of the Ayatollahs, 4.

26 Ibid., 5.

27 Ibid.

1979년 2월 혁명이 발발한 이래 호메이니는 각각의 위기들을 능수능란하게 이용해 "국가에 대한 자신의 통솔력을 공고히 하는 한편으로 이슬람국가를 세우겠다는 그의 유일한 목표를 추구하는 데 사용하였다."[28] 호메이니의 핵심 저서, 『법학자가 본 이슬람 정부』를 대충 훑어만 보더라도 '이슬람 정부' 내에서 '이슬람'이 가지는 의의를 잘 알 수 있다.

캘리포니아대학교 버클리캠퍼스에서 페르시아학을 가르치는 영국계 미국인 명예교수 하미드 알가르는 이 저서의 핵심 내용 세 가지를 다음과 같이 정리한다. "첫 번째는 이슬람 정치기관의 창설과 유지가 가지는 필요성이다. (중략) 다시 말하자면, 이슬람의 목표들과 교리들, 그리고 기준들에 맞추어 정치 권력을 종속시켜야 한다는 필요성이다. 두 번째는 종교학자(푸카하fuqaha)들이 이슬람국가를 세우고 그 안의 입법, 행정, 사법 기능을 수행해야 하는 의무다. 한 마디로 말하자면 파키흐(faqih)'의 통치, 빌리야티 파키흐(vilayat-i faqih, 이슬람 법학자들의 부섭정 정부)를 세울 의무다."[29] 세 번째는 이슬람국가의 건국을 위하여 행동을 계획해야 할 필요성이다.

『법학자가 본 이슬람 정부』는 공격으로 시작한다. "애초부터 이슬람의 역사적 운동은 유대인들과 씨름하는 것으로 시작되었다. 유대인들은 최초로 반이슬람 프로파간다를 시작한 이들이며 다양한 모략을 시도한 이들이며, 당신도 알다시피 이 행위들은 오늘날까지도 계속되고 있다."[30]

반유대주의가 이슬람 근본주의의 핵심이라는 사실이 경시되는 경

---

28   Ibid., 6.

29   Islam and Revolution: Writings and Declarations of Imam Khomeini (1941–1980), trans. with annotations Hamid Algar (North Haledon, NJ: Mizan Press, 1981), 25.

30   Ibid., 27.

향이 있는데, 사실 반유대주의는 단순히 이스라엘의 존재와 관련된 문제에만 한정된 것이 아니라 애초에 쿠란과 하디스, 시라에서 비롯된 이슬람 신화의 일부다. 호메이니는 이 지점으로 돌아와 유대인과 그들의 악함이라는 주제를 『법학자가 본 이슬람 정부』에서 총 네 번이나 상당한 분량으로 다룬다.[31]

호메이니는 『법학자가 본 이슬람 정부』에서 예언자 무함마드가 이슬람법을 단순히 설파하는 것 이상의 일을 맡기 위하여 후계자를 지목했다고 설명한다. 무함마드는 "이슬람법의 형벌 조항들을 적용시켰다. 그는 도둑의 손을 잘랐으며 채찍질과 돌팔매질을 형벌로써 운영했다. 예언자의 후계자 또한 같은 일을 해야 한다. 그의 임무는 입법이 아니라, 예언자 무함마드가 반포했던 신성한 법을 적용시키는 일이다."[32] 호메이니는 종교계에 이슬람 정부를 세우는 것이 그들의 의무이며 종교와 정치에는 구분이 없음을 설파했다.[33] 그는 이슬람법의 보편성과 포괄성, 그리고 영원한 타당성을 강조한다.

> 쿠란의 고귀한 구절 중 하나에 따르자면, 이슬람의 법령은 특정 시대나 장소에 대하여 한정되는 것이 아니다. 이슬람법은 영구적이며 시대의 종말 이전까지 적용되어야 한다. (중략) 이슬람법이 특정 시대나 장소에 한정되거나 그 이외에는 유보된다는 주장은 이슬람의 근본적인 교리적 기초와 반대되는 이야기다. 예언자가 이 세상을 떠난 이후라면 법의 제정은 불가피하며, 더군다나 시대의 종말 이전까지는 계속해서 법의 제정이 필요할 것이다. 그러므로 정부의 형성과 행정조직 및 관리기구의 설립 역시도 필수적이게 된다.[34]

---

31 Ibid., 89, 109, 113, 127.
32 Ibid., 37.
33 Ibid., 37-38.
34 Ibid., 41-42.

마우두디와 같은 다수의 이슬람주의자들 또한 그러했듯이, 호메이니에게도 이슬람법은 '인간의 모든 요구가 충족된' 완전한 사회체제나 마찬가지였다. 여기에는 '이웃과 동료 시민들 혹은 부족민들과의 문제, 어린아이들과 친척들에 관한 문제, 사적 생활이나 결혼생활에 관한 문제, 전쟁과 평화 및 타국과의 교류에 관한 규제들, 형법과 상법, 무역과 농업에 관한 규제들' 등이 포함되었다.[35] 이슬람법의 전체주의적 성격이 잘 드러나는 대목이다.

또한 이슬람법은 쿠란 및 수나에 모두 담겨 있다. 주권은 오로지 하나님만이 가지는 것이며, 법은 하나님의 칙령이자 명령이다. "파키흐(이슬람법학 전문가)가 통치자를 지배할 권한을 가진다는 점은 이미 원칙으로 확립되어 있다. 만일 통치자가 이슬람을 준수하는 자라면, 그는 반드시 파키흐에게 복종해야만 하며, 파키흐에게 이슬람법과 법령에 대한 자문을 얻어 그것들을 적용시켜야만 한다. 그렇기 때문에 진정한 통치자들은 스스로 푸카하(파키흐의 복수형)로 거듭난다. 통치자의 지위는 공식적으로 (중략) 이들에게만 수여되어야 하는 것이며, 스스로 법에 대하여 무지하기 때문에 푸카하의 지도를 따라야만 하는 이들에게 수여되어서는 안 된다."[36]

| 피와 함께 성장하다

이슬람의 보편성 때문에, 또한 하나님이 전 세계가 이슬람에 따를 것을 의도하셨기 때문에, 모든 무슬림들과 특히 무슬림 학자들은 이슬람의 지식을 전 세계에 퍼트릴 의무를 진다.[37] 이슬람을 보존하는 것

---

35 Ibid., 43.
36 Ibid., 60.
37 Ibid., 70.

역시 무슬림의 의무이기 때문에, 그 결과 이따금씩은 반드시 피가 흩뿌려지게 된다. "푸카하는 지하드를 이용하고 선행을 명하고 악행을 금하라는 원칙을 이용해 폭군들을 타도하고 사람들을 일으켜서, 각성한 모든 무슬림들의 보편적인 운동이 압제정권이 있던 자리에 이슬람의 정부를 세울 수 있도록 만들어야 한다."[38] 호메이니는 "이슬람이 피와 함께 성장했다"는 사실을 절대 숨기지 않았다.

> 이슬람의 위대한 예언자는 한 손에는 쿠란을 들고 나머지 한 손에는 검을 들었다. 배반자를 처단하기 위한 검이자 지도를 위한 쿠란이었다. 지도될 수 있는 이들에게는 쿠란이 그들을 지도할 수단이었으며, 지도될 수 없는 자들이거나 음모자들의 경우에는 검이 그들의 머리를 베었다. (중략) 이슬람은 신앙심 없는 자들에게는 피의 종교이지만 다른 사람들에게는 지도의 종교다. [39]

중대한 분기점인 1978년, 호메이니는 샤와 군주정, 헌법 및 미국을 계속해서 비난하고 압박하는 한편, 반대론자들에게 이슬람이 중심임을 재차 강조했으며, 심지어는 비이슬람적 경향을 보이던 조직들에게 경고를 주기도 했다.[40] 7월 27일 선언에서 호메이니는 반정부 운동의 이슬람적 성격을 확고히 밝히면서 성직자들에게 임무를 안겨주었다. "최근 이란에서 일어나는 종교 운동은 (중략) 완전히 이슬람의 것이다. 이 운동은 성직자들의 재능 있는 손길에 의하여 시작되었으며 위대한 이슬람 민족의 지지가 함께하였다. (중략) 이 운동은 오롯이 이슬람의 것인 이상, 다른 그 어떤 지도자의 개입 없이 계속될 것

---

38 Ibid., 108-109.
39 Ayatollah Ruhollah Khomeini, from a speech at Feyziyeh (Fayziyyah) Theological School, August 24, 1979; quoted in Rubin and Rubin, Anti-American Terrorism, 32 – 33.
40 Bakhash, Reign of the Ayatollahs, 47.

이며 그렇게 계속되어야만 한다."[41]

　호메이니는 "이란 전역에 걸친 전 민족이 이슬람공화국을 원한다며 소리 높여 외치고 있다"고 보았다.[42] 또한 그는 성직자들에게도 마찬가지의 목소리를 낮추지 말 것을 힘차게 촉구했다. 1979년 6월, 호메이니는 이슬람의 종교학자들에게 다른 이들의 조언 없이 그들만의 견해로 헌법 초안을 검토하고 수정해줄 것을 요청했다.

> 이는 당신들의 권리입니다. 이슬람을 잘 아는 자들만이 이슬람법에 대한 의견을 개진할 것입니다. 이슬람공화국의 헌법은 곧 이슬람의 헌법을 의미합니다. 이슬람에는 아무런 믿음도 없는, 외국물을 먹은 지식인들은 그들의 의견을 개진하는 이 마당에 뒤로 물러나 있지 마십시오. (중략) 당신들의 펜을 들고 모스크에서, 제단에서, 길거리와 바자 시장에서, 당신이 생각건대 헌법에 포함되어야 하는 것이 있다면 그것을 소리 높여 말해주시오.[43]

이슬람의 헌법

호메이니의 조언을 귀담아들은 무슬림헌법감시평의회(Congress of Muslim Critics of the Constitution)는 설전에 돌입해 "이슬람을 헌법과 국가기관, 경제와 사법체계, 심지어는 가족 제도의 근원으로 모시는 방법을 찾고자 했다."[44] 이들은 남성과 여성의 평등을 부정했으며, 인간 주권이라는 개념 또한 부정했다. 다수의 성직자들은 이란 국민들에게 이슬람은 보편적이며 따라서 이슬람에는 국경이 없다고 설파했다. 다른 이들 또한 이슬람은 근본적으로 권세가 드높으며 우리의 임

41　Ibid., 48.
42　Ibid.
43　다음에서 인용. Ibid., 7.
44　Ibid., 78.

무는 그것을 퍼트리는 일이라고 설파했다. 전문가협회가 8월 18일에 회동하자 호메이니는 대표단에게 헌법이 반드시 '100퍼센트 이슬람의 것'이어야 한다고 강조했으며, '이슬람과 모순되는 제의에 대한 논의들은 권한 바깥의 일'이라고 못 박았다. 또한 오로지 선도적인 이슬람 법학자들만이 그 헌법 조항이 이슬람의 기준에 부합하는지를 판단할 수 있었다.[45]

11월 15일, 국가지도자운영회의(Assembly of Experts)는 기본적으로 신정 국가의 기초가 되어줄 새로운 헌법 초안을 완성했다. 파키흐는 이후로 정치 체제의 핵심 인물들이 된다.

> (이들은) 성직자 공동체의 권세를 국가기관에 그대로 옮겨오면서, 이슬람법이 국법 및 법체계의 근간이 되도록 단단히 만들어 놓았다. 또한 개인의 자유를 이슬람하에서 허용되는 선 안쪽으로 제한했다. 헌법은 혁명수호위원회(Guardian Council) 위원 열두 명에게 이슬람의 원칙 혹은 헌법상의 원칙과 모순되는 법률에 대하여 행사할 수 있는 거부권을 부여하였으며, 위원회의 이슬람법학자 여섯 명에게는 법령이 이슬람과 모순된다고 선언할 수 있는 권한을 부여했다.[46]

헌법 제4조에서 말하듯, "모든 민법, 형법, 재정법, 경제법, 행정법, 문화법, 군사법, 정치법 및 여타 법들과 규제들은 반드시 이슬람의 기준들에 의거해야 한다."[47] 진짜 주권을 가진 자가 하나님인지, 혹은 인간인지 모를 다소간의 모호성이 발생한 것도 사실이지만, 제정

---

45 Ibid., 81.
46 Ibid., 83.
47 Ibid.

된 헌법은 호메이니의 이슬람 정부, 즉 성직자들이 권한을 가지는 정부 구상에 입각한 것이었다. 1982년에 이르러서는 호메이니가 실권을 잡게 되었다. 그의 종교 보좌관들이 국정을 운영했다. 그는 오로지 성직자들만을 신뢰했으며, 그들만이 이슬람국가를 실현하고 운영할 자격을 갖춘 이들이라고 믿었다. 호메이니는,

> 이슬람 교리의 포교, 이데올로기적 정통성, 그리고 정치적 순응에 무엇보다도 강력한 의의를 부여했다. 그는 자신이 이슬람공화국의 적으로 규정한 자들을 지치지도 않고 쫓았다. 그에게 있어서 이슬람 정부란 곧 이슬람법의 지배와 동의어나 마찬가지였다. 때문에 그는 판사를 임명하고 이슬람 법원체계를 발전시키며 이슬람법의 세부 조항들을 입법하는 데에 상당한 주의를 기울였다. 대신 국내 공안 문제들은 자신이 신뢰하던 보좌관들에게 완전히 일임했다. 그는 혁명을 점차 퍼트리는 데 이바지하고 있었던 것이다.[48]

호메이니가 경제 정책에는 거의 관심을 보이지 않았다는 사실 역시도 그의 주된 관심사가 이슬람국가를 세우는 일이었음을 알 수 있는 대목이다.[49]

이란이슬람공화국

성직자들이 실권을 잡고 난 이후 이란이슬람공화국은 모든 적들과 호메이니가 배교자로 지목한 이들을 모조리 숙청하기 시작했다. 이슬람을 보호하기 위해서는 피가 흘러야 했으며, 이슬람은 평화주의자들의 종교가 아니었다. 한참 이전인 1942년에도 호메이니는 다음

---

48   Ibid., 241-242.
49   Ibid., 242.

과 같은 글을 썼다. "이슬람의 지하드는 우상숭배, 성적 일탈, 약탈, 억압, 학대 등에 맞서는 투쟁이다. 전쟁은 정복자들이 일으키는 것으로, (중략) 그 목적은 욕망과 동물적 욕구를 채우기 위함이다. 그들은 전국이 전쟁의 화마에 휩쓸린다거나 수많은 가족들이 길거리에 나앉게 되는 것 따위는 신경 쓰지 않는다. 그러나 지하드를 공부한 이들이라면 이슬람이 왜 전 세계를 정복하고자 하는지를 이해할 것이다. 이슬람에게 정복당한 모든 국가들은 (중략) 영원한 구원의 표식을 달게 된다."[50] 이후 호메이니는 이슬람과 지하드에 대한 평화주의자적 해석을 내놓는 이들을 멸시하며 말했다.

> 이슬람에 대하여 아무것도 모르면서 이슬람이 전쟁을 반대한다고 말하는 자들 (중략) 이슬람은 "비신자들이 너희를 죽이듯, 모든 비신자들을 죽여라!"라고 말한다. (중략) 이것이 과연 (비무슬림이) 우리를 압도할 때까지 가만히 앉아 있으라는 의미일까? 이슬람은 "너희를 죽이고자 하는 이들을 하나님을 위하여 죽여라!"라고 말한다. 이것이 과연 우리가 (적에게) 항복해야 한다는 의미일까? 이슬람이 말하기를 세상의 모든 선에는 반드시 검의 덕이 있으며 모든 선은 반드시 검의 그림자 아래에 존재한다! 검 없이는 사람들을 순종하게 만들 수 없다! 검은 천국으로의 열쇠이며, 그 문은 오로지 신성한 전사들만이 열 수 있다! 무슬림에게 전쟁을 가치 있게 여기고 싸움에 나서라고 촉구하는 찬송가와 하디스들은 수백 개도 더 있다. 과연 이 모든 것들이 이슬람이 사람으로 하여금 전쟁을 피하도록 하는 종교라는 의미일까? 나는 그리 주장하는 멍청한 영혼들에게 침을 뱉는 바다.[51]

---

50 Ayatollah Ruhollah Khomeini; quoted in Rubin and Rubin, Anti-American Terrorism, 29.
51 Ibid.

| 인권유린

이슬람의 원칙을 들먹이는 곳이라면 어디에서나, 또 언제나 여성과 종교적 소수자들, 게이와 레즈비언, 배교자들, 그리고 자유사상가들의 인권이 필연적으로 무시된다. 1979년 이란 혁명 이후로 이란 내에서 자행된 인권유린을 면밀히 감시해온 이란인권기록센터(IHRDC)의 말을 들어보자.

> 이란이슬람공화국의 연간 사형 집행 수는 전 세계에서 두 번째로 높다. 예를 들어 2011년에는 총 660명이 이란이슬람공화국에서 처형되었다. 이란에서는 항소에서도 사형이 선고될 수 있으므로, 형사 사건에서 항소가 억제되는 편이다. 청소년 역시도 강행규범[52]을 위반하는 경우라면 사형에 처해질 수 있다. 게다가 사형은 강력 범죄에만 국한되는 것도 아니다. 간통, 마약, 남색(합의든 아니든), 배교(이슬람에서 다른 종교로의 개종), '예언자 모독', 그리고 '지상에 타락의 씨앗을 뿌리는' 등의 모호한 국가안보범죄 등이 모두 사형에 처해질 수 있었다. 한편으로 사형 선고 사건은 종종 증거 구성요소를 제대로 갖추지 못할 때도 있었다.[53]

강간, 살인, 마약 운반, 배교, 사회 통념에 어긋나는 성관계(간통 및 남색) 등에 사형이 처해질 수 있었다. 국제사면위원회(Amnesty International)는 1980년부터 1989년 사이 이란에서 총 76건의 돌팔매질 사형이 집행되었다고 보고했으며, 국제사형반대위원회(ICAE)는 1990년부터 2009년 사이 이란에서 또 다른 74건의 돌팔매질 사형이 집행되

---

52 강행규범(유스 코겐스jus cogens 혹은 이우스 코겐스ius cogens라고도 함)은 일탈이 일절 허용되지 않는 규범으로 국가들의 국제 공동체가 수용하는 국제법의 기본 원칙이다.

53 "Executions," Iran Human Rights Documentation Center, n.d., http://www.iranhrdc.org/english/executions.html.

었다고 보고했다.[54]

1979년 이후 성적 지향성과 관련하여 형 집행을 받은 게이 및 레즈비언의 숫자는 인권운동가나 이란이슬람공화국 반대자들의 집계에 따라 적게는 수백 명부터 많게는 6천 명까지로 추산된다.[55] 보로만드 재단(Boroumand Foundation)에 따르자면, 1979년에서 1990년 사이 동성애를 이유로 처형된 것만 최소 107건에 달하는 기록이 남아 있다.[56] 이란은 동성애 행위가 사형에 처해질 수 있는 전 세계 8개국 중 한 국가이며, 이들 8개국은 모두 이슬람국가다.[57] 이란인권기록센터의 2013년 기록에 따르자면,

1982년 이란 국회는 후두드 및 키사스 법을 통과시켰다. 이 법은 샤리아의 법령들을 최초로 성문화한 법이었다. 1983년에는 보충 법령들이 뒤이어 제정되었다. 이란이슬람공화국은 1991년 이 두 법들을 하나의 법전으로 통합했다. 이렇게 탄생하여 같은 해 발효된 이란 형법전에는 간통과 남색 및 여타 동성애

---

54 Hamid R. Kushal and Nawal H. Ammar, "Stoning Women in the Islamic Republic of Iran: Is It Holy Law or Gender Violence?" Arts and Social Sciences Journal 5, no. 1 (2014), https://www.omicsonline.com/open-access/stoning-women-in-the-islamic-republic-of-iran-is-it-holy-law-or-gender-violence-2151-6200.1000063.pdf. See also, Farshad Hoseini, "List of Known Cases of Death by Stoning Sentences in Iran, 1980–2010," International Committee against Execution, July 2010, http://stopstonningnow.com/wpress/SList%20_1980-2010__FHdoc.pdf.

55 "Iran: UK Grants Asylum to Victim of Tehran Persecution of Gays, Citing Publicity," (London) Telegraph, February 4, 2011, http://www.telegraph.co.uk/news/wikileaks-files/london-wikileaks/8305064/IRAN-UK-GRANTS-ASYLUM-TO-VICTIM-OF-TEHRAN-PERSECUTION-OF-GAYS-CITING-PUBLICITY.html. See also: Arhsam Parsi, "Iranian Queers and Laws: Fighting for Freedom of Expression," Harvard International Review 36, no. 2 (Fall 2014/Winter 2015), http://hir.harvard.edu/iranian-queers-and-laws-fighting-for-freedom-of-expression/; "Denied Identity: Human Rights Abuses against Iran's LGBT Community," Iran Human Rights Documentation Center, November 7, 2013, http://www.iranrights.org/library/document/2636.

56 Omid: A Memorial in Defense of Human Rights, Human Rights and Democracy in Iran, Abdorrahman Boroumand Foundation, https://www.iranrights.org/memorial

57 예멘, 모리타니, 사우디아라비아에서는 석살형을 선고하며, 이외에도 카타르, 아프가니스탄, 소말리아, 수단이 여기에 포함된다. 나이지리아 내에서도 이슬람법이 통과된 몇몇 주의 경우에는 동성애 행위에 대하여 사형이 선고될 수 있다.

행위에 대한 처벌이 명시적으로 성문화되어 있다. 이 법전에 따르자면 남색으로 유죄를 선고받은 자는 무조건 사형에 처해지게 되어 있었다. 처형의 방법은 판사의 재량에 맡겨져 있었다. 이슬람법은 남색으로 유죄를 선고받은 사람을 처형할 때에는 그 방법을 판사가 정할 수 있도록 추가적인 재량을 보장하고 있다. 실제로는 대부분의 사형수들이 교수형에 처해지지만, 아야톨라 호메이니는 남색의 경우에는 재판관에 따라 검으로 목을 베거나, 산 채로 불에 태우거나, 돌팔매질을 하거나, 손과 발을 묶은 채 산이나 여타 높은 곳에서 떨어뜨리거나, 그의 머리 위로 벽을 넘어트리는 등의 방법으로 처형할 수 있다고 말한 바 있다. [58]

1979년 2월 이래로 수개월 동안 이란이슬람공화국은 757명의 이란인들을 '지상에 타락의 씨앗을 뿌린다'는 죄목으로 처형했다. [59] 1981년부터 1985년 사이에도 정부는 수천 명의 정적들을 처형했다. 당시 걸출한 성직자이자 혁명가였던 아야톨라 카파리가 에반 형무소(테헤란 북서부에 위치한 주요 형무소)의 아트리움(중앙 뜰)으로 걸어 나와 수도전 앞에 섰던 모습을 목격했던 재소자가 하나 있었다. 왕정주의자였던 이 재소자는 카파리의 "온몸이 피로 뒤덮여 있어서, 기도를 드리러 가기 위하여 몸을 씻으러 온 것 같았다"며, "무자헤딘의 이해할 수 없는 학살이 자행되고 있었다"고 당시를 보고했다. [60]

그러나 이란인권기록센터의 보고에 따르자면,

58   Iran Human Rights Documentation Center, "Denied Identity."

59   Ervand Abrahamian, Tortured Confessions: Prisons and Public Recantations in Modern Iran (Berkeley: University of California Press, 1999), 124 – 125.

60   Iran Human Rights Documentation Center, telephone interview with Bahman Rahbari, April 19, 2009.

1988년의 대학살은 체계적인 방식을 통해 계획되고 실행된 것이며, 단기간 내에 전국적으로 자행되었다. 희생자를 결정하는 데에는 임의적인 방식이 사용되었으며, 희생자의 수도 어마어마하다. 무엇보다도 정부가 처형이 있었다는 사실을 비밀에 부치고 계속해서 부정하기 위하여 어마어마한 수고를 들였다는 점에서 눈여겨보아야 한다. 아야톨라 호메이니가 8년간의 처참했던 이란-이라크 전쟁의 정전협정 수락 직후 공포했던 파트와가 이번 대학살의 근거가 되었다. 파트와는 세 명의 위원으로 구성된 위원회에서 누가 처형될 것인지를 결정하도록 만들었다. 재소자들 사이에서는 '죽음의 위원회'로 불렸던 이곳에서는 죄수들에게 정치적 성향이나 종교적 믿음들 따위에 대한 질문을 던졌으며, 그에 대한 대답에 따라서 누가 처형되고 누가 고문당할 것인지를 결정했다. 질의응답은 비공개에 매우 간소했으며, 상고 또한 없었고, 처형은 질의응답 당일이나 며칠 이후에 바로 집행되었다. 곧바로 처형당하지 않은 이들 중 다수가 고문을 당했다.[61]

호메이니의 칙령을 살펴보자.

| 자비로우시고 자애로우신 하나님의 이름으로

간악한 위선자들(모나페킨Monafeqin 혹은 무나피쿤Munafiqun, 여기에서는 무자헤딘을 가리킨다)은 이슬람을 믿지 않으며, 그들이 뱉는 말은 모두 기만과 위선이고, 그들의 지도자들은 그들이 변절자가 되었음을 고백했으며, 하나님에 대한 전쟁을 행하고, 서부와 북부와 남부 국경지역에서의 전형적인 전쟁에도 참여하며, 이라크의 바스당과 결탁해 사담 후

---

61 "Deadly Fatwa: Iran's 1988 Prison Massacre," Iran Human Rights Documentation Center, n.d., http://www.iranhrdc.org/english/publications/reports/3158-deadly-fatwa-iran-s-1988-prison-massacre.html.

세인의 스파이가 되어 우리 무슬림 민족을 염탐하고, 오만의 세계와 결탁해 있다는 사실과 더불어 이슬람공화국의 출범 때부터 그들이 퍼부은 비열한 공격으로 미루어 보았을 때, 계속해서 모나페킨에게 지지를 보내는 전국의 재소자들은 마찬가지로 전쟁을 치루는 중임을 밝히며 따라서 사형을 선고한다.

테헤란에서 이 칙령을 실행하는 임무는 종교판사 호자톨 이슬람 나예리, 테헤란 검사 에슈라키, 그리고 정보국 대표자 한 명에게 위임된다.

만장일치의 결정이 최선이겠으나, 세 명 중 다수의 의견으로 결정을 내린다. 지방 감옥에서는 종교판사와 혁명검사와 정보국 대표자, 총 세 명의 다수 의견에 복종해야 한다. 하나님을 상대로 전쟁을 행하는 이들에게 자비를 보여주는 것은 순진하기 짝이 없는 일이다. 하나님의 적들을 다루는 이슬람의 결단력 있는 방식은 이슬람 정권의 의심할 여지 없는 교리 중 하나다. 바라건대 이슬람의 적들에게 향하는 당신들의 혁명적인 분노와 복수를 따라 전능하신 하나님을 만족시킬 수 있기를 기원한다. 결정을 내리는 이들은 망설여서는 안 되며, 의심을 내비치거나 사소한 것에 신경을 써서는 안 된다. 그들은 반드시 '신앙심 없는 자들을 상대로 가장 맹렬하게' 행동하고자 해야 한다.

혁명 이슬람의 사법 문제에 대해 의구심을 가진다는 것은 곧 순교자들의 순수한 피를 무시하는 것이나 다름없다. [62]

---

62 다음에서 인용. Foreign Affairs Committee, Crime against Humanity: Indict Iran's Ruling Mullahs for Massacre of 30,000 Political Prisoners (Auvers-sur-Oise, France: National Council of Resistance of Iran, 2001), 2.

| 호메이니의 희생자들

호메이니의 희생자 수는 추산하기 매우 어렵다. 크리스티나 램브는 2001년 「데일리 텔레그래프」에서 대 아야톨라 호세인 알리 몬타제리의 회고록에 등장한 수치를 기반으로 다음과 같이 보도했다. "1988년 대학살에서는 3만 명이 넘는 정치사범들이 처형되었다. 기존에 추산되었던 것보다 훨씬 많은 숫자다. 이란 바깥으로 밀반출된 비밀문서들에서 드러난 바에 따르자면, 부러트릴 목의 숫자가 너무 많았던 나머지 죄수들(어린아이 포함)을 여섯 명씩 짝을 지어 지게차에 실은 후 30분 간격으로 크레인에 목매달아 죽였다."[63]

이란저항국민회의(National Council of Resistance of Iran) 외교위원회는 1988년 이란의 모든 감독들에서 벌어진 사건들을 철저하게 분석했으며 이를 통해 3만 명이라는 수치를 확인해주었다.[64] 여기에서도 몬타제리의 회고록이 인용되는데, 13살 어린아이를 포함한 여성들에 대한 조직적인 강간에 대한 이야기들도 실려 있다. 몬타제리는 호메이니에게 보내는 편지에서, "마샤드 구치소에서 약 25여 명의 소녀들이 엄청난 일을 당했음에도 불구하고 그곳에 의사나 의료 시설이 없으므로 결국 난소나 자궁을 적출할 수밖에 없었다는 사실을 알고 있느냐"고 묻기도 했다.[65] 미국국제종교자유위원회(USCIRF)는 2015년 연례보고서에서 이란의 암울한 실상을 다음과 같이 드러낸다.

---

63 Christina Lamb, "Khomeini Fatwa 'Led to Killing of 30,000 in Iran'" (London) Telegraph, February 4, 2001, http://www.telegraph.co.uk/news/worldnews/middleeast/iran/1321090/ Khomeini-fatwa-led-to-killing-of-30000-in-Iran.html. See also Geoffrey Robertson QC, The Massacre of Political Prisoners in Iran, 1988, Report of an Inquiry (Washington, DC: Abdorraham Boroumand Foundation, 2016), http://www.iranrights.org/library/ document/1380.

64 Foreign Affairs Committee, Crime against Humanity, 21 – 26.

65 Ibid., 27.

종교의 자유와 관련한 형편없는 실상은 2014년에도 계속해서 악화되었으며, 특히 바하이교도, 기독교 개종인, 그리고 수니파 무슬림 등 종교 소수자들과 관련해서 더욱 심하였다. 수피파 무슬림들 및 반대 의견을 개진하는 시아파 무슬림들 역시 방해공작과 체포, 투옥의 대상이 되었다. 하산 로하니 대통령이 2013년 8월 취임한 이래 종교를 이유로 투옥된 소수 종교 공동체의 일원들은 점점 더 늘어나고 있다. 이란 정부는 종교의 자유를 조직적으로, 계속해서, 지독하게 침해하고 있다. 오로지 종교만을 이유로 장기 구금 및 고문, 그리고 처형이 자행되고 있다.[66]

2016년 5월 13일, 〈릴리전 뉴스 서비스〉(미국의 비영리 종교전문 매체-역주)는 다음과 같이 보도했다.

돌아오는 토요일(5월 14일)은 일곱 명의 바하이교 지도자들이 이란 감옥에 투옥된 지 8주년이 되는 날로, 이를 기회 삼아 이란 국민들이 처한 곤경을 재조명해보고자 한다. 시아파 이슬람의 극단주의자적 해석이 점령한 이란 정부는 국내 최대의 비무슬림 종교 소수자 집단인 바하이교와 그 30만 명 이상의 신자들을 모조리 근절하겠다는 장기적인 목표를 가지고 있다. 목표 달성을 위한 이란 정부의 행위는 국제적 관심과 분노의 정도에 따라 그 수위를 달리하고 있다. 불행히도 최근 수년 동안에는 박해가 점점 더 심해지고 있다는 징후가 있으므로, 이 평화적인 종교 공동체에 대한 이란의 박해를 막을 전 세계의 더욱 강력한 분노가 요구된다. 1979년 호메이니의 이란 혁명 이후, 정부당국은 200명이 넘는 바하이교 지도자들을 살해했으며, 만 명이 넘는 바하이교도들이 정부 및

---

66 United States Commission on International Religious Freedom, Annual Report 2015 (Washington, DC: U.S. Commission on International Religious Freedom, 2015), http://www.uscirf.gov/sites/default/files/USCIRF%20Annual%20Report%202015%20%282%29.pdf

대학에서 직장을 잃었다. 바하이교도들은 대학에 갈 수도, 바하이교 학교 및 숭배 센터를 인가받을 수도 없으며 군대에 복역하거나 여타 다수의 직업들을 얻는 것 또한 제한된다. 심지어는 바하이교도들의 결혼 또한 법적으로 인정받지 못한다.

지난 10년 동안 약 850여 명의 바하이교도들이 임의로 체포되었다. 2016년 2월 기준으로 지도자 7명을 포함하여 총 80여 명 이상이 투옥 중에 있다. [67]

동 보도에서는 기독교인들과 유대인들, 그리고 조로아스터교도들 또한 마찬가지의 상황에 처해 있으며, 모두 임의적 체포와 투옥, 고문의 대상이 되고 있음을 명확하게 밝히고 있다.

이란인권기록센터는 이란이슬람공화국 내 여성에 대한 처우가 점점 악화되고 있음을 면밀하게 감시해왔다. 다음은 이란인권기록센터의 보고서에서 내린 결론이다.

이란이슬람공화국의 법체계는 여성을 남성에 대한 종속자로 인식하며, 남성과 국가의 관리 및 통제가 필요한 불완전한 인간으로 간주한다. 이란이슬람공화국의 헌법에서는 평등을 제창하고 있지만, (중략) 이들의 법체계 아래에서 여성은 여전히 2등 시민의 대우를 받는다. 예를 들어 (중략) 이슬람 형법에서 여성이 가지는 가치는 남성이 가지는 가치의 절반과 같다. (중략) 이란이슬람공화국의 민법 및 가족법 또한 같은 맥락으로, 상속 시 여성은 남성 몫의 절반만 상속받을 수 있다. 마찬가지로 결혼과 이혼에서도 여성보다 남성에게 훨씬 더 많은

---

67 Robert P. George and Katrina Lantos Swett, "Iran Wants to Eradicate Baha'is: We Should Demand Their Religious Freedom," Religion News Service, May 13, 2016, http://religionnews. com/2016/05/13/iran-wants-to-eradicate-bahais-we-should-demand-their-religious-freedom.

권리가 주어진다. 가장 눈에 띄는 것은, 남성만이 한 번에 여러 명과 혼인 상태를 유지할 수 있다는 점이며(남성에게는 네 건의 영구적 결혼과 무제한의 임시적 결혼이 허용된다), 남성만이 일방적이고 무조건적으로 이혼할 권리를 가지는 반면, 여성은 남성의 동의 혹은 특수한 경우에는 판사의 허가 없이는 결혼을 종료할 수 없다. 이와 같은 성 불평등은 주로 성별 간의 선천적이고 자연스러운 차이에 대한 가정들을 이유로 정당화되고 합리화된다. (중략) 여성이 오로지 남성에게 기쁨을 주고 아이를 낳기 위하여 창조되었다는 주장 또한 종종 제기된다. 여성의 기능이 오로지 집안에 국한되어 있으며, 따라서 남성들은 여성들을 보호하고 부양해야 한다는 의미다. 이와 같은 성역할의 구조화 및 여성에 대한 가부장적 통제는 여성이 남편에게 복종해야 한다는 프레임워크를 생산했으며, 그 뿌리는 남성우월주의 사상에서 기인하는 한편으로 (중략) 남성의 경제적, 사회적, 정치적 우위와 여성의 종속성에서 기인한다. 이란이슬람공화국의 법체계는 여전히 이와 같은 전통적 가부장제의 편견들을 유지하고 있으며 이에 따라 여성에 대한 구조적 종속화 말고는 다른 어떤 말로도 묘사할 수 없는 일들을 벌이고 있다. 이것이 인권침해임은 의심할 여지도 없다. 여기에 더해 이란이슬람공화국은 세계인권선언(UDHR, 1948) 및 시민적 · 정치적 권리에 관한 국제 규약(ICCPR)을 포함하여 국제적 인권제도들이 요구하는 양성 평등대우 조건을 만족시키지 못하고 있다.[68]

국가폭력

이란은 이슬람 근본주의자들이 열망하는 이슬람국가의 대표격이자 그것을 달성하기 위한 결과물, 즉 국가폭력의 대명사다. 이란은 유토

---

68 "Gender Inequality and Discrimination: The Case of Iranian Women," Iran Human Rights Documentation Center, March 8, 2013, http://iranhrdc.org/english/publications/legal-commentary/1000000261-gender-inequality-and-discrimination-the-case-of-iranian-women.html#19.

피아가 아니라 이슬람식 전체주의의 악몽이며, 그 전제들을 살펴본다면 충분히 예상할 수 있었던 결과물이다. 아야톨라 호메이니는 유복한 가정에서 태어났으며 쿠란과 수나에 대해 깊은 학식을 쌓은 학자가 되어 평생에 걸쳐 이슬람을 가르쳤던 인물이다. 따라서 우리는 이슬람 테러리즘을 설명하는 두 가지 주된 가설, 가난과 무지는 이슬람국가를 향한 호메이니의 열망을 불러일으켰던 동기가 아니었음을 알 수 있다. 호메이니와 그의 성직자들은 이슬람국가에 이슬람법을 도입하고자 했으며 실제로 그 체제를 설치하는 데 성공했다. 그 이후로 이어진 국가폭력은 자연스레 이슬람법에서 기인한 것이다. 달리 말하자면, 이슬람이 곧 이슬람 테러리즘의 원인인 셈이다. 내가 설명하고자 하는 논지와도 정확히 일치하는 부분이다.

물론 대부분의 학자들이 그런 것은 아니지만, 몇몇 학자들은 이란 혁명이 실제로는 '독재하에서 위축된 사회를 민주화시키기 위한 운동'이라고 주장하기도 한다. 그러나 이 학자들은 그와 같은 역사적 눈속임을 성공시키기 위하여 호메이니의 역할을 최소화해야만 한다. 이슬람 세계에서 종교가 가지는 역할을 제대로 이해하지 못하는 다른 역사학자들 또한 호메이니를 조연으로 격하시키면서 이슬람 혁명을 사적 유물론이나 사회경제학 등의 프로크루스테스의 침대에 눕히고자 최선을 다한다.[69] 그러나 이란이슬람공화국은 모든 이슬람 근본주의자들이 꿈꿔왔던 형태, 즉 샤리아에 의해 통치되는 이슬람국가로서 존재하며 운영되고 있다.

실용을 위한 몇몇 타협이 이루어지기는 했으나, 여전히 이란이슬람공화국은 본질적으로 이슬람국가다. 건국 이후로는 이슬람 전제들

---

69 Taheri, Spirit of Allah, 20 – 21.

의 피할 수 없는 결과물이자 멈출 수 없는 논리적 귀결로서 국가폭력 및 자비 없는 독재가 뒤이어 나타났다. 호메이니는 가난한 이들을 연민했지만 그와는 별개로 현세에서의 안락함을 경멸했으며, '서구식 물질주의'를 꺼리고, 경제정책이나 '멜론 가격'에 대한 이슈들에는 전혀 관심이 없었다. 마우두디나 사이드 쿠틉과 같은 다수의 이슬람 사상가들과 마찬가지로 호메이니 역시 인간은 하나님을 숭배하기 위해 지상에 왔다고 보았다. 내세를 준비하는 것은 모든 인류의 의무이며, 죽음은 두려워할 것이 아니라 하나님을 위해 싸우기 위한 수단으로 두 팔 벌려 받아들여야 하는 것이다.

호메이니는 페르시아의 시인 나세르 코스로우 코바디아니의 말 중 '죽음에 대한 사람들의 두려움은 신앙으로만 치료될 수 있는 질병'[70]이라는 구절을 자주 인용했다. 또한 이란 국민들과의 대담에서 호메이니는 죽음을 갈망하고 삶을 피해야 함을 설파하면서, "죽음은 (여러분을) 정화시켜주고 순교자의 드높은 지위를 선사하는 데 반해, 삶은 모든 타락과 죄악을 잉태하고 있으며 그중 가장 작은 죄악으로도 지옥에 떨어질 것이 분명하다"며, 그러므로 "순교자가 될 수 있는 영광을 하나님께서 내려주시기를 기도해야 한다"고 말했다.[71]

호메이니는 아들 모스타파가 이라크 나자프에서 사망한 지 7일째 되던 날의 추모행사에서 다음과 같은 말을 남겼다.

이 세계는 다만 지나가는 통로일 뿐이다. 우리가 살게 될 세계는 이곳이 아니다. 이 세계는 다만 길일 뿐이며, 좁다란 길일 따름이다. (중략) 진정한 삶은 내세에서만 주어질 것이다. (중략) 우리는 이곳, 이 낮은 지상의 삶 속에서, 하나

70　Ibid., 121.
71　Ibid., 122.

님이 우리에게 지워주신 의무를 행할 따름이다. 우리는 우리의 무지 때문에 그 의무들을 짐스럽다 여기게 될 수도 있으나, 참으로 그 의무들은 전능하신 하나님의 가장 드높은 자비다. (중략) 그 누구도 좁다란 길을 건너지 않고서는 참된 인간이 될 수 없다.[72]

콤에서 열린 회의에서 호메이니는 다음과 같은 말도 남겼다. "인류가 창조된 이유는 고난과 기도를 통한 시험에 들기 위함이다. 이슬람 정권은 모든 영역에 진지하게 접근해야 한다. 이슬람에는 농담이 없다. 이슬람에는 유머도 없다. (중략) 진지한 곳에는 즐거움이 있을 수 없다."[73]

호메이니의 계획은 이란이슬람공화국의 건국으로 끝난 게 아니다. 그는 하나의 보편적인 이슬람국가를 건국하기를 꿈꿨으며, 이에 따라 전 이슬람 세계의 혁명을 독려했다. 이슬람의 초국가만이 유대인과 십자군들, 그리고 미국과 소련이라는 악한 초강대국들과 겨룰 수 있을 것이었다.

---

72 Ibid., 39.
73 Ibid., 259.

제24장

결론

이슬람과 이슬람 테러리즘을 이해하기 위해서는 현대의 지하디스트들과 이슬람 역사상 나타났던 동종의 운동들 간의 연속성을 살펴보아야 한다. 이슬람의 역사 없이는 이러한 운동들이 존재하지 않았을 것이며, 이슬람 없이는 지금과 같은 목적을 가지지 않았으리라는 점은 자명하다. 한 예시로, 현대의 지하디스트 운동들과 7세기 이스탄불의 종교 폭동들 간에는 유사성뿐만 아니라 역사적, 인과적 연결고리도 분명히 존재한다. 이스탄불의 카디자델리 운동은 18세기 이븐 압드 알 와하브가 아라비아 나즈드에서 일으킨 운동에 영향을 미쳤으며, 와하브주의는 오늘날 이집트는 물론 인도와 동남아시아 등지의 운동들에 영향을 끼쳤다. 또한 이 모든 것들은 1328년 세상을 떠난 이슬람 철학가 이븐 타이미야에게 영향을 받은 바 있다.

그러나 오늘날 다수의 비평가들이 그러하듯, 중세 이슬람 사상가들이 떨쳤던 영향력에만 집중하다가는 요점을 놓치기 쉽다. 이븐 타이미야의 사상 또한 아흐마드 이븐 한발(780-855년)에서부터 시작하는 오랜 전통을 바탕으로 형성된 것이며, 이븐 한발의 전통 또한 과거를 거슬러 올라가 초대 이슬람과 그 바탕이 되는 성서들, 쿠란과 시라, 하디스, 그리고 수나에서 드러난 모범들에서부터 비롯된 것이다.

ISIS 혹은 ISIL(이라크-레반트 이슬람국가)의 이슬람적 목표를 이해하려면 우선 ISIL이 시리아, 이라크, 레반트를 점령한 이후에 무엇을 하려는 지를 물어보아야 한다. 정답은 명확하다. ISIL은 이슬람국가를 건설하려 할 것이다. 이란에서도 정확히 이와 같은 일이 일어났었다. 호메이니는 실권을 잡고 이슬람국가를 건국해 이슬람법을 적용시켰다. 호메이니가 말했다시피, 이슬람은 정치다. 또한 마우두디와 하산 알 반나, 호메이니가 지적했듯, 이슬람은 요람부터 무덤까지 일생에 걸쳐 개개인의 삶의 모든 부분들을 관장하는 총체적 체계다.

팔레스타인계 미국인이었던 종교학 교수 고 이스마일파루키, 그리고 영국계 역사학자이자 이슬람사학 학자였던 마이클 쿡이 각각 남긴 말을 되새겨본다면 이슬람의 양대 주요 개념을 살펴볼 수 있다. 먼저 파루키의 말을 들어보자. "이슬람은 선이 이 세계에서 실현 가능할 뿐만 아니라, 지금 이 순간 이 자리에서 그렇게 되도록 만드는 것이 곧 모든 남성과 여성의 의무라고 가르친다. (중략) 따라서 선은 반드시 실현 가능해야만 하며, 사실상 선을 실현해야 할 의무가 있는 셈이다."[1] 이 의무, 즉 이슬람의 원칙들을 실현에 옮겨야 한다는 이 명령은 이 책에서 다룬 모든 사상가들과 조직들이 계속해서 강조했던 바이기도 하다. 하와리즈파부터 호메이니까지, 한발리 법학파부터 10세기 바그다드의 폭동 주동자들까지, 이븐 압드 알 와하브부터 하산 알 반나와 사이드 쿠틉까지 모두가 그러했다.

한편으로 쿡은 "현대의 서구사상과 무슬림사상 간의 차이는 단순

---

1   Al-Faruqi, Islam, 13, cited by Levtzion and Voll, Eighteenth-Century Renewal, 6.

히 서구의 프라이버시에 상응하는 개념이 무슬림에게는 없다는 데에서 그치지 않는다. 무슬림들은 이와 관련하여 완전히 다른 종류의 개념을 가지고 있기 때문이다"라고 말한다.[2] 이 발언들을 잘 살펴본다면, 최소 서양인들이 '타인의 사생활 침해'라고 부르는 것과는 종이 한 장 차이일 뿐임을 알 수 있다. 그 이후로는 온갖 헐뜯기가 이어진다. 두 세계관은 충돌할 수밖에 없다. 토마스 홉스가 한때 말했듯, "확실히 시민들 간의 평화는 영원한 구원에 대한 필수요건이 무엇인지에 관한 합의가 이루어지지 않고서는 유지될 수 없다."[3]

다니엘 라브는 그의 명쾌한 저서『극단적 이슬람과 중동 신학의 부활(Radical Islam and the Revival of Medieval Theology)』에서 극단적 살라피스트들이 싸우는 이유는 그들이 비신앙에 반대하는 믿음을 가지고 있기 때문이라고 지적한다.[4]

> 이 극단주의자들이 특정 불만사항에 대한 관심으로, 혹은 일반적이고 실재적인 세계 속에 존재하는 특정 적의 피와 살로 복수일기를 쓰기 위하여 행동한다고 생각한다면 큰 오산이다. 그들은 비신앙의 표식들을 가장 큰 적으로 산정하며, 각각의 표식들이 가지는 특수성은 표식들의 정체가 애초에 타구트(우상)임을 밝혀줄 위대한 신앙의 빛 속에서 점멸한다.[5]

---

2   Cook, Forbidding Wrong, 62–63.

3   Thomas Hobbes, Opera Latina, London: 1839–1845, 1:29; quoted by Daniel Lav, Radical Islam and the Revival of Medieval Theology (Cambridge and New York: Cambridge University Press, 2012), 203n4.

4   Ibid., 201-103.

5   Lav, Radical Islam, 202. 토마스 패트릭 휴는 타구트를 다음과 같이 정의한다. '쿠란의 Q4. 안 니싸아, 〈여성〉, 54; Q2. 알 바카라, 〈소〉, 257, 259에서 언급되는 우상. (중략) (알수유티Al-Suyuti는) 타구트가 쿠라이시 가문이 섬기던 우상으로, 특정 유대인 배교자가 부족을 기쁘게 만들기 위하여 숭배하던 것이라고 말했다. 레인은『아라비안 나이트』에서 타구트가 우상은 물론 악마를 가리키는 말로도 쓰였음을 확인했다.' Hughes, Dictionary of Islam, s.v. 'taghut'

살라피 지하디스트들은 세상이 거짓된 우상들로 가득 차 있다고 본다. 동시에 이 극단주의자들은 '소말리아, 예멘, 이라크 혹은 와지리스탄 등지에서도 그들이 근본적으로 단 하나의 지하드인 양' 행동할 준비가 되어 있다. 이들은 '신앙과 비신앙 간의 총력전이라는 냉엄한 교리를 공유하지 않는 자들'을 믿지 않는다.[6]

라브의 말에 따르자면 그들은 별다른 불만을 마음속에 쌓고 있지도 않다. 서구가 해왔던 일들에 문제가 있는 것이 아니다. 그보다는 단순히 우리가 쿠란을 모범적인 사회의 청사진으로 받아들이지 않는다는 사실이 문제다. 단순히 우리의 존재만으로도 충분히 도발의 이유가 된다. 쿠란에서 드러난 하나님의 법으로 다스려지는 사회를 건설하는 것은 이슬람 테러리스트들이 지는 의무다. 이슬람의 전 역사에 걸쳐 등장했던 이슬람 테러리스트들은 모두 비슷한 이유를 가지고 행동했다. 그들의 선조들이 가졌던 순수성으로 회귀하고자 하는 욕망, 혁신의 거부, 타우히드에 대한 엄격한 준수, 선행을 명하고 악행을 금하라는 원칙을 따라야 한다는 의무, 그리고 하나님을 위하여 이 모든 것을 군사적 의미의 지하드를 통해 행할 의무가 그것들이었다. 그들은 모두 같은 원전들, 무엇보다도 특히 쿠란에서 의지를 얻었으며, 계속해서 같은 수라 같은 구절들을 인용했다.

마지막으로 언론들이 전형적으로 떠들어대는 것처럼 '몇몇 썩은 사과들'이 모든 문제를 일으키는 것도 아니다. 이슬람에는 누군가를 죽이고 자신 또한 하나님의 이름으로 죽임당하고자 하는 극단적인 의지를 낳는 무언가가 내재되어 있다. '썩은 사과들'에게 유화책을 쓰거나 그들과 협상하고자 시도하는 것은 도움이 되지 않는다. 부

---

6   Lav, Radical Islam, 202.

분적인 미봉책 또한 도움이 안 되기는 매한가지다. 마틴 크레이머의 말을 옮기자면, 샤리아는 다소간의 재해석을 허용하긴 하지만 절대로 무한정 탄력적이지는 않다는 것이 그 이유다. 무슬림이 쿠란을 비판적인 시선으로 바라보면서 그것을 더 이상 하나님의 말씀으로 여기지 않게 되기 이전까지 이슬람은 계속해서 이슬람 테러리스트들을 양산할 것이다. 라브는 다음과 같이 결론짓는다. "장기 지속(longue durée)의 관점에서 살펴보자면, 무슬림 극단주의자들은 모든 강력한 일신론에 내재되어 있는 잠재적 호전성이 바깥으로 분출된 최근의 사례 하나일 뿐이다."[7] (원문에서 강조)

21세기는 두 가지 일신론이 대립하는 세상이다. 하나는 그리 강력하지 않은 일신론, 즉 기독교로 배교자를 마주할 경우 비애를 드러낸다. 다른 하나는 실로 강력한 일신론, 즉 이슬람으로 배교자와 마주할 경우 그를 살해하는 방식을 통해 분노를 드러낸다. 라브는 『극단적 이슬람과 중동 신학의 부활』의 에필로그에서 다음과 같이 쓴다.

> 토마스 홉스는 국가의 폭력독점만으로는 '영원한 구원을 위해 반드시 필요하다고 간주되는 요소들'을 위해 싸우고자 하는 이들을 억제할 수 없다고 지적한 바 있다. 이 때문에 평화를 지키기 위해서는 시민들의 코먼웰스(commonwealth, 홉스의 사상에서 주권국가를 의미함–역주)가 계시의 영향력이 미치는 범주를 제한해야 하며, 종교적 주장보다 우선하는 도덕을 정립해야 한다. 수세기가 지난 이슬람 세계에서도, 이와 동일한 기초적인 갈등이 변수만을 달리해 벌어지고 있다.[8]

---

7   Ibid.
8   Ibid., 202-203.

이슬람 부흥주의자들은 세계를 가까이 있는 적과 멀리 있는 적으로 양분한다. 가까이 있는 적은 이슬람법이 더 이상 적용되지 않는 현대 이슬람국가들에 관한 긴급한 문제를 가리킨다. 그 먼 옛날인 초기 이슬람부터 깨지지 않고 이어지는 전통이 여기에서 다시 한 번 전면에 등장하는 셈이다. 반면 멀리 있는 적은 이들이 언젠가는 맞서 싸워야만 하는 적을 가리키는 말로, 여기에는 이교주의자, 무쉬리크, 기독교도나 힌두교도를 포함하여 하나님의 유일성을 벗어나는 자들, 심지어는 성인들을 숭배하는 자들이 모두 포함된다. 민주주의와 자유 또한 여기에 포함되는데, 이는 주권이 이슬람의 원칙과는 반대로 국민에게 속하기 때문이다. 이들 또한 반드시 싸워야 하는 적이다.

이처럼 이슬람에는 행동을 부르는 무언가가 내재되어 있다. 이슬람은 지구상에 오로지 이슬람만이 남을 때까지 비신앙에 맞서 싸울 것을 종교적 의무로 요구한다. 그러므로 지하디스트 극단주의는 앞으로 수십 년은 더 우리와 함께할 운명인 셈이다.

마우두디, 하산 알 반나, 사이드 쿠틉, 호메이니 등 이슬람 근본주의자들의 저서들을 읽다 보면 자신들이 진실을 알고 있음을 놀라우리만큼 확신한다는 점을 살펴볼 수 있다. 자신들이 하나님의 뜻을 알고 있으며, 쿠란 및 여타 계시된 성서들에서 드러난 하나님의 법을 실현시키는 것이 그들의 의무라고 너무나 굳게 믿고 있다는 말이다. 이에 대해서 그들은 한 치의 의심도 품지 않는다. 또한 그들은 진실을 알고 있다고 굳건히 믿고 있는 탓에, 그것을 전 세계에 도입시키는 것이 그들의 의무라고 느낀다. 이슬람이 전 지구를 지배할 때까지 쉴 수 없는 셈이다. 그들의 사상에는 미묘함이나 뉘앙스가 일절 없으며, 심오한 철학자라기보다는 조악한 사상가에 가까운 모습을 보여준다. 그럼에도 불구하고 서양의 지식인들은 종종 이들의 꾐에 넘어가 이슬람주의자들의 주장이 완벽하게 개화된 것이며 용납 가능한 것이라고 믿는 반면 서구 문명에 대해서는 의심으로 뒤덮여 있다. 스스로의 문명에 대한 자신감을 되찾지 못했다가는 불가항력적인 논리에 따라 찍 소리도 못 해보고 우리의 자유를 포기하게 될 것이다.

지하드의 부활

왜 지난 40여 년 동안에는 특히 분노로 가득 찬 지하드가 재출현하게 된 것일까? 「뉴잉글리시리뷰」와 「지하드 워치」에 다수의 글을 기고하는 휴 피츠제럴드는 지하드의 부활에 대한 세 가지 이유를 제시한다. 여기에 나 또한 한 가지 설명을 덧붙여보려 한다.[9]

내 의견으로는, 낮아지는 문맹률과 높아지는 교육 수준이 역설적으로 이슬람국가의 현재 상황에 대한 불만을 키웠으며, 이와 더불어 근본주의 또한 떠오르게 된 것이다. 도시화 이전이나 문맹률이 높던 때의 이슬람은 일반 사람들이 향유하는 변종, 그리고 고전 아랍어를 읽을 수 있는 성직자 엘리트 계층만이 접할 수 있는 이슬람으로 나뉘어져 있었다. 그러나 오늘날에는 훨씬 더 많은 사람들이 직접 고등교육을 받는다. 사람들은 이제 이븐 타이미야의 글을 읽을 수 있으며, 스스로 자신들의 사회가 진정한 이슬람, 무함마드와 그의 동료들이 향유했던 순결한 이슬람에서 멀어지고 있음을 인식할 수 있게 되었다.

피츠제럴드는 "지하드라는 교리는 지난 15년 동안 갑자기 발명된 개념이 아니다. 지하드는 지난 1,350여 년 동안 계속해서 거의 같은

---

9   Hugh Fitzgerald, "Understanding the Resurgence of Islam," New English Review (July 2007), http://www.newenglishreview.org/Hugh_Fitzgerald/Understanding_The_Resurgence_Of_Islam/.

개념으로 존재했다. 한동안 폐지 신세를 면치 못했을지언정 절대로 사라지지 않았으며, 사라질 수도 없었다. 무엇이 상황을 이렇게 바꾸어놓은 것일까? 혹자는 식민지주의의 종식을 이유로 들기도 하나, 중요한 것은 그게 아니다."[10] 이제 지하드의 부활을 절명하는 세 가지 발전이 등장한다.

중동의 무슬림 국가들은 지질 덕분에 어마어마하게 부유해졌다. "1973년 이후 아랍 및 무슬림이 지배하는 산유국들은 석유 소비국을 상대로 석유와 천연가스를 판매하면서 연간 10조 달러씩을 벌어들이고 있다. 그야말로 인류 역사상 가장 큰 규모의 부의 이전이다. 무슬림들은 이와 같은 혜택을 누릴 만한 그 어떠한 일도 한 적이 없음에도 불구하고 석유가 샘솟는 노다지를 하나님의 호의가 의도적으로 드러난 표식이라고 간주한다."[11]

사우디아라비아는 수십억 달러를 들여 무기를 사들인 것 이외에도 이슬람을 선전하고 마드라사를 짓는 데 수백만 달러를 썼다. 아프가니스탄 내 소비에트의 존재에 반대하는 운동을 벌일 때에도 지하드 조직들이 미사일 구매나 훈련에 사용할 수 있도록 상당한 자금이 지원되었다. 사우디아라비아와 이란 및 브루나이와 같은 여타 이슬람 국가들은 서구의 대학들에 막대한 금액을 기부해 이들을 부패시켰으며, 오로지 그들이 용납할 수 있는 방식으로만 이슬람을 가르치도록 만들었다.

두 번째로 주로 기존의 식민지였던 이슬람국가들에서 대규모 인원이 서구로 이주해 간 사실이 손꼽힌다. 이주한 무슬림들은 서구에 대해 매우 적대적이며, 서구가 왜 그렇게 부유하고 관용적이게 되었는

---

10   Ibid.
11   Ibid.

지를 배울 의사가 전혀 없고, 무엇보다도 서구에 동화될 의지가 전혀 없는 자들이다. 이들은 자신들이 자리 잡은 서구 국가들에는 조금의 감사나 충성도 느끼지 못하며, 그들의 의무는 오로지 동료 무슬림들에게로만 향한다.

서구에 그토록 많은 무슬림이 존재한다는 사실만으로도 정부의 국내적, 국제적 행동들은 다소간 영향을 받는다. 국가들의 외교정책은 최소한의 구실로도 폭동을 일으킬 준비가 되어 있는 자국의 무슬림 인구들의 눈치를 보느라 정신이 없다. 이처럼 동화되지 못한 무슬림들은 서구에 이슬람법을 도입시키고자 노력하며, 수세기 동안 신앙심 없는 자들에 의해 형성된 '자유'를 부르짖음으로써 이를 해낼 수 있다.

세 번째로 기술의 발전을 손꼽을 수 있다. 휴대전화부터 인터넷까지, 위성 텔레비전부터 유튜브 비디오까지, 이 모든 기술의 발전은 곧 이슬람 프로파간다가 모든 신자들에게 닿을 수 있을 만큼 확산됨을 의미했다. 오늘날에는 그 어떤 무슬림들도 하루 다섯 번의 기도부터 선행을 명하고 악행을 금하는 지하드까지 그 모든 의무들을 모른다고 주장할 수 없게 되었다. 이론적으로 보자면 서구 또한 (서구가 발명한) 동일한 기술 발전을 가지고 자신들의 프로파간다를 방송할 수 있었다. 그러나 서구는 스스로의 가치에 자신이 없는데다가, 소위 자신들의 '동맹'인 이슬람 정부들의 심기를 거스를까 두려워 그렇게 하지 않은 것이다. 그 어떤 서방 정부도 감히 '무슬림 사회들의 정치적, 경제적, 사회적, 지적 실패와 이슬람 그 자체 간의 연결고리'[12]를 지적하지 않는다. 그 어떠한 경우에도 무슬림들은 그들의 언어로만 방

---

12   Ibid.

송되는 채널들, 이를테면 〈알 자지라〉 등만을 시청한다.

　젊은 무슬림들은 인터넷을 통하여 그들의 부모님 세대는 전혀 알지 못했던 이슬람의 자료들, 이를테면 쿠란부터 하디스, 무함마드의 생애와 이슬람의 역사까지 그 모든 것들을 접할 수 있다. 이슬람은 인간의 개성을 억누를 것을 요구하는 전체주의적 체제이며, 놀랍게 보일지도 모르겠으나, 자신의 정체성을 모든 것이 상명하복으로 이루어지는 집단의 정체성에 녹여내고자 하는 무슬림들은 수도 없이 존재한다. 이들은 집단적 조직, 와트의 묘사로는 '카리스마적 공동체', 즉 하나님이 모든 행동을 뒷받침하시는 공동체에 들고는 안도의 한숨을 내쉰다. 이슬람의 모든 속성들은 이슬람을 일종의 파시즘이자, 명백한 전체주의적 구조로 만든다. 우리는 이미 20세기에 두 개의 전체주의 체제를 무찌른 바 있지만, 그들이 수백만 명의 목숨을 앗아가는 것을 막을 수는 없었다. 21세기에도 이와 같은 또 하나의 이데올로기에 맞설 준비를 하고, 그것을 무찌를 수 있기를 바란다.

참고문헌 ─────────────

여기에서는 가장 중요한 참고문헌들만을 표기하는 것에 한했으며, 2차적 자료들에 대한 참고 자료들의 목록은 따로 기재하지 않았다. 예를 들자면, 이번 책에서 나는 『이슬람사전』 제2판에서 에밀 시안이 작성한 '지하드' 문헌을 참고하고 인용했다. 그러나 이 참고문헌 목록에서는 이를 다시 반복해 작성하지는 않았다. 마찬가지로 인터넷 기반 자료들 중 다수 또한 여기에서는 생략하였다. 그러나 이 역시도 모두 각주에서 찾아볼 수 있도록 해두었다.

A. 참조

- Encyclopaedia of Islam Ist Edn. Ed. M.T. Housma et al. (Leiden: E.J. Brill, 1913-1936).
- Encyclopaedia of Islam 2nd Edn. Ed, H.A.R. Gibb et al. (Leiden: E.J. Brill, 1960-2004).
- Hughes, Thomas Patrick. Dictionary of Islam (London: W.H. Allen, 1885; Delhi: Rupa & Co, 1988).
- Netton, Ian Richard. A Popular Dictionary of Islam (Richmond, UK: Curzon Press, 1992).
- Shorter Encyclopaedia of Islam, edd, H.A.R. Gibb and J.H. Kramers (Leiden: E.J.Brill, 1953).

B.쿠란 해설 및 편람

- Al-Hilali, Muhammad Taqi-ud-Din, & Khan, Muhammad Muhsin. Interpretation of the Meaning of the Noble Qur'ān, in the English Language (Delhi, India: Maktaba Darul Qur'ān. 1993).
- Ali, Abdullah Yusuf. The Holy Quran. Text, Translation & Commentary, (Lahore: Shaikh Muhammad Ashraf, 1939-40).
- Ali, Maulana Muhammad. The Holy Qur'ān (Columbus, Ohio: Ahmadiyyah Anjuman Isha'at Islam, 1995).
- Arberry, A.J. The Koran Interpreted (Oxford: Oxford University Press, 1964, Ist edn.1955).
- Bell, Richard. The Qur'ān. Translated with a Critical Re-arrangement of the Suras (Edinburgh: Clark, 1937).
- Blachère, Régis. Le Coran (Paris: G.P.Maisonneuve & Cie, 1949)
- Paret, Rudi. Der Koran, Übersetzung (Stuttgart: Kohlhammer, 1962).
- Pickthall, Muhammad Marmaduke. The Meaning of the Glorious Koran: An Explanatory Translation (Mecca al-Mukarramah, Saudi Arabia: Muslim World League, 1977; 1930, Ist edn.).
- Kassis, Hanna E. A Concordance of the Qur'an (Berkeley: University of California Press, 1983).

C. 원전: 이슬람의 원전

C.1. 무함마드의 생애

- Ibn Isḥāq. The Life of Muhammad, trans. A. Guillaume (1955; Oxford: Oxford University Press, 1987).
- Ibn Hisham. al-Sira al-Nabawiyya (Cairo: Mustafa Al Babi Al Halabi & Sons, 1955).
- Ibn Sa'd. Kitāb al-Tabaqāt al Kabīr, trans. S. M. Haq (New Delhi: Kitab Bhavan, 1972).
- Al-Tabarī. The History of al-Tabarī, trans. W. Montgomery Watt and M.V. McDonald, vol. VI, Muhammad at Mecca (Albany: State University of New York Press, 1985)
- Al-Tabarī. The History of al-Tabarī, trans. W. Montgomery Watt and M.V. McDonald, vol. VII, The Foundation of the Community (Albany: State University of New York Press, 1987)
- Al-Tabarī. The History of al-Tabarī, trans. Michael Fishbein, vol. VIII, The Victory of Islam (Albany: State University of New York Press, 1997).
- Al-Tabarī. The History of al-Tabarī, trans. Ismail K. Poonawala, vol. IX, The Last Years of the Prophet (Albany: State University of New York Press, 1990).
- Al-Wāqidī. The Life of Muhammad: Kitāb al-Maghāzī, ed. Rizwi Faizer, trans. Rizwi Faizer, Amal Ismail, and Abdul Kader Tayob, Routledge Studies in Classical Islam (Milton Park, Abingdon, Oxon, U.K. & New York: Routledge, 2011).

C.2. 초기 이슬람 정복 활동

- Al-Baladhuri. The Origins of the Islamic State (Kitāb Futūh al-Buldān), trans. P.K. Hitti, (Piscataway, NJ: Gorgias Press, 2002).
- Blankinship, Khalid Yahya. The End of the Jihâd State: The Reign of Hishâm Ibn 'Abd al-Malik and the Collapse of the Umayyads (Albany: State University of New York Press, 1994).
- Al-Tabarī. The History of al-Tabarī, vol. 11, The Challenge to the Empires, trans. Khalid Yahya Blankinship (Albany: State University of New York Press, 1993).
- Al- Tabarī. The History of al- Tabarī, vol. 12, The Battle of a-Qadisiyya and the Conquest of Syria and Palestine, trans. Yohanan Friedmann (Albany: State University of New York Press, 1991).
- Al-Tabarī. The History of al-Tabarī, vol. 13, The Conquest of Iraq, Southwestern Persia, and Egypt, trans. Gautier H.A. Juynboll (Albany: State University of New York Press, 1989).

C.3. 쿠란 해설자들 및 고전 이슬람 학자들

- al-'Asqalānī, Ibn Hajar (1382 – 1449). Fath-ul-Bari (Cairo: Dar al-Kitab al-adid, 1390/1970)
- al-Bayhaqī. Kitāb al-zuhd al-kabir, ed. 'Amir Ahmad Haydar (Beirut: Dar al-Jinan, 1987).
- Ibn Battūta. The Travels of Ibn Battuta, A.D. 1325 – 1354, trans. by H.A.R. Gibb (Delhi: Munshiram Manoharlal Publishers, 1999).
- Ibn 'Abd al-Hādī, Muhammad b. Ahmad (d. 744/1343). Al-'Uqūd al-durriyya min manāqib Shaykh al-Islām Ahmad b. Taymiyya (Beirut: Dār al-kutub al-'ilmiyya, n.d).

- Abū l-Qāsim Abū l-Husayn ibn Muhammad, known as al-Rāghib al-Isfahānī. Al-Mufradāt fī Gharīb al-Qur'ān, ed. Muhammad Sayyid Kīlānī (Egypt: Mustafā al-Bābī al-Halabī, 1381 /1961 impression).
- Al-Māwardi. The Ordinances of Government, trans. Wafaa H.Wahba, (Reading,UK: Garnet Publishing Ltd. 1996)
- al-Qurtubi. Tafsir: Classical Commentary of the Holy Qur'an, trans. Aisha Bewley (London: Dar al-Taqwa, 2003), 127.
- Al- Shāfi'ī', Risāla. Treatise on the Foundations of Islamic Jurisprudence, trans. Majid Khadduri (Baltimore: The Johns Hopkins University Press, 1961; Cambridge: The Islamic Texts Society, 1987).

C.4. 이븐 타이미야

- Ibn Taymiyya. The Criterion between the Allies of the Merciful and the Allies of the Devil : al-furqān bayna awliyā'ar-rahman wa awliyā'as-shaytān, trans. Salim AbdAllāh ibn Morgan (Birmingham, UK: Idara Ihya-us-Sunnah, 1993).
- Ibn Taimiyah, Sheikh Al-Islam Ahmad. Principles of Islamic Faith (Al-`Aqidah Al-Wasitiyah), trans. Assad Nimer Busool (Skokie, IL: IQRA' International Educational Foundation, 1992).
- Ibn Taymiyya. Majmū'at Fatāwā, ed. 'A.R. b. M. Ibn Qāsim, 37 vols. (Rabat: Maktabat al-Ma 'ārif, 1401/ 1981).
- Ibn Taymiyya. Iqtidā' al-sirāt al-mustaqīm li-mukhālafat ashāb al-jahīm (Cairo, 1950); also ed. 'Isām Fāris al-Harastāni & Muhammad Ibrāhīm al-Zaghlī (Beirut: Dār al-Jīl, 1993).
- Ibn Taymiyya. al-Jawāb al-Sahīh li-man baddala dīn al-Masīh (Cairo: Matba'at al-Nīl, 1905).
- Ibn Taymiyya. Mas'alat al-Kanā'is, Paris Bibliothèque Nationale, no. 2962, ii.
- Ibn Taymiyya. al-Fatāwā al-kubrā, (Cairo: Dār al-Kutub al-Hadītha, 1966).
- Ibn Taymiyya. al-Siyāsa al-shar'iyya fī ialāh al-rā'ī wa-al-ra'iyya, (Le Traité de droit public d'Ibn Taimīya), trans. Henri Laoust (Beruit: Institut français de Damas, 1948

D. 하디스

- Abu Dāwūd, Sunan, trans. Ahmad Hasan, (New Delhi: Kitab Bhavan, 1997).
- Bukhārī, Sahīh, trans. Muhammad Muhsin Khan (Riyadh, Saudi Arabia: Darussalam, 1997).
- Ibn Māja, Sunan, trans. M. Tufail Ansari (New Delhi: Kitab Bhavan, 2008)
- Mālik b. Anas. Muwatta', Muhammad Rahimuddin (New Delhi: Kitab Bhavan, 2003)
- Muslim ibn al-Hajjāj. Sahīh, Kitāb al-Imara, trans. 'Abdul Hamid Siddiqi, (New Delhi: Kitab Bhavan, 2000)
- an-Nawawi. Forty Hadith, trans. Abdassamad Clarke (London: Ta Ha Publishers, 1998
- Al-Tirmidhī. Jamī': The Virtues of Jihād, trans. Abu Khaliyl (Riyadh, Saudi Arabia: Darrusalam, 2007

E. 현대의 급진적 이슬람: 원전

- Azzam, Iman Abdullah. "Join the Caravan: Conclusion," Religioscope, February 1, 2002, http://english.religion.info/2002/02/01/document-join-the-caravan/
- Azzam, Abdullah. Defense of the Muslim Lands: The First Obligation after Iman, trans. Brothers in Ribatt, 1979 – 1984, 11 – 12, https://islamfuture.files.wordpress. com/2009/11/defence-of-the-muslim-lands.pdf.
- Azzam, Abdullah. "Document—Martyrs: The Building Blocks of Nations," Religioscope, February 1, 2002, http://english.religion.info/2002/02/01/document-martyrs-the-building-blocks-of-nations/.
- al-Banna, Hasan. Five Tracts of Hasan al-Bannā' (1906 – 1949): A Selection from the Majmū'at Rasā'il al-Shahīd Hasan al-Bannā', trans. with annotations Charles Wendell (Berkeley: University of California Press, 1978),
- al-Banna, Hasan. The Complete Works of Imam Hasan al-Banna: 1906 – 1949, available at The Quran Blog—Enlighten Yourself, June 7, 2008, https://thequranblog.word press.com/2008/06/07/the-complete-works-of-imam-hasan-al-banna-10/.
- Bin Laden, Osama. Interviewed by Tayser Allouni, Al Jazeera, October 21, 2001, ed., Lawrence, Bruce ed. Messages to the World: The Statements of Osama Bin Laden, trans. James Howarth (London: Verso, 2005).
- Ghuniem, Wagdi. Speech delivered at "Palestine: 50 Years of Occupation," a program sponsored by the Islamic Association for Palestine and held in the Walt Whitman Auditorium, Brooklyn College, Brooklyn, NY, May 24, 1998.
- Hamas Covenant 1988: "The Covenant of the Islamic Resistance Movement," August 18, 1988, text available at Yale Law School, Lillian Goldman Law Library, The Avalon Project: Documents in Law, History, and Diplomacy, http://avalon.law.yale.edu/20th_century/hamas.asp
- Ibn 'Abd al-Wahhāb, Muhammad. Mu'allafāt al-shaykh al-imām Muhammad ibn Abd al-Wahhāb, including al-Rasā'il al-Shakhsiyya (RS), and al-'Aqīda (2 parts), 'Aqīda, al-Fiqh (Fiqh), and Mukhtaaar Sīrat al-Rasūl (Sira), ed. 'Abd al-'Azīz Zayd al-Rūmī et al. (Riyadh: Jāmi 'at al-Imām Muhammad b. Su 'ūd al-Islāmiyya, 1978.
- Khomeini. Islam and Revolution, trans. Hamid Algar, (N. Haledon, NJ: Mizan Press, 1981).
- Khomeini. Mavaz'-e Imam Khomeini, ed. Mohammad Reza Akbari (Isfahan, Iran: Payam-i 'Itrat, 1999).
- Khomeini, S.R. (Ayatollah). Principes, Politiques, Philosophiques, Sociaux et Religieux, trans. and ed. J.-M. Xaviere (Paris: Libres-Hallier, 1979).
- Khomeini, Ayatollah Ruhollah. Speech, Tehran Radio, September 8, 1979, trans. Foreign Broadcast Information Service (FBIS), September 10, 1979.
- Khomeini, Ayatollah Ruhollah. From a speech at Feyziyeh (Fayziyyah) Theological School, August 24, 1979; quoted in Rubin and Rubin, Anti-American Terrorism, 32 – 33.
- Malik, Brigadier S. K. The Qur'anic Concept of War (1992; Delhi: Adam Publishers & Distributors, 2008),
- Maudoodi, Syed Abul 'Ala. Islamic Law and Constitution, trans. and ed. Khurshid Ah-

mad (Chicago: Kazi Publications, Inc., 1993).

- Maudoodi, Abul Ala. "Twenty-Nine Years of the Jamaat-e-Islami," Criterion 5, no. 6 (November–December 1970).
- Maududi, Syed Abul A'la. Political Theory of Islam (1960; Lahore: Islamic Publications Ltd., 1980), 27.
- Maududi, Syed Abul A'la. Jihad in Islam (Beirut: The Holy Koran Publishing House, 1980), 5.
- Maududi, Syed Abul A'la. The Islamic Way of Life, ed. Khurshid Ahmad and Khurram Murad (Leicester, UK: The Islamic Foundation, 1992. First Urdu edition, 1948; first English edition, 1967).
- Maududi, Syed Abul A'la. Islamic Law and Constitution (Lahore, IL: Islamic Publications, 1967), 53.
- Qutb, Sayyid. "The America I Have Seen: In the Scale of Human Values," 1951, available at https://archive.org/stream/SayyidQutb/The%20America%20I%20have%20seen_djvu.txt.
- The Sayyid Qutb Reader: Selected Writings on Politics, Religion, and Society, ed. Albert J. Bergesen (London: Routledge, 2008), 3.
- Qutb, Sayyid. The Islamic Concept and Its Characteristics (Plainfield, IN: American Trust Publications, 1991).
- Qutb, Sayyid. Milestones (Damascus, Syria: Dar al-Ilm, n.d.)
- Qutb, Sayyid. In the Shade of the Qur'an, trans. Adil Salahi, sura 8 (Leicester: The Islamic Foundation, 2003), 7:24
- al-Zawahiri, Ayman. Knights under the Prophet's Banner; quoted in Walter Laqueur, ed., Voices of Terror: Manifestos, Writings and Manuals of Al Qaeda, Hamas, and Other Terrorists from Around the World and Throughout the Ages (New York: Reed Press, 2004), 432.
- al-Zawahiri, Ayman. "Interview," in The Al-Qaeda Reader: The Essential Texts of Osama Bin Laden's Terrorist Organization, ed. and trans. Raymond Ibrahim (New York: Broadway Books, 2007), 182–86.

F. 2차적 자료

- Abrahamian, Ervand. Khomeinism: Essays on the Islamic Republic(Berkeley: University of California Press, 1993).
- Abrahamian, Ervand. Tortured Confessions: Prisons and Public Recantations in Modern Iran (Berkeley: University of California Press, 1999).
- Adams, Charles. "Mawdudi and the Islamic State," in Voices of Resurgent Islam, ed. John L. Esposito (Oxford and New York: Oxford University Press, 1983).
- Afary, Janet and Anderson, Kevin B. Foucault and the Iranian Revolution: Gender and the Seductions of Islamism (Chicago: University of Chicago Press, 2005).
- Ahmad, Irfan. "Mawdudi, Abu al-A 'la (1903–1979)," in Princeton Encyclopaedia of Islamic Political Thought.
- Ahmed, Beenish. "How a Teenage Girl Goes from Listening to Coldplay and Reading

Harry Potter to Joining ISIS," Think Progress, February 24, 2015, http://thinkprogress.org/world/2015/02/24/3626720/women-isis/

- Aigle, Denise. "The Mongol Invasions of Bilād al-Shām [Syria] by Ghāzān Khān and Ibn Taymīyah's Three 'Anti-Mongol' Fatwas" Mamluk Studies Review 11, no. 2 (2007).
- Ali, Syed Ameer. The Life and Teachings of Mohammed: Or, The Spirit of Islam (London: W.H. Allen & Co., Ltd., 1891).
- Allen, Charles. God's Terrorists. The Wahhabi Cult and the Hidden Roots of Modern Jihad (Cambridge, MA: Da Capo Press, 2006).
- Amayreh, Khaled. "Reality Behind the Image," Jerusalem Post, February 24, 1995.
- Amin, Galal A. Egypt's Economic Predicament: A Study in the Interaction of External Pressure, Political Folly and Social Tension in Egypt, 1960 – 1990 (Leiden: E.J. Brill, 1995).
- Arjomand, Saïd Amir. After Khomeini: Iran under His Successors (Oxford and New York: Oxford University Press, 2009).
- Arjomand, Saïd Amir. "Iran's Islamic Revolution in Comparative Perspective," World Politics 38, no. 3 (April 1986).
- Arnold, Thomas Walker. The Preaching of Islam: a History of the Propagation of the Muslim Faith, 2nd ed. (London: A. Constable, 1913).
- al-'Arrābī, Sultān Ibn 'Abd Allāh. "Dāmighat al-mubtadi 'īn wa-kāshifat butlān al-mulhīdīn. Al-Imām Muhammad b. Bīr 'Alī Iskandar al-Birgiwī: Dirāsa wa-tahqīq," (Master's thesis, Jāmi 'at Umm al-Qurā, Mecca 1425/2004).
- Bakhash, Shaul. The Reign of the Ayatollahs Iran and the Islamic Revolution (London: Unwin Paperbacks, 1985).
- Baljon, J.M.S. Religion and Thought of Shāh Walī Allāh Dihlawī 1703-1762 (Leiden: E.J. Brill, 1986).
- Banerjee, A.C. Two Nations. The Philosophy of Muslim Nationalism (New Delhi: Concept Publishing Company, 1981).
- Barth, Karl. The Church and the Political Problem of Our Day (New York: Scribner's, 1939).
- Bat Ye'or. The Dhimmi: Jews and Christians under Islam (London: Associated University Presses, 1996).
- Bauer, Yahuda. Rethinking the Holocaust (New Haven, CT: Yale Nota Bene, 2002).
- Bausani, A. "Farā'idiyya" in Encyclopaedia of Islam 2nd Edn., Vol. 2, s.v. 783 b.
- Behdad, Sohrab. "Islamic Utopia in Pre-Revolutionary Iran: Navvab Safavi and the Fad'ian-e Eslam," in Middle Eastern Studies, Vol.33, No.1, January 1997
- Berlin, Isaiah. Liberty: Incorporating Four Essays on Liberty. ed. Henry Hardy, 2nd ed. (Oxford: Oxford University Press, 2002).
- Berlin, Isaiah. "A Message to the 21st Century," acceptance address upon receiving honorary Doctor of Laws, University of Toronto, November 25, 1994, reprinted in New York Review of Books, October 23, 2014, http://www.nybooks.com/articles/2014/10/23/message-21st-century/
- Bird, Adam and Brown, Malcolm. "The History and Social Consequences of a Nationalized Oil Industry," June 2, 2005, available at https://web.stanford.edu/class/e297a/VENEZUELA%20OIL%20&%20LAND%20REFORM.htm

- Birgili. Tarikat-i Muhammediyye Tercümesi (trans. from Arabic into Turkish by Celal Yildirim), (Istanbul, 1981).
- Birnbaum, Jean. Un silence religieux: La gauche face au djihadisme (Paris: Éditions du Seuil, 2016).
- Bostom, Andrew G. The Mufti's Islamic Jew-Hatred: What Nazis Learned from the 'Muslin Pope' (Washington, DC: Barvura Books, 2013).
- Bostom, Andrew. The Legacy of Islamic Antisemitism: From Sacred Texts to Solemn History (Amherst, MA: Prometheus Books, 2008).
- Bousquet, Georges-Henri. L'Ethique sexuelle de l'Islam (1966, Paris: Desclée de Brouwer, 1990).
- Bousquet, Georges-Henri. "Queleques remarques critiques et sociologiques sur le conquête arabe et les theories émises à ce sujet," in Studi Orientalistici in Onore di Giorgio Levi Della Vida (Roma: Instituto per l'Oriente, 1956).
- Bousquet, Georges-Henri. "Observations sur la nature et causes de la conquête arabe," Studia Islamica 6 (1956).
- Brohi, Allah Bukhsh K. "Preface," in Malik, Qur'anic Concept of War.
- Brooks, Geraldine. Nine Parts of Desire: The Hidden World of Islamic Women (1994; New York: Anchor Books, 1996).
- Caetani, Leone. Annali dell'Islam, 10 vols. (Milano: U. Hoepli, 1905–1926).
- Caetani, Leone. Studi di Storia Orientale I (Milano: U. Hoepli, 1911).
- Calder, Norman. "Law, Islamic philosophy of" Islamic Philosophy Online, 1998, http://www.muslimphilosophy.com/ip/rep/H015.html
- Cantemir, Dimitrie. The History of the Growth and Decay of the Othman Empire, trans. N. Tindal (London, 1734).
- Çelebi, Katib. Fezleke-i Tarih, 2 vols. (Istanbul, 1286/1870).
- Christian-Muslim Relations: A Bibliographical History, ed. David Thomas, vol.4, 1200–1350, ed. David Thomas and Alex Mallet (Leiden: E.J. Brill, 2009).
- Cohn, Norman. The Pursuit of the Millennium: Revolutionary Millenarians and Mystical Anarchists of the Middle Ages (London: Secker & Warburg, 1957).
- Commins, David. The Wahhabi Mission and Saudi Arabia (New York: I.B. Tauris, 2006).
- Cook, David. Understanding Jihād (Berkeley: University of California Press, 2005).
- Cook, David. "Muslim Apocalyptic and Jihād," Jerusalem Studies in Arabic and Islam 20 (1996).
- Cook, Michael. Commanding Right and Forbidding Wrong in Islamic Thought (Cambridge and New York: Cambridge University Press, 2001).
- Cook, Michael, Forbidding Wrong in Islam: An Introduction (Cambridge and New York: Cambridge University Press, 2003).
- Coughlin, Con. Khomeini's Ghost. The Definitive Account of Ayatollah Khomeini's Islamic Revolution and its Enduring Legacy (London: Macmillan, 2009).
- Crawford, Michael. Ibn 'Abd al-Wahhāb (London: Oneworld Publications, 2014).
- Crawford, Michael. "The Da 'wa of Ibn 'Abd al-Wahhāb before the Al Sa'ūd," Journal of Arabian Studies 1, no. 2 (2011): 159–60.
- Crone, Patricia. God's Rule—Government and Islam: Six Centuries of Medieval Islamic

Political Thought (New York: Columbia University Press, 2004).

* Crone, Patricia. "A Statement by the Najdiyya Khārijites on the Dispensability of the Imamate" Studia Islamica, no. 88 (1998).

* Crossette, Barbara "Taliban Explains Buddha Demolition," New York Times, March 19, 2001, http://www.nytimes.com/2001/03/19/world/taliban-explains-buddha-demolition.html.

* Digby, Simon. Sufis and Soldiers in Awrangzeb's Deccan (New York: 2001).

* Diggins, John Patrick. "Fate and Freedom in History: The Two Worlds of Eric Foner," National Interest, no. 69 (Fall 2002).

* Donner, Fred. ed., The Formation of the Classical Islamic World, vol. 5, The Expansion of the Early Islamic State (Burlington, VT: Ashgate, 2008).

* Duran, Khalid. "How CAIR Put My Life in Peril," Middle East Quarterly 9, no. 1 (Winter 2002).

* Eco, Umberto "Ur-Fascism," New York Review of Books, June 22, 1995, http://www.nybooks.com/articles/1995/06/22/ur-fascism/.

* El Fadl, Khaled M. Abou. The Great Theft: Wrestling Islam from the Extremists (New York: Harper One, 2007).

* El-Rouayheb, Khaled. "From Ibn Hajar al-Haytamī (d. 1566) to Khayr al-Dīn al-Ālūsī (d. 1899): Changing Views of Ibn Taymiyya among non-Hanbalī Sunni Scholars," in Ibn Taymiyya and His Times, ed. Yossef Rapoport and Shahab Ahmed (Oxford: Oxford University Press, 2010).

* Encyclopaedia Iranica (www.iranicaonline.org/), s.v. "Amr be Ma'rūf," by Wilferd Madelung.

* Euben, Roxanne L. and Zaman, Muhammad Qasim. Princeton Readings in Islamist Thought: Texts and Contexts from al-Banna to Bin Laden (Princeton, NJ: Princeton University Press, 2009).

* Evstatiev, Simeon "The Qādīzādeli Movement and the Revival of Takfīr in the Ottoman Age," in Accusations of Unbelief in Islam: A Diachronic Perspective on Takfīr, ed. Camilla Adang et al. (Leiden: Brill, 2015).

* al-Faruqi, Ismail R. Islam (Niles, IL: Argus Communications, 1979).

* Firestone, Reuven. Jihād: The Origins of Holy War in Islām (Oxford: Oxford University Press, 1999).

* Flemming, Barbara. "Die vorwahhabitische Fitna im osmanischen Kairo, 1711," in Ord. Prof. İsmail Hakki Uzunçarşili'ya Ar-maḡan (Anka366ra: Türk Tarih Kurumu, 1976), 55–65.

* Friedman, Yaron. The Nusayrī-'Alawīs: An Introduction to the Religion, History and Identity of the Leading Minority in Syria (Leiden and Boston: E.J. Brill, 2010).

* Friedmann, Yohanan. Shaykh Ahmad Sirhindi, An Outline of His Thought and a Study of His Image in the Eyes of Posterity (Montreal: McGill-Queen's University Press, 1971).

* Galland, Antoine. De l'Origine et du progrez du café (Caen. 1699).

* Gardet, Louis. La cité musulmane: vie sociale et politique, 2nd edn. (Paris: Librairie Philosophique J. Vrin, 1961).

* Ghanem-Yazbeck, Dalia. "The Decline of Islamist Parties in Algeria," Sada: Middle East

Analysis, Carnegie Endowment for International Peace, February 13, 2014, http://carn egieendowment.org/sada/?fa=54510.

• Gibb, H.A.R. Modern Trends in Islam (New York: Octagon Books, 1975).

• Goldhagen, Daniel Jonah. Hitler's Willing Executioners: Ordinary Germans and the Holocaust (New York: Vintage Books, 1996).

• Goldziher, Ignaz. Introduction to Islamic Theology and Law, trans. Andras and Ruth Hamori (Princeton, NJ: Princeton University Press, 1981).

• Goldziher, Ignaz. "Review of Walter M. Patton, Ahmed Ibn Hanbal and the Mihna," in Zeitschrift der Deutschen Morgenländischen Gesellschaft, Bd. 52, (1898).

• Goldziher, Ignaz. Muslim Studies, ed. S. M. Stern (London: George Allen & Unwin, 1967 – 1971), Vol.2.

• Gorka, Sebastian. Defeating Jihad: The Winnable War (Washington, DC: Regnery Publishing, 2016).

• Habib, Mohammad. The Political Theory of the Delhi Sultanate, (Allahbad: Kitab Mahal, 1961).

• Halm, Heinz. Shi'ism, 2nd ed. (1991; New York: Columbia University Press, 2004).

• Halpern, Manfred. The Politics of Social Change in the Middle East and North Africa (Princeton, NJ: Princeton University Press, 1963).

• Hamid, Tawfik. Inside Jihad: How Radical Islam Works; Why It Should Terrify Us; How to Defeat It (Mountain Lake, MD: Mountain Lake Press, 2015).

• Hardy, Peter. The Muslims of British India (Cambridge: Cambridge University Press, 1972)

• Hardy, Peter. "Baranī, Diyā al-Dīn" in Encyclopaedia of Islam 2nd.Edn., Vol. I 1036a.

• Hawting, Gerald R. "The Significance of the Slogan 'lā hukma illā lillāh' and the References to the 'Hudūd' in the Traditions about the Fitna and the Murder of 'Uthmān," Bulletin of the (University of London) School of Oriental and African Studies 41, no. 3 (1978).

• Haykel, Bernard. "Ibn 'Abd al-Wahhāb, Muhammad (1703 – 92)," in Princeton Encyclopaedia of Islamic Political Thought, ed. Gerhard Bowering (Princeton, NJ: Princeton University Press, 2013).

• Haynes, John Earl and Klehr, Harvey. In Denial: Historians, Communism, and Espionage (New York: Encounter Books, 2003).

• Hourani, Albert. A History of the Arab Peoples (London: Faber and Faber, 1991).

• Hurgronje, C. Snouck. Selected Works, ed. Georges-Henri Bousqet and Joseph Schacht (Leiden: E.J. Brill, 1957).

• Hurgronje, C. Snouck. Politique Musulmane de la Hollande (Paris: E. Leroux, 1911).

• Ibn Bishr, 'Uthman. 'Unwān al-Majd fī Ta'rīkh Najd (Token of Glory: On the History of Najd) (Beirut, 1967).

• Ibn Ghannām, Husayn. Ta'rīkh Najd al-Musmmā Rawdat al-Afhām li-Murtād Hāl al-Imām wa-Ta'dād Ghazawāt Dhawī 'l-Islām, 2 vols. (Cairo, 1949).

• Ibn Warraq, "Reason, Not Revelation," in Ibn Warraq, ed. Virgins? What Virgins? And Other Essays (Amherst, MA: Prometheus Books, 2010).

• Ibn Warraq, Why the West Is Best (New York: Encounter Books, 2011).

• Ibn Warraq, Sir Walter Scott's Crusades and Other Fantasies (Nashville, TN: New English Review Press, 2013).

- Ibn Warraq, "Islam, Middle East, and Fascism," in ed. Ibn Warraq. Virgins? What Virgins?

- Ibn Warraq, "Apologists of Totalitarianism: From Communism to Islam" in Politcal Violence: Belief, Behavior and Legitimation, ed. Paul Hollander (New York: Palgrave Macmillan, 2008).

- Ibrahim, Saad Eddin. "Anatomy of Egypt's Militant Islamic Groups: Methodological Notes and Preliminary Findings," in Egypt, Islam and Democracy: Critical Essays (1996; Cairo: The American University in Cairo Press, 2002). First published under the same title in International Journal of Middle East Studies 12, no. 4 (December 1980).

- Inayatullah, Sh."Sayyid Ahmad Brēlwī" in Encyclopaedia of Islam 2nd Edn. Vol.1, 282a-282b.

- Iskandar Beg Munshī. Tārīkh-i ʿAlam-ārā-yi ʿAbbāsī, trans. R.M. Savory, Persian Heritage Series, ed. Ehsan Yarshater, no. 28, 2 vols. (Boulder, CO: 1978).

- Ismāʿīl, Mahmūd. al-Harakāt al-sirrīyah fī al-Islām: ruʾyah ʿasrīyah (Secret Movements in Islam: Modern View) (Bayrūt: Dār al-Qalam, 1973).

- Jalal, Ayesha. Partisans of Allah: Jihad in South Asia (Cambridge, MA: Harvard University Press, 2010).

- Jansen, Johannes J.G. "The Early Islamic Movement of the Kharidjites and the Modern Moslem Extremists: Similarities and Differences," Orient 27, no. 1 (1986): 127-35.

- Jansen, Johannes J.G. The Neglected Duty: The Creed of Sadat's Assassins (1986; New York: RVP Publishers, 2013).

- Jones, Kenneth W. Socio-religious Reform Movements in British India (Cambridge: Cambridge University Press. (The New Cambridge History of India III.1),1989)

- Jung, Carl. The Collected Works, vol. 18, The Symbolic Life (Princeton, NJ: Princeton University Press, 1939).

- Juynboll, Th.W. Handbuch des Islamischen Gesetzes Nach der Lehre der Schafiʿitischen Schule Nebst Einer Allgemeinen Einleitung (Leiden, E.J.Brill; Leipzig: Harrassowitz, 1910).

- Karsh, Efraim. The Tail Wags the Dog: International Politics and the Middle East (New York: Bloomsbury, 2015).

- Kazemi, Farhad. "The Fadaʾiyan-e Islam: Fanaticism, Politics and Terror," in ed. Said Amir Arjomand, From Nationalism to Revolutionary Islam (State University of New York Press, 1985).

- Kepel, Gilles. The War for Muslim Minds: Islam and the West (Cambridge, MA: Belknap Press, 2006).

- Khadduri, Majid. War and Peace in the Law of Islam (Baltimore: Johns Hopkins University Press, 1955; Clark, NJ: Lawbook Exchange, Ltd., 2006, 2010).

- Küntzel, Matthias. Jihad and Jew-Hatred: Islamism, Nazism and the Roots of 9/11 (New York: Telos Press Publishing, 2009).

- Lane, Edward William. An Arabic-English Lexicon, part 4 (London: Williams & Norgate, 1872; Beirut: Librairie du Liban, 1968).

- Laoust, Henri. "La Biographie d'Ibn Taimīya d'après Ibn Katīr," Bulletin d'études orientales 9 (1942-1943).

- Laoust, Henri. Essai sur les doctrines sociales et politiques de Takī-d- Dīn Ahmad b. Taimīya (Cairo: Imprimerie de l'Institut Français d'Archéologie Orientale, 1939).
- Lapidus, Ira M."The Separation of State and Religion in the Development of Early Islamic Society," International Journal of Middle East Studies 6, no. 4 (October 1975): 363–85.
- Lav, Daniel. Radical Islam and the Revival of Medieval Theology (Cambridge and New York: Cambridge University Press, 2012).
- Lerner, Max. Ideas Are Weapons: The History and Uses of Ideas (New York: Viking Press, 1939).
- Levtzion, Nehemia and Voll, John O., eds., Eighteenth-Century Renewal and Reform in Islam (Syracuse, NY: Syracuse University Press, 1987).
- Lewis, Bernard. "Islam and Liberal Democracy," Atlantic (February 1993), http://www.theatlantic.com/magazine/archive/1993/02/islam-and-liberal- democracy/308509/.
- Lewis, Bernard. The Assassins: A Radical Sect in Islam (London: Weidenfeld & Nicolson Ltd, 1967; New York: Basic Books, 2003).
- Lewis, Bernard. Islam and the West (Oxford and New York: Oxford University Press, 1994).
- Lewis, Bernard. Islam in History: Ideas, People, and Events in the Middle East (Chicago and La Salle, IL: Open Court 1993).
- Little, D.P. "Religion under the Mamluks," Muslim World 73, no. 3–4 (October 1983).
- Little, D.P. "Did Ibn Taymiyya Have a Screw Loose" in Studia Islamica, No. 41 (Paris, 1975), pp. 93-111
- Madelung, Wilferd. Religious Trends in Early Islamic Iran (Albany, NY: Persian Heritage Foundation, 1988.
- Madelung, Wilferd. "Amr be Ma'rūf," in Encyclopaedia Iranica (www.iranicaonline.org/).
- Malia, Martin. The Soviet Tragedy: A History of Socialism in Russia, 1917–1991 (New York: The Free Press, 1994).
- Maloney, Suzanne. Iran's Political Economy since the Revolution (Cambridge: Cambridge University Press, 2015).
- Meier, Fritz. Die Vita des Scheich Abū Ishāq al-Kāzarūnī in der persischen Bearbeitung von Mahmūd b. 'Utmān (Leipzig, 1948).
- Metcalf, Barbara. Islamic Revival in British India: Deoband 1860–1900 (Princeton, NJ: Princeton University Press, 1982).
- Michot, Yahya. "Ibn Taymiyya," in The Princeton Encyclopaedia of Islamic Political Thought, ed. Gerhard Bowering (Princeton, NJ: Princeton University Press, 2013).
- Mir, Mustansir. "Jihād in Islam," in The Jihād and Its Times, ed. Hadia Dajani-Shakeel and Ronald A. Messier (Ann Arbor, MI: Center for Near Eastern and North African Studies, University of Michigan, 1991).
- Mitchell, Richard P. The Society of Muslim Brothers (1969; Oxford: Oxford University Press, 1993),
- Monnerot, Jules. Sociologie du Communisme (Paris: Gallimard, 1949). Translated by Jane Degras and Richard Rees as Sociology and Psychology of Communism (Boston: Beacon Press, 1953).
- Morabia, Alfred. "Ibn Taymiyya: Dernier grand théoricien du Ǧihād médiéval," Bulletin

d'études orientales, Mélanges offerts a Henri Laoust, tome 2, 30 (1978).

- Murād, Hasan Q. "Mihan of Ibn Taymiya: A Narrative Account Based on a Comparative Analysis of Sources" (Master's thesis, McGill University, 1968).
- Murawiec, Laurent. The Mind of Jihad (Cambridge and New York: Cambridge University Press, 2008).
- Murray, Douglas. Neoconservatism: Why We Need It (New York: Encounter Books, 2006).
- Mussolini, Benito. "The Doctrine of Fascism" (1932), in Adrian Lyttleton, Italian Fascisms: From Pareto to Gentile (London, 1973).
- Naima, Mustafa. Tarih-i Naima, 6 vols. (Istanbul, 1280/1863-64).
- Nasr, Seyyed Vali Reza. "Mawdudi and the Jam'at-i Islami: The Origins, Theory and Practice of Islamic Revivalism" in Pioneers of Islamic Revival, ed. Ali Rahnema, Studies in Islamic Society (London: Zed Books Ltd).
- Nasr, Seyyed Vali Reza. Mawdudi and the Making of Islamic Revivalism (Oxford and New York: Oxford University Press, 1996).
- Neocleous, Mark. Fascism (Buckingham, UK: Open University Press, 1997).
- Netanyahu, Benjamin. "Defining Terrorism," in Terrorism: How the West Can Win, ed. Benjamin Netanyahu (New York: Farrar, Starus, Giroux, 1986).
- Netanyahu, Benjamin. Fighting Terrorism: How Democracies Can Defeat Domestic and International Terrorism (New York: Farrar, Straus and Giroux, 1995).
- Nettler, Ronald L. Past Trials and Present Tribulations: A Muslim Fundamentalist's View of the Jews (Oxford: Pergamon Press, 1987), 86–87; quoted in Rubin and Schwanitz, Nazis, Islamists, 251.
- Neumann, Peter R. ed., Addressing the Causes of Terrorism, Club de Madrid Series on Democracy and Terrorism, vol. 1 (Madrid: Club de Madrid, 2005). http://www.club madrid.org/img/secciones/Club_de_Madrid_Volume_I_The_Causes_of_Terrorism.pdf.
- Nolan Jr., James A. What They Saw in America (Cambridge and New York: Cambridge University Press, 2016).
- Peters, Rudolph. "The Battered Dervishes of Bab Zuwyala: A Religious Riot in Eighteenth-Century Cairo," in Levtzion and Voll, Eighteenth Century Renewal, 93–115.
- Peters, Rudolph. Islam and Colonialism (The Hague: Mouton Publishers, 1979).
- Peters, Rudolph. Jihad in Classical and Modern Islam (Princeton, NJ: Markus Wiener Publishers, 1996).
- Peters, Rudolph. Jihād: A History in Documents (Princeton, NJ: Markus Wiener Publishers, 2016).
- Peters, Rudolph. "Islamischer Fundamentalismus: Glauben, Handeln, Führung," in Max Webers Sicht des Islams: Interpretation und Kritik, ed. Wolfgang Schlucter (Frankfurt: Suhrkamp, 1987), 217–42.
- Pipes, Daniel. "We Free Them or They Destroy Us," Lion's Den: Daniel Pipes Blog, September 13, 2006, http://www.danielpipes.org/blog/2006/09/we-free-them-or-they-destroy-us.
- Pipes, Daniel. "Bush Returns to the 'Religion of Peace' Formulation," Lion's Den: Daniel Pipes Blog, October 4, 2007, http://www.danielpipes.org/blog/2007/10/bush-returns-to-the-religion-of-peace.

- Pipes, Daniel. "God and Mammon: Does Poverty Cause Militant Islam?" National Interest, no. 66 (Winter 2001/2002).
- Pipes, Daniel. Militant Islam Reaches America (New York: W.W. Norton and Company, 2002).
- Pohlmann, Marcus D., ed. and intro. African American Political Thought, vol.6, Integration vs. Separatism: 1945 to the Present (London: Routledge, 2003.)
- Poliak, A.N. "Les révoltes populaires en Égypte à l'époque des Mamelouks et leur causes economiques," Revue des Études Islamiques 8 (1934).
- Rahman, Fazlur. Islam (Chicago: Chicago University Press, 1966; 2nd Edn. 1979).
- Reilly, Robert R. The Closing of the Muslim Mind: How Intellectual Suicide Created the Modern Islamist Crisis (Wilmington, DE: Intercollegiate Studies Institute, 2011).
- Reilly, Robert R. "Thinking like a Terrorist," review of Leaderless Jihad: Terror Networks in the Twenty-First Century by Marc Sageman, and The Mind of Jihad, by Laurent Murawiec, 9, no. 2 (Spring 2009): 31 – 33, http://www.claremont.org/crb/article/think-like-a-terrorist/.
- Rida, Muhammad Rashid. ed., Majmūʻat al-Tawḥīd al-Najdiyya (Riyadh: Al-Amana al-ʻAmma, 1999).
- Riley-Smith, Jonathan. The Crusades, Christianity, and Islam (New York: Columbia University Press, 2008).
- Rippin, Andrew. Muslims: Their Religious Beliefs and Practices, 2nd ed. (London: Routledge, 2001).
- Rizvi, Saiyid Athar Abbas. Muslim Revivalist Movements in Northern India in the Sixteenth and Seventeenth Centuries, (New Delhi: Munshiram Manoharlal Publishers Pvt. Ltd. 1965).
- Rizvi, Saiyid Athar Abbas. Shah Wali-Allah and His Times, (Lahore: Suhail Academy, 2004).
- Rizvi, Saiyid Athar Abbas. Shah ʻAbd al-ʻAziz, (Lahore: Suhail Academy, 2004).
- Robinson, F.C.R., "Mawdūdī, Sayyid Abu ʻl-aʻla" in Encyclopaedia of Islam, vol. 4, "Iran – Kha," ed. by E. van Donzel, B. Lewis, and Ch. Pellat, 2nd ed. (Leiden: Brill, 1978).
- Rodinson, Maxime. Islam and Capitalism, trans. Brian Pearce (London: Allen Lane, 1974), 296ff. Originally published as Islam et le capitalisme (Paris: Editions du Seuil, 1966).
- Rodinson, Maxime "Islam Resurgent?" Le Monde, December 6 – 8, 1978.
- Roemer, H.R. 'Die turkmenischen Qïzïlbaš-Gründer und Opfer der safawidischen Theokratie,' in Zeitschrift der Deutschen Morgenländischen Gesellschaft, 135 (1985).
- Rousseau, J.B.L.J. Description du Pachalik de Bagdad Suivie d'une Notice Historique sur les Wahabis (Paris: Treutel & Würtz, 1809).
- Rubin, Barry and Schwanitz, Wolfgang G. Nazis, Islamists, and the Making of the Modern Middle East (New Haven, CT: Yale University Press, 2014).
- Rubin, Barry. "The Truth about U.S. Middle East Policy," in Anti-American Terrorism and the Middle East: A Documentary Reader—Understanding the Violence, ed. Barry Rubin and Judith Colp Rubin (Oxford and New York: Oxford University Press, 2002). Originally published under the same title in Middle East Review of International Affairs 5, no. 4 (December 2001), http://www.rubincenter.org/meria/2001/12/brubin.pdf.

- Russell, Bertrand. The Practice and Theory of Bolshevism (London: George Allen and Unwin, 1920).
- Ruthven, Malise. A Fury for God: The Islamist Attack on America (London: Granta Books, 2002).
- Rycaut, Paul. The History the Turkish Empire from the year 1623 to the Year 1677, 2 vols. in 1 (London, 1680).
- Sageman, Marc. Leaderless Jihad: Terror Networks in the Twenty-First Century (Philadelphia: University of Pennsylvania Press, 2008).
- Savory, Roger. Iran under the Safavids (1980; Cambridge: Cambridge University Press, 2007).
- Schacht, Joseph "Islamic Religious Law," in The Legacy of Islam, ed. Joseph Schacht and C.E. Bosworth, 2nd ed. (Oxford: Oxford University Press, 1979).
- Schacht, Joseph. An Introduction to Islamic Law (1964; Oxford: Clarendon Press,1991).
- Scruton, Roger "The Glory of the West Is That Life Is an Open Book," Sunday Times (UK), May 27, 2007.
- Siegel, Robert. "Sayyid Qutb's America: Al Qaeda Inspiration Denounced U.S. Greed, Sexuality" May 6, 2003, All Things Considered, NPR, http://www.npr.org/templates/story/story.php?storyId=1253796.
- Sivan, Emmanuel. "Ibn Taymiyya: Father of the Islamic Revolution: Medieval Theology & Modern Politics," Encounter 69, no. 5 (May 1983).
- Smith, Vincent A. The Oxford History of India (Delhi: Oxford University Press, 1981 [Ist edn. 1919]),
- Solzhenitsyn, Alexsandr. The Gulag Archipelago, 1918 – 1956, 3 vols. (New York: Harper & Row, 1973 – 1978).
- Speer, Albert. Inside the Third Reich (New York: Macmillan, 1970).
- Stevenson, Leslie. "Conclusion: A Synthesis of the Theories," in Stevenson, Leslie; Haberman, David L., and Wright, Peter Mathew. Twelve Theories of Human Nature, 6th ed. (Oxford and New York: Oxford University Press, 2013).
- Stevenson, Leslie and Haberman, David L. Ten Theories of Human Nature, 3rd ed. (Oxford: Oxford University Press, 1998).
- Taheri, Amir. Holy Terror: The Inside Story of Islamic Terrorism (London: Sphere Books, 1987).
- Taheri, Amir. The Spirit of Allah: Khomeini & the Islamic Revolution (Bethesda, MD: Adler & Adler, 1986).
- Talbot, Ian. Pakistan, a Modern History (New York: St.Martin's Press, 1998).
- Timani, Hussam S. Modern Intellectual Readings of the Kharijites (New York: Peter Lang, 2008).
- al-'Uthaymīn, 'Abd Allāh Sālih. Muhammad ibn 'Abd al-Wahhāb: The Man and His Works (London and New York: I. B. Tauris, 2009).
- Van der Hoeven, Jan Willem. "The Main Reason for the Present Middle East Conflict: Islam and Not 'The Territories'," EretzYisroel.Org, 2000 – 2001, http://www.eretzyisroel.org/~jkatz/mainreason.html.
- Van Ess, Josef. "Une lecture a rebours de l'histoire du mu'tazilisme," Revue des études islamiques 47, no. 1 (1979).

- Vassiliev, Alexei. The History of Saudi Arabia (London: Saqi Books, 2000).
- Voll, John. "Muhammad Hayyā al-Sindī and Muhammad ibn ʿAbd al-Wahhab: An Analysis of an Intellectual Group in Eighteenth-Century Madīna" in Bulletin of the School of Oriental and African Studies (University of London), Vol. 38, No. 1 (1975), 32-39.
- Watson, Charles. Muslim World 28, no. 1 (January 1938).
- Watt, W. Montgomery. Islamic Political Thought (Edinburgh: Edinburgh University Press, 1968).
- Watt, W. Montgomery. The Majesty That Was Islam (London: Sidgwick & Jackson, 1974).
- Watt, W. Montgomery. The Formative Period of Islamic Thought (Edinburgh: University of Edinburgh Press, 1973).
- Wehr, Hans. A Dictionary of Modern Written Arabic, ed. Milton Cowan (Beirut: Librairie du Liban, 1974).
- Wellhausen, Julius. The Religio-Political Factions in Early Islam (Amsterdam: North-Holland Publishing Company, 1975), 17. Originally published as Die religiös—politischen Oppositionsparteien im alten Islam (Göttingen, 1901).
- Wright, Lawrence. The Looming Tower: Al-Qaeda and the Road to 9/11 (New York: Vintage 2007).
- Wright, Robin. Dreams and Shadows: The Future of the Middle East (New York: Penguin Press, 2008).
- Wurmser, David. "The Rise and Fall of the Arab World," Strategic Review 21, no. 3 (Summer 1993).
- Zia-ul-Haq, General M. "Foreword," in Malik, Qurʾanic Concept of War.
- Zilbergeld, George. A Reader for the Politically Incorrect (Santa Barbara, CA: Praeger, 2003).
- Zilfi, Madeline C. "The Qādīzādelis: Discordant Revivalism in Seventeenth-Century Istanbul," Journal of Near Eastern Studies 45, no. 4 (October 1986).
- Zilfi, Madeline C. The Politics of Piety: The Ottoman Ulema in the Postclassical Age (1600 - 1800) (Minneapolis, MN: Bibliotheca Islamica, 1988).